Sonderausgabe
Exklusiv für unsere Leser

W0177005

Tel.: 01805 / 30 99 99
(0,14 Euro/Min., Mobil abweichend)
www.buchredaktion.de

1. Auflage dieser Sonderausgabe

ISBN 978-3-86789-800-3

Edition Berolina
Alexanderstraße 1
10178 Berlin
Tel.: 01805 / 30 99 99
Fax: 01805 / 35 35 42
(0,14 Euro/Min., Mobil max. 0,42 Euro/Min.)

© 2013 by BEBUG mbH / Edition Berolina
Umschlaggestaltung: Oliver Lehmann, ACDM
Druck: CPI Moravia Books GmbH
www.buchredaktion.de

Dietrich Lemke

Havanna, Peking, Bonn

Ein DDR-Außenhändler erinnert sich

Sonderausgabe
Edition BEROLINA

Inhaltsverzeichnis

Notlandung   442

In der Bonner und Berliner Republik 1990 bis 1995   534

Zum Autor

Dietrich Lemke wird 1933 in Thüringen geboren. Er ist Sohn eines privaten Apothekers, legt das Abitur ab und lernt bei Carl Zeiss in Jena. Die Familie ist bürgerlich, steht jedoch der DDR offen gegenüber. Der junge Mann möchte Außenhändler werden, nicht aus patriotisch-politischer Einstellung heraus, wie viele seiner Kommilitonen es später hochtrabend ideologisch-verbrämt begründen. Lemke will die Welt kennenlernen, mit Ausländern Geschäfte machen und Sprachen lernen.

Er wird FDJ-ler, tritt später in die SED ein, studiert Außenhandel in dem gerade erst neuen Institut u. a. mit Schalck-Golodkowski, lernt Sprachen und vertritt den DDR-Außenhandel in Kuba, Jugoslawien, Albanien und anderen Ländern. Von 1981 bis 1990 ist er Stellvertreter des Ministers für Außenhandel. Nach dem Ende der DDR fungiert er noch einige Zeit als Berater des BRD-Wirtschaftsministeriums. Seine minutiösen Erinnerungen geben einen spannenden Teil der DDR-Geschichte wieder.

Lehre im VEB Carl Zeiss Jena 1952 bis 1954

Als ich im Frühjahr 1952 begann, mich für eine irgendwie geartete mer-kantilistische Laufbahn zu erwärmen und meinte, ich sollte mich für ein Stu-dium der Volkswirtschaft oder für das Jurastudium an einer DDR-Hochschule bewerben, setzte mein Vater mir einen Dämpfer auf. Er hatte mir die Wahl gelassen, hier – hüben – oder drüben zu studieren. Den Vorschlag, „drüben" zu studieren, hatte er nicht zufällig gemacht. „Drüben" sei es ja kein Makel, dass ich aus einem Bürgerhaus käme. Aber „hier", in der DDR? Da könnte ich nicht sicher sein, dass sie mich etwas werden ließen. Wenn ich „hier" bliebe – ich merkte allerdings, dass meine Eltern mich nicht in den Westen treiben wollten, denn, das war ihre Vorahnung, es könnte ja durchaus geschehen, dass man mich danach nie wieder in die DDR zurückkommen lie-ße, sie waren weitsichtig – dann müsste ich unbedingt erst einen Beruf erler-nen, damit ich meinen Lebensunterhalt verdienen könnte, wenn mich „die hier" nicht hochkommen ließen.

Wie die Dinge in der DDR lagen, war der einzig wählbare kaufmännische Vorab-Beruf der des Industriekaufmanns, und für den entschied ich mich, den „Groß- und Außenhandelskaufmann", der meinen Fernzielen entspro-chen hätte, gab es als Ausbildungsberuf in der DDR nicht. Soviel wusste ich schon von der DDR des Jahres 1952, dass es nur wenige Großbetriebe gab, die auf dem Weltmarkt noch oder schon wieder einen Namen hatten, und ich brachte meinen Vater ganz schön in Bedrängnis, als ich darauf bestand, ich wollte im namhaftesten Exportbetrieb der DDR überhaupt lernen, bei Carl Zeiss in Jena.

Carl Zeiss Jena

Was wusste ich damals von Carl Zeiss in Jena? Warum wollte ich unbe-dingt dorthin? Carl Zeiss war seit der Jahrhundertwende zu einem der welt-weit anerkannten Hersteller feinmechanisch-optischer Erzeugnisse herange-wachsen. Sein Haupteigentümer, Prof. Dr. Ernst Abbe, ein Eisenacher Arbei-terkind, hatte 1889 seinen Anteil am Unternehmen in eine Stiftung einge-bracht, aus deren Gewinn den Zeiss-Mitarbeitern zukünftig wesentliche soziale Leistungen zufließen sollten. Die Stiftungsbetriebe blieben privatwirt-schaftliche Unternehmen, genauso, als ob sie einen persönlichen Inhaber gehabt hätten. Eine vierköpfige Geschäftsleitung aus Kaufleuten, Technikern und Wissenschaftlern waren Kapitalfunktionäre.

Um das Stammwerk in Jena hatte sich bis zum Ausbruch des 2. Weltkrieges der größte feinmechanisch-optische Konzern der Welt herausgebildet. 50-60 Prozent seiner Produktion gingen in den Export. Zeiss unterhielt Vertriebs- und Verwaltungsgesellschaften in London, Paris, Amsterdam, Madrid, Stockholm, Kopenhagen, Wien, Mailand, Budapest, Warschau, in Buenos Aires, Rio de Janeiro, Tokio, New York – um die wichtigsten zu nennen. Von dieser Weltgeltung schien 1952 nicht alles verlorengegangen zu sein, so hatte ich das wenigstens in der Zeitung gelesen, deshalb wollte ich nach Jena, und nachdem ich mich einmal entschieden hatte, setzte ich alles auf eine Karte.

Was mit Zeiss und Schott in Jena nach dem Zusammenbruch des Jahres 1945 geschehen war, davon wusste ich fast nichts. Aber das zu wissen, sollte in den kommenden zwei, drei Jahren wichtig für mich werden. Wie war der Rüstungsbetrieb Zeiss nach Kriegsende eigentlich wieder auf die Beine gelangt? Carl Zeiss Jena war 1946 unter Sequester gestellt worden. Der Produktionsausstoß wurde fast vollständig zur Erfüllung von Reparationspflichten abgezogen, nur ein geringer Rest verblieb für Kompensationsgeschäfte und Export. Nach der nun folgenden Demontage durch die Sowjetunion behielt Zeiss nur 6 Prozent des Maschinenparks und 30.000 Quadratmeter Fertigungshallen. Die USA-Besatzungsmacht hatte schon im Juni 1945 etwa 80 Prozent der höchstqualifizierten Fachleute in die Westzonen weggeführt, jetzt mussten weitere 270 Wissenschaftler und Spezialisten ihre Heimat Jena verlassen, um in der sowjetischen Verteidigungsindustrie zu dienen. Nachdem Belegschaftsstärke und Produktion völlig abgestürzt waren, begann ein beispielloser Wiederaufbau. Die Sowjetunion hatte aus den demontierten Betriebsteilen sogar die Heizkörper und Parkettflächen herausgerissen. Aus zum Teil entlegenen Gebieten der SBZ wurden beschädigte Werkzeugmaschinen herangeführt und instand gesetzt, aus verlassenen Kasernen und Flugplätzen Heizkörper, Rohre und Elektrokabel geborgen und wiederverwendet. Die Gesamtzahl der Fertigungsstunden hatte im Jahr vor der Demontage 700.000 Stunden betragen. Im November 1947 waren bereits wieder 450.000 Stunden geleistet. Die Bereiche Mikro, Feinmess, Med-Ophtalmo, Feldstecher und Brillengläser erzielten 13 bis 25 Prozent ihrer Vordemontageleistungen. Das war ein ostdeutsches Wirtschaftswunder.

Die am Ende des 2. WK tätige Geschäftsführung war in die US-amerikanische Besatzungszone emigriert, hatte vor ihrem Abgang aber eine „Ersatz-Geschäftsleitung" in Jena installiert. Diese alte Garde war 1946 bis 1948 auch von den Sowjets und der SED-Führung nicht entmachtet worden.

Die Jenaer Geschäftsleitung mit Victor Sandmann, Friedrich Schomerus,

Friedrich Wönne u. a. widersetzte sich der Überführung des Unternehmens in Volkseigentum. Sie knüpfte dabei an die Überzeugungen selbst der Jenaer Kommunisten und Sozialdemokraten an, die bei Carl Zeiss und Schott angewandte juristische Konstruktion der Stiftung sei „eine besondere Form der sozialistischen Vergesellschaftung" und eine Überführung in Staats- oder Volkseigentum ein Schritt zurück. Erst ein Befehl der Sowjetischen Militäradministration vom April 1947 erzwang die Umwandlung der Stiftungsbetriebe in Volkseigentum. Die Carl-Zeiss-Stiftung als solche blieb erhalten; sie sollte ihre sozialen Funktionen in gewissem Umfang durch Finanzzuführungen aus den ihr enteigneten Stiftungsbetrieben weiter erfüllen können. Die alte Geschäftsführung verblieb unmittelbar nach der Schaffung des volkseigenen Zeiss-Betriebes noch an dessen Spitze, bis im 2. Halbjahr 1947 Dr. Hugo Schrade, ein Mann aus Führungskreisen des Konzerns, der sich der Sozialistischen Einheitspartei angeschlossen hatte, zum Werkdirektor berufen wurde. Für eine lange Übergangszeit „(war) das ideologische Erbe der kapitalistischen Vergangenheit im Zeiss-Werk noch immer lebendige Gegenwart" – heißt es in der Chronik „Carl Zeiss Jena einst und jetzt", erschienen 1962.

Als ich mich bei Zeiss bewerben wollte, im Frühjahr 1952, wusste ich natürlich nur wenig aus der Geschichte des von mir ausgesuchten Lehrbetriebes. Als ich Lehrling geworden war, hatte der Sozialismus im Werk seine Kommandostrukturen errichtet, doch ich spürte fast vom ersten Tag an das Beharrungsvermögen alter, überlebter Anschauungen und den noch immer nachhaltigen Einfluss von Führungspersonal aus der Konzernzeit. Doch ich will nicht vorausgreifen …

Wie kommt man zu einer begehrten Lehrstelle im größten Thüringer Ausbildungsbetrieb, 140 km vom Heimatort entfernt? Mein Vater, der wie immer helfen wollte, wusste es auch nicht. Eine schriftliche Bewerbung schien ihm und mir nicht aussichtsreich. Alles, was der für uns tun konnte war, uns an einen uns empfohlenen „Herrn" in der Betriebsbuchhaltung von Zeiss zu wenden, der uns kurzfristig zu einem Gespräch annahm und in seinem nicht gerade repräsentativen Käfterchen empfing. Wie sich schnell erwies, hatte dieser, ein Herr Gau, keinerlei Einfluss auf die Auswahl der Bewerber um kaufmännische Lehrstellen, aber er klärte uns immerhin über den Lehrberuf Industriekaufmann auf. Vertrieb und Export kämen in dieser Lehre eigentlich nur am Rande vor. Nach seinen Darlegungen schienen die Lehrlinge, wenn sie denn erst einmal ihre Abschlussprüfung bestanden hatten, allesamt in der Buchhaltung und Materialversorgung zu landen. Einen direkten Weg vom ausgelernten Industriekaufmann in den Welthandel sah er nicht. Das musste mich natürlich ernüchtern, aber mein Vater sagte: „Wenn ein Mensch etwas wirklich will, dann schafft er es auch!"

Herr Gau erkundigte sich noch für uns, wem die Bewerbung einzureichen sei, nein, selbst kannte er „die" von der Personalabteilung nicht, das seien keine Leute seiner Denkart und seines Umgangs. Aber er wolle „denen" einen Vermerk hinunterschicken und mich empfehlen. Meine Bewerbung schickte ich sofort nach der Rückkehr ins heimatliche Vacha ab. Dann begann das Warten auf Antwort aus Jena. Woche um Woche verging, inzwischen hatte ich das Abitur gemacht. Als der Juli anbrach, entschloss ich mich, noch einmal nach Jena zu fahren – diesmal allein.

Alleingang

Mit Sicherheit hatte ich, Dietrich Lemke, 18 Jahre alt, im Juli 1952 nichts über die zum selben Zeitpunkt, vom 9. bis 12. 7., in Berlin abgehaltene II. Parteikonferenz der SED gehört, die beschloss, in der DDR den Sozialismus planmäßig aufzubauen. Was ich bestenfalls verstanden hatte: Dass in den volkseigenen Betrieben die Partei der Arbeiterklasse die Kommandohöhen besetzt und die Einstellungspolitik bestimmt. Was ich noch nicht begriffen hatte, lernte ich nun in Jena dazu, als ich in dem für meine Erfahrungswelt Riesenbetrieb Klinken putzen ging.

Das beherrschende Wahrzeichen des Zeisswerks war zu jener Zeit das Verwaltungshochhaus am Carl-Zeiss-Platz, das Forschungshochhaus war noch nicht erbaut, und natürlich gab es den heute alles überragenden Turmbau in der Stadtmitte noch nicht. Das Einstellungsbüro des Personalhauptbüros – so hieß das damals noch – befand sich im Erdgeschoss des Hochhauses. Ich hatte ein nicht zu bezähmendes Herzklopfen, als ich einer Sachbearbeiterin mein Anliegen vortrug. Die fand meine Bewerbung und brauchte nur einen einzigen Blick, um mir zu bedeuten: Wir hatten sehr viele Bewerbungen, Industriekaufmann ist ein begehrter Lehrberuf. Die Entscheidungen sind so gut wie getroffen. Ich kann Ihnen wenig Hoffnung machen. Ich nahm allen Mut zusammen und bat um ein Gespräch mit dem Leiter, der hieß Lindig, und es müsste heute sein, ich sei von weit her gekommen und müsse heute noch zurückfahren. Sie könne mir nichts versprechen, sagte die Sachbearbeiterin, ich sollte am frühen Nachmittag wiederkommen.

Am Nachmittag kam ich gerade mal bis ins Sekretariat des wichtigen Genossen Lindig, aber seine wohlgeformte Sekretärin – ich erinnere mich nur noch an ihr Diktatzeichen „Wo" – hörte mich an, und deren Herz schien ich zu erweichen. Sie schaute in die Akte und fragte mich, ob mein Vater gut

Freund mit Herrn Gau und den Seinen sei. Nein, sagte ich, überhaupt nicht, aber den hatte man meinem Vater und mir, die wir ganz fremd waren, als Ansprechpartner genannt. Das sei wohl falsch gewesen? Ja, sagte die Sekretärin, der Herr Gau ist nämlich inzwischen in den Westen abgehauen, und man ist besser nicht von ihm empfohlen. Wie es mir gelungen ist, die gutwillige Sekretärin davon zu überzeugen, dass es mein glühender Wunsch ist, bei Zeiss in die Kaufmannslehre zu gehen, weiß ich nicht mehr – nur, dass ich ihr noch eine Beurteilung der FDJ-Leitung der Vachaer Oberschule in die Hand drückte. Darin wurde mein Schaffen als Kulturfunktionär der FDJ-Schulleitung der Oberschule Vacha gerühmt und mir bescheinigt, ich sei allezeit ein guter Kamerad gewesen, mit der „richtigen Einstellung zu unserer gemeinsamen Sache der Einheit und des Friedens". Und dann bat ich sie inständig, ihren Chef für mich einzunehmen, langte in meine gelbe schweinslederne Aktentasche, holte eine Schachtel Pralinen heraus und schenkte ihr die – mein Gott, ist mir diese erste „Bestechung" meines Lebens schwer gefallen. Mein Vater, der so vieles für mich zu tun bereit gewesen war, hörte meinen Reisebericht an und verstand die Welt nicht mehr: Da hatte er mir helfen wollen und mir beinahe unwiderruflich geschadet.

Auf den letzten Drücker, 9 Tage vor der Feier zum Lehrjahresbeginn im Volkshaus am 1. September 1952, erhielt ich die Zusage mit der Post.

Lehrjahre sind keine Herrenjahre

Am ersten Arbeitstag – oder soll ich „Lehr-Tag" sagen – dem 2. September 1952, hatte ich mich bei einer Leitfigur zu melden, die hieß Wache, war mittleren Alters, unverheiratet, nicht direkt unfreundlich und saß in der Dolmetscherabteilung. So wie sie stellte ich mir eine herrschaftliche Hausverwalterin vor, die das Tafelsilber und die Tischwäsche unter sich hat. Einen richtigen Lehrausbilder gab es für die zukünftigen Industriekaufleute nicht, sondern es gab ebendiese Frau Wache, die hatte einen Ausbildungsplan und teilte die Lehrlinge im Monatsrhythmus nacheinander den verschiedenen Ausbildungsabteilungen zu. In den Abteilungen wies einen der Leiter dann den Mitarbeitern zu, die sich über die Schultern schauen lassen und erklären sollten, was im jeweiligen Arbeitsabschnitt ablief.

Der Lehrling sollte sich möglichst bald nützlich machen, mitarbeiten – das war in der Zentralregistratur leicht möglich, in der Lohnbuchhaltung schon schwieriger und in der Bankabteilung fast ausgeschlossen – da bestand die Ausbildung dann in Erzählen und Zuhören. Da Frau Wache die Lehrlinge dreier aufeinanderfolgender Lehrjahre einzuweisen hatte, konnte sie für ihre

Schützlinge meist die eigentlich fachlich gebotene logische Aufeinanderfolge der Ausbildungsabteilungen nicht beachten, und so geschah es oft, dass Anfänger gleich zu Beginn ihrer Lehrzeit in Aufgabenbereiche mit hohem Schwierigkeitsgrad gesteckt wurden, oder, noch schlimmer, in Abteilungen, deren Funktion im kaufmännischen Gesamtgetriebe schwer zu durchschauen war. Und letzteres geschah mit mir. Wie soll ich es erklären: Mir ging es so wie einem Neuling, der die Arbeitsweise eines führenden internationalen Hotels kennenlernen soll, und am ersten Tag wird er in die Funktion der Müllsortieranlage im Keller eingewiesen ...

Mein erster Vorarbeiter hieß Heinze und war der einzige der Abteilung mit einem Abzeichen der SED am Revers. Er verhielt sich zurückhaltend, gab mir aber doch Orientierungshilfe; er nahm mich in die Werkskantine mit, zeigte mir die wichtigsten Verbindungsgänge über das für meine Begriffe riesengroße Gelände des Hauptwerks und fragte so nebenbei, ob ich FDJ-Mitglied sei, das war 1952 noch keine Selbstverständlichkeit.

Zahlen aus dieser Zeit sind rar, aber ich weiß: Im Sommer 1950 hatte Zeiss 1.800 Lehrlinge und darüber hinaus gewiss 1.500 bis 2.000 Jugendliche, aber erst 1.300 FDJ-Mitglieder. Ja, FDJ-Mitglied war ich, und das veranlasste Heinze zu der vorsichtigen Bemerkung, der Abteilungsleiter sei parteilos, und in der Abteilung hätten wir fast keine Sympathisanten, und die meisten sähen ja sogar in Lehrlingen zuerst die zukünftigen Konkurrenten, besonders in denen mit höherer Schulbildung, und in den letzten Jahren hätte Zeiss vorwiegend Abiturienten ausgewählt. Ich sollte ordentlich lernen, keine Arbeit geringschätzen und den Kopf nicht zu früh herausstrecken. Wenn ich mich zum ersten Mal im Blauhemd der Freien Deutschen Jugend – ich hatte übrigens zu dieser Zeit gar keines – sehen ließe, würde ich sowieso Flagge zeigen müssen.

Was damals in Jena Verdienstvolles geschah, geschah im Grunde genommen unter der Führung der 2. Garnitur der Leitungskräfte des Zeiss-Konzerns, die in Jena als Vertraute der in den Westen umgesiedelten 1. Garnitur, der Henrichs und Küppenbenders, zurückgelassen worden waren. Nur etwa 30 der exponiertesten Zeiss-Naziaktivisten blieben in den Sieben der Thüringer Entnazifizierungskommissionen hängen. Viele Dutzende der Eintreiber und Stützen des Nationalsozialismus im Zeisswerk, ob Pg's oder nicht, behielten führende und verantwortliche Stellen. Die Nachkriegszeit spülte weitere Träger des alten Gedankenguts in die Zeiss-Belegschaft. „Von 5941 Neueinstellungen, die zwischen dem 1. 4. 1945 und dem 10. 9. 1946 bei Carl Zeiss zu arbeiten begannen, waren 16,6 Prozent ehemalige Mitglieder der NSDAP."

Die wenigen Kommunisten und linken Sozialdemokraten, die den politischen Neuanfang der Zeiss-Belegschaft auf die Ziele der revolutionären Arbeiterbewegung hätten ausrichten können, sahen sich nicht in der Verantwortung, die Rolle des Zeiss-Konzerns im Krieg aufzudecken und die Eigentumsform der Jenaer Stiftungsbetriebe umzukrempeln.

Die Zeissianer bildeten eine verschworene Aufbaugemeinschaft, in ihrer Mehrheit davon überzeugt, dass ihr Betrieb kein kapitalistischer gewesen sei und kein volkseigener hätte werden müssen, und auch „meine" Materialversorger schienen so zu denken. Die DDR bestand schon drei Jahre, aber sie machten nicht den Eindruck, als ob sie mit diesem Staat irgendetwas am Hut hätten. Es schien niemanden von ihnen zu stören, dass ihr „Chef", er hieß Binder, Offizier und NSDAP-Parteigenosse gewesen war und dass kein SED-Parteimitglied sie leitete. Die Abteilung „machte gute Arbeit" und erhielt Prämien.

Seit Februar 1950 gehörte ich schon der Freien Deutschen Jugend an, aber nach meinem Lehrbeginn bei Carl Zeiss hatte sich keiner groß für mein politisches Bekenntnis interessiert, auch in der Berufsschule wurde kein Engagement von mir erwartet. Es war ja nicht so, dass ich in Gegnerschaft zu den erklärten Staatszielen der DDR gestanden hätten – eher im Gegenteil. Doch ich war in meinem Arbeitsumfeld bei Carl Zeiss in eine Atmosphäre des Abwartens, der politischen Abstinenz eingebettet.

Der offenbar übergroßen Mehrheit meiner Arbeitskollegen war eher willkommen, wenn ich skeptische Distanz oder Uninteressiertheit gegenüber den weltverändernden Ideen von Marx, Engels, Lenin und Stalin an den Tag legte. In den Ausbildungsabteilungen drängte mich niemand zu Bekenntnissen, und die Aufforderung zu politischem Mittun und zum Flagge-Zeigen kam gewissermaßen von extraterrestrischen Organisationen wie Partei und FDJ, die im Zeisswerk ihre Basislager aufgeschlagen hatten, deren meist von außerhalb eingeflogenes Spitzenpersonal aber noch keine Wurzeln in der Zeissianerschaft hatte.

Soweit die Parteifunktionäre aber zu den ganz, ganz wenigen Kommunisten gehörten, die den Büro-Zeissianern schon aus der Zeit vor 1945 bekannt waren, ließ man sich geringschätzig über sie aus. Besonders abfällig hörte sich das Urteil über den Kaderleiter der Kaufmännischen Hauptleitung an – etwa so: „Der hat doch nichts gelernt, der hat doch früher vor dem Hochhaus Knackwurstbrötchen verkauft."

Einer meiner Lehrlingsfreunde erkannte früher als ich, dass sich ihm und mir nach dem Lehrabschluss kein direkter Weg in den internationalen Handel eröffnen würde, sondern dass ein Umweg erforderlich würde, ein Studium. Und er erkannte auch eher als ich, dass gesellschaftliches, politisches Engagement nötig war und sichtbar gemacht werden musste. Ich lernte von ihm. Nun war es ja nicht so, dass ich und andere aus dem Kreis der nachwachsenden Industriekaufleute in Gegnerschaft zur DDR gestanden hätten, nein, wir hielten die Staatsziele der DDR und den Kampf für die Einheit Deutschlands für richtig und erstrebenswert. In der Bundesrepublik sahen wir einen Staat, in der die Schuldigen am 2. Weltkrieg wieder gesellschaftlichen Einfluss erlangten. Ich war darüber hinaus der Überzeugung, dass soziale Wohlfahrt, soziale Sicherheit und letztlich sogar dauerhafter Frieden nur erreichbar wären, wenn die kapitalistische Eigentumsordnung abgelöst würde. In den Westen zu gehen, nach Heidenheim etwa, wohin gerade Anfang der 50er Jahre ein Strom von Jenaern zu fließen begann, wäre mir nicht eingefallen. Aber so ganz fest saßen meine Überzeugungen nicht, in Stücke hätte ich mich dafür nicht reißen lassen, und missionieren wollte ich auch nicht. Wenn die FDJ-Leitung in der Woche vor dem 1. Mai und vor anderen politischen Höhepunkten aufforderte, im Blauhemd zur Arbeit zu gehen, hätte ich es viel lieber im Schrank gelassen. Denn wenn ich demonstrativ im blauen Hemd erschien, dann setzten auch allerlei Sticheleien und Frozzeleien ein, und dann m u s s t e ich hinter dem Busch hervorkommen, und dann war es auch mein Ehrgeiz, nicht die schlechteren Argumente zu haben. „Halb zog sie ihn, halb sank er hin" – allmählich „positionierte" ich mich, und ehe ich michs versah, war ich Mitglied der FDJ-Leitung der Kaufmännischen Hauptleitung, und ehe ich dort überhaupt etwas geleistet haben konnte, wurde ich schon im Frühjahr 1953 in die Zentrale Betriebsgruppenleitung der FDJ der Zeiss-Werke geholt, um die verwaiste Stelle des Hauptkassierers und Sekretärs für Finanzen zu besetzen.

In der Berufsschule

Im Zeisswerk war auch die berufstheoretische Ausbildung vorbildlich – mit Ausnahmen: Die wenigen Industrie-Kaufleute erhielten sie nicht an einer Werks-, sondern an der Gewerblichen Berufsschule Jena, einem großen roten Backsteinbau an der Paradiesstraße und Grietgasse. Im Jahr 1952 hatte Zeiss mit einer einzigen Ausnahme, die war ich, keine Abiturienten aufgenommen, sondern Mädels, die die 10. Klasse abgeschlossen hatten. Die meisten anderen Gewerbeschüler in meiner Berufsschulklasse waren drei, vier Jahre jünger als ich und kamen aus anderen Betrieben: Jenaer Glaswerk Schott & Genossen, Jenapharm, mehrere aus der Kahlaer Porzellanfabrik, aus dem Pappenwerk Porstendorf … Das war eigentlich eine produktive Mischung, denn in mittleren und kleinen Unternehmen gewannen die kaufmännischen Lehrlinge schneller eine komplexe Sicht für die Rolle von Planung und wirtschaftlicher Rechnungsführung in den betriebs-wirtschaftlichen Abläufen und für die Verzahnung von Produktion und Absatz. Das hätte einen fruchtbaren Erfahrungsaustausch auslösen können – aber das gelang nicht: Meine Mitschülerinnen waren fast ausschließlich Mädchen, die entweder den ersten festen Freund hatten oder erwarteten, dass ich ihnen den Hof machte, aber dazu waren sie mir noch nicht ausgewachsen genug, für die Liebe noch zu mager …

Im Buchführungsunterricht war es anfangs wie auch in Betriebswirtschaftskunde: Die Lehrer erläuterten uns das ABC an Hand des Betriebsgeschehens in einer privaten Mini-Firma. Im Buchführungsunterricht diente uns ein Mann zur Anschauung, der 5.000 Mark gespart hatte und einen Fahrradladen eröffnen wollte. Erste Buchung: Zwei galgenförmige Konten wurden an die Tafel gezeichnet. Links ein Aktivkonto „Bargeld", im Soll 5.000 Mark. Auf der rechten Seite ein Passivkonto „Eigenkapital", im Haben 5.000 Mark. Dann der nächste Schritt: Der Ladeninhaber kauft 5 Fahrräder gegen Barzahlung, Kontenruf dazu: „Warenlager an Bargeld" 1.000 Mark … Und das zu einer Zeit, in der in der ganzen Deutschen Demokratischen Republik keiner eine neue private Fahrradhandlung aufmachen konnte, aber mancher frühere Eigentümer seinen Laden schloss.

Die doppelte Buchführung ist eine der genialsten Erfindungen der Menschheit. Jeder Geschäftsvorgang wird auf zwei Konten gebucht. Im Aktiv steht der Vermögensgegenstand, im Passiv seine Quelle. Aktiv und Passiv müssen auf die Stellen hinter dem Komma übereinstimmen – wenn nicht, kann ein gravierender Buchungsfehler vorliegen, dann muss „der Pfennig gesucht" werden. Ein Spruch, der meine Hochachtung vor dem perfekten Bilanzbuchhalter ausdrückte, war: „Das einzige, was den Menschen wirklich vom Affen unterscheidet, ist die Fähigkeit, doppelte Buchführung zu betreiben."

Feindliche Schwestern

In unglaublich kurzer Zeit überwanden die Arbeiter, Ingenieure und Wissenschaftler von Zeiss in Jena die Folgen der fast totalen Demontage des Jahres 1946. Ende 1950 hatte Zeiss schon wieder 13.000 Mitarbeiter. Das Unternehmen kehrte auf die Weltmärkte zurück: 1950 hatte es eine Exportquote von 36,2 Prozent. In den Jahren 1951 bis 1953 kamen die am

21. Oktober 1946 in der Aktion „Ossawakim" unfreiwillig in die Sowjetunion verbrachten Fachkräfte und Wissenschaftler wieder nach Hause, nach Jena, zurück und griffen mit in die Speichen. Über diese Jahre schrieb die Hamburger „Welt" den Satz: „Kein westdeutsches Wirtschaftswunder ist wunderbarer als diese Leistung."

Der Fünfjahrplan der DDR 1950 bis 1955 verpflichtete Zeiss zur Verdoppelung seiner Industrieproduktion, vor allem bei Materialprüfgeräten, Mikroskopen und Feinmessgeräten. Wenn schon wichtige Führungskräfte des Zeisswerkes und die Mehrheit seiner Belegschaft das, was sie mit höchstem Einsatz auf die Beine stellten, nicht als Beitrag zum Aufbau der Grundlagen des Sozialismus in Deutschland verstanden wissen wollten, wie das die 2. Parteikonferenz der SED 1952 beschlossen hatte: Objektiv festigten sie jedoch die neue Ordnung in der DDR, die in schärfstem Gegensatz zu jener der Bundesrepublik stand, in welche die erste Reihe der alten Zeiss-Geschäftsleitung geflohen war.

Diese alte Geschäftsleitung betrieb seit der faktischen Teilung Deutschlands die Sitzverlagerung der Carl-Zeiss-Stiftung in die BRD und die Errichtung eines neuen Zeiss-Konzerns mit Alleinvertretungsanspruch.

Es war abzusehen, dass Zeiss-Ost und Zeiss-West, die sich beide als die legitimen Erben von Namen und Warenzeichen des ehemals ungeteilten Zeiss-Imperiums sahen, im nun entfesselten kalten Krieg ihren Anspruch auf die Märkte der Welt mit unerbittlicher Härte auskämpfen würden. Am 4.10.1946 war bereits die Opton Optische Werke Oberkochen GmbH in Heidenheim an der Brenz als neues stiftungseigenes Unternehmen gegründet worden, 1947 wurde deren Firmenname in „Zeiss-Opton" erweitert. Als die Führungspersonen in Heidenheim nicht mehr glauben konnten, dass die veränderten Eigentumsverhältnisse des Jenaer Zeiss-Werkes ein „Provisorium der Besatzungszeit" seien und wahrnahmen, dass sie endgültiger Natur waren, versuchten sie, Carl Zeiss Jena restlos von den kapitalistischen Märkten zu vertreiben. Wer die Kraft aufbringt, die Materialien des nun ausbrechenden Rechtsstreites zu studieren, wird ein spannendes Kapitel des kalten Krieges kennenlernen. Hier sollen die Abläufe nur in großen Zügen rekonstruiert werden.

1949 beurkundeten staatliche Organe Baden-Württembergs wahrheitswidrig, dass Heidenheim alleiniger Sitz der Carl-Zeiss-Stiftung sei. Im Januar 1951 wurde eine Firma „Carl Zeiss" in das Handelsregister Heidenheim eingetragen. Das Deutsche Patentamt München übertrug die Rechte an den Warenzeichen und Patenten der Firma Carl Zeiss Jena auf die westdeutsche

Neugründung. Während einer längeren Übergangszeit verzichtete Carl Zeiss Heidenheim auf einen Generalangriff gegen den VEB Carl Zeiss Jena, sondern versuchte, mit diesem zu Vereinbarungen über eine gerätegebundene Marktaufteilung für die kapitalistischen Märkte zu gelangen. Das erreichten sie auch. In Durchführung dieser Marktaufteilung hatten die Disponenten der Jenaer Kaufmännischen Leitung Vertrieb Liefergenehmigungen eines in München installierten „Zentralbüros Dr. Lehmann" einzuholen. Im Westexport nutzte Carl Zeiss Jena die Vertriebs- und Vertreterorganisation von Heidenheim und konnte hoffen, Endabnehmer zu gewinnen, die zu erreichen die eigenen Arme damals noch zu kurz waren. Diese Vertriebskooperation platzte 1953. Es hieß, die Werkleitung des VEB Carl Zeiss Jena habe nie ein diesbezügliches Abkommen mit Heidenheim unterzeichnet, die tatsächlich praktizierte Marktaufteilung sei „illegal" zustande gekommen und die Regulierung des Marktzugangs der Jenaer auf die Westmärkte nichts anderes gewesen als der unschwesterliche Versuch, „den VEB Carl Zeiss Jena auf kaltem Wege Zug um Zug von den Märkten der kapitalistischen Länder zu verdrängen." Dazu später mehr.

Nachdem ein erneuter Versuch der Heidenheimer, Zeiss Jena in eine offizielle Übereinkunft zur Marktaufteilung einzubinden, gescheitert war, leitete Zeiss-West im Februar 1954 die Klageerhebung gegen die Benutzung des Warenzeichens – des Linsenrahmens mit dem Schriftzug Carl Zeiss Jena – durch den Jenaer Stammbetrieb ein.

Meine Ausbildung verlief, was die Auswahl und Abfolge der Ausbildungsabteilungen betraf, in den ersten Monaten des neuen Lehrjahres 1953 wie ein unmethodisch angelegtes Puzzlespiel: Ich hatte mit einem Puzzlestück am linken Rand begonnen, dann gab man mir eins von rechts außen, dann zwei aus der Mitte. Ergebnis: Das Zusammenspiel Planung – Produktion – Abrechnung – Verkauf des Riesenbetriebes erschloss sich mir nur stotternd, aber da ich nicht auf den Kopf gefallen war, begriff ich endlich doch das Zusammenspiel der kaufmännischen Verantwortlichkeiten eines großen, eines sehr großen Betriebes …

Josef, Sohn des Wissarion

Kaum hatte ich mich im Posteingang eingefunden, passierte Weltgeschichtliches … Meine Eltern fühlten sich christlichen Werten verpflichtet, doch niemals war mir in meinem Elternhaus die Vorstellung vermittelt worden, der liebe Gott lenke alle meine Schritte hier auf Erden. Noch viel weniger fiel es meinen Eltern ein, mir den Genossen Josef Wissarionowitsch Stalin als übergeordnete Instanz zu nennen. Über den großen Stalin wurde bei uns zuhause nicht ein einziges Wort gesprochen, und daraus hatte ich beizeiten geschlussfolgert, dass er mir nichts bedeuten müsste.

In den beiden letzten Jahren meiner Oberschulzeit wurde mir der Genosse Stalin aber unaufhörlich nahegebracht und ich kam zu der Überzeugung, dass der Teil der Welt, in dem mein Dauerwohnsitz lag, einen Obersten Leiter hatte, Stalin, und dass Stalin einmalig, unfehlbar und unersetzlich wäre, und insofern konnte man sogar auf den Gedanken kommen, er müsse auch unsterblich sein. Insoweit traf mich, als ich Anfang März 1953 gerade meine wichtige Tätigkeit im „Posteingang" aufgenommen hatte, die Nachricht, Stalin sei auf den Tod erkrankt, gänzlich unvorbereitet. Sie versetzte mich allerdings nicht in Trauer, sondern in einen Zustand allergrößter Neugier, was denn nun in dieser so völlig von der Weitsicht Stalins abhängigen Welt geschehen würde. Da mein Blick nicht tränenumflort war, nahm ich meine Umwelt deutlich wahr: Keiner, dem ich im Werkswohnheim oder in den Zeiss-Abteilungen begegnete, war in Verzweiflung oder Weltuntergangsstimmung. Aber eine gewisse Unruhe, ja eine Art Ratlosigkeit hatte sich ausgebreitet. Das für unmöglich Gehaltene geschah in der Nacht zum 2. März, doch von der „schweren Erkrankung" des geliebten Genossen, „dem Unglück, das unsere Partei und das Volk getroffen hat", so die TASS-Meldung, erfuhr ich zum ersten Mal am 5. März, aus einer zweispaltigen Nachricht im „Neuen Deutschland", und als ich dies las, am Donnerstagmorgen, hatte Stalin noch 11 Stunden zu leben, das aber konnte ich natürlich nicht ahnen ...

Am Morgen des 7. März ging ich wie an allen Wochentagen die Maxim-Gorki-Straße, dann, an den Universitätskliniken vorbei, die Jahnstraße hinunter. Als ich die ersten Schritte auf den Carl-Zeiss-Platz setzte (ich könnte die Stelle noch heute, fünfzig Jahre danach, auf ein paar Meter genau bezeichnen), sah ich zum Hochhaus, und genau in diesem Augenblick sanken von zwei waagerecht aus dem höchsten Stockwerk angebrachten Fahnenstangen zwei riesenlange schwarze Stoffbahnen in die Tiefe, und ich blieb wie angewurzelt stehen: Stalin war tot. Das Herz „des größten Menschen unserer Epoche", so nannte ihn das „Neue Deutschland", hatte aufgehört zu schlagen.

Trauermärsche zu den Stalin-Denkmälern setzten ein, außerordentliche Parteiaktivtagungen wurden angesetzt, Tausende Selbstverpflichtungen gingen ein, viele Jugendfreunde taten kund, sie wollten nun die Werke des Genossen Stalin noch intensiver studieren und das Abzeichen für gutes Wissen in Gold erwerben ... Es hat sie gegeben, die verzweifelten, exaltierten Junggenossinnen, die Tränenströme vergossen, und Jungmannen, die in Blauhemden und mit umgehängten Luftgewehren Tag und Nacht Ehrenwachen am Bild des teuren Verstorbenen hielten. Es gab solche, die Derartiges mit echtem Gefühl abzogen. Aber an mich trat niemand mit dem Anliegen heran, an Trauergelöbnissen und Ehrenaufmärschen teilzunehmen, und ich blieb vom Mummenschanz verschont.

Aber ich dachte, es werde jetzt ein neues Zeitalter kommen. Erst einmal kamen bloß Chruschtschow als neuer Generalsekretär der KPdSU und Malenkow als neuer sowjetischer Ministerpräsident. Und Berija, der seit 1938 das NKWD, das Volkskommissariat für Innere Angelegenheiten, geleitet hatte, wurde erst neuer Super-Innenminister und dann bald hingerichtet ...

Ich war politisch interessiert genug, um die wichtigen Ereignisse im eigenen Land und in der Welt zu verfolgen, aber es gelang mir doch nicht, die einzelnen Ereignisse in ihrer wechselseitigen Bedingtheit, das einzelne Ereignis als Teil eines großen Panoramas, als Teil des allumfassenden Kalten Krieges jener Jahre 1953 bis 1954 zu erkennen. Der Amerikaner Oppenheimer verglich damals die USA und die UdSSR mit zwei giftigen Skorpionen in einer Flasche. Gerade deshalb waren die Nachrichten, die ich erfuhr, selten offen und objektiv genug formuliert, sie verbargen die Wahrheit eher als sie freizulegen.

Der Waffenstillstand in Korea kam zustande, nachdem der Krieg 33.417 Tote auf Seiten der UN-Streitkräfte gekostet hatte – die Zahl der toten Koreaner und chinesischen Freiwilligen wurde nie bekannt gegeben. Ethel und Julius Rosenberg, deren Unschuld wir reklamierten und für deren Freilassung wir demonstrierten, wurden wegen Spionage für die UdSSR hingerichtet; bis zuletzt hatten sie sich geweigert, ihr Leben gegen die Preisgabe von Einzelheiten ihrer Verbindung zur Sowjetunion zu retten. In der UdSSR wurde die erste Wasserstoffbombe gezündet, erst ein Jahr zuvor hatten die USA ihre, nicht transportfähige, zur Explosion gebracht: Die Abstände im Rüstungswettlauf wurden kürzer. Frankreich verlor die den Indochina-Krieg entscheidende Schlacht von Dien Bien Phu. Die Berliner Konferenz der Großen Vier zur Deutschlandfrage scheiterte. Die Pariser Verträge über die Wiederbewaffnung der Bundesrepublik wurden unterzeichnet. Bald darauf lockerte die Sowjetunion das Reglement der Besetzung der bisher noch keinesfalls souveränen DDR, stimmte der Umwandlung der letzten SAG in Volkseigene Betriebe und der Beendigung der Reparationen zu.

Aderlass

Wenige Tage vor Stalins Tod hatte der Planungshauptleiter Erich Schreiber seinen Posten verlassen, ein Mann der alten Geschäftsleitung. Nun, nachdem er aus der Republik entflohen war, beschrieb man öffentlich seine frühere Anbindung an die braune Ideologie, er habe die NSDAP-Auslandsorganisation in den Zeiss-Filialen gegründet, und man nannte ihn einen Verräter. In meinem engeren Arbeitsumfeld gab sich niemand empört, eher gab es Besorgnis: So ein erfahrener Mann muss dem Werk doch fehlen ... Um die Mitte des Monats, am 18. März, waren von einem Tag auf den anderen der Kaufmännische Hauptleiter, Victor Sandmann, der Leiter der Rechtsabteilung, Dr. Schacht, und ein gewisser Kessler verschwunden, offenbar waren sie „in den Westen gegangen." Das erschien vielen als ein Schlag ins Kontor. Sandmann und Schacht – die galten doch als verdienstvoll beteiligt am Wiederaufbau und der allmählichen Wiederherstellung der Weltgeltung des Unternehmens! Es dauerte eine Weile, ehe die Erklärungsversuche von Werkleitung und Partei einsetzten – doch da überschlugen sich die Ereignisse bereits.

Am 21. 3. war ich wie alle Tage wieder als Postbote unterwegs. Vor dem Eintreten beim Disponenten Birkenbeil war ich besonders auf der Hut und vergewisserte mich, dass die Briefköpfe richtig herum sortiert lagen. Aber das Zimmer des Otto Birkenbeil war verschlossen – und blieb verschlossen. Er war verhaftet worden. Zeitgleich hatten die Sicherheitsorgane weitere 14 bis dahin hoch angesiedelte Spitzenleute des kaufmännischen und Vertriebsbereichs eingesammelt. Der für meine Begriffe Großkopfigste davon war Dr. Friedrich Wönne, Kaufmännischer Leiter Vertrieb, augenscheinlich ein ehemaliger Corpsstudent, jedenfalls war mir sein zerhacktes Gesicht aufgefallen. Sollte man die ihnen zur Last gelegten Taten wirklich „Verbrechen" nennen? Im Zeitalter des voll entbrannten Kalten Krieges musste man sie wohl als „Wirtschaftssabotage" werten. Doch was man den Flüchtigen und im letzten Augenblick Verhafteten vorhielt, wurde dem allgemeinen Zeiss-Volk in so allgemeinen Formeln hingeworfen, dass an der Fluchwürdigkeit der „Marktschädigung durch illegale Absprachen zur Marktaufteilung" und der „Abwerbung von Fachkräften für die Pseudo-Stiftungsbetriebe" im Westen Zweifel aufkamen. Eine der Anklagen lautete, Sandmann, Wönne, Peitscher und andere hätten jahrelang die Überleitung des Exports an den DIA, den Deutschen Innen- und Außenhandel, hintertrieben. Was das eigentlich bedeuten sollte, verstand ich damals noch nicht ...

Hinter vorgehaltener Hand fragten ältere Zeissianer und insbesondere vie-

le der ehemaligen „kleinen Pg", ob der Kahlschlag nicht eher eine Säube-
rungswelle sei, und wem es wohl demnächst an den Kragen gehen werde. In
einem hatten jene Fragesteller wohl recht: Die Festigung der Staatsmacht der
DDR und die Durchsetzung der Linie der 2. Parteikonferenz der SED erforderten die Entfernung der alten im Kapitalismus geformten Leitungselite. Deren
Ablösung stand im 1. Halbjahr 1953 mit einiger Verzögerung auch im VEB
Carl Zeiss Jena auf der Tagesordnung. Ich, der nicht ganz zwanzigjährige
Industriekaufmann-Lehrling Dietrich Lemke, wusste nicht, warum ich das
ausdrücklich begrüßen sollte. Ich war von Hause aus nicht mit Klasseninn-
stinkt ausgestattet, und aus meiner Sicht waren die von der Austreibung
getroffenen Manager des Zeisswerks richtungweisende Persönlichkeiten.
Bisher hatte keiner meiner Ausbilder, auch keiner der wenigen mit Parteiab-
zeichen, respektlos oder gar ablehnend oder hasserfüllt über die aus der Vor-
kriegsvergangenheit entstiegenen Führungsleute geurteilt – jedenfalls nicht
in meiner Gegenwart. Als diesen großen Namen von gestern auf morgen
dann das Steuer aus der Hand genommen wurde, dachte ich wie eine Mehrheit der Zeissianer: Wer kann deren Arbeit weiterführen? Gibt es überhaupt
Ersatz für diese erfahrenen Fachleute, gegen welche die mir bekannten wenigen Genossen im kaufmännischen Bereich allesamt „kleine Lichter" waren.

Ich wusste damals noch nicht, was es praktisch bedeutete, dass sich die
DDR als ein Staat der Diktatur des Proletariats verstand, geschweige denn
wusste ich um den Inhalt dieses Begriffes. Ich hatte auch kein Gefühl dafür,
dass die DDR 1953 noch auf wackligen Beinen stand und dass – würde nicht
die Sowjetunion zu ihrem Schutz aufmarschieren – eine Volkserhebung im
Handumdrehen zu einer völligen Umkehrung der politischen Verhältnisse
führen konnte. Für mich hatte alles Existierende Anspruch auf Existenz: Die
DDR, wie sie nun eben war, ebenso wie die Respektpersonen aus der alten
Zeiss-Hierarchie. Ich verstand immer erst im Nachhinein, warum in der DDR
Änderungen mit Gewalt vollzogen oder Änderungen mit Gewalt verhindert
worden waren. Ich gebe zu, dass erst die spätere Ausbildung an der Hochschule für Außenhandel in Berlin-Staaken und das Verinnerlichen der im Studium des Marxismus-Leninismus gewonnenen Erkenntnisse eine hinreichen-
de Ordnung politischer Gedanken in meinem Kopf erzeugten und ich erst zu
jener Zeit eine gewisse Fähigkeit zur Analyse von Klassen- und Gruppenin-
teressen auszubilden begann. In Sommer 1953 in Jena war ich politisch noch
ein schwankendes Rohr im Wind …

Viel mehr, als über die „Agentenaffäre" in der Jenaer Zeitung stand, erfuhr
ich auch in den folgenden Wochen nicht, doch ein kleiner Blick hinter die

Kulissen wurde auch mir gewährt. Es muss gegen Ende Februar 1953 gewesen sein, als mich der Hauptkassierer der Zentralen Betriebsgruppenleitung der FDJ mit der Bitte angesprochen hatte, ihm bei der Ordnung der verlotterten Beitragsunterlagen behilflich zu sein. Das brachte mir den Stand eines beigeordneten Hilfsarbeiters der zentralen FDJ-Leitung ein, und selbst dieser geringe Status verlieh mir ohne mein Zutun soviel politische Bedeutung, dass ich an der Seite der hochrangigen Würdenträger der FDJ-Leitung zu einer geschlossenen Sitzung der Parteileitung der SED und der Werkleitung ins Südwerk eingeladen wurde, in der die Hintergründe der Verhaftung der 15 früheren Zeiss- Manager aufgedeckt werden sollten. Trotz meiner so geringen politischen Vorbereitung erkannte ich: Das war eine Art Strafgericht, zu dem eigens ein hochbedeutender Vertreter des Zentralkomitees der SED aus Berlin, Genosse Hengst aus der Abteilung „Handel und Verkehr", angereist war, der die sträfliche Vernachlässigung der revolutionären Klassenwachsamkeit durch die Genossen der Partei- und Werkleitung des Zeisswerks anklagte. Der Werkleiter Dr. Hugo Schrade saß im Präsidium des Scherbengerichts, und als der Berliner Abgesandte kaum verhüllt wissen ließ, dass nur wenig gefehlt hätte, und auch der sonst so verdienstvolle Werkleiter wäre in den Kreis der Verbrecher hineingezogen worden, da ging diesem die Zigarre aus, die er wie immer auch an diesem Tage entzündet hatte. Auch wir Ausgewählten erfuhren nicht, was die Verhafteten (die dann am 6. Oktober 1953 vor dem Bezirksgericht Gera zu hohen Gefängnis- und Zuchthausstrafen verurteilt wurden) eigentlich verbrochen hatten, auch wir erhielten nur die schon bekanntgegebenen Gemeinplätze: Sie hätten „den Handel mit dem Kapitalistischen Ausland behindert, wichtige Forschungsergebnisse gestohlen und Abwerbung von Spezialisten betrieben." Durch die Sitzreihen der Versammlung „rieselte etwas Heißes", um Erich Weinert zu bemühen, „Gott, was im Bette vor sich ging, man weiß es, doch möcht' man wissen w i e' s geschah." Ob die Wönnes wirklich Strafwürdiges begangen hatten, daran blieben Zweifel.

Ich glaube, dass die Jenaer Werkleitung unter Dr. Schrade Anfang der 50er Jahre von Marktabsprachen der Verantwortlichen des kaufmännischen Bereichs mit Heidenheim gewusst hat, aber wohl der Meinung war, dass diese per Saldo für Zeiss Jena nicht von Nachteil, eher von Vorteil waren. Dazu könnte die Überlegung gehört haben, dass Zeiss Jena für den Absatz der nicht mit Heidenheim konkurrierenden Erzeugnisse das weltweite, eingefahrene gemeinsame Zeiss-Vertriebsnetz nutzen kann, solange es nicht zum offenen Bruch mit Heidenheim kommt. Und deshalb ging Hugo Schrade wohl die Zigarre aus …

Der 17. Juni 1953

Für meine Eltern und mich war die DDR kein geliebter, aber auch kein gehasster Staat. In meiner Familie war keiner der Meinung, dass man in der DDR nicht leben könne und alle Zukunft im Westen läge. Die Lemkes sahen nichts, wofür sie der DDR zu Dank verpflichtet gewesen wären, hatten aber auch durch die DDR nichts Unwiederbringliches verloren. Dieses Gleichgewicht der Gefühle schien 1953 verloren zu gehen. Als Inhaber einer Kleinstadtapotheke galt mein Vater als „Unternehmer". Er litt wirtschaftlich darunter, dass die Steuerschraube angezogen wurde und seine Einnahmen sanken, mehr aber noch unter der Sorge, die Steuerprüfer könnten ihre für ihn unberechenbare und willkürliche Prüfungspraxis und den Zustand immerwährender Unsicherheit weiter verschärfen. Er befürchtete, diese Praxis ziele darauf ab, die noch verbliebenen privaten Apotheken allesamt in Staatshand zu bringen.

Im 1. Halbjahr 1953 wurden die „Selbstständigen" von einer Reihe von Schikanen getroffen, die das Leben erschwerten: Rückständige Steuern wurden mit Zwang eingetrieben. Staat und Partei behaupteten, die Handwerker und Gewerbetreibenden hätten ausreichend hohe Einnahmen, um die stolzen Preise der „Handels-Organisation" (HO) für frei verkaufte Lebensmittel bezahlen zu können, und entzogen ihnen die Lebensmittelkarten. Die selbstständigen „kleinen Krauter" hätten die Schurigeleien möglicherweise knurrend hingenommen und den Schwanz eingezogen. Aber es wurden auch Preise für einige freiverkäufliche Nahrungs- und Genussmittel erhöht, für die a l l e Werktätigen nun mehr Geld hinlegen mussten.

Der schwerste Fehlgriff aber war, auch den Arbeitern an die Lohntüte zu gehen – durch die administrative Erhöhung der Arbeitsnormen um mindestens 10 Prozent, in einzelnen Fällen sogar bis um 30 Prozent.

Am 17. Juni 1953 war ich zur Ausbildung in der Kontokorrent-Buchhaltung (KKBu). In einem Großbetrieb wie Carl Zeiss waren auch die kaufmännischen Arbeitsaufgaben so aufgespalten und hochspezialisiert, dass eine große Zahl oft nur angelernter Angestellter einfache, immer wiederkehrende Arbeitsschritte vollzog, ohne eigentlich zu wissen, wie der eigene Arbeitsschritt in den Gesamtprozess eingebaut war. Auch in der Kontokorrent-Buchhaltung hatten die meisten meiner etwa dreißig Kolleginnen und Kollegen, mit denen ich an langen Tischen Seit an Seit saß und Belege über Fertigwarenverkäufe für die Buchung vorbereitete, „kontieren" hieß das, offensichtlich nur einen verengten Blick.

Ich saß dem Bürovorsteher schräg gegenüber, er hieß Kamprath oder Kamprad oder so ähnlich. Auch heute, am 17. Juni, griffen er und seine Mitarbeiter pünktlich zu den Stiften. Doch anderenorts auf dem Werkgelände breitete sich Unruhe aus. Irgendwie sickerte in unseren Arbeitsraum die Nachricht, vom Südwerk her marschiere ein Arbeiterhaufen zum Stadtzentrum, und hier im Hauptwerk werde zu einer Kundgebung auf dem Werkshof aufgerufen.

Wir in der Kontokorrentbuchhaltung sahen nun immer häufiger zu unserem Vorsteher hin, was der wohl von einer Arbeitsunterbrechung hielte, aber der verzog keine Miene und bewegte den Griffel. Kein Abteilungsleiter erschien, um sich davon zu überzeugen, dass wir fleißig wären, aber auch kein Aufrufer zu Streik und Revolte ließ sich blicken, höchstens mal ein Mitstreiter von der Abteilung nebenan zum Tuscheln. Nach der Frühstückspause zog sich der erste Streikwillige aus der KKBu unauffällig zurück, ohne sich bei seinem Vorarbeiter abzumelden, dann ging ein weiterer, noch andere folgten – alle ohne Aufhebens, ohne aufrührerische Rede – die Reihen lichteten sich. Die einzige Veränderung, die mit meinem Bürovorsteher Kamprad vor sich ging: Er legte ab und zu das Schreibgerät aus der Hand und sah zum Fenster hinaus auf die gegenüberliegende Rückfront der Fertigungsstätten an der Ernst-Abbe-Straße. Als es auf Mittag zuging und die verbliebene Kontierungsriege an den Fingern einer Hand abzuzählen war, ging auch ich auf diskrete Weise, und der Herr Kamprad sah mir ohne sichtlichen Ärger hinterher. Auch ich gesellte mich nun dem Aufruhr zu, aber nicht, ohne noch vorher das preiswerte Werksessen in der Kantine eingenommen zu haben.

In den folgenden Jahrzehnten wurde ich stets vor der Abfassung von Lebensläufen aufgefordert, darin auch mein Verhalten am 17. Juni 1953 zu erläutern: „Wo, Genosse, standest du am 17. 6. 53?" Ich allein kannte die ganze Wahrheit, aber ich hielt es für besser, nur die halbe aufzuschreiben. Die reichte völlig aus und lautete: Ich stand am 17. 6. 53 auf Seiten der DDR und war nicht mit den Gegnern der DDR im Bunde. Die andere Hälfte der Wahrheit war: Ich fühlte mich mit denen „an der Spitze" nicht solidarisch, jedenfalls nicht um jeden Preis. Die führende Partei, die angeblich „immer Recht" hatte, hatte sich mit schlecht überlegten Maßnahmen den Zorn vieler Arbeiter und Kleingewerbetreibenden zugezogen – das sollte sie erst mal wieder in Ordnung bringen. Ehrlich gesagt, schien es mir gar nicht so schlecht, dass die immer Recht habende Partei einmal zu spüren bekam, dass sie doch nicht immer alles rechtzeitig wusste und nicht alles im Griff hatte.

Von den Arbeiterzügen, die sich aus dem Südwerk und Hauptwerk in das Stadtinnere gewälzt hatten, sah ich nichts mehr, jedenfalls nichts, was irgendwie organisiert oder geschlossen gewirkt hätte, als ich mich nun zum revolutionären Zentrum vorarbeitete. Dort, wo der Teichgraben in den Holzmarkt mündet, befand sich eine private Musikalienhandlung – heute sitzt dort die Citibank – vor deren Tür ich stehenblieb. Die allerbeste Sicht hatte ich von dort nicht, einige, die einen besseren Blick haben wollten, waren in die Bäume geklettert.

Mitten auf dem Holzmarkt stand ein sowjetischer Panzer, dicht von allerlei Volks umringt, das nicht aussah wie Zeiss-Facharbeiterschaft. Allerlei Plebs reizte die stoische Panzerbesatzung mit Schreien und Grimassen, später wurde behauptet, einige hätten das Horst-Wessel-Lied angestimmt – ich habe weder das Deutschlandlied, noch das Horst-Wessel-Lied singen hören. Jugendliche versuchten, auf den Panzer zu steigen, der aber drehte das Geschützrohr und schüttelte sie ab. Keiner auf dem Holzmarkt schien es für möglich zu halten, dass das von Menschen umschlossene Panzerungetüm einen Schuss in die Menge abfeuern könnte. In dem mehrstöckigen halbrunden Bau, der den Holzmarkt nach Südosten hin abschließt, befand sich nicht nur das Palastcafé, das kannte ich schon, sondern auch die Kreisleitung der SED, die kannte ich bis dahin noch nicht. In die letztere war eine Gruppe von Aufrührern eingedrungen, hatte Schreibtische und Aktenschränke mit der Axt geöffnet und warf aus den Fenstern armweise den Inhalt von Aktenschränken und Karteikästen wie grobes Konfetti auf den Holzmarkt herunter.

Bald war eine große Fläche nahe der Straßenbahnhaltestelle so hoch mit Papier bedeckt, dass es um die Fußgelenke raschelte, als schritte man im Spätherbst durch einen Buchenwald. Was ich da am frühen Nachmittag auf dem Holzmarkt erlebte, sah nicht wie eine politische Demonstration aus, es gab keine Spruchbänder, kein Redner schwang sich auf. Es waren eigentlich keine richtigen Aktivisten zu erkennen, wenn ich von ein paar Männern absah, die aussahen wie Heizer oder Bauhilfsarbeiter mit großen Schaufeln – später las ich, es seien Arbeiter der DHZ Kohle gewesen – und um die sich nun eine größere Menschengruppe zu sammeln begann. Die Gruppe schien ein vom Stadtkern entfernteres Ziel zu haben. Als sie die Johannisstraße hinaufzog, kam sie in der Nähe des ehrwürdigen alten Studentenlokals „Zur Rosen" an einem Haus vorbei, an dem Transparente mit staatstragenden Losungen hingen. Die Vorausmarschierer stemmten ihre großen Schaufeln nach oben, hoben die Transparente aus den Haken und ließen sie aufs Pflaster krachen. Danach – das habe ich aber nicht mit eigenen Augen gesehen - wurden im FDGB-Haus am Johannisplatz die Türen zum Büro des Gebietsvorstandes Jena der IG Metall eingetreten, Fensterscheiben zerschlagen, Schreibtische erbrochen, Akten und Bücher aus den Schränken gerissen und vernichtet und angeblich auch Gelder gestohlen.

Ich war nun schon auf dem Weg zurück zu meinem Arbeitsplatz in der Kontokorrent-Buchhaltung, doch da war zu hören, das Jenaer Gefängnis sei „befreit" worden, und ich drehte noch einmal um: Das wollte ich erst einmal sehen – ein Gefängnis hatte doch bewaffnete Bewacher! Doch die schienen das Weite gesucht zu haben, denn tatsächlich, als ich das Angergässchen zum Steiger hinauf ging, sah ich mit eigenen Augen: Das Tor des Untersuchungsgefängnisses stand offen, viele Fensterscheiben waren eingeschlagen, davor standen, von Menschentrauben umringt, einige der freigelassenen Häftlinge in Anstaltskleidung – waren das „Politische"? Einer, der die vorangegangene Erstürmung offenbar selbst erlebt hatte, sagte, den Bewachern habe man die Pistolen entwunden, es seien alle Insassen des Gefängnisses freigekommen, auch alle „Kriminellen", keiner hätte doch gewusst, „wer ist wer". Mich beschlich nun doch ein ungutes Gefühl – sah so eine Revolution aus? Ins Werk ging ich nicht mehr zurück, weil ich hoffte, in meinem Werkswohnheim wenigstens aus dem Radio zu erfahren, ob es auch in anderen Städten zu Arbeitsniederlegungen gekommen war und von welcher Art die Führer waren, die sich dabei hervorgetan hatten. Der Gedanke, es könnte die ganze DDR umgestürzt und eine neue Regierung ausgerufen sein, kam mir nicht, das war für mich unvorstellbar und auch unerwünscht. Im Werkswohnheim hörte ich nur Schauergeschichten. Noch nie hatte ich gehört, dass es in der Nähe unseres Heimes eine Dienststelle der „Staatssicherheit" gäbe, aber jetzt erklärte mir ein Heiminsasse, er habe vorhin eben selbst „im Mühltal" den erstürmten Sitz dieser geheimnisvollen Organisation gesehen, Türen und Fenster aufgebrochen. Bis in den Keller zu den Dunkelzellen sei er vorgedrungen, und wie am Holzmarkt hätten die Erstürmer die geheimen Ablagen und Spitzellisten herausgeholt und in den Leutrabach geworfen.

Am Morgen des 18. Juni war das Arbeitsvolk der Zeisswerke wieder fast vollzählig an seine Wirkungsstätten zurückgekehrt. Der Kommandant der sowjetischen Garnison Jena hatte noch am Vortag eine Nebenfigur des Aufruhrs, die an den Ausschreitungen gegen die SED-Kreisleitung beteiligt gewesen war, standrechtlich erschießen lassen, Franz Diener. Diener, der in aller Hast als Rädelsführer erkannt und in Weimar füsiliert worden war, war kein führender Kopf des Geschehens gewesen, einen solchen schien es nicht gegeben zu haben. Jedenfalls keinen, der die Zeissianer dazu hätte gewinnen können, die gegebene Ordnung der Dinge umzustürzen und Lohn und

Brot zu riskieren. Auch der Bürovorsteher Kamprad in der Kontokorrent-Buchhaltung, der den ganzen lieben Revolutionstag lang auf dem Hintern hockengeblieben war, saß nun wieder seinen 30 Kontierern vor, die ab sofort wieder pünktlich zu kommen und nicht vorzeitig zu gehen hatten.

Es war mir wichtig herauszufinden, wie es zu den Arbeitsniederlegungen bei Zeiss gekommen war, und ich las nach dem 17. Juni alles, was mir in die Finger fiel. Aus dem Wenigen, was schwarz auf weiß zu finden war, konnte ich herauslesen, dass es in den Fertigungsbereichen Unruhe wegen der Anerkennung von Rüstzeiten und der Nichterkennung von Arbeitserschwernissen gegeben hatte. Die „Tribüne" vom 8. August 1953 nannte Beispiele: In der Abteilung ZSn war den Arbeitern für einen Teil der Rüstzeiten der gesetzlich vorgesehene Durchschnittslohn verweigert worden. Weil Be- und Entlüftungsanlagen fehlten, hätte die Arbeitsschutzkommission der BGL längst die Zahlung einer Erschwerniszulage durchsetzen müssen. Das geschah nun „unbürokratisch" und blitzschnell ... Der Reporter der „Tribüne" fragte den Arbeiter Karl Beu, wieviel er nun, nach der Lohnerhöhung, mehr in der Tüte hätte. Der brauchte nicht lange nachzurechnen: „Jetzt sind es 1,18 DM die Stunde in Lohngruppe IV, sieben Pfennig dazu, also 1,25 DM. Im Monat sind das 14,50 DM Mehrverdienst." Um solche Beträge war es gegangen ... Und die „Tribüne" schrieb noch: „Ist ja auch bisher nicht vorgekommen, dass die Gewerkschaftsfunktionäre von der BGL des Zeiss-Werkes in die Abteilung kommen und auf Anhieb eine Frage klären." Die Partei und die Presse hielten sich zurück, die Arbeiter wegen der Arbeitsniederlegungen zu beschimpfen, allenfalls hieß es, es sei schon „erstaunlich, dass die Zeisswerker, die doch gewohnt seien, nüchtern, sachlich und objektiv zu denken und die sonst nur täten und sagten, ‚was Hand und Fuß' hätte, gedankenlos faschistische Forderungen nachgeplappert hätten." So hielt sich die Vorstellung, dass die Demonstrationen und Arbeitsniederlegungen berechtigte Methoden gewesen seien, um Arbeiterforderungen durchzusetzen. In Teilen des Werkes wurden Unterschriften zur Freilassung der Anführer der Ausstände gesammelt. Der Versuch, am 11. Juli erneut zu streiken, wurde vereitelt.

Was erfuhr man über die Rädelsführer des Ausstandes? Es gab offensichtlich keinerlei Beweise für ein weit verzweigtes aus der Bundesrepublik gelenktes Organisationsnetz, sondern alles schien zu bestätigen, dass die wenigen, die sich am Vormittag des 17. Juni zu Sprechern der Zeiss-Belegschaft erhoben hatten, eher spontan gehandelt hatten. An erster Stelle wurde der 34jährige Eckhardt Norkus, Facharbeiter in der Ophtalmo-Montage, genannt, Vetter des zu einem Märtyrer der nationalsozialistischen Bewegung erhobenen Hitlerjungen Quex Herbert Norkus. Der gelernte Zeissianer Eckhardt Norkus war ein eher „kleines Nazi-Licht" gewesen: Er hatte es bis zum Adjutanten des Stammführers des Deutschen Jungvolks in Jena gebracht und 1938 einen „Führerlehrgang" in Bad Berka besucht. Das waren Jugendsünden, die damals bereits jedem, der bei Zeiss am Aufbau mittun wollte, verziehen waren - solange er nicht rückfällig wurde.

Eckhardt Norkus forderte die Arbeiter einiger Abteilungen auf, sich um 10.00 Uhr auf dem Hof des Hauptwerkes zu einer Demonstration einzufinden und von dort aus zum Marktplatz zu marschieren. Er selbst ergriff im Zeiss-Werkshof das Wort. Was er gesagt hat, ist nicht überliefert, auch die Zeitungen, die über seine spätere Verurteilung berichteten, haben kein einziges Zitat verwendet. Wenn ich die öffentliche Abrechnung mit Norkus, die erklärt, was er gewollt und beabsichtigt hat, richtig deute, dann muss er wohl die Beseitigung der DDR-Regierung und die Wiedereinführung der alten Zeiss-Betriebsordnung anstelle des mit so viel Geburtswehen zustande gekommenen Betriebskollektiv-Vertrages gefordert haben. Es hieß, er habe in seiner Rede auch zum Sturm auf die Jenaer Haftanstalt aufgefordert. Am weiteren Geschehen in Jena war er selbst unbeteiligt, da er sofort nach der Hofversammlung nach Stadtroda fuhr, um die Mitarbeiter der Firma Fratz & Glaser zum Ausstand aufzufordern. Als Rädelsführer wurden auch die Gewerkschaftsmitglieder Diplom-Physiker Rottmann und Jacob bezeichnet. Ihre faschistische Vergangenheit bestand in der Zugehörigkeit zur Hitlerjugend. Nach Zeugenaussagen war Rottmann am Überfall auf das Büro der FDJ-Leitung der Friedrich-Schiller-Universität beteiligt. Dort wurden Fahnen, Embleme und Politikerporträts heruntergerissen, danach besetzte die Gruppe die Mensa und versuchte, den Universitätsfunk in die Hand zu bekommen. Norkus bekannte sich vor Gericht schuldig – wessen genau, wurde nicht bekanntgegeben – und wurde nach § 125, Absätze 1 und 2, des Strafgesetzbuches der DDR zu 3 Jahren Zuchthaus verurteilt – ich meine mich zu erinnern, dass das Urteil später auf 2 Jahre Gefängnis zurückgesetzt wurde. Rottmann wurde zu 1 Jahr Gefängnis verurteilt.

Auf neuem Kurs

Auf einem „neuen Kurs" sahen sich SED und Regierung seit dem Juni 1953. Auch für mich war das zweite Halbjahr 1953 eine Zeit der Kursbestimmung. Ich erkannte klarer, wo ich hin will und was ich dafür tun muss. Was das Fachliche betraf: Ich war entschlossen, die Lehre vorzeitig nach dem 2. Lehrjahr abzuschließen und Außenwirtschaft zu studieren. Was das politische

Engagement betraf: Ich führte meine Aufgabe als Hauptkassierer und Finanzsekretär der 2.000 Mitglieder der Zeiss-FDJ und Rechnungsführer des Philipp-Müller-Kulturensembles ordentlich weiter. Ich hielt die DDR – in der ja nun offensichtlich Fehler und Überspitzungen korrigiert wurden – für den besseren und sozial gerechteren deutschen Staat, und ich wollte etwas werden!

Auch meine Eltern bestimmten ihren Kurs neu und trafen im 2. Halbjahr 1953 eine folgenschwere Entscheidung. Obwohl die zuständigen Staatsorgane signalisierten, dass sie keine Enteignung der noch privaten Apotheken beabsichtigen, sondern die Apothekenbetriebsrechte der gegenwärtig noch selbstständigen Apothekeneigner bis zu deren Ausscheiden aus dem Beruf nicht antasten wollen, traute mein Vater dem Frieden nicht mehr. Er bot dem Staat schweren Herzens und nur scheinbar freiwillig den Verzicht auf die Betriebsrechte und den Verkauf von Einrichtung und Warenlager an und erhielt dafür die Zusicherung, er könne die bisher private Apotheke zukünftig als Betriebsleiter führen. So wurde es vereinbart. Ab 1. 1. 1954 gehörte mein Vater zur „Intelligenz" und hatte Anspruch auf eine angemessene Altersrente. Seine beiden Söhne sprangen, wie früher die durch Ablass geretteten Seelen aus dem Fegefeuer in den Himmel, aus dem sozialen Status „Selbstständiger, Unternehmer" in den der „Medizinischen Intelligenz", und hatten mit einem Schlage wesentlich günstigere Aussichten, nicht nur überhaupt studieren zu dürfen, sondern auch, in der bevorzugten Fachrichtung angenommen zu werden.

So lagen die Dinge, als ich das 2. Lehrjahr begann. Weil ich jetzt wusste, wohin meine Reise gehen soll, verwandte ich Energie vor allem auf Abteilungen und Arbeitsgebiete, die unter die große Überschrift „Außenhandel" zu stellen waren. Ich kaufte mir Fachbücher über Handels-, Wechsel- und Seerecht und las in Fachzeitschriften. Die Ausbildung zum Industriekaufmann schloss den Vertrieb ein, worunter der Verkauf an die Deutschen Handelszentralen (DHZ) und der eigene Direktvertrieb von Spezialausrüstungen und der Verkauf über Industrieläden zu verstehen waren. In diesem Ausbildungsabschnitt war ich in der Fertigwaren-Lagerverwaltung, in der Preisabteilung, in der Absatzvertrags- und Fakturenabteilung, der Werbeabteilung und in der so genannten Auskunftei.

Wie ein Exportgeschäft von Anfang bis Ende abläuft, lernte ich in meiner Ausbildung noch nicht. Die Lehre zum Industriekaufmann sah keine gezielte Ausbildung für Exportaufgaben vor, die Leiter der Auslands-Vertriebsbüros – sie trugen die Bezeichnung Disponenten – lernte ich, wie schon berichtet, nur als Postbote kennen, und als ich gegen Ende der Lehrzeit eine der Fachvertriebsabteilungen – Photo – durchlief, stellte ich fest, dass der Abteilungsleiter und sein Vertreter die Exportaufgaben allein in der Hand behalten wollten.

Im „DIA" lag von nun an die Akquisition, der „DIA" führte die Verkaufsverhandlungen bis zum Vertragsabschluss in ausländischer Währung. Der „DIA" erwarb die Exporterzeugnisse von Zeiss, hielt ein beträchtliches Fertigwarenlager und verkaufte im eigenen Namen und für eigene Rechnung. Damit waren nach der Ausschaltung der aus dem alten Zeiss-Management hervorgegangenen Disponenten die direkten Fäden der Zeiss-Nachgründung in Oberkochen-Heidenheim nach Jena gekappt. Der „DIA" war wegen des hohen Erklärungsbedarfs für die wissenschaftlichen Zeiss-Geräte zu jeder Zeit auf die Expertise und Verhandlungshilfe der Wissenschaftler, Techniker und technischen Kaufleute von Zeiss angewiesen.

Zwischen März 1953 und September 1954, das ist die Zeit, in der ich mich bei Zeiss für die Außenwirtschaft warm machte, kam ich mit dem Export in der „Versandabteilung" hautnah in Berührung. Die Versandabteilung war ein Riesensaal für 120 Mitarbeiter, die an langen Tischen die in den Export-Aufträgen vorgeschriebenen Versanddokumente zusammenholten oder selbst ausfertigten: Währungsfakturen, Ursprungszeugnisse, Qualitätszertifikate, Zollrechnungen, Zollinhaltserklärungen ... Der Versandabteilung unterstand die Packerei, der die Signaturen vorzugeben waren. Der Leiter der Versandabteilung, Rölle, ein massiger Kerl mit roter Knollennase, und sein Vertreter und erkorener Nachfolger Sperhake thronten leicht erhöht in einem Glaskasten. Die einzelnen „Versender" organisierten die Anlieferung der Exportwaren aus den Fertigwarenlagern in die Packerei, veranlassten die Übernahme der Versandkolli durch die Spedition, sie forderten die Warenbegleitscheine an und schickten die Versandmeldungen ab, und sie überwachten den Rückfluss der An-Bord-Konossemente, Spediteur-Übernahmebescheinigungen, der bestätigten Eisenbahn-Frachtbriefe, Posteinlieferungsscheine u. a., die sie zusammen mit anderen vorgeschriebenen und schon vorliegenden Dokumenten vervollständigten und beim DIA zur Abrechnung einreichten. Dem oblag es, dem Auslandskunden Rechnung zu legen und die zahlungsauslösenden Dokumente zur Inanspruchnahme von Akkreditiven der Bank einzureichen oder den Forderungseinzug „Kasse gegen Dokumente" auszulösen.

Von allen Abteilungen, in denen ich bis dahin gedient hatte, war die Versandabteilung die „internationalste", und ihre Mitarbeiter behaupteten nicht zu Unrecht, dass ihnen der Wind des Welthandels um die Nase wehe. Mein Ausbilder war ein kleiner, drahtiger, spindeldürrer Mittdreißiger, von Beruf Speditionskaufmann und stolz darauf, bei der Weltfirma Schenker & Co. in Gera gelernt zu haben. Schwer fiel ihm, Fremdsprachiges zu handhaben – ich merkte es, als er in die Zollinhaltserklärungen stereotyp „Marchandise de mesure en metal" als Warenbezeichnung einsetzte, „Metallmessgeräte", auch wenn die Kisten ganz anderes enthielten. Mein Ausbilder hieß Müller – und Müllers gab es bei Zeiss Hunderte, und selbst im Versand waren es drei oder vier.

In solchen Fällen kommt man bekanntlich ohne Namenszusätze nicht aus, und da „mein Müller" immer voll engagiert war, im Laufschritt daherkam und mit den Armen ruderte, hieß er „Wind-Müller".

In der Freien Deutschen Jugend

Mein 1. Sekretär Karl Kaufmann war ein Rhöner Landsmann, ein Kalikumpel von der Werra, ein leibhaftiger Vertreter der Arbeiterklasse. Gelernter Werkzeugmacher, war er Schrapperfahrer im Kaliwerk Merkers geworden, hatte härteste Arbeit unter Tage geleistet und war zum jugendlichen Vorbild aufgebaut worden. Ich hatte ihn um das Jahr 1949 herum erlebt, als ich als Delegierter der FDJ-Organisation der Vachaer Oberschule an einer nach Art der Stalinzeit inszenierten Kreisdelegiertenkonferenz im Großen Kurhaussaal in Bad Salzungen teilnahm. Zu den Ritualen solcher Ereignisse gehörte der Einmarsch sieghafter Arbeitshelden, und der damals 20, 21 Jahre alte Karl Kaufmann war wirklich einer.

Als wir uns 1953 in Jena wiedersahen, verstand ich schnell: Sie hatten Karl Kaufmann überzeugt, politische Führungsaufgaben zu übernehmen. Ich bin sicher: Er muss sofort verstanden haben, dass seine geringe Bildung und seine raue Arbeiterart es ihm, dem gerade mal 24-Jährigen, schwer machen werden, in einem Großbetrieb der Hochtechnologie und in einer Jungarbeiterschaft mit viel Intelligenz und vergleichsweise hohem Bildungsniveau Anerkennung zu finden. Er war ja auch kein mitreißender Redner. Ich denke, er muss vor der Aufgabe erschrocken sein – denn die Partei hatte ihm diese ja gerade gegeben, weil sie von außen Spitzenfunktionäre in den Zeiss-Organismus einpflanzen wollte, die nicht angekränkelt waren vom versöhnlerischen und traditionalistischen Geist der Zeiss- Arbeiteraristokratie und von der „Zeiss-Legende." Karl Kaufmann war es, der mich nahm, wie ich war, der mich nicht zu nutzloser Beisitzerei in der Zentralen FDJ-Leitung zwang und der mir den Weg zum Studium glättete.

Über meine Facharbeiterprüfung, deren Ergebnis mir am 31. 8. 1954, genau zwei Jahre nach Lehrbeginn, schwarz auf weiß bescheinigt wurde, will ich nicht viel schreiben: Ich erhielt 300 Punkte von 300 möglichen. Das bedeutete: Mit Auszeichnung bestanden. In den 300 von mir erzielten Punkten steckten die für eine geschenkte Stenografienote. In der schriftlichen Prüfung hatte ich die Frage nach dem Verhältnis von „Umlaufgeschwindigkeit und Geldwert" zu beantworten. Vorsitzende der berufspraktischen Prüfung waren die Kaufmännischen Direktoren von Zeiss und Jenapharm, Dr. Hüber und Bornschein. Im warenkundlichen Teil der Prüfung ließ mich Hüber Linsenschnitte von Tessar und Triotar zeichnen. Die Prüfung war keine Formalität – doch bei Zeiss hatten sie sich schon vorher eine abschließende Meinung über meine Verwendbarkeit gebildet. Sie wollten mich behalten.

Eigentlich konnte meinem Wunsch, in Berlin-Staaken Außenhandel zu studieren, jetzt nur noch eines in die Quere kommen: Wenn mich die Werber für die Kasernierte Volkspolizei aufs Korn nähmen oder die FDJ-Leitung meinte, ich solle mir das Studium erst durch einen mehrjährigen „Dienst mit der Waffe in der Hand" verdienen und mich dazu freiwillig melden. Aber der Kelch ging an mir vorbei …

Meine erfreulichsten und zugleich meine letzten Ausbildungsmonate waren die im Photo-Vertrieb. Nach dem 17. Juni 1953 war entschieden worden, die Konsumgüterproduktion auch bei Zeiss anzukurbeln – Feldstecher, Photo-Objektive, Belichtungsmesser wurden in steigenden Stückzahlen produziert, die Entwicklung der Kleinbildkamera „Werra" vorangetrieben. Das brachte auch neue Aufgaben für den Vertrieb und hob seine Bedeutung.

Kameras mit hochwertigen Zeiss-Objektiven waren ebenso wie Zeiss-Feldstecher wegen ihrer hohen Qualität begehrt. Im Gegensatz zu manchem anderen Konsumgut mussten die DDR-Käufer keine langen Wartezeiten in Kauf nehmen. Angebot und Nachfrage blieben aber nur deshalb ausgeglichen, weil es allen privaten Käufern untersagt war, Feldstecher und Kameras nach Westdeutschland oder ins Ausland zu verschenken oder weiterzuverkaufen. Dort konnte man damit gutes Geld verdienen oder zumindest einen besseren Wechselkurs Ostmark : Westmark erzielen, als er in den Westberliner Wechselstuben gewährt wurde. Jeder Käufer musste einen „Revers" unterschreiben und zusichern, dass die gekauften optischen Geräte in der DDR verbleiben. Für Verstöße waren Strafen angedroht. Während meiner Ausbildung lernte ich auch die „Auskunftei" kennen. Hauptaufgabe dieses Bereichs war die Pflege der Daten über das Wiederverkäufersystem von Carl Zeiss Jena, die systematische Sammlung von relevanten Informationen über die politische und handelspolitische Situation in den Zielländern des Zeiss-

Exports in „Ländermappen", und dazu war nun das System der Verfolgung von Missbräuchen beim Vertrieb der Zeiss-Geräte gekommen. Die von den Käufern in der DDR unterzeichneten Reverse wurden aus der ganzen Republik nach Jena gesandt und nach Personalausweis-Nummern geordnet nach einem archaischen System manuell in Listen registriert. Wenn der Listenschreiber – auch ich war mit solcher Tätigkeit eine gute Woche betraut - beim Eintragen feststellte, dass derselbe Ausweisinhaber das zweite Teleobjektiv erstanden hatte, galt er als fauler Kunde und löste polizeiliche Nachforschungen aus. Nachforschungen setzten auch dann ein, wenn Händler in Westdeutschland oder dem kapitalistischen Ausland bei ihren Konkurrenten Objektive und Feldstecher aus Jena antrafen und die Fabrikationsnummern feststellten. In der Auskunftei wurden auch die von 1954 ab anschwellenden Presseveröffentlichungen zum Warenzeichenstreit der Jenaer Zeiss-Stiftung mit der Pseudostiftung in Heidenheim aufbereitet.

Der Warenzeichenstreit, der ein Ausfluss des Kalten Krieges war, verlegte Zeiss Jena den Weg in eine Reihe wichtiger kapitalistischer Abnehmerländer und vor allem auch nach Westdeutschland. Bis Anfang 1953 hatten Zeiss-West und Zeiss-Ost eine weitgehend einheitliche, zum Teil schon in der Vorkriegszeit aufgebaute Vertriebsorganisation im Ausland genutzt. Nun wurden die Jenaer ausgebootet. Die über den nur für Jena arbeitenden Vertreter Jähnert in Göttingen in der Bundesrepublik verkauften Geräte mussten unter der Bezeichnung „Jenoptik" – nach der Wende kehrte der Name für die von Lothar Späth vorgenommene Ausgründung aus dem alten Zeiss-Kombinat wieder – geliefert werden, in andere Länder unter dem Namen „Ernst Abbe Jena" – den westdeutschen Vertretern Jähnert und Pollnow wurde selbst die Verwendung des Namenszuges Ernst Abbe gerichtlich untersagt. Eine Reihe geschützter Objektivbezeichnungen durfte im Westen nicht mehr verwendet werden. In einigen Ländern obsiegte der VEB Carl Zeiss Jena in den Warenzeichenprozessen oder endete der Rechtsstreit mit der Marktzulassung für beide feindliche Schwestern, das heißt, der Name Carl Zeiss durfte von beiden Unternehmen gebraucht werden. In anderen wurde Carl Zeiss Jena der Marktzugang unter seinem rechtmäßigen Namenszug verwehrt. Zu den Ländern, in denen die nationale Rechtsprechung dem VEB Carl Zeiss Jena die Verwendung seiner korrekten Unternehmensbezeichnung und die Nutzung des so genannten Zeiss-„Linsenrahmens" erlaubte, gehörten u. a. Ägypten, Indien, aber auch Frankreich, Großbritannien und die USA. Die Exporte in die sozialistischen Staaten blieben vom Warenzeichenstreit unberührt. Der Westexport des Jenaer Werkes erreichte den Stand vor Ausbruch des Warenzeichenstreites bald wieder, blieb aber bis zum Ende der DDR ein zu schwacher Posten in der späteren Erfolgsgeschichte des volkseigenen Unternehmens und des Kombinats. Als ich nach meiner Februar-Bewerbung beim MAI nichts von dort hörte, war ich im Juli 1954 unruhig nach Berlin gefahren und hatte mich in der Kaderabteilung des Außenhandelsministeriums angemeldet. Ich wurde auch empfangen, von einem ziemlich jungen Brillenträger mit krausem Haar, der sich mit „Meyer" vorstellte, ohne aber mit einem Sterbenswörtchen zu offenbaren, dass er nicht irgendein kleines Licht der aus der Kadermacherei war, sondern der designierte zukünftige Rektor der Hochschule. Ich weiß nicht mehr wörtlich, was ich „Herrn Meyer" vortrug, aber ich verhielt mich nach dem Glaubenssatz meines Vaters: „Wenn ein Mensch ein Ziel mit festem Willen und mit ganzer Seele verfolgt, erreicht er es auch." Ich sagte Herrn Meyer, ich hätte nach dem Abitur bewusst einen Umweg gewählt, um mir ganz sicher zu sein, wohin ich will, und es sei mein unumstößlicher Entschluss, Außenhandel zu studieren. Das war vielleicht zu fordernd-unbescheiden vorgetragen, denn Meyer antwortete nur kühl: Wer zum Studium gehe, das entscheide eine Auswahlkommission, und es lägen viele Bewerbungen von jungen Leuten mit guten Zeugnissen und Berufserfahrungen vor. Da spielte ich einen Trumpf aus, den ich noch gar nicht besaß: Ich sagte, der VEB Carl Zeiss Jena schlage mich zum Außenhandelsstudium vor. Darauf Meyer: Dann wird er uns das ja mitteilen. Als Meyer mich ohne Zusicherung irgendwelcher Art entließ, hatte ich einen Augenblick das Gefühl, es hätte ihm gefallen, dass da einer für seine Sache kämpfte.

Der 1. Sekretär der ZBGL, mein Landsmann Karl Kaufmann, ließ mich nicht im Regen stehen. Ohne zu wissen, ob man mich in Berlin denn überhaupt nehmen wolle, erhielt ich ein undatiertes (!) Schreiben, und das lautete so:

„D e l e g i e r u n g s s c h r e i b e n
Lieber Jugendfreund Dietrich Lemke!
Die Werktätigen unseres VEB Carl Zeiss Jena haben Dich für würdig befunden, das Studium an der Hochschule für Außenhandel Berlin aufzunehmen.

Betrachte Deine Delegierung als eine besondere Auszeichnung und zeige durch Deine Leistungen beim Studium und im gesellschaftlichen Einsatz zur Stärkung unseres Arbeiter-und-Bauernstaates, dass Du dieses Vertrauens wert bist.

Aufgrund Deines Studienauftrags bis Du verpflichtet, jährlich vor Deiner Gewerkschaftsgruppe und der Abteilung Arbeit/DAQu Rechenschaft abzulegen über Deine Leistungen und Erfolge."

Und dieses Delegierungsschreiben hatten unterzeichnet: Der Werkleiter Dr. Schrade, der Direktor für Arbeit Röhrdanz, der Kaderhauptleiter Seele, der Sekretär der Freien Deutschen Jugend Kaufmann und der BGL-Vorsitzende Manz. Und es wurde an die von mir angegebene Anschrift in Berlin gesandt, „zu Händen des Genossen Meyer."

Wenn ich nun gehofft hatte, bald aus dem beunruhigenden Wartestand erlöst zu werden, hatte ich mich geirrt. Aus einem erhalten gebliebenen Brief an meine Eltern weiß ich genau, dass ich am 20. August noch immer keine Zusage hatte. Am 31. August endete mein Lehrverhältnis. Es war wie eine Erlösung, als ich dann doch die Zulassung zum Außenhandelsstudium fast am selben Tag erhielt, an dem ich aus Verunsicherung notgedrungen und sicherheitshalber einen richtigen Arbeitsvertrag mit Zeiss unterschrieb – um ihn am nächsten Tag zu kündigen.

Erstmals zur Leipziger Messe

Die Photoleute verstanden, dass ich gehen muss und machten mir ein Geschenk. Obwohl an die zahlenmäßige Stärke der Messestandbesatzungen für die Leipziger Messen strenge Maßstäbe angelegt wurden, erklärten sie meine Teilnahme als unverzichtbar – und gaben mir einen tollen Job: Die neuentwickelte Kleinbildkamera „Werra" in Halle 16 zu demonstrieren.

Jetzt, vom 9. bis zum 15. September 1954, war ich nun „Aussteller" und Standmitglied. 15,00 DM Spesen gab es pro Tag, Überstunden wurden bezahlt, und für den Messesonntag gab es 50 Prozent Zuschlag. Schon am Eröffnungstag besuchten Otto Grotewohl und Walter Ulbricht die Zeiss-Ausstellung, dem Vorsitzenden der Staatlichen Plankommission durfte ich selbst die Funktionen der Kamera (eine ihrer charakteristischsten technischen Details war der Filmtransport, der durch Rechtsdrehung des Objektivs bewirkt wurde) erklären. Das Fernsehzentrum der DDR filmte: Ich durfte einer eleganten jungen Dame im blauen Taftkleid etwas vormachen ... Alles, was geschah, war so bedeutungsvoll, dass ich jede Verhandlung, an der ich mitwirken durfte, im Tagebuch vermerkte: Gespräch mit Fotohändler aus Wiesbaden, mit Vertreter Dürkoppwerke, mit Photohändler Dr. Virgin aus New York, Verhandlung mit größtem Madrider Photohaus, Gespräch mit Photo-Porst Nürnberg. Der Abteilungsleiter-Stellvertreter Fröhlich führte mir Auslandsinteressenten zu, wenn sie „englischsprachig" aussahen.

Genau so erlebnisreich wie die Tage verliefen die Abende: Mein Abteilungsleiter Herrmann, 66 Jahre alt, war nicht totzukriegen und bestand darauf: Wir sind sieben Photostand-Kollegen, und zu siebt gehen wir aus. Da er natürlich wusste, dass nicht alle finanziell gleich gut besattelt waren, griff er seinen „kleinen Leuten" unauffällig unter die Arme, bezahlte mal die Getränke des Abends nur aus seiner Tasche oder entlohnte den Taxichauffeur, mit dem er seinen jüngsten Mitarbeiter ins Quartier zurückbringen ließ. Am Ende der Messe feierten wir mit der ganzen kaufmännischen Standbesatzung von Zeiss in der „Goldenen Krone" in Leipzig-Connewitz. Doch auch an fast jedem der vorangegangenen Abende war etwas passiert:

Als der Abschied von Jena nahte, merkte ich, wie mir die Stadt ans Herz gewachsen war, mit seinem schon 1340 erbauten gotischen Rathaus, der 1558 gegründeten Universität, dem „Hanfried" auf dem Marktplatz, den historischen ersten Fertigungsstätten von Carl Zeiss in der Neugasse, der Kollegiengasse und Johannisstraße, dem Ernst-Haeckel-Haus mit dem Phyletischen Museum, dem Planetarium und dem Botanischen Garten.

Ich würde die schönen Ausflugs- und alten Studentenlokale Fuchsturm, Jenzig und den Landgrafen vermissen, die Burg über dem Dorf Kunitz, „berühmt" wegen seiner getropften Eierkuchen, und die Lobdeburg, den Gang über die Schlachtfelder von 1806 auf den Höhen beim Dorf Cospeda. Ja, „in Jene lebte sich's bene." In Jena habe ich entdeckt, dass ich unbedingt Außenhändler werden wollte. Zu hochfliegend waren meine Pläne nicht – aber ich konnte mir nun schon vorstellen, es im Zeisswerk später mal zum Disponenten zu bringen oder zum Exportleiter in einem ausfuhrintensiven Unternehmen in Erfurt, Suhl oder Eisenach. In Jena hatte ich Freundschaften geschlossen, vielleicht würden sie halten. Jena hatte mich aus der kleinen und kleinstädtischen Sicht auf meine Umwelt befreit. In Jena habe ich begonnen, mich in das politische System der DDR einzutakten, ohne über meinen bürgerlichen Schatten springen zu können. Parteimitglied zu sein, konnte ich mir nicht vorstellen. Die unbestimmte Furcht vor dem „Kommunismus", das Unverständnis für proletarische Wesensart und die Scheu, die Dinge in klassenkämpferischer Schärfe auf den Punkt zu bringen, hielten mich auf Distanz zu denen, die mich an die Macht- und Führungsstrukturen heranführen wollten und nicht ausschlossen, mich aus einem Amboss zu einem kleinen Hammer zu machen. Wenn ich in Jena durch irgendwelche Umstände, weil ich Gastdelegierter war, zum Beispiel, in eine Veranstaltung geriet, in der die „Internationale" angestimmt wurde, spürte ich den Schauer von etwas Fremdem, ja Bedrohlichem. Mitsingen konnte ich ohnehin nicht, ich kannte nur die ersten zwei Zeilen. Heute, fast sechzig Jahre später, weckt dieses gewaltige, klangvolle Lied in mir gute Gefühle und die Erinnerung an eine Zeit, in der ich überzeugt war, mich für eine bessere und gerechtere Welt einzusetzen.

Hochschule für Außenhandel Berlin-Staaken
1954 bis 1958

Der Auftrag zur Errichtung der neuen Hochschule für Außenhandel war spät ergangen. Im Juli 1954 war das erste Geld in die vom Ministerium des Inneren abgetretenen und der Hochschule überlassenen Altbauten verbaut worden, und das ehrgeizige Ziel, schon am 1. 9. 1954 die ersten Studenten des 1. Vierjahreslehrgangs aufzunehmen, war nicht zu halten. Doch Anfang Oktober war es dann soweit. Vielleicht erklärt das, warum die Zulassungen so spät verschickt wurden: Meine traf im Heimatort Vacha erst am 23. August ein und erlöste mich aus Ängsten.

Der Hochschulort Berlin-Staaken wäre mit der S-Bahn leicht erreichbar gewesen. Doch der S-Bahnhof lag auf Westberliner Gebiet, hart an der Grenze Berlins zur DDR, und die Hochschule lag eigentlich nicht, wie sie vorgab, in Berlin- Staaken, sondern in West-Staaken, und Weststaaken lag im politischen Osten, in der DDR, und seine korrekte postalische Bezeichnung lautete Staaken Kr(eis) Nauen. Die Spandauer Vorstadt Berlin-Staaken und ihr im „kommunistischen Machtbereich" gelegener früherer Zipfel Weststaaken waren 1954 noch nicht durch eine Mauer voneinander getrennt. Für uns zukünftige Studenten der Außenhandelsökonomie gab es aber eine unsichtbare, und schon am Anreisetag wurden wir sie gewahr.

Mit „Staaken Kr Nauen" hatte es folgende Bewandnis: Der Militärflughafen Staaken-Dallgow fiel bei der Schaffung der vier Sektoren an die Sowjetunion, Tempelhof und Gatow an die Westalliierten. Die in Form eines Kreuzes angeordneten zwei Rollbahnen des Flugfeldes Dallgow-Staaken lagen fast vollständig auf Grund und Boden der Provinz Brandenburg, die zugehörigen Leitungsgebäude und Kasernen des Fliegerhorstes und die Zugangsstraßen aber in den westlichen Ortslagen von Berlin-Staaken, und Berlin-Staaken war kommunalpolitisch Teil Berlin-Spandaus im britischen Sektor Berlins. Wer sich heute eine ungefähre Vorstellung über die Ausgangslage Mitte 1945 machen will, der ziehe auf der Karte eine Verbindungslinie vom westlichen Ende der Eichholzbahn (Straße nördlich der Eisenbahnstrecke nach Wustermark) zur „Spitze", das ist die Stelle, wo Nennhauser Damm und Heerstraße in die Hamburger Chaussee münden und wo heute ein Mc Donalds steht: Westlich dieser Linie lag bei Kriegsende Brandenburg, östlich Groß-Berlin. Am 30. 8. 1945, in der 4. Sitzung des Alliierten Kontrollrats, bestätigte dieser ein Übereinkommen zwischen Vertretern Großbritanniens und der UdSSR über einen Austausch von Besatzungsgebieten an der Grenze zwischen den

Bezirken Spandau (Britischer Sektor) und der sowjetischen Besatzungszone. Grund dafür: Um den Flugplatz Gatow bestimmungsgemäß nutzen zu können, benötigten die Briten ein Landstück der sowjetischen Besatzungszone bei Groß Glienicke, Provinz Brandenburg, und die Russen brauchten den Westteil Berlin-Staakens, das waren die Ortslagen westlich des Nennhauser Damms und des Finkenkruger Weges. Die erforderlichen Gebietsstücke bei Groß Glienicke und West-Staaken wechselten vereinbarungsgemäß die Herren, die politische Anbindung des nun sowjetisch besetzten Weststaakens an Berlin-Spandau änderte sich zunächst aber nicht. Bis zum Herbst 1948 wurde Weststaaken noch von beiden Mächten versorgt, dann wurden dort nur noch die Lebensmittelkarten des sowjetischen Sektors von Berlin ausgegeben. Am 1. April 1949 besetzte die Volkspolizei der Sowjetischen Besatzungszone das Postamt am Nennhauser Damm und sicherte dessen Eingliederung in den Postdienst der sowjetischen Besatzungszone. Erst in der Nacht zum 2. Februar 1951 (!) nahm Volkspolizei ganz Weststaaken unter Kontrolle und demonstrierte die Gebietshoheit der DDR. Nach dieser Aktion verließen etwa 3.000 von 4.000 Weststaakenern Haus und Hof und gingen auf die andere Seite. Die britischen Militärs und die Westberliner Administration behaupteten zwar auch jetzt noch, Weststaaken sei eine sowjetische Enklave innerhalb der Berliner Verwaltungsgrenzen, während sich bei Gatow der britische Sektor über die Berliner Verwaltungsgrenze hinaus in die Provinz Brandenburg erstrecke, unternahmen aber gegen die Eingliederung von Weststaaken in die DDR letzten Endes nichts. Die in Weststaaken = Staaken Kreis Nauen verbliebenen Einwohner – viele hatten ein Leben lang bei Siemens & Halske gearbeitet – sahen sich immer als Berliner. Man ließ ihnen ein paar alte Rechte: Der Telefonverkehr mit Ost-Berlin lief zum Ortstarif, nach West-Berlin war er nach dem 27. Mai 1952 unterbrochen. Die Weststaakener behielten die (günstigeren) Ostberliner Lebensmittelkarten und Zeitungspreise.

Das abgehängte Weststaaken hatte zwangsweise eine verkorkste Infrastruktur. Nur ein Beispiel: Das stattliche Postamt stand auf sowjetischem, nun also DDR-Gebiet. Sein Haupteingang lag an dem die Grenze zu West-Berlin bildenden Nennhauser Damm und war zugemauert. Die Weststaakener betraten das Amt von der Hofseite her. Auch die einzige KfZ-Werkstatt Staakens war nur über einen Feldweg und durch ein Hintertor zu erreichen.

Die Mehrheit der Weststaakener söhnte sich mit ihrer Abtrennung nie richtig aus. Die rote Hochschule sah sie wie eine Laus im Pelz. Der Platz Staaken war nicht ideal für eine neue sozialistische Lehranstalt. Oder vielleicht doch?

Die neugeschaffene Hochschule für Außenhandel bezog alte Gebäude –

die des ehemaligen Fliegerhorstes am Rande des Flughafens. Der Flughafen hatte Traditionen, nationalsozialistische und sowjetische, aber nicht nur die. Hier hatten schon seit 1909 die Zeppeline geankert und waren mit Wasserstoff aufgefüllt worden – das Wasserstoff produzierende Werk gab es noch, es hieß jetzt VEB Zewas = Ze(ppelin) Was(serstoffwerk). Es hieß, der große J. W. Stalin sei bei seiner Reise zur Potsdamer Konferenz in Staaken gelandet. Später erfuhr ich: Der Film über die triumphale Flugreise Stalins nach Berlin war eine glatte Fälschung: Stalin hatte Flugangst und war deshalb in einem Sonderzug gereist. Aus der Zeit der Nutzung des Flughafens nach 1945 war noch eine kleine Einheit der Roten Armee in Rollbahnnähe stationiert. Wir bekannten uns zur Deutsch-Sowjetischen Freundschaft – in Staaken nahm sie zum Teil recht praktische Formen an. Es gab Fußball-Freundschaftsspiele mit den barfuss spielenden und kräftig nach Machorka duftenden Muschiks. Zur Aufbesserung ihrer kargen Verpflegung fütterte die sowjetische Einheit einige Schweine – die ernährten sich von den Abfällen der Hochschulküche.

Als die Hochschule ihren Lehrbetrieb aufnahm, waren höchstens erst drei oder vier zentrale Gebäude dem von der Sowjetarmee geschaffenen Kulturzustand wieder entrissen und bewohnbar – notdürftig – aber es sollte nun endlich losgehen!

Während meines ersten Studienjahres wurde auf dem Hochschulgelände unablässig gebaut und instand gesetzt, und Mitte 1955 waren 6 Wohnblocks mit 378 Internatsplätzen, 1 Block mit 15 Seminarräumen, 3 Hörsäle, das Küchengebäude und 2 Speisesäle fertiggestellt. An der Kesselanlage wurde noch gebaut, das Gelände war noch nicht umzäunt.

Auf in die Wüste

Wir, die zukünftigen Studentinnen und Studenten, sammelten uns am 4. 10. 1954 zum Abtransport vor dem Ministerium für Außenhandel und Innerdeutschen Handel Unter den Linden und bestiegen dann den Skoda-Bus der Hochschule. Die Koffer reisten auf dem Busdach. Es begann eine nicht enden wollende Fahrt um das westliche Berlin herum: Pankow, Schildow – hier war ein Schlagbaum und die Volkspolizei kontrollierte die Personalausweise, rund um die Uhr – Birkenwerder, Velten, Falkensee, Dallgow, Staaken ...

Der Oktober 1954 war ein freundlicher, warmer. Das machte den Anfang leichter für uns mehr als 130 Mädchen und Jungen, die als Pioniere des ersten Studienjahres überhaupt nach Staaken kamen. Die Hochschule war eine „geschlossene Anstalt", Lehrbetrieb und Wohnanlage eine Einheit. Die weltabgeschiedene Lage und das enge Beieinander des Lernens und Lebens sollte der Schule bald die von Forst-Zinna abgegriffene Bezeichnung „Rotes Kloster" einbringen, und böse Zungen sagten, es läge in der Wüste Staaka-Kum.

Nach kurzem Aufenthalt im Sammellager Volkshaus bezog ich mit drei anderen Jungmannen einen noch unfertigen unbeheizten Raum mit Steinholzfußboden im Erdgeschoss eines kasernenartigen Wohnblocks. Der Blick aus dem Fenster fiel auf die Ruine des Blocks 2. Die Doppelstock-Betten, Militärmaß Breite 75 cm, Strohmatratzen, bauten wir selbst zusammen. Einige Zimmer waren noch ohne Türen, vorhandene Türen hatten oft noch keine Klinken. Manche Zimmer hatten noch keine Fenster, die mussten die künftigen Bewohner selbst einhängen. Spinde, Stühle und ein Tisch waren noch da, eine von der Decke baumelnde Glühbirne spendete mäßiges Licht. Nach einigen Monaten erhielten wir Liegen mit Bettkästen.

Ich war, wie alle anderen auch, in Gemeinschaftsverpflegung. Bis ins letzte Jahr meines Studiums gab es in der DDR noch Lebensmittelmarken für Fleisch und Butter. Unser Minister Rau hatte durchgesetzt, dass „seine" Studenten in Staaken die Lebensmittelkarte für Schwerstarbeiter erhielten – ein frühes, unverdientes Privileg.

Die zentrale Küche der Hochschule war noch im Bau, und so holten wir in den ersten zwei Wochen zum Mittagessen unseren Eintopf aus der Gulaschkanone. Unsere Lebensbedingungen waren denen im Feldlager nicht unähnlich – aber das sollte uns nicht hindern, die Höhen der Wissenschaft zu stürmen.

Schüler

Die wenig bequemen Lebensbedingungen warfen mich nicht um – das Werkswohnheim in Jena war auch kein Paradies gewesen. Schwieriger war es, die Mitstudenten richtig einzuordnen und sich selbst einzupassen, den eigenen Platz im Kollektiv zu finden und die eigenen Nahziele zu bestimmen.

Die gesellschaftliche Organisation erfasste alle Ebenen des Hochschülerlebens. Auf der Ebene des Seminars war sie in einem Parteiorganisator, einem FDJ-Sekretär und einem Seminar-Sekretär verkörpert. „Das Seminar", mein Seminar 2, wurde nun Lebensmittelpunkt. Als ich dort zum ersten Mal mit fast dreißig weiteren Mitstreitern zusammentraf, sollte jeder von uns einen kurzen Lebenslauf aufsagen und dabei auch begründen, warum er sich ausgerechnet für das Außenhandelsstudium beworben hatte. Es spricht für den hohen Intelligenzquotienten meiner damaligen Weggefährten, dass alle kundtaten, dass sie der reinste Patriotismus an die Front des Außenhandels getrieben habe und keiner erkennen ließ, dass bei seiner Bewerbung auch die bisher ungestillte Lust auf ferne Länder eine riesengroße Rolle gespielt hatte.

Die Mitstudenten kamen mit den unterschiedlichsten Voraussetzungen nach Staaken. Viele hatten im selben Jahr das Abitur gemacht, verfügten also über keinerlei Berufspraxis. Sie würden schon in den nächsten Wochen ihre zum Teil hervorragenden Begabungen ausspielen, in Mathematik, in Russisch und anderen Fremdsprachen …

Ich hatte keinen Grund, mich anderen Mitstudenten überlegen zu fühlen, aber von der in den anderen Seminaren aufkommenden Theorie von der „3" als angeblicher „Arbeiter-Zensur", mit der man sich zufrieden geben könne, hielt ich gar nichts. Letztlich waren die Verfechter der Theorie von der Arbeiterzensur wohl doch diejenigen der weniger Begabten, die zum Schlendrian neigten oder ganz einfach faul waren – mit denen suchte ich keinen Umgang, und die hatten auch für mich nichts übrig. An dem guten Leistungsdurchschnitt meines Seminars 2 in Wirtschaftsmathematik war ich unbeteiligt, an der Determinantenrechnung war ich schon auf der Oberschule gescheitert, aber in Politischer Ökonomie, Ökonomischer Geographie und den Sprachen trug ich zu unserem guten Stand bei. Es gab Seminarmitglieder, denen es überdurchschnittlich schwer fiel, Schritt zu halten. Nach der Losung „Alle mitnehmen, keinen zurücklassen" wurden Patenschaften ins Leben gerufen. Die Worte „Jugendfreund, Jugendfreundin" hatten übrigens einen ganz anderen Wortsinn, als man ihnen heute beilegen würde: Eine „Jugendfreundin" war keine Freundin, die man in der Jugend hatte, sondern ein der Organisation der FDJ angehörendes junges Mädchen.

Das Wort Kommilitonen verwendeten wir nicht. Wir begannen die Vorlesungen weder sine tempore s. t. noch cum tempore c. t., sondern einfach nur pünktlich. Zu Beginn der Vorlesung standen wir alle auf, erwarteten den Gruß des Dozenten, der rief laut „Freundschaft", und „Freundschaft!" riefen auch wir. Am Ende der Lektion klopften wir nicht etwa mit den Fingerknöcheln auf die Schreibpulte, wenn wir Beifall spenden wollten, sondern wir klatschten – vieles, was an allen ordentlichen Universitäten üblich war, musste bei uns als konventionell-bürgerlich gelten, und wir hatten es abzulehnen.

Einige meiner Mitstudenten und meiner Mitstudentinnen hatten bereits Außenhandelspraxis und Auslandserfahrungen, einzelne auch schon Erfahrung in politischen Leitungsfunktionen, sie waren drei oder vier Jahre älter als die Abiturienten. Unter den bewährten Praktikern waren solche, die die

Arbeiter- und -Bauern-Fakultäten (ABF) mit Schweiß und Selbstdisziplin hinter sich gebracht hatten, aber es gab auch Praktiker mit abgeschlossener Grundschulausbildung und mehr nicht … Dem äußeren Schein nach – es lief ja keiner mit der Kaderakte unter dem Arm herum – waren die Abkömmlinge aus bürgerlichen oder Intelligenzlerfamilien an den Fingern einer Hand abzuzählen.

Da ich selbst durch die abgeschlossene Lehre als Industriekaufmann einen gewissen Vorsprung vor den Abiturienten hatte, empfand ich die Kluft zwischen der Gruppe der „Praxiserprobten" und der Gruppe der „Nur-Abiturienten" nicht als so drückend, wie sie mancher der Oberschüler empfand – die Vertreter der „reiferen" Gruppe besetzten ja auch die politischen Führungsposten des Studienjahres, hatten das Sagen. Ich war noch viel zu unbedarft und ungeübt, um meine Mitbewerber um den Studienerfolg nach möglichen Sympathisanten und „potentiellen Gegnern" ordnen zu können. Eines aber wusste ich aus meinen Erfahrungen in der Zentralen Betriebsgruppenleitung der FDJ von Zeiss: Mein unscharfes politisches Profil würden zuerst die entdecken und beim Namen nennen, bei denen sich Klugheit, Fleiß und ein im guten Elternhaus erworbener Klasseninstinkt paarten – und Klugheit, soviel hatte ich schon begriffen, hatte mit Schulbildung allein nichts zu tun.

Eine Sonderstellung nahm Alexander Schalck ein: Der hatte das System des demokratischen Zentralismus und wie man sich darin einen Platz verschafft, schon lange vor uns anderen erkannt. Er hielt nichts von formaler Logik und Feinsinnigkeiten – das waren bürgerliche Spinnereien, und er sagte einem das auch schneidend und unverblümt – wenn er diesen Ton ausnahmsweise für richtig hielt. Wo immer möglich, war er umgänglich, suchte das ruhige und leise Gespräch im kleinen Kreis oder unter vier Augen, das eine gewisse Vertraulichkeit versprach. An Gesprächspartner, denen er einen wohlgemeinten, helfenden Fingerzeig geben wollte, trat er dicht heran, um seine massige Größe durch vertrauenschaffende Nähe zu kompensieren, legte einem wohl auch mal die Hand auf die Schulter und signalisierte mit knappen Worten eine anstehende Gefahr, der zu entgehen er mit vorausschauendem Fingerzeig die Chance gab. Seine Wirkung auf Menschen, damals und später, ist nicht zu erklären ohne den Hinweis auf dieses: Alexander war volkstümlich, seine Sprache war einfach, klar und, wo angebracht, unverkrampft humorvoll. Wo es erfolgversprechend schien, ließ er seiner Berliner Schnauze und Intonation freien Lauf, ja, da setzte er sie geradezu gezielt ein und ließ den Berliner Proletarier durchscheinen.

Dass der Student Alexander Schalck die Gesellschaftslehren ernst nahm, kann als Selbstverständlichkeit gelten, doch er schätzte auch keine der exakten Wissenschaften gering. Er war stolz auf seine Praxiserfahrungen; auch damals schon hatte er ein Köfferchen mit „Dokumenten", die er zu Anschauungs- und Studienzwecken eingesammelt hatte: Merkblätter der Kammer für Außenhandel, Organisationsmittel von den Messen Utrecht und Paris und anderes.

Alexander hatte den Marschallstab schon im Tornister und spürte die Resonanz der Unterwerfungswilligen auf seinen Herrschaftsanspruch, aber er erhöhte sich nicht selbst, sondern hielt sich eher im Hintergrund. Es blieb nicht verborgen, dass er von dort aus beeinflussend und gestaltend wirkte und der wohl wichtigste Transmissionsriemen der Hochschulparteileitung zum I. Studienjahr war. Und auch ganz Unwissende spürten: Da war noch etwas anderes, nicht mit Händen zu greifendes: Eine unsichtbarer, mächtiger Förderer schien hinter Alexander zu stehen.

Wenn ich Alexander Schalck, der dreißig Jahre später die Stellvertreter des Vorsitzenden des Ministerrates und Minister an Macht und Einfluss übertraf, aus den Jahren 1954 bis 1956 nicht als den alles überragenden Vorreiter in Erinnerung habe, dann nicht, weil er nicht schon damals unterwegs zu einer Führungspersönlichkeit mit Gewicht und Ausstrahlung gewesen wäre. Das war er, und ohne Zweifel auch schon damals seiner eigenen Kraft und seiner Zukunftschancen gewiss. Bevor er zum Studium geschickt wurde, war er immerhin bereits FDJ-Sekretär des MAI gewesen, und das MAI war eine politische Hochburg. Aber er protzte nicht mit den Vorschusslorbeeren, die ihn bereits schmückten, reizte keinen durch ein allzu sehr zur Schau getragenes Selbstbewusstsein, wollte erst einmal allen anderen gleich sein. Für solche Klugheit gab es viele Gründe, der wichtigste aber war: Er war nun einmal auf einer Hochschule, auf der gerade in den beiden ersten Studienjahren der Erwerb von objektivem Wissen gefordert war, in Politischer Ökonomie, in Wirtschaftsmathematik, in den Sprachen, und das fiel ihm ohne eigene Schuld, denn an Intelligenz stand er keinem nach, auf vielen Feldern schwerer als seinen Mitstudenten, die mit dem Abitur nach Staaken gekommen waren. Das Manko, kein Abitur zu haben, hatte Alexander in einem Schnellkurs an der Arbeiter- und Bauernfakultät der Humboldt-Uni ausbügeln können – aber die papierene Urkunde ersetzte keine vier Jahre „humanistische Ausbildung" einer ordentlichen Oberschule. Dies wissend, nahm sich Alexander zurück und versicherte sich so der Hilfe und Solidarität seiner besser vorgebildeten Mitstudenten im Seminar 4 dort, wo e r sie brauchte.

Alexander Schalck schrieb vierzig Jahre später in seinen „Deutsch-deutschen Erinnerungen" über die Staakener Jahre: „Wir führten ein sehr reglementiertes Leben ... Wir waren fast permanent unter Aufsicht ... Vorschriften gab es für fast alle Dinge des Lebens: Männer sollten keine Bärte tragen, Frauen keine Nylonstrümpfe ... Gleich zu Anfang wurde klargestellt, dass zu enge Bindungen zwischen Männern und Frauen unerwünscht seien ... Nach vier Semestern Studium hatte ich vom Leben draußen in Staaken genug. Ich ertrug die Kasernierung kaum noch ... 1956 durfte ich zurück ins Ministerium und konnte ein Fernstudium aufnehmen."

Ich habe keinen Zweifel daran, dass auch unserem Alex 1956 das straff geordnete und ideologisch versteifte Leben in Staaken nicht mehr passte. Aber wer waren denn in Staaken die Bestimmer? Wer waren denn die vier, fünf im strengen Stalinschen Geist formatierten Richtschützen in der Leitung der Hochschule? An ihrer Spitze stand Willy Meyer. Er unterschrieb „kommissar(ischer) Rektor", er hätte auch unterschreiben können: Meyer Kommissar, Rektor. Vorläufiger Parteisekretär war der Hardliner Hans Wilde – was dessen ganz persönliche Moral anbetraf, gab es mehr als einen Anhaltspunkt dafür, dass er das Wasser nicht trank, das er predigte. Konnte einer ernsthaft glauben, jene vollzögen in Staaken einen eigenen, von der Spitze des Ministeriums für Außenhandel und Innerdeutschen Handel nicht gebilligten Kurs? War es denkbar, dass die Hochschule in Staaken so war wie sie war, ohne dass jene, die das Sagen im Ministerium hatten, Alexanders Helden, der Parteisekretär Georg „Schorsch" Wolgast, der Kaderleiter Erich Sbrisny – er kam später als Parteisekretär nach Staaken – wussten und guthießen, was dort ablief? Nein. Und Alexander, der Freunde und Gefährten vor Gefahren warnte und Brücken baute, war nicht Amboss, sondern Hammer. Kein Presslufthammer, kein Holzhammer, um im Bilde zu bleiben – aber niemals Amboss.

Ich wollte nicht zurückbleiben, kein politischer Außenseiter sein, aber eines merkte ich schon in den allerersten Seminaren, FDJ- und Studienjahresversammlungen: Die Toleranzbreite war gering – „parteimäßiges Herangehen", „unversöhnliche Klassenpositionen" „Einsicht in die Notwendigkeit" waren gefragt. Da hatte ich Nachholebedarf, und für Leute meiner Art war es schwieriger, einen anerkannten Platz zu finden. Ich wollte nicht einsehen, warum es im System des demokratischen Zentralismus weder vor noch nach der Beschlussfassung Meinungsvielfalt und demokratische Kultur in der Meinungsfindung geben durfte. Aber ich merkte, dass dies ein Punkt war, über den die Partei nicht mit sich reden lassen wollte, und entschied mich, was diesen Springpunkt anging, zunächst erst einmal für opportunistisches Zuwarten und Schweigen. Meine Reserve Formen und Methoden gegenüber hinderte mich aber nicht, die Ziele der sozialistischen Ordnung als sozial und gerecht zu verstehen und zu unterstützen. Ich musste nicht heucheln.

Am deutlichsten merkte ich das selbst daran, dass ich meinen Vater von der Richtigkeit meiner neuen Erkenntnisse zu überzeugen versuchte. Wenn ich zu den Feiertagen auf Heimaturlaub war, wollte mein Vater wissen, wie ich dachte und hörte mir auf langen Spaziergängen zu. Meine Exkurse dauerten manchmal bis in die Nacht an, dann saß Vater in seinem Armstuhl, und ich wanderte auf dem Teppichrand auf und ab. Es schien mir, als ob ihm meine Analyse des Kapitalismus einleuchtete; auch wenn es um Philosophie ging, nickte er ab und zu. Mein Vater war aus dem Krieg nachdenklich zurückgekommen und als Naturwissenschaftler eher Materialist.

Doch zwei Fragen gab es, da waren seine Überzeugungen endgültig, nicht wandelbar. Die eine „Grundüberzeugung" war: Es geht nicht ohne Demokratie, jede Ordnung ohne Demokratie muss scheitern … Die zweite: Auch die Aufhebung der Klassen gewährleistet den ewigen Frieden nicht. Wenn nicht wegen des Profits, werden sich Menschen wegen der Hautfarbe oder wegen der Religion die Köpfe einschlagen … Er sagte sogar: Oder wegen der Weiber. Heute, fast ein halbes Jahrhundert nach unseren Vater-Sohn-Debatten, weiß ich, was er mir sagen wollte.

Meine Mutter und mein Vater – und sie waren keine Frömmler und nicht einmal Kirchgänger – haben mir geraten, mich an einen Bibelspruch zu halten: „Was hülfe es dem Menschen, wenn er die ganze Welt gewönne, und nähme doch Schaden an seiner Seele."

Lehrer

An die Spitze der Hochschule war Willy Meyer berufen – ich war ihm schon begegnet, als ich mich drei Monate zuvor im MAI nach den Aussichten meiner Bewerbung erkundigte. Nun war Willy Meyer – ohne promoviert oder habilitiert zu sein – Rektor. Keinem wäre es allerdings eingefallen, ihn als „Magnifizenz" anzureden, als eine solche sah er sich wohl selbst nicht. Ich habe nie eine Vorlesung bei ihm gehört. Dem Äußeren nach mochte Meyer 35 bis 38 Jahre alt sein.

Meyer hatte einen scharfen Blick und wachen Verstand. Er sah die Lage der Hochschule wie sie war und war kein Schönfärber. In der Analyse, die er über das erste Jahr an der Hochschule schrieb, finden sich sehr offene Aussagen und Erkenntnisse. Meyer bezeichnete das politisch-ideologische Niveau an der Hochschule als schlecht. Er stellte fest, „dass Pessimismus und Gleichgültigkeit herrschten". Seine wichtigste Überlegung für die Zukunft war die:

„Nach der Entscheidung des Staatssekretariats für Hochschulwesen sind die Studenten der Hochschule aus den Absolventen der Oberschulen und der ABF auszuwählen.

Das Ergebnis des Unterrichts zeigt jedoch, dass es zweckmäßig wäre, Studenten aus den Kreisen d e r jungen Menschen auszuwählen, die zwar im Besitz des Abiturs sind, aber Berufserfahrungen oder zumindest ein Vorpraktikum in der Produktion absolviert haben." Das aber hätte erfordert, Eignungsprüfungen abzuhalten und Auswahlgespräche zu führen. Dies jedoch ließ die Ordnung in der DDR nicht zu: Das Abitur verbriefte „ohne weiteres" den Zugang zu den Universitäten und Hochschulen.

An allen Eliteschulen der westlichen Welt – wenn wir auch in der DDR dieses Wort E l i t e -Schule nicht verwendeten, aber Elite-Schule sollte die Hochschule für Außenhandel nach dem „Konzept Staaken" doch sein – ließ die herrschende Klasse die Bewerber und zukünftigen Inhaber höchster Staatsämter sortieren.

Der erste Hochschullehrer, der mir imponierte, war Dr. Hans Wilde. Er lehrte Politische Ökonomie des Kapitalismus. Er war ein untersetzter Mann mit meist schlechtsitzenden Hosen, hatte ein gerötetes Gesicht und etwas auseinanderstehende Schneidezähne und war nicht das, was man Sympathie einflößend nennen konnte. Doch er vermittelte mir von der ersten Vorlesung an die Überzeugung, dass er eine wahre, richtige Lehre zu verkünden hatte, hinter der er selbst mit Leidenschaft stand. „Das Kapital" von Karl Marx war Grundlage und Rahmen seiner Vorlesungen.

Eine kritische Exegese der Originaltexte der Klassiker Marx und Engels fand weder in den Vorlesungen noch in den Seminaren statt. Doch ehrlich gesagt, mir fehlte nichts. Ich war fest davon überzeugt, dass ich die „wahre" Lehre in mich aufnehme, und dazu musste ich nur eines: Marx und Engels lesen, studieren. Besonders „Das Kapital" zu verstehen, ging ohne intensives, bis in die späten Nachtstunden anhaltendes Selbststudium nicht ab. Viele Abschnitte waren zu konspektieren, und die Methode machte Sinn: Erst wenn ich den studierten Abschnitt bei zugeklapptem Buch mit eigenen Worten zusammenfasste, merkte ich, ob ich verstanden hatte.

Alles in allem genommen, war das wissenschaftliche Niveau des Lehrkörpers niedrig. Schon die akademische Qualifikation sagt viel aus: Fünf Lehrer waren „mit der Wahrnehmung der Dozentur beauftragt", fünf waren Lektoren. Eine einzige Dame – es war die der LDPD angehörende Geographie-Dozentin Langnickel – war „Doktor". Zwei Lehrer – darunter war Hans Wilde – sollten 1955 die Aspirantur mit der Promotion abschließen. Einige weitere steckten noch mitten in der Aspirantur: Wenger, Bleßing, Hochgräfe, Seidel, 1955 kamen Otto und Kemper neu hinzu. Mitglieder der Sozialistischen Einheitspartei waren 95 Prozent – fast alle.

Ein schwerwiegender Mangel war, dass fast keine Vorlesung als Skript vorlag. Eine Kommission des MAI, die im Mai oder Juni 1955 die Lehrunterlagen prüfte, stellte fest, dass dies offensichtlich damit zu tun hatte, dass die mit der Lehraufgabe betrauten Lektoren oder Assistenten den Stoff des vorgegebenen Lehrziels gewissermaßen „noch nicht ganz im Kopf fertig hatten." Besonders verärgert war die Kommission deswegen, weil in den trotzdem fertiggestellten und in den Instituten vorliegenden Vorlesungstexten reihenweise sinnentstellende Fehler vorkamen – „chinesische Industrie" statt „chemischer Industrie, „Hitlerland" statt „Hinterland", „Einigung" statt „Einengung". Aber das wird wohl damit zu tun gehabt haben, dass im Staakener Hinterland viele Schreibkräfte mäßiger Qualifikation beschäftigt werden mussten. Wegen des Verbots, Westberlin zu betreten, kamen zu uns nur Bewerber, die keine andere Wahl hatten. Richtig ärgerlich war der bekannte Prüfer Otto Hofmann, dass in einer Vorlesung Staat und Recht vorgetragen wurde, der Staat diene der P a r t e i der Arbeiterklasse – richtig sei vielmehr, dass er der Arbeiterklasse diene!

Im I. Studienjahr hatten wir 34 Vorlesungs- und Seminarstunden pro Woche, für das II. waren 35 vorgesehen. Wenn man ganz zurückhaltend für eine Vorlesungsstunde eine Stunde Selbststudium ansetzte, dann kamen da 70 Wochenstunden Studium heraus. Und wer in einzelnen Disziplinen begriffsstutzig war, wie ich in Wirtschaftsmathematik und Russisch, der beließ es nicht bei 70 Stunden, der nahm einen Teil des Wochenendes dazu und kam auf 80, 90 Wochenstunden – das war einfach zuviel. Das stellte auch eine Kommission fest, die das MAI dem Rektor auf den Hals schickte.

Wer sich schon einmal durch das „Kapital" gearbeitet hat, weiß es: Das verlangt höchste Konzentration. Ich versuchte, das Gelesene mit eigenen Worten zu rekapitulieren und aufzuschreiben, um mich selbst zu prüfen: Ich scheue mich nicht zu bekennen: Das Studium des „Kapital" halte ich für den größten Zugewinn, den mir die Jahre in Staaken gebracht haben. Ich begann, die Triebkräfte und die Wirkungsweise der kapitalistischen Wirtschafts- und Gesellschaftsordnung zu verstehen, von Tag zu Tag fielen mir „die Schuppen von den Augen". Der jeweils nächsten Vorlesung von Wilde und dem nächsten Kapitel des „Kapital" sah ich mit Spannung entgegen. Noch heute kann ich mir die Vorgänge in der Weltwirtschaft mit dem analytischen Besteck von Karl Marx gut erklären.

Als ich nach der Wende zum ersten Mal in London war, habe ich das Grab dieses Giganten auf dem Highgate-Friedhof aufgesucht.

Die Proportionen, in denen die Zahl der Vorlesungs- und Seminarstunden für die einzelnen Lehrfächer zueinander standen, wurden um die Jahresmitte im MAI und nachfolgend im Senat der Hochschule diskutiert, und die Meinungen, ob diese Proportionen richtig seien oder verändert werden müssten, gingen weit auseinander. Für Grundlagen des Marxismus-Leninismus (Philosophie) waren für das gesamte Studienjahr 180 Stunden vorgesehen, für Politische Ökonomie des Kapitalismus und Seminare zum „Kapital" 480 Stunden, der Wirtschaftsmathematik waren 135 Stunden zugeteilt und der Technologievorlesung, in der man erfuhr, wie ein Nagel in die Wand geschlagen wird, 75 Stunden, aber die Ökonomische Geographie hatte 240 Stunden, Russisch 540 Stunden und mein Wahlfach Spanisch 660 Stunden. In den Diskussionen wurde von einigen Teilnehmern vehement die Verlängerung des Studiums auf 5 Jahre gefordert. Andere hielten das Sprachstudium für überdosiert und schlugen eine Reduzierung um 25 Prozent vor – und setzten sich mit der Begründung durch, dass „die immer bessere philologische Vorbildung besonders der Oberschüler trotzdem Gewähr für die Zielerreichung gebe."

Feierabend

An vorlesungsfreien Tagen kontrollierte anfangs der Seminarsekretär den pünktlichen Arbeitsbeginn. An Sonnabenden (der Sonnabend war in der ganzen Republik Arbeitstag!) und an Tagen mit Alarmbereitschaft durfte das Hochschulgelände nicht vor der festgesetzten Zeit, in der Regel 16.00 Uhr, verlassen werden. Disziplin in jeglicher Erscheinungsform war großgeschrieben. An vorlesungsfreien Tagen hatte jeder Hochschüler pünktlich ab 8.00 Uhr an seinem Arbeitstisch zu sitzen. Das konnte natürlich nur, wer rechtzeitig vorher aufgestanden und gefrühstückt hatte. Die Seminarsekretäre waren gehalten, dieses Regelgebot zu kontrollieren. Von der Seminarsekretärin des Seminars 1 sagte man, sie nehme es besonders genau. Da sie ja die Unterkünfte ihrer männlichen Mitstudenten kaum zu so früher Stunde begehen konnte, legte sie sich auf die Lauer und registrierte, wer nach 8.00 Uhr zum Frühstück aufbrach. Der galt als überführt.

Wann an ordinären Wochentagen Feierabend war und das Studieren eingestellt wurde, bestimmte jeder selbst. Mit den Abenden und Wochenenden war nicht viel anzufangen. Um Staaken zu entfliehen, hätte man motorisiert sein müssen, aber anfangs besaß nur ein einziger ein Motorrad. Die nächste ordentliche Speisegaststätte lag in Falkensee, doch um dorthin zu gelangen, musste man einen vierzigminütigen Fußmarsch zum S-Bahnhof Albrechtshof in Kauf nehmen.

In Staaken gab es zwei Gaststätten, eine davon der an historischem Ort errichtete „Hahneberg" mit dem Wirtsleutepaar Sommer. Der Weg dorthin, der „Buschower Weg", querte die Heerstraße, eine der wichtigsten Ausfallstraßen aus Westberlin, auf der der Verkehr zwischen Berlin und Hamburg rollte. Hier musste man, anders als auf den verschlafenen Straßen und teilweise unbefestigten Wegen Staakens, beim Überqueren des Dammes vorsichtshalber richtig nach links und rechts schauen – besonders auf dem Heimweg.

Die Typenvielfalt der Westfahrzeuge war beeindruckend – das waren aber auch die einzigen Westkontakte an unserem Hochschulort. Der „Hahneberg" hatte eine schöne alte Theke aus der Gründerzeit, das Bier dort war gepflegt, und neben ordinärer Bockwurst war eine Spezialität im Angebot, die der Wirt mit freundlichem Ruf in die Küche abforderte: „Liebes, einen Römerbraten!" Der stets mit einer Weste bekleidete Wirt, rundlich und glatzköpfig, geschmeidig und konfliktmeidend, von allen mit „Robert" angeredet, war durch die einheimische Kundschaft nicht überbeansprucht und gehörte schon aus Geschäftsgründen zu den Staakenern, die es sich nicht leisten konnten, die dem dahinsiechenden Ort in den Pelz gesetzten Jungkommunisten zu vergnatzen, und so wurde der Hahneberg für nicht wenige ein unverzichtbarer Ort der Entspannung und des seelischen Ausgleichs.

An den Wochenenden besuchten einige die Tanzveranstaltungen im „Volkshaus" – Rudi Künnicke war dort Stammgast, andere legten weite Wege in die umliegenden Dörfer zurück, um tanzen zu gehen, aber als Jüngling aus der kommunistischen Ordensburg rechnete ich mir bei der örtlichen westlich orientierten Frauenwelt keine rechte Akzeptanz aus.

Nach Berlin mit der S-Bahn zu fahren, war anfangs bei Strafe der Exmatrikulation verboten – jedenfalls vom nicht allzu fernen S-Bahnhof Staaken. Erst viel, viel später – Anfang August 1956 beginnend – gab es eine Lockerung: Vom S-Bahnhof Albrechtshof, der auf DDR-Gebiet lag, fuhr ein so genannter Durchläufer, der auf den Westberliner Stationen nicht anhielt und bis zur Friedrichstraße durchfuhr. Wer an den vielen anderen programmlosen Abenden und Wochenenden nicht zum Hahneberg pilgerte, verquatschte den Abend in den Nachbarzimmern oder suchte Zuflucht bei den ein eigenes Stockwerk bewohnenden Mädchen – was bei manchem nicht ohne Spät- und Langzeitfolgen blieb.

Gegenseitige Bauernhilfe

Dass wir in den ersten beiden Monaten unseres Hochschulbesuchs dennoch nicht unter dem fehlenden Freizeitangebot litten, ist schnell erklärt. Nach der II. Parteikonferenz der SED 1952 wurde die Gründung Landwirtschaftlicher Produktions-Genossenschaften (LPG) vorangetrieben. 1952 überwog der Betriebstyp I – 80,3 Prozent der von LPG bewirtschafteten landwirtschaftlichen Nutzflächen wurden von LPG Typ I bearbeitet. Beim Typ I wurde nur das Ackerland gemeinsam genutzt, die Viehwirtschaft blieb individuell. Unter obrigkeitlichem Druck wurden immer mehr Einzelbauern in die LPG gedrängt. Ende 1954 – Anfang 1955, also in der Zeit, als ich das Studium aufnahm, waren schon fast 90 Prozent der LPG-Wirtschaften solche des Typs III. Die 1954 bestehenden LPG waren in vielen, vielen Fällen leistungsschwach und ungenügend organisiert, ihre Mitglieder und Leiter oft schlecht motiviert und viele Genossenschaften unterbesetzt, weil sie die verlassenen Bauernwirtschaften der republikflüchtig gewordenen Landeigentümer mitversorgen mussten. Ohne die Hilfe aus Industrieunternehmen und Verwaltungen, Universitäten und Schulen war die Ernte – besonders die der Hackfrüchte – nicht zu bewerkstelligen, aber die politische Konstellation war nicht selten so, dass die LPG-Mitglieder untermotiviert waren und von den verantwortungsbewussten Erntehelfern zum Jagen getragen werden mussten.

Wir Staakener Hochschüler hatten noch nicht richtig Stellung in unserem Basislager Fliegerhorst bezogen, als uns der Ruf des Vaterlandes schon aufs Land befahl. Was mich betraf, ich knirschte (unhörbar, natürlich) mit den Zähnen, ich wollte doch nun endlich anfangen richtig zu studieren, und den September hatten wir ja schon verloren. Um es vorwegzunehmen: Der im Oktober irgendwann nach den Wahlen zur Volkskammer beginnende Kartoffeleinsatz blieb nicht der einzige in den Jahren 1954 bis 1957.

Ich erlebte Einsätze in liederlichen, unproduktiven LPG mit unqualifiziertem Leitungspersonal und lustlosen Bauern – den schlimmsten in der LPG Nauen mit dem schlimmsten Mittagsfraß. Aber ich habe auch in ordentlich geführten LPG gearbeitet, in denen sich die Bauern auf dem Feld nicht von den Studenten übertrumpfen lassen wollten. Für mich und meine Seminargenossen war ein Unterschied besonders wichtig: Die schlechten LPG gaben uns auch schlecht zu essen – die guten hatten ein anständiges Nachtlager gerichtet und boten uns eine schmackhafte und reichliche Verpflegung. Unser Kampfauftrag hieß: Auf dem Feld gut arbeiten, und im Dorf für die Stärkung der Genossenschaftsbewegung eintreten! Agitation sollten wir nebenher treiben und die Weltlage richtig erklären. Na ja, was den politischen Teil unserer Verpflichtung betraf, waren wir eher säumig, aber in Sondersituationen war auf uns Verlass:

Einmal, das war am 13. Oktober 1957, überraschte uns auf dem flachen Land und ohne Vorankündigung eine Haupt- und Staatsaktion, der „Blitzumtausch" der seit 1948 geltenden Banknoten der „Deutschen Mark der Deutschen Notenbank" – an nur einem Tag, zwischen 10.00 und 22.00 Uhr. Da genossen wir wie selbstverständlich Vertrauen und wirkten bis in die tiefe Nacht beim Geldzählen und – tauschen mit. Keiner war auf das Ereignis rechtzeitig vorbereitet worden, denn völlige Geheimhaltung war nötig gewesen, um den Westberliner Währungsspekulanten die Möglichkeit zu beschneiden, große Mengen gehorteter DDR-Banknoten nach Ostberlin und in die Berliner Vororte einzuschleusen. Ganz verhindern ließ sich das Einfließen von im Westen gestapelten DDR-Banknoten nicht, und mancherorts fanden sich willfährige Helfer, die das in die DDR zurückgespülte Geld der Westler im eigenen Namen tauschten.

„Kein Schwein" wusste also vorher von der „Geldreform", wie die Bauern sie anfangs fälschlich bezeichneten – denn es wurden alte Banknoten ab 2 DM wertgleich in neue umgetauscht, bis 300 DM sofort und in bar, die darüber hinausgehenden Beträge mussten zuerst einmal auf ein Konto eingezahlt werden.

Der Direktor der Deutschen Notenbank Nauen wurde am Morgen des Umtauschtages um 5.00 Uhr geweckt und in seine Kassenräume befohlen. Erst um 7.00 Uhr erfuhr er seinen Kampfauftrag – da waren die LKW mit den Geldkisten, viele völlig ohne Polizeibedeckung, noch auf dem Weg durch Nacht und Nebel nach Nauen In unserem Landeinsatzort hatten wir Studenten beim Frühstücken noch von nichts gehört, die Bauern aber hatten es längst aus dem RIAS erfahren. Wie sie sich auch zierten, es half nichts: Viele brachten ganze Bündel von Banknoten herbei, es gab Bauern, die 10.000 und mehr DM aus den Verstecken holten und zum Umtausch einzahlten, und denen höchst peinlich war, dass die Nachbarn nun über ihre Vermögenslage im Bilde waren.

An einen Landeinsatz – der war im Oktober 1957 – erinnere ich mich mit leuchtenden Augen: Den in Paaren – Paaren im Glien. Da waren wir in eine richtig gut funktionierende LPG geraten. Die konnte unsere Arbeitskraft gut gebrauchen, erwies sich auf vielerlei Art dankbar und zahlte sogar dafür. In den Pausen gab es kernige Verpflegung: Dick mit hausschlachtener Leber- und Blutwurst belegte dünne Stullen – und abends noch Köstlicheres: Kalte

Schnitzel mit Kartoffelsalat, gebratene Hühnchen, Rouladen, knusprige Bouletten ... Wir arbeiteten auf Feldern, von denen aus wir die Sendetürme von Nauen – in den 30er Jahren die weitestreichenden der Welt – erblicken konnten.

In Paaren erhielten wir für unser Kartoffelsammeln sogar 8,00 DM Lohn pro Tag – das hatte sich in den zurückliegenden beiden Jahren langsam eingebürgert. Wir hatten keine Ausgaben – mit einer schönen Ausnahme, aber da haben wir uns das „Trink"-Geld selbst verdient. Ein- oder zweimal halfen wir unseren Gastgeberbauern in der „individuellen Wirtschaft" beim Aufladen der Futterrüben – mittags gabs dann Kartoffelpuffer und zum Abschluss Kaffee und Kuchen und für jeden eine Flasche Wein, die stellten wir zu den beim abendlichen Ständchensingen eingesammelten Flaschen mit Weinbrand, Obstlikör und bildeten Reserven.

Natürlich fehlten überall Arbeitskräfte, und einsatzwillige Studenten waren willkommen, aber aufs Land und „in die Produktion" – davon will ich jetzt berichten – wurden wir vor allem aus sozialtherapeutischen Gründen geschickt. Es tat uns gut zu erleben, wie die Arbeiterklasse und die mit ihr verbündeten Bauern für wenig Geld materielle Werte schuf.

Das Konzept Staaken

Ich glaube nicht, dass die Initiatoren der Gründung einer Hochschule für Außenhandel das weltenferne Staaken zufällig zum Schulort gewählt hatten. Nein, die Idee zur Lozierung der Schule und zum Inhalt des Lehrauftrags entstand in der Hochzeit des Stalinismus, und die später folgende Auflösung der Lehranstalt wurde in einer Zeit spruchreif, als nach dem XX. Parteitag der KPdSU und den Chruschtschowschen Enthüllungen der Verbrechen Stalins eine Art Tauwetter einsetzte. Sicher: Der Hochschulbetrieb da draußen war auch zu teuer und uneffektiv, und das von Anbeginn an. Aber Staaken war ein K o n z e p t. Die Kasernierung der Hochschüler sollte eine Atmosphäre der vollen Konzentration auf das Ausbildungsziel schaffen – den für alle Herausforderungen gerüsteten jungen sozialistischen Außenhändler. Die Beauftragten der Gründerväter vor Ort sollten Disziplinarvorschriften und Härtesituationen schaffen, die nicht zu Höherem berufene Gleichaltrige als unnötig, als verzichtbar ansehen mochten, als schikanös vielleicht sogar, aber damit sollten Belastungen geschaffen und ausgewertet werden können, und es sollte sichtbar werden, wer sie meisterte. Die Bereitschaft zur Ein- und Unterordnung, zum Erdulden von Mängeln und Erschwernissen, zum Leben nach spartanischen Maßstäben sollte erprobt werden, und ich glaube nicht einmal, dass der Aussonderungsprozess, der zur Verringerung der Studentenzahl auf fast die Hälfte der Starter führte, zufällig war.

Wenn mein langjähriger Zimmergenosse und Mentor Franz Wendenburg spätabends von der Studienjahres-Parteiversammlung zurückkam, wusste ich und spürte ich: Dort ist auch über dich geurteilt und entschieden worden – doch welches Urteil da ergangen war, welche Weichen gestellt worden waren – das war „parteiintern". Die Parteiorganisation agierte anfangs wie eine Sekte. Welche Gegenstände einer Parteiversammlung auch Nichtgenossen erfahren sollten, war festgelegt – alles andere war „parteiintern", und den Genossen war strengstes Stillschweigen verordnet. Parteiversammlungen behandelten offenbar aber nicht nur politische Themen, sondern auch Erziehungsfragen, auch solche der angewandten Sexualmoral: Zum Beispiel machte einmal eine der Junggenossinnen ein nichteingelöstes Eheversprechen dort anhängig. Wie gering mein „Durchblick" in jenen Tagen war, und das gilt eigentlich für die gesamte Zeit bis zum Ende des Studiums, kann man folgendem Bekenntnis entnehmen: Ich wusste nicht, wer in Person die politische Linie für das Studienjahr vorgibt und die Durchführung instrumentiert. Ging alles vom Hochschulparteisekretär aus, als den man uns bald den verdienten Altgenossen (und früheren Kaderleiter des MAH) Erich Sbrisny geschickt hatte? Wer waren die „Falken" der Hochschulparteileitung und der des I. Studienjahres? Setzten die „führenden Genossen" des I. Studienjahres nur um, was ihnen vorgegeben wurde, oder verschärften sie die jeweilige Linie aus eigenem Machtbewusstsein? Wer bestimmte den Ton, der erst die Musik macht? Wer war eher Hammer, wer eher Amboss?

Werner Riemann, ein Arbeiterjunge aus dem sächsischen Wüstenbrand, drei, vier Jahre älter als der Durchschnitt des Studienjahres, war Parteisekretär des I. Studienjahres. Er war ein Mensch, den ich voll anerkannte: Ruhig und ausgeglichen, von nicht verletzendem Selbstbewusstsein, bescheiden in Auftreten und Lebensführung, Überheblichkeit war ihm fremd. Er war ein kluger, befähigter und auch ein fleißiger Student. Kein Hurraschreier, eher skeptisch-bedachtsam und von großer Zielstrebigkeit. Auf die Person zielende Kritik trug er nicht als Verdikt vor, sondern fragte sie gewissermaßen aus einem heraus: Könnte es sein, dass du dich in dieser Frage verlaufen hast? Kannst du in dieser oder jener Sache mit dir zufrieden sein? Ich hielt auf ihn, und es lag mir daran, Werner meinen Eltern vorzustellen. Sie sollten mal sehen, was für ein Mensch ein Parteisekretär ist..

Alles war darauf angelegt, „Bewährungssituationen" zu schaffen. Die vormilitärische Ausbildung, Nachtwachen zur Geländesicherung, die körperlich anstrengende Landarbeit, der verkomplizierte Zugang zu den Vergnügungen und liberalen Milieus der Hauptstadt bis hin zur Installierung einer Druckkulisse zur organisierten Erklärung des Kirchenaustritts – das alles war Bestandteil eines Planes zur Ausformung sozialistischer Händlerpersönlichkeiten. Die Anlage des Internatslebens und das Fehlen von Refugien machten jeden von uns menschlich und politisch zu gläsernen Menschen. Was mich selbst betrifft, hatte die Lebens- und Studiergemeinschaft keineswegs nur negative Folgen – je gleicher im Geiste ich meinen Mitstudenten und Mitanwärtern auf die Teilhabe am Welthandel wurde, je öfter ich in „Bewährungssituationen" nicht gekniffen, sondern durchgehalten hatte – je weniger empfand ich Staaken als Käfig oder Ort der Selbstverleugnung. Im III. und IV. Studienjahr war ich zwar noch kein Genosse, aber Außenseiter oder „Fremder im Club" war ich auch nicht. Die „Einsicht in die Notwendigkeit" erschien auch mir mehr und mehr als Ausdruck einer mir zuteil werdenden neuartigen Art von Freiheit.

Alexander Schalck schreibt in seinen „Deutsch-deutschen Erinnerungen" über die Staakener Jahre: „Wir führten ein sehr reglementiertes Leben ... Wir waren fast permanent unter Aufsicht ... Vorschriften gab es für fast alle Dinge des Lebens: Männer sollten keine Bärte tragen, Frauen keine Nylonstrümpfe ... Gleich zu Anfang wurde klargestellt, dass zu enge Bindungen zwischen Männern und Frauen unerwünscht seien ... Nach vier Semestern Studium hatte ich vom Leben draußen in Staaken genug. Ich ertrug die Kasernierung kaum noch ... 1956 durfte ich zurück ins Ministerium und konnte ein Fernstudium aufnehmen."

Ich habe keinen Zweifel daran, dass auch unserem Alex die ganze Richtung in Staaken nicht mehr passte. Aber wer waren denn da draußen die Bestimmer? Wer waren denn die vier, fünf im strengen Stalinschen Geist formatierten Richtschützen in der Leitung der Hochschule? An ihrer Spitze stand Willy Meyer. Er unterschrieb „kommissar. Rektor", er hätte auch unterschreiben können: Meyer Kommissar, Rektor. Vorläufiger Parteisekretär war der hartlinige Hans Wilde – was dessen ganz persönliche Moral anbetraf, gab es mehr als einen Anhaltspunkt dafür, dass er das Wasser nicht trank, das er predigte. Konnte einer ernsthaft glauben, sie vollzögen in Staaken einen eigenen, von der Spitze des Ministeriums für Außenhandel und Innerdeutschen Handel nicht gebilligten Kurs? War es denkbar, dass die Hochschule in Staaken so war wie sie war, ohne dass jene, die das Sagen im Ministerium hatten, Alexanders Helden, der Parteisekretär Georg „Schorsch" Wolgast, der Kaderleiter Erich Sbrisny – er kam dann, wie schon erwähnt, als

Parteisekretär zu uns nach Staaken – wussten und guthießen, was dort ablief? Nein. Und Alexander, der Freunde und Gefährten vor Gefahren warnte und Brücken baute, war nicht Amboss, sondern Hammer. Kein Presslufthammer, kein Holzhammer, um im Bilde zu bleiben – aber niemals Amboss.

Verteidigungsbereit

Erst 1956 fasste die Volkskammer der DDR den Beschluss zur Gründung der Nationalen Volksarmee, doch die allgemeine Wehrpflicht wurde zu diesem Zeitpunkt noch nicht eingeführt. .In Staaken hatten wir schon Anfang 1955 die Zeichen der Zeit erkannt und unter der Führerschaft des drahtigen, vor Eifer platzenden Organisators Wolfgang Weber mit der vormilitärischen Ausbildung im Rahmen der Gesellschaft für Sport und Technik begonnen. Ergänzend hörten wir bald auch verteidigungspolitische Vorlesungen. Alle Studenten gehörten der GST an, es gab Gruppen für Gelände- und Schießsport, Funksport und Seesport. Eine Übungsgruppe Judo zur Selbstverteidigung wurde aufgebaut. Im Mai 1955 hielt es die Hochschulleitung für unerlässlich, unser Areal Tag und Nacht gegen verbrecherische Eindringlinge zu schützen. Bereitschaftsdienste und nächtliche Wachgänge wurden eingeführt. Für die Wachgänge wurden Zweiergruppen gebildet, immer ein Student + eine Studentin, mit Kleinkalibergewehren bewaffnet. Die mitgeführten 6 Schuss durften allerdings nicht unterladen werden! Alle wachten, einige sollen auch geküsst haben.

1956 wurde das GST-Ausbildungsjahr in der 2. Junihälfte mit einer Abschlussübung in Staaken beendet. Ein Teil des gerade fertiggestellten Wohnblocks L wurde zur Kaserne erklärt, in der strenge militärische Ordnung einzuhalten war: Bettenbau, Stuben-, Gang- und Abtrittreinigen, zentrales Wecken, Nachtruhezeiten. Hochschuleigene Führungskräfte besetzten die Kommandofunktionen. Alexander Schalck hatte es schon zum Politkommissar gebracht. Ich erinnere mich an einen Stubendurchgang. Vier Kämpfer, darunter ich, in strammer Haltung vor unseren Betten. Der Kommandeur schaut in alle Winkel, auch in den Papierkorb. Der ist leer – bis auf drei Kirschkerne. Rüffel. Der Politkommissar Schalck seitwärts, die Hände auf dem Rücken und auf der unvermeidlichen Kartentasche. Alexander ist einer von uns – noch. Aber er ist jetzt Kommissar und greift nicht ein.

Sprachenstreit

An der Hochschule für Außenhandel, wo damals noch keiner der Lektoren einen russischen oder englischen Fachtext im Original lesen konnte und auf die Hilfe der Übersetzer angewiesen war, wurde die Sprachausbildung sträflich vernachlässigt. Für die Haupt- und die Zweitsprache waren im I. Studienjahr je 3 Stunden pro Woche angesetzt. Die wurden von Leihlehrern des Instituts für Fremdsprachen Berlin gegeben, von denen (was die Westsprachen betraf) nur die wenigsten schon einmal das Mutterland „ihrer" Sprache gesehen hatten. Die drei Stunden Spanisch meiner Hauptsprache, zum Beispiel, wurden an einem und demselben Tag zusammenhängend verabfolgt – abends zwischen 17.00 und 20.00 Uhr! Da hingen wir doch alle schon schlaff in den Seilen.

Russisch für Fortgeschrittene fand zwar am lichten Tage statt – aber in der dritten Stunde ließ die Konzentration so rapide nach, dass die Dozenten in interessante, aber nutzlose Erzählerchen auswichen: Über die wissenschaftliche Transliteration für Bibliothekszwecke, über die Entstehung der kyrillischen Schriftzeichen ... In einer Studienjahresversammlung mit dem Prorektor forderte ich, die Zahl der Wochenstunden um mindestens je eine Stunde pro Sprache zu erhöhen, den Unterricht auf zwei Tage zu verteilen und die Klassen zu teilen, und ich nahm mir heraus, die Praxisferne gewisser Lehrmethoden zu beanstanden.

Obwohl ich sonst für gewöhnlich kein mutiger Debattant war, fing ich an zu polemisieren und mich mit dem Prorektor Johannes Kupfer anzulegen. Der hatte nämlich verlauten lassen, die auf mehr Sprache versessenen Studenten mögen den fehlenden aktiven Unterricht ausgleichen, indem sie morgens eine Stunde früher aufstehen und Vokabeln lernen. Ich deutete an – sehr durch die Blume – das mangelnde Verständnis der Obrigkeiten könne womöglich damit zusammenhängen, dass sie sich selbst noch niemals das Erlernen einer Sprache angetan hätten.

Bis dahin hatte ich noch zustimmende Resonanz meiner Mitstudenten gespürt – wenn ich von den Gesichtern der wenigen absah, die immer schon die Meinung vertraten, das einzig wichtige Lehrfach sei Marxismus-Leninismus und wir, die zukünftige Elite des Außenhandels, könnten allzeit Dolmetscher an unsere Seite rufen, wenn wir sie denn brauchten. Nun aber, als ich mich so stark am Prorektor zu reiben begann, folgten mir einige aus dem Auditorium nur widerwillig, und als ich mich schließlich in völliger Verkennung meiner Position aufblies und dem schon grimmig dreinschauenden Genossen Kupfer zurief: „Herr Prorektor, notieren Sie das!" und dieser laut zurückfauchte: „Na, na!!!" hatte ich sichtlich überzogen und den Anspruch auf rückenstärkenden Applaus verwirkt. Mit meiner taktischen Fehlleistung offenbarte ich Angriffsflächen, die meine Kritiker schon lange erkannt hatten, und die sie in den kommenden Tagen zum Anlass nahmen, mich auf Normalmaß zurückzuschrauben.

Englisch betrieb ich freiwillig und zusätzlich und legte eine sehr gute Prüfung ab. Letztes Training vor der Prüfung war die Lektüre des Buches des früheren engen Kampfgefährten Titos und nunmehrigen Dissidenten Milovan Djilas „The New Class", welches gerade 1957 erschienen war und das mir Lothar Sempf auslieh. Trotz der Wiederannäherung zwischen der Sowjetunion und Jugoslawien war für uns der Titoismus nach wie vor etwas höchst Suspektes, und ich verstand zunächst das Buch auch als Tito-Kritik. Doch Djilas griff darin vor allem die Kaste der führenden Parteifunktionäre an, die anstatt die klassenlose Gesellschaft anzusteuern, sich selbst als herrschende Klasse verstanden. Da hätte eigentlich der Groschen bei mir fallen müssen …

Richtig großartig war der Unterricht in Spanisch, nachdem der Exilspanier Quevedo zu uns an die Hochschule kam, zuerst sporadisch, ab November 1956 regelmäßig. Quevedo war Oberleutnant der Luftwaffe des republikanischen Spanien gewesen, Kämpfer im Bürgerkrieg, nach der Niederlage gegen Franco war er emigriert. Quevedo sorgte für Konversation und praxisnahen Unterricht. Er ließ uns Wirtschaftsnachrichten aus argentinischen Zeitungen übersetzen. Als er sah, dass ich auch etwas anspruchsvolleren Aufgaben gewachsen schien, verschaffte er mir den ersten bezahlten Übersetzungsauftrag – für einen deutschen Schriftsteller lieferte ich eine Rohübersetzung von Teilen des Buches „Mi platero y yo" – ein „platero" ist ein Esel mit silbergrauem Fell.

Umwege zur Kultur

In der langen Zeit zwischen Oktober 1954 und September 1956 gab es für uns Staakener Hochschüler nur einen Weg nach Berlin: Die Nordumfahrung Westberlins über Falkensee, Birkenwerder und Schildow mit dem Hochschulbus. Das Durchqueren Westberlins mit der S-Bahn war strikt verboten. In unmittelbarer Nähe des Hochschulgeländes lag der S-Bahnhof Staaken. Das S-Bahn-Gebiet war Hoheitsgebiet der in der DDR beheimateten Deutschen Reichsbahn. Aber um von „unserem Territorium" im Kreis Nauen auf „unser Territorium" der Reichsbahn zu gelangen, musste man den Nennhauser Damm überqueren und 8 bis 10 m über feindlichen Boden schreiten – und das war, wie gesagt, verboten, und dieses Verbot zu übertreten hätte den Ausschluss von der Hochschule bedeutet. Das weiträumige Umfahren Westberlins mit öffentlichen Verkehrsmitteln wäre allenfalls in den Stunden des Hauptberufsverkehrs möglich gewesen, und es hätte mindestens zweimal drei Stunden Fahrzeit gekostet; diese Möglichkeit schied also aus. Diese logistischen Zwänge verhinderten auch sporadische Heimfahrten zu den Eltern – man fuhr, wenn Urlaub angesagt und der Bustransport von Mann und Koffer zum Ostbahnhof gewährleistet war.

Unter diesen Umständen war es ein Glücksumstand, dass die Hochschulleitung schon Ende 1954 an jedem Sonnabendnachmittag den Bus für eine kostenlose Fahrt ins Berliner Zentrum bereitstellte, und ich gehörte zu denen, die, so oft es irgend ging, ins Theater fuhren, und weil es in Berlin viel gutes Theater gab, hatten diese Ausfahrten den Effekt, dass ich immer „erhobenen" Gemüts und in guter Laune zurückkam, mit Reserven für die kommenden schlichten Tage in der Staakener Einöde. Was ich selbst und meine Gesinnungsgenossen vor allem in den Jahren 1954 bis 1956 an Großartigem auf den Berliner Bühnen gesehen haben, hat manchen von uns für das ganze Leben motiviert. Die Busfahrten wurden zum Höhepunkt der Woche – wenn nichts dazwischenkam, denn die beiden Hochschulbusse hatten ihre Macken, sie vertrugen sich zum Beispiel nicht gut mit großer Kälte. Anfang Februar 1956 froren beide Busse beim Halt an der Stadtgrenze ein und sprangen nicht wieder an. In der kältesten Nacht des Jahres, es waren minus 25 Grad Celsius, mussten die eben noch euphorisch gestimmten Besucher der Komischen Oper mit der Straßenbahn ins Zentrum zurückfahren und dann bis um 6.00 Uhr morgens auf dem zugigen Bahnhof Berlin-Lichtenberg auf den Frühzug nach Nauen warten. Sie trafen erst gegen 12.00 Uhr übernächtigt wieder in Staaken ein. Die Busse einen Tag später.

Im Oktober 1956 kam ein Riesenfortschritt: Wir Studenten durften die „Durchläufer" benutzen. Das waren spezielle S-Bahnzüge, die Westberlin ohne Halt durchfuhren. Zwar hatten wir bis zum Einsteigebahnhof Albrechtshof 45 Minuten Fußweg, aber viele legten sich ein altes Fahrrad zu und verkürzten die Verlustzeiten. Ich erinnere mich daran, dass die Durchläufer oftmals auf dem letzten Teil der Fahrstrecke, etwa vom Lehrter Stadtbahnhof ab, bummelten, und ich die Plakate auf den Bahnsteigen lesen konnte. Damals lief im Berliner Westen ein Film „Wie herrlich jung zu sein – Rock around the clock". Ich war kein guter Tänzer, und Rock zu tanzen hätte ich mir, ganz abgesehen von den ideologischen Vorbehalten, die diese Bewegungsart umgaben, schon mangels Körperbeherrschung nicht zugetraut, aber dieses bunte Plakat, das ein junges Pärchen in Ekstase zeigte, erfüllte mich mit unstillbarem Verlangen, wie ich auch jedes Mal Ilse Müller und Albrecht Kampe mit Neid zusah, wenn sie umeinander wirbelten. Das Plakat mit den zwei jungen Leuten, die sich so herrlich fühlten, jung zu sein, hatte, wie sich später herausstellte, auch andere in seinen Bann geschlagen. Tatsächlich gab es zwei oder drei Mitstudenten, die dem heißen Wunsch nach richtigem Rock nicht widerstehen konnten und nach Spandau tanzen gingen – „sie tanzten nur einen Sommer."

So umständlich die Märsche nach Albrechtshof jedes Mal waren (und die nächtlichen Rückmärsche erst), aber die Isolierung von Berlin war doch gebrochen. Für ganz wenige Tage, es kann sich nur um die Tage der letzten Juniwoche 1957 gehandelt haben und die der ersten Juliwoche, stiegen einige tatsächlich auf dem verbotenen Bahnhof Staaken ein und aus. Ich glaube, sie hatten folgende Rechtfertigung abgesprochen: Für die Dauer des studentischen Praktikums müssten für die Studentenpraktikanten dieselben Regeln gelten, wie für die Angestellten der Außenhandelsunternehmen, in denen sie jetzt zeitweilig dienten: Betreten der Westsektoren nein, Durchfahren zwecks Erreichen des Arbeitsortes ja. Aber der Spaß hatte um den 7. 7. 1957 herum schlagartig ein Ende.

Die „Durchläufer" segneten im Mai 1958 das Zeitliche, da kam wieder eine Neuregelung über uns, der Sputnik. Am 18. 4. 1958 erließ der Minister des Inneren der DDR Karl Maron eine lapidare Anordnung. Sie lautete:

§ 1: Zur Gewährleistung der Sicherheit des Staatsapparates und der persönlichen Sicherheit der Mitarbeiter haben alle Mitarbeiter des Staatsapparates, die ihren Wohnsitz in den Randgebieten von Groß-Berlin haben und bisher ... die Westsektoren durchfahren haben, ab 5. Mai 1958 nur noch die Züge des Berufsschnellverkehrs über den Berliner Außenring zu benutzen.

§ 2: Verstöße gegen diese Anordnung sind in jedem Fall nach den geltenden disziplinarrechtlichen Bestimmungen zu ahnden.

Nun wurde es wieder sehr, sehr umständlich, doch war für uns das 9. und letzte Semester, das Prüfungssemester, angebrochen, und wir bewegten uns kaum noch aus dem Hochschulgelände heraus. Unser „Zug des Berufsschnellverkehrs" = Sputnik fuhr ab Falkensee über Hohen-Neuendorf West zum Berliner Ostbahnhof, der erste (von täglich nur fünfen) um 6.25 Uhr, der letzte sonntags um 20.10 Uhr, werktags um 21.06 Uhr. Die Rückfahrzeiten lagen im selben Dreh – Besuche des Berliner Nachtlebens waren nun nicht mehr zu bewerkstelligen.

In den „Durchläufer"-Jahren 1956 und 1957 entschloss ich mich manchmal erst auf den letzten Drücker, nach Berlin aufzubrechen. Mit Franz Wendenburg erreichten wir ein, zwei Mal gerade noch das Klingelzeichen – im „Metropol-Theater" zum Beispiel, zur „Keuschen Susanne". Die Eintrittskarten waren dann schon fast umsonst – für gute Plätze zahlten wir 0,55 DM!

Und selbst der „reguläre" Besuch des „Bettelstudenten" auf Jugendanrecht kostete nur 2,00 DM. Für Karten für den obersten Rang in der Volksbühne mussten wir gerade mal eine Mark hinlegen! Am Aschermittwoch 1957 war ich in der Staatsoper in „Aida" – auf Betriebsanrecht, der erstklassige Parkettplatz kostete mich 4,00 DM!

Praktika

Die Väter des Konzepts vom internierten Studium wussten: In Staaken konnten sich Talente bilden, aber ohne Auseinandersetzung mit dem Strom der „großen Welt" wären die an der Hochschule erzielten Erziehungsresultate Laborergebnisse ohne Bestandsgarantie. Das Konzept Staaken zielte nicht auf Isolation von den Realitäten außerhalb der Anstalt, es forderte auch keine totale Askese: Wie die Katholiken wussten auch unsere sozialistischen Leiter, dass der sinnlichen Kreatur kleine Auswege gewährt werden müssen. Das Konzept zielte auf die Schaffung eines Absolvententyps, der sich so fest in der Solidargemeinschaft der Rechtgläubigen verankert fühlt, dass ihn die Begegnung mit rückständigen und feindlichen Positionen nicht schreckt, weil er mit ihnen umzugehen gelernt hat. Deshalb die Arbeitswochen in der Landwirtschaft und im Bauwesen, die Agitationseinsätze und Wahlpropagandaaufträge, der Wehrdienst, die Praktika in den Außenhandelsunternehmen, Herstellerwerken und während der Leipziger Messen – alles gemacht, um ein hohes Maß der Auseinandersetzung der zukünftigen Außenhändler mit der tatsächlichen Welt außerhalb der Klostermauern zu sichern.

Natürlich brannten wir darauf, auch ein Praktikum auf der Leipziger Messe abzuleisten. Es war uns schon für 1956 und 1957 versprochen worden, aber erst im März 1958 wurde es wahr: 4 Tage zur Frühjahrsmesse, 2 Tage davon sollten wir in einem Außenhandelsunternehmen an Verhandlungen teilnehmen dürfen. Erst war geplant, uns mit dem Zug über Wustermark, Stendal und Magdeburg nach Leipzig zu schicken, dann standen aber doch Busse zur Verfügung. Es gab ein Tagegeld von 5,00 DM, die Messequartiere bei Privatleuten wurden bezahlt. Mit Heinz Liedtke bezog ich ein Doppelzimmer der allerpreiswertesten Kategorie in der Kohlgartenstraße – ein nicht beheizbares Schlafzimmer, ohne fließendes Wasser, Außentoilette im Treppenaufgang. Die ersten Märztage 1958 waren so hundekalt, dass das Waschwasser in der Schüssel von einer feinen Eisschicht bedeckt war, als wir morgens nach gewaltiger Überwindung aus den Federbetten krochen.

Mein zweitägiges Messepraktikum auf dem Zentralstand des AHU Feinmechanik-Optik wurde ein ziemlicher Schlag ins Wasser – was sollten die Verkäufer denn auch mit einem jugendlichen Beisitzer anfangen, der ohne vorhergehende Lernphase zu ihnen gesetzt wurde und gerade mal zum Zuhören taugte. Die ausländischen Kunden argwöhnten sowieso, den ihnen vertrauten Verkäufern sei ein Aufpasser beigegeben worden. Doch Feinmechanik-Optik veranstaltete für seine Praktikanten wenigstens noch zwei Vorträge des Betriebsorganisators Grabowski, der die betrieblichen Strukturen erklärte und eine warenkundliche Führung über die Ausstellungsstände wichtiger Hersteller organisierte. An zwei Tagen war ich frei und besichtigte ausländische Kollektivausstellungen.

Trotzdem hatten Heinz Liedtke und ich Spaß am Messegeschehen, und wir waren scharf darauf, etwas zu erleben. Wir hatten es uns in den Kopf gesetzt, ein oder zwei lange Nächte in den damals berühmten Tanzbars der Messestadt zu erleben. Es gab das Eden, das Perner, die Orion-Bar und, das war die Spitze, die Femina-Bar in der Mädler-Passage. Wir versteiften uns auf die „Femina". Der Eintritt dorthinein war erschwinglich, aber was die Getränke anging, war uns klar: Unser Budget war so beschaffen, dass wir uns stundenlang an einem Glas Sekt würden festhalten müssen. Was ein Glas Sekt in der „Femina" kostete, weiß ich nicht mehr mit Sicherheit zu sagen, aber der Preis war eine Schnapszahl, ich meine 5,55 DM, ein Preis jedenfalls, der den Gast zum Aufrunden anregen sollte. Jedenfalls kostete ein einziges Glas Sekt mehr, als wir für einen ganzen Tag Messespesen erhalten hatten. Aber erst mussten wir mal in die „Femina" hineinkommen – schon am späten Nachmittag ballte sich eine Traube Wartender vor der Eingangstür zum Treppenhaus in der Mädler-Passage zusammen. Doch diese Traubenformation war Heinz' und mein Vorteil – es gab keine geordnete Warteschlange, und als dann zur Abendzeit die Barbesucher grüppchenweise zur Kasse vorgelassen wurden, geriet die Wartegemeinschaft ruckartig in Bewegung und Unordnung, und es gelang uns beiden, in den Stoßmomenten unangemessen weit vorzurücken. Das löste giftigste Rufe der Zurückgefallenen aus, wir beide taten aber so, als seien wir sprachunkundige Ausländer und zeigten keine Schuldgefühle. Nachdem wir ins Allerheiligste eingedrungen waren, rückten wir sofort an die Bar. Heinz hatte eine grandiose Idee: Er sah voraus, dass Barplätze bald Mangelware werden müssen und baute mit mir ein kleines Leasinggeschäft auf. Wir besetzten zwei Barhocker und bestellten jeder ein Glas Sekt – das war unsere Initial-Investition. Mehr als nippen durften wir an unseren Kelchen aber nicht, deren Inhalt musste notfalls lange reichen. Es dauerte dann aber nicht lange, und ein westdeutscher Handelsmann mit Leipziger Gespielin erschien an der bereits voll besetzten Bar. Wir boten verständnisvoll Hilfe an, waren bereit, unsere schönen Hockerplätze für eine halbe Stunde freizumachen und sagten dem Handelsmann, wir hätten nichts dagegen, wenn er sich für unsere Güte mit Drinks bei uns revanchieren wolle. Solcher Art Deal konnten wir noch ein, zwei Mal wiederholen. Mittlerweile war es proppenvoll in der „Femina". Immer mehr einsame Messemänner drängten an die Bar und schienen zu hoffen, sie könnten mit der scharfen blonden Barfrau in aussichtsreichen Kontakt treten – jedenfalls rundeten sie ihre Zahlbeträge generös nach oben auf und spendierten der Blonden noch dazu ein Glas Sekt. Die aber hatte zu arbeiten und führte die ihr zugedachten Gläser gerade mal symbolisch an die Lippen. Nachdem die Spender sich zurückgezogen hatten, rückte die Barfrau die Spendiergläser zu sich hin und verkaufte sie dem nächsten Gast als neuwertig. Heinz und ich füllten nun unsere eigenen leergetrunkenen Sektkelche mit Neigen und Selters auf und schoben sie mit der Geschicklichkeit von Zauberkünstlern nach vorn, um sie in einem unbemerkten Augenblick mit den von der Barfrau in Reserve gehaltenen Spendiergläsern zu vertauschen. Das ging nicht allzu lange gut, denn es kam der Moment, wo die Blonde doch mal an einem der „falschen" Gläser nippte und angewidert das Gesicht verzog. Vielleicht erkannte sie uns als die schuldigen Verwechslungskünstler, doch sie sagte nicht mehr, als dass es nun an der Zeit wäre, anderen Gästen unsere Hochsitze anzubieten. Wir kehrten also zu unserer originalen Geschäftsidee zurück. In dieser Messenacht heizten sich Heinz und ich so auf und hatten wir eine so erfreuliche Bettschwere, dass wir unsere feuchtklammen Federbetten in der Kohlgartenstraße nicht fürchteten.

Eine Begegnung mit dem realen Leben war auch das „Warenkundliche Praktikum" in einem Herstellerwerk der feinmechanisch-optischen Industrie. Ich war zu jener Zeit, im Frühsommer 1956, noch fest überzeugt, nach dem Studium wieder nach Jena zurückzugehen, und suchte mir selbst einen zu meinen Erfahrungen mit dem Vertrieb von Photoobjektiven passenden Produktionsbetrieb der Kameraindustrie aus. Lothar Schönholz und Heinz Liedtke schlossen sich meiner Wahl an, und wir fuhren für 4 Wochen in den VEB Kamerawerke Niedersedlitz bei Dresden, Edgar-André-Straße 56. Ehe um das Jahr 2000 das Zeitalter der Digital-Kameras anbrach, war der Weltmarkt für Spiegelreflexkameras – jeder weiß das – fest in japanischer Hand: Canon, Nikon, Fuji … Wer wird mir heute wohl noch glauben wollen, dass die DDR einmal das in der Welt führende Land für diesen Kameratyp war? Doch Anfang der 50er Jahre war das so, und Dresden war die Hochburg. Die „Praktika" war eine eigene DDR-Konstruktion, und der Berieb Niedersedlitz, der sie fertigte, wuchs von 120 Mitarbeitern im Jahr 1947 auf 1010 im Jahr 1956. 75 Prozent der Produktion gingen in den Export – in 56 Abnehmerländer, doch fast 50 Prozent des Gesamtexports flossen in die Vereinigten Staaten!

1957 hatte der Rektor eine gute Idee: Seine Studenten sollten auch an offiziellen handelspolitischen Konferenzen und zwischenstaatlichen Handelsgesprächen teilnehmen, zuerst an solchen mit Delegationen aus den „demokratischen" Ländern (auch „volksdemokratische" Länder genannt, die Bezeichnung „sozialistische" Länder wurde damals noch nicht verwendet), bald vielleicht auch schon an Begegnungen mit Repräsentanten aus den kapitalistischen Ländern. Natürlich könnten nur ganz kleine Gruppen, höchstens zwei, drei zu gleicher Zeit auf den großen Bühnen dabei sein, bescheiden und unauffällig, als Protokollanten und Assistenten. Da das MAI sich mit der Beihilfe zu dieser glänzenden Idee schwer tat, beschloss Freund, Ende Mai 1957 selbst einen Anfang zu machen. Warum das Los auf mich und Adalbert Zeisberg fiel, weiß ich nicht – wahrscheinlich hatte es etwas mit guten Studienleistungen im abgelaufenen Studienjahr zu tun. Prof. Erich Freund nahm uns mit nach Leipzig zur Tagung des West-Ost-Ausschusses des Innerdeutschen Handels. Die westdeutschen Mitglieder dieses Ausschusses zur Förderung des Handels zwischen DDR und BRD waren Inhaber und Geschäftsführer relativ unbedeutender kleiner und mittelständischer Handelsunternehmen, der westdeutsche Ko-Vorsitzende war ein gewisser Katz. Ehrbare Leute, die sich für eine gute Sache einspannen ließen, aber kleine Lichter – erst zwei, drei Jahrzehnte später drängten Vorstandsvorsitzende der großen westdeutschen Konzerne an die Futterkrippen Honeckers, Mittags und Beils. Keine Frage, dass Erich Freund der souveräne, gestaltende Kopf dieser Ausschusssitzung war. Freund beherrschte die deutsche Sprache meisterlich, er gebrauchte sie wie ein Florett, wo andere den Krummsäbel schwangen. Doch brachte die Tagung nichts Transzendentales hervor. Spätabends fanden sich die Ost- und Westmitglieder im Professorenspeisesaal der Binnenhandelshochschule zu einer feuchtfröhlichen Runde zusammen, und unserem großen Vorbild Freund blieb gar nichts anderes übrig, als gute Miene zu der Zotenreißerei der Westler zu machen, von denen sich einer sogar demonstrativ den Hosenstall aufknöpfte. „Prostata, prostata, rief der alte Opapa", trank Freund seinen westdeutschen Bundesgenossen gar originell zu, und Adalbert und ich wussten nicht recht, ob wir uns dieErlebnisse dieser langen Nacht für unseren weiteren Lebensweg im Außenhandel einprägen sollten oder besser nicht.

Jahr der Entscheidung

Das Jahr 1956 war für mich das ereignisreichste Jahr des Studiums. In diesem Jahr habe ich Klarheit gewonnen, dass ich aus dem Zug zum Sozialismus nicht mehr aussteigen will, und ein ganz wichtiger Grund für mich war: Ich war nach den Enthüllungen Chruschtschows auf dem XX. Parteitag der KPdSU und den gegenrevolutionären Aufständen in Polen und Ungarn überzeugt, dass die kommunistischen Parteien jetzt gelernt haben, dass sie „die Kirche im Dorf lassen müssen." Zwar schleppten sie den Anspruch auf die Diktatur des Proletariats unverändert im ideologischen Gepäck mit, aber die KPdSU und die anderen kommunistischen und Arbeiterparteien hatten so schwere Deformierungen und Fehler der Vergangenheit einräumen müssen, dass ich darauf setzte, sie würden zukünftig das Sektierertum eindämmen und statt dessen mehr jenes „breiteste Bündnis" suchen, das schon Lenin als das eigentliche Wesen der Diktatur des Proletariats bezeichnet hatte. War ich da naiv? Wohl doch. Ich hatte nicht genügend politischen Verstand, um voraussehen zu können, dass nach einer Periode der Schwächung und der Entspannung wieder solche der Verhärtung und Restauration folgen mussten. Sie kamen dann ja auch: Auf der 3. Parteikonferenz 1956 wurde zum Kampf gegen den Dogmatismus aufgerufen, ein Jahr später auf der 30. ZK-Tagung zum Kampf gegen den Revisionismus, „und wer Glück hatte, wurde gleich beider Ismen bezichtigt."

Dennoch kam ich in diesem geschichtsträchtigen Jahr 1956 mehr und mehr zu der Überzeugung, dass auch Leute wie ich mit ausgewogener Sicht und Unlust an fortwährendem klassenkämpferischen Gedröhne in die Partei gehörten. Ich war überzeugt, „dazuzugehören und dazuzupassen", einigermaßen standfest geworden und kein Außenseiter mehr zu sein. Ich machte nur einen Fehler: Ich bewarb mich nicht entschieden genug um die Parteimitgliedschaft, was angesichts der anhaltenden Probleme, die die SED mit dem Ausbalancieren ihrer Sozialstruktur hatte, nötig gewesen wäre. Auch mit meinen „Restzweifeln" hätte ich in die Partei gepasst – wusste ich doch, wie die beschaffen waren, die links und rechts von mir aufgenommen wurden. Ich blieb jedoch erst einmal noch draußen, ohne deswegen in Torschlusspanik zu geraten.

Was in diesem Jahr 1956 alles geschehen ist! Das Unglaublichste im Februar, als Stalin vom Sockel geholt wurde.

Stalin war für uns Hochschüler ja ein „Klassiker", einer der vier, deren Relief alle Lehrbücher des Marxismus-Leninismus schmückte. Nahezu keines der Grundlagenfächer schien ohne Rückbesinnung auf den weisen Stalin leben zu können, in keiner Aufstellung der Pflichtliteratur fehlten die Werke Stalins, und selbst auf scheinbaren Nebenschauplätzen war der große Josef selbst wissenschaftlich tätig gewesen. Gerade eben erarbeiteten wir uns die Grundlagen der Statistik, und auch da stand Stalin am Anfang. Ich habe aus unerklärlichem Grunde eine Karteikarte der Bibliothek mit den Angaben über einen Pflichtartikel aufbewahrt: Signum II/11, Statistische Praxis 1953, Heft 4, Seite 50: „Der Tod Josef. W. Stalins ist ein unersetzlicher Verlust für unsere Statistik", Stalin – ein Lehrer der Statistik, klassische Beispiele Stalinscher statistischer Analyse ...

Nach dem Abschlusstag des XX. Parteitages der KPdSU, dem 25. 2. 1956, erschien Stalin in neuer Beleuchtung. Das „Neue Deutschland" gab die Ausführungen Chruschtschows über die Folgen des Personenkults, die Säuberungen in den 30er Jahren wieder, schrieb von Folterungen, erpressten Geständnissen. Wir lasen, dass von 139 Mitgliedern des ZK der KPdSU im Jahre 1935 98 hingerichtet worden waren. Chruschtschow sprach von Opfern der Zwangskollektivierung, von politischen Straflagern (das Wort GULAG für „Glawnoje Uprawlenije Lagerej" wurde jetzt und auch später in der DDR nicht verwendet), von Repressalien gegen Sowjetsoldaten, die in die deutsche Kriegsgefangenschaft geraten waren – alles, wie Chruschtschow enthüllte, auf Befehl Stalins. Und am Morgen des 4. März kam der frühe Zeitungsleser Lothar Sempf ins Seminar und stellte laut die provokatorische Frage: „Wie viele Klassiker gibt es?" Und er lieferte gleich das „Neue Deutschland" und die Antwort Walter Ulbrichts mit: „Nur noch drei!" „Also doch!" Das war mein erster klarer Gedanke. Es stimmte also doch vieles oder gar alles, was mein Großvater Neider, aber auch Gestrige, die ich für unverbesserliche Reaktionäre hielt, von dem unsterblichen Stalin behauptet hatten: Ein Diktator sei er gewesen, ein von tiefem Misstrauen erfüllter Menschenverächter, der Prozessfälschungen, Massenerschießungen und Deportationen befohlen hatte. Und dass das politische System des Bolschewismus solche Führer geradezu erforderte oder mindestens zuließ ... Mir fiel eine Diskussion mit Großvater Neider ein, in der er behauptet hatte, dass der Chefdelegierte der Sowjetunion bei den Vereinten Nationen Andrej J. Wyschinski ein Verbrecher sei, der in den 30er Jahren als Generalstaatsanwalt der UdSSR in hündischem Gehorsam gegen Stalin Hunderte unschuldiger Führungskräfte der Sowjetunion aufs Schafott gezerrt hätte.

In der nun unter uns Hochschülern anbrechenden, nicht enden wollenden Diskussion herrschte Betroffenheit und Ratlosigkeit. Die zwei, drei meinungsführenden Genossen in meinem Seminar schienen die Enthüllungen wirklich wie ein Blitz aus heiterem Himmel zu treffen, ich merkte, dass sie tief bestürzt waren, sie verhielten sich wie Menschen, denen etwas ganz Wertvolles weggenommen worden ist. Zugleich nahmen sie die neuen Erkenntnisse nicht ungläubig oder skeptisch auf, sondern verstanden die Meldungen als Nachrichten über etwas Unwiderlegbares, Endgültiges, und sie fühlten sich gezwungen, ihr Stalinbild jetzt und gleich zu korrigieren. Ich beschloss, mit k e i n e r   S i l b e zu offenbaren, dass mich die in anderen Kreisen gehörten feindlichen und ketzerhaften Urteile über Stalin und das von ihm verkörperte politische System von je her verunsichert hatten und mich die Entweihung Stalins nicht schmerzte. Die jetzt ablaufenden vorsichtigen Kurskorrekturen in der KPdSU und die Rehabilitierungen in der Sowjetunion lösten weiteres allgemeines Nachdenken aus, und so kam es, dass ich auf einmal mit den politisch Führenden im Seminar und im Studienjahr eine ziemlich einheitliche gemeinsame Sicht auf Stalin und die Stalinzeit hatte und damit natürlich auch einen in vielerlei Hinsicht einheitlichen Zugang zu aktuellen politischen Fragen der sozialistischen Weltbewegung, obwohl ich von einem anderen Pol kam als sie.

Wenn ich behauptete, die vom XX. Parteitag der KPdSU ausgelöste Entkrampfung und Entspannung sei auch in der DDR nicht folgenlos geblieben, könnte ich das nur schwer belegen. Trotzdem: Es gab Veränderungen: Zum Beispiel lief das öffentliche Jugendforum an der HfA Mitte April freimütiger und kritischer ab als frühere Veranstaltungen dieser Art, in denen nichts Sporadisches passierte, in denen jede Frage und Antwort inszeniert war. Im Präsidium des April-Forums saßen Männer wie der Staatssekretär des MAI Willi Hüttenrauch und der Hauptdirektor des DIA Maschinen-Export Kurt Schmeißer, das Staatssekretariat für Hochschulwesen hatte einen Hauptabteilungsleiter geschickt. Gefragt wurde unter anderem: Warum holt die Hochschulleitung so selten gute Gastdozenten heran? Warum gibt es so wenig Westliteratur? Gibt es an der Hochschule freie Forschung und woran wird geforscht? Warum dürfen wir nicht ins Ausland reisen? Warum liegt die Hochschule so einsam hier draußen in Staaken? Ich erinnere mich nicht an die Antworten, aber die Fragesteller wurden nicht wie die dummen Jungs behandelt, und die Antworten waren nicht ausweichend. Eines kam ans Licht: Dass Verhandlungen geführt werden, die Hochschule für Außenhandel nach Berlin-Köpenick oder Berlin-Grünau zu verlegen und dafür eine Parteischule oder eine Ausbildungsstätte der KVP nach Staaken auszulagern. Näher begründet wurde die Absicht nicht, es hieß nur, der PKW- und Bustransport nach und von Staaken verschlinge jährlich Riesensummen und Sparsamkeit tue not.

Im Juni 1956 brach in Poznan ein Arbeiteraufstand aus, der mehrere Tage anhielt und der 53 Tote kostete. Ob wir es aus der Zeitung erfuhren oder auf Umwegen, weiß ich nicht mehr, aber die Aufständischen forderten nicht nur bessere Lebensbedingungen, sondern auch die Einschränkung der Macht der PVAP und den Abzug der sowjetischen Truppen. Drei Monate später wurde Gomulka zum 1. Sekretär des ZK der PVAP gewählt. Nach seiner Wahl hielt er eine Rede, in der er Kritik am stalinistischen Herrschaftsmodell in den Volksdemokratien übte. Wir hätten davon gar nichts erfahren sollen, aber es sickerte irgendwie durch, dass die „BZ am Abend" vom 22. 10. – das demokratische Berlin hatte ja damals sogar eine Abendzeitung – beschlagnahmt worden war, weil sie einen Auszug aus Gomulkas Rede gebracht hatte.

Aufhorchen lösten Nachrichten aus Ungarn aus: Schon im März 1956 hatten wir erfahren, dass der hingerichtete frühere Generalsekretär László Rajk kein Agent imperialistischer Geheimdienste gewesen war, sondern ein aufrechter Parteiführer, dem nur die Folter dieses absurde „Geständnis" entlockt hatte. Rajk wurde rehabilitiert, seine Leiche exhumiert und mit allen Ehren neu bestattet. Ein paar Monate später war Imre Nagy wieder in die Reihen der Partei aufgenommen worden. Nun, Ende Oktober, gingen Sowjettruppen mit Waffengewalt gegen Demonstranten in Budapest vor, die ihren Abzug und freie Wahlen gefordert hatten. Imre Nagy wurde zum Ministerpräsidenten ausgerufen, er schaffte das Ein-Parteien-System ab und verkündete den Austritt Ungarns aus dem Warschauer Vertrag. Die dem alten System verbundenen Sicherheitskräfte traten nicht kampflos ab. Die Aufständischen übten Lynchjustiz. In grauenhaften Gemetzeln floss das Blut der Verteidiger der alten Ordnung und der Anhänger der Nagy-Regierung. Am 4. November griff erneut die Sowjetarmee ein, und am 15. November brach der Aufstand zusammen. János Kádár bildete eine ausschließlich aus Kadern der alten Partei bestehende neue Regierung und begann mit der „Normalisierung". Ich habe die Ereignisse so geschildert, wie wir sie heute in den Geschichtsbüchern beschrieben finden. Damals, im November 1956, gaben wir den Dingen deutlichere Bezeichnungen: In Ungarn wütete nach unserer Überzeugung die Konterrevolution, und wir wussten: Wenn den gleichen Kräften, die in Budapest die Sicherheitsleute an die Bäume gehängt hatten, die Hochschule für Außenhandel in Staaken in die Hände fiele, würden sie mit uns, den „roten Außenhändlern", auf dieselbe brutale Weise abrechnen.

Wie aus Polen drangen anfangs auch aus Ungarn Reformideen an mein Ohr. Die Ungarn beseitigten Verkrampfungen und wagten mehr Demokratie. Das gefiel mir nicht schlecht. Ich sah aber bald, dass den Reformkräften das

Ruder aus der Hand glitt und die in der Überzahl waren, die keine Reformen, sondern die Rückkehr in die Vorkriegsverhältnisse erzwingen wollten – und das mit der Unterstützung von Kräften des westlichen Auslandes, die letztlich nur deshalb von einer direkten militärischen Einmischung Abstand nahmen, weil die Sowjets ihrerseits darauf verzichteten, mit Waffengewalt in den zeitgleich ausgebrochenen Suezkonflikt einzugreifen. Die brutale Abrechnung der Aufständischen und des Mobs mit den Verteidigern der kommunistischen Ordnung entsetzte mich und verleidete mir den Geschmack an Experimenten mit ungewissem Ausgang. Nach zwei Jahren Grundlagenstudium des Marxismus-Leninismus konnten ich und meine Mitschüler den ungarischen Forderungen nach „reiner" Freiheit, „reiner" Demokratie nicht viel abgewinnen. Der amerikanische Journalist Paul Berman hat kürzlich in ganz anderem Zusammenhang das Denken und Fühlen von jungen Leuten beschrieben, wie wir in Staaken sie damals waren: Wir waren „der Überzeugung, dass Demokratie nur ein Kompromiss, eine mittelmäßige Lösung ist, jedenfalls nichts, das als ‚revolutionäres Projekt für universelle Befreiung' taugen würde." Leute wie wir sie waren, „konnten sich nicht vorstellen, dass man eine freiheitliche Demokratie sein und gleichzeitig Macht ausüben könnte."

Mit innerer Unruhe spürte ich schon damals, in der zweiten Hälfte der 50er, dass es auch auf meiner Seite der Barrikade schmerzliche „Fehler, zivilisatorische Versäumnisse und unentschuldbare Verbrechen" gegeben hatte und vielleicht sogar jetzt noch gab, aber soweit ich sie überhaupt wahrnahm, erschienen sie mir (nachdem das Kapitel Stalin abgehakt war) nicht größer und unverzeihlicher als die auf der westlichen Seite des eisernen Vorhangs.

In der Rückschau auf das Jahr 1956 sehe ich: Es war ein ganzes Geflecht von Erfahrungen und Gründen, welches den Restbestand der Studenten meines Studienjahres, das aus dem I. nun das III. geworden war, homogener, solidarischer und toleranter machte und seine Glaubenseinheit stärkte.

Mit meinem früheren „Kontrollbeauftragten" Franz Wendenburg bildete ich jetzt ein gutes Gespann, wir halfen uns gegenseitig, und Franz rang sich nun sogar zu dem Bekenntnis durch, er könne auch einiges von mir lernen. Ich wurde für würdig befunden, im „Papri-Kabarett" mitzutun. Zum Kabarett zu gehören, machte Arbeit, aber es verhalf auch zu schönen Gemeinschaftserlebnissen.

Bei den Studienleistungen lag ich im Vorderfeld, in einigen Disziplinen gehörte ich zu denen mit den besten Prüfungsergebnissen. Als sich im 2. Halbjahr 1956 die Absolventenlenkungs-Kommission des MAI zum ersten

Mal mit unserem Studienjahr beschäftigte, behandelte sie auch den Vorschlag des Prorektors, mich als wissenschaftlichen Assistenten für die Hochschule zu gewinnen. Ich bat aber darum, mich laufen zu lassen und blieb fürs erste bei meinem Wunsch, nach dem Studium zum VEB Carl Zeiss Jena zurückzugehen.

Was mich ärgerte war, dass ich keine Freundin gefunden hatte, die zu mir passte, eine, die ich gern geheiratet hätte. Ich suchte in den beiden unteren Studienjahren, fand auch Anschlüsse, hatte aber nicht immer genügend Charakter, gleich dann auf ihre Fortsetzung zu verzichten, wenn ich gespürt hatte, dass nichts Dauerhaftes daraus werden kann. Es half mir auch nicht weiter, dass mich Damen erhörten, die ihrerseits nicht daran denken konnten, mich zu ehelichen.

Studium in der zweiten Halbzeit

In den Studienjahren 1956/1957 und 1957/1958 rückten die Lehrfächer in den Vordergrund, die für die spätere praktische Arbeit von Bedeutung waren. Ob die Wirtschaftswissenschaften wirklich „Wissenschaften" waren, „Exaktes" vermittelnd und den Naturwissenschaften gleichwertig, darüber hatte es schon immer Streit gegeben. Böse Zungen sagten, die Handelshochschulen seien überhaupt nur geschaffen worden, weil die reich gewordenen Bourgeois ihre Kinder und Nachfolger auf Anstalten schicken wollten, an denen sie den Heiligenschein von Akademikern erlangen konnten und auf denen ihrem profanen Gelderwerb höhere Weisheiten und Werte angedichtet wurden. Ich selbst war immer erstaunt, welche gewaltigen wissenschaftlichen Einlaufkurven Dozenten beschrieben, die uns eigentlich nur ein qualifiziertes Handwerkszeug zu vermitteln hatten: Rechnungswesen war so ein Gebiet. Am Fach Rechnungswesen und Statistik war ich freudig interessiert, und an diesem Institut schrieb ich später auch meine Diplomarbeit, ohne aber zu meinen, dass ich mich da mit „Wissenschaftlichem" beschäftigte. Meinen Betreuer Günter Seidel verstimmte das. Er gab mir für die Arbeit zwar eine „1 minus", lastete mir aber in der Begründung der Note erheblichen „Praktizismus" an.

Nach den Verteilungsplänen wurden im III. Studienjahr noch Grundlagen-Vorlesungen in Politischer Ökonomie des Sozialismus und Volkswirtschaftsplanung sowie über die Geschichte der Ökonomischen Lehrmeinungen geboten. Es gab Veranstaltungen zur Außenhandels-Statistik bei Degenhardt Albrecht.

Einer der Oberassistenten, der zur Ökonomie des Sozialismus las, war

Horst Weber, wegen der Langstieligkeit und Vulgarität der Inhalte und der Vortragsweise „Leim-Weber" genannt. Ich erfuhr da unter anderem, dass zwecks Erhöhung der Effektivität die Traktoren auch an den Nachmittagen ausfahren müssen und dass der Vorsitzende der Brigade der Brigadier ist. Das Wort „Ökologie" kam in den Vorlesungen zur Ökonomie des Sozialismus überhaupt nicht vor, rückblickend scheint mir, dieses Wort gab es überhaupt noch nicht.

Zur Geschichte der Ökonomischen Lehrmeinungen las der „Thesen-Krüger". Seinen Vorlesungen konnte man entnehmen, dass vor Marx und Engels alle anderen Forscher entweder Verdienstvolles, aber Unvollständiges und Inkonsequentes, oder aber Falsches und Irriges herausgefunden hatten.

Wertvolles Fachwissen des Außenhandels wurde in den Vorlesungen Internationaler Handel, Organisation und Technik des Außenhandels und Zahlungsverkehr der kapitalistischen Länder vermittelt.

Im IV. Studienjahr wurden u. a. gelesen Internationale Handelsbeziehungen im Kapitalismus und Sozialismus, Zivilrecht, Völkerrecht, Internationales Privatrecht, Finanzen und Kredit in der DDR, Organisation und Technik und Zahlungsverkehr der demokratischen Staaten („demokratische Staaten" waren die UdSSR, China, die europäischen „Volksdemokratien" – der Begriff „sozialistische Staaten" wurde noch nicht verwendet; eines der führenden Werke, wenn nicht d a s führende Werk zum Außenhandel der Staaten unserer Hemisphäre hieß „Der demokratische Weltmarkt" von Gunter Kohlmey) und Transport im Außenhandel.

„Internationalen Handel der kapitalistischen Länder" las Dr. Siegfried Wenger. Das war ein kultivierter, den Studenten zugetaner Mann, mit seinem dunklen Teint und einem Lippenbärtchen sah er aus wie ein Zigeunerbaron. In einen Frack gesteckt, hätte er auch als Erster Geiger eines Salonorchesters die passende Figur gemacht. Als Prüfungsvorsitzender war Wenger von Studenten gefürchtet, die es bevorzugten, sich als Antwort auf die aus der Lostrommel gezogene Prüfungsfrage einen Vortrag vorzubereiten und den abzuspulen, ohne unterbrochen zu werden. Wenger stellte nicht selten ungeduldige Zwischenfragen, deren Sinn sich den aufgeregten Prüflingen nicht immer gleich erschloss, doch er zensierte milde. Bei ihm galt: „Strenge Prüfung – gute Zensur." Der Unterricht in „Organisation und Technik des Außenhandels der kapitalistischen Länder" ist mit Erinnerungen an Manfred Funke verbunden. Ich habe ihn nicht als beeindruckenden Wissenschaftler in Erinnerung, aber als einen prinzipienfesten und ehrlichen, auch selbstkritischen Mann, der in ungezwungener und feinfühliger Weise auch Studenten wie mich zu sich heranzog und zu freimütigem Gespräch ermunterte, von denen er wusste oder bei denen er erkannte, dass ihre Wege zur Ideologie des Arbeiter- und-Bauernstaates länger und umständlicher waren als die seiner Artgenossen.

Vorlesungen in „Organisation und Technik" hielt auch Benno Stassen, dieser vornehmlich zum Kaufvertrag und zu den Vertragsbedingungen, doch gewann ich seinen ausufernden, ins Detail gehenden Lesungen zu den Außenhandelsoperationen auf den Loco-Warenmärkten, den Zwischenhandels-, Transithandels- und Bartergeschäften, den Abladekontrakten im Effektiv- und Differenzgeschäft und zu den Börsen und Auktionen wenig Geschmack ab, weil ich mir nicht vorstellen wollte, dass ich das einmal brauchen sollte. Vielleicht habe ich dem kleinen, gewissenhaften Mann mit dem sichtbaren Körperfehler, dem der Eifer an den eigenen wissenschaftlichen Gegenständen oft den Schweiß auf die Stirn trieb, Unrecht getan. Als ich später Verkäufer war, ärgerte ich mich, in Stassens Vorlesungen über Anbahnung und Abwicklung des Exportgeschäfts und zur Eigengeschäftstätigkeit der Herstellerbetriebe nicht besser aufgepasst zu haben.

Im Jahr zuvor war zum ersten Mal ein für die Praxis des DDR-Außenhandels geeignetes und umfassendes Handbuch der Außenhandelstechnik erschienen. Den Löwenanteil daran hatten die tschechoslowakischen Autoren Heřman und Štěpán, vor allem aber Jaroslav Nykryn – die ČSR war im internationalen Handel ja auch früher und selbständiger gestartet als die DDR – und Franz Heiduschat. Vorher, ab 1954, hatte es nur das enger angelegte Handbuch von Mechau – Prawitt gegeben. Funke riet uns, intensiv mit dem in Österreich erschienenen „Triegler" – das Buch des Wiener Welthandelslehrers Triegler war einfach Spitze – und mit dem „System der Welthandelslehre" von Prof. Dr. J. Hellauer zu arbeiten, auch mit der „Internationalen Handels- und Devisenpolitik" von Rittershausen. Ich las auch bei den sowjetischen Autoren Frei, Menshinski und Smirnow, aber die waren, wie wir zu sagen pflegten „globalkonkret" – „wie mans macht", dazu gab es in der Sowjetliteratur nichts.

Die Existenz einer Bibliothek an der Hochschule begann ich zum ersten Mal richtig zu schätzen, als ich „Organisation und Technik" studierte, im 2. Halbjahr 1957. Schon seit März 1957 lagen in der Bibliothek auch westdeutsche Presseerzeugnisse aus und galt es auch nicht mehr als Zeichen von unzulässigem Objektivismus, wenn die Studenten der höheren Semester sich gelegentlich in der dort ausliegenden „Frankfurter Allgemeinen" oder den „Gewerkschaftlichen Monatsheften" (zusätzlich zur täglichen obligatorischen Lektüre des „Neuen Deutschland") über das internationale und gesamtdeutsche Geschehen informierten. Man konnte jetzt auch Bücher anfordern, die in der DDR nicht erschienen - wie zum Beispiel das „Who is who?" oder den „SS-Staat" von Dr. Eugen Kogon. Es war die Zeit, in der sich unter der Rektorenschaft von Prof. Erich Freund die Schlussfolgerung durchzusetzen begann, dass wir, die wir für den W e l t – Handel der DDR benötigt wurden, über diese Welt auch etwas mehr erfahren müssten.

Die Vorlesungen der Dozenten Olaf Kampa und Manfred Kemper über das Zivilrecht der DDR und zum Internationalen Privatrecht und auch die der hübschen Assistentin Helga Rudolph (Ihre Spezialität: Prozessuale Stellung eines Staates oder eines seiner Organe vor ausländischen Gerichten) hörte ich mit größtem Interesse. Das galt auch für die Vorlesungen in Völkerrecht eines Dozenten von der Akademie für Staats- und Rechtswissenschaften in Potsdam-Babelsberg, Dr. H. Wünsche. Dr. Meister las „Staatsrecht wichtiger kapitalistischer Länder".

Regelrechtes Vergnügen bereiteten auch die Vorlesungen des Sekretärs der Schiedskommission bei der Kammer für Außenhandel der DDR, Harry Fellhauer. Fellhauer stützte seine Darlegungen auf seine eigenen umfangreichen praktischen Erfahrungen aus abgeschlossenen Schiedsgerichtsverfahren. Sein Vortrag war locker und ironisch. Am besten waren die Pausengespräche, bei denen sich immer eine Studententraube um Fellhauer bildete, weil er dann noch einen Schlag frecher und zynischer formulierte, als ihm das sonst eigen war. Im Laufe einer der Vorlesungen hatte er auf vielseitigen Wunsch auch sein „Vademecum für Unterhändler" vorgetragen. Er meinte damit eine kleine Sammlung von Erfahrungsweisheiten dazu, wie man durch einen strategisch durchdachten Aufbau von Vertragsverhandlungen und mit einer geschickten taktischen Gesprächsführung seine Verhandlungsziele erfolgreich durchsetzen könne. Wenn man, zum Beispiel, einen überhöhten Warenpreis durchsetzen wolle, müsse man versuchen, die Preisverhandlung auf die Verpackungs- oder Frachtkosten hinzulenken, dort Kompromissbereitschaft nicht ausschließen und gegebenenfalls ein Zugeständnis machen, um so den im Warenpreis versteckten Übergewinn zu sichern.

Im Pausengespräch vergewisserte sich Fellhauer zuerst, dass seine Zuhörerschaft ausschließlich aus jungen Männern bestand, und sagte dann, er sei vielleicht vorhin mit seinem Beispiel zu Warenpreis und Nebenkosten nicht anschaulich genug gewesen. Für Begriffsstutzige wolle er dasselbe noch einmal an einem anderen Beispiel erläutern. Also, ein junger Mann bringt nach dem Tanzen ein Mädchen nach Hause und möchte den Abend noch mit einem Höhepunkt abschließen. Er fragt das Mädchen nun, ob er es küssen dürfte. „Um Gottes Willen, nein", sagt die, und ziert und wehrt sich. „Aber es ist doch ungefährlich und es macht Spaß, und das machen doch alle", bittet er dann immer drängender, und noch immer schwankt das junge Mädchen nicht. „Wenn Sie nun in einer solchen Lage sind," sagte Fellhauer dann, „dann müssen Sie o b e n unablässig weiter reden, argumentieren, zu überreden suchen – und dabei u n t e n ganz langsam einschieben."

Die wertvollste und spannendste Vorlesungsreihe meines Studiums war „Internationale Valutabeziehungen", die Dr. Helmut Bleßing las. Für kein Studienfach habe ich für die Problemerkenntnis und die Nachbereitung der Vorlesungen so viele Abende und Nächte verwendet wie für dieses. Es war mir dann auch eine Genugtuung, dass mich Bleßing im Dezember 1958 in der Prüfung zum Staatsexamen über 60 Minuten in die Mangel nahm und mir dann ein „sehr gut" gab.

Bleßing erwies sich als ausgezeichneter Spezialist. Er war mir sympathisch, und er konnte sein Wissen so weitergeben und schwierige Zusammenhänge so darstellen, dass ich sie verstand und jedes Mal größere Lust hatte, weiterzustudieren und zu „forschen". Ich habe ihn als objektiv urteilenden und gerecht denkenden Menschen erlebt. Er betrieb seine Wissenschaft nicht nur im stillen Kämmerlein, sondern wirkte im wissenschaftlichen Rat der Deutschen Notenbank und im Forschungsgremium für Fragen des Gemeinsamen Europäischen Marktes mit.

Die Vorlesung von Helmut Bleßing wurde durch die von Erich Renneisen zur „Technik der internationalen Verrechnungen" ergänzt. Renneisen war Chef der Deutschen Außenhandelsbank AG. In der Verpflichtung solcher international erprobten Fachleute als Dozenten – Renneisen war seinerzeit auch Sonderbeauftragter der Regierung der DDR für den Fernen Osten und traf in dieser Eigenschaft unter anderem mit Sukarno zusammen – sahen wir eine positive Reaktion des Rektors auf die Kritik der Studentenschaft, mehr angesehene Gastdozenten heranzuholen.

Grundsätzlich waren Fachgebiete wie „Organisation und Technik" ebenso wie Rechnungswesen, Valutawirtschaft und Zahlungsverkehr „mein Ding". Für alles, was mir praktisch im Außenhandelsverkehr verwendbar und nutzbringend erschien, wozu natürlich auch die Fremdsprachen gehörten, wandte ich im Selbststudium manchmal sogar unverhältnismäßig viel Zeit auf, aber sie reute mich nie. Ich halte viel von diszipliniertem Selbststudium – viele Gegenstände sind damit genügend gründlich zu meistern.

Die Mehrzahl der wissenschaftlichen Assistenten und Oberassistenten, die ich während des Studiums als überzeugende Lehrer erlebte, waren zu jener Zeit noch nicht promoviert oder habilitiert. Bleßing, Otto, Kemper, um einige zu nennen, wurden später angesehene Professoren.

In der Rückschau will ich feststellen, dass ich in Staaken wenige, sehr wenige Vorlesungen von rhetorischem Glanz erlebt habe, aber alles in allem genügend solide Hausmannskost von hingebungsvollen Lehrkräften, denen die Ausbildung und Erziehung „ihrer" Studenten die Hauptsache war – und nicht etwa nebenher laufende private wissenschaftliche Steckenpferde oder Nebenerwerbswirtschaften.

Endspurt

Der Endspurt für die Prüfungen zum Staatsexamen und die Anfertigung der Diplom-Arbeit begann im April 1958 – eine große Hausarbeit war abzuliefern, und um diese Zeit fiel auch die Entscheidung über das Thema der Diplom-Arbeit.

Am 19. Mai feierten wir das Vorlesungsende. Schon am frühen Morgen ging es mit Musik zum Frühstück. Später bewegte sich ein Demonstrationszug zum Ort der letzten Lektion, dem Hörsaal zwischen den Blocks 7 und 8. Das erste Transparent trugen Dieter Müller, Wolfgang Meusch und Adalbert Zeisberg: „Und schließlich siegt die Dummheit doch" …

Das Ende jeder Vorlesungsstunde wurde durch das Rasseln von 70 Weckern eingeleitet. Dann entzündeten wir ein großes Feuer und warfen Niederschriften entbehrlicher Wissensgebiete hinein.

Im September schrieb ich an der Diplomarbeit, am 13. Oktober lieferte ich sie ab. Ich hatte sie Seite für Seite, 35 Seiten Hauptteil und 14 Seiten Anhang nebst Eidesstattlicher Versicherung, selbst auf der Reiseschreibmaschine geschrieben und hasste das Produkt, als wäre es ein von mir gezeugtes Hurenkind. Nun kam die eigentliche Prüfungsperiode. Ich musste jeden Tag diszipliniert nutzen. Vor jeder Einzelprüfung hatte ich vier bis zehn Tage Vorbereitungszeit. Im Hochschulgelände herrschte himmlische Ruhe – die Studienjahre II. bis IV. setzten ihr Außenhandelsstudium bereits in Karlshorst fort. Aber im Wohnblock gab es immer zu viel Ablenkung Ich stellte mir deshalb einen Tisch in einen der Hörsäle. Um 10.00 Uhr begann ich mit dem Wiederholungsstudium und hielt, Mittags- und Abendbrotpausen ausgenommen, bis morgens um 1.00 Uhr durch.

Ich hatte fest vorgehabt, nach der Prüfung in den „Hahneberg" zu gehen, aber dann schickte ich erst einmal ein Telegramm an die Eltern und machte dann einen Riesenspaziergang über den verwaisten Flughafen. In der Nacht schlief ich so fest, dass ich nicht einmal hörte, dass die anderen Glücklichen eine schwere Eisenkugel den Gang entlang rollen ließen.

Es war schon nicht mehr so wichtig, dass ich mit Eugen Faude, Werner Riemann und Wolfgang Meusch und einigen anderen zu der kleinen Gruppe gehörte, die Bestergebnisse erreicht hatten. Eigentlich war nur wichtig: Bestanden oder nicht bestanden, nach den Prüfungsnoten würde nie wieder einer fragen. Am 17. 12. 1958 überreichte Prof. Freund die Diplomurkunden und –zeugnisse. Heinrich Rau war auch diesmal nicht gekommen, er hat „seine" Hochschule überhaupt nie besucht.

Das wäre doch eine Idee für unser Abschlussfest – noch einmal von Harald Nestler gestaltet – gewesen: Ein Song, eine kleine Ballade frei nach der Hans-Albers-Melodie: „Er ist nicht zur Hochzeit gekommen, er war auch zur Taufe nicht da ..."

Es war schon die Rede davon: Mein Studienjahr, das V. im 9. Semester, machte in Staaken das Licht aus, unsere Hochschule für Außenhandel war mit dem Beginn des Studienjahres 1958/1959 in die Hochschule für Ökonomie Berlin-Karlshorst integriert worden. Unser früherer Rektor Freund war dort nun Dekan der Fakultät Außenhandel.

Von Bestrebungen, den S i t z der HfA nach Berlin zu verlegen, hatten wir schon auf dem Jugendforum im April 1956 gehört, doch von A u f l ö s u n g war nie die Rede gewesen. Und doch muss es so gewesen sein, dass dem Minister Rau die Hochschule schon 1956, spätestens aber 1957 zur Last geworden war. Wir Absolventen des Jahres 1958 wussten nicht, dass Rau schon 1957 deutlich gemacht hatte, dass er auf eine Hochschule als selbstständige Anstalt unter Mitregie seines Ministeriums nicht länger Wert lege. Warum?

Ich glaube, das eigentliche Ärgernis Raus waren nicht die anschwellenden Kosten unserer Außenfestung gewesen, sondern eher die Tatsache, dass im System der Hochschulbildung der DDR die Gestaltungsrechte des Außenhandelsministers zu gering waren und das Staatssekretariat für Hochschulwesen zu mächtig. Rau sah, dass er die Auswahl und das Persönlichkeitsprofil der zur Immatrikulation Kommenden nicht nach eigenen Kriterien lenken kann. Wenn wir auch in der DDR das Wort „Elite" nicht verwendeten, war doch eines klar: Eine Schule für die Avantgarde sollte die Hochschule für Außenhandel nach dem „Konzept Staaken" schon sein. An allen Eliteschulen der westlichen Welt aber ließ die herrschende Klasse schon die Bewerber um hohe und höchste Staatsämter sortieren. Gerade das aber ließ man Heinrich Rau nicht tun - die zu jener Zeit in Gang kommende Hochschulreform verfolgte im Gegenteil das Ziel, die Einflussmöglichkeiten von Fachministerien auf die Ausbildungsziele und –abläufe einzuschränken und eine einheitliche ökonomische Ausbildung in der DDR durchzusetzen – was der HfA widerfuhr, traf auch die Hochschule für Finanzen.

Mit dem Ende des Studienjahres 1957/1958 zogen die uns nach folgenden drei Studienjahre aus Staaken nach Berlin-Karlshorst ab, und die neuen Frischlinge wurden dort eingeschult.

Staakener Epilog

Auf meine ehemaligen Mitstudentinnen und -studenten bin ich stolz: Sie haben etwas aus sich gemacht. Manche verlor ich bald nach dem Staatsexamen im Dezember 1958 aus den Augen und erfuhr nur zufällig von ihren Leistungen. Auch mit mir konnten ja viele nichts anfangen und haben nicht nach mir gesucht. Einige kreuzten noch sporadisch meinen Weg. Mit einer Handvoll blieb ich befreundet oder eng verbunden.

Mein Freund Heinz Liedtke organisierte als Stellvertreter des Generaldirektors der Interwerbung die größte Wirtschaftsausstellung, die die DDR jemals im Ausland veranstaltete, die des Jahres 1988 in Moskau. In den letzten Jahren hat er Gemeinschaftsausstellungen der deutschen Industrie in Khartoum, Algier, Tripolis und anderswo geleitet. Noch im 14. Jahr nach der Wende ist er beruflich aktiv und kompetent.

Horst Tiedtke wurde zum anerkannten Professor für Marketing an der Hochschule für Ökonomie, seine Frau, Regine Uhma, war über die Wendezeit hinaus Spitzenverkäuferin für die später fast vollständig ausradierte DDR-Kaliindustrie und bereiste ganz Europa.

Emil Peh, Stellvertreter des Generaldirektors im AHB Schienenfahrzeuge, bewährte sich auch in der Nachwendezeit – als erfolgreicher und selbstständiger Unternehmer.

Gerhard Kuhse, er erlebte das Ende der DDR nicht mehr, wurde Generaldirektor des AHB Zentralkommerz, eines Unternehmens der Kommerziellen Koordinierung.

Franz Wendenburg begann in einer hoch verantwortlichen Aufgabe im Militär-Außenhandel, doch wegen der Westflucht eines seiner Brüder wurde er ohne eigenes Verschulden ausgebootet und musste sich nun neu heran kämpfen; zuletzt war er Koordinator der DDR-Lieferungen für das Nickelkombinat Las Camariocas in Kuba. Die erlittene Zurücksetzung belastete sein Gemüt zeitlebens. Andere ehemalige Mitstudenten, die wie Franz Export- und Importverantwortung im Militärbereich übernahmen, wurden Majore und Oberste und erfüllten die aus der Zugehörigkeit der DDR zum Warschauer Vertrag resultierenden Bündnispflichten - zweien von ihnen begegnete ich auf den Gängen des Ministeriums für Außenhandel.

Helmut Recknagel wirkte in der Staatlichen Plankommission an der Gestaltung der Wirtschaftsbeziehungen zur Sowjetunion mit, Renate Gruber, seine Frau, war schon frühzeitig zur Direktorin eines Jugendkontors im AHB Chemie berufen worden.

Lothar Schönholz gehört zu denen, die nicht nur im DDR-Außenhandel ihren Mann standen, sondern auch nach der Wende ihr Wissen achtbar zum Einsatz brachten – Lothar in einer Wirtschaftsprüfungsgesellschaft.

Christa Sell wurde Hauptbuchhalterin.

Harald Nestler entwickelte sich zum Generaldirektor des Alleinexporteurs der DDR von polygraphischen Ausrüstungen. Zur Wendezeit war er Leiter der Handelsvertretung der DDR in Peking und vertrat dann zwölf Jahre lang wirtschaftliche Interessen deutscher Mittelständler und Großbetriebe in der Volksrepublik China.

Ina Braatz brachte als Generaldirektorin den Außenhandelsbetrieb für Textilmaschinen – TEXTIMA – über die Wende und erkämpfte ihm erneut einen Platz in der Marktwirtschaft.

Siegfried Brückner war im Metall- und Diamantenhandel und in Vertretergesellschaften tätig, diente als Handelsattaché in Düsseldorf und organisierte später die Verwertung wissenschaftlicher Leistungen der DDR durch Verkauf und Lizenzvergaben auf dem Außenmarkt.

Wolfram Lippmann, zu DDR-Zeiten auf einem Spitzenplatz der Hauptabteilung Auslandspreise im MAI, wurde nach der Wende Hauptbuchhalter in einem Industrieunternehmen und Filialleiter eines namhaften deutschen Heizgeräteherstellers.

Christel Virgens begegnete ich als Stellvertreterin des Generaldirektors des AHB Chemie, Werner Riemann in der gleichen Funktion.

Adalbert Zeisberg verhalf sein gediegenes Wissen in der Außenhandelsstatistik auch nach der Wende zu Lohn und Ansehen im Statistischen Bundesamt.

Achim Schwinzer stieg zum Betriebsdirektor des VEB Deutfracht auf. Wolfgang Meusch leitete die Preisabteilung im AHB Chemie, Manfred Przybilla wurde Hauptbuchhalter, Walter Bensch Absatzleiter im Kombinat SKET Magdeburg, Manfred O. Barth nahm eine ähnliche Aufgabe im VEB Waggonbau Dessau, spezialisiert auf schienengebundene Kühlfahrzeuge, wahr.

Eugen Faude erwarb sich Anerkennung als Ökonomie-Professor.

Heinz Löhn gelang als Einzigem der Einstieg in die diplomatische Laufbahn: Von 1982 bis 1986 war er Botschafter der DDR in Ekuador, von 1986 bis 1989 in Kolumbien .

Ich muss bei dem Versuch scheitern, alle aufzuzählen, denen ich in den drei Jahrzehnten meiner eigenen Arbeit im Außenhandel in kurzen oder längeren Intervallen wiederbegegnet bin. Wenn ich auch nicht jede und jeden der 70 Mitabsolventen des Dezember 1958 auf Anhieb in meinem Gedächtnis wiederfinde und auch selbst von vielen vergessen sein mag – eines sollte jeder mit Hochachtung festhalten: Von ein oder zwei Versagern abgesehen, die die Gründe für ihr Scheitern nicht in sich, sondern im System der DDR suchten, ist keine und keiner in den Westen übergetreten.

Auf einem ganz anderen Blatt steht dies: Auf dem Weg zum Endziel Staatsexamen sind auch einige wenige gescheitert, die das Zeug hatten, in einem Klima der Toleranz und eines gesünderen Demokratieverständnisses den Weg zu Ende zu gehen und Tüchtiges im Außenhandel zu leisten.

Für zwei Jahre hat uns in Staaken ein Mitstudent von besonderen Graden begleitet: Alexander Schalck. „Von der Parteien Gunst und Hass verwirrt, schwankt sein Charakterbild in der Geschichte", heißt es bei Schiller. Keiner, der über ihn urteilt, soll bezweifeln: Er war einer der aufstiegsbewusstesten, talentiertesten und wagemutigsten Vertreter unseres Berufsstandes. In einer anderen Gesellschaftsordnung als der unseren geboren, wäre er ein international beachteter Konzernchef, Banker oder Wirtschaftsminister geworden …

Im Außenhandelsunternehmen Feinmechanik-Optik 1959 bis 1966

Die Würfel waren gefallen. Nach dem erfolgreichen Abschluss meines Studiums der Außenwirtschaft an der Hochschule für Außenhandel Berlin-Staaken sollte mich am 9. Januar 1959 das volkseigene Außenhandelsunternehmen Deutsche Export- und Importgesellschaft Feinmechanik–Optik mbH in Berlin als Betriebsassistenten einstellen.

Über meine Zuweisung an Feinmechanik-Optik hatte eine Einsatzkommission des Ministeriums für Außenhandel und Innerdeutschen Handel entschieden. Der hatte ich zuvor noch mitgeteilt, dass sich auch der VEB Carl Zeiss Jena für meine Mitarbeit interessiere, und ich hatte ein entsprechendes Schreiben des Kaufmännischen Leiters Dr. Hüber vorgewiesen. Aber der Kaderleiter von Feinmechanik – Optik, Scharrenberg, und der Leiter der Abteilung Arbeit, Mackowski, setzten sich im MAI durch. Sie hatten schon seit meinem Praktikum im Jahr 1955 eine gewisse Vorstellung von mir, und vor allem, sie würden bald ein Kaderloch zu stopfen haben, das sie mit einem wehrlosen und gutwilligen Nachwuchskader auffüllen wollten. Der Leiter der Abteilung Werbung und Messen, Rudolf Brüggemann, ging mit Riesenschritten auf die Rente zu, und der Kaderleiter meinte, auf diesen Platz gehöre zukünftig ein Hochschulabsolvent, in der Werbeabteilung hatten sie aber kein Eigenaufkommen dieser Art. Eine Bewerbung brauchte ich nicht zu schreiben, aber einen mehrseitigen Fragebogen musste ich ausfüllen.

Anders als mein Studienfreund Heinz Liedtke, der seinen Platz in der Außenhandelswerbung zielstrebig angesteuert und einschlägige Vorlesungen an der Berliner Kunsthochschule belegt hatte, wurde ich mit der Entsendung in die Werbeabteilung überrumpelt und machte mir die Sache mit dem Gedanken schmackhaft, ich würde nun meinen Industriezweig auf Messen und Ausstellungen vertreten und richtig „in der Welt herumkommen." Eine richtige Vorstellung, was ich künftig zu leisten hätte, hatte ich aber nicht.

Verhandlungen über Gehalt und andere Arbeitsbedingungen fanden nicht statt, da wurden alle Betriebsassistenten über einen großen Kamm geschert. Im ersten Jahr gabs 600 DM brutto.

Ist der Leser vielleicht über die Bezeichnung „DM", also „Deutsche Mark" gestolpert? Ist die DM nicht erst viel, viel später über uns gekommen? Nein und ja ... Nach der Währungsreform, in der Zeit von 1948 bis 1964, hatten wir in der DDR die Deutsche Mark der Deutschen Notenbank, Kurzbezeichnung DM. Nach der Erneuerung der Banknoten im Jahr 1964 führte die

DDR-Währung bis 1968 die Bezeichnung Mark der Deutschen Notenbank, kurz MDN. Seit 1968 wurde die „Mark der Deutschen Demokratischen Republik", Kurzbezeichnung „Mark", offizielle Währungs-Einheit – und das bis zum 30. 6. 1990 .

Ich erhielt auch noch keine Zuzugsgenehmigung nach Berlin (das geschah erst drei Jahre später) und damit auch kein Anrecht auf eine eigene noch so kleine Wohnung. Allerdings durfte ich mich auch als Lediger sogleich bei der Arbeiter- Wohnungsbau-Genossenschaft des Außenhandels für eine Zwei-einhalb-Zimmer-Wohnung anmelden. Noch im Dezember 1958 machte ich mich von Staaken aus auf die Suche nach einem möblierten Zimmer in Berlin.

Im Niemandsland zwischen Studienabschluss und Neubeginn im Außenhandelsunternehmen betrachtete ich mich als „entpflichtet" und benutzte die auf allen Stationen in Westberlin haltende S-Bahn, das war mir in den vergangenen fünf Jahren streng verboten gewesen. Ich hatte mir Pankow als Wohnort in den Kopf gesetzt, irgendwo in der Nähe des U- Bahnhofs Vineta-straße wollte ich unterkommen, da könnte ich meine zukünftige Arbeitsstelle in der Nähe des Alexanderplatzes gut erreichen, und das gelang mir nach langem Suchen endlich auch … Teuer war mein Zimmer mit Toilettenanteil und Blick auf die Pankower Mühlenstraße nicht: 50 DM im Monat. Von meinen 600 DM Betriebsassistentengehalt zahlte ich vom ersten Monat an 50 DM auf meinen AWG-Anteil ein und bekam nach allen Abzügen 450 DM auf die Hand. Die Miete abgerechnet, blieben mir 400 DM zum Leben. Ich gab aber für Essen und Trinken nur das Nötigste aus und lebte wochenlang von der billigen Zwiebelleberwurst. Im ersten Jahr erreichte ich mein Sparziel: 2.000 DM.

Auf dem Hinterhof

Auf einem dritten Hinterhof hatte ich gewohnt, bis ich nach einem reichlichen Jahr in die Ossietzkystraße, nun „nach vorne heraus", umzog, auf einem zweiten Hinterhof sollte ich arbeiten. Das erfuhr ich erst am Tag meines Dienstbeginns. Die „Deutsche Export- und Importgesellschaft Feinmechanik-Optik m. b. H." (von ihren Mitarbeitern meist „FO" genannt, in der Industrie hieß sie „DEXI" oder, wie ihr Telegrammwort, Praezishandel) saß in einem würdigen fünfstöckigen Bürohaus mit vielleicht hundert Metern Straßenfront in der Schicklerstraße, Ecke Littenstraße, unweit des S-Bahnhofs Jannowitzbrücke. Heute residieren in dem stattlichen Verwaltungsbau einige Direktionen der Deutschen Bahn AG, am gegenüberliegenden Ufer stehen der Klotz der chinesischen Botschaft, der ehemalige „Tischkasten", und, noch immer denselben Namen tragend wie vor vierzig Jahren, die Gaststätte „Marinehaus".

Im Jahre 1959 gab es volkseigene Außenhandelsunternehmen in zwei Rechtsformen: Einmal die „DIA's", Abkürzung für „Deutscher Innen- und Außenhandel", zum anderen „GmbH's". In der DDR war das Handelsgesetzbuch (HGB) aus der Bürgerzeit ausgehöhlt, aber nicht außer Kraft gesetzt. Die darin verankerte Rechtsform der „Gesellschaft mit beschränkter Haftung" erweckte zumindest im westlichen Ausland den Eindruck, als handele es sich hier um ein privatwirtschaftliches Unternehmen vom Staat unabhängiger Gesellschafter.

AHU in der Rechtsform der GmbH wurden in den 50er Jahren auch mit der Überlegung gegründet, ihre Vermögenswerte als vom allgemeinen Volkseigentum abgesondert zu deklarieren und diese im Ausland besser gegen Ansprüche zu schützen, die dortige Gerichte gegen den Staat DDR und sein Vermögen erhoben. Der „privatwirtschaftliche" Schein war willkommen, aber falsch, denn die Gesellschafter meiner am 6. 3. 1956 gegründeten Export- und Importgesellschaft waren volkseigene Betriebe. Deren Gesellschaftsanteile stammten nicht aus ihrem Betriebsvermögen, sondern waren vom Außenhandelsministerium bereitgestellt worden, das Hoheitsträger blieb. Die Gesellschafter, darunter der VEB Carl Zeiss Jena, der VEB Rathenower Optische Werke, der VEB Medizintechnik Leipzig und andere, konnten deshalb auch das unmittelbare Kommando des Ministeriums für Außenhandel über den Generaldirektor des Außenhandelsunternehmens nicht aushebeln. Das Außenhandelsmonopol war eben ein Monopol des Staates.

Im Berlin des Jahres 1959, in dem auch im Umfeld des S-Bahnhofs Jannowitzbrücke viele Ruinen des 2. Weltkrieges aufragten, war das Haus Schicklerstraße 5-7 (die ganze nach einem Bankiersgeschlecht des 19. Jahrhunderts benannte Schicklerstraße bestand nur aus diesem einen Haus) eine feine Adresse. Dort gedachte ich zu arbeiten – doch daraus wurde nichts. Mein zukünftiger Chef Rudolf Brüggemann holte mich in der Kaderabteilung ab. Er eröffnete mir, seine Abteilung befinde sich wegen der großen Raumnot in der Zentrale im zweiten Hof eines Gewerbehauses in der Georgenkirchstraße. Das Haus sei baufällig und vom Abriss bedroht, aber das sei eine Chance für Veränderungen zum Besseren. Keine öffentliche Gaststätte, kein Lebensmittelgeschäft in der Nähe, doch in den ersten Monaten konnte ich in die nahe Verwaltung der BVG Mittagessen gehen: Drei Wahlgerichte gab es dort, jedes kostete 1,00 DM – und das Essen war hervorragend. Als uns die BVG zwei Monate später diese Vergünstigung entzog, standen wir Werbeleute auf der Straße und hatten Mittag, wenn wir es uns von zuhause mitbrachten.

Die Abteilung Werbung und Messen bestand aus einem einzigen großen Arbeitsraum, vollgestellt mit bis unter die Decke reichenden Regalen, dazwischen ein langer Tisch, den sich die Mitarbeiter in Sektoren eingeteilt hatten. Einen Schreibtisch hatte nur der Chef in seinem Verschlag stehen.

Es dauerte gar nicht lange, da stellte mich die führende Genossin der Abteilung, Anna Heisig, politisch auf die Probe, sie wog mich und befand mich nicht als zu leicht, fasste aber ihre Schlussfolgerungen in die Worte, „es sei Zeit, dass ich die Aufnahme in die Partei beantrage." Das aber genau wollte ich in der Lage, in der ich Anfang 1959 war, nicht tun. Ich war schon Anfang 1958, im letzten Studienjahr, auf das Vorurteil gestoßen, wer „so spät" käme, wolle mit dem Eintritt in die Partei nur seine Aufstiegsmöglichkeiten verbessern. Das sollte mir nicht noch einmal passieren. Wenn sie mich in der Partei wollten, würden sie mir das schon sagen. Dann würde ich mich natürlich an das Ritual halten und um Aufnahme „bitten". Bis dahin wollte ich versuchen, fachliche Anerkennung zu gewinnen.

Doch gerade dafür standen die Sterne nun ziemlich schlecht. Man hatte mir für das Assistentenjahr einen ausgeklügelten Lernplan ausgearbeitet, mit Praktika in einer Großdruckerei in Dresden, bei der DEWAG-Werbung, bei einem Zeitschriften-Verlag, und karrte mir eine Ladung Fachliteratur auf den Tisch über Werbemethoden und Messebau, aber ich merkte mit wachsendem Entsetzen, dass mein Interesse am Handwerkszeug meiner Abteilung trotz der versprochenen Beförderung sehr mäßig blieb und ich mir die Quälerei nicht antun wollte. Durch „Über-die-Schulter-Schauen" war jedoch bei meinen Kollegen rechts und links nichts zu gewinnen, sie meinten, sie hätten sich alles auch allein angeeignet, und die scheue Frau Szymanski schien mein Interesse an ihren Gegenständen misszuverstehen. Noch keine vier Wochen waren vergangen, da überlief mich siedendheiß die Erkenntnis: Du musst das Handtuch werfen, bald. Wenn du hier, ohne es verdient und ohne es gewollt zu haben, zum Chef befördert wirst, sitzt du für alle Zeiten in einer Falle.

Segensreiche Kapitulation

Ein Vierteljahr lang versuchte ich der Auslandswerbung gute Seiten abzugewinnen, doch es misslang, meine Verzweiflung wurde immer größer. Ich fühlte mich hundsmiserabel: Was sollte ich Eltern und Großeltern über meinen beruflichen Einstieg erzählen? Ich war nun schon 26 Jahre alt und noch immer Hilfsarbeiter.

Ich musste eine berufliche Entscheidung treffen, und ich traf sie in den ersten Apriltagen, und sie lautete: Nichts wie raus aus Werbung und Messen! Es gibt Kapitulationen, die sind keine Niederlagen. Ich kapitulierte vor einer ungeliebten Herausforderung in der Werbung, dabei gewann ich meine Freiheit wieder. Es wurde nicht ganz so schwer, wie ich befürchtet hatte.

Rudi Brüggemann offenbarte, er habe von Anfang an wenig Hoffnung gehabt, mich in seiner Dunkelkammer in der Georgenkirchstraße festhalten zu können. Scharrenberg und Mackowski waren nicht halsstarrig. Doch wohin mit mir? Ich landete schließlich im Verkaufs-Kontor F 37.

Laborausrüstungen

Es ist nun an der Zeit zu beschreiben, was wir in unserem Außenhandelsunternehmen und in m e i n e m Exportkontor eigentlich verkauften. Lange vor meiner Zeit hatte es schon das Außenhandelsunternehmen DIA Feinwerktechnik gegeben, das dann in DIA Feinmechanik – Optik umbenannt wurde. Zuerst wurde daraus der Export von Büro- und Polygraphischen Maschinen ausgegliedert und verselbständigt, Ende 1959 der Export der Foto-Kino-Technik. Meine „Gesellschaft" hatte Anfang 1960 noch 9 operative Kontore, 1963 wurden sie in nur 6 Kontore für Export und Import umgeschmolzen. Ein Kontor verkaufte Betriebsmess-, Steuer- und Regelungstechnik, ein anderes Werkstoffprüfmaschinen und Schwingungsmessgeräte, ein anderes Feinmessgeräte – diese drei gehörten zur Säule „Mechanik". Drei weitere Kontore zählten zur Säule „Medizintechnik", das Kontor Optische Geräte, Uhren und Zeichengeräte, das Kontor Medizin- und Röntgentechnik und „meines", F 37, Laboratoriumstechnik.

Ehe ich mehr über „mein" Kontor F 37 erzähle, will ich noch einen kleinen Überblick über die Struktur des Exportwarenangebots des Gesamtunternehmens Feinmechanik-Optik geben. Als ich 1959 die Arbeit aufnahm, machte „das Unternehmen der 80.000 Artikel" einen Jahres-Export, die Lieferungen nach Westdeutschland eingeschlossen, von 259,2 Mio. Valuta-DM, das entsprach etwa 62 Millionen US-$. Der Export stieg kontinuierlich an, die Planziele wurden aber nicht erreicht. Grob gesagt: Jährliche Steigerungen von etwa 10 Prozent wurden erreicht, 20 Prozent wären erforderlich gewesen, um die Ziele des 2. Fünfjahrplanes zu erfüllen. Was die Bundesrepublik und die DDR unter „Feinmechanik-Optik" verstanden, deckte sich nicht ganz, aber praeter propter exportierte die BRD in dieser Branche etwa das Drei- bis Vierfache. Die Regionalstruktur des DDR-Exports von feinmechanisch-optischen Erzeugnissen widerspiegelte das wissenschaftlich-technische und

Qualitätsniveau der DDR-Erzeugnisse: Vom Gesamtexport gingen 90 Prozent und mehr ins SW, nur 8 bis 10 Prozent ins KW. Nach eigenen Einschätzungen des AHU besaßen nur etwa 35 Prozent der exportierten Erzeugnisse Weltniveau, am ehesten die des VEB Carl Zeiss Jena und des VEB Werkstoffprüfmaschinen Leipzig, vormals Schopper.

Erhard Deutsch, bis dahin ein Hauptverwaltungsleiter im Ministerium für Außenhandel und Innerdeutschen Handel, übernahm die Leitung des Außenhandelsunternehmens. Erhard Deutsch erwies seinem übergeordneten Staatsorgan, dem MAI, stets ungeschmälerten Respekt, auch dann, wenn die von dort kommenden Weisungen erkennbar nicht der Weisheit letzter Schluss waren. Deutsch war nicht nur politischer Leiter, sondern eben auch „Erster Verkäufer". Ich habe keine Erklärung dafür, warum ich diesen akzeptablen, bei allem durch die unterschiedliche Stellung in der Hierarchie gebotenen Abstand so kameradschaftlichen Menschen nach meinem Weggang aus dem Unternehmen im April 1966 so lange aus den Augen verlor …

Wohl zur selben Zeit muss auch ein neuer Stellvertreter des Generaldirektors ins Haus gekommen sein, ein Jurist, er hieß Werner Scharf, sehr lange blieb er uns allerdings nicht erhalten. Was ich von ihm noch weiß: Er war um die vierzig, sah gut aus, hatte ein wenig Ähnlichkeit mit John F. Kennedy. Er machte keine politischen Sprüche und ließ durchblicken, dass er sich nicht vor jungen, gutaussehenden Damen fürchtete. Werner Scharf war für die drei Optik-, Medizin- und Laborkontore verantwortlich. Dynamisch und ordentlich ausgebildet, wie er selber war, schien ihm mindestens bei zwei seiner drei Kontordirektoren (oder Kontorleiter, wie sie 1959 noch hießen) eine gewisse Bildungsarmut und Formatlosigkeit aufzustoßen, wozu auch das Fehlen von Fremdsprachenkenntnissen zu rechnen war. Pomadigkeit bei Männern und Reizlosigkeit bei Frauen waren für ihn Eignungsmängel und Hinderungsgründe für Auslandsreisen. Leute, die man auf die Kunden losließ, sollten frisch, umgänglich sein, sich etwas zutrauen – probieren geht über studieren. Er war bereit, jemanden das Schwimmen zu lehren, indem er ihn ins Wasser warf. Er zögerte keinen Augenblick einen Missstand zu kritisieren und war dann wie sein Name: scharf.

Um Werner Scharf noch ein wenig mehr charakterisieren zu können, muss ich den Ereignissen ein paar Monate vorgreifen: Einmal bekam ich selbst den Zorn Werner Scharfs zu spüren. Das habe ich mir für das ganze Leben gemerkt. Ich war schon zum Verkäufer geschlagen und war gerade ausgelaugt von der Leipziger Frühjahrsmesse zurückgekehrt. Da zwei Wochenenden in die Messezeit fielen, gab es zum Ausgleich 2 oder 3 so genannte

Messetage – Erholungstage eben. Die hätte man eigentlich gleich im Anschluss an das Messegeschehen nehmen sollen, doch mit dem einen oder anderen ausländischen Vertreter hatte man in Leipzig nicht das ganze Programm geschafft, und der stand nun am Montagmorgen in Berlin schon wieder auf der Matte. Ich saß im Empfangsraum, dem einzigen Verhandlungsraum des Hauses, einem ägyptischen Vertreter gegenüber. Ich war hundemüde, schlaff, und ich fühlte mich zur Unzeit belästigt, das Gespräch quälte sich vorwärts und ich machte ein unlustiges, miesepetriges Gesicht dazu. Da schritt SGD Scharf durch den Raum und fasste unsere Sitzgruppe kurz ins Auge, gab meinem Gast im Vorübergehen die Hand und verschwand. Am Nachmittag bestellte mich Scharf ein: „Solange Du beim Kunden bist und verkaufen willst, verlange ich von Dir gute Laune, ist das klar? Wenn ich Dich noch einmal mit so einer Fresse beim Kunden sehe, ziehe ich Dich aus dem Verkehr." Das saß.

Jener Werner Scharf also wollte mich im April 1959 gern in seinen Bereich einbauen. Gut möglich, dass er längerfristige Überlegungen hatte, die erfuhr ich aber nicht. Er steckte mich in ein Kontor, das Blutzufuhr vertragen konnte, besagtes Kontor F 37, nahm aber auf meinen Platz dort keinen Einfluss. Im Verkaufskontor F 37 Laboratoriumstechnik gab es zu jener Zeit keinen Hochschulabsolventen des Außenhandels; der Kontorleiter, Günther K., hatte nicht einmal einen Abschluss der Fachschule für Außenhandel. Man konnte sich politisch auf ihn verlassen – das hatte für den Anfang reichen müssen. Es reichte dann aber doch nicht.

Anfangs ging ich dem Exportkaufmann Jochen Richter im Vietnam-Export zur Hand – Vietnam war das einzige Land, für das wir uns zum Export kompletter Laboratorien hatten breitschlagen lassen. Ich verrichtete an Richters Seite zum Teil Aufgaben, bei denen sich mir die Haare sträubten, vor allem, wenn es um die Preisbildung ging. Nach den auch damals schon geltenden Regeln waren die Rubelpreise von den Weltmarktpreisen, das heißt den Preisen für gleichwertige Erzeugnisse auf den kapitalistischen Märkten, abzuleiten. Aber wer kannte die Weltpreise hunderter von Einzelpositionen vom Wasserbad bis zum Erlenmeyer-Kolben? Heerscharen wären für die Ermittlung „gerechter" Preise erforderlich gewesen – doch zur Verfügung standen nur die zwei mäßig vorbereiteten Richter und Lemke, die keine Stunde zu verschenken hatten. Für Großgeräte telefonierte sich Richter die geltenden Rubelpreise aus den Kontoren der beteiligten AHU herbei, doch für die Hunderte Positionen Kleinzeug (und wir lieferten sogar die Kehrschaufeln und Scheuerlappen mit ...) rechnete er die Rubelpreise aus, indem er die Inlandspreise mit einem Faktor multiplizierte. Ich fragte ihn: Warum einheitlich, und warum mit diesem Faktor? Er wusste es nicht, diesen Faktor hatte er vom Vorgänger übernommen. Ich gab mich fürs Erste zufrieden, saß ihm gegenüber und rechnete seitenlang Preise mit der „Nuddel", der mechanischen Rechenmaschine mit Kurbelbetrieb.

Wie es kam, dass ich einer höheren Verwendung zugeführt wurde, weiß ich nicht mehr, aber ich denke, es hatte etwas damit zu tun, dass mein Kontorleiter den damaligen Gruppenleiter für den Export in die kapitalistischen Länder loswerden und durch mich ersetzen wollte.

Ich sah dem Gruppenleiter das Anbieten und Korrespondieren ab, beging aber zugleich einen Fehler: Ich nahm mir nicht genügend Zeit, die Arbeit der Exportsachbearbeiter und Dokumentenbearbeiter zu durchdringen. Später verstand ich besser, wie der Geschäftsbetrieb aus dem Ruder läuft und das Ansehen des ganzes Kontores sinkt, wenn die scheinbar selbstverständlichen täglichen Pflichten der Geschäftsbearbeitung nicht korrekt und schnell erfüllt werden. Die Analyse der außerplanmäßigen finanziellen Aufwendungen deckte in allen Kontoren Fehler auf, die sich wiederholten: Die Deutsche Notenbank gab Exportdokumente zurück, weil darin die Kontraktnummern nicht vermerkt waren, Akkreditive konnten nicht in Anspruch genommen werden, weil Begleitdokumente fehlten oder weil die Bezeichnung der gelieferten Ware in den Fakturen anders lautete als im Akkreditiv. Oder weil die im Akkreditiv vorgeschriebenen Liefertermine und die Vertragserfüllung nicht übereinstimmten. Wegen missverständlicher Versandinstruktionen konnten Forderungsausfälle eintreten oder weil, zum Beispiel, der Transport einer Ware nicht wie vom Kunden verlangt mit einem indischen, sondern mit einem skandinavischen Schiff erfolgt war. Die Berechnung von Konventionalstrafe an den säumigen DDR-Lieferbetrieb war unterblieben, obwohl eine solche an den ausländischen Käufer gezahlt werden musste.

Mit Ausnahme der so genannten „Eigengeschäftstätigkeit" für ausgewählte kapitalistische Märkte, zu vorgeschriebenen Zahlungsbedingungen und bis zu festgesetzten Höchstsummen waren in der DDR Export und Import ausschließliches Recht der staatlichen Außenhandels-unternehmen, heiliges staatliches Monopol, wie seit Lenins Zeiten in Sowjetrussland. Das Gros der Außenhandelsunternehmen saß in Berlin und verkaufte im Streckengeschäft.

Ich war ein geschulter DDR-Außenhändler und grundsätzlich von der Notwendigkeit des staatlichen Außenhandelsmonopols in Zeiten der Systemauseinandersetzung überzeugt. Für mein Warengebiet jedenfalls war die Ballung des Angebots vieler, wie wir heute sagen, mittelständischer Betriebe in der Hand eines zentralen Exporthändlers vorteilhaft. Sie erhielten Gewicht, mehr Marktmacht und einen Grad der Außenrepräsentation, den sie aus eigener Kraft nicht hätten darstellen können.

Und doch blieb das, was wir, die „Monopolisten", für sie taten, unvollkommen, weil wir selbst unvollkommen waren. Die Herstellerwerke verkauften den zum Export vorgesehenen Teil ihrer Jahresproduktion an den Außenhandelsbetrieb und legten ihm die Fertigerzeugnisse auf ein Lager beim Hersteller. Für den Gesamtumfang des vereinbarten Jahresexports wurden Globalverträge abgeschlossen. Die Verantwortung für die „Ausspezifizierung" lag voll und ganz beim AHB. Sofern der Gesamtumfang nicht bereits zu Jahresbeginn vollständig nach Erzeugnissen aufgegliedert worden war, wurden für jede Erzeugnisgruppe oder jedes Erzeugnis „Vorlaufnormen", d. h. Bestellfristen, vereinbart. Aus diesen Bestellfristen ergaben sich die „Vertrags-Vorlaufnormen" für die Exportkaufleute. Wurden die erforderlichen Aufträge nicht rechtzeitig hereingeholt, musste der jeweils fällige Restwert des Globalvertrages „blind" spezifiziert werden.

Auf der Grundlage der Bestellungen der ausländischen Käufer erteilte der AHB dem lagerhaltenden Herstellerwerk einen „Export-Auftrag" (EA) zur Auslieferung an den Auslandskunden. War die Leitung eines Herstellerwerkes kurzsichtig und außenwirtschaftlich unbefähigt – ich erlebte das nur als Ausnahme, grotesk überspitzt nur einmal, in der Zusammenarbeit mit dem VEB Feinmess Dresden und seinem törichten Absatzleiter Kind – dann zwang sie dem Außenhandelsbetrieb nicht marktgängige Erzeugnisse in überhöhten Stückzahlen auf und sah zu, wie der auf dem Markt scheiterte. Wie es wahr ist, dass die Mehrzahl der Herstellerbetriebe liebend gern die volle Verantwortung für das Exportgeschäft in die eigenen Hände genommen hätte, so ist auch richtig, dass es nicht wenige Betriebe gab, die froh waren, „den Export nicht auch noch am Halse zu haben."

Wenn nach der Wende verschiedentlich beklagt wurde, die Außenhandelsbetriebe hätten die Exportbetriebe von den Märkten ferngehalten, dann wehre ich mich jedenfalls mit dem Blick auf meine frühen Jahre gegen diesen Vorwurf. Ich war dankbar für die Bereitschaft von Werkdirektoren, Kaufleuten, Technikern und verbündeten Wissenschaftlern meiner Exportbetriebe, die bereit waren, dem Kunden ins Auge zu sehen und „ihre Hand für ihr Produkt" zu geben. Wenn wir tüchtige, gute Leute nicht auf die Märkte herausbrachten, dann nur, weil „die Sicherheit" sie nicht passieren ließ. Wenn ich heute auf die Jahre 1959 bis 1966 in meinem damaligen eigenen Verantwortungsbereich zurückschaue, dann waren es Jahre, in denen die Industrie ihrem „Monopolisten" immer verständnisbereiter und ideenreicher zur Seite trat und mitzog.

Die Liste unserer Hersteller und potentiellen Exporteure umfasste ca. 35 mittlere, kleine, kleinste und allerkleinste Produzenten in Thüringen und Sachsen, in der Mehrzahl halbstaatliche und private Firmen und Handwerksbetriebe. Im Jahr 1954 hatte ein Ingenieur des Technischen Dienstes des AHU eine vertrauliche Einschätzung der Marktfähigkeit für die Laborgeräte der DDR gegeben. Ich fand sie fast fünfzig Jahre später im Bundesarchiv. Der Ingenieur Röll hatte geschrieben: „Wir haben besonders stark durch westdeutsche Konkurrenten zu leiden sowie durch die umfassenden und billigen Geräte der amerikanischen Sammelfirmen CENCO und Fisher. Selbst China nimmt in seinen Anfragen auf deren Angebote Bezug. In unserem Programm … fehlen viele moderne Apparate, die heute zum Standardprogramm größerer Laboratorien gehören. Weiter kommt hinzu, dass auf Grund dieser Tatsachen auch die Volksdemokratien, insbesondere aber die Sowjetunion, moderne Fertigungen aufgezogen haben, die uns preismäßig und qualitätsmäßig überlegen sind. Die Lieferzeiten auf dem Weltmarkt betragen 6 Wochen, bei uns 3 bis 6 Monate. Im KW sind nur kleinere Abschlüsse getätigt worden, mit den Niederlanden, Belgien, Finnland, Schweden, Ägypten und Südafrika. Das uns zur Verfügung stehende Werbematerial ist völlig unzulänglich und unübersichtlich. Sammelkataloge, wie sie in der ganzen Welt schon seit Jahren üblich sind, möglichst (sic!) in Fremdsprachen, existieren bei uns nicht. Wenn die Lage sich nicht grundlegend ändert, muss mit Absatzrückgang bis 1960 gerechnet werden."

Die 1954 gegebene Einschätzung (in der meines Erachtens nur die Darstellung der Errungenschaften der Sowjetunion und der Volksdemokratien auf dem Laborsektor geschönt, also falsch, war, denn unsere Warenpalette fand dort reißenden Absatz und unsere Rubelpreise lagen um das Jahr 1960 herum 20 bis 30 Prozent über dem Niveau des Weltmarktes) war ganz überwiegend noch gültig, als ich 1959 als Verkäufer in das Kontor F 37 kam.

Im Westen viel Neues

Mein erstes Vierteljahr als Adlatus war noch nicht zu Ende, als mich mein Kontorleiter auf eine Dienstreise der besonderen Art schickte. Es wurde meine erste Reise in den Westen – es hätte leicht die letzte werden können. Wenn das einer verstehen soll, muss ich etwas ausholen

1959 hatte die Grenze zur Bundesrepublik noch ein für jedermann offenes

Tor: Berlin, und es war für niemanden vorstellbar, dass sich das ändern könnte. Wer sich im Außenhandel für eine Dienstreise in den Westen selbst ins Gespräch brachte, galt daher nicht schon als potentieller Flüchtling. Die peinliche Überprüfung von Anwärtern für Außenhandelsaufgaben mit Westberührung geschah deshalb eher, um Ansatzflächen für die Abwerbung von Leistungsträgern, Geheimnisverrat und Bestechung zu verringern, weniger, um Fluchtkandidaten auszusondern. Im AHU Feinmechanik – Optik war man nicht abgeneigt, Fachleute aus den Herstellerbetrieben in den Westen zu schicken, um sie „Markt machen" zu lassen. Den Fachhändlern und Wissenschaftlern galten sie so wie so mehr, als die „Kommunisten" aus der Zentrale. Doch immer war da die versteckte Sorge, politisch weniger gefestigte Industrieleute könnten wissenschaftlich-technische Erkenntnisse preisgeben oder sich in Preisfragen „umdrehen" lassen, und diese Sorgen wuchsen noch, wenn es um Westreisen von Direktoren halbstaatlicher Betriebe ging, und die Alarmglocken schrillten, wenn so ein Halbstaatlicher auch noch Ehefrau oder Betriebsgeliebte mitzuführen begehrte. Da gab es nur eine Notlösung: Dem Reisenden wurde ein Aufpasser beigegeben, und unter solchem Vorzeichen wurde ich im November 1959 dem Inhaber und Werkdirektor der Heinz Janetzki KG aus Engelsdorf bei einer Reise nach Westdeutschland angeheftet – als Verkäufer, zu seiner „Unterstützung".

Heinz Janetzki, Komplementär der Heinz Janetzki KG, den ich begleiten sollte, war ein außergewöhnlicher Mensch. Als Honecker 1972 die Betriebe mit staatlicher Beteiligung verstaatlichen ließ, war Janetzki für mich eine Symbolfigur für die Unternehmer, die der Sozialistischen Einheitspartei geglaubt hatten, es könne für ihre unternehmerische Leidenschaft einen sicheren Platz im Sozialismus geben, und deren Lebenswerk nun ganz von der Planwirtschaft verschlungen wurde. Wie viele der Eigentümer, die gute Fachleute waren, erhielt Heinz Janetzki die Chance – und die war ihm viel wichtiger als die vergleichsweise bescheidene Entschädigung – sein ehemaliges Unternehmen als Werkleiter eines volkseigenen Betriebes weiterzuführen. Freilich: Diese Lösung blieb für ihn immer zweite Wahl.

Die Janetzki KG war ein Paradebeispiel dafür, was mit der staatlichen Beteiligung an früher rein privaten Kleinunternehmen erreicht werden sollte: Einer Persönlichkeit mit Führungsqualitäten, mit Unternehmerinitiative und Neuerergeist das Kapital in die Hand zu geben, mit dem sie den Produktionsumfang, das Sortiment und das Erzeugnisniveau auf eine neue höhere Stufe stellen konnte.

Die Janetzki KG war erst durch die massive staatliche Beteiligung in die

Lage versetzt worden, neue Werkanlagen aufzubauen und Forschung und Entwicklung auf das in dieser Branche bestimmende internationale Niveau zu heben. Janetzki war so etwas wie ein Gründer, der Wagniskapital aufnimmt und seine Geldgeber nicht enttäuscht. Von der Ausbildung her war er Techniker und ohne jede Vorbildung im medizinisch-wissenschaftlichen Metier. Im Krieg war er Transportflieger gewesen und zur Italienfront geflogen. Als er aus dem Krieg wiederkam, half er seinem Vater in der Mechanikerwerkstatt und hatte die Idee, aus der Kriegshinterlassenschaft stammende alte und defekte Grabenpumpen einzusammeln und sie für Landwirtschaftszwecke umzubauen. Dabei erwarb er sich den Ehrentitel „Jauchepumpenkönig von Engelsdorf". Immer auf der Suche nach Arbeit für den Familienbetrieb, erfuhr er von Klinikärzten und Apothekern, dass sie eine Kleinzentrifuge für die Harnanalyse brauchten. Auf der ersten Leipziger Nachkriegsmesse waren die Janetzkis mit einem „Stand" vertreten, der eigentlich nur aus einem Tisch bestand, auf dem eine handbetriebene Zentrifuge für das Schleudern von zwei Reagenzgläsern vorgeführt wurde.

Die Sache wurde eine Erfolgsstory. Als ich die Janetzki KG 1959 kennenlernte, beschäftigte sie bereits 110 Mitarbeiter und bestand das Produktionsprogramm schon aus einem halben Dutzend Tischzentrifugen mit elektrischem Antrieb sowie Stand- und Kühlzentrifugen. Als ich sieben Jahre später den AHU Feinmechanik–Optik verließ, produzierte die KG schon Vakuum- und Ultrazentrifugen, die dem internationalen Vergleich standhielten.

1959 also wurde ich Heinz Janetzki unter Vorzeichen beigegeben, die zunächst kaum zu einem Vertrauensverhältnis zwischen uns führen konnten, aber doch wurden wir Freunde. Dass ich Janetzkis Freund bleiben wollte, war das eine, das andere, Erstaunlichere, war, dass er mir Achtung und Freundschaft auch im Wendejahr 1989 nicht entzog.

Nun habe ich eine lange Vorrede gehalten und muss zur Sache kommen: Im November 1959 fuhren Heinz Janetzki und Dietrich Lemke zusammen durch die Bundesrepublik, in einem Kfz Horch mit dem schönen Namen „Sachsenring". Das war das Edelste, was der Automobilbau der DDR produzierte, und nur hohe Funktionäre und bedeutende Künstler kamen an so ein Gefährt heran – normalerweise. In der Bundesrepublik und mit der Leipziger Nummer wurde der Wagen bestaunt. Ich entsinne mich, dass wir einmal nachts auf der Autobahn in der Nähe des Rhein-Main-Flughafens vorschriftswidrig parkten, die Dichte des Flugverkehrs faszinierte uns, und wir wollten den Landungen zuschauen. Wir fielen einem Streifenwagen auf. Während wir schon befürchtet hatten, von unserem schmalen Tagegeld auch noch eine

Strafe bezahlen zu müssen, konnte sich Janetzki durch eine liebenswürdig gewährte Fachsimpelei über unsere Staatskarosse freisprechen. Danach verabschiedeten sich die Polizeikräfte respektvoll salutierend.

Bei Wartha fuhren wir in die Bundesrepublik ein und gelangten bald nach Osterode im Harz. Dort produzierte die Firma Christ Laborzentrifugen. Der Inhaber war gewesener Militärflieger und Kriegskamerad von Heinz Janetzki. Noch am Nachmittag machte uns Christ mit der Fertigung vertraut. Es war schon dunkel, als Janetzki und ich auf dem Parkplatz unseres „Parkhotels" ankamen. Ich nahm Janetzki von vorn: „Ich werde bei jedem Gespräch mit Herrn Christ an ihrer Seite sein." Er: „Muss das sein?" Janetzki entschloss sich – wir standen in der Dunkelheit neben dem Horch-Sachsenring – zu einer Generalbeichte. Er erklärte mir sein kompliziertes Verhältnis zu Christ. Alte Freunde seien sie, aber er, Janetzki, sei der Stärkere von beiden. Aber er sei auch der wirtschaftlich Schwächere. Er wolle aber Christ nicht unterlegen bleiben, und im sozialistischen Lager die Nummer Eins werden, von Leipzig bis Wladiwostok. Er brauche, um an die Spitze zu kommen, Komponenten aus dem Westen. Einige davon wolle er sich von Christ holen und ihm dafür Rotoren aus der Leipziger Produktion geben, die seien schon heute besser als die der Konkurrenz. Und Christ wolle er entlocken, wie weit er die Preise der Bauteillieferanten Leyboldt und Haereus drücken könne. Ja, er werde Christ einige Produktionserfahrungen offenbaren, aber ich könne sicher sein, er werde mehr „für uns" herausholen, als er hergeben müsse.

Janetzki und ich fingen an, im Schein der Parkplatzleuchten auf und ab zu gehen. Ich erinnerte mich daran, dass 1953 eine illegale Abrede der Zeiss-Manager Ost und West, der aus Jena mit denen aus Heidenheim, über die Marktaufteilung aufgedeckt wurde, und sagte zu Janetzki: „Sichern Sie Christ nicht zu, dass die Janetzki KG sich von bestimmten Märkten fernhält. Das könnten Sie ohnehin nicht einhalten. Wir werden von Berlin aus auf alle westeuropäischen Märkte gehen, auch wenn Sie das nicht wollen." Janetzki nickte. Dann sagte ich noch: „Wenn Sie mich betrügen, hätten Sie einen Feind in Berlin. Ich bleibe vielleicht für lange Zeit Ihr Geschäftspartner im Laborkontor. Also, ich lasse Sie morgen Ihre Wege gehen." Was ich da tat, konnte ganz falsch sein. Aber es erwies sich als richtig.

Im kalten Wasser

Der Krug geht solange zu Wasser, bis er bricht. Und der mir vorgesetzte Ex-Oberleutnant gab so oft Anlass zu Zorn, bis er sich das Genick brach – auf einmal, kurz nach der Leipziger Herbstmesse 1959, war ich amtierender Verkaufsgruppenleiter – oder, wie es damals neuerlich genannt wurde „Brigadeleiter", denn wir bildeten eine „Brigade der sozialistischen Arbeit KW F 37", einen Ehrentitel mussten wir uns erst noch verdienen. Bestätigt in dieser Aufgabe wurde ich erst am 16. 2. 1960. Ich war Diplom-Wirtschaftler, und das allein war mein Vorsprung, als Verkäufer hatte ich noch keine Erfahrung und den länger dienenden Exportbearbeitern meiner Brigade nichts voraus. Ich wartete auf Posteingänge, in denen ausländische Interessenten bekundeten, dass sie uns etwas abkaufen wollten. Unseren Jahresumsatz im KW-Geschäft weiß ich nicht mehr zu nennen, er dürfte aber eine halbe Million Valutamark nicht überschritten haben, und über die Dimensionen der in unserer Brigade üblicherweise getätigten Geschäfte dürfte etwas aussagen, dass ich, der Brigadeleiter, Unterschriftsvollmacht für Verträge bis zu 10.000 US-$ hatte, alles was darüber hinaus ging, stand dem Kontorleiter und dem Stellvertreter des Generaldirektors zu. Die Renner im KW-Export von Feinmechanik – Optik waren damals vor allem Feinmesszeuge und nullsteinige Ruhlaer Uhren, die über norddeutsche Überseehändler in alle Welt gingen. Meine Brigade hatte ihren Plan schon mehrere Jahre nicht erfüllt.

Der ihr überraschend aufgepfropfte neue Brigadeleiter Lemke wusste zu wenig von der Geschäftsstrategie seines Außenhandelsunternehmens und den Strukturen des Handels mit Laborausrüstungen und wissenschaftlichen Gerätschaften, als dass er ein eigenes Absatzkonzept hätte entwickeln können. Sollten wir daran arbeiten, ein Netz von Vertretungen durch Fachgroßhändler aufzubauen, denen wir Höchstrabatte einräumen müssten. Oder sollten wir versuchen, bedeutende Endabnehmer, also Universitäten, Großkliniken aufzureißen, um sie direkt zu beliefern?

Mein zuständiger Stellvertreter des Generaldirektors beobachtete mich drei, vier Monate lang, und meine Wartestellung missfiel ihm. „Mach Dich auf den Markt", schoss er mich an, „ich will Dich hier nicht herumsitzen sehen! Wer sind in Europa die größten Fachhändler, wer hat die beste Organisation?" Mir schien, einer der leistungsstärksten Laborhändler säße in London, denn in vielen Anfragen aus Übersee lasen wir: Wir brauchen das und das, ähnlich wie im Katalog Griffin & George Nr. so und so. Den Katalog hatten wir, in dem hatte ich schon immer geblättert, wenn ich für ein Angebot über analoge DDR-Laborgeräte die korrekte Fachbezeichnung in Englisch gesucht hatte. Also, so entschied SGD Scharf, Du fliegst spätestens im Februar 1960 nach England und setzt durch, dass wir mit unserem Exportprogramm in den Katalog von Griffin & George kommen. Doch das Home Office in London benötigte für die Beschlussfassung über meinen Antrag auf ein

Visum fast drei Monate. Im April erst wurde mir das Allied Travel Document und das Visum für England ausgehändigt, und Tage darauf saß ich in einer Vickers Viscount 804 der LOT nach Amsterdam, und von dort ging es weiter mit der KLM nach London Hounslow Heath.

Das war der erste Auslandsflug meines Lebens. Die Nachmittagsmaschine der KLM war mit dickem blauem Teppich ausgelegt, es gab Kaffee aus silbernen Kännchen, und das Publikum schien mir von der vornehmeren Art. Aber mir klopfte das Herz – diesmal war ich ganz allein auf mich gestellt, und ganz ohne Erfahrung ... Eine Handelsvertretung der DDR gab es in London, in der Albemarle Street 27, nicht weit von der Subway-Station Green Park. Mangels diplomatischer Anerkennung der DDR war es nur eine der Kammer für Außenhandel und firmierte „KFA Ltd."

Dort war ich dem für Feinmechanik–Optik zuständigen Delegaten Gerhard Matzke, der noch für mindestens weitere sechs AHU der DDR verantwortlich war, avisiert, aber der würde bestenfalls ein paar Stunden Zeit für mich haben. Wie ich zu meinem Hotel und zum Kunden kam, darum konnte er sich nicht kümmern.

Meine fachliche Kampfaufgabe bei Griffin & George war nicht mein einziger Auftrag, ich wollte auch in der Einkaufsabteilung der Imperial Chemical Industries (ICI) meine Aufwartung machen, einem Gießereiunternehmen ein Angebot über Werkstoffprüfmaschinen unterbreiten und anderes mehr. Ich stellte zu meiner Freude fest, dass ich ihm offenbar eine Hilfe war, weil ich den Geschäftspartnern auch etwas über unser Land hinter dem Eisernen Vorhang erzählen konnte und das offenbar unterhaltsam tat. Die Treffen mit den überhaupt nicht steifen englischen Geschäftsleuten waren mit abschließenden Drinks in originellen Pubs verbunden, einmal war ich auf einen Gin in das uralte Gasthaus Dickens' Inn an der Tower Bridge, deren Konturen sich gerade aus dem Morgennebel über der Themse lösten, eingeladen.

Griffin & George

Auf den Besuch bei Griffin & George hatte ich mich für meine Begriffe sorgfältig vorbereitet. Dieses bedeutende Haus hatte wohl keine grundsätzlichen Vorbehalte gegen den Handel mit der DDR, denn bald darauf sollte es den Vertrieb von Erzeugnissen des VEB Carl Zeiss Jena übernehmen. Doch im Frühjahr 1960 war die DDR für Griffin & George, die fast alle englischsprachigen Länder der Welt belieferten, noch terra incognita. Einen Besprechungstermin beim Managing Director Mr. Renn erhielt ich nicht, aber einer der Einkaufsleiter, Mr. Smith, nahm mich an.

Die Besprechung wurde eine Lehrstunde. Die erste und bitterste Erkenntnis: Um zu verkaufen, muss man wenigstens Geräteprospekte und eine Preisliste vorlegen können. Zu jener Zeit hatte aber fast keines meiner „Hüttenkombinate" einen Katalog, allenfalls lose Blätter, und die meist auch nur in deutscher Sprache. Eine Ersatzteilpreisliste, die elementarste Voraussetzung für den Kundendienst, hatte überhaupt keiner der Lieferanten. Erst dort in London, vor Ort, erkannte ich es als abnormalen Zustand, dass ich bisher meinen Angeboten Gerätebeschreibungen in Deutsch beigegeben hatte. Wenn Griffin & George das Risiko eingehen sollten, servicebedürftige Laborgeräte aus der DDR in seinen Katalog aufzunehmen, mussten wir bereit sein, ihnen unbefristet kostenlose Mustergeräte zu Prüfungszwecken zu überlassen – das zuzusagen hatte ich keine Vollmacht. Ich hätte auch nicht zusagen dürfen, mich an den Druckkosten des Katalogs zu beteiligen, und ich war auch nicht darauf vorbereitet, kulantes Verhalten bei der Behebung von Geräteschäden in Aussicht zu stellen.

Das alles waren aus der Sicht eines weltweit operierenden Handelshauses keine an den Haaren herbeigezogenen Forderungen, sondern so war die Praxis. Solchen Forderungen hatten wir uns noch nie stellen müssen, vor allem, wie ich zu erkennen begann, weil mein Kontor bisher vorwiegend an Endabnehmer verkaufte, die von einheimischen Vermittlern geschmiert waren und „fünfe gerade sein ließen", oder an europäische Fachhäuser, die unsere Angebotsmängel kompensierten, selbst fremdsprachige Prospekte druckten und die ihren Mehraufwand aus überdurchschnittlichen Handelsspannen deckten. Und diese überdurchschnittlichen Spannen finanzierten w i r ihnen durch niedrige – zu niedrige – Preise.

Ich kann nicht sagen, dass sich Mr. Smith abweisend oder arrogant verhalten hätte, aber er ließ mich spüren, dass ich und mein Unternehmen für den Weltmarkt schlecht gerüstet waren. Wenn wir unsere Schulaufgaben gemacht hätten, könnten wir ja wiederkommen. In meinem Reisebericht würde ich nur über „erfolgversprechende Anbahnungen" informieren können. Doch so einfach entließ mich Mr. Smith nicht. Er hatte offenbar zum ersten Mal einen „Kommunisten" aus einem Land hinter dem Eisernen Vorhang zu fassen bekommen, und noch dazu einen, der offensichtlich auch schwierigere Gegenstände in Englisch besprechen konnte, und auf einmal enthüllte mir Herr Smith, er sei ein überzeugter Labour-Mann und begann mit mir zu streiten, und natürlich darüber, welches die „richtige" Weltanschauung sei: Seine oder meine. Damals bei Griffin & George meinte ich meinem Gesprächspartner Paroli bieten und ehrgeizig sein zu müssen, und darauf hatte Mr. Smith nur gewartet, zog mich gegen meinen Willen immer tiefer hinein in die Polemik, um schließlich zu merken, dass er mich nicht zu Boden werfen konnte, und als wir uns trennten, war er sichtlich unzufrieden mit sich.

Was hatte ich nun gekonnt? Statt mein misslungenes Verkaufsgespräch wenigstens zur Sympathiewerbung zu nutzen und den Boden für zukünftige Erfolge vorzubereiten, ließ ich einen Mann zurück, der mir zu nichts verpflichtet war. Ich hatte nichts verkauft, aber ich hatte Agitation und Propaganda betrieben. Sehr bald erlernte ich die Kunst, mich aus solchen Versuchungen lächelnd mit ein paar scherzhaften oder ironischen Bemerkungen zu befreien und den Streit auf den St. Nimmerleinstag zu vertagen. Ich sagte meinen Gesprächspartnern zum Beispiel: „Ich habe so starke Argumente, stellen Sie sich doch mal vor, ich überzeuge Sie – dann werden Sie wegen kommunistischer Betätigung entlassen, und ich verliere Sie als meinen geschätzten Handelspartner." Wenn ich mich allerdings für politische Abstinenz vor dem Kunden mit dem Argument gerechtfertigt hätte, ich sei schließlich Verkäufer und nicht Aufklärer, hätte ich das Klassenziel auch verfehlt. Die Parteiorganisation des Außenhandels verlangte zum Beispiel in Vorbereitung der Leipziger Messen expressis verbis, in den Verkaufsverhandlungen „die Einheit von politischem und Verkaufsgespräch" zu wahren, und das Sekretariat ließ die Parteisekretäre der AHU berichten, wie sie das gewährleisten wollten. Da ließen sich selbst unerschrockene Parteifunktionäre ins Bockshorn treiben und erfanden irgendetwas Originelles, was sie zu tun gedächten. Hans Remus von Feinmechanik-Optik vor der LFM 1964 meldete, alle Messefahrer studierten „die bedeutsame Rede Walter Ulbrichts vor dem Nationalrat", um für die Kundengespräche gerüstet zu sein.

Zur Wahrheit gehört auch: Nicht wenige unserer Vertreter und Endabnehmer waren gebildete Leute und am Urteil ihrer DDR-Gegenüber interessiert, es musste nur daherkommen, wie es schon die alten Lateiner gefordert hatten: Fortiter in re, suaviter in modo – kraftvoll in der Sache, doch angenehm in der Art und Weise.

Wer nicht wirbt, der stirbt

Mein vorgesetzter Stellvertreter des Generaldirektors war nicht überrascht, als ich das Debakel bei Griffin & George eingestand. „Da musst Du selbst anpacken, fahr in die Lieferwerke. Sorg dafür, dass wir ordentliche Angebotsmaterialien in die Hand bekommen, damit wir uns nicht schämen müssen. Lass Dir bei dieser Gelegenheit die Erzeugnisse gut erklären." Da hatte ich eine Marschroute. Eigentlich wollte ich nun gleich ein Idealziel ansteuern: Alle Lieferwerke auf Geräteprospekte und Preislisten in Deutsch und englisch in einem einheitlichen Format, einheitlicher Schrift, Farbgestaltung und so weiter festlegen, um sie dann in einem ansprechenden Sammelordner mit dem Firmenzeichen von Feinmechanik – Optik einbinden zu können. Aber das hatten schon andere vor mir versucht, das war ein zu hochgestecktes Ziel, und ich fand bei den einzelnen Herstellern zu unterschiedliche Ausgangspositionen vor. Sicher fehlte in den Lieferwerken oft noch das wirkliche Verständnis dafür, was der Markt forderte, aber natürlich spielte eine Rolle: Die Produzenten waren oft auf den Export noch nicht angewiesen und durch die Inlandsnachfrage ausgelastet, Druckkapazitäten fehlten, Papier war streng kontingentiert.

Die Janetzki KG hatte einigermaßen aussagekräftige englische Prospekte. Der VEB Prüfgerätewerk Medingen hatte einige knapp gehaltene fremdsprachige Prospektblätter.

Ein Dutzend weiterer Betriebe hatte dilettantisch gemachte Informationsblättln schlechter Qualität in unterschiedlichen Formaten oder überhaupt nichts Illustriertes. Zu letzteren gehörte die Orban & Kühn KG, die im idyllischen Tal der Vesser in einem bauernhausähnlichen Fabrikgebäude Laborkleinteile, wie Bunsenbrenner, Reagenzglasständer, Schlauchklemmen – die 1000 kleinen Dinge für Labors eben – produzierte. Orban & Kühn hatte für dieses von tüchtigen Thüringer Wäldlern gefertigte Riesensortiment in den 30er Jahren einen fast 200 Seiten starken, viersprachigen, in Leinen gebundenen Katalog in alle Welt versandt. Laborkleinteile aus Vesser waren auch jetzt noch exportabel, aber wir hatten jetzt nichts mehr in der Hand, um für sie werben zu können.

Es dauerte lange, bis die Bemühungen meines Verkaufskontors dazu führten, dass wir bessere Werbematerialien in die Hand bekamen. Es gab damals nur wenige wirklich engagierte Verbündete in den Unternehmen, die Techniker und Kaufleute zugleich waren und wussten, was die Märkte verlangten, und selbst die konnten überhaupt nicht oder nur radebrechend in einer Fremdsprache verhandeln. Dennoch: Sie waren unsere Säulen. Wir litten damals unter den Folgen der Geringschätzung des kaufmännischen Personals in der Wirtschaft. Weil der Absatz geplant war und Verkaufen angeblich keiner kreativen Anstrengung bedurfte, galt die Arbeit in den Absatzabteilungen als eher notwendiges Übel. Schon nach unserer Theorie war die Sphäre des Warenumschlags keine produktive, anders als der Ingenieur war der Kaufmann nicht an der Wertschöpfung beteiligt, wurde nicht besonders geachtet und mäßig entlohnt. Kräfte, die Ingenieurkenntnisse und kaufmännisches Verhandlungsgeschick in sich vereinten, verliefen sich selten in die Absatzabteilungen.

Mit Neid sah ich auf den VEB Carl Zeiss Jena. Dort wusste man, was ein guter Verkäufer im internationalen Geschäft wert war, dort gab es die Institution des „Technischen Kaufmanns". Ein Technischer Kaufmann erhielt in einer 7 Jahre dauernden Laufbahn eine sehr gute Facharbeiterausbildung und ingenieurtechnisches Ergänzungswissen, eine kaufmännische Zusatzausbildung und laufend Fremdsprachenunterricht. Auf diese Weise vorbereitet, konnten die Zeissianer ihre eigenen Außenhändler sein. Die Wahrheit gebietet zuzugeben: Wir Außenhandelskaufleute in der Berliner Zentrale von Feinmechanik – Optik waren unseren Industriepartnern keineswegs Meilen voraus und durften uns nicht allzu überlegen fühlen. Unsere Schwäche war die ungenügende Warenkenntnis, und auch bei den Fremdsprachen waren die meisten schwach auf der Brust. Wenn ich die Frage beantworten soll, warum es mir gelang, in meinen Lieferwerken in nur einem Jahr einen einigermaßen achtbaren Ruf als Verkäufer zu erringen, dann gab es dafür eine einfache Antwort: Weil ich während des Studiums überdurchschnittlich viel Kraft darauf verwendet hatte, Englisch und Spanisch zu lernen und weil ich mich in den Verhandlungen draußen auf den Umgang mit der bürgerlichen Intelligenz verstand. Ich hätte das damals schon aus politischem Opportunismus niemandem so offenbart, aber es war einfach so, dass mir hier die soziale Herkunft aus einem Elternhaus half, in dem der Vater promovierter Apotheker und Nahrungsmittel-Chemiker war und der Großvater ein Handelskaufmann.

Zu den Cheopspyramiden

Kaum war ich von meinem ersten Betriebspraktikum zurück, forderte mich unser Kairoer Delegat Kurt Langbein an, ein Fachmann für medizintechnische Geräte aus Steinach. Feinmechanik – Optik hatte schon damals eigene Delegierte in einigen wichtigen Hauptstädten. Die Delegaten waren während ihrer Tätigkeit draußen Mitarbeiter der Handelspolitischen Abteilungen der DDR-Botschaften oder Handelsmissionen. Ich kann unsere damaligen Außenposten nicht mehr vollzählig benennen, aber in Moskau, Prag und Warschau hatten wir unsere Abgesandten, auch in Bukarest, Peking, New Delhi, und eben auch in Kairo. Die DDR und Ägypten hatten ein Verrechnungsabkommen abgeschlossen, Clearingwährung war das ägyptische Pfund. Ihre Verkaufserlöse verwendete die DDR für den Import von Baumwolle. Offensichtlich ermutigte der ägyptische Staat die budgetfinanzierten Universitäten und Forschungsinstitutionen, gegen Verrechnungspfunde (statt sonst gegen konvertierbare Devisen) in East Germany zu kaufen.

Das stieß aber natürlich bei der Mehrzahl der an westlichen Universitäten ausgebildeten Wissenschaftler keineswegs auf Gegenliebe. Die ägyptischen Käufer hätten zunächst viel lieber Gerätschaften bei Firmen gekauft, deren Erzeugnisse sie schon in ihrer Studienzeit an westlichen Universitäten benutzt hatten. Wir mussten also unser Gesicht zeigen, „Überzeugungsarbeit" leisten. Kurt Langbein meinte, das könne unser Vertreter Dr. Bermawi allein nicht bewältigen, da müsste schon aus Gründen der Vertrauenswerbung ein Vertreter des Prinzipals auftreten und den kaufentscheidenden ägyptischen Führungsleuten die Aufwartung machen. Ja, und da es bei Feinmechanik-Optik im Laborkontor keinen anderen dafür Geeigneten gab als mich, musste ich antreten, und dieser Einsatz an der Front dauerte drei ganze Wochen. Ich gebe zu: Ohne den Rückhalt der nationalägyptischen Vertreterfirma Near East Glass Works und ihres listigen, sympathischen und auch fachlich gut ausgebildeten Vormannes Bermawi, er war promovierter Chemiker, hätte ich wohl keinen Stich gesehen, denn wenn damals auch die wichtigsten bisherigen Lieferanten aus England und Frankreich den Markt Ägypten preisgeben mussten, so waren doch neben der DDR auch Ungarn und die ČSSR neu auf den Plan getreten, und die verkauften in Ägypten bis zu 50 Prozent billiger als wir. Aber mit Dr. Bermawi gemeinsam öffneten sich mir die Türen zu den Rektoren und Professoren fast aller ägyptischen Universitäten und namhaften Forschungseinrichtungen. Es ging nirgendwo darum, die technischen Parameter von Laborausrüstungen zu erklären, sondern darum, und dazu musste ich mir gewaltig Mut machen, die Überzeugung zu vermitteln, dass wir in East Germany hinter dem Eisernen Vorhang Erzeugnisse produzieren, die dem internationalen Standard entsprechen, einen guten Preis haben, und dass wir auch Kundendienstingenieure schicken und Ersatzteile liefern „if anything is wrong". Ich versprach mehr, als wir damals schon mit gutem Gewissen zusagen konnten.

Es dauerte nicht allzu lange, da verstand ich, dass es auch noch Verkaufsargumente gab, über die nicht gesprochen wurde – das heißt: in meiner Gegenwart nicht gesprochen wurde, doch Dr. Bermawi ließ mich mit diskretem Charme wissen, dass er einen Teil des Firmengewinns abgebe, um den Herren die Entscheidung leichter zu machen. Das und noch manches mehr konnte Bermawi gut mit seinem Gewissen als gläubiger Moslem vereinbaren. Bermawi war flexibel. Als ich ihn fragte, wie er seiner Pflicht nachkomme, mehrmals täglich zu beten, antwortete er, Allah habe viel Verständnis für Geschäftsleute und erlaube, die vorgeschriebenen täglichen Gebete zu einem einzigen zusammenzuziehen.

Dr. Bermawi lud mich immer mal wieder zu einem Whisky ein. Dazu goss er erst Wasser ins Glas, dann den Whisky, dann noch einmal Wasser, und erklärte das so: Falls Allah von unten schaut, sieht er Wasser, schaut er von oben, sieht er auch Wasser. Zum Wohle!

Meine Tage in Kairo waren mit Arbeit angefüllt, Bermawi begleitete mich zu den Führungsleuten der Cairo University und der Ain Shams University, ins National Research Center und zu einer Reihe von medizinischen Einrichtungen. Von Tag zu Tag erwarb ich mehr Erfahrung darin, mit den höhergestellten Persönlichkeiten über die DDR, ihre Industrie für Labor- und Forschungsgeräte, ihre Bildungs- und Gesundheitseinrichtungen zu sprechen und unsere Liefermöglichkeiten zu erklären. Als Kurt Langbein und Bermawi sahen, dass unser Gespann Resonanz hatte, fielen ihnen immer neue Anlaufstellen ein, wir unternahmen eine Reise zur Alexandria University und planten eine Flugreise zur Universität in Assiut.

Die Verhandlungen an der Universität von Alexandria verliefen zufriedenstellend, auch dort bahnten wir Verkäufe an, doch in Erinnerung geblieben ist mir der Besuch in der berühmten Hafenstadt aus einem anderen Grund. Der Rektor lud Bermawi und mich zu einem, wie er sagte, Höhepunkt des Universitätsjahres ein. Wir fanden uns bald auf einer Tribüne am Rande eines großen Sportplatzes auf Ehrenplätzen wieder. Das große Rund war mit ägyptischen Nationalfahnen geschmückt – und denen von Coca Cola und Pepsi Cola, den Sponsoren des Events, die ihre eisgekühlte Limonade dort auch freizügig austeilten. Am Rande des Sportplatzes waren bunkerähnliche Bauten errichtet, auf denen die Fahnen Israels mit dem Davidstern wehten. Plötzlich aufrüttelnde Marschmusik, Marschsäulen uniformierter Studenten näherten sich der Tribüne, auf der der Rektor eine Abordnung der jungen Kämpfer mit der Nationalfahne empfing, jeden umarmte und dann die dargereichte Fahne mit Inbrunst küsste. Wüstes Gewehrfeuer setzte ein, die Studentensoldaten begannen mit dem Sturm auf die israelischen Bunker, und dann jagten ägyptische Sprengkommandos einen nach dem anderen davon in die Luft und die israelischen Insassen flohen. Die fliehenden Israelis starben im Kugelhagel, während die unverletzt bleibenden Ägypter in schneller Folge eine feindliche Stellung nach der anderen ausräucherten. Schließlich erneut Marschmusik und die Nationalhymne Ägyptens. Wir auf der Tribüne, Colaflaschen des einen oder des anderen Produzenten in der Hand, saßen schon lange nicht mehr, sondern erwarteten mit einer standing ovation die von der Front heimkehrenden jungen Soldaten. Herzlich umarmte der Rektor die Krieger, ergriff die Fahne und küsste sie inbrünstig. Und natürlich gratulierten wir dem Rektor zu dem großen Sieg seiner Studenten. Vier Jahre zuvor hatte nach der Nationalisierung des Suezkanals Israel zusammen mit Großbritannien und Frankreich Ägypten ohne Kriegserklärung überfallen. Israel hatte seine Truppen von der Sinai-Halbinsel, aus dem Gaza-Streifen zurückziehen müssen, aber arabisches Territorium blieb besetzt, und früher oder später sollte ein neuer Krieg, ein Vergeltungskrieg, die arabischen Rechte wieder herstellen. Eigentlich hätte für mich, den zufällig dahergekommenen Gast aus der DDR, die Lage klar sein müssen: Für uns in der DDR rechnete Israel zur Einflusssphäre des USA-Imperialismus, Israel war ein zionistischer, aggressiver Staat, den auch die Bundesrepublik durch Kapital- und Waffenhilfe nährte. Und doch hatte mir das fanatische Kriegsspektakel nicht gefallen. So kriegerisch der Tag begonnen hatte, so kriegerisch endete er. Am Abend sahen wir im Kino den Film „Sink the Bismarck" mit Kenneth Moore und Dana Wynter in Hauptrollen. Als zu Beginn des Films das berühmte englische Schlachtschiff „Robin Hood" in den Wassern versank, brach frenetischer Beifall im Kino aus, später, als die Bismarck heroisch unterging, blieb es still. Ich sah, auf wessen Seite die Sympathien waren.

Ehe meine Verkaufsmission zu Ende ging, fuhr Bermawi mit mir noch auf einen Tag zum Suezkanal nach Suez und Port Tawfik. Am Abend nahm er mich mit in eine Vorstellung der damals berühmtesten Kairoer Bauchtänzerin auf dem Mokattam Hill. Jeder weiß, was solch ein Tanz ausdrückt, aber keiner spricht es aus. Jedenfalls waren wir animiert, hatten viel von dem schönen Whisky getrunken, und auf der Heimfahrt hieß mich Bermawi auf der Rückbank Platz nehmen und winkte aus den Schatten eines Parkes zwei Mädchen heran, hübsche Mädchen, mit denen er verhandelte. Schließlich schickte er mir eine davon auf meine Hinterbank. Sie lehnte sich an mich und begann mich zu befühlen. Sie sagte ein paar arabische Worte, die mir Bermawi übersetzte: „The pistol is right up", sagt sie. Mein Verstand arbeitete noch. Ich bedachte, dass auch dies eine Form der Korruption sei und schickte das Mädchen schweren Herzens wieder weg.

Cuba sí, Yanki no

Von Kuba wusste ich, dass dort Zucker erzeugt wird, aus Zuckerrohr. Und ich hatte auch von den bärtigen Kriegern gelesen, die von den Bergen herabgestiegen waren und die Regierung in Kuba übernommen hatten. Kommunisten waren sie nicht, und da meiner marxistisch-leninistischen Ausbildung entsprechend alle Bewegungen in ein Schubfach gehörten, waren sie Rebellen, die den bürgerlichen Staat demokratischer und unabhängiger und die Gesellschaft sozialer machen würden, wenn sie sich auf dem Wege dorthin nicht korrumpieren ließen.

Kuba existierte in meiner kaufmännischen Vorstellungswelt überhaupt nicht. Allerdings hatte uns die hauseigene Abteilung Handelspolitik irgendwann im Frühjahr informiert, dass zwischen dem Banco Nacional de Cuba und der Deutschen Notenbank ein Verrechnungsabkommen abgeschlossen wurde, aber Verrechnungsabkommen hatte die DDR auch mit vielen anderen kapitalistischen Ländern, mit Island und Uruguay, zum Beispiel, ohne dass sich deshalb Kunden von dort für Feinmechanik – Optik interessiert hätten.

Irgendwann im Juli 1960 rief mich der neue Generaldirektor Erhard Deutsch zu sich, das war aufregend für einen gerade gekürten Verkäufer wie mich und noch nie vorgekommen. Der kubanische Nationalbankpräsident Guevara hatte „in der DDR" angefragt, ob wir ein Krankenhaus aufbauen könnten. Er, Deutsch, hätte den Kaderleiter gefragt und erfahren, ich, der Kollege Lemke, sei im Unternehmen der Einzige, der außer dem betagten Chefdolmetscher „Papa" Sels Spanisch gelernt hätte. Deshalb müsste ich zur Aufklärung dieses Bedarfsfalles nach Kuba fliegen. Aber von Krankenhäusern verstünde ich nichts, war mein Einwand. Darauf Deutsch: Deshalb geben wir Dir einen Unterstützer mit, aber der kann nur Deutsch.

Ich weiß fast nichts mehr davon, was mir in den Tagen bis zum 19. Juli 1960 geschah. Wenn ich wirklich im Länderbereich des MAI vorgesprochen habe, dann ist nur eines sicher: Über die politische Situation in Kuba habe ich dort nichts erfahren. In Kuba würde ich ankommen wie ein „tumber Tor."

In der Friedrichstraße gab es in einem völlig freistehenden Haus ein an Schmucklosigkeit und armseliger Präsentation nicht zu überbietendes Stadtbüro der KLM, der Royal Dutch Airlines. Die KLM war nach Ansicht unserer Reisestelle die einzige europäische Fluglinie, die Havanna anflog. Im Stadtbüro erfuhr ich nur, dass ich ohne ein gültiges kubanisches Einreisevisum nicht aus Amsterdam abfliegen dürfe. In der DDR gab es keine kubanische Botschaft, in Westberlin auch nicht. Die Reisestelle wusste eine Lösung: Ihr fliegt – inzwischen stand fest, dass mich der Experte Achim Häßner aus der Deutschen Handelszentrale für Pharmazie- und Krankenhausbedarf begleiten sollte – nach Amsterdam und besorgt Euch dort das Visum. Wir planen für Euch zwei Aufenthaltstage in Holland ein, die müssten reichen. Holland ist NATO-Land, in NATO-Ländern dürfen DDR-Bürger ohne Visum die Transiträume der Flughäfen nicht verlassen, aber die KLM hat zugesichert, dass sie Euch eine Aufenthaltserlaubnis für zwei Tage besorgt. Und nur unter dieser Bedingung haben wir überhaupt bei der KLM gebucht.

In meinem Außenhandelsunternehmen war noch nie jemand in Kuba gewesen, von dem uns angeschlossenen VEB Carl Zeiss Jena auch nicht. Doch Zeiss hatte immerhin einen Provisionsvertreter in Kuba, Óptica Capri, einen kleinen Krauter und Brillenhändler. Aber wie es in Kuba zugeht, wusste auch Zeiss nicht. Mir blieb gar nichts anderes übrig als mich zu trauen.

Bei der Ankunft in Amsterdam wurden Achim Häßner und ich an der Passkontrolle ausgesondert. Der Grenzbeamte schien Instruktionen zu haben: Wer mit KLM anreist (das war bei uns der Fall, deshalb waren wir über Prag gekommen und nicht direkt mit den Polen geflogen), den Weiterflug mit KLM gebucht hat und ohne Visum ist, ist der Obhut der KLM zu übergeben. Er drückte also einer herbeigerufenen Ground Hostess unsere blauen DDR-Reisepässe in die Hand. Die junge Dame wies uns in das Hotel Polen in der Kalverstraat ein, gab uns Bustickets und klärte uns auf, dass Amsterdam nicht die Hauptstadt der Niederlande sei und sich die ausländischen Botschaften in Den Haag befänden. Übermorgen Vormittag sollten wir wieder hier an ihrem Glaskasten stehen. Eigentlich müsste sie unsere Reisepässe bei sich behalten, aber die brauchten wir ja schließlich, damit man uns das Visum hineinstemple. Sie schloss deshalb ersatzweise unsere Flugtickets bei sich als Pfand ein. Dann waren wir entlassen.

Mit dem Zug fuhren Achim Häßner und ich am folgenden Morgen nach Den Haag und fanden nach einigen Irrungen die kubanische Botschaft. Sie war geschlossen, niemand öffnete. Endlich erschien eine Putzfrau. Unter Aufbietung all unseres Charmes entlockten wir ihr: „Botschafter weg. Exil. Nur noch ein Sekretär da. Kommt vielleicht heute noch." Tatsächlich, er kam noch und beanstandete erst einmal, dass wir keine Verbalnote der Regierung der DDR mit der Bitte um Erteilung der Visa vorlegen konnten. Unsere hochstapelnde Mitteilung, dass uns der Comandante Ernesto Guevara persönlich eingeladen hätte, weil er über die Lieferung eines Krankenhauses mit uns reden wolle, schien den Sekretär eher negativ zu beeindrucken.Am Nachmittag sollten wir wiederkommen. Das zwang uns die Zeit totzuschlagen, und wir fuhren mit der Straßenbahn nach Scheveningen an den Strand. Ob der Botschaftssekretär nun Drahtverbindung mit Havanna gehabt hatte oder nicht: Er erteilte die Visa. Am nächsten Tag, dem 21. Juli, flogen wir um 10.50 Uhr mit einer Lochheed Super Constellation der KLM nach Curaçao ab. Die

Aussicht auf die Erlebnisse der kommenden zwei Tage begann mich zu berauschen. Wer war ich denn, dass ich solch ein Abenteuer verdiente – nach Südamerika fliegen? Jede Zwischenlandung auf dem windigsten Flugplatz war willkommen, doch ich musste mich immer wieder am Ohrläppchen zupfen: Junge, du bist jetzt in Lissabon. Und jetzt landest du auf den Azoren, auf der Insel Santa Maria – wie das schon in den Ohren klang: Santa Maria!

Die Super Constellation L – 1649 A Starliner, eine der letzten Schöpfungen des Propellerzeitalters, transportierte, wenn ich mich recht erinnere, kaum mehr als 100 Passagiere. Mit Zusatztanks an den Tragflächenenden ausgerüstet, hatte sie eine Reichweite von etwa 7.700 km und beflog die Atlantikrouten. An Bord herrschte eine eher familiäre Atmosphäre. Es machte Freude, die kleinen Speisekarten zu studieren, deren Umschläge holländische Trachtenbilder schmückten. Als die Morgensonne durch das Kabinenfenster hereinschien, wurden knusprige Croissants und duftende Rühreier serviert, und nun lockte die erste Zwischenlandung auf dem Kontinent: Caracas, und eine Stunde später rollte die Maschine vor das kleine Flughafengebäude von Willemstad auf Curaçao, Niederländische Antillen. Tropische feuchte Wärme umfing uns. Hier auf Curaçao sollten wir übernachten, und das war wieder so perfekt organisiert. „Mr. Lemke and Mr. Hasner! Your vouchers, please!" Ein großer weiß-roter Umschlag wurde uns in die Hand gedrückt: „Sie wohnen im Intercontinental Waterfront Hotel. Bitte nehmen Sie dorthin ein Taxi auf Kosten der KLM." In so einem Hotel hatte ich in meinem Leben noch nicht gewohnt. Aus meinem Fenster sah ich über die Wassermauer des Hotels hinaus auf das Karibische Meer und hinüber zur Hafeneinfahrt. Der nach unten gerichtete Blick fiel auf einen Swimming Pool von olympischen Ausmaßen.

Am Morgen des 21. Juli setzten wir unseren Flug fort: Zuerst mit einer DC 7 mit Destination Aruba – New York. Dann ab Aruba mit einer DC 6 mit Zielflughafen Miami, die noch einmal in Kingston (Jamaica) zwischenlandete, wo uns ein kühler Planters Punch kredenzt wurde. Dann kam die Küste der Provinz Oriente in Sicht: Kuba. Wir landeten in Havanna, Flughafen Rancho Boyeros. Ich war so aufgeregt, dass ich das nutzloseste Kleidungsstück, das ich mitführte, liegenließ, einen hellen Sommermantel. Als wir die Gangway hinuntergingen und uns zum ersten Mal die feuchtheiße Luft der Karibikinsel umfing, spielte auf dem Rollfeld eine Folklorekapelle die Guantanamera.

Nach der Ankunft war ich ganz von dem Gedanken erfüllt, wie ich wohl meinen „Kampfauftrag Krankenhaus" erfüllen sollte. Als sich in Feinmechanik – Optik herumzusprechen begonnen hatte, wohin meine Reise gehen sollte, hatten mir fast alle Exportkontore Verkaufsunterlagen und Preislisten in die Hand gedrückt: „Sieh zu, ob Du das an den Mann bringen kannst." Ich war also mit Aufträgen bepackt. Doch ich hatte keine Ahnung, wo ich den Hebel ansetzen sollte. Allergrößten Kummer bereitete mir schon in den ersten Augenblicken nach der Landung, dass in Kuba anscheinend ein anderes Spanisch gesprochen wurde, als ich es gelernt hatte: Ich verstand die Einreisebeamten nicht, ich begriff das Meiste nicht, was der Taxichauffeur mir klarmachen wollte, und an der Carpeta des Hotels Riviera bekam ich einfach nicht heraus, was unsere Zimmer kosten sollten. Ich verstand, dass der Preis etwas mit der Freundschaft zwischen unseren Völkern zu tun haben sollte, aber mehr auch nicht.

Solch ein elegantes, in allem weiträumig, großzügig und licht angelegtes Hotel hatte ich noch nie gesehen. Der Fahrstuhl glitt lautlos nach oben und von irgendwoher tönte weiche Musik an mein Ohr: Música indirecta, beruhigend, nervenstärkend. Noch ehe ich einen Blick aus dem über die ganze Außenfront meines Zimmers reichenden Fenster geworfen hatte, schockte mich die Preistafel an der Innentür meines Zimmers: So viel Geld hatte ich nicht, solch ein kostspieliges Zimmer konnte ich mir nicht leisten. Zurück zum Empfang: Wie der Preis des Zimmers sei? Jetzt begriff ich, und ein Stein fiel mir vom Herzen: Für die Compañeros aus den Freundesländern galten andere, niedrigere Preise. Der an den Innentüren angeschlagene Zimmerpreis galt aber sicher für die schöne Mulattin, die samt zwei rollenden Kleiderständern voller Garderobe zur selben Zeit eincheckte und den aufmerksam zuschauenden Señores Märchen aus 1001 Nacht versprach.

Ein Blick fast 35 und mehr Jahre voraus, in die Jahre nach 1995 ... Am 12. März 1996 unterzeichnete der US-Präsident Clinton das „Gesetz zur kubanischen Freiheit und demokratischen Solidarität", nach seinen Initiatoren Jesse Helms und Dan Burton „Helms-Burton-Gesetz" genannt, welches das schon vor Jahrzehnten verhängte Wirtschaftsembargo der USA gegen Kuba weiter drastisch verschärfte. Mit dem Gesetz wurden die Sanktionen der Wirtschaftsblockade der USA gegen Kuba auf Drittstaaten ausgeweitet und deren Souveränität erheblich verletzt. Das Gesetz bestimmt, dass das Wirtschaftsembargo erst dann aufgehoben werden darf, „wenn vorzeigbare Fortschritte bei der Rückgabe oder Entschädigung konfiszierte USA-Eigentums" eingetreten sind und in Kuba eine „Übergangsregierung" besteht, der die Castro-Brüder nicht angehören. Eine der Konsequenzen von Helms-Burton war, dass Nachkommen der US-amerikanischen Alteigentümer von in Kuba belegenen und verstaatlichten Latifundien, Zuckerraffinerien u. a. vor

US-Gerichten diese Vermögenswerte oder Einkünfte daraus einklagen können. Und dies bedeutete nun, dass Erben der US-Gangster Santos Traficante und Meyer Lansky auf die Herausgabe der Gewinne klagen durften, die Reiseunternehmen Deutschlands, Spaniens, Kanadas usw. bei der Einlegung von Pauschaltouristen in die mit Mafia-Geldern erbauten Hotels „Capri" und „Riviera" erzielten. Doch soweit konnte ich natürlich nicht sehen, als ich mich im Juli 1960 im „Riviera" einlogierte und froh war, dass es in der Hotelwerbung hieß „Ahora en manos del pueblo!" – Jetzt in den Händen des Volkes ...

Das „Riviera" spürte das Ausbleiben der amerikanischen Touristen, es kamen nur noch wenige, und sie stießen in der Stadt auf reichlich Feindseligkeit, man verbot ihnen sogar das Fotografieren.

Das Riviera hatte 600 Zimmer, belegt waren 120. Ansonsten aber funktionierte das Hotel, als habe sich seit dem Abgang Batistas nichts verändert, wenn ich einmal davon absehe, dass die Hotelbediensteten nach Feierabend in ihre Miliziuniformen schlüpften und auf dem Parkplatz des Hotels Antrete- und Marschübungen ableisteten. In anderen Hotels, wie zum Beispiel im altehrwürdigen „Nacional", waren junge Rebellen vom Lande einquartiert, gewöhnten sich an die Annehmlichkeiten und den Luxus, posierten vor dem Hoteleingang und ließen sich von amüsierten Besuchern, wie ich einer war, fotografieren. Es waren junge Kerle, manche nicht älter als vierzehn, fünfzehn Jahre, Gewehre und Maschinenpistolen umgehängt, sie trugen zottlige Haare und sahen mit ihren Bärten aus wie ihre eigenen Großväter.

Nachdem ich den Zimmerpreis verifiziert hatte, konnte ich beruhigt aus dem Riesenfenster meines Luxuszimmers schauen: Der leuchtend blaue Golf von Mexiko breitete sich vor meinen Augen aus. Mit meinem Reisegefährten Achim hatte ich verabredet, dass wir zuallererst einmal aus unseren klebrigen Anzügen steigen und schwimmen gehen wollten. Wir beobachteten, wie es andere Gäste hielten: Man fuhr in Badekleidung, ein Handtuch aus dem eigenen Zimmer über die Schulter gelegt, in einem gesonderten, mit Korkplatten ausgekleideten Fahrstuhl nach unten. Es war schon später Nachmittag, und der Pool war belebt. Viele Badegäste standen bis zum Bauch im Wasser am Poolrand und hatten eisgekühlte Getränke vor sich stehen, die auch ich bald kennenlernen sollte: Daiquirís, Mojitos, Cuba Libres. Mein Gefährte Achim und ich tauschten halblaut unsere Eindrücke aus über eine Welt, die wir noch nicht kannten, als der uns am nächsten stehende Bademann und Rumtrinker den Kopf zu uns drehte und fragte: Kommt Ihr aus Berlin? Ja ... Ich heiße Buntrock, bin von Elektrotechnik. Ich kann Euch dann ein paar Hinweise geben. Aber jetzt bestellt erst einmal etwas zu trinken, die schreiben Euch das auf die Hotelrechnung. Jetzt sah die Welt schon ganz anders aus.

Buntrock empfahl, am nächsten Tag zuallererst einen Besuch im Banco para el Comercio Exterior de Cuba, in der Außenhandelsbank „Bancec", zu machen. „Bancec" sei so etwas wie Außenhandelsministerium, Außenhandelsbank und Außenhandelsunternehmen in einem. Die hätten so etwas ähnliches wie Warenbereiche, da sollten wir erst einmal erklären, warum wir hergekommen seien. Buntrock riet uns, außerhalb des Hotels zu essen, „Hot Dogs" an einem der preiswerten Kioske in Hotelnähe, Taxis sollten wir nicht am Hoteleingang, sondern eine Straße weiter anheuern. Was Buntrock für uns getan hatte, war Gold wert. Von nun an würden wir auf eigenen Beinen stehen können.

Den nächsten Tag konnte ich kaum erwarten. Nach dem Frühstück mit vielen Säften, die ich noch nie getrunken hatte: Tamarindo, Mango, Guayaba, ließen wir uns zum Edificio Ambar Motors, dem früheren Verwaltungssitz von General Motors Cuba, fahren, dort saß „Bancec", die Außenhandelsbank. Zu meiner unendlichen Erleichterung verstanden sie mein Spanisch dort, und wir wurden erst zu einem kugelrunden und etwas blasierten Abteilungsleiter namens Ariel H. Picot gebracht.

Was Buntrock uns nicht hatte erklären können, weil er es selbst noch nicht wusste oder richtig einordnen konnte: Genau um diese Zeit war der Banco para el Comercio Exterior in revolutionäre Hände gelangt. Che Guevara hatte die Notwendigkeit erkannt, den Außenhandel zu monopolisieren. Er berief den Comandante Alberto Mora Becerra und den früheren Leiter der Parteischule der Sozialistischen Volkspartei Jacinto Torras de la Luz in die Leitung der Bancec, ebenso Raúl Maldonado. Maldonado gehörte zu einer kleinen Gruppe von ausländischen Wirtschaftsexperten, die den Kubanern zu Hilfe geeilt waren, er kam aus Ecuador.

Ariel H. Picot reichte uns mit der Begründung, für alles Medizinische seien die Doctoras Loret de Mola und P… verantwortlich, an zwei ansehnliche junge Damen weiter. Die erste trug ein Sommerkleid, die zweite eine zu knapp geratene olivgrüne Miliziuniform und hatte ein mit Perlmutt beschlagenes Revolverchen vor sich auf dem Tisch liegen. Warum es nicht zugeben: Die Uniformierte gefiel mir vom ersten Augenblick an ausnehmend gut. Sie war eine schon einmal blutverdünnte Mulattin und hatte eine herrlich milchkaffeefarbene Haut. Ihr Vorname war leicht zu merken: Wie der erste Buchstabe des griechischen Alphabets: Alfa. Später erfuhr ich: Sie war Ärztin und hatte ihre erste Bewährungsprobe im Ministerio para la Recuperación de Bienes Malversados hinter sich, das ließ sich mit „Ministerium für die Wiedererlangung veruntreuten Volksvermögens" übersetzen. Für die Compañera Alfa schien die Situation auch ganz neu zu sein, Abgesandte aus dem Morgenland waren ihr bisher noch nie zugeführt worden, und von Vertrauensseligkeit konnte bei ihr keine Rede sein. Sie begann erst einmal herumzutelefonieren. Ihre Rücksprachen schienen befriedigend verlaufen zu sein, sie schrieb uns eine Adresse in Hafennähe auf und zwei Namen, da sollten wir zuerst vorsprechen, und wenn das geleistet wäre, noch einmal zu ihr kommen. Wir würden noch für anderes gebraucht.

Als unsere Taxe am angegebenen Platz ausrollte sahen wir: Hier hatten wir es mit einer militärischen Kommandostelle zu tun, der Eingang wurde von zwei Marinesoldaten unter Maschinenpistole bewacht. Wir mussten lange warten, ehe wir zu zwei hochrangigen Militärs geführt wurden, die sich bald als Chefs des Gesundheitsdienstes der Revolutionären Streitkräfte zu erkennen gaben und erklärten, warum man uns ins Land gerufen hatte. Die Armee Batistas hatte in Osthavanna ein modernes Krankenhausgebäude, das Hospital Militar, errichten lassen. Aber als das Regime im Januar 1959 abtrat, war gerade mal der Bau vollendet, alle früher mit Lieferanten in den USA abgeschlossenen Verträge über die Ausrüstungslieferungen waren hinfällig, und nun suchte man nach einem neuen Einrichter, einem, der das ganze Ding komplett aus einer Hand und zu einem Preis zusammengerechnet liefern könne, und dazu auch noch dalli, dalli.

Die uns gegenübersitzenden Männer Aesculaps waren interessante Leute, Professor Vidal Yebra und Dr. Oscar Fernandez Mell, ein revolutionärer Orthopäde. Besonders Vidal suchte in den kommenden Tagen immer wieder das Gespräch mit uns, fachlich war vieles zu besprechen. Aber mehr noch ging es ihm darum, seine Seele zu offenbaren und uns, den Abgesandten aus einem Land, in dem es schon eine Weile Sozialismus gab, nach Zukünftigem zu fragen. Vidal war gläubiger und bekennender Katholik und zugleich überzeugter Revolutionär. Aber würde das auch zukünftig zusammengehen? Hatten die Kirchenfürsten Kubas Recht, wenn sie ankündigten, die Revolution würde über kurz oder lang Schluss mit allen religiösen Freiheiten machen und den Glauben bekämpfen? Wir versuchten, Vidal den Zweifel zu nehmen, aber auch nahe bei der Wahrheit zu bleiben, das war gar nicht einfach. Fernandez, der gelernte Orthopäde, hatte mit der Rebellenarmee gekämpft, der hatte keine Zweifel.

Er würde später noch ein paar Mal meinen Weg kreuzen, bald schon das erste Mal in Berlin. Er wechselte später ganz in die Politik, eine Zeitlang war er Oberbürgermeister von Havanna.

Gemeinsam fuhren wir nach Habana del Este zum Militärhospital, das später übrigens der ganzen Bevölkerung offenstand. Im Krankenhaus war wirklich alles fertig, sogar die zentralen Versorgungsleitungen waren installiert, die Leichenkammer konnte schon gekühlt werden, doch das Einzige, was schon richtig in Betrieb war, war die Cafetería. Jetzt lief Achim Häßner zu großer Form auf, und ich war als sein Dolmetscher nicht selten überfordert. Achim Häßner erkannte aus den Grundrissen die Bestimmung der einzelnen Räumlichkeiten, bestimmte die Operationssäle und den Bettenbedarf, und die Militärs ergänzten seine Annahmen durch kubatypische Anforderungen. Ein, zwei Tage würden wir noch brauchen und mit weiteren für die Arbeit im Krankenhaus ausgewählten Ärzten sprechen und uns dazu an den Ort des Geschehens begeben müssen. Sogleich wurde uns ein Buick, ein Riesenschlitten, personengebunden zur Verfügung gestellt, mit einem farbigen Sargento als Fahrer, der kohlrabenschwärzer nicht hätte sein können. Wir erlangten alle Angaben für ein Angebot, mussten aber ankündigen, dass dann, in etwa drei Monaten, die Arbeit erst noch einmal losgeht und die DDR-Seite dazu mindestens ein Dutzend Spezialisten einfliegen muss.

Unsere Einsatzleiterin im Bancec, Alfa, schickte uns weiter: Die Revolution habe viel vor im Gesundheitswesen, auf dem Lande müssten jetzt Landkrankenhäuser und Arztstützpunkte errichtet werden. Sie legte uns nahe, das Gesundheitsministerium und das Nationalkrankenhaus aufzusuchen und Kontakt mit dem Erziehungswesen aufzunehmen, auch mit der Universität Havanna. Volles Programm! Ich fing an, mich zurechtzufinden, fand im Telefonbuch die Anschrift des Gesundheitsministeriums, Salud Pública (im Verzeichnis stand es noch unter „Salubridad"), und wir fuhren unangemeldet dorthin, Ecke Belascoain y Estrella. Bei dieser Gelegenheit (und später noch öfter) bewährte sich die Methode, einfach vor die Türe des Gewünschten zu fahren. Abgesandte aus den Gefilden hinter dem Eisernen Vorhang waren damals auch für kubanische Revolutionäre noch etwas Exotisches. Freilich, vor dem Eingang des Ministeriums standen misstrauische und abweisende Militärposten, wir mussten endlos lange warten, doch ich erreichte, beim Minister vorgelassen zu werden.

Und der holte gleich noch seinen Viceministro dazu. Minister war in diesen Tagen Dr. Machado Ventura, sein Stellvertreter Dr. Mario Escalona Regüeira. Es zeigte sich: Wir kamen wie gerufen. Der Bedarf des Ministeriums an Krankenhausausrüstungen, Spritzen und Kanülen, medizinischen Verbrauchsmaterialien, an Untersuchungs-Mikroskopen und Laborgeräten war groß. Für meinen Begleiter Achim und mich war nicht zu erkennen, ob die beiden Minister unter irgendwelchen Budgetsorgen litten, anscheinend hatten sie alles Geld der Welt zur Verfügung und konnten mehr bezahlen, als wir zu liefern in der Lage waren.

Später las ich, dass nach der Einsetzung von Ernesto Guevara als Präsident der Nationalbank die revolutionäre Ökonomie auf zwei Prinzipien gegründet wurde: Geld drucken und Schulden anstehen lassen. Die Überzeugung breitete sich aus, Kuba werde aus dem Außenhandel mit den sozialistischen Ländern unerschöpflichen Reichtum gewinnen. Der französische Marxist und Agrarfachmann René Dumont schreibt in seinen Erinnerungen, dass überall im Lande ohne ausgereifte Pläne „darauflos gearbeitet" wurde. Niemand habe von Geld gesprochen. Ein lokaler Direktor der INRA habe damit geprahlt, er müsse nur ein kleines Stück Papier unterzeichnen, wenn er irgendetwas brauche – eine Fabrik, einen Laden, Lebensmittel. Er führe keine Bücher, und niemals verlange man von ihm Quittungen. Dumont schreibt, er habe die elementaren Erfordernisse der Organisation, der Buchführung, Disziplin und Arbeit betont, aber keiner habe ihm zuhören wollen.

Als meine Gespräche mit dem Gesundheitsminister den Punkt erreichten, an dem es ans Bestellen ging, reichte es natürlich nicht, mir Zahlung zu versprechen oder Absichtserklärungen zu unterschreiben, davon werde ich noch berichten. Ich mahnte mich selbst, in allen Punkten sauber zu bleiben, Vertrauen nicht auszunutzen. Doch die aus Berlin mitgebrachten Lagerlisten versetzten mich in die Lage, einen Teil der gewünschten Geräte und Materialien zur sofortigen Lieferung zuzusagen. Mir ist in Erinnerung, dass wir damals einen großen Posten Mikroskope aus dem VEB Rathenower Optische Werke – dort war die Produktion zugunsten von Zeiss Jena ganz eingestellt worden – im Bestand hatten. Der Minister sagte die sofortige Abnahme von 100 Stück zu, und diese 100 wären nur der Tropfen auf dem heißen Stein. Na, dafür würden sie mir zuhause die Füße küssen. Vorsichtig war ich bei allen Geräten mit Heizung und Motoren. Hier war zu bedenken, dass das Netz in der DDR eine Spannung von 220 Volt/50 Hertz abgab, in Kuba aber vorwiegend 110 Volt/60 Hertz anlagen.

Ein anderes Problem: Welche Preise sollte ich verlangen? Im allgemeinen hatten wir folgende Regel: Endkunden zahlten unsere Bruttopreise, Wiederverkäufer erhielten Rabatte, die 20, 25 oder auch 30 Prozent betragen konnten. Die Gründe dafür waren einleuchtend: Bei Verkäufen an Endkunden hatten wir, das Außenhandelsunternehmen, die Hauptlast der Akquisition und des Verkaufs zu tragen, trugen in der Regel höhere Risiken und setzten geringere Stückzahlen ab. Doch galt das hier im revolutionären Kuba? Ich verkaufte an die Regierung: Kein Risiko. Ich verkaufte große Stückzahlen. Ich hatte keinen Aufwand für Werbung und nützliche Abgaben. Und mein Herz schlug für die Käufer. Ich verhielt mich nach der Ordnung und gewährte keine Rabatte. Der Händler ging mir mir durch. Später beruhigte ich mein Gewissen mit der Erkenntnis, dass selbst unsere Bruttopreise, am US-amerikanischen Preisniveau gemessen, das die Kubaner kannten, fair waren.

So wild es in Sachen Organisation und Rechnungswesen an der revolutionären Basis zugehen mochte: Im Banco para el Comercio Exterior herrschte alte Ordnung. Meine milchkaffeefarbene Sympathisantin Alfa P... G.... verstand zwar von Außenhandel fast gar nichts, aber die Bank hatte eine Rechts- und Vertragsabteilung, und jede von mir in den Ministerien entgegengenommene Bestellung wurde dort von einer Kampfgruppe erfahrener bürgerlicher Juristen in einen mehrseitigen wasserdichten Vertrag eingearbeitet. Es war mir ganz und gar unmöglich zu erkennen, welche Implikationen schon der Standardvertrag der „Bancec" für Feinmechanik–Optik haben könnte. Es gab keine Erfahrungen. Selbst wenn mein Spanisch ausgereicht hätte, mir den Vertragstext übersetzen zu können, dann hatte ich ihn noch lange nicht verstanden, und Strittiges zu verhandeln, dazu hatte ich erst Recht keine Voraussetzungen. Ich musste mich entscheiden: Wollte ich Verträge unterschreiben oder nicht? Fragen konnte ich niemanden. Überseegespräche waren damals noch ein Abenteuer, wortreiche Telegramm- und Telexrückfragen unbezahlbar – und wer würde in Berlin überhaupt den Mut haben, einen von mir nach Gutdünken übertragenen Text schnell zu begutachten? Ich entschied mich: Augen zu. Unterschreiben. Die Bankjuristen unterschrieben selbst überhaupt nichts, die „inicialarten" (paraphierten) nur, auf jeder Vorder- und Rückseite jeder Vertragsseite. Unterzeichnen durfte auf kubanischer Seite nur der Präsident der Bank, Alberto Mora, und sein Erster Stellvertreter, Jacinto Torras. Nach kubanischer Ordnung waren alle Verträge von den Vertragspartnern in einer gemeinsamen Sitzung zu zeichnen. Ich konnte also nicht unterzeichnen und dann auf die Zweitunterschrift warten. Ich musste zum a c t o erscheinen, und bei der Überlastung der beiden Führungspersonen des Bancec hieß das, bis in die frühen Morgenstunden angezogen auf dem Bett zu liegen, bis der telefonische Abruf kam.

Schon in der ersten „Unterzeichnungsnacht" hatte ich das Erlebnis, im Vorraum des Präsidenten der Bank Ernesto „Che" Guevara zu sehen – das sollte die einzige Begegnung nächster Nähe mit ihm in diesem Leben bleiben. Mein Zeichnungspartner war in allen Fällen der Vizepräsident Jacinto Torras de la Luz. Gleich beim ersten Vertrag beanstandete der vorlegende Jurist meine Unterschrift: „!Falta la rúbrica!" Es dauerte eine Weile, bis ich begriff. In den Ländern des spanisch geprägten Rechts muss man bei offiziellen Unterschriften an den einfachen Namenszug noch einen „Zislaweng" anhängen, ein paar Kurven und Schleifen, um die Unterschrift unverwechselbar und fälschungssicher zu machen. Die Kubaner hatten jeder ihre „Rúbrica". Ich erfand eine, aber meine war nicht eingeübt und fiel auf jedem Vertrag anders aus. Doch das schien dem Bankjuristen nun wieder nicht wesentlich zu sein.

Als ich nach einigen Tagen einen kleinen Stapel Verkaufsverträge zusammenzählte, kam eine hübsche Summe heraus, und ich entschloss mich, meinem Generaldirektor in Berlin ein „ELT", ein Auslands-Brieftelegramm, zu schicken. Am nächsten Tag fand ich im Schlüsselfach eine Antwort: „Gratuliere zu den Verkaufserfolgen. Sie erhalten eine Prämie von 500 DM. Eine Prämie in derselben Höhe habe ich für Sie vorgesehen, wenn die Verträge realisiert sind. Deutsch". War ich stolz! Einige Tage später lag eine noch viel schönere Nachricht im Fach – keine des Generaldirektors allerdings ... Doch davon später.

Kunden aller Art

Meine milchkaffeefarbene Sympathisantin Alfa im „Bancec" hatte mich auch zu dem führenden, soeben nationalisierten ersten Handelshaus Kubas für Labor- und Krankenhausbedarf, Audrain & Medina, geschickt. Das Gespräch dort verlief in gespannter, fast gereizter Atmosphäre.

Die Altbesitzer sprachen mit mir, doch neben ihnen saß der „Interventionist" Nilo Lorenzo (Lorenzo war zuvor Angestellter von Audrain & Medina gewesen; ich sah ihn viele Jahre später als Handelsattaché in Berlin wieder). Die Altbesitzer hatten den führenden amerikanischen Fachkatalog Fisher aufgeschlagen vor sich liegen: Was ich ihnen anbot, schien nicht kompatibel, zu teuer, technisch nicht gleichwertig zu sein. Sie vermiesten mein Programm. Doch Nilo Lorenzo versuchte ihnen klarzumachen: Es wird zukünftig keine Lieferungen aus den USA geben, sie sollten gutwillig prüfen. Auch mir gegenüber stellte er Forderungen: Die Hersteller müssten Veränderungen an den Geräten garantieren, Spannung und Frequenz auf kubanische Verhältnisse abgestimmt sein. Beim Hinausgehen war ich mit dem „Interventionisten" einen Moment allein: „Compañero Lenke (die Kubaner sprachen meinen Nachnamen beharrlich so aus), lassen Sie mich mal machen. Mit den

Preisen müssen Sie runter. Wir werden Probekäufe durchführen, dann sehen wir weiter."

Heute abend mit Fidel

Aber einmal wollten wir am Abend „richtig" essen, und da gingen wir in das französische Restaurant „Potin". Das hätte man „Poteng" aussprechen sollen, aber in Kuba sagte man Potínnn. Dort hatten wir ein richtiges Erlebnis. Im Potin bedienten befrackte Oberkellner, freundliche, meist schon etwas ältere Herren der guten kubanischen Schule. Unser Tischkellner merkte bald, dass Achim Häßner und ich aus fernen Landen kamen, wir erklärten ihm unsere Mission, und nach einer Weile beugte er sich zu uns hinab und sagte leise: „Esta noche con Fidel." Das hieß: Heute Abend mit Fidel. Damit wussten wir nichts anzufangen. Vielleicht eine Stunde später kam der Kellner noch einmal: „Ahora mismo." Das hieß: Jetzt gleich.

Und auf einmal kam Fidel Castro aus der zur Küche führenden Schwingtür und ging langsam, von Beifall begrüßt, durch die Tischreihen zum Ausgang. Unser Kellner trat an ihn heran, sagte Castro irgend etwas, zeigte in unsere Richtung. Häßner und ich standen auf und applaudierten. Castro nickte uns zu. Eine Frau rief ihm etwas zu, darüber lachte er, und dann, durch die großen Glasscheiben konnten wir ihn mit unseren Blicken verfolgen, sprangen drei, vier pechschwarze uniformierte Leibwächter heran und umringten Castro auf dem kurzen Weg zu einem am Bürgersteig parkenden Pick-Up. Castro stieg zum Fahrer in die Kabine, und im gleichen Moment sprangen die Schwarzen auf die gedeckte Ladefläche, und im nächsten Augenblick waren sie davongebraust.

Natürlich fragten wir nun unseren Bediener aus: Wie das alles zusammenhängt? Na so, compañeros: „Wir haben einen guten Koch, der ist Castros Freund. Den besucht er und isst gleich neben dem Herd in der Küche. Und wenn er satt ist, geht er wieder, ganz einfach." Ob Fidel auch bezahlt, konnten wir schlecht fragen. Aber er bezahlte natürlich nicht, er war gern gesehener Gast. Wir fragten noch, was die Frau Castro zugerufen hätte. Sie hätte Fidel (offenbar, weil das Restaurant, wie fast alle besseren Restaurants in Kuba, klimatisiert und unterkühlt war) zugerufen, er solle sich das nächste Mal eine Jacke anziehen, damit er sich nicht wieder erkälte.

Nationalisierung

Fidel Castro gab, am 6. August die Nationalisierung des amerikanischen Konzernbesitzes bekannt und brachte damit wohl auch den Stein ins Rollen, der Monate später die Invasion in der Schweinebucht auslöste. Aus Protest gegen Enteignungen und gegen die angebliche Errichtung des Kommunismus hatten die Vereinigten Staaten die Abnahme der Restmenge der 1960er Zuckerquote, 900.000 t, verweigert. Die in Kuba ansässigen amerikanischen Töchter der großen Erdölkonzerne behaupteten, die kubanische Regierung zahle ihre Schulden für gelieferte Erdölprodukte nicht und lehnten ab, sowjetisches Erdöl zu verarbeiten. Während seiner Schlussansprache auf dem Ersten Lateinamerikanischen Jugendkongress verlas Fidel Castro in einem von Tausenden Jugendlichen gefüllten Stadion die Liste der verstaatlichten USA-Unternehmen. Von dieser Stunde an verwandelte sich Havanna und das ganze Land in einen Hexenkessel. Überall im Stadtbild kubanische Fahnen, Spruchbänder, die die Nationalisierung begrüßten. Die Straßen im Zentrum verstopft von jubelnden, singenden, herumtanzenden Sympathisanten, manche bewegen sich wie Traumtänzer. Särge mit der Aufschrift „Compañia Cubana de Teléfonos" und „Compañia Cubana de Electricidad" wurden herumgetragen.

Die kubanischen Angestellten dieser Konzernunternehmen rissen die Embleme ihrer früheren Arbeitgeber von den Diensthemden ab und stopften sie in die Särge. Mir war, als erlebte ich eine richtige Revolution mit und steckte mir begeistert eines der Fähnchen mit der Aufschrift „Apoyamos Nacionalisación" an. Für eine Mehrheit der Kubaner war die Verstaatlichung amerikanischer Unternehmen, deren Wert auf 800 Millionen Dollar beziffert wurde, Ausdruck für wiedergewonnene nationale Würde und Mut und Beweis für eine wirkliche Revolution. Überall, wo sich Gruppen zusammenfanden, wurden Sprechchöre erfunden und dann immer wieder gerufen oder gesungen. Obwohl sie in der Übersetzung zum Teil ihren Charme einbüßen, will ich eine beifügen. Ein Singsang lautete: „Con Fidel, con Fidel, todos con Fidel/con harina, con malanga, todos con Fidel" = Mit Fidel, mit Fidel, alle mit Fidel/ob wir Mehl haben oder nur Malanga (eine kartoffelähnliche Wurzel)/ wir sind alle mit Fidel. „Fidel, seguro, a los Yankis da les duro!" = Fidel, sei sicher, gibs den Yankees hart. „Con OEA, sin OEA, ganaremos la pelea" = Ob mit OAS oder ohne, wir gewinnen den Kampf. „Sin cuota, pero sin amo" = Ohne (Zucker)Quote, aber dafür auch ohne Herrn.

Im Mai hatten sich katholische Bischöfe Kubas deutlich gegen den wachsenden Einfluss der Sozialistischen Volkspartei gewandt, „totalitäre Methoden der Revolution" und den „Klassenkampf" verurteilt. Katholiken begannen, ihr Bekenntnis auf originale Art zu demonstrieren. Ihre Autos trugen Aufkleber: „Somos católicos. En caso de accidente, llamen a un sacerdote."

Wir sind Katholiken. Bei einem Unfall rufen Sie bitte einen Priester! Die der Revolution Zugetanen brachten daraufhin auch einen Aufkleber an: „Somos Revolucionarios. En caso de accidente, llamen a un médico!" Wir sind Revolutionäre. Rufen Sie im Unglücksfall einen Arzt!

Naiv, wie ich war, kam mir nicht einen Augenblick der Gedanke, die mächtigen Amerikaner, gerade mal 90 Meilen von Kuba entfernt, könnten sich bald für diese Freveltaten am Allerheiligsten rächen wollen. Ich hatte schon in den Gesprächen mit Ärzten im Ministerio de las Fuerzas Armadas Revolucionarias gehört, dass man seit Mai mit einem bewaffneten Angriff der USA rechne und dass an amerikanischen Einrichtungen und Privatwohnungen Anschläge erschienen, auf denen unter der Flagge der USA die Namen der Bewohner eingetragen waren und mit denen „Einzelpersonen und sich bildende Behörden" aufgefordert wurden, die dort residierenden amerikanischen Bürger zu schützen – das zielte auf den Kriegsfall. Worauf die patriotischen Kubaner Aushänge mit der kubanischen Flagge anbrachten, auf denen zu lesen stand, dass am angegebenen Ort Sympathisanten der Revolution ansässig seien, die ihr Land verteidigen werden. Patria o muerte, venceremos! Doch so naiv ich auch war, eines gewahrte ich deutlich: Die sich begeistert zur Revolution bekannten, waren Arbeiter, Angestellte und die städtische Armut. Dass sich das mittlere Bürgertum aus dem revolutionären Prozess heraushielt und das kleine Bürgertum die Lust an der Sache zu verlieren begann, das hatte ich bei näherem Hinschauen schon begriffen.

In den kommenden Jahren verstand ich besser: Wenn Fidel Castro das Volk aufrief, die Revolution weiterzuführen, dann waren das die Massen der Arbeiter, Landarbeiter, der kleinen Angestellten, der nicht berufstätigen Frauen, die Stadtarmut und darunter anfangs auch das Lumpenproletariat. Richard Nixon, der Castro während seiner Kandidatur für das Präsidentenamt im April 1959 empfangen hatte, erkannte klar, auf welche sozialen Schichten sich Castro stützte. Nixon schrieb nach der Begegnung, er habe Castro geraten „nicht immer der öffentlichen Meinung zu folgen, sondern mitzuhelfen, dass sie in die richtigen Bahnen dirigiert wird" Er erklärte Castro, dass er, Nixon, es in Zeiten emotionaler Belastung stets für richtig erachtet hätte, „den Leuten nicht das zu geben, was sie zu benötigen meinen, sondern in ihnen den Wunsch nach dem zu wecken, was sie haben müssen." Für Nixon zeigte Fidel Castro „eine fast sklavische Unterwerfung unter die herrschende Mehrheitsmeinung – die Stimme des Pöbels."

Was war in Kuba wirklich geschehen seit dem Sturz Batistas in der Neujahrsnacht des Jahres 1959 und bis zu jenem Augusttag, an dem ich in die aus Miami kommende, nach Aruba weiterfliegende DC 6 der KLM stieg? Hätte ich in den Tagen zwischen dem 22. Juli und dem 9. August 1960 irgendeine Entscheidung anders treffen müssen, als ich sie getroffen habe, weil ich nicht genug wusste von dem, was in Kuba wirklich vor sich ging? Nein! Gleichwohl ist es spannend, vierzig Jahre später die ganze Geschichte zu erfahren. Im ersten Jahr nach der Flucht Batistas war die bürgerliche Übergangsregierung von Miró Cardona unter dem Druck der Volksmassen abgelöst worden, Fidel Castro wurde Ministerpräsident und erließ konsequente wirtschaftspolitische und soziale Maßnahmen. Die Agrarreform fand landesweite Zustimmung. Maßnahmen, wie die Senkung der Preise für Gas und Elektroenergie um 30 Prozent, erfreuten die Verbraucher, forderten dagegen die US-amerikanischen Konzerneigner heraus. Die Autonomie der Universitäten und die Unabhängigkeit der Gewerkschaften wurden beseitigt. Unter dem Einfluss von Mitgliedern der Bewegung des 26. Juli, die dem Marxismus-Leninismus nahestanden – Raúl Castro, Ernesto Guevara, Vilma Espín, Ramiro Valdéz und anderen – wurde Funktionären der Sozialistischen Volkspartei Kubas, den Kommunisten, der Zugang in leitende Stellungen der Ministerien, in der Armee, in der Führung der Gewerkschaften eröffnet.

Obwohl die Revolution die kubanische Wirklichkeit bereits konsequent veränderte, waren die Schritte der Regierung doch schwerlich als „kommunistisch" zu bezeichnen. Grundlegende Gesetze wurden reformiert, das Steuersystem gerechter gestaltet und die festgesetzten Steuern konsequent eingetrieben, die Kapitalverbringung ins Ausland eingeschränkt und Maßnahmen ergriffen, die zu einer gewissen Neuverteilung des gesellschaftlichen Reichtums führen sollten. Aber Kommunismus in Aktion war das nicht.

Die USA reagierten immer gereizter auf Akte der Verletzung amerikanischer Eigentümerinteressen und des freien Unternehmertums, die im Januar 1960 mit der Enteignung allen Großgrundbesitzes einen vorläufigen Höhepunkt erreichten – diese Sünden der Kubaner reichten allein aus, um die fortschreitende Revolution als eine „kommunistische" zu qualifizieren.

Die Sowjetunion war lange nicht interessiert, Lateinamerika zum Schauplatz von Auseinandersetzungen mit den USA zu machen. Die Problemzone jener Zeit war Europa, vor allem Berlin. Fidel Castro wurde in der UdSSR (und nicht anders natürlich in der DDR) als antiamerikanischer populistischer Nationalist bezeichnet, der wachsende Einfluss der Sozialistischen Volkspartei auf den revolutionären Prozess verschwiegen. Doch um die Jahreswende 1959 bis 1960 begann die Sowjetunion zu erkennen, dass die Karte Kuba-Castro, klug gespielt, im Kräftemessen mit den USA Bedeutung erlangen könnte, wenn es gelänge, die kubanischen revolutionären Führungskräfte in eine marxistisch-leninistische Avantgarde-Partei umzuformen und Kuba, bildlich gesprochen, zu einem ideologischen Flugzeugträger der Sowjetunion vor den Küsten der USA auszubauen.

Im Februar 1960 eröffnete die UdSSR eine groß angelegte Industrie- und Handelsausstellung in Havanna, (wie) geschaffen für einen merkantilistisch motivierten Besuch einer der tonangebenden sowjetischen Persönlichkeiten, Anastas Mikojan. Das am 13. Februar zwischen der Sowjetunion und Kuba abgeschlossene Handelsabkommen machte eines klar: Die Sowjetunion würde in den kommenden Jahren beständig mindestens eine Million Tonnen Zucker jährlich abnehmen. Die Drohung der USA, ihre Zuckerkäufe in Kuba zu reduzieren, die „Quote" zu kürzen, würde Kuba nicht mehr schrecken. Ob und wie synchronisiert, wer kann das noch wissen, erschien im Februar auch eine achtköpfige Pfadfindergruppe der DDR in Havanna, und am 26. Mai 1960 wurde ein Bankenabkommen zwischen der Deutschen Notenbank und dem Banco Nacional de Cuba abgeschlossen. Clearingwährung war der kubanische Peso, der in Parität zum US-Dollar stand. (Auf dem schwarzen Markt wurden noch 33 Dollarcents für den Peso gegeben.)

Dieses Bankenabkommen war weit mehr als ein ordinäres Verrechnungsabkommen, wie sie die DDR seinerzeit schon mit mehr als zwanzig Ländern unterzeichnet hatte. Es räumte der DDR und Kuba das Recht auf Einrichtung von „Handelsvertretungen" mit weitgehenden diplomatischen Immunitäten wie Kurierdienst und chiffriertem Funkverkehr ein.

Die DDR errichtete zunächst keinen festen Stützpunkt in Kuba, sondern unterhielt eine Art „Reisevertretung", die im Hotel residierte und die bis zur ersten Augustwoche durch den Stellvertreter des Generaldirektors des AHU Elektrotechnik Buntrock verkörpert wurde.

Auch die Volksrepublik China zeigte schließlich Flagge. Anfang August war ich im Salon „L'Aiglon" des Hotels Riviera Gast eines Empfangs der Regierungsdelegation Chinas, die das erste Handelsabkommen mit Kuba abschloss; China verpflichtete sich, über fünf Jahre jährlich 500.000 Tonnen kubanischen Zucker zu Weltmarktpreisen zu kaufen.

Vieles deutet darauf hin, dass sich in jenen Tagen die führenden Genossen der kubanischen Sozialistischen Volkspartei und diejenigen in der Bewegung des 26. Juli, die ihre marxistisch-leninistische Orientierung noch nicht geoutet hatten, sicher fühlten, Fidel Castro und die schwankenden sozialen Nationalisten an seiner Seite für einen entschieden sozialistischen Kurs gewinnen zu können. In Niederschriften, welche DDR-Diplomaten im 2. Halbjahr 1960 über ihre Gespräche mit dem profilierten Altkommunisten und Chefredakteur der Parteizeitung „Hoy", Carlos Rafael Rodriguez, angefertigt haben, ist zu lesen, dass er und andere führende Kommunisten von sich glaubten, „allein Herrn und Sachen (zu) leiten", wie Goethe einmal sein Verhältnis zu dem jungen Weimarer Herzog Carl August beschrieben hat.

Ende Juni 1960 waren drei der größten Hotels der Hauptstadt, das Hilton, das Nacional und das Riviera unter dem Vorwurf, den Tourismus stranguliert zu haben, beschlagnahmt worden. Wie das erste Handelsabkommen UdSSR – Kuba vorsah, kaufte Kuba sowjetisches Erdöl, doch die kubanischen Filialbetriebe der US-amerikanischen Konzerne Esso, Texaco und Sinclair weigerten sich, solches „Staatsöl" zu raffinieren, worauf Castro am 6. August ihren gesamten kubanischen Besitz konfiszierte. In derselben Gaceta Oficial vom 6. August 1960, die die expropriación forzosa der Raffinerien publizierte, wurde auch die Enteignung der USA-eigenen Kubanischen Elektrizitätsgesellschaft und der Kubanischen Telephon-Gesellschaft und von 36 Zuckerfabriken, die mehr als 160.000 Arbeiter beschäftigten, verkündet.

Das Nationalinstitut für die Agrarreform INRA begann, den Großgrundbesitz in Kooperativen zu überführen, deren Leitungsorganisation aber praktisch der von Staatsgütern entsprach. Die INRA übernahm die Kontrolle der Zucker-, Fleisch-, Reis- und Tabakproduktion und der Holz- und Fischereiindustrie und begann mit der Einführung von Elementen der Planwirtschaft. Die ersten Schritte einer umfassenden Bewegung zur Ausrottung des Analphabetismus wurden gegangen.

Um die Jahresmitte 1960 stellten die USA in Vorbereitung eines Treffens der Organisation Amerikanischer Staaten OAS – im Spanischen lautet die Abkürzung OEA – fest, die Führer der Sowjetunion und der Volksrepublik China seien entschlossen, die revolutionäre Situation in Kuba zur Einmischung in die inneramerikanischen Angelegenheiten zu missbrauchen. Kuba gehe den typischen Weg einer bolschewistischen Diktatur. Das waren nicht die Vokabeln der Freunde Kubas in den sozialistischen Ländern. Doch auch für die Freunde Kubas wurde zur Gewissheit: In Kuba wird der Sozialismus aufgebaut. So lagen die Dinge, als Dietrich Lemke und Achim Häßner am 9. August 1960 ihre erste Verkaufsreise nach Kuba beendeten. Die Zeitung „Combate 13 de Marzo", die sie noch in der Stunde des Abflugs auf dem Flughafen von Havanna kauften und in die DDR mitnahmen, und die die vollständige Liste der soeben verstaatlichten US-Unternehmen enthielt, war mit der Schlagzeile erschienen „Una Pagina para la Historia de Cuba" – Eine Seite für die Geschichte Kubas. Im Tabakladen des Riviera hatte ich eine amerikanische Zeitschrift, die Newsweek, gekauft, eigentlich wegen des Titelbildes: Che Guevara. Die las ich auf dem Nachhauseflug. In einem langen Artikel über die Führungsmannschaft des neuen Kuba wurde die Revolution mit einer Melone verglichen: Außen grün, innen rot. Grün, olivgrün, waren die Uniformen der Männer des 26. Juli, rot – das war der Kommunismus.

Heimkehr aus der Karibik

Als die D 6 der KLM am 9. August 1960 in Havanna mit erstem Zwischenziel Kingston abhob und die rote kubanische Erde unter mir zurückblieb, sagte ich einen beziehungsreichen, ernstgemeinten, aber – wie sich zeigen sollte – ganz falschen Satz zu Achim Häßner: „Das war ein einmaliges Abenteuer, hierher kehren wir nie zurück." Auf der Rückkehr feierte ich in der Luft meinen 27. Geburtstag, kurz vor einer unwetterbedingten Zwischenlandung in Lyon. Am 13. August war ich wieder an meinem Platz in Feinmechanik-Optik.

Folgendes war mir bisher noch nie geschehen: Der Generaldirektor ließ mich rufen und gratulierte mir zur „Erschließung Kubas". Ich war in Hochstimmung. Für meine Stammbrigade im Laborkontor hatte ich wenig tun können, aber für mehrere andere Bereiche gut verkauft, nicht wenig Lagerware, und zu guten Preisen, und, das war zu jener Zeit fast das Allerwichtigste, die Verkäufe wurden auf die Erfüllung des KW-Planes angerechnet, des Planes für das Kapitalistische Wirtschaftsgebiet. In meiner Euphorie ließ ich mich zu einer politischen Einschätzung hinreißen: Kuba, sagte ich meinem Generaldirektor, ist ein sozialistisches Land. „Lieber Freund," stoppte mich Erhard Deutsch, „wann Kuba sozialistisch ist, wird Dir die Partei sagen." Darauf musste ich noch eine Weile warten. Das Äußerste, was ein DDR-Spitzenfunktionär damals herausließ, kam von Paul Verner. Eine „wahre Volksrevolution" sei in Kuba im Gange. Er wusste schon mehr, aber ich auch.

Ich traf damals niemanden, der mir erklärt hätte, was in jenen Tagen innenpolitisch in Kuba vor sich ging. Unsere diplomatischen Vertreter Kulitzka und Metzker (sie standen mittlerweile einer „Vertretung der Deutschen Demokratischen Republik" vor) trafen die ordinären Mitglieder der Delegation nur ein einziges Mal, bei einem festlichen Abendessen, das die Streitkräfte im Copa-Room des Riviera für uns gaben, aber die erklärten auch nichts. Dabei geschah auf diplomatischem und handelspolitischem Gebiet vieles, was die zukünftigen Beziehungen Kubas und der DDR betraf. Schon am 30. August 1960 hatten Paul Verner und ein Stellvertreter des kubanischen Außenministers, Hector Rodriguez Llompart, vertraulich die Errichtung diplomatischer „Missionen" in beiden Ländern vereinbart. Noch im IV. Quartal wollte die DDR den Spanienkämpfer Karl Lösch als Chef de Mission nach Havanna entsenden.

Schon Ende Oktober hatte die UdSSR Kuba wissen lassen, sie sei bereit, im November 1960 mit einer Delegation Che Guevaras, zu der auch der Außenhandelsbank-Präsident Alberto Mora Becerra und der Außenhändler Raúl Maldonado Ortega gehören sollten, in Moskau einen „Runden Tisch" zu Fragen der künftigen wirtschaftlichen Zusammenarbeit abzuhalten. An diesem Runden Tisch wollte die UdSSR, die schon die kubanischen Wunschvorstellungen und Warenlisten in Händen hielt, auch andere sozialistische Länder ziehen, darunter die DDR, und den Koordinator geben. An diesem Runden Tisch mitzuwirken standen die Genossen Kerber, Schild, Henke und andere bereit. Danach würde Che Guevara weiterreisen, und sein Eintreffen in der DDR war für Mitte Dezember angekündigt – für diese Gelegenheit war die Unterzeichnung eines Staatshandelsabkommens vorgesehen, darauf bereiteten sich Sepp Schwab, Gerhard Weiss und Erwin Kerber vom MAI, Schmidt von der Deutschen Notenbank, Ackermann, Wunderlich, Opitz, Christofzik und Niederberger von der Staatlichen Plankommission vor – und die gewissenhafte Rose Gromulat als Dolmetscherin.

Doch von alledem wusste ich in Havanna im November und Dezember nichts.

Starverkäufer?

Als der Sommer des Jahres 1960 zu Ende ging, war ich im Unternehmen bekannt und spürte: Ich saß jetzt im Sattel. Doch zum Adel der „Starverkäufer" der Feinmechanik-Optik gehörte ich noch lange nicht. Während der Herbstmesse 1960, an der ich als Einzelkämpfer teilnahm, merkte ich auch, dass den längerdienenden SW-Verkäufern und -Geschäftsbearbeitern mein Aufstieg zu schnell gegangen war. Sie stießen mich mit der Nase darauf, dass bei der vollen Konzentration auf den Außenmarkt meine Kenntnisse über die kaufmännisch-technische Abwicklung des Exportgeschäfts nach innen nicht mitgewachsen waren. Bei der Geschäftskalkulation war ich auf fremde Hilfe angewiesen. Die gestandene, vollblütige Kollegin Helga Lutz gewährte sie huldvoll-selbstbewusst, die freche kleine Kollegin Cobin, der die List aus allen Knopflöchern strahlte, lachte sich erst einmal scheckig, ehe sie mir zeigte, wohin die passenden Stempel gesetzt werden. Mir blieb auch nicht verborgen, dass Verkäufer anderer Kontore meine Vorschriftentreue bespöttelten. Da sie die Klaviatur der innerbetrieblichen gegenseitigen Gunstbezeigungen besser beherrschten, schalteten sie Kritiker aus, die sich meinen Geschäftsabschlüssen dann umso liebevoller widmeten.

Mein Pfadfindereinsatz im Juli und August 1960 in Kuba hatte mich zum „Spezialisten" für dieses Land gemacht. Das zog immer neue Pflichten nach sich. Im September fand in (West)Berlin ein Welt-Ärztekongress statt, an dem auch der kubanische Gesundheitsminister Machado Ventura und der Militärarzt Oscar Fernandez Mell als Delegierte teilnehmen. Beide rebellierten aber bald von der Tribüne des Kongresses herunter gegen die egoistischen Ziele dieser Standesversammlung und siedelten in den demokratischen Sektor über. Dort wollten sie Importabsichten mit einigen bisher noch nicht in Kuba tätig gewordenen Außenhandelsunternehmen besprechen. Ich übernahm dabei anfangs ein paar Koordinierungsaufgaben. Da fügte es sich, dass ich die Kubaner auch mit einer Verhandlungsgruppe des AHU Maschinen-Export zusammenbrachte, und da sah ich, am 23. September 1960, zum ersten Mal die 23-jährige Dolmetscherin Irmingart Herbig, und sie gefiel mir auf den ersten Blick und dann noch ein ganzes Leben lang.

Heilige Kühe

Im Februar 1961 flog ich nach Indien, um unserem der Kräftigung bedürftigen Vertreter K. Lal Bhakri Unterstützung bei potentiellen Abnehmern zu geben. Rudi Farken, der fähige und flitzige Delegat unseres Außenhandelsunternehmens in der indischen Hauptstadt, hatte darauf bestanden. Die DDR-Vertretungen an der Dinshaw Wacha Road in Bombay und an der Curzon Road in New Delhi waren meine Anlaufstellen. Ich habe in späteren Jahren auch in anderen Ländern bittere Armut gesehen, aber in Indien ging mir das Erleben von Elend, Unkultur und Schmutz so unter die Haut, dass ich körperlich litt und mich regelrecht krank fühlte. Obwohl über diese Reise auch viel Farbiges zu berichten wäre, will ich mich kurz fassen und nur über ein eher randständiges Erlebnis dieser Reise berichten, weil es für einen DDR-Außenhändler und DDR-Dienstreisenden typisch und beziehungsreich war.

Am Ende dieser Indienreise konnte ich mir einen großen Wunsch erfüllen: Mit der Boeing 707 der Indian Airlines nach Europa, genau: bis nach Genf zurückzufliegen; von Genf aus sollte dann die Reise nach Paris-Le Bourget und von dort aus schließlich mit der LOT nach Berlin weitergehen. Doch wegen schlechten Flugwetters erreichte ich Genf nur mit Verzögerung und wurde auf eine aus Afrika kommende Air-France-Maschine nach Paris-Orly umgebucht. In Orly sollte ich einen kostenlosen Verbindungsbus nach Le Bourget besteigen. Zum Glück, wie sich später erwies, vermerkte der Abfertiger in Genf in meinem Ticket, ich sei „unvoluntarily rerouted", also „unfrei-willig umgebucht" worden, denn in Orly stand ich plötzlich vor einem uner-warteten Problem. Der Transit durch Paris wurde mir verwehrt …

Ich wurde mit meinem blauen Reisepass der République Démocratique Allemande nicht in das NATO-Land Frankreich eingelassen. Ich war vielleicht nicht cool genug und ließ meinem Ärger freien Lauf, aber das war völlig nutzlos. Der französische Grenzwächter blieb die Gelassenheit selbst, was er einzig tun wollte: Einen Vertreter der Air France herbeizurufen, und bei die-sem rettete mich der Vermerk über meine „unfreiwillige Umbuchung." Der Air-France-Mann trat nun in eine umständliche Debatte mit dem Vertreter der Staatsmacht ein, an deren vorläufigem Ende er mir freudestrahlend eröff-nete, es sei eine prima Lösung gefunden: Air France stifte mir eine Taxifahrt nach Le Bourget, und ein Polizist werde mich als Beifahrer dabei beaufsichti-gen. Nun veranstaltete ich einen richtigen Theaterdonner: Ich sei nicht bereit, meine Würde, die Würde meines Landes missachten zu lassen. Ich verlangte, auf Kosten der Air France in die Schweiz zurückgeflogen zu werden, und von dort, auch das sollte Air France bezahlen, weiter nach Prag oder Warschau. Neue innerfranzösische Debatten begannen. Schließlich kam ein Angebot zur Güte: Die Air-France-Hostess Arlette sollte mich begleiten, neben mir sit-zen und meinen DDR-Pass während der Durchquerung von Paris in den Hän-den behalten, und auf dem Beifahrersitz werde ein Polizist Platz nehmen, den ich nicht zur Kenntnis zu nehmen brauche. Ja, sagte ich, den werde ich ignorieren. Nun blieb nur noch eine Schwierigkeit. In Bombay hatte ich einen schönen blauen Vorhangstoff für meine mir gerade zugewiesene AWG-Woh-nung in der Volkradstraße gekauft. Diesen Stoff hatte ich mir zu einem Ballen zusammenrollen und in eine Art Netzschlauch packen lassen, und dieses durch den strapaziösen Transport schon ziemlich liederlich gewordene Unge-tüm von einem Gepäckstück musste nun auch noch mit ins Taxi hinein. In den Kofferraum passte es nicht. Na, den Polizisten auf dem Vordersitz drück-te es ganz schön an die Türe und mich etwas näher an die hübsche Arlette.

Es wurde eine schöne Fahrt, Arlette regte kleine Umwege an, und zum ersten Mal im Leben sah ich den Étoile und die Champs Élysées, und alles im schönsten Licht des Vorfrühlings. In Le Bourget checkte ich neu ein, Arlette drückte unter anhaltender Polizeiaufsicht dem Grenzer meinen Pass in die Hand und schleuste mich so wieder aus Frankreich hinaus. Mit dem Begleit-polizisten hatte ich kein Wort gewechselt, von Arlette aber eine interessante Stadtführung erhalten. Drei Jahre später erlebte ich Paris unter erfreulicheren Umständen.

Pass- und Visaangelegenheiten

Aus der DDR hinauszugelangen war so einfach nicht. Ehe einer „Reiseka-der" wurde, hatte er vor allem nach der Errichtung der Berliner Mauer 1961 eine längere Zuverlässigkeitsüberprüfung hinter sich. Der Reiseanwärter hatte eine lückenlose Verwandtenaufstellung vorzulegen. Nahe Westverwandte, erst recht, wenn sie nach 1949 nach dem Westen gegangen, also „republik-flüchtig" geworden waren, konnten allein schon ein Ablehnungsgrund sein. Die Heimatanbindung durch einen Ehepartner und Kinder, ja auch Hausbe-sitz und ein Wochenendgrundstück konnten die Entscheidung über die Aus-reiseerlaubnis erleichtern. Zustimmung oder Ablehnung durch "die Organe" vollzogen sich hinter den Kulissen, Ablehnungsgründe wurden nie genannt, sie waren allenfalls zu erahnen.

In den 60er Jahren wurde auch das A u s r e i s e-Visum einem normalen Dienstreisenden, wie ich einer war, immer nur für eine Reise erteilt, gleich, ob es um Reisen ins sozialistische oder ins kapitalistische Ausland ging.

Noch schwieriger aber konnte es sein, in bestimmte Zielländer h i n e i n zu kommen … Das galt nicht für die Sowjetunion und die anderen sozialisti-schen Länder. Reisenden, denen D i e n s t-Visa von den DDR-Behörden erteilt waren, wurde von den sozialistischen Ländern die Einreise auch ohne vorherigen Antrag auf Erteilung eines Einreisevisums gewährt. Wer Träger eines Dienst- oder Diplomatenpasses war, hatte spätestens in den 70er Jah-ren ein Dauer-Ausreisevisum für die sozialistischen Länder und reiste in diese visafrei ein, nur Jugoslawien und Albanien machten da eine Ausnahme.

Für alle Territorien der westlichen Welt aber, Westberlin ausgenommen, war das Ausreise- und Wiedereinreisevisum der DDR erforderlich und, West-deutschland und Westberlin ausgenommen, ein E i n r e i s e -Visum des Ziellandes.

Die kapitalistischen Staaten, von denen ja keiner die DDR diplomatisch anerkannt hatte, verhielten sich äußerst unterschiedlich. Richtig belastend und umständlich war, die Zustimmung der NATO-Staaten zur Einreise einzu-holen. Aus der Zeit der einvernehmlichen Verwaltung Nachkriegsberlins durch die Siegerstaaten war ein Relikt des Alliierten Kontrollrats in der Elßholzstraße 32 (die liegt in Schöneberg in der Nähe des S-Bahnhofs York-straße) übriggeblieben, das Alliierte Reiseamt, in englisch firmierte es „French, United Kingdom and United States Commandants in Berlin Allied Travel Office". Soweit ich weiß, war es in der ersten Nachkriegszeit auch für Deutsche in den drei Westsektoren Berlins zuständig, wenn die einen Reise-pass zum Verlassen Deutschlands begehrten.

Doch nun, mehr als zehn Jahre nach Gründung der Bundesrepublik und der DDR, war das Alliierte Reiseamt ein Zentrum der westlichen Gegenspionage und nur noch für DDR-Bürger zuständig. Es gab auf Antrag den „Vorläufigen Reiseausweis an Stelle eines Passes für deutsche Staatsangehörige" heraus, einen olivgrünen Pass, im Volksmund nur „Travel Board" genannt. Solch ein Travel Board galt 6 Monate und war nicht verlängerbar; bei einer weiteren Reise nach Ablauf eines halben Jahres musste die gesamte Antragsprozedur also neu eingeleitet werden. Ich erinnere mich ganz genau, dass in der 1960 verwendeten Fassung dieses Reisedokuments unter „Staatsangehörigkeit" ein Stempel „Presumed to be German" angebracht war. (1964 war die Staatsangehörigkeit schon mit „Deutsch" vorgedruckt.) Das kann man so und so übersetzen. Möglich ist „angeblich Deutscher", oder auch „den Angaben nach Deutscher", oder auch „es wird angenommen, dass er/sie ein Deutscher/eine Deutsche ist". Das Alliierte Reiseamt war aber in dieser wichtigen Frage gar nicht auf Annahmen angewiesen. Es ließ sich den Personalausweis der DDR mit Lichtbild vorlegen, wusste damit, wer da als Antragsteller erschienen war, verlangte dazu aber das Original der Geburtsurkunde, unbedingt das Original, zu sehen. Nur aus dieser Urkunde übernahm das Reiseamt offiziell die Personaldaten. Mit diesem Travel Board in der Hand begab sich dann der DDR-Bürger zu dem in Berlin domizilierten Generalkonsulat des Besuchslandes, um sich dort das lange vorher beantragte Einreisevisum einstempeln zu lassen.

An das Antragsverfahren anlässlich meiner ersten Dienstreise in die Französische Republik im Jahr 1964 erinnere ich mich noch gut. Zuerst musste ich ja ein Papier in der Hand haben, um überhaupt nach Westberlin fahren zu dürfen. Das war ein so genannter „Tagespassierschein", der vom Polizeipräsidium der Hauptstadt ausgestellt wurde und nur für einen genau bestimmten Kontrollpunkt, Bahnhof Friedrichstraße, und die festgelegte Uhrzeit 8.00 bis 17.00 Uhr galt.

Der Ausstellung dieses Passierscheins war schon eine Haupt- und Staatsaktion vorausgegangen, denn wer wollte, hätte sich ja mit diesem äußerlich recht bescheidenen Scheinchen im Format DIN A 5 für alle Zeiten aus dem „kommunistischen Herrschaftsbereich" entfernen können – gepäcklos, versteht sich. Für meine Vorsprache beim Alliierten Reiseamt und im Generalkonsulat Frankreichs am Kürfürstendamm kaufte ich für DDR-Geld eine Hin- und Rückfahrkarte für die S-Bahn. Für die Busfahrt von der Elßholzstraße zum Kurfürstendamm zahlte mir die rührige Frau Stave von der Reisestelle meines AHU einen West-Fünfziger aus – so schön billig war damals eine

Fahrt noch. Meine Wegzehrung musste ich mir mitnehmen, und auch die Benutzung einer gebührenpflichtigen Toilette war nicht vorgesehen.

Beim Alliierten Reiseamt – das stattliche Gebäude schließt den gepflegten Kleistpark ab, heute residiert darin unter anderem der Generalstaatsanwalt von Berlin – ging es keineswegs unfreundlich zu. Der Amtmann verglich sorgfältig alle Angaben meines schon vorliegenden und bearbeiteten Antrags mit meinem DDR-Personalausweis. Nachdem das beendet war, gab er mir den Ausweis zurück und teilte mit, dass dieser Ausweis zur Bestätigung meiner Identität nicht verwendbar sei. Den Zusatz „da er von einem nicht existierenden Staat ausgestellt wurde" ersparte er sich. Ob ich ein anderes Dokument besäße, das mich als deutschen Bürger ausweist. Ja, sagte ich, ich habe eine Geburtsurkunde des Deutschen Reiches, ordentlich gestempelt, und der Reichsadler mit dem Hakenkreuz sei prima zu erkennen. Der Amtmann nahm an meiner Ironie keinen Anstoß. Er langte meinen schon ausgestellten „Vorläufigen Reiseausweis" herbei. Der kostete nichts, wie der gefällige Rundstempel „Gratis" bestätigte.

Von der Elßholzstraße fuhr ich mit dem Bus erst mal in die falsche Richtung, fragte mich nach der nächsten S-Bahn durch und verbrauchte meinen Rückreisefahrschein, um zum Savigny-Platz in die Nähe des Kudamms zu kommen, wo ich mir das französische Visum eintragen ließ. Da ich nun keinen Westpfennig mehr für eine neue Fahrkarte in der Tasche hatte, unternahm ich einen nicht enden wollenden Fußmarsch bis zum Lehrter Stadtbahnhof – heute steht dort der prächtige Berliner Hauptbahnhof - verzehrte meine Stulle, schlug mich zum Wasserlassen in die Büsche und legte dann die letzte Etappe als Schwarzfahrer zum Bahnhof Friedrichstraße zurück. Ich war einen ganzen Arbeitstag unterwegs gewesen.

Wie es andere kapitalistische Staaten mit den Einreiseformalitäten für DDR-Bürger hielten, erlebte ich zum ersten Mal 1960 bei der Einreise in die Vereinigte Arabische Republik: Am Flughafen Kairo stempelte man mir ein dreieckiges Touristenvisum in den DDR-Pass, fertig.

Komplizierter war es bei Einreisen nach Indien und Spanien. Meine Indienreise 1961 ist mir da aus vielerlei Gründen in Erinnerung. Die Fahrt zum Flughafen begann für einen dienstreisenden einfachen Verkäufer wie mich am Strausberger Platz. Dort war das Stadtbüro der Lufthansa, der DDR-Lufthansa, versteht sich. Von diesem Stadtbüro fuhr ein völlig ungeeigneter Bus – einziger Einstieg in Höhe des Fahrers; den Koffer musste man in den Fahrgastraum, der war meist schon überfüllt, mit einbringen. Es gab damals noch keine S-Bahnverbindung zum Flughafen und keinen Autobahnzubringer, und der Flughafen wurde auf der Landstraße über Berlin-Bohnsdorf angesteuert, lag in dem heute vom Erdboden verschwundenen Diepensee und hatte einen spartanischen Abfertigungsraum, das Fluggepäck wurde auf einer Art Kartoffelsack-Dezimalwaage gewogen.

Ich flog mit der bewährten IL 14 nach Prag-Ruzyne und begab mich sofort, meinen schweren Koffer immer mit mir schleppend, mit der Straßenbahn so nahe wie möglich an die Botschaft Indiens heran, die lag auf der Kleinseite ganz in der Nähe der Waldsteinschen Gärten. Dort erteilte man mir das Einreisevisum für Indien – nicht in meinen DDR-Reisepass, sondern in Gestalt eines Einlageblattes mit Lichtbild und Angaben zu meiner Körperlichkeit, und darunter dem Text: „I, the Second Secretary of the Embassy of India in Prague, hereby certify that the above are the true and proper photograph and personal description of Dietrich Lemke, the deponent of the affidavit hereto annexed."

Die unbürokratischste Lösung für die zeitweilige Einreise von DDR-Bürgern hatte sich die Schweiz ausgedacht. Nicht aus Nächstenliebe, sondern um ihren Flugdrehscheiben Zürich und Genf Passagiere aus der sozialistischen Hemisphäre zuzuführen und die Kundenwerbung für die Swissair zu unterstützen. Von den Schweizer Flughäfen aus war der Weiterflug mit Swissair in alle Welt gesichert, doch meist musste man – ich sage besser: durfte man – vor dem Anschlussflug ein oder zwei Nächte in der Eidgenossenschaft zubringen. Für alle Passagiere, die sie in Zürich und Genf aufnahm oder ablieferte, zahlte Swissair die Übernachtung in einem einfachen, aber gediegenen Hotel, die Mahlzeiten und Taxifahrten zwischen Flughafen und Stadt. Weil das bekannt war, habe ich mich dreimal von der Swissair einfangen lassen. Die Einreisebeamten auf dem Flughafen Zürich-Kloten waren eingespielt. Auf diskrete Weise wurde man einem Sonderschalter zugeleitet, ein Beamter der Immigration behielt den DDR-Pass ein und händigte einem eine runde Blechmarke aus. Im Hotel gab man seinen Voucher ab und wurde nicht nach dem Pass gefragt. Bei der Ausreise holte man sich seinen Pass gegen die Hundemarke wieder. Das Wissen, wie man sich einen schönen Urlaubstag am Genfer oder Züricher See verschaffen konnte, gaben die Erfahrungsträger guten Freunden weiter. Dass die neutrale Schweiz DDR-Bürgern so das Reisen erleichterte, konnte man begreifen. Aber auch das NATO-Land Holland verhalf seiner KLM mit solch eleganter Lösung für den Zwischenaufenthalt von Sozialisten zu zufriedenen Kunden.

„Weitab vom Schuss", in entlegenen Gebieten, wussten die Behörden manchmal nicht, dass eine DDR existierte oder angeblich nicht existierte, oder sie konnten sich nicht vorstellen, dass renommierte Fluglinien bösartige Weltveränderer transportieren könnten. 1964 lieferte mich die US-amerikanische Gesellschaft Braniff zu einem Transitaufenthalt auf dem Flughafen von Panama-City, Tocumén, ab. Der Passbeamte stempelte anstandslos meinen DDR-Reisepass und ließ mich ein- und wieder ausreisen.

Wer heute aus einem westeuropäischen Land in ein anderes rollt, bemerkt das blaue Schild mit dem Sternenkranz und der Staatsbezeichnung, das die Grenze anzeigt, nur noch zufällig. Und es gibt schon Dutzende Länder in der Welt, welche Deutschen die Einreise ohne vorherigen Antrag und ganz ohne Visum erlauben. Wie will ich meinen Enkeln erklären, dass ich früher bei den Ferienreisen nach Osten Herzklopfen und freudige Erregung spürte, wenn sich ein Schlagbaum hob und ich die Linie überfuhr, die das eine Land von dem anderen trennte – und meist war die Linie nicht einmal eine imaginäre, sondern ein richtig dicker weißer Strich quer über die Straße ...

Etwas braut sich zusammen

In den Jahren 1960 und 1961 kannte ich keine der internen Einschätzungen des Ministeriums für Auswärtige Angelegenheiten der DDR zur Innen- und Außenpolitik Kubas. Darin wurde der Charakter der Staatsmacht in Kuba schon klar erkannt und beschrieben: Es gäbe bereits „reale sozialistische Elemente der Revolution", die Arbeiterklasse erhalte den ihr gebührenden Platz und es vollziehe sich die Bewaffnung des werktätigen Volkes, und - das war für dogmatische Sozialisten das wichtigste Kriterium – es gäbe einen wachsenden Einfluss der Sozialistischen Volkspartei, der Kommunisten, wie man das unter anderem am Charakter der Industriereform erkennen könne.

So, wie mir damals die internen Einschätzungen meines eigenen Außenministeriums nicht bekannt waren, hatte ich natürlich erst recht keine Ahnung, dass genau in diesen Tagen der gerade gewählte Präsidenten John F. Kennedy vom CIA in die Pläne zur Invasion Kubas eingeweiht wurde. Zwar hörte ich im November und Dezember beinahe täglich (und Fidel sprach ja auch fast an jedem Tag), dass Kuba ein bewaffneter Überfall der USA drohe, aber ich hielt das für Propaganda, um den Hass der Kubaner gegen die USA nicht erlahmen zu lassen. Es kam mir überhaupt nicht in den Sinn, dass ein Angriff der USA auf Kuba, fände er denn statt, eine Besetzung Westberlins durch die Sowjetunion nach sich ziehen und eine gewaltige Kriegsgefahr auslösen könnte. Ich wusste wenig, und ich hatte noch nicht gelernt, in so großen Zusammenhängen zu denken. Obwohl ich Kuba so nahe war, erfuhr ich in den folgenden drei, vier Monaten über das, was sich in Kuba wirklich vollzog und was sich um Kuba zusammenbraute nichts, was nicht auch im „Neuen Deutschland" gestanden hätte.

Ein Blick voraus: Achtzehn Monate später, im Oktober 1962, war mir schon klarer, welche Folgen ein erneuter Konflikt um Kuba haben würde. Ich hatte Angst vor dem Ausbruch eines Weltkonfliktes. Im Oktober 1962 war, anders als im April 1961, die Nachrichtenlage undurchsichtiger. Am 22. 10. erschien eine Notiz im „ND": In den letzten 48 Stunden hätten die USA die Kriegshysterie auf die Spitze getrieben. USA-Streitkräfte seien an der Südspitze Floridas konzentriert und eine Sperrzone bis zu den kubanischen Hoheitsgewässern errichtet worden. Und Kennedy habe eine Blockade gegen den Transport, und nun erschien zum ersten Mal der mysteriöse Begriff, „angeblicher Offensivwaffen" verhängt.

Am 25. 10., als ich mit Zehntausenden von Sympathisanten Kubas an einer Protestkundgebung vor der Humboldt-Universität teilnahm, erfuhr ich auch nichts anderes, als dass die Sowjetunion Kuba „mit Waffen und Kampftechnik ausschließlich für Verteidigungszwecke helfe." Auch am 28. 10. las ich von nichts anderem als von Friedensinitiativen der UdSSR. „Die Sowjetunion sei bereit", hieß es, „aus Kuba seine M i t t e l, die Kennedy als Angriffsmittel betrachte, abzuziehen, wenn die USA ihre in der Türkei stationierten analogen Mittel zurückziehe." Außenminister Otto Winzer hielt mich und die anderen ND-Leser für würdig, folgende aufschlussreiche Nachricht entgegenzunehmen: „Die USA scheuen den Wettbewerb mit dem kleinen Kuba. Das beweist, wie schwach und wie morsch die USA sein müssen, wenn sie zu solchen Methoden greifen." Am 29. 10 wurde eine Antwort Kennedys auf die Botschaft Chruschtschows publiziert, darin hieß es unter anderem: „Wir unsererseits wären bereit, ... b) Zusicherungen gegen eine Invasion Kubas zu machen." Und Chruschtschow zurück: „Dann sind auch die Motive hinfällig, die uns veranlasst haben, Kuba eine d e r a r t i g e Hilfe zu erweisen." Dass es die ganze Zeit um Raketenwaffen gegangen war, die praktisch ohne Vorwarnzeit das gesamte Territorium der USA außer Seattle erreichen konnten, hörte ich wenig später auf fremder Welle. Warum Kennedy in seiner entscheidenden Antwort den Abzug amerikanischer Raketen von den Grenzen der Türkei zur Sowjetunion – dazu hatte Chruschtschow ja eine Bedingung gestellt – mit keiner Silbe erwähnt, erfuhr ich erst vierzig Jahre später aus dem Film „Thirteen Days" In einer Szene dieses Films analysieren Fachleute Aufnahmen eines sowjetischen Frachters, der weit über die Reling hinausragende Metallteile befördert – Material für Raketenstellungen.

Noch vier Jahre nach der Oktoberkrise, im August 1966, als ich Handelsattaché auf Kuba war, hatte ein einkommender DDR-Frachter Stahlkonstruktionen für das Zementwerk Nuevitas geladen, die an Backbord und Steuerbord über die Reling hinausragten. In der Straße von Florida wurde das Schiff stundenlang von USA-Hubschraubern angeflogen, die die Ladung von allen Seiten fotografierten. Der Kapitän Fischer erzählte mir, er habe den Beobachtern mit dem Megaphon in englisch zugerufen, sie könnten gern eine Manifestkopie haben. Sie verstanden aber noch immer keinen Spaß.

Entscheidungen reifen

Im Frühjahr und Sommer 1961 spitzte sich die Auseinandersetzung zwischen den beiden militärischen Weltlagern zu. In der DDR hatten die politischen und wirtschaftlichen Maßnahmen der Übergangsperiode, die nun vor allem mit der durchgängigen Vergenossenschaftlichung in der Landwirtschaft ihrem Abschluss entgegenging, zu einer schärferen inneren Scheidung geführt zwischen denen, die dem Sozialismus zustimmten oder sich darin einrichten wollten und jenen, die diesen Weg nicht länger mitgehen wollten. Die Grenzen in Berlin waren offen, der Westen warb mit Erfolg um Facharbeiter, Ingenieure, Ärzte und beförderte die Auszehrung der DDR und sah diese auf dem Weg zu wirtschaftlichem Chaos und vor dem baldigen Zusammenbruch. Ich will nicht sagen, dass ich blind gewesen wäre für das, was sich da zusammenbraute, aber da Partei und Regierung nicht zu erkennen gaben, wie tödlich ernst die Bedrohung für die DDR geworden war, fühlte ich keine Unsicherheit und Zukunftsangst. Ich hörte keine westlichen Rundfunksender, ich besaß keinen Fernseher.

Eines aber wirkte bis in den Außenhandelsbetrieb hinein – die zunehmende Republikflucht. Wir spürten es besonders daran, dass uns Sekretärinnen und Sachbearbeiterinnen verloren gingen. Ich war auch nicht unempfindlich gegen neue Töne aus den Reihen meines Kontors. In der SW-Brigade arbeitete eine fähige Verkäuferin, Lilo Weise, die mir immer mal wieder zu verstehen gab, mit der Überlegenheit des Sozialismus sei es nicht weit her, und der eine oder andere Geschäftsbearbeiter sprach wieder, in den häuslichen Sprachgebrauch zurückfallend, von der „Zone", wenn die DDR gemeint war. Niemals wurden in der DDR Zahlen bekanntgegeben, wie hoch der Menschenverlust war, den das Land erlitt.

Nach der Wende las ich: Allein zwischen dem 1. und 13. August waren es 47.433, die uns den Rücken zukehrten, und seit Gründung der DDR schon mehr als 2,5 Millionen.

An meinem Geburtstag, dem 12. August 1961, war ich spät ins Bett gekommen, und ich war noch verschlafen, als ich am Sonntagmorgen, am 13. August, das „Neue Deutschland" aus dem Briefkasten heraufholte. In der Nacht waren die Grenzen in Berlin geschlossen worden! Ich begriff das Außergewöhnliche der Situation, aber nicht den wirklichen Ernst der Stunde. Ich erkannte nicht sogleich, dass die Errichtung der Mauer ein Vorgang sein könnte, der die Kriegsgefahr ü b e r das ohnehin bestehende Maß hinaus verschärfen könnte.

Drei Jahrzehnte später, als ich über jene Zeit nachlas, erfuhr ich, dass Kennedy selbst glaubte, dass die Sowjetunion den USA mit der Mauer einen Gefallen getan habe, da sie die Gefahr verringerte, in Berlin und wegen Berlin in einen Krieg hineinzuschliddern.

Keinen Augenblick hatte ich die Absicht, meine Haltung zur Ordnung der DDR vom weiteren Verlauf der jetzt drohenden Auseinandersetzung zwischen Ost und West abhängig zu machen, aber das mussten mir die Genossen des Außenhandelsunternehmens glauben. Hätten sie es nicht geglaubt, wäre meine berufliche Laufbahn im Außenhandel an diesem Schicksalstag zu Ende gewesen. Ich sah jedenfalls zu keiner Zeit eine Alternative zur Errichtung der Mauer, aber mir war auch bewusst: Nun war auch der letzte Rest Freizügigkeit für Bürger der DDR beseitigt.

Noch am 14. August stieg ich als Nachzügler in die Uniform. Wir Nachzügler waren natürlich nicht im gleichen Grad vertrauenswürdig wie die Kämpfer primae noctis. Ich bezog mit Angehörigen anderer Hundertschaften einen Bereitstellungsraum in einem der Ausstellungssäle des Zeughauses, der mit Luftmatratzen ausgelegt war. Am zweiten Abend erschien eine Kommandeursgruppe zur Inspektion, die uns den Dank des Vaterlandes übermittelte, und zu der Alexander Schalck gehörte. Nach der zweiten oder dritten Nacht konnten wir an die heimischen Fleischtöpfe zurückkehren.

Noch Jahrzehnte nach dem 17. Juni 1953 und dem 13. August 1961 war es eine Standardfrage, die von den Vorgesetzten in Beurteilungen obligatorisch zu beantworten war: Wie hat sich die Genossin, der Genosse an diesen beiden Tagen der Bedrohung der DDR verhalten: War er mit uns, oder stand er beiseite? Ich verdanke es der Großmut und der Weitsicht meiner Beurteiler, dass sie mir bescheinigten: Am 17. Juni war er nicht an konterrevolutionären Aktionen beteiligt, und am 13. August stellte er sich sofort zur Verfügung.

Das war nicht falsch, aber es war auch nicht ganz richtig. Am 17. Juni 1953 war ich unter den Gaffern. Am 13. August 1961 schaltete ich 12 Stunden zu spät. Dass mir kein Bein gestellt wurde, hing auch damit zusammen:

Die Leitung des AHU Feinmechanik-Optik hatte sich schon im Juni 1960 entschlossen, mich zu fördern, ohne dass ich es bis jetzt gewahr geworden war. Im Juni 1960 hatte man das erste Mal Größeres mit mir versucht, und ich hatte nicht versagt.

Dann hatte ich mich bei der Erschließung Kubas hervorgetan. Nun war mein säumiges Bekenntnis nicht schwerwiegend genug, die Versuche mit mir abzubrechen. Ich habe oft im Leben großes Glück gehabt.

Einmal Kuba, immer Kuba

Nun hatte ich im August geheiratet, und in unserer Familie war Kindersegen in Aussicht. Ich war nicht mehr so scharf darauf, lange auf Reisen zu sein. Aber: Einmal Kuba, immer Kuba. Die Regierung hatte beschlossen, im November und Dezember eine Industrieausstellung der DDR in Havanna abzuhalten, und ich konnte mich gar nicht dagegen wehren, mein Unternehmen dort verantwortlich zu vertreten, und weil ich nun schon als Erfahrungsträger gelten konnte, wurde ich mit der Koordinierung des Auftretens von Feinmechanik-Optik, der Außenhandelsgesellschaft für Photo- und Kinogeräte und des VEB Carl Zeiss Jena beauftragt. Ich war alleiniger Vertreter meines Außenhandelsunternehmens, nicht in erster Linie, weil mein Unternehmen sparen wollte, sondern weil so bald nach dem 13. August 1961 die Personenüberprüfungen vor Reisen in das KW verschärft worden waren. Kuba galt als KW schon deshalb, weil die einzige Fluglinie des Ostens, die Kuba damals bediente, Zwischenlandungen in Shannon – Irland und Gander – Kanada einlegte und dort Gelegenheit bestand, der DDR Lebewohl zu sagen. Im Zuge der verschärften Sicherheitsüberprüfungen waren nun viele der zur Teilnahme an der Industrieausstellung ausgewählten Industriefachleute durch den Rost gefallen.

Die Gründe für die „Reisesperren" sprachen sich herum: Westverwandtschaft 1. Grades, frühere Verfehlungen während Auslandsreisen, Bindungen an religiöse Sekten, frühere Zugehörigkeit zur Nationalen Volksarmee im Offiziersrang, aber auch jüngere Außenhändler ohne Familienbindung traf es.

So stand ich nun in Havanna mit dem Kuhfuß in der Hand vor etwa 35 Kisten, die ich in nur sieben Tagen allein zu öffnen und auszupacken hatte – so auszupacken, dass die tropenmäßige Innenverpackung nicht zerstört wurde, denn ich musste gewärtig sein, einzelne Exponate nicht zu verkaufen, und dann musste ich die bei Abgang kunstvoll ineinander verschachtelten Packstücke wieder so in die Kisten einpassen können, dass die Deckel zugingen. Das alles in subtropischer Hitze und Feuchte und unter Termindruck. Und alles mit meinen zwei linken Händen ...

Als der Eröffnungsabend heran war und wir auf Fidel Castro warteten, der uns aber nicht die Ehre geben wollte, war ich in Schlips und Kragen auf dem Posten, aber vollkommen ausgepumpt und dem Zusammenbruch nahe. Aber den konnte ich mir einfach nicht leisten, denn an meinem Abschnitt hatte ich den kubanischen Präsidenten Oswaldo Dorticós Torrado zu begrüßen und zu informieren, später auch den Minister für Gesundheitswesen, Machado Ventura, dem ich nun zum dritten Male gegenüberstand, und den Erziehungsminister Armando Hart Dávalos, einen Revolutionär mit großem Prestige, die verlangten persönliche Betreuung, und auch mein keiner Fremdsprache mächtiger Ausstellungsdirektor forderte mich in immer kürzeren Abständen als Dolmetscher an. Ich verwandte, bei Strafe meines Untergangs, all meine Überzeugungskunst darauf, die zuständigen kubanischen Außenhandelsunternehmen zur Abnahme der Ausstellungs-muster zu bewegen, und Gottseidank, es gelang, und das Einpacken für den kurzen Transportweg innerhalb Havannas gestaltete sich weniger schweißtreibend als die erste Enthüllung.

Die Mission der DDR in Havanna (seit Juni gab es diese und, mit dem persönlichen Rang eines Gesandten, den Missionschef Lösch, der mit den Ehren und dem Aufwand empfangen worden war, wie er nur Botschaftern zusteht, was den Botschafter der Bundesrepublik, Graf von Spreti, zu höchstem Argwohn anstachelte) und die Ausstellungsleitung taten nichts, gar nichts, um uns, den Ausstellungsmachern, ein Gefühl für die reale politische Lage in Kuba zu vermitteln.

Der Grund dafür, dass die DDR und Kuba zu jener Zeit gewissermaßen umeinander herumschlichen und die Beziehungen auf Sparflamme köchelten, obwohl sie schon wegen unserer wirtschaftlichen Interessen hätten zum Blühen gebracht werden müssen, war, so sehe ich es heute, die Unsicherheit darüber, welches Ergebnis der Machtkampf um die politische Führung Kubas zeitigen würde und ob Fidel Castro, behielte er allein die Zügel in der Hand, die Gewähr für die Durchsetzung eines Marxismus-Leninismus reinsten Wassers gäbe. In den Tagen des November 1961, als die Industrieausstellung der DDR ihre Pforten öffnete, bezeichnete sich Kuba bereits als „sozialistisches Land". Doch in der Sowjetunion, nach der sich die DDR ausrichtete, vermied man noch immer, die Revolution Castros als eine „sozialistische" zu bestätigen. Man verstand dort wohl, dass Castro sich das Recht erhalten wollte, einen selbstbestimmten ideologischen Kurs zu steuern, und die KPdSU befürchtete zu Recht, Castro werde ihre Politik der friedlichen Koexistenz zwar grundsätzlich anerkennen, sich aber das Recht auf Unterstützung bewaffneter Erhebungen in Lateinamerika vorbehalten. In einem Interview, das Chruschtschow dem bekannten USA-Journalisten Sulzberger gab, klang an, welches Kriterium die KPdSU erfüllt sehen wollte:

„Wenn er (Castro) sich der Kommunistischen Partei anschließt, würde ich das begrüßen. Er wäre eine hervorragende Ergänzung in den Reihen der Kommunisten."

Aus jener Zeit ist ein interessantes Dokument überliefert, eine Instruktion des Ministeriums für Auswärtige Angelegenheiten der DDR für Reisende in politischer Mission. Es macht ganz deutlich, dass man sich auch in den politischen Kompetenzzentren der DDR den Weg zum Sozialismus in Kuba nur so vorstellen konnte, dass die Führungskräfte aus der in die ORI (Organisaciones Revolucionarias Integradas = Integrierte Revolutionäre Organisationen) eingegangenen Sozialistischen Volkspartei, die Kommunisten, die Castroleute auf den Weg des Marxismus-Leninismus sowjetischer Ausprägung führen, ohne selbst allzu sehr ins Rampenlicht zu treten. Die Kommunisten aus der SVP betonten, sie seien immer „die entscheidende Kraft" im Kampf der Volksmassen gewesen, sie hätten „das theoretische Programm der Revolution entwickelt und die entscheidenden Aktionen mitbestimmt." Die 1960/1961 in Kuba tätigen DDR-Diplomaten hielten sich beim Aufspüren von Wahrheiten über den Fortgang des revolutionären Prozesses ausschließlich an die Altkader der SVP. Ende 1960 zeichnete der damals ranghöchste DDR-Diplomat ein Gespräch mit Carlos Rodriguez auf. Carlos Rafael schätzte ein, dass nunmehr die rechten Kräfte der Bewegung des 26. Juli zur Konterrevolution abgeschwenkt seien. Sie leisteten auf unterer und mittlerer Ebene „Wühlarbeit", einige davon hätten jedoch gute Beziehungen zu Fidel Castro und seinem Bruder, da sei es natürlich schwer, sie umzuerziehen. Carlos Rafael schätzte die amtierenden Minister ein: Boti, der jetzt als Sekretär des Planungsrates eingesetzt werden solle, habe eine Wandlung zum Positiven hin durchgemacht, einige andere Minister seien „nicht vertrauenswürdig", der für Transport zum Beispiel, und der für Soziale Wohlfahrt. Carlos Rafael und andere Spitzengenossen der SVP sahen sich als Steuerer des revolutionären Prozesses. Da die Mittelschichten bereits hochgradig verprellt und „zu viele" kleine und kleinste Privatunternehmen verstaatlicht worden seien, hätten sie das Abtreiben der Kleinbourgeoisie zum Imperialismus verhindern müssen; dabei habe sich Fidel Castro als einsichtig erwiesen, Guevara dagegen sei ein Scharfmacher. Noch bis in die Mitte des Jahres 1961 hatte Fidel Castro den Kommunisten, und ein Mann wie Blas Roca sprach es ungeschminkt aus, nur als Kleinbürger gegolten, wenn er auch die Verbindung zu den Klassen der Bauern und Arbeiter suche. Nun sagte Blas Roca, Fidel habe sich zu einem Marxisten-Leninisten entwickelt, ja, zu einem „im internationalen Maßstab" bedeutenden, und er ließ Vertrauenswürdige erkennen, dass sich jetzt eine marxistisch-leninistische Partei formiere, die nach den Prinzipien des Demokratischen Zentralismus geführt werde.

Dafür sorgten vor allem er, Blas Roca, Aníbal Escalante ... Dass die Entwicklung umgekehrt verlaufen könnte, Castro zur Verkörperung des marxistisch-leninistischen Entwicklungsweges werden, dass er die sektiererischen Kommunistenführer kleinschrumpfen und nur einen wohl abgezählten symbolischen Rest von ihnen in seine Führungsmannschaft eingliedern könnte – damit rechneten unsere Spezialisten für weltrevolutionäre Prozesse offensichtlich nicht. Besagte Instruktion des MfAA aus 1961 empfahl dementsprechend, bei Visiten in Kuba folgende Reihenfolge zu beachten:

1. Besuch der Leitungsmitglieder der ORI Calcines und Blas Roca
2. Besuch des Außenministers Raúl Róa García (ein links denkender Intellektueller, wohl Marxist, D. L.)
3. Treffen mit „anderen hohen kubanischen Funktionären", wie Dr. Fidel Castro, Dorticós, Guevara, Hart

Die Instruktion erklärte dem Unvorbereiteten auch, aus welchem Holz der kubanische Revolutionär sei: „Der kubanische Revolutionär ist sehr enthusiastisch in seinem Auftreten, nimmt eine exponiert patriotische Haltung ein und trägt sich mit keinerlei Zweifel in die völlige Ehrlichkeit der brüderlichen Hilfe der Freunde aus dem sozialistischen Lager."

Ich kann mir gut vorstellen, dass die Wirtschaftsdelegation der DDR, die zur Industrieausstellung anreiste, Schwierigkeiten hatte zu erkennen, wer wohl eigentlich in Kuba die Schalthebel für die Weichenstellung in die Zukunft, auch in die Zukunft der bilateralen Wirtschaftsbeziehungen, bediente. Sie musste meinen, die führenden Kommunisten seien die mit der Hand am Schalthebel, denn noch am 27. 9. 1961, also reichlich einen Monat vor Ausstellungsbeginn, hatte Blas Roca, der offiziell keinerlei Amt mit Wirtschaftskompetenz bekleidete, mit dem DDR-Handelsvertreter in Moskau, Erwin Kerber, detaillierteste Gespräche zur Ausgestaltung des bilateralen Warenaustauschs geführt. Die zukünftigen Zuckerkäufe der DDR waren Ausgangspunkt der Unterredung. Die DDR hatte bereits für 1961 Importverträge über 60.000 t abgeschlossen und war an weiteren 30.000 t interessiert, in den folgenden Jahren wollte sie je 100.000 t kaufen. Roca erklärte, Kuba könne Zucker zum Gestehungspreis von 78 Dollar je t anbieten. Auf Kerbers

Frage, ob der Reexport gestattet sei, entgegnete Roca, der von den Kubanern bediente Auslandsmarkt dürfe nicht gestört werden, auf „ihre" Märkte könne die DDR aber reexportieren. Kerber meldete für die DDR Bedarf an 10.000 t Kaffee jährlich an, ja, das müsse gehen, so Blas Roca. Roca offerierte Jahreslieferungen von 70.000 bis 80.000 t Apfelsinen, Grapefruits, Ananas.

Kerber bekundete Kaufabsichten für Füll- und Deckblatttabake. Fidel Castro wurde über das Gespräch informiert, bekundete Enttäuschung, dass die DDR „nur Tausend" Tonnen Tabak übernehmen wolle, doch die DDR-Seite beeilte sich, das offensichtlich entstandene Missverständnis aufzuklären, selbstverständlich bestand Bedarf an „einigen Tausend t".

Ich, der gestresste Ausstellungsbetreuer von Feinmechanik-Optik, hatte in jenen Novembertagen, in denen schon die praktische Arbeit, die Organisation von Werbemaßnahmen und die Verkaufsbemühungen meine ganze Kraft beanspruchten, die nebenher zu mir dringenden Nachrichten zu verarbeiten. Als die Ausstellung in Havanna begann, war gerade der XXII. Parteitag der KPdSU in Moskau beendet worden, in dessen Verlauf die Schandtaten Stalins gebrandmarkt worden waren. Die KPdSU-Delegierten waren noch nicht wieder zu Hause angekommen, da war Stalins Leichnam schon aus dem Mausoleum entfernt, und am 14. November verschwand auch das Standbild von Josef Wissarionowitsch aus der Berliner Stalinallee und ward nicht wieder gesehen. Das immerhin erfuhren wir trotz unseres Fernseins von der Heimat, und was ich da zu hören bekam, rumorte in meinem Kopf. Weniger Kopfzerbrechen bereitete mir die Frage, ob Kuba nun schon ein anderes Kuba ist, ein sozialistisches.

Wegen der langen Abwesenheit von meiner Frau war ich missmutig. Sie lief mit dickem Bauch herum und brauchte jetzt, im vorletzten Monat vor der Geburt unserer Tochter (dass es eine Tochter werden würde, wussten wir ja damals nicht, da gab es keine Vorausauskünfte) eigentlich täglich meine Hilfe. Am 24. Oktober war ich in Berlin abgeflogen, am 6. Dezember würde ich wieder in Berlin landen – 43 ganze Tage trieb ich mich draußen herum. Es war nicht das erste und nicht das letzte Mal, dass ich meine Lebensgefährtin allein lassen musste, wenn sie mich am meisten brauchte.

Wenige Tage vor der Heimreise aus Havanna, in der Nacht vom 1. zum 2. Dezember, saß ich mit vielen begeisterten und einigen nüchternen Kubanern im Hotel vor dem Fernsehschirm. Fidel Castro sprach, und er hielt eine unglaubliche Rede. Es schien, als hätte er gerade ein Studium an der Parteihochschule in Moskau abgeschlossen und den Marxismus-Leninismus mit dem ganz großen Löffel eingeschaufelt. Er bekannte sich uneingeschränkt zu Marx, Engels und Lenin und zur Führung der kubanischen Gesellschaft durch eine geeinte sozialistische Kaderpartei. Wer die Partei führen sollte, sagte er nicht, aber die Bewegung des 26. Juli, „seine" Bewegung, das Direktorium des 13. März, die revolutionäre Studenten- und Intellektuellenbewegung, und die Sozialistische Volkspartei sollten in ihr aufgehen. Der entscheidende Satz: „Soy marxista-leninista, y seré marxista-leninista hasta el último día de mi vida" – „Ich bin Marxist-Leninist, und ich werde es bis zum letzten Tag meines Lebens sein" fiel, als ich schon entschlafen war, aber ich las ihn am Sonnabendmorgen nach. Ich dachte an die Lektion, die mir mein Generaldirektor Deutsch vor über einem Jahr verpasst hatte („Wann Kuba sozialistisch ist, wird Dir die Partei sagen"), aber diese Castro-Rede musste nun doch Anlass sein, Kuba vollwertig in die sozialistische Gemeinschaft aufzunehmen. Doch da die Sowjets immer noch zögerten, zögerte auch die DDR, Kuba die höchsten Weihen zu erteilen. Wenn ich mich nicht sehr irre, blieb Kuba auch noch 1962 Bestandteil unseres Planes für das kapitalistische Wirtschaftsgebiet, ehe es 1963 in den SW-Plan umgetopft wurde.

Nach der Industrieausstellung in Havanna war ich heilfroh, mich nach wochenlanger Entwöhnung Mitte Dezember 1961 wieder in die Verkaufsarbeit stürzen zu können, und noch wichtiger war, dass ich im Lande war, als unsere Tochter Claudia ans Tageslicht drängte.

Start in die Handelspolitik

Zum ersten Mal in der Handelsgeschichte der DDR mit Kuba sollte für das Jahr 1962 ein bilanzierendes zwischenstaatliches Jahreshandelsabkommen mit obligatorischen Kontingenten abgeschlossen werden, so, wie auch mit anderen sozialistischen Ländern üblich. Wolfgang Rauchfuß, der während der Industrieausstellung der DDR in Havanna eine Meinung von mir gewonnen hatte, wollte mich als Sekretär bei diesen ersten Verhandlungen dabeihaben. Ich dagegen wollte nicht, gerade war meine Tochter geboren, und nun sollte ich die junge Mutti schon wieder alleinlassen? Aber mein Generaldirektor wollte, wie hätte er auch ablehnen können, und dann wollte ich schließlich auch.

In Kuba war die Revolution nun schon drei Jahre im Sattel. In der Volksbildung und im Gesundheitswesen, die auch in den kommenden Jahrzehnten Maßstab für das bleiben sollten, was der Sozialismus in Kuba für die einfachen Menschen tat, war vieles zum Guten geschehen, vor allem auf dem flachen Land. Hingegen war das tägliche Leben der Stadtbevölkerung, auch das der ärmeren Schichten, beschwerlicher und farbloser geworden. Lebensmittel und wichtige Verbrauchsgüter des laufenden Bedarfs waren knapp und mussten bald rationiert werden. Da es in Kuba keine Personalausweise gab, ließen sich viele bei mehreren Händlern einschreiben. Die Spekulation blühte auf. Ängstliche Einzelhändler begannen, in ihre Kundenlisten grundsätzlich alles einzutragen, was sie abgeben – auch Unrationiertes. Für Ausländer war die Lage eine längere Zeit irritierend – sie waren im System nicht bedacht worden, man verkaufte ihnen nicht einmal Selterswasser und Toilettenpapier. Die mit heiteren bürgerlichen Nichtigkeiten angereicherten amerikanischen Filme waren aus den Kinos verschwunden und zum Leidwesen des breiten Publikums durch Anspruchsvolleres aus der Sowjetunion, der CSR und DDR ersetzt worden, zum Beispiel die DEFA-Filme „Professor Mamlock" und „Affaire Blum". Die Begeisterung war nicht mehr so allgemein und überschäumend wie noch 1960: 1960 hatten manche Taxifahrer und Hotelangestellte Tränen in den Augen gehabt, wenn sie die Entmachtung der Amerikaner in Kuba feierten. Jetzt sagten sie über die Sowjets: El mismo perro con diferente collar – derselbe Hund, nur mit anderem Halsband. Die Zuckerproduktion sank, und es war schon kein Geheimnis mehr, dass der kubanischen Regierung jetzt und in nächster Zeit die Mengen an Zucker und Melasse nicht zur Verfügung stehen würden, die sie der Sowjetunion und anderen versprochen hatten, und ein ins Auge springender Grund für das Absinken der Produktion war die Meinung vieler Kubaner, Revolution bedeute weniger arbeiten, mehr palavern. Trotz mancher Enttäuschung bekannte sich aber eine gewichtige Mehrheit des „pueblo en general" (des Volkes im allgemeinen- eine Anredeformel Fidels) zu den vom Máximo Lider beschworenen Zielen.

Die ganze Rauchfuß-Delegation würde während ihres bevorstehenden Aufenthalts in Havanna Tribünengast auf dem Platz der Revolution bei der Verkündung der 2. Deklaration von La Habana sein. Fast eine Million Menschen kamen dort zu einer „Vollversammlung des kubanischen Volkes" am 4. Februar 1962 zusammen. Ich sah, auf einer Tribünenbank unmittelbar unter dem Rednerpodium sitzend, alle die Großen der Revolution aus der Nähe, und fotografierte Castro und Che Guevara in der hereinbrechenden Abenddämmerung.

Castro entwickelte in glänzender Rede eine Vision: Er sah die Bourgeoisie Lateinamerikas in ihrer letzten Krise und kündigte an, die radikale Vorhut der Arbeiterklasse und die Intellektuellen würden die Bauern und die Armen des ganzen amerikanischen Kontinents wie in Kuba zum Sieg führen. Fidel wurde immer wieder von tosendem Beifall unterbrochen, von zustimmenden Sprechchören und originellen Gesängen. Zu meiner Überraschung intonierte das Orchester die Internationale.

Was ich damals nicht erkannte: Fidel Castro hatte in den ideologischen Kämpfen jener Zeit eine eigene Front zwischen denen der Sowjets und Chinesen eröffnet. Die spätere Analyse unserer DDR-Mission fand heraus, was ich selbst als Zuhörer nicht vermisst hatte: Die brillante Rede atmete den Geist der Sierra Maestra, aber die für uns so bedeutsame friedliche Koexistenz zwischen unterschiedlichen Gesellschaftsordnungen und das sozialistische Lager, in das Castro doch nach unserem Verständnis aufgenommen zu werden wünschte, kamen in der Rede gar nicht vor. Und was mich betrifft, so erkannte ich auch nicht gleich, dass das von Fidel Castro in so glühenden Farben gezeichnete Bild eines Lateinamerika unter Waffen und nach dem Vorbild Kubas der Sowjetunion nicht ins Konzept passen konnte und die bedingungslose Aufnahme Kubas in das Lager des Ostens weiter verzögern musste. Der genaue Weg Kubas und seiner Führer war noch offen, und inzwischen sandten noch alle Anwärter auf den Spitzenplatz unter den Freunden Kubas anfeuernde Grußtelegramme: Nikita Sergejewitsch, Tschou En-lai, Ho Chi-minh, Kim Il Sung. Doch der Schwiegersohn Chruschtschows, Alexej Adshubaj, Chefredakteur der Iswestija, ging schon weiter und wurde praktisch. Er verkündete im benachbarten Mexiko, „die UdSSR besitze genügend Waffen und Raketen, um Kuba im Falle eines neuen Angriffs zu verteidigen."

Ich habe auch später, 1962, 1966 bis 1969 noch Reden Castros „im Original" gehört, und mich hat dieser ungestüme, wortreiche, angriffslustige Redner jedes Mal in seinen Bann geschlagen, auch dann (und in den späten 60er Jahren war das so), wenn ich seine irrigen, feindseligen Angriffe auf meine eigenen politischen Positionen entschieden ablehnte. Wenn Castro aber Hoffnungen, Gefühlen, Überzeugungen, die mir nicht fremd waren, die Stimme lieh, dann konnte mich seine Rede motivieren, bewegen, erschüttern, konnte sie Freude, Zorn, Trauer unterlegen, die ich zu fühlen vorbereitet war. Wenn es darauf ankam, waren seine Reden, obwohl völlig frei gesprochen, von großer Präzision, durch zwingende Gestik verstärkt, die Sätze bedächtig gewählt, ohne Versprecher, gehalten „in einem melodiös ausschwingenden Tonfall mit einem Beiklang von Traurigkeit" Eine Rede Castros, auch ihre Wiederholungen, mit wachen Sinnen zu h ö r e n, war ein wirkliches Erlebnis, in Teilen ein intellektueller Genuss. So sehr sie die Bildung des Redners verriet, so weit ausschwingend manche Passage geriet – eine Rede von Fidel Castro war der einfachen Frau, dem einfachen Mann auf der Straße verständlich. Die vor allem sollten die Gedanken der Rede verstehen, und für sie waren die Wiederholungen bestimmt.

Ich trenne in meinen Memoiren das, woran ich mich aus eigenem Erleben erinnere, von dem, was ich später erfahren habe. Von Handelspolitik verstand ich Anfang 1962 fast nichts. Dass ein angestrebtes Jahreshandelsabkommen eine Planzahlungsbilanz und Export- und Importpläne Land – Ware und Ware – Land zur Grundlage hat, in die die Importwünsche und Exportangebote der Außenhandelsunternehmen eingepasst werden müssen und dass alle diese Ziele Wunschanbaupläne sind, von denen nur durchgesetzt werden kann, was auch mit den Zielvorstellungen und Möglichkeiten des Partnerlandes in Übereinstimmung steht, das hatte ich in großen Zügen ungefähr begriffen – aber erst, als das Abkommen unterzeichnungsreif war. Ich war Sekretär der Delegation, die aus Rauchfuß, Kurt Stillmann, dem „Rechner" Fritz Lindner (er wurde später ein wichtiger Mann in der Kommerziellen Koordinierung Schalcks), Harry Schwager (für den Zucker und den Import überhaupt zuständig) und mir bestand. Der secretario war Mädchen für alles: Reise- und Begleitdolmetscher, Verwahrer der vertraulichen Unterlagen, Protokollant, Telefonist, Telegrammbote, Einkäufer und Laufbursch. Am Ende rückte ich zum Assistenten der Warenkommission Export auf, die der alte Kämpe Krüger aus der Handelsvertretung leitete.

Viele Jahre später rekonstruierte ich, woran ich da in Kuba beteiligt und wie verfahren die wirtschaftliche Lage der Kubaner damals im Februar 1962 war, die der Wirtschaftsminister Regino Boti (ich habe ihn kennengelernt, er war meines Erachtens der ranghöchste Kubaner, der Rauchfuß empfing) und der Industrieminister Ernesto „Che" Guevara (ich hatte nie das Glück, mit ihm selbst zu sprechen) zu verantworten hatten. Boti hatte eine „Wachstumsstrategie" vorgelegt, die eine rasche Industrialisierung im Hüttenwesen, im Maschinenbau (darunter sogar im Automobilbau!) und in der Chemie vorsah. Doch Guevara musste schon im Frühjahr 1962 eingestehen, dass dies ein absurder Plan war, losgelöst von der Realität. Und keiner in der kubanischen Regierung hatte eine Idee, was nun geschehen sollte.

Im ersten Jahr des Handels DDR – Kuba hatte die DDR für 11,3 Mio. Valuta-Mark exportiert und für 18,4 Mio. VM importiert. Schon 1961 geriet Kuba der DDR gegenüber in eine Schuldnerposition: Die DDR verkaufte für 115,9 Mio. VM, konnte aber nur für 49,1 Mio. VM einkaufen. Die von Rauchfuß geleitete Delegation hatte die schwierige Aufgabe, den Kubanern klarzumachen, dass auch unter Sozialisten der Warenaustausch ungefähr bilanzieren muss, und er hatte durchzusetzen, dass Kuba 1962 mehr liefert, als es aus der DDR bezieht. Immerhin kam heraus, dass 1962 die Ausfuhr der DDR 95,7 Mio. VM betrug, die Einfuhr dagegen auf 116,3 Mio. VM anstieg.

Und noch etwas anderes passierte in der Zeit unserer Anwesenheit: Das Machtstreben und das Sektierertum der Altkommunisten in den Grundorganisationen der ORI/PURS erreichten ihren Höhepunkt. Die Altkommunisten usurpierten nicht nur die Leitungsfunktionen in der sich neu formierenden Einheitspartei, sie ließen auch in diese Partei strebende ehrliche Arbeiter wegen zurückliegender angeblicher „Fehler", zum Beispiel wegen ihrer früheren Zugehörigkeit zu reformistischen Gewerkschaften, nicht Mitglied werden. Nun riss Castro der Geduldsfaden. Innerhalb eines einzigen Monats beseitigte er die de-facto-Herrschaft der altkommunistischen Zellen in den sich bildenden Parteiorganisationen, den Ministerien und Provinzverwaltungen, schuf ein Parteisekretariat, in das er als einzigen Altkommunisten Blas Roca aufnahm. Jetzt brach eine Zeit an, in der die Mitglieder in den Grundorganisationen der sich bildenden Partei alle alten SVP-Kämpfer hochkant hinausschmeißen wollten; dem wurde aber „von oben" ein Riegel vorgeschoben: Erst einmal waren alle Veränderungen untersagt.

Moskau hatte der sozialen Ordnung in Kuba das Prädikat „Sozialismus" verweigert, weil es Sozialismus ohne marxistisch-leninistische Partei nach KPdSU-Muster nicht geben konnte. Jetzt signalisierte Castro: Hier habt ihr die gewünschte Partei mit dem Gütesiegel. Doch nicht i c h habe m i c h der Partei untergeordnet, sondern i c h habe m i r die Partei untergeordnet.

Die KPdSU zögerte aber immer noch.

Erst im März/April 1962 entschloss sich die KPdSU, Fidel Castro so zu nehmen wie er nur zu haben war: Als einen wertvollen, aber kaum zu zähmenden Bundesgenossen im sozialistischen Weltlager. Sicher ist der Gedanke nicht falsch, dass der sowjetische Plan, Kuba zum Raketenstützpunkt zu machen und damit auch ein Faustpfand im Kampf um die Beseitigung des westlichen Brückenkopfes Berlin zu schaffen, die Anerkennung der Reinrassigkeit Kubas durch die Sowjets beschleunigt hat.

Nägel mit Köpfen

In den Jahren 1963 bis 1966 bin ich jeden Tag gern zur Arbeit gegangen.Ich war im richtigen Augenblick Kontordirektor geworden. Ich wollte etwas bauen, und man ließ mich. Mein Generaldirektor, Erhard Deutsch, hatte eine für mich erkennbare feste Meinung: Der Kontordirektor ist der politische Leiter seines Kollektivs, er muss integrieren und seinen Mitarbeitern die Überzeugung geben, dass sie einen erfüllbaren Plan haben. Ich war anderer

Meinung: Der Kontordirektor muss der „Erste Verkäufer" seines Kollektivs sein. Wenn er der erste und beste Verkäufer ist, wenn er das Verkaufen vormacht, beweist er, dass die Ziele stimmen, nichts ist beweiskräftiger als der Erfolg. Meine stolze Gegenmeinung war für mich selbst nicht ungefährlich, denn was die Planerfüllung des Kontors F 37 anbetraf, sollte es erst einmal noch so bleiben, wie das Kontor es aus den Vorjahren kannte: Der Plan wurde nicht erfüllt.

Deutsch hatte eine bei Leitern seltene Stärke: Er konnte Kritik anhören, auch ungerechte, ohne nachtragend zu sein und es dem Kritiker heimzuzahlen. Mir gegenüber bewies er mehr als Großmut, habe ich ihn doch mehr als einmal als dem Ministerium für Außenhandel h ö r i g angegriffen und ihm vorgeworfen, er mache sich gar nicht erst die Mühe zu prüfen, ob ein Erlass des Ministeriums richtig oder unsinnig sei, er führe ihn grundsätzlich aus. Ich hatte das Wesen des demokratischen Zentralismus noch nicht begriffen, und ich wollte es auch gar nicht erst verstehen. Mehr als einmal habe ich meinem Generaldirektor das Leben schwer gemacht mit der geringen Achtung, die ich Abgesandten des MAI entgegenbrachte, die die Arbeitspraxis des nun von mir geleiteten Kontors in Augenschein nahmen. Ich hätte mir selbst genützt, wenn ich Ratschläge und Meinungen aus der Zentrale ruhig und gelassen bedacht hätte: Es war meist etwas dran, das ich besser beherzigte. Ein rotes Tuch aber waren für mich Instrukteure aus der Fachabteilung des Zentralkomitees, und hätte der mir zugetane Erhard Deutsch diese nicht besänftigt, meine Impulsivität und meine kaum verhehlte Verachtung für die Besserwisser aus dem Haus am Werderschen Markt hätte mich schon frühzeitig den Hals kosten können. Ich kann es nicht leugnen: Ich war ein Choleriker, mit den schlechten und guten Seiten dieses Naturells, und am Anfang meiner Laufbahn als Direktor viel weniger Diplomat und Taktiker als drei Jahre später.

Ich weiß, dass ich bis zu meinem Ausscheiden im April 1966 die Erwartungen der Geschäfts- und Parteileitung an einen „politischen Leiter" nicht erfüllte. Ich bin deshalb auch in keine Parteileitung gewählt worden. Ich brachte es einfach nicht fertig, fachliche Aufgaben mit der gemeinsamen Verantwortung für den Sieg des Sozialismus und den Fortgang der Weltrevolution zu begründen. Mir reichten immer ganz einfache Gründe, um „meine Leute" zu motivieren, solche, wie Frieda Hockauf einen formuliert hat: „Wie wir heute arbeiten, werden wir morgen leben." Ich hatte auch Verständnis für Mitarbeiter, die sich politisch nicht hervortun wollten und denen es genügte, Mitglied in der Gewerkschaft und der DSF zu sein. Und doch hätte ich schon damals keinem geraten, meine Ergebenheit gegen den sozialistischen Staat in Zweifel zu ziehen.

Ein fast aussichtsloses Unterfangen, bei dem ich viele Niederlagen einstecken musste und nur sehr kleine Siege erringen konnte, war jedes Mal der Kampf um einen realen Plan, vor allem einen realen KA-Plan. Den Plan zu erfüllen, war Anfang der 60er Jahre noch mehr eine Sache der Ehre als des materiellen Anreizes, die Siegprämien waren dürftig. Aber „mein" Kontor hatte, solange ich denken konnte, den Plan für das kapitalistische Ausland noch nie erfüllt, und das hatte dazu geführt, dass es vielen eigentlich schon „wurscht" war, ob das zu ändern wäre. Doch in der Auseinandersetzung mit der Geschäftsleitung beging ich Fehler und verschlechterte meinen Stand als Debattant, weil ich die Zusammenhänge nicht ausreichend verstand, denen zufolge das Ministerium für Außenhandel und Innerdeutschen Handel seinen Außenhandelsunternehmen Auflagen nach Wirtschaftsgebieten und Ländern erteilten musste. Ich war, grob gesagt, der Meinung, der Generaldirektor müsse dem Ministerium nur mannhaft entgegentreten und gestützt auf die Erfahrungswerte der letzten drei Jahre eine machbare Aufgabenstellung durchsetzen. Doch das konnte der Generaldirektor nur in engen Grenzen tun, der besser als ich verstand, dass die Importerfordernisse der DDR einen anspruchsvollen, ja auf den ersten Blick illusionär erscheinenden Export erzwangen. Etwas Spielraum hatte der General nur bei der Aufteilung der Gesamtziele auf seine Kontore, doch Milde gegen das eine musste die willkürliche Überforderung eines anderen nach sich ziehen. Am misslichsten aber war, dass im Planungssystem keine parallele Beauflagung der Lieferanten, die uns die Ware zur Erfüllung der Länderpläne liefern sollten, erfolgte.

Die Generaldirektoren der Vereinigungen Volkseigener Betriebe (VVB) legten die ihnen erteilten Exportplanaufgaben für die beiden großen Wirtschaftsgebiete in eigener Verantwortung und nach eigenen Einsichten in die Realität ihrer Zweige auf die Produktionsbetriebe um. Schon im Planungssystem lag begründet, dass die Exportziele von Außenhandels-betrieben und Herstellern nach Ländern selbst unter günstigen Umständen nur näherungsweise übereinstimmen konnten. Wenn viele positive Momente zusammenwirkten, erfüllten einzelne Kontore meines AHU Feinmechanik-Optik ihren SW-Plan gesamt und den KW-Plan gesamt. Wäre die Erfüllung der einzelnen L ä n d e r-Pläne, aus handelspolitischer Sicht eigentlich unverzichtbar, zum Maßstab der Erfüllung des SW- oder KW-Planes gemacht worden, hätte überhaupt kein Verkaufskollektiv siegen können.

In der Geschäftsleitung und beim Planungsleiter machte ich mir keine

Freunde, aber im eigenen Kontor wurde registriert, dass ich überhaupt den Versuch machte, den Verkäufern erreichbare Ziele zu verschaffen.

Ich kann heute nicht mehr in Einzelheiten sagen, wie die Verknüpfung zwischen den Länderplänen des AHU und den Plänen und Liefermöglichkeiten der Herstellerbetriebe zustande kam, doch mit Sicherheit arbeiteten die Verkäufer zu den ihnen erteilten Länderplanauflagen Wunschlisten aus, in denen sie das jeweilige Länderziel nach Einzelerzeugnissen, Zubehör und Ersatzteilen in Stückzahlen und Werten detaillierten, „spezifizierten". Es oblag dem Stellvertreter des Kontordirektors und der Leiterin der Industriegruppe, die Wunschvorstellungen der Verkäufer mit der Lieferbereitschaft der Hersteller abzugleichen und in größtmögliche Übereinstimmung zu bringen. Ohne Kompromisse ging das nicht ab, die darauf hinausliefen, dass die Verkäufer in nicht wenigen Fällen nicht nur Länderpläne zu schlucken hatten, die sie freiwillig nicht übernommen hätten, sondern auch Sortimente absetzen mussten, die ihren ursprünglichen Markteinschätzungen nicht entsprachen. Für den gesamten spezifizierten Lieferumfang des Planjahres schloss das Verkaufskontor mit jedem Lieferbetrieb einen nach Quartalslieferterminen (Monatsliefertermine waren gegen die Industrie nur im Ausnahmefall durchzusetzen) aufgemachten Jahresliefervertrag ab. Die Lieferbetriebe waren zu jener Zeit berechtigt, die fertiggestellten Erzeugnisse zu den vereinbarten Terminen auf Lager zu nehmen und Feinmechanik-Optik in Rechnung zu stellen. Es versteht sich, was der Abschluss des Jahresliefervertrages für die Herstellerbetriebe bedeutete: Sie waren erst einmal „aus dem Schneider heraus". Der Außenhandelsbetrieb übernahm das Absatzrisiko und verkaufte – oder nicht, dann finanzierte er die kostenträchtigen Lager und veraltende Erzeugnisse.

Wenn ich als Kontordirektor entscheiden wollte, ein rettungslos veraltetes, nicht mehr absatzfähiges Erzeugnis preisgemindert im Inland zu verkaufen, zu verschenken oder gar zu verschrotten, hatte ich Spießrutenläufe vor mir. Im eigenen Unternehmen setzte ich mich schließlich durch, aber in den Lieferwerken verletzte es den Stolz der Werktätigen, wenn sie ein von eigener Hand gefertigtes Erzeugnis demontieren und auf den Schrott werfen sollten. Ich erinnere mich, dass mir wegen der Verschrottung unverkäuflicher Vermessungsgeräte im VEB OFD Feinmess Dresden mit dem Staatsanwalt gedroht wurde.

Die Entwicklung ging in den späteren Jahren über diese unproduktive, ja schädliche Arbeitsteilung hinweg, doch 1963 hatte ich als Kontordirektor kaum Hebel, den Werkdirektor und Absatzleiter eines Lieferbetriebes zu mehr Kooperation auf den Außenmärkten zu zwingen, denn ernsthaft war nicht daran zu denken, einen nicht kooperationswilligen Lieferanten auf seiner Ware sitzen zu lassen, alternative Anbieter gab es nicht.

Stück für Stück gelang es, die Industrie in den Verhandlungen um die globalen Jahresverträge dafür zu gewinnen, Fachleute und materielle Ressourcen für die Auslandswerbung, für Messen und Ausstellungen, für die Kundenbetreuung, verbesserte Verpackungstechnologien und den After-Sales-Service zuzusagen und, soweit Arbeitskräfte- und Materiallage das zuließ, flexibler auf Terminwünsche und Verlangen nach technischen Sonderausführrungen einzugehen. Auch unsere Bereitschaft, Leitungs- und Ingenieurpersonal der Lieferwerke als Fachberater mit ins Ausland zu nehmen (in den Westen gar) half dabei, dass von Mal zu Mal „Unmögliches sofort erledigt" wurde. Ich glaube, ich nehme den Mund nicht zu voll, wenn ich sage: Das Kontor F 37 und seine im Vergleich zu den Werksvertretern meist jüngeren Leute gewannen in der Industrie an Ansehen.

Saure Woche – frohe Feste

Die erste Verkaufsreise nach meiner Ernennung zum Direktor führte mich nicht ins Ausland, sondern zur Frühjahrsmesse 1963 nach Leipzig.

Für mich galt dasselbe, wie für meine bewährten Mitarbeiter: Wir alle fuhren gern nach Leipzig. Ehe ich eine kleine wahre Geschichte erzähle, will ich erklären, wie wir Messeteilnehmer aus den Außenhandelsbetrieben, das „Verkaufspersonal", damals in Leipzig wohnten: in privaten Quartieren. Sogar für den Generaldirektor und seine beiden Stellvertreter kam Hotelunterbringung nicht infrage: Die wenigen Hotelzimmer wurden für die in Valuta zahlende Kaufmannschaft aus den kapitalistischen Ländern vorgehalten. Generaldirektor Szarafinski hatte jahrelang bei einem kleinen Anstrichfarbenfabrikanten in der Riebeckstraße gewohnt.

Ich weiß es deswegen, weil ich in meinen ersten Verkäuferjahren durch einen geschickten Schachzug dort sein Nachfolger wurde, wobei allerdings der Vermieterwirtin nicht verborgen blieb, dass ich nur e i n e n Anzug zum Wechseln besaß, „Herr Stawinski", wie sie ihn nannte, aber deren drei. Auch Szarafinskis Nachfolger Erhard Deutsch und alle Stellvertreter des Generaldirektors und die Kontorleiter erhielten – soweit sie keine Privat-Stammquartiere in Leipzig hatten, und die hatten bald die meisten – eine vom Zentralen Zimmernachweis am Hauptbahnhof ausgestellte Quartierkarte und erschienen dann in der Regel unangemeldet bei ihren Vermietern. Eine kleine Anekdote über den poltrigen, etwas herrischen und gehbehinderten Stellvertreter des Generaldirektors E. kann sich so durchaus zugetragen haben, wie sie damals erzählt wurde. Der Stellvertreter E. war im strömenden Regen mit seinem schweren Koffer von der Straßenbahn zum Messequartier gelaufen und, den Stock unter den Arm geklemmt, die vier Treppen zu seinem Quartier am Täubchenweg hinaufgestiegen. Er läutete, und eine ganz liebe, mitfühlende, betuliche echte Leipzigerin öffnete und fragte Eidner in schönstem Sächsisch noch in der Tür nach dem Woher? und Wohin? aus. So, aus Berlin kommen Sie? Herr Eidner sind Sie? Und was sind Sie denn von Beruf? „Außenhändler." Darauf die Wirtin, in der Annahme, das müsse so etwas wie ein Hausierer sein: „Der arme alte Mann, bei Wind und Wetter draußen …"

Ich freute mich auf diese Bewährungsprobe in Leipzig. Ich hatte alle Verkäufer SW und KW verpflichtet, mir jeden Gesprächspartner aus ihren Ländern, gleich welchen Ranges, vorzustellen. Mit allen anreisenden Kontordirektoren aus den sozialistischen Ländern und allen Vertretern wollte ich zusammentreffen und, wenn es die Zeit irgendwie zuließ, zum Essen gehen. In solcher Breite würde ich unsere Kunden nicht so bald wieder greifen können, und außerdem: Ich hatte keinen Grund anzunehmen, meine Mitarbeiter könnten mir schwerwiegende Probleme verheimlichen wollen, aber natürlich würde sich, wenn es denn Schwerwiegendes gäbe, kein Besucher die Gelegenheit entgehen lassen, den Leiter des Kontors anzusprechen. Zugleich bekäme ich auch einen Eindruck, wie meine Mitarbeiter mit ihren Geschäftspartnern umgingen, ich könnte sehen, wie sie im Ansehen stehen. Ergebnis: Nach den Messen war ich vollgefressen. Wir luden unsere Gäste meist in die sympathischen Gaststätten der Innenstadt ein, in „Zills Biertunnel", das „Erdener Treppchen", den „Paulaner-Keller", in den „Auerbachs Keller", in „Pfeiffers Weinstuben", nie in Bars oder Tanzlokale. Es wurde oft spät, aber während der Leipziger Messen war doch meist eine Taxe da. In Messezeiten wurde es den privaten Autohaltern erlaubt, sich etwas dazuzuverdienen, und die Behelfsfahrer waren meist gut gelaunt und gesprächig.

Seit 1963 bewirteten wir ranghöhere Besucher in einem eigenen Speisesaal auf dem Messestand mit warmem Essen. In den Jahren 1964 – 1966 fanden der Generaldirektor und der ideenreiche Werbechef Neumann eine weitere rationelle Methode, die persönlichen Kontakte zu den Hauptpartnern des AHU zu vertiefen und ihnen etwas zu bieten. Ich erinnere mich noch an die ersten großen Messeempfänge des AHU Feinmechanik-Optik in Taucha. Im großen Festsaal saßen unsere Gäste – alle waren vom General an der Saaltür mit Handschlag begrüßt worden – an Ländertischen, jeder Tisch von Mitarbeitern betreut, die Konversation machten und den Gästen einschenkten. Der General, seine beiden Stellvertreter und die Direktoren gingen von Tisch zu Tisch. Im kleinen Kreis gelang Erhard Deutsch die Konversation, seine Begrüßungsrede hatte er wegen seines Raucherhustens nicht halten können. Anfangs gab FO getrennte Empfänge für Sozialisten und Kapitalisten, aber da waren Komplikationen eingetreten, mit denen wohl keiner gerechnet hatte: Chinesen und Albaner, ideologisch durch Glaubensspaltung von den Sowjets getrennt, erschienen zum SW-Empfang, denn jeder der feindlichen Brüder nahm für sich in Anspruch, sozialistisch zu sein. Als Chinesen und Albaner aber gewahr wurden, dass auch Gäste aus dem Land Titos zu Gast waren, brachen sie auf mit der Begründung, es seien Jugoslawen da, und das seien Kapitalisten. Auch darum wurden zur Frühjahrsmesse 1966 das erste Mal fast 1.200 Gäste aus „aller Welt" gemeinsam ins Haus Auensee eingeladen. Auch die Spitzenkräfte unserer Lieferbetriebe waren geladen. Zur Unterhaltung spielte die seinerzeit berühmte Kapelle Fips Fleischer, und die Legende Fred Frohberg sang.

Während der Messe wurden die Verkäufer, besonders die für das Kapitalistische Wirtschaftsgebiet (NSW – der Begriff wurde erst später geboren) zu Höchstleistungen angestachelt. Sicher, erst am Jahresende würde sichtbar werden, ob die auf der Messe abgeschlossenen Verkaufsverträge auch ausgeliefert und bezahlt worden waren, also Warenbewegungsplan und Valutaplan (und Gewinnplan ...) erfüllt wurden.

Aber für die Messeleistung, für die „gewonnene Schlacht unterwegs" waren Prämien ausgesetzt, die dem erfolgreichen Verkäufer zu einem Teil wenigstens auch dann blieben, wenn er am Jahresende seinen Gesamtplan nicht erfüllt hatte. Wie der Messe-Wettbewerb zu führen war, wurde in der Leitung des MAI beschlossen, so wichtig war das. Zur Leipziger Herbstmesse vom 4. bis 11. 9. 1960, da war ich gerade von meiner erfolgreichen ersten Kubareise zurück, hatte ich zum ersten Mal bewusst am Ringen um Lorbeer und Prämien teilgenommen. Eine Brigade konnte aus dem Prämienfonds des eigenen AHU ausgezeichnet werden, wenn sie den Messeverkaufsplan erfüllte. Die Reihenfolge der Sieger hing vom erreichten „auflaufenden Stand" in der Vertragsbindung zum Jahresplan 1960 und 1961 ab. Bei der Festlegung der Reihenfolge der Sieger hatten die Juroren auch die erzielten Steigerungen im Vergleich zu den Ergebnissen der LHM 1959 zu berücksichtigen. Wer als „Bester Verkäufer" prämiiert werden wollte, musste den KW-Jahresplan (unter Beachtung der vom MAI vorgegebenen Schwerpunktländer) und den FD-Jahresplan 1960 mit mindestens 100 Prozent vertraglich gebunden haben – dann erhielt er eine sofort auszuzahlende Sonderprämie von 200 DM.

Ganz besonders legte das MAI den Außenhandelsunternehmen die Anwendung der Christoph-Wehner-Methode ans Herz. Der berühmte Christoph Wehner hatte nämlich bei sich selbst festgestellt, dass man in der Planerfüllung leicht aus dem Tritt kommt, wenn man sich zu viel Zeit lässt und sich damit tröstet, dass es bis zum Tag der Endabrechnung noch lang hin ist. Deshalb hatte er sich selbst unter Druck gesetzt und sich für jeden Tag Tages- und Zwischenziele ausgerechnet, an denen er seine Leistung selbst kontrollierte. In welchem Wirtschaftszweig der wackere Herr Wehner schaffte (1960 hatte sich im Außenhandelsministerium noch in den AHU die später allgemeine Anrede „Genosse" noch nicht eingebürgert, man war „Kollege" und in den Schriftstücken „Herr"), weiß ich nicht zu sagen. Das AHU als Ganzes und wir einzelnen Brigaden und Verkäufer hatten ihm jedenfalls nachzueifern, und wir schlüsselten unsere Kampfziele auf die acht Messetage auf. Noch sinnvoller wäre es gewesen, die volle Erfüllung der Verkaufsziele schon für den 6. Messetag vorzusehen, denn da gab der Staatssekretär des MAI einen Empfang für die a l l e r besten Brigaden und Verkäufer: Die konnten noch einmal 500 bis 1.000 DM beziehungsweise 200 bis 400 DM kassieren, von denen 25 Prozent sofort ausgezahlt wurden.

Es nimmt nicht wunder, dass dies die Verkäufer zu allerlei Kunstgriffen verführte. Beliebt war, wenn auch eigentlich unzulässig, in den letzten Wochen oder gar Monaten vor Messebeginn abgeschlossene Verträge nicht zur Buchung zu geben, um den Vormessestand niedrig zu halten.

Während der Messe wurden dann die gestauten Verträge „durchgegeben". Manche Auslandskunden wussten das (oder es wurde ihnen ausgeplaudert), und spielten bei dem kleinen Schwindel mit. Unter Pastorentöchter mochte man das nicht als „Betrug" ansehen. Gefährlicher war, dass während der Messe sogenannte „Messe-Order" wie Verträge gezählt wurden. Eine Messe-Order war ein während der Messe erteilter Auftrag, auf dem Orderblock vom Kunden unterzeichnet, der wegen der Arbeitsüberlastung der Geschäftsbearbeiter im Messeverlauf nicht in einen kompletten Vertrag umgeschrieben werden konnte. In einigen Jahren war mit der Ausnahmeregel Schindluder getrieben worden, deshalb ersann die Leitung ein Gegenmittel, den „Qualitäts-Stempel". Von den Verkaufskontoren unabhängige Prüfer examinierten Verträge und Messe-Order, und die für gut befundenen erhielten einen Stempel „Q".

Planung mit Hindernissen

In meinen Erinnerungen über die Jahre im Außenhandel ist vom ersten bis zum letzten Jahr vom „Plan" die Rede, vom Widerspruch zwischen Plan und Wirklichkeit. Doch wie soll ich einem in die Marktwirtschaft Hineingeborenen den Sinn des Kampfes erklären, den ich für die „Planerfüllung" und für einen realen, eben „erfüllbaren" Plan geführt habe? Mein Kontor exportierte Erzeugnisse einiger volkseigenen Lieferbetriebe, die zur Vereinigung Volkseigener Betriebe (VVB) Mechanik gehörten und anderer, die Wirtschaftsräten der Bezirke zugeordnet waren. Die VVB Mechanik unterstand ihrerseits einem Maschinenbau-Ministerium. Mit gesundem Menschenverstand musste man davon ausgehen, dass das Maschinenbau-Ministerium und das Ministerium für Außenhandel und Innerdeutschen Handel von der Staatlichen Plankommission gleichhohe Ziele für den Export in das Sozialistische Wirtschaftsgebiet und das Kapitalistische Ausland erhielten – und so war es im Prinzip auch. Gleichermaßen verlangte der gesunde Menschenverstand auch, dass die VVB Mechanik und das mit dem Außenhandelsmonopol für diesen Industriezweig versehene Außenhandelsunternehmen Feinmechanik-Optik gleichhohe Planvorgaben haben. Erst recht sollte auch jeder Lieferbetrieb der VVB, also zum Beispiel der VEB Oschatzer Waagenfabrik, für den Export seiner Analysenwaagen dasselbe Planziel für SW und KW haben, wie das zuständige Exportkontor F 37 im AHU Feinmechanik-Optik. Wie sonst sollten Industrieleute und Händler an einem Strang ziehen und dasselbe Ziel ansteuern?

Ich kann heute, fast fünfzig Jahre nach meinem Start als Kontordirektor, nicht mehr fachgerecht und lückenlos erklären, warum es n i c h t so war. Doch es ist eine Tatsache: Die Planauflagen, die das AHU von seinem übergeordneten Ministerium, dem MAI, für SW und KW jeweils insgesamt und nach wichtigen Ländern erhielt, waren nach handelspolitischen Gesichtspunkten aufgeschlüsselt und sollten ausgeglichene Warenströme im Export und Import, also die Bilanzierung nach Ländern sichern. Denn zwischen allen Ländern des SW war der Warenaustausch und Zahlungsverkehr grundsätzlich bilateral, und auch im KW war in den 60er Jahren der Handels- und Verrechnungsverkehr mit mehr als 20 wichtigen Handelspartnern bilateral verfasst, und der Anteil der Exporte und Importe gegen Freie Devisen eher gering.

Die Planvorgaben des MAI an seine Außenhandelsbetriebe hatten jedoch keine Bindewirkung für die Industrie. Das Maschinenbau-Ministerium schlüsselte seine zentrale Planvorgabe SW und KW nach eigenen Erwägungen auf die ihm unterstellten Industrievereinigungen auf und diese wiederum auf ihre Betriebe. Die volkseigenen Herstellerbetriebe, die meinem Verkaufskontor F 37 gegenüberstanden, hatten meist eine niedrigere oder höhere Planauflage für SW und KW als das Kontor F 37. In den Verhandlungen zu den Jahreslieferverträgen, auch als Globalverträge bezeichnet, trafen also aufeinander: Das Exportkontor, dem verbindliche Länderpläne auferlegt waren (also z. B. für Sowjetunion, Polen … Ägypten, Indien, Italien, Norwegen … Westdeutschland/Westberlin), unterlegte diese Länderpläne mit Warenforderungen an die Herstellerbetriebe, also zum Beispiel Polen 1 Mio. VM, davon Laborzentrifugen Janetzki 400 TVM, Laborgeräte Ilmenau 300 TVM, Oschatzer Waagen 200 TVM, die Werte wurden nach Erzeugnistypen „spezifiziert.") Der einzelne Herstellerbetrieb kam an den Verhandlungstisch mit einer Gesamt-Planauflage SW und KW, aber ohne verbindliche Auflagen nach Ländern seiner VVB oder seines Bezirkswirtschaftsrates und mit einer Typenaufteilung seines Gesamtangebotes, die oft beträchtlich von den Wünschen des Exportkontors abwich. Solche Abweichungen im Angebot waren betrieblichen Kapazitätsgrenzen geschuldet, Gründen der unterschiedlichen betrieblichen Rentabilität der Einzelerzeugnisse und auch einem zum Teil abweichenden eigenen Länderkonzept.

Jeder versteht: Jetzt kam die Stunde der Kompromisse. Die Lieferbetriebe zogen Sortimentsänderungen in ihrem Produktionsplan in Betracht, wenn die technischen Kapazitäten und die Materiallage ihnen das erlaubte. Die Außenhändler nahmen, wenn sie ihre „Wunschkinder" nicht bekamen, meist, „was sie kriegen konnten."

Oft wurden in diesem Zusammenhang Verabredungen getroffen und protokolliert, diese von vornherein absatzgefährdeten, im Kompromiss akzeptierten Waren besonders zu bewerben, gezielte gemeinsame Verkaufsreisen dafür durchzuführen und die anfallenden Kosten zu teilen. Wo Kompromisse nicht möglich waren, weil die Markteinschätzungen diametral auseinanderlagen, musste ich als Kontordirektor damit rechnen, dass sich die Leitung des AHU in den Streit einschaltete und der zuständige Stellvertreter des Generaldirektors Friedrich Fischer kompromisswilliger war als ich. Ging es um große Brocken schwer verkäuflicher oder, wie wir im Kontor meinten, unverkäuflicher Ware, dann beschwerten sich die Herstellerbetriebe bei ihren vorgesetzten VVB oder Wirtschaftsräten, und dann schaltete sich die Hauptverwaltung des MAI ein und drängte uns zum Einlenken. Da hieß es sehr umsichtig sein. Ich hatte jedenfalls noch im Ohr, wie Heinrich Rau auf der Außenhandelskonferenz 1960 das AHU Glas-Keramik wegen der Ablehnung von 2 Mio. Mark Ladenhütern abgekanzelt hatte: „Wir haben eine Ordnung, dass man nicht einfach ablehnen darf, sondern das der Hauptverwaltung zu übergeben ist, die dazu Stellung nimmt. Nach Überprüfung der HV wird der Rest, den auch die HV ablehnt, dem Minister (!) vorgelegt, und er entscheidet, ob angenommen wird." Ja, und der Minister hatte dann nur 40.000 DM abgelehnt und schalt Glas-Keramik, es gebe sich keine Mühe, sei „leichtsinnig." Zur Ehre Raus sei aber gesagt: Er beschimpfte auf derselben Konferenz immerhin sogar den Schwermaschinenbau-Minister Fritz Selbmann dafür, dass man den VVB und den Betrieben nicht klar aufgabe, wie viel und was sie zu exportieren hätten, und warf ihm vor, auch Verpflichtungen aus Langfristigen Handelsabkommen zu ignorieren.

War denn unter solchen Bedingungen in einem Verkaufskontor der Plan, der in der Industrie schon wegen methodischer Ursachen kein richtiges Gegenlager hatte, überhaupt zu erfüllen? Schwer, sehr schwer. In manchem Lieferbetrieb gab es Bereiche, die bei Vorliegen von Auslandsaufträgen bereit waren, Sonderschichten einzulegen und ihren Plan überzuerfüllen. Es gab auch in kleinen halbstaatlichen und Privatbetrieben, die wir in unseren Plänen nicht berücksichtigt hatten, Bereitschaft, nicht eingeplante Aufträge anzunehmen und stille Materialreserven einzusetzen. Es gelangen Preisverbesserungen, die den Umsatz ohne ein Mehr an Ware erhöhten.

Und was den Export ins KW anging – da durfte selbst der Kontordirektor keinen Auftrag ablehnen, ehe er den Kundenwunsch nicht dem Generaldirektor zur Kenntnis gegeben hatte und auch der die Ablehnung für unvermeidlich hielt!

Und wahr ist auch, wenn der für dieses Wirtschaftsgebiet eingeplante Warenfonds erschöpft war und sich eine zusätzliche Absatzchance im KW auftat, wurde auch einmal in bestehende Verträge mit Kunden im sozialistischen Wirtschaftsgebiet eingegriffen – die mussten dann eben 1 bis 2 Monate länger warten. All das geschah auch 1963 und 1964, aber mein Kontor erfüllte den Plan für das KW nicht, und die an die Mannschaft verteilbare Prämiensumme war mager.

Im Dezember 1965 aber geschah das Unfassbare: Wir erfüllten den Plan, in allen seinen Teilen, auch den „Gewinnplan". Und wir erfüllten ihn ehrlich.

Warum ich das betone? Es war schon vorgekommen, dass Verkaufsbereiche, im heißen Bemühen um die volle Erfüllung des KW-Planes in der Zielgeraden ins Straucheln kamen. Es fehlte nur noch wenig zum Endsieg – aber die fehlenden Verträge kamen nicht herein. Da wurde ein Trick geboren: Im Komplott mit dem ausländischen Vertreter und Käufer wurde ein Geschäft fingiert, die vom Kunden eigentlich nicht benötigte Ware in den letzten Dezembertagen ausgeliefert und der Plan erfüllt! Im Januar wurde dann die

Ware vereinbarungsgemäß vom Empfänger reklamiert und gegen Gutschrift in die DDR zurückgesandt. Unter Anlehnung an die Lage des Geschäftssitzes von Feinmechanik-Optik erfand der Volksmund für solche Art Geschäfte die Lieferbasis „fob Jannowitz-Bridge".

Ich fürchte, einem Leser von heute mit dem nun folgenden Romantizismus auf den Nerv zu gehen. Aber der erfüllte Plan löste in mir ein unglaubliches Glücksgefühl aus. Mir war so, als sei ich in die Adelsklasse der Außenhändler aufgestiegen. Jetzt erst hatte das Kontor, dem seit mehr als zehn Jahren der große Wurf noch nie gelungen war, das letzte Prädikat errungen. Wir hatten zwar nicht, wie viele volkseigene Betriebe, einen roten Stern auf dem Dach des AHU, der im Augenblick der Erfüllung illuminiert werden konnte, aber der Stern meines Kollektivs und mein eigener kleiner war aufgegangen. Wir hatten zum ersten Mal eine richtig hohe Prämiensumme an die Mitarbeiter zu vergeben, und ich schrieb jedem einen individuellen Dankesbrief und gab ihm die Hand.

Mich selbst schloss der Generaldirektor kurz in die Arme und übergab mir – für mich allein – 3.600 Mark, das waren fast drei Monatsgehälter und der Gegenwert von einem halben Trabanten. So eine hohe Prämie war damals etwas Ungewöhnliches. Wenn später oft über den Wert moralischer Anreize gestritten wurde: Mir war das Geld hoch willkommen, aber erst die moralische Anerkennung machte mir das Herz warm.

Vertreterpflege und Kundensuche

Als ich nach einem halben Jahr das im Januar 1963 übernommene Kontor in guter Ordnung und in der Obhut eines loyalen Stellvertreters wusste, dem die Versuchung fernlag, „König für einen Tag" sein zu wollen, reiste ich zum ersten Mal nach Jugoslawien. Unsere Vertreterfirma Balkanija hatte vorgeschlagen, nach der Messe Zagreb gemeinsam Besuche bei Untervertretern in Kroatien und Bosnien-Herzegowina zu machen. Von Belgrad flog ich mit zwanzig weiteren Fluggästen in einer vollbesetzten, altgedienten Douglas DC-3 in die Messestadt weiter – der Rumpf der zweimotorigen Maschine mit Heckrad nimmt vor dem Start Schräglage ein – und der Flug allein war ein Erlebnis. Die DC-3 war ja ein legendäres Modell. In den 30er Jahren entwickelt, war sie d a s Standardfluggerät in den USA und wurde von allen großen Fluglinien der Welt eingesetzt.

Von Zagreb aus führte der Reiseweg nach Rijeka, über die Adria-Magistrale nach Süden, dann nach Mostar und Sarajevo. Wie oft habe ich mich drei Jahrzehnte später, als ich die Bilder von der Verwüstung Sarajewos im Bruderkrieg sah, an meinen Besuch in der Stadt zwischen den hohen grünen Bergen erinnert.

In der ersten Dezemberdekade desselben Jahres flog ich über Genf nach Barcelona, um einen Fachhändler, der sich für die Vertretung der Janetzki-Laborzentrifugen beworben hatte, unter die Lupe zu nehmen. In Spanien lebte und befahl Generalissimus Franco noch. Am Flughafen kontrollierten mich die Männer der Guardia Civil mit den schwarzlackierten Kappen und blickten lange mit Neugier auf meinen blauen Reisepass mit Hammer, Zirkel und Ährenkranz und das eigenartige Einlageblatt dazu, den Salvoconducto. Noch 1960 waren Streiks vor den Gerichten Spaniens wie militärische Rebellionen behandelt worden. Doch 1962 war eine Umbildung der spanischen Regierung erfolgt und Schritte zur Wiedereinrichtung der Monarchie wurden erkennbar, und ich muss der Wahrheit die Ehre geben: Alle spanischen Amtsträger behandelten mich korrekt und zivil.

Laborzentrifugen aus dem Hause Janetzki waren Mitte der 60er in den Leistungsparametern und im Design der Konkurrenz aus der BRD, England und den USA ebenbürtig. Was sie abwertete, war das im Westen andauernde allgemeine Vorurteil gegen Technisches aus dem Ostblock. Für Erzeugnisgruppen, mit denen wir uns sehen lassen konnten – Laborzentrifugen, Prüfgeräte für Viskositätsbestimmungen und Thermostaten aus Medingen, einige Erzeugnisse aus dem VEB Freiberger Präzisionsmechanik gehörten dazu – nahmen wir Bewerber für Vertretungen in Westeuropa unter die Lupe. Bevor wir die ihnen zunächst eingeräumte Option in ein festes Vertreterverhältnis umwandelten, verschafften wir uns vor Ort einen Eindruck von Lage und Ausstattung der Geschäftsräume, dem Abnehmerkreis und vor allem über die fachliche Eignung der Verkäufer, von der Einholung von Bank- und Handelskammerauskünften ganz zu schweigen. Während wir im Überseegebiet, außer bei Direktkäufern von komplexen Ausrüstungen aus dem staatlichen Sektor, nicht von den Zahlungbedingungen „Zahlung aus unwiderruflichem Dokumentenakkreditiv" und „Kasse gegen Dokumente" abrückten, räumten wir in Europa in der Regel ungesicherte kurzfristige Zahlungsziele von bis zu 3 Monaten ein.

Ehe wir Vertreter für unsere Spitzenerzeugnisse einsetzten, wollten wir sie persönlich genauer kennen. Zur selben Zeit hatten wir gerade auch in Italien einen namhaften Fachvertreter für das Zentrifugenprogramm, die W. Pabisch s. p. a. Milano gewonnen. Es war Ausdruck für die Qualität des neuen Vertreters, dass er die Universitäten Genua und Turin, das Atomforschungszentrum auf Sizilien und das Hospitale de Bambino Jesu des Vatikan als Käufer gewann – mit solchen Pfunden konnten wir wuchern. Nun war ich zur Prüfung eines weiteren Kandidaten nach Barcelona gereist.

Das Vorhaben in Barcelona wäre bei angespannter Arbeit ein Programm für 3 bis 4 Tage gewesen, doch so eilig hatte ich es nicht. Ich gebe es gern zu: Ich rechnete zu DDR-Zeiten niemals damit, auch einmal als Tourist allein oder mit der Familie in ein kapitalistisches Land reisen zu dürfen. Im selben Jahr, in dem ich als einer von sehr wenigen Dienstreisenden der DDR Barcelona und Madrid sah, weilten 11 Millionen ausländische Touristen in Spanien. So war es, und so blieb es bis zum Ende der DDR. Und so musste ich selbst dafür sorgen, dass Verkaufsreisen, wie ich sie nach Spanien, Frankreich, Finnland hatte, so verliefen, dass wenigstens in den Hauptstädten (denn Reisen in das Landesinnere konnte ich mir natürlich nicht verschreiben ...) etwas Luft blieb, Sehenswürdigkeiten zu genießen – soweit die schmalen Tagessätze das erlaubten, immer zu Fuß, denn Geld für eine Taxe hatte ich nicht, weder aus der eigenen Tasche, noch aus dem Dienstbeutel. Da war ich nun Direktor für Export und Import – aber Geld für Taxifahrten gab man mir nicht mit. Selbst dienstlich verursachte Fahrkosten mit öffentlichen Verkehrsmitteln waren aus den persönlichen Tagessätzen zu bestreiten. Schon nach meiner ersten Reise nach London, während der ich die dienstlich veranlassten Taxifahrten aus meinem für Essen und Trinken bestimmten Tagessatz bestritten hatte, hatte mir ein erfahrener Amtskollege beigebracht, wie die kontraproduktive Sparsamkeit am falschen Platz meines Hauses auszuhebeln sei: Wenn mir der meine Reise bestätigende Generaldirektor keinen Strich durch die Rechnung machte, beantragte ich immer 2, 3 Reisetage mehr, als ich eigentlich geplant hatte und ließ mir auch für diese Tagegeld auszahlen. Aus den nicht in Anspruch genommenen Tagegeldern bezahlte ich die örtlichen Dienstfahrten zu Vertretern und Kunden. Zuhause erklärte ich schriftlich, dass es „im Interesse des Ansehens von Feinmechanik-Optik unter den gegebenen örtlichen Bedingungen" unmöglich gewesen sei, Kunden und Vertreter zu Fuß aufzusuchen, und der Hauptbuchhalter Johannes Richter nahm es schließlich knurrend hin. Erst 1965 war Schluss mit dieser Augenauswischerei, und ich durfte nun „Sicherheitsbeträge" für Taxifahrten und unvermeidliche kleine Bewirtungen mitführen und abrechnen – sogar ohne Beleg, wenn die Taxifahrer ortsüblich keine Quittungen gaben.

Es mag heute schwer sein, sich in die Lage eines DDR-Reisenden von damals hineinzuversetzen. Er konnte Notsituationen nicht einmal durch Zahlung aus der eigenen Tasche überbrücken, denn die Deutsche Mark der Deutschen Notenbank (bis zum August 1964) und die Mark der Deutschen

Notenbank (vom August 1964 bis zum Januar 1968) und später auch die Mark der DDR waren nicht eintauschbar. Es gab keine Kreditkarten, und in vielen Ländern, die die DDR nicht anerkannt hatten, keinen Anlaufpunkt, keine Menschenseele, an die man sich hätte wenden können - ein Hilfeersuchen bei der Botschaft oder einem Konsulat der Bundesrepublik war ganz und gar undenkbar. Man musste hoffen, nicht krank zu werden, man durfte sich um gar keinen Preis das mitgeführte Bargeld stehlen lassen und musste um jedes „außergewöhnliche Vorkommnis" einen großen Bogen schlagen.

Kurz bevor mein Rückflug nach Berlin über Zürich und Prag anstand, wurde ich krank, das Fieber schüttelte mich heftig, ich hatte keine Kraft mehr, aber der Gedanke, nicht kampfunfähig werden zu dürfen, motivierte mich. Ich nahm mir von den Ramblas ein ganzes Netz Blutorangen mit – 2 kg, 12 große, runde Orangen, kosteten den Gegenwert von 2,00 DM – und legte mich in heißes Wasser, um danach zu schwitzen. Ich bat niemanden um nichts. Einen Tag danach stand ich wieder auf den Beinen, wenn auch etwas wacklig. Nun zählte ich meine ersparten Pesetas durch. Ich war in den Tagen in Barcelona mehrmals vom zukünftigen Vertreter zum Essen eingeladen worden. Wenn ich mich selbst beköstigen musste, war ich knauserig gewesen. Gegenüber vom Hotel gab es winzige Lokale und Verkaufsstände: Die gaben 1/4 Brathähnchen und eine Schale Sekt für einen Spottpreis von umgerechnet 1,90 DM ab, ein einfaches Fischgericht bot man für 3,00 DM an, und wenn mir im Vorübergehen nach einem Glas einfachen Rotweins zumute war, gab es das für 8 Pfennige. Mir hat das geschmeckt und gereicht.

Ich würde heute auch das Gegenteil zugeben, aber meine Dezemberreise nach Spanien war langfristig geplant und tatsächlich notwendig. Es war im Außenhandel jedoch nichts Außergewöhnliches, dass sich Verkäufer solche Jahresendreisen auch organisierten, um die Festtagsversorgung durch Mitgebrachtes etwas aufzubessern. Solche Westreisen in der ersten Dezemberhälfte nannte man boshaft „Aktion Bunter Weihnachtsteller".

Kreuz und quer durch Kolumbien

Im August 1964 durfte ich wieder Verkäufer sein und fast vier Wochen reisen und „Markt machen" – in Kolumbien. Zeitweilig unterstützten mich dabei der Verkaufsingenieur Pabst aus Ilmenau, der Verkäufer für Medizintechnik Koch und Justitiar Willibald Schobert aus Berlin. Die Erwartung der Geschäftsleitung, dass es uns gelingen kann, komplett ausgestattete, schlüsselfertige Laboratorien an budgetfinanzierte, staatliche Universitäten und Großkliniken in Südamerika, Afrika und Asien zu verkaufen, war offensichtlich nicht zu erfüllen. Dieser Typ Käufer nahm die Planung und Einrichtung selbst in die Hand. Dabei spielten regelmäßig die individuellen Vorlieben der Institutsdirektoren und Chefärzte eine entscheidende Rolle, vor allem, wo sie studiert hatten, in den USA, in Europa. An ihren Studienorten hatten sie Geräte und deren Hersteller kennengelernt, denen hielten sie die Treue, wenn sie an ihren Bestimmungsorten „Kommandeure" wurden und über Neuausrüstung oder Ersatzbedarf entschieden. (Das ging so weit, dass mich ungarische Wissenschaftler, die nach dem Aufstand von 1956 ins kolumbianische Exil entkommen waren, nun leitende Stellungen an der Universität Pereira einnahmen und die mich zunächst recht missmutig angehört hatten, fragten, ob mein Unternehmen auch ungarische Erzeugnisse im Vertriebsprogramm hätte.) In der Regel bestanden die für Einkäufe Entscheidungsbefugten darauf, Analysenmessgeräte aus den USA und der BRD zu bestellen, Mobiliar ließ man vorzugsweise im eigenen Land herstellen. Bei den allgemeinen Laborausrüstungen, bei denen eine verlässliche Standardqualität ausreichte, hatten wir mit unseren DDR-Erzeugnissen eine Chance, wenn wir angesehene Fürsprecher im Käuferland fanden, „Gutsager", und unsere Preise vernünftig waren. Die kolumbianischen Importeure benötigten für alle Einfuhren eine Importlizenz ihrer „Oficina de Control de Cambios y Exportaciones". Die DDR und Kolumbien hatten ein Verrechnungsabkommen auf Bankenebene abgeschlossen. Die DDR kaufte für ihre Exporterlöse in Kolumbien fast ausschließlich Rohkaffee. Das war eine willkommene Entwicklung für die Cafeteros, die großen Kaffeeplantagenbesitzer, die die eigentliche wirtschaftliche und politische Macht in Kolumbien repräsentierten. Die Vereinigung der Cafeteros reichte für Importe aus der DDR Kredite aus oder verbürgte sie.

„Alemania Oriental" – Ostdeutschland, so wurde die DDR vorwiegend tituliert. Natürlich schob ich jedes Mal, wenn die Gastgeber diese falsche Bezeichnung verwandten, einen Satz ins Gespräch, in dem die korrekte Staatsbezeichnung „República Democrática Alemana" vorkam, aber der Kampf um die Anerkennung der „RDA" war beständig zu führen. Als die Handelsvertretung der DDR in Bogotá eingerichtet wurde, befestigte man ein Schild mit der Bezeichnung „Deutsche Demokratische Republik" an der Außenmauer. Es musste jedoch entfernt werden, und nun wurde im Gelände der Vertretung, „auf eigenem Grund und Boden" eine entsprechende Tafel aufgestellt – und dort durfte sie stehenbleiben. Schon am ersten Tag der V. Feria Exposición Internacional von Bogotá im August 1964, während meines Besuches, musste die Bezeichnung „RDA" an der Exposition der DDR übermalt werden. Die hauptstädtische Presse kommentierte diesen Vorgang fast einhellig DDR-freundlich, bezeichnete den Vorgang als „lamentable", „descortez" und als „Ausdruck der Servilität Kolumbiens gegenüber der mächtigen Bundesrepublik Deutschland."

Der Inhaber der Orbis Limitada hatte sehr bald erkannt, welchen Vorteil er selbst aus der wirtschaftspolitischen Konstellation zu Beginn der 60er Jahre ziehen konnte, und die Vertretungen aller in seine Spezialisierung passenden DDR-Außenhandelsunternehmen eingesammelt: Die des VEB Carl Zeiss Jena, von Feinmechanik-Optik, des DIA Glas-Keramik und des DIA Kulturwaren, des VEB Jenaer Glaswerk Schott & Genossen und des DIA Chemie.

Die Orbis Limitada war Selbstkäufer, das Universitätsgeschäft wickelten wir aber, wenn es etwas größere Umfänge erreichte, in Direktlieferungen und auf Provisionsbasis ab. Das hatte auch den Vorteil, dass uns Orbis bei der Preisfindung zu unserem Nutzen und zugleich zu seinem eigenen beraten konnte. Orbis stellte mir für die geplanten Reisen kreuz und quer durch Kolumbien einen seiner Verkäufer als Reisemarschall zur Verfügung, Sr. Tascón – kein Dynamiker, aber wenigstens einer, der mit mir in jeden Winkel kriechen würde. In Bogotá war Internationale Messe, zu der auch Feinmechanik-Optik einige Spezialisten entsandt hatte, darunter Jochen Pabst aus Ilmenau, den soliden Koch aus dem Medizinkontor und Willibald Schobert, den Justitiar, der für juristische Eventualfragen im Geschäft mit staatlichen Großkäufern bereitstand. Jochen Pabst und Willi Schobert reisten zu meiner Unterstützung an einige Orte mit, andere besuchte ich allein mit Sr. Tascón, der die Kunden fand, aber auch die Stellen, an denen man gut und preiswert essen und einen Roten dazu trinken konnte.

Nach den ersten Verhandlungen mit dem Rektor der Universität INCCA und bei Instrubioquímica begann eine Folge von Verkaufsreisen in die Provinzen. Eigentlich hatte ich zunächst den ersten und treuesten Universitätskunden meines Kontors F 37 besuchen wollen, die Universidad de Tolima in Ibagué. Aber obwohl Kolumbien Mitte der 60er Jahre nach dem Kompromissbündnis der Konservativen und Liberalen relativ befriedet war, hielten sich in einigen Landeszonen Guerillaeinheiten, und ausgerechnet auf dem Wege nach Ibagué drohten Raubüberfälle und Geiselnahmen, und Ausländern wurde von Landpartien dringend abgeraten.

Zuerst flog ich ans Karibische Meer nach Cartagena, einer alten Hafenstadt, 1533 erbaut, voller ehrwürdiger Kirchen ... Erfolgreiche Verhandlungen mit dem Rektor der Universität und seinem deutschstämmigen Finanzdirektor ... Am nächsten Morgen mit dem Taxi nach Barranquilla, dann mit einer DC-4 der Avianca nach Santa Marta und Bogotá. An einem der folgenden Tage Flug nach Cali, Verhandlungen mit einem örtlichen Fachhändler ... Zurück nach Bogotá. Dann Flug nach Pereira: Verkaufsgespräche in der Universität, dann weiter nach Manizales, auch dort Begegnung mit Kaufinteressenten der Universität.

Zurück nach Bogotá. Überlandfahrt zur Universität von Boyacá in Tunja, der alten Hauptstadt der präkolumbianischen Bewohner Kolumbiens, der Chibchas. Erfolgreiche Verhandlungen mit einem kaufwilligen Professorenkollegium. Auf der Rückfahrt Halt an dem berühmten Brückchen von Boyacá, hier schlug 1819 Bolívar die spanischen Truppen und sicherte die Unabhängigkeit der Republik Groß-Kolumbien. Wieder im Flugzeug, es geht in die südliche Provinz Nariño, nach Pasto, auch Pasto ist Universitätsstadt. Es gelingt, Interesse für unsere Laborgeräte zu wecken.

Die Bilanz aller meiner Universitäts- und Kundenbesuche ist nicht schlecht. Mein getreuer Helfer Pabst hat Anteil daran, und ich teile ihn zum „Nachwaschen" ein. Er und Roland von der Janetzki KG werden die Besuche erneuern. Wichtig ist die Erkenntnis, dass die hier geübte Angebotspraxis für komplexe Lieferungen an staatliche Institutionen, so, wie sie sich auch in Ägypten herausgebildet hat, auch in weiteren Ländern zum Erfolg führen kann – wenn wir genügend Kraft haben. Ich selbst habe keine „nützlichen Abgaben" verteilt, niemanden bestochen. Ob der Vertreter es tut und das aus seiner Provision finanziert, weiß ich nicht. Ich jedenfalls bringe weder mich selbst noch mein Stammhaus in Gefahr. An einem der ersten Septembertage fliege ich mit der amerikanischen Fluggesellschaft Braniff nach Panama-City und von dort aus über Curaçao, Caracas, Lissabon, Madrid, Zürich und Prag nach Berlin zurück.

An der Seine

In Frankreich vertrat ein alteingesessenes Fachhaus unsere Interessen, die O.S.I. Paris. Meine Reise nach Paris war mehr als notwendig: Noch niemals hatte ein Kontordirektor die hochangesehene Omnium Scientifique et Industriel de France besucht, ihrer Generaldirektorin Madame F. de Couëssin die Ehre erwiesen und sie persönlich nach ihren Vorstellungen für die weitere Zusammenarbeit befragt. Die Beziehungen meines AHU zur O.S.I. de France waren offensichtlich ein Erbstück aus Vorkriegszeiten, in denen der VEB Prüfgerätewerk Medingen noch dem Bürger „Haake" gehörte. Die O.S.I., selbst Produzent von Laborausrüstungen und Laborchemikalien, war eines unserer besten Pferde im Stall, andererseits aber auch so etwas wie eine schwer einnehmbare Festung, denn sie vertrat seit jeher viele unserer namhaften Konkurrenten für Analysegeräte, Laborwaagen, Zentrifugen usw. Es war unser Ziel, Schwächeanfälle in den Beziehungen der O.S.I. zu diesen Wettbewerbern zu erkennen, um uns dann als Nachfolger empfehlen zu können.

Madame de Couëssin, „Le Directeur Général", war eine Grand Dame, adelsstolz, reich, gebildet, von konservativen Umgangsformen, sehr streng zu ihren Untergebenen, doch zugleich, wenn ihr daran lag, einem Gast die Sinne für die Bedeutung und Ausstrahlung ihres Hauses zu wecken, eine brillante Sprecherin in eigener Sache, liebenswürdig und charmant. Und wenn auch gerade in einem Land wie Frankreich „der Herr" der Dame zuvorkommend-hilfreich und mit freiwilliger Ergebenheit entgegentreten sollte, so ließ Madame doch zu keiner Zeit zu, dass dies die völlige Gleichheit und Gleichberechtigung der Geschlechter im sachlich-prinzipiellen Geschäftsverkehr gefährdete. Auch das Wissen um ihr fortgeschrittenes Alter sollte den jüngeren Verhandlungspartner nicht zu ungeschäftsmäßiger Rücksichtnahme veranlassen, und wo nötig, tarierte sie selbst die Waage aus. Für ihre rechte Hand, den Diplom-Ingenieur Touboul, galt das nicht – hier war Madame Königin und Touboul Kammerzofe.

Die Arbeit, die gemeinsam mit Madame de Couëssin und Mr. Touboul zu leisten war, reichte gut für eine Woche. Meine Gastgeber verstanden, ohne dass dazu ein Wort gewechselt worden wäre, dass ich die Nachmittage und Abende in eigener Regie ausfüllen wollte. Eine aufregendere, kulturvollere, geschichtsträchtigere, alle Sinne (einschließlich des Geschmackssinnes) reizende Stadt als Paris kann es nicht geben – so denke ich heute noch. Ich wohnte im Hotel Cècile in der Rue St. Didier, unweit der Metro-Station Kléber – das hatte die Kammervertretung der DDR vermittelt, die nicht weit davon in der Rue d'Eylau saß. Ich fühlte mich heimisch in meinem kleinen Zimmer mit Metallbett und Duschecke, aber das Cècile war ein zu einfaches Hotel, eine Absteige, die ich der O.S.I. nicht als meine Residenz benennen durfte, wollte ich dem Prestige meines mächtigen Stammhauses FO keinen Schaden zufügen. Zu damaligen Zeiten war den Außenhandelsunternehmen für Reisende meiner Kategorie ein Höchstsatz je Übernachtung vorgegeben.

Er lag nach meinen Feststellungen irgendwo zwischen 20 und 25 DM, und in dem einen Land erlaubte der, sich in einem Haus des gehobenen Niveaus einzuquartieren, wie z. B. im „Manila" in Barcelona, in einem anderen Land reichte er, wie hier in Paris, mal eben für eine Volksherberge. Auch der Verpflegungssatz war knapp – aber ich wollte eher auf geregelte Mahlzeiten verzichten, als auf das Tag- und Nachtleben in Paris. Die Erwartungshaltung eines männlichen Handlungsreisenden aus dem prüden Osten war hoch – meine jedenfalls. Heutzutage steht es jeder-Mann frei, im nächsten Beate-Uhse-Shop sein Wissen über Sexuelles zu erweitern, und das Fernsehen bringt selbst Halbwüchsigen die „Wa(h)re Liebe" ins Haus. Vor vierzig, fünfzig Jahren aber musste der DDR-Reisende, der sich in Schweden ein freches Bilderbüchlein gekauft hatte, zittern, die Zöllner könnten es ihm aus dem Reisegepäck herausfingern. Doch sich „draußen" mal so richtig mit den erotischen Angeboten vertraut zu machen und die Augen weit aufzureißen, war nicht ausdrücklich verboten. Verglichen mit den Darstellungen, die heute in Pro Sieben und RTL II über den Bildschirm flimmern, war das, was es gegen mäßiges Eintrittsgeld in den kleinen Shows an der Place Pigalle zu besehen gab, harmlos.

Am Tag vor meiner Abreise nach Berlin fragte ich Madame de Couëssin, was denn „ihr" Paris sei, was ich sehen sollte und noch nicht gesehen hatte. Da sprach sie eine Einladung für den Abend aus, sie selbst wollte sich Zeit für mich nehmen. Zuvor sollte ich mir aber noch in Begleitung von Mr. Touboul den Vogesenplatz, die Place des Vosges, das ehemalige Adelsviertel des 16. – 18. Jahrhunderts, den Marais, und schließlich noch die Judenstraße des Rosiers anschauen und dort einen Café trinken. Im Restaurant fiel mein Blick auf eine Zeitung: Soviel verstand ich sofort: Da war etwas Außergewöhnliches geschehen.

Die Schlagzeile des „Figaro" lautete: „Khrouchtchev écarté du pouvoir". Mr. Touboul half mir zu verstehen: „Chruschtschow aus der Macht vertrieben!" Und weiter: „Hat seinen Abschied aus gesundheitlichen Gründen genommen. Eine Mehrheit des Zentralkomitees hat ihn in einer Spezialsitzung abgesetzt. Herr ‚K' ist ersetzt worden durch Breshnew an der Spitze der Partei, Kossygin als Regierungschef. Herr Adshubaj folgt seinem Schwiegervater in die Ungnade." (Am nächsten Tag, dem Tag meiner Abreise, wurden die Texte noch deutlicher: Für die Prawda war Chruschtschow nun bloß noch ein „Hitzkopf, ein Prahler, ein Unfähiger" …) Die wirklich erschreckende Nachricht des Folgetages aber lautete: „Am Vorabend der Säuberung in Moskau hat Peking seine Atombombe zur Explosion gebracht." Eine einzige kleine schöne Nachricht gab es: Ingrid Krämer-Gulbin hatte eine Goldmedaille bei den Olympischen Spielen für die DDR ersprungen.

Später am Tage erwartete mich und Touboul die festlich gekleidete Frau von Couëssin im Foyer des „Casino de Paris". Sie musste einen meiner geheimen Wünsche erraten haben. Das Programm „Avec Frénésies" – „Rasereien" könnte man das übersetzen – war überwältigend … Ich hatte mich schon während des Eröffnungsbildes gefragt, ob ich als Gast einer sechzigjährigen Dame der Gesellschaft mein Wohlgefallen an dieser freizügigen Schau äußern dürfte, aber Madame schaute nach vorn und wollte mir kein Zeichen geben. Doch dann kam eine Spielszene, eine frivole, eine richtig nackte, die hieß „La palette de beauté" = „Die Farbenpalette der Schönheit".

Da auf einmal wandte Madame mir den Kopf zu, fröhlich gelöst, begeistert, und sie stieß mich mit der Hand an den Oberarm: „Ist das nicht entzückend, Monsieur Lemke (sie sprach es so aus wie „Lahnk" oder „Lonk")? Na, da konnte ich mich nun auch entspannen und ihr versichern, das sei sehr, sehr witzig, und später sagte ich dann von der Stripperin, sie sei „sehr elegant" und von den Tanzmädchen, das seien eben die in der ganzen Welt berühmten Frauen von Paris. Es wurde ein schöner Abend, und die Gesellschaft von Madame war angenehm. Sie steckte die beiden Männer in ihrer Begleitung mit ihrer Heiterkeit an. Das setzte sich noch fort, als wir in die Rue de Coquillière zum berühmten „Au Pied de Cochon" (Zum Schweinsfuß oder Zum Spitzbein) fuhren ... Früh am Morgen verabschiedete ich mich von meiner Gastgeberin. Ich hatte erlebt, dass Charmantsein-Können nichts mit dem Alter einer Frau zu tun hat, und ich brachte zur Verabschiedung immerhin so etwas wie einen Handkuss zustande. Am nächsten Tag flog ich von Le Bourget nach Berlin-Schönefeld zurück. Madame de Couëssin habe ich nie wiedergesehen.

Beim großen Bruder

In Moskau wohnte ich bei meinem ersten Besuch im Spätherbst des Jahres 1965 das erste Mal im Hotel Leningradskaja. Im Foyer schritt man über eine Treppe und durch eine Art goldenen Triumphbogen – es hieß, ältere Russinnen hätten sich dabei bekreuzigt in der Annahme, in einen Sakralbau einzutreten. Mein sowjetischer Kollege lud mich in ein interessantes altrussisches, mit Mosaiken geschmücktes Restaurant am Arbat ein, das noch aus der Zarenzeit zu stammen schien. Auf dem Roten Platz betrat ich zum ersten Mal das Lenin-Mausoleum (Stalin war schon zur Erde bestattet) und sah den großen toten Revolutionär im gläsernen Sarg. Ich hatte mich zuerst ganz hinten an das Ende der Warteschlange zu stellen, doch bald wurde ich zusammen mit anderen ausländischen Besuchern an der Menschenformation entlang nach vorn geführt und dort wieder eingereiht. Ich durchschritt die weiten Höfe des Kreml und seine Kathedralen.

Ich war fasziniert von dem riesigen Netz der menschenüberfluteten Metro, den schnelllaufenden Rolltreppen, die in endlose Tiefen zu führen schienen, der blitzenden Sauberkeit der Züge, der schnellen Zugfolge. Wenn ich noch spät unterwegs war und über frisch gefallenen Schnee und durch die kalte, klare Moskauer Nacht zum Hotel zurückging, hatte ich keinen Augenblick Angst vor einem Verbrechen. Wenn man ein paar Grundregeln beachtete, kam man in Moskau gut zurecht und konnte sich wohlfühlen. Wichtig war, morgens ausgiebig zu frühstücken und sich zu entschlacken, denn nirgendwo gab es einen Imbiss oder ein Schnellrestaurant, in dem man einen Happen nehmen konnte. Und wenn es tatsächlich irgendwo eine öffentliche Toilette gab, war geboten, sie weiträumig zu umgehen. Worauf man dagegen eingestellt sein musste - und dazu nahm der erfahrene Moskaureisende immer einen Einkaufsbeutel oder ein Netz mit – war, einen Straßenverkauf anzutreffen, vor dem eine lange Käuferschlange anstand, weil es etwas Seltenes und Begehrenswertes gab. Ich habe bei solcher Gelegenheit einmal fünf Stangen „Ernte 23" eingesackt.

Mein sowjetischer Käufer-Monopolist war „Mashpriborintorg" – dieser Wurm aus Abkürzungen hieß soviel wie „Importhandelsunternehmen für Maschinen und Geräte". Mit dem für mich zuständigen Stellvertreter des Generaldirektors Kislenko verband mich bald ein freundschaftliches Verhältnis. Er war wenig älter als ich und hatte nicht eine Spur des gefürchteten russischen Großmachtchauvinismus an sich. Er war gesellig, doch er hat mich nie genötigt, mehr als einmal mit ihm anzustoßen; auch in späteren Jahren haben mich sowjetische Partner nie gedrängt, Wodka aus Wassergläsern zu trinken. Natürlich war Kislenko der „Große Bruder" – und unser größter Käufer zugleich. Aber ein großer Bruder kann ein guter Bruder sein.

Tausend Analysenwaagen

Ich war kaum aus Moskau zurückgekehrt, musste ich im November erneut die Koffer für einen Flug über Moskau, Omsk und Irkutsk nach Peking packen. Selbstverständlich hatte ich immer auch schon ein Arbeitstreffen mit unserem chinesischen Hauptkäufer, der Mashinery Export and Import Corporation, geplant, doch nun war ein überstürzter Aufbruch unvermeidlich. Das passte mir überhaupt nicht: Meine Frau war im 8. Monat schwanger, ich hatte ihr schon vor der Geburt unserer Tochter vier Jahre zuvor in den letzten beiden Monaten vor der Geburt nicht beistehen können.

Die chinesische Seite hatte eine schwere Reklamation erhoben, und es zeigte sich schnell, dass die Meinungsverschiedenheiten über ihre Behebung durch Korrespondenz nicht gelöst werden konnten. Große Verluste drohten uns. Was war geschehen? Anfang der 60er Jahre war in Berlin ein neuer Hersteller von Analysenwaagen auf den Plan getreten, angesiedelt in einem der Gewerbehinterhöfe zwischen Holzmarktstraße und Karl-Marx-Allee (heute stehen dort Wohnhochhäuser), die Vietzke KG, ein kleines Unternehmen mit staatlicher Beteiligung. Der Inhaber war ein kleiner, freundlicher Handwerksmeister mit goldenen Händen und wehenden grauen Haaren, ein Tüftler, felsenfest davon überzeugt, dass „seine" Analysenwaage an Präzision und Genauigkeit von keiner anderen in der Welt übertroffen würde. Er war fast schon ein Original, man konnte ihn für versponnen halten, aber er stellte zur Leipziger Frühjahrsmesse aus, das Amt für Material- und Warenprüfung verlieh ihm ein Qualitätszertifikat, das der Waage die Marktfähigkeit bescheinigte, und die Fachleute äußerten sich nicht negativ. Zu unserer Überraschung wandten die chinesischen Einkäufer der neuen Waage große Aufmerksamkeit zu. Sie verstanden etwas von Analysenwaagen, sie produzierten selbst Feinwägetechnik. Die chinesische Eigenproduktion war mit Hilfe von DDR-Spezialisten aufgebaut worden, chinesische Facharbeiter waren in Oschatz angelernt worden. Ich kannte den Meister Tinius, der den Aufbau des Werkes in China geleitet hatte. Als sein Fernost-Einsatz beendet war, hatten ihn seine chinesischen Anlernlinge auf den Schultern aus der Werkhalle getragen. Die chinesischen Importleute brachten uns, die wir kaum Erfahrungen mit der neuen Vietzke-Waage hatten, in eine riesige Versuchung. Als Kontordirektor war ich gehalten, jede Möglichkeit zum Export nach China zu nutzen, denn die DDR hatte größtes Interesse, aus China zu importieren. Aber ich scheute das Wagnis, einen unerfahrenen Lieferanten auf den schwierigen Markt zu lassen.

Doch die Chinesen wollten nicht etwa ein Probestück kaufen oder vielleicht 10, nein – sie waren bereit, jetzt sofort eine Bestellung über T a u s e n d aufzugeben. Der hochfliegende Unternehmer Vietzke nahm sein Glück wie eine längst verdiente Auszeichnung entgegen und sah als einziges Problem, woher er 1.000 Versandkisten bekommen sollte, doch dieses Bedenken räumte der Berliner Wirtschaftsrat bald aus dem Wege. Und wegen der kurzen Liefertermine erhielt Vietzke die Erlaubnis, weitere Facharbeiter anzuwerben. Angesichts der herrlichen Perspektive schmolzen die Bedenken der Geschäftsleitung und schließlich auch meine eigenen dahin wie Butter in der Sonne – T a u s e n d Analysenwaagen, und zu einem passablen Preis!

Als Monate später die erste höfliche Reklamation aus China eintraf, versuchte ich sie kulant wegzudrücken. Da es sich ja nur um das eine oder andere defekte Gerät handeln konnte, stellte ich den Chinesen frei, sie gegen einen Preisnachlass im Lande reparieren zu lassen. Auch mit einer Rücksendung war ich einverstanden, auf unsere Kosten, wir wollten die defekten Waagen gern gegen fabrikneue austauschen. Doch die Chinesen antworteten, die Sache müsse „vollständig" gelöst werden, und unser Delegierter in China, Herbert Kirschke, schickte ein diplomatisches Telegramm, das jede Parteinahme vermied: Er hüte sich, den Chinesen gegenüber Partei zu ergreifen, er habe die Reklamation selbstredend nicht anerkannt, aber, aber – der Schaden sei ernster Natur, und das Stammhaus müsse jemanden entsenden, der an Ort und Stelle entscheiden könne.

Schon seit geraumer Zeit beschuldigte mich der Werkdirektor des VEB Freiberger Präzisionsmechanik, den chinesischen Markt nachlässig und erfolglos zu bearbeiten. In den 50er Jahren hatte die Volksrepublik die erstklassigen Freiberger Geräte in großen Stückzahlen abgenommen, doch dann war der Faden gerissen, und wir fanden keine neuen Auslandskunden für die nun frei gewordenen Kapazitäten. Die Freiberger befürchteten, in allernächster Zeit einige ihrer Traditionslinien ganz einstellen zu müssen, und um abzusichern, dass ich die nochmaligen Verkaufsbemühungen in China in kämpferischem Geist anginge, schickten sie mir den Parteisekretär des Werkes mit. Wir reisten also zu zweit.

Zur ersten Verhandlung über die Analysenwaagen-Reklamation empfing mich der Direktor des Importkontores Cheng Ming, ein kleiner, ruhig-ausgeglichen wirkender Mann in der allgegenwärtigen grauen Kaderkleidung. Was mich von der ersten Minute an beeindruckte: Er blickte mich durch zwei winzige Sehschlitze an, ich konnte seine Augen nicht sehen. Mir wurde eine große Tasse Jasmintee angeboten, obenauf ein Deckel. Ja, unsere Zusammenarbeit sei gut und nützlich, doch nun falle leider ein kleiner Schatten darauf, und die chinesische Seite bitte, die Vi-ze-ke-Waagen, ja, alle Tausend, zurückzunehmen. Dann nahm er ein Tuch von einer auf einem Nebentisch stehenden Waage, und ich sah: Das Gehäuse war völlig verzogen, Metallteile waren bereits leicht korrodiert, und mein chinesischer Partner meinte, dieser Zustand sei der nicht seemäßigen Verpackung in den noch ganz frischen Fichtenholzkisten geschuldet. Analysenwaagen seien Präzisionsinstrumente, und es sei schwer: Wie solle man die Kunden überzeugen, dass die Waagen nach einer Überarbeitung zuverlässig und genau wären. Ich solle dem chinesischen Wunsch zustimmen, die Tausend Waagen nach Deutschland zurückzuschicken, und Ersatz dafür wolle man nicht, sondern die schon geleistete Zahlung zurück. Na, da lief es mir heiß über den Rücken. Wie sollte mein Unternehmen einen solchen Riesenschaden verkraften? Und ich tat, was ich tun musste: Ich erklärte fest und stark, der Schaden an einigen wenigen Waagen rechtfertige nicht die Rücksendung der ganzen Ladung, das wäre ja fast eine Strafaktion. Mein kleiner Chinese blieb ruhig und gelassen.

Er bedankte sich für mein Kommen, wir tranken Tee, und dann bat er mich doch alles zu überdenken und in einer Woche wiederzukommen. Richtig gelesen: In einer Woche sollte unser nächster Besprechungstermin sein, und ich merkte bald: Es wäre sinnlos, früher wieder anzuklopfen. Auf meine anderen Besprechungs-wünsche, die Freiberger Geräte betreffend, käme man noch zurück, erst wollten wir gemeinsam die Waagenfrage zur Zufriedenheit lösen. Zu einem Essen wäre ich zwischendurch willkommen, den Termin würde man der Handelsvertretung noch mitteilen, aber da wollten wir entspannt sein und nicht von den Arbeitsaufgaben reden.

An den meisten Tagen schlug ich mich auf eigene Faust durch und erschloss mir in Peking, was innerhalb der Stadtgrenzen mit dem öffentlichen Verkehrsmittel Bus zu erreichen war (eine U-Bahn gab es nicht) und betreten werden durfte. Überall gab es nur chinesische Schriftzeichen, gerademal die Zahlen konnte ich lesen. Und ich traf auch keinen Chinesen, der ein Wort Englisch mit mir sprechen konnte oder durfte. Ich zeigte den Chinesen einen Stadtplan vor, eine Postkarte mit einem Bild, und erfuhr, ob ich in der richtigen Richtung unterwegs war. Jedes Mal, wenn ich in einen Bus stieg, erhoben sich Frauen und Männer von den Sitzen, um sie mir anzubieten. Ich dankte mit einer Verbeugung, aber nahm das Anerbieten nicht an.

Die „Verbotene", die „Rote" Stadt überwältigte mich in ihrer riesigen Ausdehnung und durch den Reichtum der Ausgestaltung: Auf Podesten gefiederte Löwen, Schildkröten, Reiher, goldene Elefanten, kesselartige Gebilde, Schreine, Sonnenuhren. Eindrucksvoll die sechs Haupthallen des Kaiserpalastes mit ihren leuchtend roten Wänden, dem farbigen Gebälk und den glasierten gelben und grünen Ziegeln, die farbenfrohe „Neun-Drachen-Mauer". Mehrere Male war ich dort, aber es gab niemanden, der mir in Englisch oder in meiner eigenen Sprache etwas hätte erklären können. Vielleicht gab es chinesische Besuchergruppen, aber nie traf ich auch nur eine einzige aus dem Ausland, deren Dolmetscher ich nassauernd hätte lauschen können. Ansichtskarten mit ausschließlich chinesischer Beschriftung gab es, doch nicht ein einziges Heftchen in irgendeiner Fremdsprache. So hatten die Augen ihre Freude, aber der Verstand wurde nicht beschäftigt.

Auch wenn mich unser Delegierter begleitete, war unser Wissensdurst nicht zu stillen, denn auch er konnte kaum mehr als „Nihau" und „Schescheni" sagen, „Guten Tag" und „Danke", und weil er sich weder den Klang der chinesischen Worte einprägen noch ein einziges Schriftzeichen lesen konnte, machte er es wie fast alle anderen DDR-Bürger: Er gab den Straßen und Gebäuden deutsche Namen. Die verkehrsreichste Einkaufsstraße hieß bei ihm „Schönhauser Allee" und ein naher volkreicher Platz „Alexanderplatz". Ich will den Ereignissen nicht vorgreifen, aber es kam der Tag, da wollte ich keine chinesische Pagode mehr sehen und kein süß-saures Schweinefleisch mit Bambussprossen mehr essen, und an den Wartetagen lag ich im Hotel auf dem Bett und fühlte mich wie ein Strafgefangener.

Am 13. November war ich in China eingereist. Eine Woche später traf ich zum zweiten Mal den Importdirektor mit den Sehschlitzen. Gleich zu Beginn der Verhandlung wurden mein Parteisekretär und ich in eine Art Speiseraum geführt. Auf langen Tischen standen, sorgfältig ausgerichtet, 50 Analysenwaagen. Ich schritt langsam an ihnen vorbei wie ein Staatsoberhaupt an den Särgen der Opfer einer Flugzeugkatastrophe. Auch wenn ich es eigentlich nicht wahrhaben wollte, war es nicht zu übersehen: Jede einzelne Waage hatte einen Schlag weg, einen Wasserschaden, eine Deformation von Präzisionsteilen, Korrosionsschäden. Dann kehrten wir zu unseren Teetöpfen zurück, und ich bemühte mich verzweifelt, das Unheil abzuwenden, sagte Umtausch und Preisminderung zu, aber Direktor Cheng Ming schüttelte den Kopf. Nein, er schlage vor, die Waagen ersatzlos nach Deutschland (die richtige Bezeichnung „DDR" ging den Chinesen nicht so leicht von der Zunge) zurückzusenden, und das erste Mal, fast hätte man es überhören können, klang es so: Wir können das auch machen, ohne sie zu fragen. Da hätte ein Relais in meinem Kopf fallen müssen!

Es ist die Wahrheit: Ich musste erneut eine ganze Woche auf den nächsten Termin warten, und als ich nach Qualen der Langeweile wieder antreten durfte, fuhr mein Verhandlungspartner mit mir zur Universität Peking. In einem Hörsaal mit im Halbrund angeordneten, leicht ansteigenden Bankreihen standen hundert enthüllte und geschädigte Analysenwaagen, und der Direktor sagte mir, nicht unkorrekt, durchaus nicht drohend, es sei auch möglich, mir alle Tausend vorzuführen. Das war an einem der letzten Novembertage des Jahres 1965, und es brannte mir schon lange unter den Sohlen, und mein Parteisekretär, der an meiner Seite auch schon dreimal um Abnahme seiner präzisen Instrumente gebeten hatte, hatte die Schnauze schon lange voll. Ich bat, unser Gespräch für diesmal zu beenden und mich am nächsten Tag noch einmal zu empfangen – siehe da, das wurde mir gewährt. Ich lag viele Stunden schlaflos auf meinem Messingbett.

Es gab keinen Zweifel: Die Reklamation war vollauf berechtigt, auch meine

DDR-Begleiter sahen das so. Ich musste das Handtuch werfen. Ich versuchte mich selbst zu überzeugen: An dem ganzen Schaden war eindeutig der Hersteller und Versender, die Vietzke KG schuld. Die Analysenwaagen würden ins Eigentum von Feinmechanik-Optik zurückkehren, aber den Schaden mussten wir auf den Verursacher abwälzen. Hätte ich geahnt, dass sich die Vietzke KG wie ein Sünder, dem die Todesstrafe drohte, gegen den Totalregress wehren würde, und wäre ich schon zehn Jahre älter und weiser gewesen, dann wäre ich aus Peking abgereist, ohne eine Entscheidung zu treffen. Aber ich entschied selbst und vor Ort, die Waagen zurückzunehmen und den Kaufpreis zu erstatten. Und nachdem das geschehen war, wollte ich nichts wie weg. Ich besitze noch den Boarding Pass für den Aeroflot-Flug vom 1. Dezember 1965. Er nützte mir nichts, denn wegen ungünstiger Wetterbedingungen starteten wir nicht. Am 2. Dezember gelang der zweite Versuch. Doch die Widrigkeiten nahmen kein Ende, in Swerdlowsk erzwang schlechtes Flugwetter eine unplanmäßige Zwischenlandung. Als ich in einem schlecht beleuchteten Wartesaal saß, in dem zu nächtlicher Stunde nicht einmal eine Tasse Tee ausgeschenkt wurde, hatte meine Frau in Berlin-Biesdorf ihre schwere Stunde und brachte unseren Jungen zur Welt. Aber ich konnte das nicht wissen.

Ich erfuhr es mit Hilfe eines guten Mannes in der Moskauer Handelsvertretung erst am nächsten Morgen, als ich auf meinen Weiterflug nach Berlin wartete und wartete. Doch kein Flugzeug stieg in den trüben Dezemberhimmel, und weil meine Sehnsucht nach Frau und Sohn nicht mehr zu bezwingen war, fuhr ich zum Bjelorussischen Bahnhof und nahm den Zug, und statt der geplanten zwei Stunden im Flugzeug war ich nun 1 1/2 Tage unterwegs. Wieder einmal hatte meine Frau Schweres alleine tragen müssen.

Ich muss noch erzählen, wie mir meine Eigenmächtigkeit bekommen ist. In Peking hatte ich gemeint, der Anerkennung der Reklamation nicht mehr ausweichen zu können. Der halbstaatliche Herr Vietzke aber war ganz anderer Meinung und wollte um keinen Preis in der Welt anerkennen, dass die unsachgemäße, ja schlampige Verpackung Ursache für die eingetretenen Defekte und Qualitätsverluste gewesen war. In die Schranken hätte man die ignoranten Chinesen verweisen müssen. Vielleicht wären da und dort ein paar Nachbesserungen erforderlich geworden, nun gut, aber das hätte er mit einem Taschenmesser an Ort und Stelle erledigt – wenn man ihn nur gerufen hätte. So ähnlich war seine Rede. Und dasselbe sagte, etwas feiner nur, sein Anwalt vor dem Berliner Vertragsgericht, vor dem Feinmechanik-Optik klagen musste, um die Vietzke KG zur Rückzahlung des Gegenwertes zu zwingen.

Ich musste Vietzke im Prozess scharf angreifen und beschrieb den Vertrauensschaden, den Feinmechanik-Optik in China hinnehmen musste und der in seinen Auswirkungen noch gar nicht zu übersehen war. Der Justitiar von FO, Willibald Schobert, baute meine Argumentation fachmännisch aus, und der Richter verurteilte die Vietzke KG, den Industrieabgabepreis zurückzuzahlen. Bald darauf verließ ich Feinmechanik-Optik, um nach Kuba zu gehen. Das Chinageschäft ruinierte die Vietzke KG, aber es hieß, der staatliche Kommanditist wollte das Unternehmen durch einen weiteren Kapitaleinschuss retten.

Weltmarktpreise-Ostmarktpreise

Ganz sicher wusste ich damals all das, was ein Kontordirektor über die Bildung der Valutapreise, das System der Preisausgleiche und den Gewinnplan zu wissen hatte und behielt auch die Entwicklung der Regiekosten im Auge. Der Hauptbuchhalter, später hieß er Finanzdirektor, der Finanzökonom Kellner, die Preisbearbeiterin Neubert-Krahl, der Betriebswirt Kotzan, der Betriebsorganisator Grabowski, alle sahen mir auf die Finger. Doch nach so vielen Jahren gelingt es mir nur noch T e i l e des damaligen Gesamtsystems der Valutapreispolitik und der Leistungsbewertung in meinem Kopf zu rekonstruieren.

Im Export in das Sozialistische Wirtschaftsgebiet war zwischen den RGW-Mitgliedsländern bereits während der IX. Tagung des RGW im Jahr 1958 das Grundprinzip vereinbart worden, die Außenhandelspreise auf der Grundlage d e r Preise zu bilden, die auf dem (kapitalistischen) Hauptmarkt der jeweiligen Ware im Verlauf eines mehrjährigen Basiszeitraums gültig waren bzw. sind. Diese Preise wurden für eine mehrjährige Laufzeit stabil gehalten. Zwar sollte die Einheitlichkeit der Preise für alle RGW-Länder angestrebt werden, doch wurden die Preisvereinbarungen auf zweiseitiger Grundlage getroffen und wichen von Land zu Land voneinander ab. Für die Preisverhandlungen hatten die Seiten beweiskräftige Dokumentationen über tatsächlich auf den (kapitalistischen) Märkten angewandte Preise beizubringen. Mit Hilfe befreundeter Firmen gelang es meist, Originalangebote unserer wichtigsten Konkurrenten herbeizuschaffen, echte Handelsfakturen gab selten einer heraus. Was wir aber vor Preisverhandlungen mit den Osthandelspartnern nie genau wussten: Welche Rabatte, vor allem Mengennachlässe, die Westkonkurrenten dem gewaltigen sowjetischen Käufer oder anderen bedeutenden Käufern einräumten oder welche Einführungsrabatte sie Polen oder der ÈSSR gewährten, um uns, den schon etablierten lästigen DDR-Lieferanten, abzuschütteln.

Unser sowjetischer Abnehmer ließ uns, wenn wir Dokumentationen aus der Bundesrepublik vorlegten, meist recht unverfroren wissen, das seien doch Gefälligkeitsofferten unserer westdeutschen Blutsbrüder und daher nicht beweiskräftig. Natürlich kam es bei Preisverhandlungen darauf an, nur Vergleichbares miteinander zu vergleichen. Zwar stand dem Kontor ein so genannter „Technischer Dienst" zur Verfügung, der, mal mehr, mal weniger befähigt, die von den Verkäufern erarbeiteten technischen Erzeugnisvergleiche zu beurteilen hatte, mit denen wir ins Feld ziehen wollten. Die Herstellerbetriebe ordneten ihre Erzeugnisse meist bar jeder Selbstkritik in die „Weltspitze" ein – aber das konnten sie den Lokalreportern vom Suhler „Freien Wort" erzählen. Wir mussten schon wissen, wo das DDR-Produkt noch in Leistungsparametern, Materialgüte und Design zurücklag. Natürlich stapelten wir in den Preisverhandlungen zunächst hoch, um dann gegebenenfalls Schritt um Schritt zurückzugehen – aber unseriös durfte schon das erste Gebot nicht sein. Ende vom Lied war, dass wir für jedes Land unterschiedliche Preise hatten, selbst für Zubehör und Ersatzteile, und nie ordentlich gedruckte Preislisten in Händen hielten.

Doch auch im Verkehr mit den Selbstkäufern und Endkunden im KA hatten wir keine ausgedruckte einheitliche Bruttopreisliste mit zugehörigem Rabattsystem. Ich übernahm schon 1960 als KW-Brigadeleiter ein „historisch" entstandenes Preissystem. Dieses war, vor allem wegen der vielen Verrechnungswährungen (ägyptisches Verr.-Pfund, belgischer Verr.-Franken, dänische Verr.-Krone, indische Verr.-Rupie, Schweizer Clearing-Franken, kubanischer Verr.-Peso u. v. a.) völlig zerklüftet. Jeder Verkäufer hatte eine Sammlung von Proforma-Rechnungen, aus der er für neue Angebote und Bestellungen das Erforderliche herausschrieb. Zur Zerklüftung des KA-Preisniveaus hatte auch geführt, dass wir in einer anderen Ausgangslage als westliche Anbieter waren. Der westliche Anbieter – und wir kannten als Importeure ja deren Geschäftsgebaren gut, weil wir bei namhaften Herstellern einkauften, bei Hilger & Watts England, Beckmann USA, Sartorius Göttingen, um nur drei zu nennen – übergab eine aktuelle Preisliste und gewährte darauf in der Regel einen Wiederverkäuferrabatt. Über den ließ sich reden (wenn nicht von vornherein der Maximalrabatt angeboten und ausgewiesen war) – bis zu einem bestimmten Punkt.

An diesem bestimmten Punkt angelangt, erklärte der kapitalistische Anbieter, der seine betriebliche Kalkulation beherrschte und dem sein Staat (anders als die DDR, die Außenhandelsverluste über ein Preisausgleichssystem abfing) keine Verluste kompensierte, nun sei das Ende der Fahnenstange erreicht. Entweder wir kauften zum angebotenen Preis, oder man müsse bedauern.

Aber wir Realsozialisten, immer unter dem Druck eines über unseren Möglichkeiten angesetzten KW-Planes, ließen einem willigen Interessenten „ausnahmsweise" den Preis auch dann noch nach, wenn eigentlich das gesetzte Limit längst erreicht war, und der „Ausnahmepreis" hatte dann das ewige Leben. Die von mir beschriebene Zerklüftung brachte mein Kontor immer dann, wenn der Generaldirektor der Meinung war, die Konjunktur erlaube jetzt eine generelle Preiserhöhung für Laborgeräte von 5, 10 oder 15 Prozent gegenüber dem KW, in Teufels Küche. Denn das als richtig zu akzeptieren hätte bedeutet, Tausende Preise heraufzurechnen und neue Listenwerke anzulegen. So gerieten wir in eine paradoxe Situation und in die Versuchung, eine möglicherweise gescheite Entscheidung zu torpedieren, die uns dem ersehnten Ziel der Planerfüllung ein paar Prozent nähergebracht hätte. Ohne das System des staatlichen Preisausgleichs bei Verlustgeschäften hätten wir den Laden sofort dichtmachen müssen. Aber angesichts der ständigen Gewissheit, dass wir auch bei schlechten Preisen nicht untergehen konnten, verlor der Preis die Funktion des Scharfrichters über die Sinnhaftigkeit des Einzelgeschäfts. Mit der Ökonomie musste der Preis nicht unbedingt zu vereinbaren sein, nur mit unserem Gewissen.

Wenn ich an anderer Stelle mit Überzeugung niedergeschrieben habe, in den 60er Jahren seien Laborzentrifugen und einige andere Laborgeräte aus der DDR den Erzeugnissen aus Westdeutschland, den USA und England „ebenbürtig" gewesen, dann galt das nie für die Produktivität, mit der sie hergestellt wurden und damit nie für ihren Gestehungspreis. Der geradezu automatisch erstattete Preisausgleich verstellte uns letztlich den Blick für die wirkliche Konkurrenzlage. Wer als Verkäufer im Juli 1990 erlebt hat, wie die Subventionierung der Exportpreise über Nacht erlosch, hat die bittere Stunde der Wahrheit selbst erlebt.

Blick zurück nach vorn

Das Jahr 1966 brach an, und es zeichnete sich ab, dass meine Zeit bei Feinmechanik-Optik zu Ende gehen würde und ein Einsatz in Kuba bevorstand. Ich war mit dem Lebensabschnitt zufrieden. Das Wichtigste war, dass unsere Ehe trotz der Belastungen, denen sie ausgesetzt war, gehalten hatte. Heute entscheiden viele junge Frauen souverän, sich zuerst im Beruf zu bewähren und später Kinder zu haben und zu heiraten – wenn überhaupt. Meine Frau nahm unsere beiden Kinder an, als sie uns geschenkt wurden, und musste hoffen, später, in fünf oder zehn Jahren, als Dolmetscherin mit geringer Praxis noch gefragt zu sein und auf Reisen gehen zu können. Familien-Planung – wir kannten noch nicht einmal das Wort. Als die Kinder da waren, war es immer an meiner Frau, zu verzichten. Als unsere Tochter drei Jahre alt war und schon einmal drei Wochen bei der Großmutter aushielt und bevor unser Sohn die ersten Signale aussendete, in dieser kleinen Einflugschneise im Frühjahr 1965, reiste meine Frau das erste Mal seit vier Jahren wieder ins Ausland, nach Kairo, als eine der Übersetzerinnen des Dr. Gerhard Weiss, Stellvertreter des Ministers für Außenhandel und Innerdeutschen Handel. Gerhard Weiss bereitete mit einer Expertendelegation die Reise Walter Ulbrichts zu Gamal Abdul Nasser vor. Nassers Einladung an Ulbricht, den Vorsitzenden des Staatsrates der DDR, wertete die BRD als feindlichen Akt und stellte danach die Wirtschaftshilfe für Ägypten ein.

Als immer wahrscheinlicher wurde, dass ich mit der ganzen Familie für einige Jahre nach Kuba gehe, hatte ich auch Befürchtungen. Würde ich nach der Rückkehr den Anschluss an die operative Wirklichkeit des Außenhandels wiederfinden? Käme jetzt eine Zeit, in der ich mehr als mir lieb wäre in vormundschaftliche Strukturen eingezwängt würde? Würde uns beiden und würde unserer Ehe die viel intensivere Nähe und die gemeinsame Einstellung in die Kosmonautenkapsel DDR-Botschaft gut tun?

Handelsattaché in Kuba 1966 bis 1969

Weggelobt worden bin ich von Feinmechanik-Optik nicht, da hätte man mich gern behalten. Aber im Ministerium für Außenhandel und Innerdeutschen Handel kannte man meine kubanische Vorgeschichte, und als die Dienstzeit des Handelsattachés Donat Ciesla in Havanna abgelaufen war und ein Nachfolger für ihn gesucht wurde, hatte das Ministerium den längeren Arm. Wäre es allein nach mir gegangen, ich hätte mich vielleicht zu wehren versucht, aber meine Frau verlangte schon lange danach, wieder eine vollwertige, ihrer Ausbildung entsprechende Ganztagsarbeit aufzunehmen – und das ging nur „draußen", in einem Land, in dem es einen DDR-Kindergarten gab und für Norman ein einheimisches Kindermädchen und später auch eine DDR-Schule, und alles das war nur in wenigen Empfangsländern Wirklichkeit – darunter in Kuba. Dort konnte meine Frau sogar im erlernten Beruf (als Dolmetscherin für ihre Hauptsprache Spanisch) arbeiten, was nicht vielen mitreisenden Ehefrauen vergönnt war, die „unpassende" Berufe hatten. Ich habe später oft erlebt, welche Dramen in Familien ausbrachen, in denen es für die Ehefrauen im Gastland keine Arbeit in Botschaft oder Handelsvertretung gab. In einem Betrieb oder bei einer Behörde des Aufenthaltslandes Arbeit aufzunehmen, war untersagt, von der Sprachbarriere einmal ganz abgesehen, die die meisten nicht durchbrachen. Wie die Dinge lagen, musste ich zufrieden sein, welche Chance sich da für unsere vierköpfige Familie ergab. Denn unser kleiner Norman, am 2. Dezember 1965 geboren, hatte das Berufsleben meiner Frau in der DDR erst einmal gestrichen.

Einarbeitung in Vorgeschichtliches

Meine Einarbeitung in der Ländersektion des Ministeriums ist mir in schlechter Erinnerung. Ich las in den Akten und der Korrespondenz mit der Handelspolitischen Abteilung, konsultierte mich in der Haushalts- und Kaderabteilung, stellte mich im Ministerium für Auswärtige Angelegenheiten und in einigen wichtigen Außenhandelsunternehmen vor und hatte am Schluss einige Kenntnis von den „Oberflächenprozessen". Was aber im Kuba der Jahre 1962 bis 1966 wirklich politisch und wirtschaftlich vorgegangen war und vorging, was unsere beiden Länder und ihre führenden Parteien auf hoher politischer und diplomatischer Ebene einte und entzweite, was man in den höchsten Etagen der Macht über Kuba, seine Revolution und ihre Führer dachte – ich erfuhr fast nichts darüber ..

Ich erfuhr nichts, weil es nicht für mich bestimmt war, sondern für die, die in den zweiten und dritten Vorhof der großen Wahrheiten eintreten durften, und zu denen gehörte ein Handelsattaché nicht. Dabei meine ich noch heute: Hätte ich tiefer blicken dürfen, ich hätte auch die in Kuba auf mich wartende Aufgabe besser lösen können. Donat Ciesla, der mir Wissen, Erfahrungen und Kontakte uneingeschränkt und uneigennützig weitergab und dem ich auch deswegen seit jener Zeit freundschaftlich verbunden bin, und auch der Handelsrat Otto Schreiber lichteten in Havanna einige Schleier, die für mich die Vorgeschichte der deutsch-kubanischen Handelsbeziehungen verhüllten, doch manchen gerade auch für die wirtschaftlichen Beziehungen wichtigen Zusammenhang verstand ich erst vierzig Jahre später beim Blick in die Archive.

Da ich im Frühjahr 1962 während der Verhandlungen zum Jahresprotokoll im kubanischen Außenhandelsministerium ein- und ausgegangen war, hoffte ich, an einige alte Verbindungen anknüpfen zu können. Doch im Zuge einer Kampagne zur Ausmerzung von Nichtrevolutionären war am 15. März 1966 das MINCEX „von lasterhaften" Elementen gesäubert worden, und meine früheren Arbeitspartner schienen mehrheitlich Trunkenbolde gewesen zu sein, die sich im Ausland Entkleidungsszenen angesehen hatten, oder sie hatten unzulässigerweise die Traditionallöhne verteidigt – sie waren jedenfalls nicht mehr da, aber Donat Ciesla half auch hier und ließ mich in seine Verbindungen zu den jetzt amtierenden gefestigten Revolutionären eintreten.

In der Raketenkrise des Oktober 1962 hatte die Sowjetunion weltpolitische Entscheidungen getroffen, ohne das davon betroffene Kuba zu fragen. Castro fand sich niemals mit dem Abkommen zwischen Chruschtschow und Kennedy ab; obwohl seine öffentlichen Erklärungen die Beilegung des ohnehin vor der Öffentlichkeit verborgenen Streites signalisierten, verzieh Castro den „Verrat" der Sowjets nie und distanzierte sich auch nicht von den Lehrsätzen Che Guevaras über die Wiederholbarkeit der kubanischen Guerilla-Revolution in ganz Lateinamerika. Auch in den Folgejahren sprach Guevara oft das aus, was sein großer Meister nicht laut sagen konnte, wollte er die umfassende Hilfe der Sowjets und anderer sozialistischer Länder für Kuba nicht gefährden. Während des 2. Seminars für afro-asiatische Solidarität in Algier im Februar 1965 erklärte Guevara, der „Handel zum gegenseitigen Vorteil" sei eine Farce, mit der Forderung nach Weltmarktpreisen und -bedingungen im Außenhandel machten sich die sozialistischen Länder „zu Komplizen des Weltimperialismus". Wenn die sozialistischen Länder die Entwicklungsländer dabei haben wollten, müssten sie sich das etwas kosten lassen.

Castro weigerte sich, in den ideologischen Auseinandersetzungen zwischen Moskau und Peking Partei zu ergreifen. Dennoch war es der Sowjetunion zweckmäßig erschienen, die Vereinigte Partei der Sozialistischen Revolution Kubas als vollwertige Vorhut-Partei anzuerkennen. Die Altkommunisten der SVP erkannten, zumindest in Worten, Castro als „ihren Führer und Lehrer" an. Die SVP hatte die von ihr beanspruchte Rolle als Vorhut des Proletariats nicht erfüllt, sie befreite sich aus ihrem Dilemma, indem sie Castro zum Verkörperer der Hegemonie des Proletariats ausrief. Fidel Castro dankte ihnen die Unterwerfung nicht. Sie bestärkte ihn nur in der Einschätzung, die er später (am 25. Juli 1966) in einem Gespräch in vertrautem Kreis so formulierte: Die Kommunisten haben in Kuba nie etwas zustande gebracht. Wir, die vom 26 de Julio, waren stets Avantgarde und haben es allein geschafft. So wird es auch in anderen lateinamerikanischen Ländern sein.

Die von der Sowjetunion sind im Allgemeinen keine schlechten Leute. Sie helfen wirtschaftlich, und wir werden es ausnutzen. Politisch werden wir nie den beschissenen Weg der Sowjetunion und der anderen sozialistischen Länder gehen.

Kuba, das zunächst versucht hatte, die Monokultur Zucker zu überwinden, akzeptierte, erneut auf den Zuckeranbau spezialisiert zu werden, doch zugleich fiel die Zuckerernte auf den niedrigsten Stand seit der Revolution zurück und erfüllte Kuba seine Lieferverträge mit der UdSSR nicht. Che Guevara, der als Industrieminister die Stabilisierung und Steigerung der Produktion mit moralischen Anreizen erreichen wollte, stieß auf den entschiedenen Widerstand anderer führender kubanischer Ökonomen (Dorticós, Marcelo Fernández Font). Che Guevara verschwand 1965 aus der Öffentlichkeit und verließ Kuba in der Überzeugung, seinem Ruf als Praktiker und Theoretiker des Volksbefreiungskrieges im schwarzen Afrika gerecht werden zu können.

Im September 1965 wurde sichtbar, dass ein nicht geringer Teil der kubanischen Bevölkerung, von Castro als „Abschaum" eingestuft, den Sozialismus des ständigen Mangels nicht ertragen wollte. Castro gestattete den Unzufriedenen, Wehrpflichtige und Ingenieure ausgenommen, die Ausreise in die USA über den Yachthafen Camarioca, bis ihm (und den USA) die Sache über den Kopf wuchs und die Kleinbootabfahrten endgültig zum 3. November 1965 eingestellt wurden.

Im selben Jahr verwandelte Castro die PURSC in die Kommunistische Partei Kubas, besetzte selbst die Funktion des Generalsekretärs und übernahm aus den Reihen der Altkommunisten nur Carlos Rafael Rodriguez in die neue Parteileitung.

Nachdem die Chinesen die kubanischen Erwartungen enttäuscht hatten, die gesunkenen Eigenerträge bei Reis durch steigende Lieferungen auszugleichen, beschuldigte Castro vor aller Welt die chinesischen Führer in unflätigen Worten des Verrats und orientierte sich auf weitere Hilfen der Sowjetunion, ohne jedoch ihr gegenüber seine Unabhängigkeit und seine politischen Sonderpositionen preiszugeben.

Dennoch hielt sich die Meinung, Castro sei mit dem Verstand in Moskau, aber mit dem Herzen in Peking. Ideologisch fundierte Angriffe auf die Positionen der Chinesen gab es nicht.

Die wirtschaftliche Lage Kubas war bedrohlich. Äußerlich schien die Leitung der Wirtschaft geordnet zu sein. Die 1. Stufe der Wirtschaftsleitung wurde durch eine Staatliche Plankommission, die Junta Central de Planificación, verkörpert. Die 2. Leitungsstufe waren die Ministerien, insbesondere das Industrieministerium, und, ab 1964, das Ministerium für Zuckerwirtschaft, das Instituto Nacional de la Reforma Agraria (INRA = Landwirtschaftsministerium), das Fischerei-Institut, das Nationalinstitut für den Tourismus (INIT) und andere Quasi-Ministerien. Die 3. Stufe waren Wirtschaftslenkungs-Behörden, den Vereinigungen Volkseigener Betriebe der DDR vergleichbar; das Industrieministerium hatte etwa 50 solcher Vereinigungen. Seit 1962 gab es Jahreswirtschaftspläne. Doch die Lage in der Wirtschaft war alles andere als geordnet. Zwischen 1957 und 1963 war der Export um ein Drittel zurückgegangen. Nach dem Triumph der Revolution hatte Kuba Auslandsanleihen in Höhe von 700 Mio. US-$ aufgenommen und in der Zahlungsbilanz ein Passiv von 550 Mio. US-$ angehäuft. Kuba konnte seine Lieferverpflichtungen im Zuckerexport insgesamt nicht mehr erfüllen, doch die Lieferungen an die DDR stiegen bis 1963 an. 1960 waren es 62 kt, 1961 117 kt, 1962 noch 174 kt und 1963 nach einem Riesensprung 237 kt, worin allerdings Vorlieferungen auf das Folgejahr enthalten waren. Da kam die Stunde der Wahrheit: Die Zuckerlieferungen an die DDR stürzten 1964 auf 75 kt ab, und am Ende des Jahres 1964 hatte Kuba bei der DDR einen Passivsaldo in der laufenden Zahlungsbilanz von 77,1 Mio. Valutamark. Kuba hatte seine Käufe in der DDR kräftig erhöht und offenbar auf steigende Preise und Gewinne auf dem Weltzuckermarkt gehofft, aus denen es ein Defizit gegenüber der DDR so, wie es vereinbart war, in Freien Devisen ausgleichen könnte. Doch es konnte nicht.

Als Kuba gezwungen war, die DDR um eine Stundung seiner Verpflichtungen zu ersuchen und bitten musste, auf die Forderung nach Freien Devisen ganz zu verzichten, schrieb Castro am 9. 11. 1964 an Walter Ulbricht: „Es ist möglich, dass einige deutsche Genossen der Meinung sind, dass es bei einigen kubanischen Funktionären in früheren Verhandlungen spekulative und unredliche Momente gegeben hätte ..." Ja natürlich, so war das gewesen, die „deutschen Genossen" waren ganz zu Recht dieser Meinung. Das Ende vom Lied war, dass der amtierende Außenhandelsminister Rauchfuß bevollmächtigt wurde, die überfälligen kubanischen Zahlungen in Höhe von 22 Mio. US-$ in Verrechnungs-Pesos und in einen Kredit mit 15 Jahren Laufzeit zu wandeln.

Die DDR musste weitsichtig handeln, denn Zucker aus Kuba war inzwischen ein unverzichtbares Gut geworden, und ohne Kubazucker wäre es nicht möglich gewesen, Futterhefe zu produzieren, um die dringend nötige Erhöhung der Fleischproduktion zu sichern und die eigenen Exporte von Weißzucker auf den kapitalistischen Markt weiterzuführen; Zucker war eine unverzichtbare Devisenquelle der DDR, in Spitzenjahren hatte die DDR bis zu 360 kt exportiert, jetzt waren es noch um die 200 kt pro Jahr, genau erfuhr das nie jemand.

Aber nun trafen Nachrichten ein, die befürchten ließen, die Kubaner, von den Lieferverpflichtungen an die Sowjetunion überfordert, wollten den Zuckerexport in die DDR ganz streichen. Deshalb beschloss das Politbüro der SED am 22. 9. 1964, sein Mitglied Werner Jarowinsky, unterstützt von Dr. Dieter Albrecht, damals einer der Stellvertreter des Vorsitzenden der SPK, zu Verhandlungen über ein Langfristiges Zuckerabkommen nach Havanna zu schicken. Jarowinsky kam an Castro heran, doch der ließ ihn leidenschaftslos wissen, wenn Kuba zukünftig überhaupt Zucker an die DDR liefern sollte, dann nur, wenn die DDR vollständig auf den eigenen Export, in Kubas Augen war das Re-Export, verzichte. Und außerdem sei kein Zucker da. Jarowinsky muss ein furchtloser Verhandler gewesen sein, denn es stand ihm eigentlich nur eine leere Drohung zur Verfügung, aber die sprach er aus: „Gut, dann produzieren wir wieder selbst mehr Zucker!" Castro stieg von dem ganz hohen Ross herab, und Jarowinsky, dem außer Albrecht auch der Botschafter Johne und Friedel Trappen zur Seite standen, konnte schließlich am 29. 10. 1964 ein Abkommen unterzeichnen, in dem Kuba zusagte, die Zuckerlieferungen von 1965 160 kt auf 1970 275 kt zu steigern. Die DDR zahlte Kuba für den Zucker Festpreise, die über den Weltmarktpreisen lagen.

Als ich mich anschickte, als Handelsattaché nach Kuba zu gehen, waren die Führungen der „wahrhaft marxistisch-leninistischen" Staaten und Parteien mit Fidel Castro noch nicht zufrieden. Sie meinten, Castro – der Einzelgänger, Pragmatiker, Nichttheoretiker – „verwirre die Massen" und müsse daher von einer hoffentlich bald erstarkenden leninistischen Gruppe „in die Mitte genommen" werden.

Die Wirtschaftslage Kubas hatte sich nicht verbessert, die Erfüllung der kubanischen Wirtschaftspläne lahmte … Aber im Warenaustausch DDR – Kuba hatte sich das Blatt gewendet: Die Vorzugspreise für Zucker und die wieder kräftig steigenden Zuckerlieferungen hatten Kuba zu einem Aktivsaldo in der laufenden Verrechnung verholfen. Die Zuckerlieferungen Kubas waren in einem am 29. Oktober 1964 abgeschlossenen „Abkommen über die Zuckerlieferungen Kubas an die DDR und den Warenaustausch in den Jahren 1965 bis 1970" vereinbart, aber dieses Abkommen, dem keine systematischen Verhandlungen über die Koordinierung der Export- und Importpläne beider Länder vorausgegangen waren, erfüllte die Ansprüche an ein Langfristiges Handelsabkommen nicht, und insbesondere entsprach es überhaupt nicht mehr den zwischenzeitlich veränderten, anspruchsvolleren kubanischen Vorstellungen über einen „gerechten" Warenaustausch.

Vor diesem Hintergrund begannen die Verhandlungen zum neuen Langfristigen Handelsabkommen für 1966 bis 1970 und zum Jahresprotokoll 1966 unter einem schlechten Stern. Kuba forderte eine wesentliche Veränderung der Warenstruktur im Export der DDR und die Ausreichung von Krediten. Der Vorsitzende des Wirtschaftsausschusses Kuba – DDR, Francisco García Valls, schrieb an seinen DDR-Partner Dr. Dieter Albrecht, damals Staatssekretär und 1. Stellvertreter des Ministers für Außenhandel und Innerdeutschen Handel der DDR, die DDR solle den Rohzuckerpreis von 6,11 US-$-Cents pro lb (englisches Pfund, ca. 450 g) als ökonomisch begründet anerkennen und in ihrem Export mehr Grundstoffe und Konsumgüter anstelle von Maschinenbauerzeugnissen liefern. Was die Kubaner wollten, war so unverständlich nicht: Immerhin betrug 1966 der Anteil von Erzeugnissen der Metallverarbeitenden Industrie am DDR-Export nach Kuba 66,4 Prozent, fast zwei Drittel, der Anteil von Grundstoffen und Chemieprodukten nur 17 Prozent – und nach unseren Vorstellungen sollte das auch so bleiben … Eine schnelle Einigung zum neuen Langfristigen Handelsabkommen stand unter diesen Bedingungen in den Sternen.

Ich greife hier nur kurz voraus: Als die Verhandlungen zum Jahresprotokoll 1966 begannen, hatte das MAI bei einem Exportplan von 203 Mio. Valuta-Mark erst Angebote der Industrie von 110 Mio. VM zusammengetrommelt. Wenn Kuba von seinen Forderungen nach Kreditgewährung nicht abrückte, würden wir aber schätzungsweise Exportwaren im Wert von mehr als 400 Mio. VM bereitstellen müssen – das schien unter den gegebenen Bedingungen ein Ding der Unmöglichkeit. Dies um so mehr, als die Kubaner ihrer Forderung nach einer veränderten Exportstruktur der DDR dadurch Geltung verschaffen wollten, indem sie zunächst keine Maschinen und Ausrüstungen bestellten und nur Bedarf an Rohstoffen, Chemieerzeugnissen und Verbrauchsgütern bekanntgaben. Mehrmals unkte der Wirtschaftsausschuss-Vorsitzende García Valls: Auf der Ebene „de la Wagner" (das war die zuständige Stellvertreterin des Außenhandelsministers der DDR, meine Vorgesetzte) werde „das Ding" nicht zu lösen sein, man müsste „auf die Ebene der Sekretäre" (damit meinte er die zuständigen Wirtschaftssekretäre der Zentralkomitees) gehen ...

Die hohe politische Ebene der DDR hatte aber keinerlei Neigung, sich auf das Schlachtfeld zu begeben. Ihr lagen Berechnungen der Staatlichen Plankommission vor, und die sagten klipp und klar: Da die kubanische Exportkraft begrenzt war, könnte die von den Kubanern geforderte kräftige Steigerung des DDR-Exports nur erreicht werden, wenn die DDR die Vorzugspreise für Zucker beibehielte (dazu gab es damals auf DDR-Seite noch keine Bereitschaft) und kommerzielle Kredite gewährte. Eine Veränderung der Exportwarenstruktur sei nur in engen Grenzen denkbar.

Und weil die Plankommissionäre genau wussten, dass sie ihre politischen Oberen nicht verheizen durften und es einen guten Eindruck machte, wenn man dem Gegner erst einmal selbst die Brust hinhielt, hatten sie empfohlen: „Eine jetzt anreisende Partei- und Regierungsdelegation würde mit politischen, ideologischen und konzeptionellen Auffassungen der kubanischen Partei- und Staatsführung konfrontiert: Das liegt n i c h t im Interesse unserer staatlichen und politischen Zusammenarbeit mit Kuba, weil eine Spitzenbegegnung nicht konstruktiv verlaufen kann. Deshalb sollen vorerst nur die Spitze des Wirtschaftsausschusses und die Organe des Außenhandels verhandeln."

Ein Jahresprotokoll für 1966 konnte schließlich nur zustande kommen, weil sich beide Seiten darauf verständigten, die Bedingungen des alten LFA 1961 – 1965 noch einmal für das Übergangsjahr 1966 gelten zu lassen. Unter unglaublichen Mühen gelang es, ein bilanzierendes Jahresprotokoll 1966 abzuschließen. Für das Jahresprotokoll 1967 standen die Sterne nicht günstiger und waren Prognosen fast unmöglich. Würden wir „Exportoffensiven" ankurbeln – oder unsere Exporte eher bremsen und limitieren müssen, weil die kubanischen Gegenleistungen zurückblieben?

Diese Grundfrage stand, als ich mit Frau und Kindern am 9. Juni 1966 in Berlin-Schönefeld unsere roten Diplomatenpässe über den Tresen reichte und wenig später in eine IL 14 nach Prag stieg. Meine Schwiegereltern hatten uns zum Flughafen begleitet. Sie waren traurig, denn nun würde ein ganzes Jahr vergehen, in dem sie auf ihre Enkel verzichten müssten.

Rechte und Pflichten

Eine Handelspolitische Abteilung (bei) einer Botschaft, deren Mitarbeiter sich allerdings viel lieber als die der „Handelsvertretung" bezeichneten, war für zwei Dutzend Aufgaben verantwortlich. Obwohl nach den in der Hochzeit des Neuen Ökonomischen Systems erarbeiteten Modellen und Algorithmen die HPA auch für die Erfüllung des Länderplanes verantwortlich war, blieb dies umstritten, denn die HPA war kein wirtschaftleitendes Organ, sondern eher ein spezialisierter Dienstleister für Außenhandelsunternehmen und Industrie, die der Wirtschaft bei der Planerfüllung half, sie „begleitete". Doch das Wort „begleiten", inzwischen gesamtdeutsch in Gebrauch, hatten wir in der DDR-Sprache nur für nichtökonomische Tätigkeiten. „Begleiten" hätten wir in der DDR-Zeit als Umschreibung des gafferischen Herumstehens um Leute mit aufgekrempelten Ärmeln verstanden. Was wir zusammengefasst und vereinheitlicht unter dem Dach der HPA leisteten, war das Gleiche und mehr, als die Wirtschaftsabteilungen der bundesdeutschen Botschaften, die Handelsförderstellen, die Delegierten der deutschen Wirtschaft der Bundesrepublik und die Delegierten der Bundesstelle für Außenhandelsinformation für die auf dem Außenmarkt tätigen bundesdeutschen Wirtschaftsunternehmen taten und tun, aber bei uns war das alles unter einem Dach.

In den Jahren 1966 bis 1969 hatte der Handelsrat und Leiter der HPA nur einen Stellvertreter, in späteren Jahren vertraten den Rat ein 1. Attaché und zwei weitere Stellvertreter. Der Handelsattaché hatte in der diplomatischen Rangordnung (und die war in der vom Gastland veröffentlichten Diplomatenliste allen kundgetan) keinen der vorderen Plätze. Er rangierte nach den politischen 2. Sekretären der Botschaft. In der Arbeitspraxis der Auslandsvertretung war die Stellung des Handelsrates und seines Vertreters jedoch eine, von der ein 2. Sekretär der Botschaft, der in der Regel ein „Alleinarbeiter" war, dem keine Mitarbeiter unterstellt waren und der als Angehöriger des Ministeriums für Auswärtige Angelegenheiten viel sklavischer in die Botschaftshierarchie eingeordnet war, nur träumen konnte. Hinzu kam, dass die HPA eigene Diensträume außerhalb des eigentlichen Botschaftsgebäudes und eine selbständige Allgemeine Verwaltung und einen eigenen Fuhrpark unterhielt. Die Leiter und Mitarbeiter der HPA verfügten, durch ihre dienstlichen Verantwortlichkeiten bedingt, über die besseren Kontakte zu den Offizieren der DDR-Frachter und einigen einschlägigen kubanischen Dienstleistern und konnten auch durch ihre freundschaftlichen Verbindungen zur kubanischen Wirtschaft manchen Engpass überbrücken. Natürlich vertraten Rat und Handelsattaché die politischen Grundpositionen der DDR-Außenpolitik nicht weniger überzeugt als die „politischen" Diplomaten, doch die Außenhändler hatten einen selbständigen Arbeitsgegenstand, der aus den zwischenstaatlichen und zwischenparteilichen Spannungen und Zuspitzungen so weit wie möglich herausgehalten werden und zu allen Zeiten funktionieren musste. Die Außenhändler, die der DDR genauso wie die Kubas, konnten, wenn es ihnen als zweckfördernd erschien, politische Themen ausklammern und die Beziehungen „verfachlichen".

Gewiss bemühten sich die politischen Mitarbeiter und die der HPA zugeordneten Abgesandten um freundschaftliche Beziehungen zueinander, doch: Für die „richtigen" Diplomaten waren die „Händler" unterwertig, während die Händler ihren Selbstwert unzulässigerweise überhöhten und so taten, als erwirtschafteten sie als Arbeitsbienen allein die Reichtümer, die die Botschaftsdrohnen dann verzehrten. Ich erinnere mich an manchen Nadelstich, den mir vor allem während meines ersten Arbeitsjahres in Havanna Botschafter und Botschaftsrat zufügten, wenn sie am längeren Hebel saßen, doch ich glaube, dass hieran vor allem die Charaktere des Botschafters Friedrich Johne und seines Botschaftsrates Schuld trugen. Der eine verstand von Außenwirtschaft reineweg nichts und der andere schon immer alles. „Verstand nichts" – das ist gewiss ein hartes Urteil.

Aber wenn Johne im Oktober 1965, als die Sicherung der Futterversorgung der DDR-Viehwirtschaft bereits vom Zuckerimport aus Kuba abhing, dem rumänischen Botschafter Musat sagte, „dass wir jährlich eine feststehende Zuckermenge beziehen, weil wir von Kuba Zucker kaufen müssen, wenn wir in Kuba die Erzeugnisse unserer Maschinenbauindustrie verkaufen wollen", dann spricht das Bände. Mit dem Amtsantritt des wissenden Botschafters Joachim Naumann änderte sich das Zusammenleben und Zusammenwirken nachhaltig zum Guten.

Die Eingeweide der HPA

Wen es genauer interessiert, der wird wissen, wo er seine Kenntnisse über die Außenwirtschaft der DDR und die Tätigkeit Handelspolitischer Abteilungen vertiefen kann. In meinen Erinnerungen will ich nur über einige ausgesuchte Aufgaben schreiben, die im Mittelpunkt der Arbeit des Handelsrates und seines Attachés standen. Wenn ich zwischen den Verantwortlichkeiten des ersten und zweiten Mannes der HPA nicht ausdrücklich trenne, dann vor allem deswegen, weil der Attaché den Rat wiederholt für zwei oder gar drei Monate zusammenhängend vertreten musste.

Grund dafür: Die nach Kuba entsandten Außenhändler hatten, wie alle in solche Breiten entsandten DDR-Bürger, Anspruch auf einen verlängerten Heimaturlaub, „Tropenurlaub", der sich noch dadurch ausdehnte, dass der Urlauber vor Urlaubsantritt in der Heimat und vor der Rückreise nach Havanna mehrere Tage zur Berichterstattung und Informationsgewinnung im Ministerium brauchte und Personalfragen und Haushaltsprobleme zu klären hatte. Besuche waren auch in wichtigen der auf dem kubanischen Markt operierenden Außenhandelsunternehmen nötig. Der Handelsrat wurde auch wiederholt beauftragt, ranghohe kubanische Handelsdelegationen, vor allem die zu den Leipziger Messen eingeladenen, in der DDR zu begleiten und zu betreuen. Der Handelsrat fuhr zur Weiterbildung, nahm eine Kur in Anspruch – in diesen Zeiten war der 1. und einzige Handelsattaché auf sich allein gestellt.

Die mit Abstand wichtigste Aufgabe war die Importsicherung. Für den Import, nur für den Import betrieben wir den Export: Roh- und Weißzucker, Orangen und Pampelmusen, Fruchtsäfte, Tabak, Nickelerze und -konzentrate, Kaffee, Honig – die in den jährlichen Handelsabkommen vereinbarten Mengen mussten vertraglich vereinbart und verschifft und die vereinbarten Kontingente möglichst überboten werden.

Selbstredend waren für die Vertragsverhandlungen und die Sicherung des Schiffstransports in die DDR fachlich spezialisierte Außenhandelsunternehmen zuständig, die ständige Delegierte in Havanna stationiert hatten. Das waren in aller Regel engagierte, fachlich gut gerüstete Frauen oder Männer, die nicht zusätzlich motiviert werden mussten, zu meiner Zeit vor allem die BVdGD Piotrowski und Blechschmidt. Doch der Außenhandel war auch in Kuba planwirtschaftlich verfasst, und das Aufkommen für die relativ enge Nomenklatur kubanischer Exporterzeugnisse wurde gewissermaßen von Hand verteilt, denn die für den Export verfügbaren Mengen deckten zu keinem Zeitpunkt die dem Ausland gegenüber eingegangenen Verpflichtungen. Das war „Zuteilungswirtschaft", und die für den Export zuständigen kubanischen Außenhandelsunternehmen ließen nicht selten unter dem Siegel der Verschwiegenheit durchblicken, dass ihnen die Hände gebunden seien, weil über die Aufteilung des Exportgutes „oben" entschieden werde. Wer genau „oben" war, das war natürlich nicht immer gleich zu erkennen, aber um nach „oben" vorzudringen, um „oben" gehört zu werden, musste der Leiter der

HPA zuerst im kubanischen Außenhandelsministerium, dem Mincex, vorstellig werden, auf der Ebene des zuständigen Direktors, auf der Ebene des zuständigen Stellvertreters des Ministers, und wenn das alles erfolglos geblieben war, bat der Leiter der HPA den Botschafter zu intervenieren. Der kam dann, wenn alles gut lief, bis an den Minister oder das zuständige Mitglied des Politbüros der KPK, Carlos Rafael Rodriguez, heran, und wenn alle, aber auch wirklich alle Stränge gerissen und die Lieferausfälle wirklich gewichtig waren, versuchte er es mit einer Anmeldung bei Fidel Castro. In den Jahren 1966 – 1968 waren solche Versuche aber vergebens, denn die Beziehungen hatten sich nach dem Willen der Kubaner so zugespitzt, dass der DDR-Botschafter von Castro nicht empfangen wurde; Castro ließ sich auch bei den Empfängen zum Nationalfeiertag der DDR nicht sehen – auch die der UdSSR beehrte er nicht mit seiner Anwesenheit, bei den Vietnamesen und Franzosen war er zu Gast. Der Leiter der HPA meldete sich auch bei den Generaldirektoren der kubanischen AHU an und suchte die für die Landwirtschaft zuständigen Behörden auf, immer in dem Bestreben, Gründe für die Nichtlieferung oder wesentliche Lieferverzögerungen zu erkennen und dagegen zu halten.

Die lagen hin und wieder auch bei Versäumnissen im Export der DDR, und wenn man die Fragen richtig gestellt hatte, offenbarten die kubanischen Gesprächspartner, dass die Liefereinschränkungen im kubanischen Export etwas mit Unterlassungssünden zu tun hatte, die die DDR-Seite begangen hatte, und wir waren keineswegs immer so sauber, wie wir zu sein vorgaben.

Dann konnte die HPA nicht selten durch gezieltes Nachfassen bei den zuständigen Export-AHU der DDR erreichen, dass die kubanischen Erwartungen erfüllt wurden und dann auch im DDR-Import das Schiff wieder flott gemacht wurde.

Ohne Export kein Import: Die Liste der Exporterzeugnisse, mit denen die DDR ihre Käufe in Kuba finanzierte, war ungleich länger als die der Importwaren, die die DDR kaufte, und es gab fast kein AHU der DDR, das sich nicht um den kubanischen Markt bemüht hätte. Um die Exportwaren der DDR bekanntzumachen und zu verkaufen, zur Montage und Inbetriebnahme der Ausrüstungen und für den Kundendienst reisten in jedem Jahr Hunderte Verkäufer und Ingenieure aus der DDR nach Kuba, die vor Ort inhaltliche Beratung und praktische Betreuung der HPA in Anspruch nahmen – oft auch schon oder nur deswegen, weil die angereisten Fachleute außer „Guten Tag!" kein Wort spanisch sprachen. Der „Markt" Kuba musste wie jeder andere bearbeitet, das Vertrauen der potentiellen Käufer in die wissenschaftlich-technische Leistungsfähigkeit der DDR und ihre Industrieprodukte geweckt und gefestigt werden.

Das zu erreichen, war ureigenste Aufgabe der AHU und Industrieunternehmen und ihrer in Havanna tätigen ständigen Vertriebskräfte, die 1967 bis 1969 in ihrer Mehrzahl bereits als „Bevollmächtigte der Generaldirektoren" (BVdGD) fungierten und selbständige Einheiten, also keine dem Ministerium für Außenhandel arbeitsrechtlich zugehörige und unterstellte Mitarbeiter waren. Aus der Sicht der kubanischen Behörden war ihr Aufenthalt und ihre kommerzielle Tätigkeit jedoch nur dadurch legitimiert, dass sie Bestandteil der Handelspolitischen Abteilung der Botschaft der DDR waren, und das zwang die Leitung der HPA, wollten wir nicht die Schließung oder Besteuerung der „Bevollmächtigten" und der „Technisch-Kommerziellen Büros" (TKB) riskieren, peinlich darauf zu achten, dass die AHU- und Industrievertreter sich an die Spielregeln hielten. Ein Bevollmächtigter oder TKB-Leiter eines AHU, also z. B. der „Deutschen Export- und Importgesellschaft Feinmechanik-Optik m. b. H." bezeichnete sich in Kuba als „Sección Feinmechanik-Optik del Departamento Comercial de la Embajada de la República Democrática Alemana". Hier die Ordnung durchzusetzen war so schwer nicht, denn hätte sich eine der selbstständigen Vertretungen nicht an das Regelwerk gehalten, wäre sie nicht in den Genuss der Zollfreistellung (Franquícia) für eingeführte Fahrzeuge, Möbel, Verbrauchsgüter usw. gekommen und hätte sie auch die „Chapa", das Nummernschild für steuerbefreite Fahrzeuge des nichtdiplomatischen Personals von Auslandsvertretungen nicht führen dürfen. Auch hätten ihre Mitarbeiter nicht in den Diplomaten- oder Technikerläden einkaufen dürfen, was eine Überlebensfrage war angesichts der Tatsache, dass es in ganz Kuba keinen nichtkontingentierten Lebensmittelverkauf und kein Benzin ohne Bezugsmarken gab.Die BVdGD und TKB waren also selbständige, an Weisungen der HPA und der Botschaft nicht gebundene Einheiten, aber sie erkannten in der Mehrzahl, dass es für sie nützlich war, die Informationen der HPA abzuschöpfen, die Unterstützung der HPA in Verhandlungen mit Ministerien und höheren Dienststellen in Anspruch zu nehmen und sich in bestimmten Fällen auch auf die Autorität der HPA zu stützen, wenn die DDR-Entsendeinstitutionen ihren Vorschlägen und Mahnungen gegenüber taub blieben. Da der kubanische Außenhandel geplant war, gab es einen bestimmten Spielraum, in den jährlichen Verhandlungen zu den Jahreshandelsabkommen die kubanischen Entscheidungen zum Import aus der DDR zu beeinflussen und DDR-Prioritäten zur Geltung zu bringen. Da beide Leiter der HPA an diesen Verhandlungen regelmäßig teilnahmen und der Handelsattaché meist Vorsitzender der Unterkommission DDR-Export war, war es für ein Außenhandelsunternehmen und seinen Bevollmächtigten nützlich, mit der HPA zu kooperieren und die eigene Selbstständigkeit nicht allzu sehr aufdringlich zu betonen.

Die wechselseitigen Abhängigkeiten, das Aufeinander-angewiesen-Sein führten dazu, dass es in der Handelspolitischen Abteilung keine hierarchischen Verhältnisse, keine Weisungslinien, kein Herauskehren tatsächlicher oder eingebildeter Rangunterschiede gab. Unterstellungsverhältnisse im arbeitsrechtlichen Sinne gab es ohnehin nur für den Kreis der Mitarbeiter des Ministeriums für Außenhandel. Der Umstand, dass die Mehrzahl der TKB und BVdGD mit Handelsrat und Attaché in einem zentralen bzw. nahegelegenen Dienstgebäude saßen, war dem Zusammenhalt dienlich. Ich habe die Leitungstätigkeit als Handelsattaché als eine Zeit des Gebens und Nehmens in Erinnerung. Die TKB-Leiter und Bevollmächtigten mit starkem Persönlichkeitsprofil und langer Kuba-Erfahrung griffen immer wieder nach der Stimmführerschaft im Kollektiv. Ihre Verbindungen zu kubanischen Wirtschaftlern und Industriekapitänen reichte oft hoch in die Führungsebenen, in Havanna und erst recht in den Provinzen – für ihre Partner waren sie „die DDR". Ihre Talente waren unterschiedlich. Es gab Sektionsleiter, die wie Generalstatthalter ihrer Generaldirektoren auftraten und sich den Anstrich der Bedeutsamkeit zu geben wussten. Ich habe an anderen Sektionsleitern vor allem den praktischen Sinn, das Improvisationstalent, die Fähigkeit zu unkompliziertem, burschikosen Umgang mit den Kubanern geschätzt, ihre Fähigkeit als „troubleshooter".

Die Leiter der HPA waren in vielen Fällen die Türöffner für Verkaufsdelegationen aus der DDR. Sie organisierten ordentlich besuchte Pressekonferenzen und sorgten für die Präsenz namhafter kubanischer Persönlichkeiten bei öffentlichen Vertragsunterzeichnungen und DDR-Fachausstellungen. Ich selbst hatte schon im Oktober 1966 die Aufgabe, die bis dahin größte und öffentlichkeitswirksamste Veranstaltung mit der kubanischen Presse in Szene zu setzen, als es zur Unterzeichnung von Mehrjahresverträgen zur Neuausrüstung kubanischer Zuckerzentralen kam.

Der analytisch-prognostischen Tätigkeit kam auch in der HPA Havanna Bedeutung zu. Es war ja schon die Rede davon: Die begehrtesten kubanischen Exporterzeugnisse deckten die von Kuba eingegangenen Lieferverpflichtungen gegenüber den sozialistischen Ländern nicht.

Außerdem gab es in Kuba zu allen Zeiten eine starke Fraktion von Wirtschaftlern, die die Überzeugung vertraten, die Leistungsfähigkeit und Qualität der Anlagen und Ausrüstungen aus den sozialistischen Ländern sei der der kapitalistischen Länder nicht gewachsen. Diese Fraktion trat natürlich nicht sichtbar hervor, hatte aber unverkennbar Einfluss auf die Führungsentscheidungen. Sie orientierte auf die konsequente Nutzung der Exportmöglichkeiten Kubas in die kapitalistischen Länder und die Kreditnahme im Westen. Das fiel in der zweiten Hälfte der 60er Jahre, später erneut nach 1973, mit gezielten Bemühungen westlicher Länder zusammen, in Kuba erneut den Fuß in die Tür zu bekommen: Frankreich, Großbritannien, Spanien, aber auch Argentinien gelangen einige spektakuläre Verkäufe unter Kreditgewährung, von denen ich nur die Lieferung von Leyland-Bussen für den städtischen Nahverkehr in Havanna und die Fernbuslinien nennen will. So bedrohlich auf dem einen oder anderen Teilgebiet die Konkurrenz auch sein möchte: Insgesamt war der Bedarf Kubas so breit gefächert und umfangreich und das auf westlichen Märkten zu akzeptablen Preisen absetzbare Exportsortiment der Kubaner so schmal, dass das DDR-Angebot nicht auf breiter Front zurückgeworfen werden konnte.

Die für eine sichere Analyse erforderlichen vielen Einzelermittlungen, teils offen zutageliegenden, teils vertraulichen Daten und Details wurden auf mannigfaltige Art zusammengetragen. Wichtig war der regelmäßige Informationsaustausch mit dem leitenden Handelspersonal der anderen sozialistischen Vertretungen. In Kuba suchten auch die Handelsattachés der Sowjetunion den Kontakt zu den „kleineren" Brüdern und nahmen unsere Informationen gern entgegen. Sie gaben dafür, was sie in den Gehörgang ihrer Bundesgenossen einblasen wollten, und verschwiegen, was ihren Eigeninteressen vorbehalten bleiben sollte. Alle Vertretungen gaben aus den unterschiedlichsten Anlässen Empfänge, vor allem an den jeweiligen Nationalfeiertagen. Auch die DDR-Botschaft machte keine Ausnahme. Mein Handelsrat Otto Schreiber und ich hatten regelmäßig Mühe durchzusetzen, und oft waren wir erfolglos, dass zu den DDR-Veranstaltungen auch die Handelsattachés der Bruderländer eingeladen wurden; da wurde uns die Begründung vorgehalten, es müssten dann aus Gründen der Parität „alle 2. Sekretäre aller befreundeten Vertretungen" geladen werden, und das sprenge den Raum und das Budget. Doch ich selbst erhielt von allen Partnerländern Einladungen und fand reichlich Gelegenheit, mich an den Informationsbörsen zu beteiligen. Gut verwertbare Informationen waren bei Reisen über Land zu gewinnen.

Da es im Handel mit Kuba unvermeidlich war, bei der Erarbeitung der Planansätze und in der Vorbereitung der Abkommensverhandlungen in den Kategorien „Ware gegen Ware" zu denken, blieb kaum Spielraum für Vorschläge zur systematischen Erhöhung der Exportrentabilität. Ich selbst arbeitete zwar 1967 einen Vorschlag dazu aus, bei dem ich die nach meiner Auffassung gegebene Bandbreite zur Minimierung bzw. Maximierung des Absatzes einzelner Warengruppen und Einzelerzeugnisse ausschöpfte, doch stieß der letztlich auf die ehernen Grenzen, die uns der ständige Mangel an absatzfähigen und zugleich hochrentablen Erzeugnissen setzte.

Versorgung frei Haus

Der Einkauf von Lebensmitteln und Haushaltchemie war einfach. Die Diplomaten- und Technikerfamilien wurden anfangs von einem Dienstleistungsunternehmen der „Empresa de Servicios al Cuerpo Diplomático" (Dienstleistungsunternehmen für das Diplomatische Korps und die nichtdiplomatischen DDR-Mitarbeiter der Botschaft, hierzu zählten auch die Bevollmächtigten und Delegaten der HPA) und dem Technikerdienst frei Haus beliefert. Es gab ein Bestellformular von gewaltiger Länge, auf dem ein geradezu paradiesisches Angebot unterbreitet wurde – auf dem Formular gab es alles, sogar frisches Gemüse. Man gab seine Bestellung eine Woche zuvor bei einer Sammelstelle der Handelsvertretung ab, und an einem feststehenden Tag wurden dann große braune Kraftpapiertüten in der Wohnung abgeliefert.

Es hat uns nie kalt gelassen, dass die Kubaner, die fast alle Grundnahrungsmittel, jedes Stück Kernseife und jede Tube Zahnpasta nur „auf libreta" erhalten konnten, so schlecht versorgt wurden, und es machte uns beinahe ein schlechtes Gewissen, dass uns der Lieferdienst einige Raritäten ins Haus brachte, die der einfache kubanische Stadtbürger das ganze Jahr nicht zu Gesicht bekam. Die libreta war ein „Büchlein", in das der Einzel„händler" die Abgabe der rationierten Lebensmittel und Verbrauchsgüter eintrug. Rationiert war beinahe alles, Brot, Zucker und Eier ausgenommen. Im August 1968 wurden auch noch die Eier rationiert, die lange in Fülle und „bezugscheinfrei" vorhanden gewesen waren, 14 Stück gab es nun pro Person und Monat. Kurz nach unserer Ankunft in Havanna wurde die Reisration von 6 libras (1 libra = ca. 450 g) auf 3 libras herabgesetzt, doch Kubaner, denen ich vertrauen durfte, versicherten mir immer wieder, dass auch nach wiederholten Kürzungen die Monatsrationen an Reis und Zucker noch hoch genug seien, damit keiner hungern müsse. Während unseres Aufenthalts war fast alles Essbare rationiert worden, doch auch das, was dem Kubaner zustand, war oft nicht ausreichend vorhanden, und die leeren Regale waren ernüchternd.

In einer Zeitung las ich den Brief eines Arbeiters, der beanstandete, dass ihm zwar ein Paar Schuhe pro Jahr zustehe, dass aber immer, wenn er Zeit habe sie zu kaufen, Schuhe ausverkauft wären, und er schlug deshalb vor, zusätzlich zur libreta noch Berechtigungsscheine für mit Vorzug zu bedienende Volkskreise einzuführen. Im Jahr 1968 sah ich Lebensmittelgeschäfte, vor denen 200 bis 300 Menschen anstanden. Ich zögere, sie „Käufer" zu nennen, denn Verkaufen und Kaufen im eigentlichen Sinne fand da nicht statt, und die Lebensmittel hatten feste Preise und waren so spottbillig, dass auch der Ärmste seine libreta abkaufte, ob er nun alles daraus brauchte oder nicht.

Das „Einkaufen" über den diplomatischen Bezugsdienst war ein Vergnügen nicht und hatte etwas Lotterieartiges an sich: Man kreuzte im Bestellformular vorsichtshalber mehrere Dutzend Positionen an, erhielt aber nur, was gerade vorrätig war. Besonders Begehrtes konnte man in beliebiger Menge bestellen, bekam aber nur eine „Zuteilung" – bei Kaffee zum Beispiel. (Der hatte im Verkehr mit unseren kubanischen dienstbaren Geistern, muchacha, Klimaanlagen-Reparierer, Fensterputzer schon den Charakter einer Zweitwährung angenommen, Kaffee erhielten wir pro Woche nicht mehr als eine halbe libra, 250 Gramm also. Das war nicht viel, weshalb wir uns Kaffee noch zusätzlich aus der Heimat kommen ließen. Da kostete er im Vergleich zu Kuba das Zehnfache. Kaffee war vielleicht d a s Gut, das die Kubaner am schmerzlichsten entbehrten. Die Kubaner standen Schlange vor den Kaffeemaschinen der Straßenbars. Wenn sie eine Maschine zischen hörten, und das kam selten genug vor, warteten sie geduldig bis zu einer halben Stunde, um eine „copita", ein Papptütchen von der Größe eines Fingerhutes voll zu ergattern. Der kubanische Kaffee war extrem stark, er wurde mit Zucker aufgekocht, und nach der zweiten copita fühlte man das Herz schlagen.)

Den Kubanern, deren Versorgungslage sich in den Jahren zwischen 1966 und 1969 ständig verschlechterte, musste das Angebot für die Diplomaten wie eine Belieferung aus dem Schlaraffenland erscheinen. Anfangs gab es regelmäßig Rinderfilet, Leber und Hühnchen, fast immer auch Krabben und nicht selten Langustenschwänze. Meist waren Saftorangen und gelegentlich Grapefruits im Angebot. Die Orangen pressten wir gleich nach dem Kauf aus und speicherten Vorräte an Saft im Kühlschrank. Unerklärlich blieb, warum in einem subtropischen Land, in dem fast alle Gemüsekulturen gedeihen konnten, fast das ganze Jahr über Mangel an Frischgemüse herrschte.

Sahen die Diplomatenläden noch wie richtige Geschäfte aus, so konnte man das von den Kaufhäusern für das „pueblo en general", das allgemeine Volk, wie Castro es gelegentlich anredete, nicht mehr behaupten. Die einstmals prächtigen Kaufhäuser in der Altstadt boten ein Bild des Jammers. Statt mit Auslagen waren die großen Schaufenster mit Politlosungen gefüllt. Die unbeschäftigten Angestellten versuchten, den alten Glanz ihrer Verkaufseinrichtungen und die alte Anzugsordnung zu bewahren, aber zu verkaufen hatten sie wenig bis nichts: Verschnörkelte Lampen, ungeschicktes Kunstgewerbe, Bilder und Zeichnungen, Papiermützen, Stubenbesen – das Angebot war so wie in den beiden deutschen Staaten in den letzten drei Tagen vor der Währungsreform.

Nur ein einziges Mal im Jahr erstrahlten die alten Kaufhäuser im alten Glanz und zeigten die Dekorateure, was sie leisten können: Um die Weihnachtszeit. Da waren die Schaufenster der großen Häuser in der früher so anziehenden Einkaufsstraße San Rafael so liebevoll geschmückt, dass wir mit Claudia und Norman dorthin fuhren, um sie über die rot gewandeten Weihnachtsmänner in Schlitten, die von Rehen gezogen wurden, und die schneebedeckten Tannen staunen zu sehen. Dann gab es dort aber auch wirklich etwas zu kaufen: Kinderspielzeug, für jedes kubanische Kind zwei einfache Spielzeuge im Wert von 2 \$ und ein etwas wertvolleres, größeres dazu. Für die Kinder und das Weihnachtsfest importierte Kuba vor allem aus der Volksrepublik China und einiges aus westlichen Ländern. Auch die DDR leistete ihren Beitrag.

Der Renner waren Zehntausende Puppen aus Sonneberg, die das kubanische Importunternehmen Consumimport schon im Juni orderte. Die DDR-Produzenten hatten sich natürlich den Sonderwünschen der jüngsten Kubaner anzupassen, die Puppen erhielten bombastische Haaraufbauten, ihre Gesichtchen wurden mit silbrigen Schleiern verhüllt usw.

Wirtschaftsprobleme und ihre Ursachen

Die Wirtschaftspolitik der kubanischen Führung zeitigte 1966 nicht die gewünschten Ergebnisse, und auch 1967 brachte keine durchgreifende Wende. Die Produktivität der gesellschaftlichen Arbeit blieb gering. Der Staatssektor in Industrie und Landwirtschaft brachte weder die Exportproduktion kräftig voran, noch vermochte er die Versorgung der Bevölkerung auf einem zufriedenstellenden Niveau zu stabilisieren. Positive Ansätze gab es in der Zitrusfruchtproduktion, dort schien ein Aufschwung in Sicht. Große Hoffnungen wurden auf das Rindviehkreuzungsprogramm gesetzt, sie sollten sich nicht verwirklichen. Eine Reihe von planes especiales (Sondervorhaben, die nicht in den allgemeinen Volkswirtschaftsplan eingebettet waren) liefen an: In entlegenen Gebieten der Insel wurde mit dem Tomatenanbau begonnen.

In Zonen mit günstigem Mikroklima begann die Züchtung von Erdbeeren und Weintrauben.

Die Erdbeeren wurden für die Produktion von Speiseeis eingesetzt. Doch was die Landwirtschaft im Großen und Ganzen anbetraf, so war die Lage besorgniserregend, deshalb wurde der estado de alerta ausgerufen – das könnte man mit Notstand, mit Zustand der Kampfbereitschaft übersetzen – weil die Zuckerproduktion, die Ernte von Knollenfrüchten und Gemüse zurückfielen. Freiwillige wurden aufs Land gerufen, Staatsbedienstete verpflichteten sich, für zwei Jahre aufs Land zu gehen, Jugendliche wurden zu Langzeiteinsätzen entsandt, die Armee half mit schwerer Technik. Offenbar hatte die kubanische Führung verstanden, dass die kleinen privaten Landwirte nicht länger verunsichert werden dürften, denn es wurde ihnen zugesichert, dass sie in den kommenden 20 Jahren Eigentümer bleiben dürften. 87 Prozent des Landbesitzes der kleinen Bauern war Land der guten Bodenklassen. Die Kleinbauern erzeugten 83 bis 94 Prozent des in Kuba produzierten Kaffees und Tabaks, bei Früchten und Gemüse 70 Prozent! Insgesamt war das Bild der kubanischen Wirtschaft widersprüchlich. Fidel Castro verführte die Staatliche Plankommission und die zentralen wirtschaftsleitenden Organe zu immer neuen Experimenten und sporadischen Sondervorhaben. Er gab sich den Anschein großer Kompetenz, aber immer häufiger ließen Fachleute hinter vorgehaltener Hand verlauten, „er hole sich seine Pläne aus den cojones – aus den Hoden" Und sie fügten hinzu: Wenn die kubanische Wirtschaft nicht zusammengebrochen sei, dann läge es nur an der Selbstlosigkeit und dem von Glauben und Patriotismus getragenen Arbeitselan eines Teils der kubanischen Arbeiter und an der Hilfe aus den sozialistischen Ländern.

Im Jahr 1967 gab es bestimmte Fortschritte bei der Rekonstruktion der Zuckerindustrie, die Energieerzeugung kam voran. Mit Hilfe von Spezialisten der DDR wurde der Aufbau der Ammoniakfabrik Matanzas (Cubanitro) abgeschlossen. Es wurden mehr Düngemittel, Zement, Nickel und Kobalt produziert. Die Wasserressourcen wurden erweitert, die Kapazitäten der Hochseeschifffahrt ausgebaut. Doch im Juli 1967 musste die kubanische Führung eingestehen, dass das Ziel, 6,5 Mio. t Zucker zu produzieren, nicht erfüllt wurde – 2 Mio. t weniger wurden erzeugt. Punktuelle Fortschritte gab es auch in der Lebensmittelindustrie, aber infolge der anhaltenden Dürre kam kein Gemüse auf den Markt, Fleisch war knapp, die Butter fehlte, die Gaststätten boten keine Fleischgerichte an.

Die Analyse der Wirtschaftslage und ihrer Auswirkungen auf die Manövrierfähigkeit der Kubaner im Außenhandel gehörte zu meinen ständigen

Pflichten. Ich war nicht interessiert, Negatives zu überzeichnen und wollte wirkliche Anstrengungen der Kubaner nicht übersehen. Unsere Bezugsorganisation war motiviert, neue Importmöglichkeiten zu erschließen. Ich kann aber nicht leugnen, dass mich die im Jahr 1967 zunehmende Abenteuerlichkeit in der kubanischen Wirtschaftspolitik und die absurden kommunistischen Spinnereien auf die Palme brachten. Fidel Castro hatte der KPdSU und den mit ihr konform gehenden Bruderparteien ja schon lange und grundsätzlich vorgeworfen, sie wollten den Sozialismus perpetuieren. Jetzt aber ließ er den Träumereien freien Lauf. Auf die Anwendung des Wertgesetzes sollte in der kubanischen Wirtschaft nunmehr ganz verzichtet werden. In der Industrie wurden Aufwand-Nutzen-Kalkulationen nicht mehr vorgenommen. Die Produktionsergebnisse sollten nur noch in ihrer Naturalform registriert werden. (Ein Beispiel: Der Direktor der Zementfabrik Mariel erklärte mir, die Leistung seiner Fabrik werde nunmehr ausschließlich in t Zement gemessen.) Der bargeldlose Verrechnungsverkehr zwischen Staatsunternehmen wurde eingestellt. Eine umfassende „Entbürokratisierung" wurde angesteuert. Blankes Entsetzen erfasste mich, als ich hörte: Der gesamte kubanische Außenhandelsapparat, Ministerium und alle Außenhandelsbetriebe, wird auf 160 Mitarbeiter zusammengestrichen.

Fast über Nacht wurden im täglichen Leben der Kubaner einige kommunistische Verteilungsprinzipien wirksam: Die Benutzung der öffentlichen Telefone kostete kein Geld mehr, die Fahrgeschäfte auf dem Kinderspielplatz Coney Island und im Parque Zoológico kassierten nicht mehr, die Abschaffung der Mieten, der Fahrpreise im innerstädtischen Verkehr, der Eintrittspreise in den Kinos stand bevor, Auch Bücher sollten angeblich bald kostenlos abgegeben werden ...

Zum ersten Mal artikulierte Castro sein Missfallen darüber, dass junge kräftige Männer sich den Ernteeinsätzen entzogen und in den Städten gutes Geld im Kleinhandel und mit Gelegenheitsarbeiten verdienten. Ich verstand Castros Groll, doch ich sah auch, dass die vielen Einzelkämpfer und Einmannbetriebe der Schattenwirtschaft den einfachen wie den wohlhabenderen Kubanern halfen, den schwierigen, grau gewordenen Alltag zu bewältigen, indem sie praktische Probleme lösten, für die es im staatlichen Sektor keine Warenanbieter und Dienstleister gab. Die von Castro anvisierte Zielgruppe von „Schmarotzern" war vorgewarnt. Im März 1968 schlug Castro dann vernichtend zu, nur die kleinen bäuerlichen Familienbetriebe wurden verschont.

Castros Bannstrahl traf die Schwarzmarkthändler größeren Stils, die

Gewinn aus der Not der Ärmeren zogen, und die an die Tausend (angeblich alle) verbrecherischen Barbesitzer Havannas, welche faule und konterrevolutionäre Kundschaft anzogen. Jene, die die Nischen des Kleinbürgertums besetzten, nannte er „Timbicheros". Dieses Wort bezeichnete Kleinsthändler, die mit Timbiriches, mit Bauchläden oder Schiebewägelchen unterwegs waren, wie jener ältere Mann, der in glühender Sonne am Strand von Santa Maria unablässig hin- und herschlich und kleine Tütchen mit gerösteten Erdnüssen – Maníiiii, Maníiii – verkaufte, oder jener junge Kerl an der Straßenecke, der Limonade feilbot oder Guarrápo, frisch gepressten Zuckerrohrsaft. Erwartungsgemäß unterstützten die plebejischen Massen die Abschaffung jeglichen privaten Klein- und Kleinstgewerbes, und so starben mehr als 50.000 Familien- und Einmannbetriebe – Friseure, Klempner, Eisenwarenhändler, Händler mit Obst- und Gemüsekarren, Heimelektriker, Beerdigungsinstitute, Fotografen, Wäschereien, Autoreifenflicker (Poncheros), Änderungsschneiderinnen, Musikerzieher, Masseure oder Clowns für Kindergeburtstage – oder sanken in gefährliche Illegalität. Ob ein nennenswerter Teil der Freigesetzten sich an die Zuckerrohrfront verpflichten ließ, weiß ich nicht, aber das städtische Lumpenproletariat erhielt Zuwachs. Die nun entstehende Dienstleistungswüste verärgerte letztlich auch die revolutionär gesinnten Kubaner.

Die Bars blieben fast zehn Monate lang geschlossen, die Schlangen vor den Restaurants wurden länger, Wartenummern wurden ausgegeben, die Speisekarten wurden kürzer, die Abfertigung liebloser. Die Kellner reflektierten nicht auf Trinkgeld, doch wenn man einem vorsichtig andeutete, man sei mit seiner Bedienung bisher recht zufrieden, und ob man ihm als Gegenleistung vielleicht mit einem Päckchen Rasierklingen eine Freude machen könnte – da konnte man für den Rest des Abends noch mit viel Aufmerksamkeit rechnen. Alles in allem aber war das Leben in der Hauptstadt Havanna für die Einheimischen nun farb- und freudloser geworden.

Religionskämpfe

Staunend verfolgte ich seit meiner Ankunft in Havanna im Juni 1966 die Auseinandersetzungen zwischen Fidel Castros Kuba und seinen Sympathisanten in aller Welt mit den um die Sowjetunion und die KPdSU gescharten Marxisten-Leninisten, an deren Seite ich gestellt war. Staunend, weil die langfristigen Interessen der Sowjetunion sie zum Stillhalten zwang, zur Duldung immer maßloser werdender ideologischer Angriffe Fidel Castros auf den „Revisionismus Moskaus". Ganz im Gegensatz zu jeder nüchternen Analyse schien das

Kräfteverhältnis den Kubanern zu erlauben, in die Hand derer zu beißen, die Kuba unter Opfern für die eigenen Völker wirtschaftlich am Leben erhielten und seine kommunistisch-sein-sollenden Experimente und internationalen Abenteuer letztlich bezahlten. Alle 54 Stunden lief ein Erdöltanker der Sowjets Havanna an und versorgte Kuba mit dem Lebenselixier Energie. Und zur selben Zeit erfuhren die Kuba zur Hilfe geeilten sowjetischen Techniker und Facharbeiter vielerorts Spott und Feindseligkeit - wo die Straßenkinder früher den Amerikanern ein geringschätzig-abwertendes „Gringo" nachgerufen hatten, riefen sie jetzt bösartig „ruso" oder „towaritsch".

Beinahe jeder wusste irgendetwas zu erzählen über die zurückgebliebene Technik und die schlechte Qualität von sowjetischen Ausrüstungen oder Konsumgütern, und auch wenn es in witziger Form geschah, war es oft ungerecht und bissig zugleich, wie zum Beispiel die Behauptung, beim Rasieren mit sowjetischen Rasierklingen flössen die Tränen so reichlich, dass man keinen Rasierschaum brauche. Hinter vorgehaltener Hand deuteten mir sowjetische Händlerdiplomaten an, die Geduld Gullivers gegenüber den kubanischen Zwergen werde nicht unerschöpflich sein, aber mindestens öffentlich mochten die weisen sowjetischen Führer in Moskau die rotzfrechen jungen Revolutionäre nicht zur Ordnung rufen, und deshalb war es auch ihren in Havanna stationierten Vertretern streng verboten. Wozu sie aber angehalten waren: Sie sollten die anderen in Havanna weilenden Vertreter der befreundeten sozialistischen Länder über die Haltung der UdSSR unterrichten und in ihren nach Hause gehenden Informationen mitteilen, die UdSSR wünsche, dass ihre Bundesgenossen die Hilfen und Kredite für Kuba erhöhten. Na, ich dachte nicht, mich als Bote zu betätigen, da sollten sie mal ihre Direktbeziehungen spielen lassen. Doch den sowjetischen Vertretern lag offensichtlich auch daran, den Plankommissionen und Außenhandels-ministerien der Freundesländer ganz ins Detail gehende Schilderungen der sowjetisch-kubanischen Gesprächsinhalte zuzuspielen. Im März 1967 lud mich der Handelsrat Vladimirsky ein und ließ mich wissen: In Moskau werde über das Jahresprotokoll UdSSR – Kuba für 1967 verhandelt, und da habe sich die Notwendigkeit eines Treffens von Breshnew und Kossygin mit dem kubanischen Außenhandelsminister Marcelo Fernandez Font ergeben. Nach der Feststellung von Fernandez, dass der sowjetisch-kubanische Außenhandel stagniere, habe Kossygin geantwortet: „Zwischen Kuba und der UdSSR gibt es keinen Handel. Es gibt wirtschaftlich-technische Zusammenarbeit, welche durch die Opfer der sowjetischen Werktätigen ermöglicht wird." Kossygin habe Fernandez gebeten, eine schriftliche kubanische Stellungnahme zu „den Ereignissen in China" beizubringen. Bei diesen Darlegungen habe Marcelo Fernandez Font gelangweilt zugehört, mit den Fingern getrommelt, nach der Decke geblickt usw. usw. und als einzige Antwort auf die Frage von Kossygin, ob er bereit sei, seine Ausführungen dem Genossen Castro zu übermitteln, gesagt: „Ja, das werde ich tun." Mein Bericht über das Zusammentreffen mit Vladimirsky landete im Politbüro der SED.

Erst 1969, als mein Einsatz als Handelsattaché sich schon wieder dem Ende zuneigte, korrigierte Fidel Castro öffentlich die frechen, herausfordernden Beleidigungen, die er der Sowjetunion über Jahre zugefügt hatte. Am 2. Januar 1969 bekräftigte er neue und bessere Beziehungen zu den sozialistischen Ländern und lobte „die großzügige Hilfe der Sowjetunion".

Aber bis dahin war 1967/1968 noch ein weiter Weg zurückzulegen. In diesen Jahren eskalierte jedenfalls die einseitige öffentliche Polemik Kubas gegen das sozialistische Lager. Ich will kein politischer Chronist sein, aber ich muss doch ein paar Anlässe nennen, bei denen es mir kalt den Rücken hinuntergelaufen war und bei denen deutlich wurde: Die Sowjetunion und Kuba trennte eine unüberbrückbare Meinungsverschiedenheit über den Fortgang der Weltrevolution. Die Sowjets setzten auf die Politik der friedlichen Koexistenz, die Kubaner hielten das für Kapitulantentum.

Im Januar 1967 bekundete Castro die Überzeugung, der Sozialismus könne nur im bewaffneten Kampf siegen, und nach seiner Gewissheit konnte als Kommunist nur gelten, wer die Guerilleros unterstützte. Fidel Castro bezeichnete die kommunistische Weltbewegung als eine religiöse Sekte, er wollte sich nicht von ihr zwingen lassen, „Schwäche und Abweichlertum zu sanktionieren und sich Reformisten und Pseudorevolutionäre zu Busenfreunden zu machen." Castro griff die Sowjetunion frontal wegen ihrer Anerkennung des bürgerlichen Leoni-Regimes in Venezuela und ihrer Bemühungen um Handelsaustausch mit den Oligarchen Kolumbiens an.

Im Frühjahr 1967 veröffentlichte der Franzose Regis Debray unter der Schirmherrschaft Castros das Buch „Revolution in der Revolution?" Das Buch war eine unverhüllte Auseinandersetzung Havannas mit Moskau über den Weg zu revolutionären sozialen Veränderungen in der Dritten Welt. In Lateinamerika sei der bewaffnete Aufstand das einzige Mittel, verkommene politische Regimes zu beseitigen. Im Juni 1967 gab Castro der Sowjetunion die Schuld an der militärischen Niederlage Ägyptens, Syriens und Jordaniens im Krieg mit Israel und warf ihr Defätismus vor, weil sie einem Waffenstillstand ohne vorherige Räumung besetzter arabischer Gebiete durch Israel zugestimmt hatte.

Der Ende Juni zu einer Stippvisite in Havanna einfliegende sowjetische Ministerpräsident Kossygin musste das Bestehen einer starken, ständig wachsenden antisowjetischen Strömung in Kuba erkennen. Es gelang ihm nicht, Fidel Castro klarzumachen, dass er von der Sowjetunion nicht die Finanzierung des sozialen Fortschritts auf seiner Insel verlangen und zugleich ihre Autorität in der kommunistischen Weltbewegung untergraben könne. Während die UdSSR mit Kuba wenigstens im Gespräch blieb, wurden die DDR und die SED geschnitten: Die KPK nahm nicht am VII. Parteitag der SED teil.

Im Juli 1967 setzte Castro seine antisowjetischen Angriffe demonstrativ und provozierend fort, als er eine in ihren Dimensionen und in ihrer Maßlosigkeit bisher nicht dagewesene internationale Konferenz ultralinker Revolutionsspinner und Anhänger des Guerillakampfes in Havanna versammelte, denen man die Anreise bezahlt hatte und die in den Nobelherbergen Havannas beköstigt und einquartiert wurden. Diese Konferenz der OLAS, der „Organisation der lateinamerikanischen Solidarität", billigte die Unterstützung bewaffneter Aufstände in den lateinamerikanischen Staaten und verurteilte die Sowjetunion für ihre Kontakte zu reaktionären Regierungen – dies zu einer Zeit, als die kleinen zersplitterten aufständischen Einheiten in Guatemala, Kolumbien, Peru, Argentinien, der Dominikanischen Republik bereits zerschlagen oder der Vernichtung nahe waren und Che Guevara in Bolivien seinem Untergang entgegenging, weil die ungebildeten, verängstigten Bergbauern sich ihm nicht anschlossen.

Am 9. Oktober 1967 starb Che Guevara nach dem vergeblichen Versuch, den USA ein neues Vietnam zu bereiten, einen scheinbar vergeblichen Tod – niedergestreckt von den Kugeln eines Erschießungskommandos, das den wehrlosen Gefangenen ermordete. Wenig später verwarf die Prawda Kubas Politik des Exports der Revolution und löste wütende kubanische Kommentare aus.

An Che Guevaras Seite kämpfte und fiel „Tanja la Guerillera", die in Argentinien geborene Tochter deutscher Emigranten, die enthusiastische junge DDR-Bürgerin Haydee Tamara Bunke Bider. Sie hatte den „Che" 1960 in Berlin und Leipzig betreut und, wie einer ihrer Biographen zu wissen meint, geliebt. Guevara zog sie nach Havanna. Sie begann ein Studium und diente sich aus der DDR anreisenden Delegationen als versierte Dolmetscherin an.

1966 erwarb sie, als Laura Gutiérrez nach Bolivien eingeschleust, in der abgelegenen Provinz Santa Cruz eine Farm, die Basislager für den nachrückenden Che Guevara wurde. Es scheint, als sei sie schon 1962 in die unter strengster Geheimhaltung vorbereiteten Pläne zum Export des bewaffneten Kampfes nach Südamerika eingebunden worden. Anfang 1963 kreuzte Tamara Bunke in der Handelsvertretung der DDR auf und ersuchte den amtierenden Handelsattaché Hans („Hansi") Kleinsteuber um ein Lieferangebot der DDR für Handfeuerwaffen. Einziger Fehler Kleinsteubers: Sich dieses Lieferersuchen überhaupt länger als drei Minuten angehört zu haben. Ein DDR-Handelsdiplomat, das war die kompromisslose Position des Missionschefs der DDR Karl Lösch, musste Ansinnen, die mit dem Charakter seiner friedlichen Mission unvereinbar sind, konsequent zurückweisen. Hätte Lösch die Fehlleistung des Handelsattachés tiefer hängen können, weil keine Provokation oder Feindeslist zu erkennen war?

Wie auch immer: Karl Lösch befahl Hans Kleinsteuber, sich stehenden Fußes an Bord eines in Havanna liegenden DDR-Frachters zu begeben und abzureisen. Die Überreaktion des Leiters der Auslandsvertretung hatte keine nachteiligen Folgen für Kleinsteuber. Als ich ihn später kennenlernte, war er Handelsrat der DDR in Kambodscha. Nun, im Oktober 1967, war die Guerillaeinheit Che Guevaras in Bolivien am Ende ihrer Kräfte, die erschöpften Kämpfer wurden von bolivianischen Rangern gestellt und Guevara am Tag nach seiner Gefangennahme feige ermordet. Die vernichtende Niederlage Guevaras, der zuvor bereits erfolglos in Afrika operiert hatte, zwang Castro zu dem Entschluss, auf weitere aussichtslose Abenteuer zu verzichten. Er ließ die OLAS zerfallen. Che Guevara aber wurde zum Mythos erhoben. Ich lehnte damals, in den Oktobertagen 1967, mit derselben Konsequenz wie meine eigene Partei und die legalen kommunistischen Parteien Lateinamerikas die mit der Linie der friedlichen Koexistenz nicht zu vereinbarenden Guerillastrategien kleiner sektiererischer, durch Kuba ausgehaltener Kampfgruppen ab – mit dem Verstand ... Doch meine Gefühle ließen nicht zu, den Idealisten und Träumer von einer besseren Welt Che Guevara zu verurteilen, ich verstand, dass er sich gegen den Gedanken aufbäumte, die Herrschaft der lateinamerikanischen Oligarchien könne ewig währen. Ich hatte Verständnis für die verzweifelten Versuche, den nicht privilegierten Klassen und Schichten die soziale Gerechtigkeit mit den Mitteln der Gewalt zu verschaffen.

Nachdem die kubanische Nachrichtenagentur eine Woche lang die Tickermeldungen der westlichen Presse über Geschehnisse in Bolivien kommentarlos mit all ihren Widersprüchlichkeiten und Unsicherheiten wiedergegeben hatte, erschien die „Granma" am 16. Oktober mit der Überschrift „Dolorosamente cierta la muerte del comandante Ernesto Guevara" (Schmerzliche Gewissheit über den Tod des Comandante Ernesto Guevara) und dem in gewaltigen schwarzen Lettern gesetzten Satz Fidel Castros „Ein Beispiel wie dieses wird nichts und niemand jemals auslöschen können!" Ich stand am 18. Oktober 1967 in der achten Abendstunde am Rand der Plaza de la Revolución, um in einer von tiefer Feierlichkeit erfüllten Velada mit Hunderttausenden anderen dem in der Schlacht gefallenen unvergesslichen und heroischen Kämpfer Tribut zu zollen.

Das alles war geschehen, und so gereizt war die Atmosphäre, als im Januar 1968 Kuba und die DDR in Havanna das Jahreshandelsabkommen für 1968 verhandelten. So betroffen wir uns von jeder neuen öffentlichen Auseinandersetzung Castros mit unserem „Lager" fühlten, so sicher glaubten wir andererseits, Kuba werde differenzieren und die kleinen Brüder der UdSSR nicht öffentlich angreifen und mit den Sowjets in einen Topf werfen.

Es mag schon sein, dass die Spitzendiplomaten der DDR im Zentralkomitee der KPK und im Auswärtigen ihre akademischen Bedenken über die irrigen Lehren der kubanischen Revolutionsmacher vortrugen – dem Volk der Händler jedenfalls war auf das Strikteste untersagt, Politik auf eigene Faust zu machen und die Unangreifbarkeit unseres diplomatischen Außenpostens zu gefährden. Doch in Kuba schien alle Opposition ohnehin bereits zum Verstummen gebracht worden zu sein. Was auch in den bestinformierten diplomatischen Kreisen niemand wusste oder vermutete: Fidel Castro bereitete sich auf einen Rundumschlag vor, mit dem er den hochrangigen Widersachern seines Kurses in den sozialistischen Ländern, aber auch den restlichen anscheinend noch immer nicht endgültig mundtot gemachten orthodoxen Kommunisten im eigenen Land die Lust an der Einmischung endgültig nehmen wollte.

Die Mikrofraktion

Im Januar 1968 reiste die Stellvertreterin des Ministers für Außenhandel der DDR Elfriede Wagner in Havanna an, um die abschließenden Verhandlungen zum Jahresprotokoll für 1968 zu führen. Die bis dahin erreichten Ergebnisse waren zufriedenstellend und eine Einigung in Sicht. Wie üblich, lud das kubanische Außenhandelsministerium die ganze Delegation am letzten Wochenende vor der Unterzeichnung in ihr Gästehaus in Varadero ein, das lag nicht weit vom Hotel Internacional entfernt und war vor der Revolution Sommerresidenz eines Tabakmagnaten gewesen.

Der Gegenspieler Elfriede Wagners, Stellvertreter des Ministers Benigno Regueira, der bis dahin durchaus fair und freundschaftlich mit seiner deutschen Kollegin verhandelt hatte, verabschiedete sich am Sonntagvormittag überraschend auf Englisch. Zur selben Zeit erfuhren wir, in Havanna finde eine kurzfristig anberaumte Tagung des Zentralkomitees statt. Bei der Heimfahrt nach Havanna schockten uns Radiomeldungen: Eine microfracción (Mikrofraktion) war entlarvt, und 43 Verräter waren verhaftet worden. Die Fraktionisten, machthungrige altkommunistische Sektierer und Opportunisten, allen voran der frühere Organisationssekretär der ORI, Aníbal Escalante, und ein weiteres ZK-Mitglied, hätten die revolutionäre Lehre Fidel Castros missachtet und statt dessen die falschen Auffassungen der lateinamerikanischen Pseudorevolutionäre propagiert. Angeblich hatte die „Kleinstfraktion" Verbindungen zum sowjetischen Geheimdienst geknüpft und auch, und da lief es uns kalt den Rücken herunter, zu Diplomaten der Deutschen Demokratischen Republik, und es fielen die Namen des Handelsrates und des Konsuls der DDR.

Der Handelsrat der DDR, das war mein Vorgesetzter Otto Schreiber. Es ist an der Zeit, ihn zu beschreiben. Ich habe ihn respektiert und gemocht. Er war ein fähiger, erfahrener und gerecht denkender Leiter, ein Pragmatiker, der sein Außenhandelswissen auf den Universitäten des Lebens erworben hatte. Otto Schreiber war ein freundlicher und versöhnlicher Sachse. Zwischen Otto und mir bestand ein Vertrauensverhältnis. Wenn Otto Schreiber auch wenig Lust verspürte, die politische Wirklichkeit Kubas tiefschürfend analytisch umzupflügen, so erkannte er mit sicherem Gespür, wo Minen lagen, auf die er nicht treten durfte.

Es versteht sich von selbst, dass Elfriede Wagner sofort mit dem Botschafter Joachim Naumann zusammentraf. Elfriede Wagner hatte mich als Fachfrau nie nachhaltig beeindruckt – in dieser kritischen Situation aber traten ihre menschlichen Qualitäten konturiert hervor. Sie stellte Otto Schreiber nur eine Frage: Kannst Du ein Problem geschaffen haben? Als er das verneinte, bekundete sie ihm ihr volles Vertrauen und gab, mit dem Botschafter übereinstimmend, den Tagesbefehl aus: Alles was mit dieser „Mikrofraktion" zu tun hat, ist allein Sache der Kubaner.

Wir haben damit nichts zu tun, und unsere Leute haben damit nichts zu tun. Und wir möchten jetzt, bitte, das Jahresprotokoll für 1968 unterzeichnen.

Nun waren wir aber alle höchst gespannt, wie das kubanische Außenhandelsministerium mit der DDR-Verhandlungsdelegation, der ja auch Otto Schreiber angehörte, umgehen werde. Und siehe da, ein Anruf kam, und die Delegation Wagner wurde zur Unterzeichnung des Jahresprotokolls ins Ministerium eingeladen.

Diplomatische Kreise

Ich will es nicht leugnen: Es war keine schlechte Sache, einen Diplomatenpass der DDR zu haben. An den Grenzen entfiel das lästige Kofferöffnen, mancherorts wurden Diplomaten bei der Grenzabfertigung bevorzugt durchgeschleust. Als Handelsattaché war ich in der vom Außenministerium Kubas regelmäßig herausgegebenen Diplomatenliste verzeichnet. Mein Platz in der Liste war durch den diplomatischen Rang genau bestimmt: Ich rangierte als Handelsattaché hinter dem Botschafter, dem Botschaftsrat für politische Fragen, dem Militärattaché, dem Handelsrat und Wirtschaftsrat und den 1. Sekretären, war, was meinen „Rang" betraf, also den 2. Sekretären gleichgestellt. Als ich im Juni 1966 in Havanna antrat, war mir der ganze Rangordnungskram völlig gleichgültig.

Doch ein Erlebnis verletzte mein Selbstwertgefühl nachhaltig, und fortan schmerzte es meiner Eitelkeit, so weit hinten eingeordnet zu sein, hatte ich doch im Vergleich zu den anderen 2. Sekretären schon mehrere Jahre Leitungserfahrung in der Wirtschaft und ein großes Kollektiv von Hoch- und Fachschulabsolventen geführt. Es kam so: Der Verteidigungsminister der Sowjetunion Marschall Malinowski war gestorben. Die Botschaft der UdSSR, nur wenige Schritte von der Botschaft der DDR entfernt, hatte ein Kondolenzbuch ausgelegt, und mein Botschafter Friedrich Johne ordnete an, alle Diplomaten der Vertretung hätten sich um 10.00 Uhr in tadellosem schwarzen Anzug im Foyer unserer Vertretung einzufinden, von dort aus Abmarsch zur Sowjetbotschaft. Alle waren pünktlich, dann verließ der Botschafter das Haus, um sogleich am Ausgang zu verweilen und den vollzähligen Heraustritt seiner Mannschaft abzuwarten.

Nach der Beileidsbekundung rief mich Botschafter Johne zu sich. „Genosse Lemke, ich habe dein Verhalten zu beanstanden." Was war das? Worin hatte ich gesündigt? Ich kam selbst nicht darauf, bis mir geholfen wurde. „Genosse Lemke, du bist 2. Sekretär – oder genauer – im Range eines 2. Sekretärs. Als wir vorhin die Botschaft verließen, bist du noch vor dem Genossen Kulitzka aus dem Haus herausgetreten, und der ist Botschaftsrat. Das gehört sich nicht. Das darf sich nicht wiederholen. Du musst dafür ein Gefühl entwickeln." Ich hätte Johne auf den Mond schießen können. Eigenartig, wie Friedrich Johne, jetzt etwa 55 Jahre alt, der einen ganz anderen Werdegang hatte als die gelernten Diplomaten, die Anspruchshaltungen seiner Fachschaft übernommen hatte. Johne, seit Sommer 1963 erster Botschafter der DDR in Havanna, kam vom Militär. In den Jahren 1954 – 1956 war er Kommandeur der Territorialverwaltung Süd der Kasernierten Volkspolizei in Leipzig gewesen. Er besuchte die Generalstabsakademie der UdSSR und leitete dann vier Jahre die Militärakademie in Dresden – dann schied er aus dem aktiven Dienst und wurde Botschafter.

Nach Friedrich Johne kam Joachim Naumann. Der war nicht verkrampft oder steif und eher heiter, aber manchmal fragte ich mich, ob er es wohl auch fertigbrächte, die Dinge einmal nicht auf ihren Gehalt an Ernsthaftem abzuklopfen und „fünfe gerade sein zu lassen". Ich habe ihn respektiert und sein Bemühen, die Kernzonen der Arbeit aller Bereiche der Auslandsvertretung zu durchdringen und ihrem Anliegen Nachdruck zu verleihen und ihre Tätigkeit angemessen in den Leistungsauftrag der Botschaft einzubinden, sehr geschätzt. Natürlich war ich mir sicher, dass auch Joachim Naumann im Inneren nicht frei von dem adelsstolzgleichen Führungsanspruch der Außenpolitiker war.

An der Gestaltung der zwischenstaatlichen Gesamtbeziehungen sahen sich die Außenpolitiker arbeiten wie an der Konstruktion einer Kathedrale: Sie entwarfen die Architektur und wiesen den Gewerken ihren Platz an. Wirkliche Gleichberechtigung aller Fachbereiche bei der Gestaltung der Außenbeziehungen konnte es zwischen den Patriziern und Plebejern der Bereiche mit auswärtigem Leistungsauftrag nicht geben, und der Gedanke, das Gewicht und die Qualität der Wirtschaftsbeziehungen zwischen zwei Ländern könnten letztlich den Ausschlag für den Stellenwert der beteiligten Länder füreinander geben, wäre einem Laufbahndiplomaten wohl kaum zu vermitteln. Doch selbst wenn der Außenpolitiker bereit sein sollte, dieser Überlegung näherzutreten:

Auch dann wäre aus seiner Sicht im auswärtigen Verkehr der „Karrierediplomat" der eigentliche Repräsentant der Wirtschaftspotenz seines Landes, nicht der in den Niederungen des Wirtschaftsverkehrs wirkende Mann der „handelspolitischen" Abteilung, und tatsächlich könnte man über die Berechtigung des Wortbestandteils „politisch" für diesen Fachbereich streiten. Das war meine Sicht auf das natürliche Spannungsverhältnis zwischen Außenpolitikern und Außenwirtschaftlern, ich litt nicht darunter. Wenngleich nach der für die Leitung der auswärtigen Beziehungen geltenden Ordnung die Leiter der HPA dem Botschafter disziplinarisch unterstellt waren und ihnen im Netzwerk der Auslandsvertretung Räume angewiesen waren, die sie nicht verlassen oder überdehnen sollten, wenn ihnen in der Informationspolitik mehr zu geben als zu nehmen verordnet war, wenn sie Nacht- und Bereitschaftsdienste zu leisten hatten:

Ich war nicht der Mann und hatte nicht die Ausbildung, um ihm selbst im

Einzelfall, wenn er analytisch „meine" Hoheitsgebiete betrat, das Alleinver-tretungsrecht für richtige Schlussfolgerungen und den Anspruch auf Deu-tungshoheit zu Im übrigen zogen die Außenhändler aus der Wirksamkeit einer gut geleiteten Botschaft vielfältigen Nutzen und waren, bei Lichte betrachtet, fachlich nicht unterstellt und in ihren ureigensten fachlichen Kompetenzen nicht beschnitten. Unter einem Botschafter, wie Joachim Nau-mann einer war, konnte auch ein auf Selbstständigkeit und Eigengewicht bedachter Außenhändler ohne Furcht vor Machtdemonstration und Schuri-geleien aus dem Führungszentrum der Botschaft leben und mit seinem Platz in der auswärtigen Gesellschaft versöhnt sein.

Die „Entlarvung der Mikrofraktion" hatte zur Folge gehabt, dass die weni-gen kubanischen Partner, mit denen ich gelegentlich ein etwas freieres Gespräch führen konnte und die wenigstens einmal eine zarte Andeutung machten, die mich auf die Spur neuer Erkenntnis führen konnte, sich ganz und gar verschlossen. Einen realistischen Blick für Zusammenhänge gewann ich am ehesten bei Fahrten ins Land, auf Baustellen, zu lokalen Partei- und Verwaltungsorganisationen. Begegnungen mit den Handelsräten und Atta-chés der sozialistischen Staaten waren wichtig, um Einschätzungen abzuglei-chen.

Die sowjetischen Handelsräte Sakun und Vladimirsky sahen sich als hoch-gestellte graue Eminenzen, sie schienen alles zu wissen und suchten Kontakt nur, wenn sie eine Botschaft an die Parteigänger der Sowjetunion verbreiten sollten. Die sowjetischen Attachés Lebiazhew und Krasnow waren im Umgang unkomplizierter, auf gleichberechtigten Umgang bedacht, aber doch auch eher verschlossen und mit Wertungen äußerst zurückhaltend. Sie schlugen bei ihren Abschiedsbesuchen vor, auch zukünftig Verbindung zu halten, aber man wusste es schon: Die Anschriften und Telefonnummern in Moskau, die sie einem auf die Visitenkarten schrieben, gab es gar nicht.

Mit Vertretern kapitalistischer Staaten hatten wir damals nicht die gerings-te Berührung, obgleich alle großen, die Vereinigten Staaten und die Bundes-republik ausgenommen (deren Interessen von der Schweiz beziehungsweise von Frankreich wahrgenommen wurden) in Havanna vertreten waren und ich auf den Empfängen der Sowjetunion und Chinas in die Reichweite ihrer Wirt-schafts- und Handelsräte geriet. Doch jene hatten anscheinend noch größere Berührungsängste als wir selbst; einzig die seit Urzeiten in Havanna residie-rende Generalkonsulin Österreichs verhielt sich unbekümmert und ge-sprächsinteressiert. Eine nicht unbedeutende Rolle spielte auch der General-vertreter der britischen Leyland-Werke, der mit einer bildschönen jungen

Kubanerin verbandelt war und bei dem alle Welt, auch die Handelsvertretung der DDR, Neuwagen orderte.

Amateurdiplomatie

Wenn sich Botschafter und „politische" Diplomaten in die laufende Handelspolitik einmischten, kam nichts Gescheites dabei heraus. Regelrecht gefährlich wurde es aber, wenn die Händler sich aufs Feld der Politik begaben, und da will ich eine Geschichte erzählen. Während einer der häufigen Vertretungsperioden, es muss Ende 1967 gewesen sein, wurde ich zum neuernannten Leiter der „Empresa", des Dienstleisters für das Diplomatische Korps, bestellt.

Das war ein untersetzter, pomadiger, aufgequollener Kubaner in feinem Zwirn, ein Mann von niedrigem Bildungsniveau, aber gewaltigem Selbstbewusstsein. Aus meiner Sicht war er ein Emporkömmling, der sich eine Pfründe gerafft hatte – ein unsympathischer Kerl. Er residierte damals in einem einstöckigen Rundbau am Malecón ganz in der Nähe des Hotels Riviera.

Anaya eröffnete mir ohne Umschweife und in anmaßendem Ton, die zuständigen Behörden benötigten das Appartementhaus Riomar für andere Zwecke, den dort wohnenden Familien aus der DDR würden andere Wohnungen an unterschiedlichen Stellen in Havanna zugewiesen, und der Umzug werde schon bald beginnen. Ich war wie vom Donner gerührt und bekam einen heißen Kopf: Im Riomar wohnen zu dürfen, im Schoß der Landsleute, in der frischen Luft von See her, in einem Haus, in dem immer irgendwie für Strom, Wasser und Müllabfuhr gesorgt war, das machte so vieles Lästige in dieser verfallenden Großstadt erträglich. Wer diese Insel preisgab, würde den nie verlöschenden Zorn seiner Freunde und Genossen ernten. Nein, ich musste hier sofort Einspruch einlegen, auf der Stelle. Freilich, soviel hatte ich vom Regelwerk für Diplomaten schon erlernt: Auf die kubanische Drohung zu antworten, das war allein Sache des höchsten Repräsentanten der DDR, nicht meine. Aber im tiefen Inneren dachte ich mir, der Botschafter werde angesichts der erheblichen Spannungen, die gerade jetzt zwischen Kuba und den sozialistischen Ländern herrschten, vielleicht zu weich reagieren, es bei einem in ernste, aber höfliche Worte gekleideten Einspruch belassen und schließlich schlucken, was uns auferlegt werden sollte. Jedenfalls: Anaya hatte ein rotes Tuch gezückt, und ich rannte wie ein Stier mit den Hörnern darauf zu. Ich nahm allen Mut zusammen und sagte: „Compañero Anaya, das führt zu einer systematischen Verschlechterung der Lebensbedingungen unserer Familien. Wenn Sie das tun, werde ich veranlassen (und nun überhob ich mich fürchterlich und behauptete an der Wirklichkeit vorbei einen angeblichen großen Einfluss auf die Entscheidungen meines Ministeriums), dass alle Händlerfamilien Ihrer Botschaft aus dem ruhigen und grünen Pankow an die Peripherie von Berlin umziehen. Da lassen wir jetzt gerade jwd, wie der Berliner sagt, janz weit draußen, muy afuera, muy lejos del centro, in Erkner und Königs Wusterhausen schöne Plattenbauten errichten." Anaya wurde puterrot und schien platzen zu wollen. Aber er war nicht nur frech, sondern auch beherrscht und wollte den Trumpf, den ich ihm eben in die Hand gespielt hatte, nicht preisgeben. Ich zog ab, ehe er mich hinausschob. Was letztlich dazu führte, dass die Kubaner auf unsere Umsiedelung verzichteten, weiß ich nicht. Auf meinen Ausflug in die Vulgärdiplomatie darf ich es wohl nicht zurückführen.

Flugverkehr unregelmäßig

Jedes Mal, wenn ich auf dem hauptstädtischen Flughafen Rancho Boyeros in die DDR zurückreisende Persönlichkeiten oder Mitstreiter verabschiedete, sah ich mit Sehnsucht den entschwindenden Flugzeugen nach, bis sie endgültig in einen winzigen Punkt zusammenflossen. Flugzeuge waren die Brücke in die Heimat. So abenteuerlich meine ersten beiden Flugreisen im Jahr 1960 nach Havanna mit der KLM auch gewesen waren, als auf jedem Hin- oder Rückflug zwei Übernachtungen und zehn Zwischenlandungen eingelegt werden mussten und es viel zu sehen gab, waren doch alle heilfroh, als die Bristol Britannia der CSA ab 1961 mit nur zwei Zwischenlandungen in Shannon und Gander auskam – und auch dann war ein Flug zwischen Havanna und Europa noch eine rechte Quälerei. Dem Turboprop-Modell Bristol Britannia war schon bei Indienststellung der geschäftliche Misserfolg sicher gewesen, denn das Jet-Zeitalter war längst angebrochen. Anfangs hatten die Sowjets mit der TU 104, die 1955 zum Erstflug startete, die Nase lange vorn gehabt, doch die TU 104 war eine Maschine für Kurz- und Mittelstrecken. Der Aeroflot fehlte modernes Gerät für Weitstreckenflüge, während die Amerikaner den Atlantik schon seit 1958 mit der Boeing 707 überquerten. Kuba wurde Mitte der 60er Jahre von den Fluggesellschaften des Westens gemieden, nur die Spanier hielten die Stellung. Mitte 1966 setzte die Iberia auf der Strecke Madrid – Havanna die hochmoderne Douglas DC 8 ein, die „machte" die Reise in wenig mehr als 8 Stunden, und ein Hin- oder Rückflug kostete nur 308 US-$ – aber dieser Weg war uns verschlossen. Es sollte noch bis zum April 1969 dauern, bis die Iljushin IL 62 der Aeroflot Moskau – Havanna beflog.

In den Jahren 1966 bis 1968 gab es für mich nur eine Alternative zum Flug über Prag mit der Britannia, das war der Weg über Moskau, der in Ausnahmefällen genehmigt wurde. Auf der Route Havanna – Murmansk – Moskau flog die Turboprop Tupolew TU 114, ein für zivile Zwecke umgerüsteter Langstreckenbomber. Da kein Stop in „Feindesland" erfolgte, war diese Verbindung für konspirative Aufgaben wie geschaffen – und für die Beförderung derjenigen, denen unter allen Umständen die Möglichkeit versperrt werden sollte, in Kanada Asyl zu suchen. Das nämlich geschah während der Zwischenlandungen der CSA (und später auch der Cubana, Aeroflot und Interflug) in Gander (Neufundland) fast regelmäßig. In Gander mussten während der Betankung grundsätzlich alle Passagiere von Bord gehen. Sie gelangten durch einen fingerartigen Vorbau und einen schlauchartigen langen Gang zum Transitbereich. Der Gang verengte sich an einer Stelle soweit, dass er praktisch nur einzeln passiert werden konnte. Genau an dieser Stelle stand ein Uniformierter, hinter ihm eine Tür zum Dienstbereich des Flughafens. Der Uniformierte versah keine irgendwie geartete Kontrollaufgabe, er stand einfach da und war bereit, Fluchtwillige sofort aus dem Verkehr zu ziehen. Das geschah nicht selten und zog unvermeidlich zusätzliche Wartestunden für die anderen Fluggäste nach sich, denn nun musste das Gepäck der Abgängigen aus dem Flugzeugbauch herausgefischt werden.

Ein Flug mit der TU 114 war ein Erlebnis. Die Reisegesellschaft war meist vielfältig – ständige Klientel waren die raubeinigen Besatzungen sowjetischer Fischfangschiffe, die von Kuba aus operierten und deren Mannschaften immer nach einigen Monaten ausgetauscht wurden, Militärs und Sicherheitsleute, die „die Achselstücke nach innen trugen", Kuriere mit Postsäcken, Söhne des afrikanischen und südamerikanischen Kontinents, die zu den Fronten des Guerillakrieges unterwegs waren und deren Spuren sich nach der Landung in Moskau verlieren würden …

Die TU 114 flog ab November 1968 nicht mehr über Murmansk, sondern auf der Route Moskau – Algier – Gander – Havanna, und die „Flugroutenvorschrift" für DDR-Bürger erzwang ihre Nutzung:

Berlin – Algier = Interflug, Algier – Havanna = Aeroflot. Ich war in der glücklichen Lage, allein und ohne Kinder zu reisen, und außerdem hatte ich die Ausnahmegenehmigung, über Budapest nach Algier zu fliegen, da dauerte der Transitaufenthalt in Algerien nur zwei halbe Tage und eine Nacht. Wer nach Vorschrift fliegen musste, hatte vier (!) Tage Zwischenaufenthalt in Algier.

Die wichtigste Verbindung zwischen Berlin – Prag und Havanna blieb bis

1969 die mit der ÈSA und der Britannia. Nur ein Flug in jeder Woche bewältigte das Passagieraufkommen kaum noch, und irgendwann, um die Mitte des Jahres 1967, setzte die CSA auch die sowjetische IL 18 auf der Havanna-Route ein – bis sie am 5. September 1967 in Gander abstürzte … 31 Menschen starben sofort, zwei weitere bald nach dem Absturz. Dass 36 überlebten, ist dem Umstand zu danken, dass die Umgebung des Flughafens Gander sumpfig-moorig ist und der schwammige Untergrund den Aufprall der meist noch an ihren Sesseln festgeschnallten Passagiere gemildert hat. Nach der Niederschlagung des Prager Frühlings stellte die CSA den Flugbetrieb nach Havanna für einige Monate ein.

Auch die Kubaner hatten eine regelmäßige Flugverbindung nach Prag, 1969 setzten sie die IL 18 D ein. Die Sowjets flogen Anfang 1969 bereits zweimal wöchentlich mit der TU 114 nach Havanna, eine Route über Algier, die andere über Rabat, manchmal flogen sie auch Moskau – Algier – Rabat – Havanna. Im April 1969 stellten sie erstmals die IL 62 in die Route Moskau – Gander – Havanna ein.

Crossroads of the world

Der Flughafen Gander spielte eine Rolle im Leben der Kubareisenden der DDR. Flog man in Richtung Havanna, erfasste einen nach dem Start in Gander das erste Mal Vorfreude auf die Wärme und das Licht der Karibik. Flog man heimwärts, sah man beim Anflug auf Gander zum ersten Mal wieder das dunkle Grün und die graublauen Seen wie in der Heimat oder gar Eis und Schnee.

Gander war schon bei der Eröffnung seines modernen Terminal-Buildings durch Queen Elizabeth II. am 19. Juni 1959 der künftige Bedeutungsverlust sicher, doch zunächst wurde Gander, das dem Shannon Airport an der Küste Irlands am nächsten lag (Gander und Shannon lagen nur 1981 Meilen, also 3369 km auseinander), von allen großen Fluglinien genutzt: PanAm, TWA, Air France, Lufthansa, KLM, SAS, Alitalia und 13 anderen.

Gander war die wichtigste Auftankbasis für Transatlantikflüge überhaupt, und es war fähig, auch mit dem Blick auf denkbare kriegerische Ereignisse, „to absorb dramatic increases in traffic." Jetzt, Mitte der 60er, begann Gander schon zu vereinsamen, noch später, in den 80er, brauchten Gander nur noch Aeroflot, Interflug, Cubana wegen der zu geringen Reichweite ihrer bereits veralteten IL 62.

In den offenen Regalen der Verkaufseinrichtungen des Flughafens stand die unendliche Vielfalt kanadischen und amerikanischen Andenkenmülls zum

Verkauf. Um den in der äußersten rechten Ecke betriebenen Zeitschriften-stand bildete sich schnell eine Männertraube, die in den für sozialistische Betrachter unerhört aufregenden Erotikmagazinen zu blättern begannen. Wenn ich nicht in Gesellschaft bekannter Landsleute reiste, griff auch ich natürlich zu Playboy und Hustler und genoss zugleich die saftigen Kommentare der umstehenden Kubaner, die bei der Betrachtung der meist nur angedeuteten Kopulationen in lautes Entzücken ausbrachen: Mira, coño … Kaufen sah ich keinen meiner Landsleute im Bowrings' – ein DDR-Reisender bekam nicht einen einzigen Dollar-Cent für Transitausgaben mit auf die Reise. Die CSA gab anfangs Bons für eine Coca-Cola oder einen Sandwich im Restaurant aus – anfangs, später auch das nicht mehr …

Die US-amerikanischen und anderen Fluggäste, die zunächst zu Tode erschraken, wenn sie gewahr wurden, dass sie im Reich des Bösen niedergingen, verließen Havanna später meist froh gestimmt, denn sie wurden in den besten Hotels zwischengelagert und gut verköstigt, sie wurden zu Stadt-rundfahrten eingeladen und überhaupt pfleglich behandelt und sehr behutsam agitiert. Wenn sie mit modernem Fluggerät eingeschwebt waren, lockte das hochrangige kubanische Besichtiger an: Als der erste „Jumbo – Jet", eine Boeing 747, nach Havanna entführt worden war, inspizierte Fidel Castro das Ungetüm höchstpersönlich.

Flugzeugentführungen waren bald nichts Seltenes mehr. Wenn ich mit Frau und Kindern in Varadero am Strand saß und von Westen her ein Tiefflieger übers Wasser einschwebte, konnte der nur gekapert sein, und richtig, wir konnten mit bloßem Auge den Namenszug der Fluggesellschaft und das kleine Sternenbanner am Heck erkennen. 1968 erreichte die Entführungswelle einen Höhepunkt „Am 19. September", schrieb ich meinen Eltern in einem Brief, „landete die 17. entführte Maschine des Jahres, eine Boeing 720 B, die auf dem Flug von Puerto Rico nach Miami war, eine ‚Eastern Airlines' mit 46 Passagieren." Am 12. Februar 1969 notierte ich, dass in diesem Jahr bereits 16 Maschinen nach Kuba „umgeleitet" worden waren.

Wenige Tage später schien Fidel Castro aber die Sache mit den Flugzeug-entführungen über den Kopf zu wachsen, und er befahl: Schluss mit lustig! Anlass war: Venezuela hatte einen kubanischen Thunfisch-Fänger in angeblich verbotenen Gewässern aufgebracht und ihm die Ladung abgenommen. Nun landete eine venezolanische DC 9 in Santiago, Kuba rächte sich und verweigerte erst einmal den Rückflug. Angabegemäß herrschte Mangel an Kerosin. Die Venezolaner sollten selbst den nötigen Treibstoff für die DC 9 einfliegen. Sie schickten nach einigem Murren ein Tankflugzeug und bezahlten für den unfreiwilligen Aufenthalt ihres Fliegers und ihrer Landsleute in Naturalien – in Kerosin.

Im März 1969 kam es zu ordentlichen zwischenstaatlichen Verhandlungen zwischen den USA und Kuba. Die Kubaner hatten kein Interesse mehr an den Flugzeugentführern, hatten diese sich doch mehrheitlich als Abenteurer, politische Spekulanten und Kriminelle erwiesen. Kuba sicherte in einer Art Gentlemen-Agreement zu, die entführten US-amerikanischen Maschinen zu betanken und mitsamt Passagieren schnell wieder abzufertigen, immer unter der Voraussetzung, dass die Fluggesellschaften das Startrisiko übernähmen.

„Sollen sie doch gehen ..."

Die Emigration aus dem sozialistischen Kuba habe ich nicht stärker verfolgt als andere politische und wirtschaftliche Rückschläge, die das Land erlitt. Mit der illegalen Auswanderung kam die DDR gelegentlich in Berührung, wenn sich blinde Passagiere in den nach Mexiko ablegenden Frachtschiffen versteckten. Was die „legale" Auswanderung anbetraf, so besagten die Gerüchte, es hätten sich 200.000 bis 500.000 Kubaner auf die Listen setzen lassen. Die „Antragsteller" wurden sofort von ihren Arbeitsstellen entlassen und durften keine neue Arbeit aufnehmen, der Verkauf ihres Eigentums war ihnen verboten, Barabhebungen von den Sparkonten nicht erlaubt, sie mussten die Schulden aller Verwandten bezahlen, die nach dem Sieg der Revolution 1959 illegal das Land verlassen hatten, und nach der Ausreise fiel ihr bewegliches und unbewegliches Eigentum an den kubanischen Staat.

Zweimal aber wurde für kurze Zeit aus der geduldeten Auswanderung so etwas wie eine Austreibung. Als dies geschah, war ich fern von Kuba. Das war zuerst im September 1964, als der Yachthafen Camarioca bei Varadero für etwa 2 Monate für Ausreisebegehrende geöffnet wurde. Die Operation galt für Kubaner, die Verwandte 1. Grades in den USA hatten. Die USA sahen sich bald genötigt, ein offizielles Ausreiseabkommen mit Kuba abzuschließen, das zur Etablierung der PanAm-Auswanderer-Fluglinie Varadero – Miami führte. Die zweite „Austreibung" erfolgte im April 1980, als nach der Besetzung der Botschaften Perus und Venezuelas in Havanna durch mehr als 10.000 Fluchtbereite, die meisten zwischen 20 und 30 Jahren alt, eine Armada von mehr als 600 Booten zwischen den Florida Keys und Mariel pendelte. Auch diesmal titulierte die kubanische Führung die Abtrünnigen als Lumpen und Parasiten und gab die Losung aus: „Sollen sie doch abhauen!" Unter die Enttäuschten und Gescheiterten, die am Experiment Sozialismus in Kuba nicht länger teilnehmen wollten, mischte man Drogensüchtige und Kriminelle. Die Flut der Hals-über-Kopf-Auswanderer schwoll zu einem solchen Strom an, dass der amerikanische Präsident Jimmy Carter die Küstenwachen anweisen musste, die Ankommenden zur Umkehr zu zwingen.

Die kubanischen Verantwortlichen ließen sich nicht in die Karten sehen. Offiziell nannten sie die Ausreisebegehrer „gusanos" (Würmer) und Abschaum und ließen den Plebs skandieren: Haut ab!. Aber es gingen nicht nur für den Aufbau des Sozialismus unbrauchbare Kleinbürger und Alte, sondern auch Intelligenzler, Ärzte, Architekten, Künstler, Universitätsprofessoren, Jugendliche mit Arbeitserfahrungen – auch Farbige, und es gab durchaus Bemühungen, sie von dem geplanten Schritt abzubringen.

In Lissabon wurde dem tschechoslowakischen Flugkapitän mitgeteilt, dass er Spanien und Italien nicht überfliegen dürfe, sondern auf seine Standardroute zurück müsse. So flogen wir nach Irland zurück und schwenkten über Shannon wieder ostwärts in die genehmigte Flugroute ein. Prag nahm wegen Bodennebels nicht an, wir flogen nach Bratislava. Ich war nun 25 Stunden unterwegs. Nach zwei Stunden Wartezeit: Weiterflug nach Prag. Nach weiteren Stunden im Transit Start nach Berlin-Schönefeld. Auch dort dichter Nebel. Landung in Dresden-Klotzsche. Mit dem Bus nach Berlin. „Freuden" eines Kubareisenden im Jahr 1968.

Wirtschaftsausschuss und Ausschusswirtschaft

In Biographien über das Phänomen Fidel Castro las ich schon vor zwanzig Jahren, das Erstaunlichste an der Autorität Castros sei, dass er sie habe erhalten können, obwohl jahrzehntelang eigentlich alle seine bedeutenden Vorhaben misslungen seien. War das wirklich so?

Die Fortsetzung der kubanischen Revolution auf dem lateinamerikanischen Kontinent war misslungen, aber in Kuba hatte der Sozialismus Wurzeln geschlagen. Das Leben des Volkes war ärmlich, aber es gab kein Massenelend wie überall sonst in Lateinamerika, keinen Hunger. Das Volksbildungswesen war vorbildlich, Kinder von Handlangern und Landarbeitern studierten und stiegen in die Intelligenz auf. Für die gesundheitliche Betreuung aller Schichten der Bevölkerung war gesorgt, und es fehlte (noch) nicht an Medikamenten. Die Säuglingssterblichkeit sank auf europäisches Niveau. Die Schulkinder erhielten Milch und saubere Schulkleidung. Jenseits des Materiellen: Die kubanische arbeitende Klasse ertrug nicht länger, „ein Nichts zu sein." Die Mehrheit der Kubaner war stolz darauf, dass ihr Land es den Yankees gezeigt hatte und dass Kuba auch nach der Loslösung von den USA und der Hinwendung zur Sowjetunion eine eigene Stimme behielt.

Der Erste Staatsmann Kubas mochte von seinen Feinden gehasst sein, ob seiner Marotten belächelt, doch kaum einer konnte die Unterentwicklung in der Welt und ihre Gründe so beim Namen nennen wie er, und er konnte darauf verweisen, sie in „seinem" Kuba energisch und mit Erfolg überwunden zu haben. Auch deshalb wollte man auf allen großen Foren der Welt seine Stimme hören. Für mich ist bis heute unbestreitbar, dass vor mehr als vierzig Jahren in Kuba eine wirkliche Revolution begann, die sich auf eine Mehrheit des Volkes stützte und auch deshalb legitim war. Ich glaube, dass die Castro-Revolution sich auch heute noch auf die Zustimmung einer Mehrheit des kubanischen Volkes berufen darf. Aber was hätte ich dafür gegeben, hätte Fidel Castro dem Rest des sozialistischen Lagers vorgemacht, dass der Führer eines sozialistischen Landes eine geheime Abstimmung oder Wahl nicht fürchten muss!

Wer die Leistungen der kubanischen Revolution für die Menschen dieses Landes gerecht bewerten will, kann die Augen nicht davor verschließen, dass die USA-Regierung, die CIA und das FBI schon seit den ersten Tagen der siegreichen Volkserhebung im Jahre 1959 und dann jahrzehntelang „geradezu besessen waren von dem, was sie als ihren Auftrag verstanden: Castro zu beseitigen, das System in Kuba zu destabilisieren, ..., allein oder mit Hilfe der Exilkubaner oder der Maffia, mit allen Mitteln, das heißt auch mit Mord." Das USA-Embargo, für sich allein genommen, wird in seiner Wirkung von den Kubanern absichtlich überschätzt. Es hatte schwerwiegende Effekte in der unmittelbar auf die Machtergreifung folgenden Periode 1959 – 1961 und nach dem Zusammenbruch des sozialistischen Lagers 1990. Über Jahrzehnte hinweg wurden die Verluste aus dem Wegfall des Handels mit dem Nachbarn USA aber ausgeglichen und mehrfach kompensiert durch das Zusammengehen mit der Sowjetunion und den anderen sozialistischen Ländern – den Warenaustausch, die Kuba eingeräumten Vorzugspreise für seine Haupterzeugnisse, die Gewährung langfristiger Kredite zu Sonderbedingungen, die wissenschaftlich-technische Hilfe und kostenlose, solidarische Unterstützung auf zahllosen Gebieten. An vielen realen Erfolgen des neuen Kuba hatte die DDR durch die Gewährung von Krediten und die Lieferung geeigneter Ausrüstungen, aber auch durch die Ergebnisse der wissenschaftlich-technischen Zusammenarbeit messbaren Anteil.

Gesagt werden muss aber auch dies: Fidel Castro war überzeugt, dass „unsere Vorstellungskraft aus einer Idee Realität werden lassen kann", dass „wir alles erreichen können, was wir uns vornehmen." Das Fehlen von Korrektiven im Kuba Fidels führte dazu, dass – in edler Absicht, immer mit dem

Ziel, dem Volk damit zu nützen - auch schlecht fundierte Projekte und kostspielige Traumziele mit Feuereifer verfolgt wurden und nach gewaltiger Vergeudung von Ressourcen an Menschenkraft und Material untergingen.

Ich erlebte während meiner Arbeit in Kuba 1966 – 1969 das Scheitern der von Castro angekündigten Revolution in der Milchproduktion. Aus der Züchtung von Hybriden, der „F-1-Hybriden" („effe uno" in spanisch), durch Kreuzung der einheimischen Zebus mit importierten Holsteinern sollten bereits nach wenigen Jahren acht Millionen Hochleistungskühe mehr Milch produzieren, als Kuba überhaupt brauchte. Castro schien geradezu verliebt in die importierten Bullen „Schwarzer Samt", „Rosafé" und wie sie alle hießen. Britische Fachleute wagten es, Castros Vorhaben, einheimisches Vieh schon nach einer einzigen Kreuzung entscheidend zu verbessern, als Illusion zu bezeichnen, sie wussten: Die Hochleistungsrassen in Europa waren über Jahrhunderte herangezüchtet worden. 1969 stand die kubanische Rinderzucht vor dem Ruin, jedes Jahr verendeten zehn Prozent der Bestände wegen Futtermangels.

Die Zuckerernte 1969 hatte nur 4,4 Millionen Tonnen erbracht, mit dem Ergebnis, unter anderem, dass die Sowjetunion nur ein Drittel der vertraglich zugesicherten Exportmengen erhielt. Für 1970 stellte Castro das Kampfziel 10 Mio. t – und er machte den Sieg in dieser Schlacht zur Sache seiner persönlichen Ehre. Ich erlebte den Beginn der militärisch geführten Kampagne, die eine halbe Million Freiwillige auf die Beine brachte, viele Enthusiasten – aber vor allem 80.000 Soldaten, zwangskommandierte Angestellte und Jugendliche, Auswanderer in der Warteschleife …Die ungeschulten und harte Landarbeit nicht gewohnten Hilfskräfte brachten wenig zustande, doch auch von den macheteros, den Zuckerrohrschnittern der alten Schule, schafften viele nur 30 bis 50 Prozent der Leistung, die sie früher, unter der Geißel der Arbeitslosigkeit oder angetrieben von berittenen Aufsehern, erbracht hatten. Die Leistung der störanfälligen sowjetischen Kombines blieb hinter den Erwartungen zurück. Als die Kampagne ihrem Höhepunkt zustrebte, fanden wir in Havanna keinen Friseur und Elektriker mehr, in den Außenhandelsunternehmen arbeitete noch eine Notbesetzung von 20 bis 25 Mitarbeitern, selbst unser Lieblingssender „Radio Enciclopedia Popular" stellte vorübergehend den Betrieb ein. Wenn sich die Stadt leerte, erhöhte sich auch die Gefahr, dass die daheimgebliebenen Lumpen aktiv wurden. Wer von denen während der Zuckerkampagne als Einbrecher oder bei Gaunereien gefasst wurde, Widerstand leistete oder dabei auch nur die geringste Körperverletzung an Frauen beging, verwirkte sein Leben. Schon im Mai 1967 hatte ich erlebt, dass binnen zwei Wochen drei Todesurteile gesprochen und sofort vollstreckt wurden. Als die Zweifel am Erfolg zunahmen, wurde in ganz Kuba ein Plakat geklebt: „Los 10 milliones van". Das hieß: „Die 10 Millionen (Tonnen) werden geschafft". Aber das Wort „van" hatte einen Doppelsinn – die Losung konnte, hinterfötzig gedeutet, auch so verstanden werden: „Zehn Millionen hauen ab" oder „Macht man so weiter, und ganz Kuba emigriert." Im Juli 1970 wurde die Niederlage in der Zuckerschlacht eingestanden. 8,5 Mio. t waren produziert worden – aber in einer doppelt so langen Kampagne, mit unkalkulierbaren Kosten, mit der niedrigsten Zuckerausbeute pro Tonne Zuckerrohr in der kubanischen Industriegeschichte – und in einer Zeit, als der Preis auf dem Freien Weltzuckermarkt nur 2 US-$-Cents pro lb betrug.

Eine der größten Illusionen, aus der eine der größten Pleiten wurde, die ich selbst in Kuba erlebte, war der Plan, im Gürtel von Havanna Kaffee, Bananen, Mangos und Zitrusfrüchte anzubauen, weil hier das Arbeitskräfteproblem spielend zu lösen sei: Zehntausende unbeschäftigter Hausfrauen und Schüler könnten jederzeit mit öffentlichen Verkehrsmitteln herangekarrt werden. Natürlich hofften wir, aus der Sache könnte etwas werden.

Wenn aber nicht, wenn der „Plan Café" im Cordón de la Habana misslänge, würden wir auch in der DDR von den Folgen des Misserfolgs betroffen sein. Denn es würde alles wieder so ablaufen, wie Jahre zuvor, als Fidel Castro sein Land in einen Gemüsegarten verwandeln wollte, der die ganze DDR den Winter über mit frischer Ware beliefern sollte. Und richtig, kaum war Castros Plan vom Kaffeegürtel um Havanna in Gang gesetzt, da reiste im April 1968 auch schon der bärtige Carlos Rafael nach Berlin und versprach dem Außenhandelsminister Horst Sölle, Kuba werde spätestens 1973 den Bedarf der DDR an Rohkaffee weitgehend decken, und für 1975 sagte er die Lieferung von 20.000 t Kaffee zu.

In der Vorfreude darauf gewährte die DDR einen neuen Staatskredit. Doch als 1969 klar wurde, und hier greife ich voraus, dass die grandiosen Erwartungen an die Kaffeeproduktion im Gürtel Havannas ins Wasser fallen werden, erschien Carlos Rafael erneut in Berlin und sagte nur mäßig zerknirscht die für 1970 zugesicherten 6.000 t Kaffee ab.

Wenn ich an die vielen gescheiterten Träume und Kampagnen der Kubaner denke, bin ich nicht überheblich, sondern enttäuscht, traurig. Carlos Rafael Rodriguez, der schon der ersten Batista-Regierung als Minister ohne Portefeuille angehört hatte, war ein hochintelligenter und seinem Vaterland ergebener Politiker und Ökonom, welterfahren und ein glänzender Redner. Er war aus der alten Kommunistischen Partei Kubas hervorgegangen und, nachdem die Führung der Partei lange das Abenteurertum Castros missbilligt hatte, noch im August 1958 in Fidels Wartelager in der Sierra Maestra aufgebrochen, um gemeinsames Handeln anzudienen. Carlos Rafael überstand alle Metamorphosen der von Castro autokratisch geführten sozialistisch-kommunistischen Sammlungsbewegung und war, anders als der Rest des alten kommunistischen Politbüros, nie ohne Führungsaufgabe. Doch an der Seite des alle Bedenken niederreißenden, charismatischen Fidel Castro gab es nichts als dienende Rollen, und Carlos Rafael – um wieder auf Gemüse, Kaffee und Bananen zu kommen – musste wohl auch Schnapsideen tolerieren oder sich für sie hergeben. Wie viel Hoffnung, wie viel freiwillig-unfreiwillig gegebene Kraft haben Arbeiter, Freizeithelfer, Schüler in Pläne gesteckt, die subjektiv, waghalsig, nicht wissenschaftlich fundiert waren, und, um im Bilde zu bleiben, keine Früchte trugen.

Auch die Erschließung des Umfeldes der Hauptstadt Havanna war generalstabsmäßig geplant und organisiert. Vor allem ging es um den Kaffee. Aus Brasilien wurden Millionen von Setzlingen in kleinen schwarzen Säckchen aus Polyäthylen importiert. Im ersten Jahr des Plans wurden 80 Millionen Kaffeepflanzen in den Boden gebracht – das sollten Pflanzen einer Sorte sein, die in der prallen Sonne gedeiht. Bis dahin hatte ich zu wissen geglaubt, dass die Kaffeepflanze den Schatten hoher Bäume braucht. Bepflanzt wurde jedes ungenutzte Fleckchen Erde, bis unmittelbar an die Durchgangs- und Verbindungsstraßen heran. Wie sich später herausstellte, wurden die meisten der Pflanzlöcher nicht tief genug aus dem steinigen Untergrund ausgehoben, sodass die Setzlinge keine Wurzeln schlagen konnten. Bald schon, so war die Vorstellung, würden hier Hausfrauen die reifen Kaffeebohnen in die Kittelschürzen pflücken.

Als Ende Mai 1968, als in Havanna die 2. Tagung des Gemeinsamen Wirtschaftsausschusses DDR – Kuba zusammentrat ließen die Kubaner noch keinen Zweifel am Erfolg des Cordón de la Habana und des „Plan Café" zu. Den DDR-Ausschussmitgliedern – ich begleitete sie – wurde die Kommando- und Nachrichtenzentrale des Gürtelprojekts vorgeführt, und man konnte den Eindruck einer überlegenen, glänzenden Organisation gewinnen. Große farbige Leuchttafeln zeigten Landkarten mit Anbauplänen, Planziele und Erfüllungsstände, die Standorte und Kopfzahlen der Einsatzkräfte und viele weitere Daten an. Auf dem Befehlsstand herrschte reges Kommen und Gehen, „corre-corre", wie der Kubaner sagt.

Wir, die DDR-Gruppe, wurden mit Jeeps an mehrere Brennpunkte des

Geschehens gefahren. Einerseits waren wir begeistert, andererseits weckte manches, was wir sahen und hörten, unsere Skepsis – zu gewaltig waren wieder einmal die Maßstäbe, die die Kubaner vorgaben.

Würden die importierten Setzlinge sich auf dem Boden und im Klima Kubas bewähren? Würde die sorgfältige Pflege auf die Dauer mit unlustigen Freiwilligen gesichert werden können? Zweifel waren doch, weiß Gott, angebracht: Später erwies sich, dass die Setzlinge der Sorte „Caturra" auch deshalb nicht gedeihen konnten, weil sie vielerorts auf ehemaligem Weideland ausgepflanzt wurden – gegen Reste von Kuhdung aber war der ausgewählte Sonnenkaffee hoch empfindlich und missriet.

Im Jahr 1961 hatte Kuba 54.000 t Kaffee produziert, das hatte den Eigenbedarf gedeckt, 1964 waren es noch 35.000 t gewesen, 1965 nur noch 17.000 t – es gab viele Gründe für den Rückgang: Ungenügende Anreize für die Kleinproduzenten, mangelhafte Pflege der Pflanzungen, fehlende Düngemittel – und das sollte nun jetzt, mit einem neuen Anlauf alles anders und besser werden? Dieter Albrecht wog in seiner Vorlage für die DDR-Regierung, im Abschlussbericht der II. Tagung, jedes Wort ab: „Kuba v e r s u c h t, durch straffe Leitung und starke Einbeziehung der Streitkräfte, des Staatsapparates und die Mobilisierung der Bevölkerung, Technik, Düngemittel und Bewässerungssysteme aus dem kapitalistischen Ausland eine bedeutende Erhöhung der Erzeugung zu erreichen ... Es konnte der Eindruck gewonnen werden, dass sich die leitenden kubanischen Genossen darüber im klaren sind, dass nur ein voller Erfolg erzielt werden kann, wenn auch die Probleme des Transports und der industriellen Verarbeitung der tropischen Agrarprodukte gelöst werden." Das war für DDR-Verhältnisse schon eine klare Sprache.

Der Bericht wurde durch die Botschaft politisch angereichert. Zu den heftigen Bemühungen der kubanischen Führung, die Landwirtschaft voranzubringen, hätten „zweifellos die Misserfolge Kubas bei der Verfolgung der Politik des Exports der Revolution (Linie des bewaffneten Kampfes) und die wachsende Isolierung in der internationalen Öffentlichkeit beigetragen."

Es soll nicht verschwiegen werden, dass die II. Tagung auch ein Windei legte, an dessen Erschaffung die DDR-Seite mitschuldig war. Die Ausgangsidee war phantastisch: Bei der Verarbeitung von gefangenem Frischfisch auf hoher See fallen Abfälle an. Es sei zu schade, diese über Bord zu werfen, wie bisher üblich. Die Abfälle sollten vielmehr von eigens dafür konstruierten kleinen Fischfangkuttern mit eingebauten Fischmehlanlagen übernommen werden. Das so erzeugte Fischmehl würde die DDR kaufen und damit ihre

KA-Importbilanz entlasten. Also wurde die Lieferung von 5 Fischfang- und Verarbeitungsschiffen des Typs „Atlantik" vereinbart. Sie sollten bereits ab 1969 mit Fischmehl bezahlt werden, über das Kuba bereits aus anderen Quellen verfügte. Nach der Ablieferung von 15 Fischmehlkuttern, die 1971 beginnen sollte, würde Kuba die Fischmehlproduktion um zusätzliche 15.000 t Fischmehl pro Jahr steigern und die DDR damit beliefern können.

Die Ablieferung des ersten „Atlantik" habe ich 1969 noch selbst erlebt. Er war auf den Namen „Playa Girón" getauft und leistete, wie auch die weiteren vier, den Kubanern gute Dienste. Doch die eigentlich geniale Idee schlug fehl. Das Aufkommen an Fischabfällen blieb erheblich hinter den Berechnungen zurück. Die Fischmehlkutter erwiesen sich als Fehlkonstruktion, ihre Leistung blieb so weit hinter den Erwartungen zurück, dass die möglichen Erlöse aus dem Fischmehlexport auch unter günstigsten Bedingungen die Anschaffungskosten der Kutter nicht erwirtschaften konnten. Der Generaldirektor des kubanischen Instituto de la Pesca (Fischereiinstitutes), Isidoro Malmierca, erwies sich als knochenharter Gegner jeden Kompromisses. (Er wurde später übrigens Außenminister Kubas.) Am Ende stellte er der DDR die Kutter, die schon mit den größten Kunststücken nach Kuba hatten überführt werden müssen, zur gefälligen Abholung wieder zur Verfügung.

Die II. Tagung des Wirtschaftsausschusses brachte gleichwohl einen beachtlichen Fortschritt. Fidel Castro sprach Albrecht bei einem zwanglosen Zusammentreffen am Río Cauto eine Art Anerkennung für die getroffenen Vereinbarungen aus. Kuba erwarte von der DDR aber noch viel mehr. In der Tat hatte die II. Tagung einen Durchbruch gebracht. Bisher hatte Kuba das Prinzip des „gegenseitigen Vorteils" stets zurückgewiesen. Ende 1967 war es schüchtern und nur intern-deklarierend als zulässig anerkannt worden, jetzt aber erfuhren die klar abgegrenzten Projekte bilateraler Zusammenarbeit nach dem Prinzip „Geben und Nehmen" öffentliche Würdigung. Statt illusionärer Fernziele wurde jetzt Naheliegendes, Machbares festgelegt. Kuba bezeichnete sich als „blockierte Nation" und legte der DDR einen ähnlichen Status bei, und davon ausgehend sah sie in der Wirtschaftszusammenarbeit Kuba – DDR eine „Solidarität der Blockierten." Die Sowjetdiplomaten und die der anderen sozialistischen Länder hörtens mit Verwunderung. Begann da vielleicht eine Entsolidarisierung der DDR mit der in Kuba immer noch ungeliebten und angegriffenen UdSSR? So fragte der besorgte Botschafter Soldatow. Und die anderen Sozialisten, die an der Realität der neuen Absprachen DDR – Kuba zweifelten, sie für zu optimistisch hielten, hänselten ihre DDR-Genossen: „Ihr seid jetzt wohl die Fackelträger?" Wie auch immer: Der

Wirtschaftsausschuss unter Albrecht hatte ein Pferd gesattelt, das der Oberanalytiker der Botschaft besteigen konnte. Er schrieb: „Unter vollständiger Ausklammerung der Sonderstellung der UdSSR … schuf die DDR ein bisher einmaliges Beispiel, dessen Wesen in der optimalen Kombination einer Hilfe gemäß den Prinzipien des sozialistischen Internationalismus u n d der konstruktiven Sicherung des beiderseitigen Vorteils auf der Grundlage einer langfristigen perspektivischen Zusammenarbeit besteht."

Eine Schwalbe machte noch keinen Sommer, doch im ersten Halbjahr 1968 hatte sich tatsächlich etwas zu ändern begonnen. Das Umdenken hatte ganz offensichtlich auch mit der außerordentlich schlechten Versorgungslage zu tun. Lebensmittel mussten aus Havanna nach Camaguey und in den Nordwesten der Provinz Oriente gebracht werden. Es gab Desertionen aus der Armee – wegen Verpflegungsmangel. Diese Übel waren kaum der UdSSR anzulasten, sie konnten auch der Mikrofraktion nicht in die Schuhe geschoben werden. Es schien jetzt, als sei die Linie des bewaffneten Kampfes in Lateinamerika zurückgestellt worden (ohne dass allerdings die Schulung von Guerilleros und die Unterstützung der Aufständischen in Venezuela, Kolumbien und anderen Ländern Lateinamerikas unterbrochen worden wäre.)

Die Kubaner bastelten eine eigene Revolutionstheorie zusammen: Im bewaffneten Kampf würden Studenten und Intellektuelle die Führung ausüben, denn in Lateinamerika sei der klassische Weg, die Führung durch die dominierende Arbeiterklasse, nicht gangbar, auch die Bauern seien keine entscheidende Kraft des bewaffneten Kampfes. Auch die Rolle progressiver Kreise der Kirche wachse.

Die kubanische Führung sondierte Möglichkeiten einer Wiederannäherung an die Sowjetunion. Die bisher tolerierten Tendenzen des Antisowjetismus wurden abgebaut. Vorsichtig näherte sich die Führung wieder „den objektiven Erfordernissen des sozialistischen Aufbaus an." Das Wirken des Wertgesetzes, Rentabilitätsüberlegungen, das Leistungsprinzip und ökonomische Hebel wurden wieder anerkannt. Die Produktion von Zement, Düngemitteln, Zuckerrohr, Zitrusfrüchten, Fleisch und Milch stieg wieder leicht an. Der DDR-Botschafter sah durchaus, dass Kuba und die Sowjetunion noch meilenweit auseinander waren, aber im Oktober 1968 wagte er eine Prognose: Die kubanische Revolution entwickle sich in Richtung auf eine „Optimalvariante."

Hasta luego, la Habana

Die drei Jahre Kuba, auf die ich verpflichtet worden war, gingen schneller zu Ende als ich denken konnte. Ich wollte nach Hause, um in bewegter Zeit den Anschluss an die sich verändernde Wirklichkeit der DDR nicht zu verlieren. Mit der Hoffnung auf schnelle Beförderung hatte das nichts zu tun. Dass mir bei der Besetzung von Führungsaufgaben im AHU Feinmechanik-Optik andere Anwärter, die im Lande geblieben waren, vorgezogen werden könnten, befürchtete ich nicht.

Die Arbeitsjahre in Havanna hatten meinen Erfahrungshorizont erweitert. Viel umfassender als im AHU und nicht begrenzt auf ein einziges Fachgebiet hatte ich selbständig Analysen und Prognosen erarbeiten müssen. Natürlich war mein Wissen jetzt kopflastig, sehr auf Kuba ausgerichtet. Aber die Einbettung in ein Botschaftskollektiv, der ständige Umgang mit Regierungsdienststellen und höherrangigen Entscheidungsträgern, mit dem Verkehrswesen, den Hafenbehörden, auch mit der Presse, hatten mir geholfen, naive Sichten zu überwinden, in größeren Zusammenhängen zu denken und mich auch gelehrt, Anmaßungen abzuwehren, die ich früher in falscher Bescheidenheit eingesteckt hätte. Über die Erfahrungen und Erlebnisse hinaus, die die Arbeit eingebracht hatte, hatten ich und meine Familie die erfreulichen Seiten diese schönen Landes Kuba und sein warmes, mildes Klima erlebt, ja genossen.

In Kuba hatte ich viele Menschen kennengelernt. Da waren zuerst die Kolleginnen und Kollegen der Handelsvertretung zu nennen. Ich gab ihnen, was ich wusste, aber von fast allen habe ich auch gelernt – alle, bis hin zum Hausmeister Karl Nolte, dem später der umtriebige Gänge folgte, hatten Talente. Vom Botschafter und von vielen seiner Diplomaten habe ich Verhaltensweisen gelernt, die mir in den folgenden zwanzig Jahren dienlich waren. Mit den Dienstreisenden aller Hierarchiestufen aus der DDR, sie liefen alle die HPA an, gab es aufschlussreiche Beratungen, ich erfuhr die „inneren Geschichten", die Gründe, die zu fachlichen Problemen und Zuspitzungen in Verhandlungen geführt hatten und konnte gelegentlich helfen, Knoten durchzuschlagen. Doch es gab nicht nur fachliche Begegnungen, es kamen auch interessante Persönlichkeiten aus der Politik, aus der Wissenschaft und der Kultur nach Havanna. Die kamen natürlich nicht, um der HPA ihre Aufwartung zu machen, aber dem Botschafter gelang es oft, sie zu Vorträgen oder Foren zu gewinnen – einer der interessantesten Plauderer war Prof. Dr. Dathe, der Direktor des Berliner Tierparks. Klar, dass die Wirtschaftswissenschaftler Prof. Dr. Kohlmey und unser Freund Dr. Tiedtke in der HPA und bei uns zu Hause willkommen waren. Auch die Doktoren Stassen und Otto, auch sie von der Hochschule für Ökonomie, waren Gäste in der HPA. Man traf auch mit „Spezialisten" unterschiedlichster Art zusammen – und alle berichteten gern über das Feld, auf dem sie den Kubanern Wissen vermittelten: Der Ernährungswissenschaftler Dr. Hänel aus Potsdam-Rehbrücke, der die Herstellung von Babynahrung betreute, der Boxtrainer Rosentritt, ein Orthopädieschuhmacher-Meister, ein Professor für industrielle Formgebung, einer, der den Kubanern die Geheimnisse der Schokoladenherstellung vermittelte, einer, der ihnen beibrachte, wie man in Europa verkaufsfähige Salz- und Senfgurken einlegt, ein Tiefseeforscher, der mit den Kubanern zusammen in einer noch gar nicht richtig definierten Wissenschaft forschte, der Bionik ...

„Sonderbeziehungen" hatten die Außenhändler zum Vertreter der Deutschen Seereederei und zu den Kapitänen und Offizieren der DDR-Frachter M. S. „Heinrich Heine", M. S. „J. G. Fichte", M. S. „Theodor Körner", Büchner, Freiligrath, die Havanna anliefen. Die Schiffsoffiziere waren sämtlich Pfundskerle. Wir halfen ihnen, sie halfen uns. Eine Einladung an Bord, vielleicht sogar an einem Feiertag wie Weihnachten zum Gänsebratenessen oder einfach ein Abend bei Eisbein, Hackepeter, Radeberger und Wernesgrüner vom Fass gehörte zu den Höhepunkten des Jahres.

Meine Frau hatte meinen Entschluss, längstens drei Jahre in Kuba zu bleiben, fast vom ersten Tage an für falsch gehalten und meine Haltung zu ändern gesucht. Ich hätte verstehen sollen, dass sie den Zustand, Kindererziehung und eigene Berufsarbeit miteinander verbinden zu können, und das ganze unter viel günstigeren Arbeits- und Lebensbedingungen als in der Heimat, so lange wie möglich erhalten wollte. Mein fester Wille, jetzt in die DDR zurückzukehren, hätte unser zukünftiges Bündnis ernsthaft gefährden können ...

Direktor im Ministerium für Außenhandel
1969 bis 1979

Das leitende Personal des Ministeriums für Außenwirtschaft – so hieß es seit 1967 – war der festen Überzeugung, der Dienst in seinen Reihen sei eine Auszeichnung und eine Berufung dorthin für den Auserwählten eine große Ehre. In den mehr als sieben Jahren, in denen ich mich im Außenhandelsbetrieb Feinmechanik-Optik GmbH vorwärts schob, hatte ich ganz anderes gehört: Bloß nicht ins „MAI", ins Ministerium für Außenhandel und Innerdeutschen Handel. Nun lief mein Einsatz in Kuba ab. Ich hatte die Zusicherung von Feinmechanik-Optik auf Wiedereinstellung und dazu eine ganz unverbindliche Andeutung, ich könnte in absehbarer Zeit dort zu einem der Stellvertreter des Generaldirektors berufen werden. Nie wäre mir der Gedanke gekommen, das Mi-nisterium könnte mich brauchen. Die neue Stellvertreterin des Ministers für die „anderen sozialistischen Länder", Ilsabé Neisener, die 1969 auch den früher unter Elfriede Wagner selbständigen Leitungsbereich „Übrige sozialistische Länder" eingesaugt hatte, und die nun einem recht volkreichen Verantwortungsbereich vorstand, hatte den Direktionsbereichsleiter Behr weggegrault, brauchte nun einen neuen und fand keinen in den eigenen Reihen. Ilsabé Neisener war im Ministerium „Quotenfrau" der Leitung, und sie war dies nicht auf dem Gnadenwege geworden. Dennoch schien sie dauernd auf der Hut sein zu müssen, sich in der männlich dominierten Leitung zu behaupten, und die ihr nachgeordneten Männer hatten keinen Bonus.

Jene Ilsabé also schickte im Mai 1969 ein verschlüsseltes Telegramm an den Handelsrat Schreiber in Havanna und erteilte ihm den Auftrag, mich für den sofortigen Dienstantritt im Direktionsbereich „Übrige sozialistische Länder" zu gewinnen, und sie fügte hinzu, dass sie von mir nichts anderes erwarte, als „unbedingte Einsicht in die Notwendigkeit". Diesen Spruch hatten die Vorgesetzten damals immer zur Hand, und der signalisierte: „ ... und bist du nicht willig, so brauch ich Gewalt." Also sagte ich ja. Sogleich ließ mir Genossin Ilsabé die Weisung übermitteln, unverzüglich heimzukehren und nach der Rückkehr höchstens 14 Tage Urlaub zu nehmen. Statt wie begehrt auf einem DDR-Frachtschiff heimzukehren, flogen wir an Bord der neu in Dienst gestellten IL 62 der Aeroflot zurück.

Zurück in die reale Welt

Mir ging es wie fast allen, die viele Jahre fern der Heimat gelebt hatten, unter den guten materiellen Bedingungen, die einem der Status eines Handelsdiplomaten verlieh, in einem landschaftlich schönen subtropischen Land mit exotischen Reisezielen: Ich hatte draußen in Kuba die unverändert angespannte politische und wirtschaftliche Lage in der Republik nicht so hautnah gespürt und mitverantwortet, wie die Kämpfer an der Heimatfront. Auch die Gespräche mit den Handelsreisenden und Industrievertretern, die wir über Probleme und Widersprüche zu Hause ausfragten und der viel intensivere Blick in die Presse hatte die Wahrnehmungsverluste nicht ausgeglichen. Jetzt erwies sich wieder einmal, dass zehn Mal hören nicht so nützlich ist wie ein Mal sehen.

Dabei war die Gesamtlage nicht entmutigend, im Gegenteil, seit Mitte der 60er Jahre war es wirtschaftlich bergauf gegangen, es lag ein Geist des Aufbruchs und der Hoffnung auf künftige Siege in der Luft, Siege auch in der internationalen Arena. Der Sozialist Salvador Allende war zum Präsidenten Chiles gewählt worden, und wir hofften, Chile werde nach Kuba und Vietnam ein weiteres Beispiel in der Welt dafür werden, dass der Sozialismus auch ohne sowjetische Militärpräsenz errichtet werden könne. Ich glaubte natürlich nicht, dass das Volk der DDR zu 99 Prozent hinter seinem Staat (oder gar seinem Vorsitzenden Ulbricht) stünde, wie die Volkskammerwahlen das glauben machen sollten, aber ich war doch überzeugt, dass doch wenigstens eine knappe Mehrheit meiner Landsleute ihre Regierung gewähren lassen wollte. Es schien eine Zeit des Pragmatismus und des Realitätssinnes angebrochen, und wenn mir das grenzenlose Vertrauen in die modernen Organisationswissenschaften und die auch im Ministerium ausgebrochene ökonomische Modellbauerei Angst einflößte, war nicht zu übersehen, dass die DDR die umwälzenden Entwicklungen in Wissenschaft und Technik nicht verpassen wollte und sich nicht auf die in den zivilen Bereichen immer weniger erneuerungsfähige Sowjetunion verließ.

Nach dem Amtsantritt der sozialliberalen Regierung Willy Brandts schien in die deutsche Landschaft Bewegung zu kommen, ein bestimmter Grad von Kooperation schien möglich, aber die Sowjets wollten das Heft in der Hand behalten und befürchteten die Anziehungskraft der Bundesrepublik auf die DDR, die noch immer weit hinter der wirtschaftlichen Leistung der Bundesrepublik zurückblieb. Dennoch schien es insgesamt wirtschaftlich gut zu laufen, wenn es auch hinter vorgehaltener Hand kritische Kommentare zur Strukturpolitik Ulbrichts gab: Alles gehe zu überstürzt, sei zu überzogen. Die Voraussetzungen für die umfassende Automatisierung seien nicht gegeben, denn sie gehe einher mit der Vernachlässigung anderer, für den Export wichtiger Industriezweige. Das Kernkraftwerk Nord, der Ausbau des Berliner

Stadtzentrums (in dem auch der Fernsehturm fertiggestellt war, ich hatte ihn in jedem Heimaturlaub wachsen sehen), der Hotelneubau und der Bau von Schnellstraßen gerieten zu teuer. Wenn die ganze Entwicklung nicht zu Lasten des Verbrauchsniveaus der Bevölkerung gehen solle, dann müsste ein Teil der im Lande für Prestigezwecke verbrauchten Fonds besser dem Export zugeführt werden, und bei einem geringeren Investitionstempo könnten auch Importe eingespart werden.

Ich hörte dies und jenes, konnte es aber nicht zu einem richtigen Gesamtbild zusammenfügen, und es war ja auch niemand interessiert, dass auf niederer Ebene Einsicht in die Zusammenhänge entstand, im Gegenteil, Informationen wurden in voller Absicht vorenthalten. Für einen Staatsfunktionär meiner Ebene musste reichen, was in der Parteipresse stand und an Information am Kiosk zu kaufen war.

Zu schaffen machte mir die allgemeine Informationsvorenthaltung und Geheimniskrämerei vor allem, wenn es um die Einschätzung der Innen- und Außenpolitik der Partnerländer meines Bereiches und um etwaige Parteibeziehungen ging, ich war einfach nicht genügend „im Bilde". Selbst wenn das Außenministerium Ländernachrichten verfertigte, wichen die nicht von dem das Wesen der Dinge verschleiernden Stil des Neuen Deutschland ab, waren in Parteichinesisch, in sinnentleerten Worten abgefasst und gingen mit der Wahrheit so selektiv um, dass ich nach dem Lesen oft nicht begriffen hatte, ob es überhaupt einen Konflikt gab und worin er lag. Gelegentlich hatte ich den Eindruck, als sei den Schreibern die Wiedergabe der eigentlichen Wahrheiten peinlich, weil die Wirklichkeit den „gesetzmäßigen" Abläufen, denen die Geschichte nach den Lehren der Klassiker zu folgen hatte, nicht immer so ganz entsprechen wollte. Ich hatte damals noch keine guten Beziehungen zu den jungen, ehrlichen Nachwuchsleuten in der Fachabteilung Internationale Beziehungen des ZK und im Ministerium für Auswärtige Angelegenheiten, die mir später reinen Wein einschenkten: Wenn ich zu jener Zeit meine Amtsbrüder im MfAA, z. B. den Fernost-Abteilungsleiter Schneidewind, befragte, ließ der mich dumm sterben.

Um in meiner fachlichen Sphäre nicht in offene Messer zu laufen, habe ich seiner Zeit vor allem unsere Handelsräte und Attachés peinlich nach ihren vor Ort gewonnenen Erkenntnissen befragt und mir von ihnen Auszüge aus den im Gastland erarbeiteten internen Einschätzungen, Presseartikel und Übersetzungen zustellen lassen. In Jugoslawien erhielt ich bei jedem Besuch einen Stapel der letzten Ausgaben des „Spiegel" zur Nachbereitung auf mein Hotelzimmer. Zuhause erhielt Anfang der 70er Jahre eine „Westzeitung" allenfalls der Stellvertreter des Ministers zum ausschließlich persönlichen Gebrauch.

Meine Gewissheit, mich für den richtigen deutschen Staat entschieden zu haben, auf der richtigen Seite der Auseinandersetzungen in der Welt zu stehen, wuchs in den folgenden Jahren vor allem wegen der nun folgenden diplomatischen Anerkennung der DDR. Wer wie ich all die entwürdigenden Erfahrungen gesammelt und Zurückweisungen erfahren hatte, die Bürger eines angeblich nicht-existierenden Staates im westlichen Ausland erlitten, war über die nun schnell voranschreitende Entwicklung glücklich. Nun hielt ich einen Pass in der Hand, der von einem respektierten Staat ausgestellt war, überall öffneten auch in nichtsozialistischen Ländern Botschaften der DDR. 1970 hatte Brandt zum ersten Mal von 2 Staaten auf deutschem Boden gesprochen. Wenn die Standpunkte auch unversöhnlich schienen und die Kontrahenten zunächst erst einmal nur eine Denkpause produzierten, immerhin begegneten sich der Kanzler der BRD und der Ministerpräsident der DDR in Erfurt und Kassel.

Dann begannen die Gespräche Michael Kohl – Egon Bahr über den Grundlagenvertrag. Im Dezember 1972 rollte eine Welle der diplomatischen Anerkennung über die DDR – Österreich, Schweden und, als erster NATO-Staat, Belgien, Anfang 1973 folgten Spanien, Italien, die Niederlande, im Februar 1973 Großbritannien und Frankreich und eines Tages schließlich auch die USA.

Direktionsbereichsleiter

Das Amt, das ich im Sommer 1969 antrat und um das ich mich nicht gerissen hatte, war das eines „Zwischen"-Leiters – zwischen der Stellvertreterin des Ministers und den Leitern von Ländersektionen. Später führten die Direktionsbereichsleiter (DB-Leiter) den Titel „Direktor", bei Zuständigkeiten für kapitalistische Länder sogar „Generaldirektor", hätte es in der DDR Beamte gegeben, hätte dieser Ebene der Titel „Ministerialdirigent" zugestanden. Das Amt genoss eine gewisse Reputation, bei Abwesenheit der Stellvertreterin des Ministers amtierte ein DB-Leiter an ihrer Stelle. Was aber war die unverwechselbare Arbeitsaufgabe eines DB-Leiters? Die war in den „Tätigkeitsmerkmalen", später in „Modellen" üppig und Achtung einflößend beschrieben. Wenn man kritisch in die Tiefe ging, dann musste man wahrheitsgemäß sagen: Was diese Stelle zu leisten hatte, war an vielen Tagen des Jahres wichtig, aber an nicht wenigen Tagen auch überflüssig.

Mein Direktionsbereich hieß „Übrige sozialistische Länder" im Ministerbereich „Andere sozialistische Länder (ASL)". Wer hatte sich bloß diese Namen ausgedacht? Sie suggerierten geradezu, dass es sich n i c h t um die richtig wichtigen Länder handeln musste. Es gab im Hause den Bereich des „Stellvertreters des Ministers für den Handel mit der Sowjetunion", die „anderen sozialistischen Länder" waren die neben der UdSSR dem Rat für Gegenseitige Wirtschaftshilfe (RGW) angehörenden: Polen, ČSSR (Tschechische und Slowakische Sozialistische Republik), Ungarn, Rumänien, Bulgarien sowie die in gewissem Umfang assoziierte SFRJ, die Sozialistische Föderative Republik Jugoslawien. Und die „übrigen"? Das waren die Republik Kuba (damals noch nicht Mitglied des RGW), die Volksrepublik China (die viele Überpolitisierte wegen der sich zuspitzenden Feindschaft zur UdSSR schon nicht mehr als sozialistisches Land gelten lassen wollten), KVDR (Koreanische Volksdemokratische Republik = Nordkorea), die DRV (Demokratische Republik Vietnam = Nordvietnam) und die SVRA (Sozialistische Volksrepublik Albanien). Später, zwecks gerechterer Verteilung der Arbeitslasten, ordnete man mir noch die SFRJ (Sozialistische Föderative Republik Jugoslawien) zu. Mit den Staatsbezeichnungen musste man es ganz genau nehmen – zum Teil wegen der Verwechslungsgefahren mit feindlichen Brüdern. In meinem Bereich waren all die „Abweichler" vom rechten Glauben, die Sonderlinge, versammelt, Kuba ausgenommen hatten sie allesamt nicht an der Kommunistischen Weltkonferenz in Moskau 1969 teilgenommen. Von mir wurde erwartet, dass ich all die dem Marxismus-Leninismus fremden und feindlichen schädlichen ideologischen Positionen der „übrigen" sozialistischen Länder als solche erkannte und verdammte. Wenn ich herausgefordert wurde, hatte ich die feindlichen Lehrer „offensiv zurückzuweisen" und ihnen die reine Lehre entgegenzuhalten. In allen Verhandlungsdirektiven standen entsprechende hochernste Kampfanweisungen. Aber ich behielt stets im Blick, dass ich für den W a r e n – Austausch, nicht für den Wahrheiten-Austausch verantwortlich war und nichts gewinnen konnte, wenn ich mich in Polemik verbiss.

Die Bedeutung der „Übrigen" schien für viele schon aus der Größenordnung der Umsätze hervorzugehen: Grosso modo entfielen auf den Warenaustausch mit der Sowjetunion etwa 45 Prozent des Außenhandelsumsatzes der DDR, auf den Handel mit den großen anderen RGW-Staaten etwa 25 bis 30 Prozent und auf die „Übrigen" gerade einmal 4 bis 5 Prozent.

Einige meiner Sektionsleiter wurden von den Leitern der „großen" RGW-Sektionen leicht über die Schulter angesehen, ob der geringen Umsätze, ob der Mickrigkeit ihrer Ländchen, der anscheinend geringeren Dimension ihrer Verantwortung. Als ich zehn Jahre später für „große" u n d „kleine" sozialis-tische Länder gleichermaßen zuständig wurde, konnte ich einige der Großmogule eines Besseren belehren, denn da kannte ich beide Kategorien. Gewiss, nach volkswirtschaftlichen Maßstäben war einem Sektionsleiter Ungarn oder Bulgarien ein bedeutender Teil des Außenhandels anvertraut, was aber den Schwierigkeitsgrad der Arbeit anbetraf, waren die Sektionsleiter für Vietnam, Kuba, Jugoslawien, ja, auch für die KVDR wegen der Kompliziertheit der von ihnen verhandelten und verwalteten Abkommen über Investitionsbeteiligungen, über die Gewährung und Stundung von Krediten, über Hilfeleistungen hoch gefordert und oft gezwungen, Neuland zu betreten und Neuartiges zu meistern.

Die Zusammenarbeit mit Ilsabé Neisener war alles in allem sachlich, doch machte sich anfangs, auch in der Konkurrenz zur Direktorin für die RGW-Länder, Margot R..., meine fehlende Erfahrung im Ministerialbürokratismus nachteilig bemerkbar. Margot R... war ein stalinistisches Schlachtross des Ministeriums, damals vielleicht 55 Jahre alt. Im Dienste der Diktatur des Proletariats war sie nach Kriegsende in kommunale Verantwortung gelangt, hatte dann studiert und war nach Berlin weitergezogen. Sie war zunächst einfache Mitarbeiterin des Ministeriums, wurde in die Fachabteilung des Zentralkomitees gerufen, dann aber bald in das Außenhandelsministerium zurückgelobt. Margot R... zeichnete sich durch natürliche Intelligenz, fleißige Hingabe und kritische Unerbittlichkeit aus. Sie hielt parteiliche Disziplin. Wo sie fest stehen sollte, wich sie keinen Schritt zurück. Sie war eine ehrliche Haut. Aber als die Politik der Partei entspannter wurde und einiges von ihrer Enge verlor, jüngere und gut ausgebildete Menschen nachzurücken begannen und die großen Kämpen der Gründerzeit des Ministeriums, die Wolgasts und Sbrisnys, langsam zu verehrten Veteranen wurden, als die Parteiarbeit sich versachlichte, weniger Beckmesserei und Sittenforschung betrieben wurde, da drängte die Entwicklung auch Margot R... an die Peripherie.

Um die Mitte des Jahres 1970 muss es gewesen sein, da wurde ich plötzlich zum Minister, zu Horst Sölle, gerufen. Der eröffnete mir: Aus Gründen, die nichts mit ihrer politischen Zuverlässigkeit und fachlichen Eignung zu tun haben, wird Genossin Neisener mit sofortiger Wirkung abberufen und verlässt das Ministerium. Du, Genosse Lemke, wirst vorübergehend mit der Leitung des Bereiches ASL beauftragt, geh jetzt in das Arbeitszimmer der Genossin Neisener und lass Dir den Bereich übergeben. Ich konnte mir nicht vorstellen, warum man mir und nicht Margot R... die zeitweilige Leitung des Bereichs anvertraute, aber es hing wohl mit der dämlichen Weinbrandfreundschaft zusammen. Als ich das Zimmer meiner gewesenen Ministerin betrat, stand sie ohne Zögern vom Schreibtisch auf, ging zum Panzerschrank, verschloss ihn und reichte mir mit versteinertem Gesicht und wortlos das Schlüsselbund. Dann drehte sie sich auf den Hacken um und ging grußlos aus dem Zimmer. Das war die Übergabe der Amtsgewalt gewesen. Wen sollte ich nach den Gründen des Abgangs fragen? Die Genossin Margot? Die war von Stund an noch abweisender mir gegenüber. Auch später erfuhr ich offiziell nichts. Ein Parteiverfahren gegen Genossin Neisener fand statt, aber nicht vor der Grundorganisation des Ministeriums, sondern diskret außer Haus. Nach langer Zeit sickerte durch, Ilsabé Neisener habe gegen das eherne Kontaktverbot für Mitarbeiter des Staatsapparates verstoßen. Sie habe einen wohlhabenden Geschäftsmann aus Belgien, Mitglied der Kommunistischen Partei und der DDR freundschaftlich verbunden, kennengelernt, und beide hätten sich ineinander verliebt. Die Genossin Neisener habe die Folgen ihres Tuns in Kauf genommen und nicht um Nachsicht gebeten. Als ich das erfuhr, erschien mir der Charakter von Ilsabé Neisener in hellerem Licht, und ich habe ihr gewünscht, dass sie glücklich wird. Ich habe Ilsabé Neisener nie im Leben wiedergesehen. Eines Tages hörte ich, sie habe sich das Leben genommen.

Es dauerte nicht lange, da hatten sich Zentralkomitee und Minister entschieden, nicht erneut nach einer geeigneten Frau zu suchen, sondern den bisherigen Direktor für den Handel mit der Sowjetunion, Gerhard Nitzschke, zum Stellvertreter ASL zu berufen. Ich war sicher, mit ihm würde ich zusammenarbeiten können, obwohl mir von allem Anbeginn an klar war, dass er von anderem Charakter und von anderer Denkart und Lebensweise als ich sein musste. Wir haben uns aufeinander eingestellt, haben mehr als sechs Jahre, von 1971 bis 1977, miteinander ausgehalten. Es gab nie Hinterlist und Unaufrichtigkeit zwischen uns, und niemals hat einer von uns beiden versucht, sich auf Kosten des anderen ein besseres Ansehen zu geben. Wir hatten unterschiedliche Profile. Ich habe seines geschätzt, und er hat meines nicht zu bearbeiten versucht. Es gab sehr wenige Auseinander-setzungen, und er hat danach nie erwartet, dass ich mich bei ihm für ein hitziges Wort entschuldige. Doch hat er ein oder zwei Mal m i c h gezwungen, mich bei Dritten zu entschuldigen, die mein Verhalten als arrogant empfunden haben konnten. Ich habe Gerhard Nitzschke als Vorgesetzten hoch geachtet, aber nicht bewundert. Ich glaube nicht, dass er je daran gedacht hat, aus mir seinen Nachfolger zu machen, er hätte einen bevorzugt, der ganz und gar „nach seinem Bilde geformt" war.

Gerhard Nitzschke war ein Mann von proletarischer und volkstümlicher

Einfachheit, er war uneitel, unaufdringlich. Seine begrenzte Vorbildung hatte er an der Parteihochschule in Moskau erweitert. Ich habe zu keiner Zeit bemerkt, dass Gerhard Nitzschke eine Bildungslücke an der klugen und ausgewogenen Beurteilung seiner Umwelt, der Weltlage oder der wirtschaftlichen Realitäten behindert hätte. Er hatte ein vollständig gefestigtes marxistisch-leninistisches Gesellschaftsverständnis, war aber nicht mit Vorurteilen belastet und anderen Lebensentwürfen als seinen eigenen gegenüber verständnisvoll. In prinzipiellen Fragen war sein Urteil als Leiter und Erzieher von geradezu brutaler Strenge und unbeeinflusst von dem Wissen um eigene Schwächen und eigene charakterliche Unvollkommenheit. Aber Strenge war nicht immer auch Härte, ich wage zu sagen, dass er eher Harmoniebedürfnis hatte. Er wäre unfähig gewesen, einen Gegner oder Konkurrenten mit unlauteren Mitteln zu Fall zu bringen. Das galt auch für seinen Umgang mit ausländischen Partnern, denen er seinen Willen zum völlig gleichberechtigten, friedfertigen, auf Konsens bedachten Umgang anzeigte. Er war niemals überheblich. Kein Verhandlungspartner konnte auf den Gedanken kommen, Nitzschke meine und schlage vor, dass „die Welt am deutschen Wesen genesen solle." Er konnte einem Verhandlungspartner durchaus bedeuten: Dein Standpunkt ist unvernünftig, ich lehne ihn ab, bis hierher, und keinen Schritt weiter! Aber eine beleidigende, verächtliche Geste würde ihm dabei nicht unterlaufen. Mich auch so zu verhalten, das ist das Wichtigste, das ich von Gerhard Nitzschke gelernt habe.

Nitzschke hatte seinen Werdegang im Ministerium in der Planung begonnen, das hatte ihn geprägt. Zu jener Zeit gab es ja noch keine Elektronische Datenverarbeitung, Planentwürfe und der Prozess der schrittweisen Umsetzung des Planes in Kontingente von Handelsabkommen, die Kontrolle der Planerfüllung wurde von Hand und mit Bleistift (Bleistiftzahlen ließen sich so leichter korrigieren) in riesige Papierbögen eingetragen, die als „Herzerbogen" bezeichnet wurden (kein Mensch wusste, warum „Herzer"). Direktiven und Konzeptionen entstanden aus ersten Entwürfen von Hand, die zerschnitten, neu sortiert, zusammengeklebt wurden: Auf Gerhard Nitzschkes Tisch stand bei intensiver geistiger Arbeit immer ein Leimtopf, lagen Schere, Lineale, Stapel von Konzeptpapier, nicht durcheinander, sondern geordnet.

Wenn einer seiner Stellvertreter über den Stand einer Jahresprotokollverhandlung berichtete und sich in Nitzschkes Kopf das Bild des Ganzen nicht formen wollte, dann sagte er: Gib mir doch erst mal einen Herzer-Bogen. Dann trug er die Daten in das Koordinatensystem ein – und verstand. Nitzschke sprach verständlich, aber nicht mehr als notwendig. Gelangte eine

Verhandlung an einen Punkt, wo eigentlich alles Wesentliche einmal gesagt war, dann begann kein großes Liebeswerben, und er versuchte nicht, seine Position wieder und wieder in neuen Fassungen hinüberzubringen, sondern er schwieg einfach. Mochte der andere doch aus der Höhle kommen. So ein Verhandlungsschweigen konnte schon mal eine Viertelstunde dauern. Gerhard Nitzschkes Sprache war an Schlichtheit nicht zu übertreffen. Für jeden Gegenstand verwandte er einfachste Worte der Umgangssprache und formte kurze, verständliche Sätze. Er kam mit einem knappen Reservoir von jedermann geläufigen Worten und Versatzstücken aus, darunter natürlich auch den tausendmal gebrauchten, abgeschliffenen, in der Ministerialbürokratie üblichen. Auch anspruchsvolle Gegenstände verführten ihn nicht zur Suche nach ungewöhnlichen Worten oder zu kompliziertem Satzbau.

Seine Sprache war genauso uneitel und unambitiös wie er selbst. Horst Klauser imitierte ihn mitunter, aber was im Original kraftvoll war, wirkte im Plagiat aufgesetzt. So einfach die eigene Sprache Gerhard Nitzschkes war, so sehr schätzte er andererseits die Hochsprache der Dichter und Schriftsteller. Er las viel, vor allem auch sowjetische Gegenwartsliteratur. Er kannte Goethes Faust und erkannte den als eine „inkommensurable Produktion", und er liebte Fontane.

Handelspolitik- Abkommen über Warenaustausch und Zahlungen

Im Juni 1975 schrieb das Ministerium für Außenhandel der UdSSR dem MAH einen folgenschweren Brief. Dieser kündigte die Heraufsetzung des Erdölpreises an. Worum es ging, was die Folgen daraus waren, wurde den Genossen im Großen Haus aufgeschrieben, das verstanden sie. Doch obwohl die nun aufgeworfenen Fragen groß genug waren, um selbst von Generalsekretär zu Generalsekretär streitig und hart verhandelt zu werden, scheuten Honecker und Mittag direkte Auseinandersetzungen. Sie wollten nie mit der „Schande" einer Verhandlungsniederlage identifiziert werden.

Solche Imageprobleme durften Außenhändler nicht haben. Doch auch bei den Außenhändlern verhandelte nicht die höchste Ebene, die im Messerstechen nicht geübt war, sondern der Stellvertreter des Ministers und spätere Staatssekretär Dr. Kurt Fenske. Höhere Erdöl- und Rohstoffpreise erforderten, einen bedeutend höheren Teil der Warenproduktion der DDR in den Export zu geben, ohne den Standard der Versorgung der Bevölkerung zu senken. Das ging immer stärker zu Lasten der Neu- und Ersatzinvestitionen in der produktiven Sphäre der DDR, und das wiederum gefährdete den Leistungszuwachs der folgenden Jahre. Die Quadratur des Kreises misslang.

Der Misserfolg wurde Ende der 70er Jahre an negativen Salden in den laufenden Verrechnungen mit der Sowjetunion, vor allem aber in der wachsenden Verschuldung gegenüber dem Westen sichtbar. Was aus dem Westen importiert wurde, wurde in wachsendem Maße auf Pump gekauft. Gerhard Schürer hat nach 1990 erklärt, die Zahlungsbilanz sei eigentlich schon seit 1978 überspannt gewesen. In den letzten Jahren meiner Direktorentätigkeit begann ich das Dilemma zu erahnen, doch wirkliche Kenntnisse besaß ich nicht, die Zahlen der Westverschuldung kannte ich nicht, sie unterlagen der höchsten Geheimhaltung. Doch als Folge der Zahlungsbilanzverschlechterung mit dem Westen und des anwachsenden Passivsaldos in der Relation Sowjetunion konzentrierte sich die Kritik an der Leitungstätigkeit des Stellvertreterbereichs Nitzschke immer mehr auf die mangelnde Steuerung der Länder-Handels-und-Zahlungs-Bilanzen. Im Klartext lautete der Vorwurf: Während der DDR im Export gegen westliche Währungen und nach der Sowjetunion Waren fehlen, fließen sie in die anderen sozialistischen Länder. Diese aber lassen die DDR bei den Gegenlieferungen hängen und leben auf unsere Kosten. Gehässig formuliert, lautete der Vorwurf: Die DDR macht bei den Kapitalisten Schulden, um den übrigen sozialistischen Ländern borgen zu können.

Der Vorwurf aber, der Bereich Nitzschke organisiere den Exportwarenfluss in die falsche Richtung – und der Vorwurf kam aus dem Großen Haus – war pure Demagogie und Ehrabschneiderei. Die Wahrheit war, dass die Industrie in den „anderen sozialistischen Ländern" die Erzeugnisse absetzte, für die sie auf den westlichen Märkten und auch in der Sowjetunion wegen mangelnder Weltmarktreife keine Abnehmer fand. So sehr wir auch drängten, die anderen sozialistischen Länder waren nicht in der Lage, uns in ausreichendem Maße brauchbare Gegenlieferungen zuzusagen. Wofür wir dort Bezugsinteressen hatten, war Mangelware und für westliche Käufer disponiert.

Es mag heute unverständlich klingen, dass wir Handelspolitiker nicht für mehr Flexibilität und mehr Entscheidungsfreiheit der Wirtschaftsunternehmen und sie in zentral gesteuerte Export- und Importpläne eingebunden sehen wollten, aber die Planwirtschaft, die nicht selten organisierte Mangelverteilung war, und die fehlende Konvertierbarkeit der Exporterlöse führten zu einer anderen Logik und veranlassten uns, die Überregulierung in Gestalt der Verfeinerung der Länder- und Warenplanung freudig zu begrüßen. Ohne Plangrundlage war Handelspolitik eine brotlose Kunst und waren Handelspolitiker machtlos. Hatten wir aber klare Planvorgaben nach Industrieministerien für Export und Import, so waren wenigstens die Pflichten und Rechte vorgegeben und das Prinzip „Ohne Export kein Import" in Zahlen gegossen. Es versteht sich von selbst: Nicht nur der Export wurde filigraner geplant, sondern auch der Import, denn der Import war das eigentliche Ziel der Mühe. Im Ministerium war eine hochwichtige Arbeitsgruppe zur Importsicherung unter dem Stellvertreter des Ministers Wilhelm Bastian installiert.

Das Kernaufgabengebiet einer Ländersektion war die Vorbereitung, die Verhandlung, der Abschluss, die Auswertung, die Kontrolle der Erfüllung eines Jahres-Abkommens über Warenaustausch und Zahlungen mit einem Land, kurz: das Jahresabkommen. Später, als mit einigen der Partnerländer langfristige Handelsabkommen für Fünfjahreszeiträume vereinbart wurden, mutierte das Jahresabkommen zum „Jahresprotokoll". Dem Abschluss Langfristiger Handelsabkommen gingen in der Regel Konsultationen und Verhandlungen der Staatlichen Plankommissionen beider beteiligter Länder, die „Plankoordinierungen" voraus. Plankoordinierungen waren insofern eine bedeutende Grundlage für die darauf folgenden Verhandlungen der Ministerien für Außenhandel, weil ihre Jahres"scheiben" nicht nur die Grundlage für die in den „Jahresprotokollen" anzusteuernde wertmäßige Höhe der Exporte und Importe waren, sondern vor allem Dingen, weil sie eine ziemlich strikte Vorgabe bezüglich der einzuhaltenden Struktur des Warenaustauschs nach Rohstoffen, Halbmaterialien, chemischen Erzeugnissen, Maschinenbau-Erzeugnissen und Konsumgütern, zusammenfassend und hochgerechnet ausgedrückt in Prozenten vom Ganzen, waren. Sehr wichtig war ferner, dass die Plankoordinierungen und Langfristigen Handelsabkommen Mengen- und Wertgrößen der für beide Seiten jeweils bedeutendsten Einzelpositionen des Warenaustauschs vorgaben, also zum Beispiel den Import von Steinkohle und Steinkohlenkoks, Aluminium in Masseln und Halbzeugen, Zucker, Butylacrylat oder aber auch BOBR-Müllfahrzeugen, Badewannen, Pfirsichen (um wahllos einige Positionen zu nennen) oder (ebenso wahllos) den Export von Kali (Kaliumchlorid, Kaliumsulfat), Braunkohlenbriketts, Offset-Druckmaschinen, Mähdreschern, Spielzeugeisenbahnen, Badebekleidung ...

Wer eine Begründung für die Durchführung solcher „Plankoordinierungen" und den Abschluss der Langfristigen Handelsabkommen sucht, wird in der Literatur Lobgesänge auf die Planmäßigkeit der Warenaustauschbeziehungen und den hohen Wert der darauf beruhenden „Versorgungssicherheit" für die beteiligten sozialistischen zentralgeplanten Volkswirtschaften finden. Vergegenwärtigt man sich, dass in jenen Zeiten keines der sozialistischen Länder Reserven für wichtige Erzeugnisse besaß, sondern der Bedarf von Industrie und Bevölkerung dem Angebot immer weit vorauseilte, dass

Mangelwirtschaft typisch war, dann soll das Argument der „Versorgungssicherheit" nicht missachtet werden.

Der eigentliche Grund aber, warum diese Basisvereinbarungen von so entscheidender Bedeutung waren, bestand darin, dass die Lieferungen zwischen den sozialistischen Ländern ja nicht mit konvertierbaren Währungen bezahlt sondern verrechnet wurden. Wäre wechselseitig in freien, „harten", konvertierbaren Währungen gezahlt worden, dann wären ausbilanzierte, wertgleiche und detaillierte Vereinbarungen über Exporte und Importe zwischen den Ländern kaum von entscheidender Bedeutung gewesen. Für die im Export der DDR von Braunkohlenbriketts nach Ungarn, um ein Beispiel zu konstruieren, erlösten US-Dollars hätte die DDR in Italien oder Frankreich oder in den USA Aluminiumtuben kaufen können. Wegen des chronischen Mangels an konvertierbaren Devisen hatten sich die sozialistischen Länder aber auf wechselseitige Zahlungen in so genannten „Verrechnungswährungen", auf den „Clearing-Handel", geeinigt.

Was ist „C l e a r i n g"?

Jeweils zwei Länder vereinbaren, sich im Laufe eines Jahres im selben Wertumfang gegenseitig Waren zu liefern. Sie errichten ein Verrechnungskonto und „schreiben sich gegenseitig an." Wenn sie sich, wie vereinbart, am Jahresende Waren im gleichen Umfang geliefert haben, dann ist das Verrechnungskonto ausgeglichen, plus/minus Null, ohne dass ein einziger Rubel, ein einziger Dollar oder eine andere Währung hinüber- oder herübergeflossen ist. Es ist in einer Währung gehandelt worden, ohne dass einer der Partner sie körperlich, effektiv besessen haben musste.

Clearing-Handel ist immer bilateraler Handel. Je nachdem, unter welchen konkreten politischen Bedingungen die ersten Handels- und Zahlungsvereinbarungen zwischen zwei Ländern abgeschlossen worden waren, war Verrechnungs- oder Clearing-Währung der Rubel, der Dollar (oder Peso), der (neue) Schweizer Franken.

Es hätte auch das britische Pfund, die schwedische Krone – aber auch der Maria-Theresia-Taler sein können, immer vorausgesetzt, dass beide Seiten ihre Warenpreise einheitlich in dieser Währung ausdrücken. Aus praktischen Gründen empfahl sich die Anwendung einer konvertierbaren Währung eines führenden kapitalistischen Industriestaates, vorzugsweise des (US-) Dollars. Das hatte einen einfachen Grund: Die Währungen der sozialistischen Länder waren nicht konvertierbar, sie waren reine Binnenwährungen. Es hatten sich keine freien, auf dem Markt geborenen, von nationaler Willkürlichkeit unbeeinflussten Austauschkurse zwischen sowjetischem Rubel, Forint, Mark (DDR), Lei, Dong, Lek usw. herausbilden können, es gab damit auch keine für alle sozialistischen Länder akzeptable Einheitswährung und deshalb – ganz wichtig – auch kein allgemein akzeptiertes, in einer dieser Währungen ausgedrücktes Preisniveau. Oder mit anderen Worten: Die Sozialisten hatten keine eigene Preisbasis, keinen in ihren eigenen Währungen ausgedrückten Maßstab für die „richtigen" Preise.

Verständigten sich nun aber zwei Länder darauf, die Verrechnungspreise auf der Grundlage einer westlichen, konvertierbaren Währung zu bilden, also in Dollar, Pfund, Schweizer Franken, dann konnte man auch ermitteln, was die betreffende Ware auf den Weltmärkten kostete, auf denen in Dollar, Pfund, Schweizer Franken gehandelt wurde. Wenn eine solche Währung als Verrechnungs- oder Clearing-Währung vereinbart wurde, dann hatte man damit zugleich eine Preisbasis, die alle beteiligten sozialistischen Länder als „üblich, allgemeingültig, gerecht, den gegenseitigen Vorteil ausgewogen berücksichtigend" anerkennen konnten.

Auch der nichtkonvertierbare sowjetische (Binnen-) Rubel konnte „Verrechnungswährung" sein, wie z. B. im Handel der DDR mit Albanien, Nordkorea, anfangs auch mit China. Ursache war dafür die Tatsache, dass die Sowjetunion erster sozialistischer Handelspartner dieser Länder gewesen war und die Sowjetunion diese Beziehungen dominiert hatte. In Clearing-Vereinbarungen auf der Basis des sowjetischen Rubels oder einer anderen sozialistischen Währung mussten sich die beteiligten beiden Länder auf eine einheitliche Methode zur Umrechnung der (in Dollar, Pfund usw. ausgedrückten) Weltmarktpreise in Clearing-Rubel verständigen. Auch dann, wenn der Rubel Verrechnungswährung war, wurden die Rubelpreise also aus den in Dollar, Pfund, Schweizer Franken o. ä. lautenden Weltmarktpreisen abgeleitet.

Zu den grundsätzlichen Zweifeln, die mich über drei Jahrzehnte Arbeit für den sozialistischen Außenhandel verfolgten, gehörte der Zweifel daran, ob die Anwendung des Clearing-Verrechnungshandels und der hochgradig künstlichen Preisbildung in Transferrubeln wirklich der für die Schaffung einer wirtschaftlichen Solidargemeinschaft der sozialistischen Staaten, auch für die wirtschaftlich schwächeren unter ihnen, beste Weg war. Immer wieder gelangte ich an den Rand der Überzeugung, dass es für die in der Gemeinschaft Nehmenden wie die Gebenden nützlicher wäre, Handel und Hilfe konsequenter zu trennen, zu diesem Zweck in den konvertierbaren Währungen des Welthandels und in den realen Preisen des Weltmarktes zu fakturieren und bei Anwendung des Clearings wenigstens auf dem Ausgleich der Jahresendsalden durch Zahlungen in konvertierbarer Währung zu bestehen. Doch es galten andere Regeln, und ich hatte nach ihnen zu verfahren und dabei den größtmöglichen Nutzen für mein eigenes Land anzustreben.

Die Höchstkonsequenz wäre natürlich der gänzliche Verzicht auf die Clearing-Verrechnung und ihre Ersetzung durch gegenseitige Lieferungen bei Zahlung in konvertierbaren Währungen gewesen. Diesen letzten Schritt, der die ständigen Verhandlungen um die Warenstruktur der gegenseitigen Lieferungen überflüssig gemacht und die Versorgungssicherheit bei den entscheidenden Importwaren der DDR berührt hätte, schloss ich in meinen Gedankenspielen aus; er hätte – anders als die Preisbildung in konvertierbaren Währungen und die Saldentilgung - die planwirtschaftliche Ordnung in Frage gestellt. Die dabei sichtbar zu Tage tretenden Ungleichgewichte hätten durch großzügige kurz- und langfristige Kreditgewährung oder Schenkungen der wirtschaftlich stärkeren sozialistischen Länder an die schwächeren ausgeglichen werden müssen.

Nach diesem Ausflug in die Geschichte der Verrechnungswährungen zurück zum Hauptgegenstand der Arbeit meiner Ländersektionen in den 70er Jahren: Abschluss der Jahreshandelsabkommen. Solange nicht der Geldeswert der Waren oder der Gewinn im Vordergrund stehen konnten, denn aus einem Erlös in Verrechnungswährung konnte kein „bares, richtiges" Geld gemacht werden, war Handel zwischen sozialistischen Ländern T a u s c h – Handel, und der Erfolg eines Handelspolitikers war, ob mit den Waren, die das eigene Land hergab, genau die Waren hereingeholt werden konnten, die es nicht selbst hatte, nach denen es verlangte. Die Einsicht, welche Feinstruktur des Exports und Imports für das ganze Land nützlich war, hatten in einer Zentralverwaltungswirtschaft nur zentrale Behörden: Staatliche Plankommission oder Ministerium für Außenhandel.

Insofern gab es für jedes Land ein Bild, „was für die DDR gut ist". Was für die DDR gut ist, das spiegelte sich in der F e i n-Struktur der Export- und Importwaren. Da – wie schon ausführlich erzählt – der Geldeswert nicht zählte, war der G e b r a u c h s-Wert (nach Karl Marx) das Ziel der Träume. Ein wichtiges Ziel war dabei, mit möglichst viel intelligenzintensiven Erzeugnissen des Maschinenbaus und der Elektrotechnik (in der Abkürzung: MvI) möglichst viele Rohstoffe, Halbfertigerzeugnisse, begehrte Nahrungs- und Genussmittel und begehrte Massenverbrauchsgüter hereinzuholen, oder genauer: zum Import zu v e r e i n b a r e n, gekauft wurden sie später von den fachlich zuständigen Außenhandelsbetrieben. Ein zweites Kriterium für den Erfolg war: Mit möglichst wenigen „KA-wertigen" (später hieß es „NSW"-wertigen, NSW bedeutete Nichtsozialistisches Wirtschaftsgebiet)) Exporterzeugnissen möglichst viele KA-wertige Importwaren ins Land zu holen. Das war auch so ein pragmatischer Ansatz: Dem Kapitalismus hatten wir Feindschaft geschworen, aber das Funktionieren der DDR-Volkswirtschaft war doch noch immer auf Gedeih und Verderb davon abhängig, im Westen moderne Industrieausrüstungen, Rohstoffe, Chemieerzeugnisse, Genussmittel kaufen zu können. Deshalb musste man bei Strafe des Untergangs dorthin exportieren, und die Märkte dort nahmen nur ausgewählte Erzeugnisse auf. Waren, welche die DDR im kapitalistischen Ausland regelmäßig verkaufen konnte, die waren dessen wert, sie waren „KA-wertig". KA-wertig war aber auch eine Ware, die die DDR im kapitalistischen Ausland hätte kaufen müssen, wenn sie solche nicht im sozialistischen Ausland hätte kaufen können. Der Vergleich der Proportionen der KA-Wertigkeit der Export- und Importwarenlisten eines ausverhandelten Abkommens war demnach ein wichtiges Kriterium für den gehabten Erfolg.

Zweifellos trafen bei den Verhandlungen zu den Jahreshandelsabkommen Länder mit planwirtschaftlichem System zusammen, aber in den Verhandlungen standen sie sich wie Warenerzeuger, Warenbesitzer auf dem Markt gegenüber. Sie brachten ein Angebot auf den Verhandlungs- Markt, und nur wenn den angebotenen Waren dort der berühmte Marxsche Salto mortale gelang, wenn sie der Verhandlungspartner nachfragte und bestätigte und wenn er im Austausch dafür andere, begehrte, benötigte und zum Import vorgesehene (also geplante) Waren „zusagte", zu liefern versprach, nur dann wurden Export- und Importwaren wertgleich in die Jahreshandelsabkommen aufgenommen, „vereinbart".

Mit welchen ehrgeizigen, illusionären, aus einseitigen Interessen geborenen, also „falschen" Plänen ein Verhandlungspartner auch an den Beratungstisch gekommen sein mochte: Was sein hausgemachter Plan wert war, das lernte er in den Verhandlungen zu den Jahresabkommen. Nach den Verhandlungen zu den Jahresabkommen kehrten die Delegationen in ihre Länder zurück und mussten ihre Ausgangspläne auf das real Mögliche korrigieren. Ja, das wollte ich den „Neulingen" in dieser Materie immer verdeutlichen, das musste ich aber auch früher DDR-Oberen oft klar machen: Wenn wir „Planer" über die Landesgrenzen gingen, dann war der Plan nur der Rahmen, das vorgegebene Höchstziel des zu Erreichenden, nicht mehr, nicht weniger. Die DDR-Regierung konnte beschließen und anweisen, was sie wollte, draußen galt das nur für ihre eigene Delegation, nicht für unsere Verhandlungspartner. Die waren selbstständige, mit klaren eigenen Interessen begabte Gegenüber, ihrer eigenen Regierung, niemandem anderes verantwortlich. Jenseits der eigenen Grenzen waren wir, die Außenwirtschaftler des Staatsapparates, „Händler", keine Planer...

Für die nachgefragten Exportwaren gab es, von Ausnahmen abgesehen, über die noch zu sprechen sein wird, meist dringenden unbefriedigten Bedarf in der DDR selbst, auf dem inneren Markt und, bei nicht wenigen Erzeugnissen, auch weitere Absatzmöglichkeiten in kapitalistischen Ländern. Die DDR-Industrie produzierte zu wenig, konnte die Gesamtnachfrage wegen fehlender Arbeitskräfte, wegen fehlenden Materials, fehlender Kapazitäten oder wegen niedriger Arbeitsproduktivität nicht decken. Der Export „schob nicht".

Von dieser Regel gab es wenige Ausnahmen: Nach Abschluss der Verhandlungen zu den Jahresabkommen legte das Außenhandelsministerium eine kritische Liste vor: Waren, deren Kauf die Verhandlungspartner trotz unseres hingebungsvollen Werbens nicht abnehmen wollten. Natürlich war mit dem Abschluss der Abkommensverhandlungen noch nicht aller Tage Abend. Den Außenhandelsunternehmen der DDR blieb es unbenommen, für die in den staatlichen Verhandlungen nicht vereinbarten Erzeugnisse weiter in den Zielländern zu werben. Vertragsabschlüsse ü b e r die Kontingente in den Warenlisten der Abkommen hinaus waren in der Regel zulässig. Aber da in den 60er und 70er Jahren die Außenhandelsbetriebe in die zwischenstaatlichen Verhandlungen integriert waren und ihre Vertreter oft sogar mit am Verhandlungstisch saßen, war ziemlich klar: Was von den bereitgestellten Exportwaren nicht in die Abkommen hineinverhandelt worden war, war unverkäuflich, veraltet, am Bedarf vorbeigeplant. Einige Industrieunternehmen, deren Erzeugnisse auf dem Verhandlungswege aussortiert worden waren, reagierten nur schwerfällig auf das Urteil der Märkte.

Wenn es ihnen nicht gelang, die Produktion umzustellen, mussten ihre Angebote den sozialistischen Partnerländern um die Mitte des Planjahres herum noch einmal vorgelegt werden. Das geschah in den so genannten „Multilateralen Handelsgesprächen", im Fachjargon „Multi-Clearing" genannt, treffender wäre „Basar der Ladenhüter" gewesen. Diese makabren Veranstaltungen fanden auf der Ebene von Stellvertretern der Außenhandelsminister reihum in den sozialistischen Ländern statt, und dann kreisten die Berge und gebaren Mäuslein. Dass dieses „Multi-Clearing" lange lebte, verdankte es der Reisefreudigkeit der sowjetischen Genossen. Die kamen gern in die Freundesländer und zu Veranstaltungen, bei denen sie die erste

Geige spielen konnten, und die Gastgeber waren gehalten, die öden Handelsgespräche durch ein reichhaltiges Besichtigungsprogramm aufzulockern. Da die sowjetischen Unterhändler, wenn ihnen eine „Komandirowka" zugestanden wurde, Reisedevisen immer gleich für sieben Tage herausschunden, fraß der Markt der Absurditäten regelmäßig eine ganze Arbeitswoche.

Leipziger Messen in den 70ern

Leipziger Messen waren auch in sozialistischen Zeiten zuerst das, was sie traditionell zu sein hatten: Mustermessen, Ausstellungen neuer und weiterentwickelter Erzeugnisse, Platz der technischen Demonstration von Großmaschinen und Anlagen, Ort der Begegnung von Technikern und Kaufleuten, internationaler Handelsplatz. Aber Leipzig wurde von der Partei- und Staatsführung immer mehr als nationale Leistungsschau verstanden, als eine Veranstaltung, die auch der eigenen Bevölkerung die Errungenschaften des realen Sozialismus und seiner sozialistischen Bündnispartner vor Augen führen sollte. So entwickelte sich die Messe immer mehr zur Haupt- und Staatsaktion, ja, nach dem Willen einiger zum „Schauplatz der Klassenauseinandersetzung". Zeitweilig verselbstständigte sich die Politvariante: Ich erinnere mich an eine Herbstmesse, da hatten die für die Gestaltung der Innenstadt Zuständigen Fenster des Hauptpostamtes von innen mit großen Druckbuchstaben bekleben lassen, die ergaben die Losung: „Leipzig beweist: Ohne Kapitalisten geht es besser!". Während die Außenhändler alle Überredungskunst aufwandten, die Kapitalisten in Scharen nach Leipzig zu laden und ihnen dort die begehrten Devisen aus der Tasche zu locken, waren die Ortsideologen offenbar angetreten, sie wieder zu vertreiben, und in der Tat stieß die Hauptpost-Losung auf Empörung, und es kostete einige Kraft, den Leipziger Obergenossen die Dialektik des Klassenkampfes im Schnellkurs nahe zu bringen.

Nach heutigen Maßstäben war das Leipzig der 70er Jahre für einen Ansturm der internationalen Handelswelt nur mäßig gerüstet: Viel zu wenige Hotels, überfüllte Gaststätten, kaum Nachtleben, altgediente Straßenbahnen, ein Feldflughafen weit vor den Toren der Stadt. Nicht nur die Besucher aus dem eigenen Land, sondern auch fast ausnahmslos alle ausländischen Aussteller und Einkäufer mussten sich bei privaten Vermietern einlegen oder tägliche Anfahrten aus Halle, Weimar, Gera, Dresden in Kauf nehmen. Sogar Staatsgäste mussten wir gelegentlich dorthin auslagern. Es kamen eigentlich viel zu viele Besucher aus dem Inland, denn die wollten in Leipzig wenigstens mal einen Blick auf die technischen Verbrauchsgüter, Möbel, Porzellane,

Stoffe und modischen Erzeugnisse werfen, die das eigene Land herstellte, die aber in den Geschäften fehlten. Sie wollten im Messehof Pyramiden von Apfelsinen und anderen Tropenfrüchten bestaunen und ihren Duft inhalieren, im Messehaus am Markt in Büchern und Bildbänden blättern, die sie in den Buchläden nicht wiederfinden würden. Menschentrauben bildeten sich an den Ständen der westlichen Autobauer. Aber auch die Modelle der Automobilwerke Eisenach und Zwickau, die immer einige bescheidene Verbesserungen aufwiesen, und die wenigen sowjetischen Fahrzeuge und der Skoda waren umlagert, für Geduldige immerhin erreichbare Fernziele der Begierde. Die oft lächerlich kleinen Kojen ausländischer Aussteller übten oft schon deshalb Anziehungskraft aus, weil sie mit Postern ferner Traumlandschaften, Städte, Strände geschmückt waren und Sehnsüchte weckten. Facharbeiter und Ingenieure bemühten sich, Aufbau und Funktion fortgeschrittener Konkurrenzerzeugnisse zu verstehen und ein wenig „mit den Augen zu stehlen". In den 70er Jahren war es auch noch interessant, den sowjetischen Pavillon auf der Technischen Messe zu erleben, der oft interessante Exponate aus der Raumfahrt zeigte.

In den 60er und anfangs der 70er Jahre teilte die DDR immer zu Beginn der Leipziger Messen der Welt in einer bedeutsamen Rede eines Stellvertreters des Ministerpräsidenten, meist des Genossen Dr. Gerhard Weiss, vor ausgewähltem Publikum mit (und stets in Anwesenheit des Staatsratsvorsitzenden Walter Ulbricht und seiner Lotte, die dazu in der einzigen seitlichen Hochloge des ehrwürdigen Opernhauses Platz nahmen), welche Handelspolitik sie in nächster Zeit zu treiben gedenke. Zur Vorbereitung dieser Rede hatte auch ich einen Satzblock beizusteuern und brach mir dabei immer fast den Griffel ab, denn unsere handelspolitischen Absichten sollten auch wieder nicht zu deutlich beschrieben sein, damit wir nicht beim Wort genommen werden konnten. In späteren Jahren begann man nachzudenken, ob es denn klug sei, sich mit einer Rede zum Fenster hinaus unnötig die Hände zu binden und Partei und Staat in solcher Weise als Herren unternehmerischer Entscheidungen sichtbar zu machen. In den 80er Jahren ersetzte man den Politauftakt durch ein feierliches Eröffnungskonzert, das nur durch die Nationalhymne und eine immer gleichbleibende Begrüßungsrede des Oberbürgermeisters einen leichten Polittouch erhielt.

Ein weiterer Akt der Öffentlichkeitsarbeit des Ministeriums waren damals – und sie verursachten den Stellvertretern des Ministers in der Vorbereitungsphase wahre Alpträume und lösten bis zur letzten Minute peinvolle Hektik aus – die Messe-Pressekonferenzen im Neuen Rathaus. So war es jedenfalls in unserem Bereich, dem des Stellvertreters Gerhard Nitzschke, der dazu regelmäßig aufs Podium befohlen wurde. Während des sonstigen Jahres konnte sich der die Presse vom Halse halten und sich allenfalls zur Beantwortung schriftlicher Anfragen bereit erklären. Zu den Messen aber wurde „Weltoffenheit" vorgeführt und wurden zu dem Spektakel „Messe-Pressekonferenz" auch die Korrespondenten der Westpresse zugelassen, und die fragten zu vielen Dingen, die sie unserer Meinung nach gar nichts angingen, so unverschämt provokativ, oder doch wenigstens direkt, unverblümt. Wenn ihnen in der bekannten verschlüsselten Weise geantwortet wurde, stellten sie sich taub und unverstanden und fragten gleich noch mal. Huch, das war eine gemeine Veranstaltung, und das Gemeinste, dass die Westzeitungen von den Genossen unseres Überbaus gelesen wurden. Diese, welche sich niemals spontanen Fragen stellten, wussten natürlich danach immer, wie man hätte antworten sollen und fanden manche Antwort ungeschickt oder viel zu offen. Es war genau so, wie mir Gerhard Beil zehn Jahre später hilfreich erklärte: „Denk immer daran – die das lesen, was Du der Presse gesagt hast, denken, Du hättest es genau so gesagt, wie es in der Presse steht. Die – gemeint waren Honecker, Mittag – glauben der Westpresse jedes Wort. Also überleg, ob Du so wichtig sein willst..."

Eine nicht beantwortbare Frage, nicht nur zu den Messen, sondern überhaupt war die, was denn eigentlich die in unseren Statistiken angewandte Bezeichnung „Valuta-Mark" bedeutet, was eine Valuta-Mark „wert sei." Auf diese Frage sollte man die Antwort geben: „Die Valutamark ist eine in der DDR geschaffene statistische Einheit für Außenhandelsumsätze, ein Kurs zu anderen Währungen ist nicht festgelegt." Wenn dann einer auf weitergehende Erklärungen bestand, konnte man noch ergänzen: „Sie sind doch sicher interessiert, zu erkennen, welche Steigerungsraten unser Außenhandel hat – die Indizes können Sie durch Vergleich mit den Vorjahreszahlen für Umsatz, Export und Import leicht errechnen." Das war eine schwachsinnige Antwort – auf eine schwachsinnige Situation. Doch dazu später mehr.

Die Pressekonferenzen wurden den Verantwortlichen schließlich so lästig, dass sie gestrichen wurden. Als ich selbst Stellvertreter des Ministers wurde, 1981, gab es sie schon nicht mehr. Spätestens zu diesem Zeitpunkt war klar, dass so wie so nur der Genosse Erich Honecker richtig antworten könnte.

Wichtige Verbündete von uns „Handelspolitikern" waren gerade während der Messen die Mitarbeiter der Protokollabteilung, denn wenn ranghohe Gäste schlecht untergebracht waren, vielleicht in einem Zimmer neben der Tag und Nacht laufenden Zentralbelüftung, oder ehrgeizige Terminkalender nicht aufgingen, schluckten wir, das mittlere Personal, eine Kröte nach der anderen. Manch Besucher von Normalmaß wurde im Ausland plötzlich zu einem unangenehmen Gesellen und konnte vor Kraft nicht laufen. Situationen wieder zu entspannen, dazu brauchtes wir womöglich den Chef der Protokollabteilung, Johannes Laczny. Auf dem Höhepunkt seiner Laufbahn war „Hannes" ein respektabler Kerl und leistete das, was ein guter Organisator auf die Beine stellen kann. Er hatte ein „Netzwerk" zweckdienlicher Dienstleister geschaffen und erwies diesen die erforderlichen Gegendienste: „Hannes" hatte sicher eine Liste von Dienstleistern von A – Z, aber ich war doch einigermaßen überrascht, als mich Hannes einmal im Vertrauen wissen ließ, dass er, wenn denn dringender Bedarf bestünde und für das Land etwas heausspringe, auch das älteste Gewerbe der Welt anzusprechen wisse.

Laczny schien aus den Reihen des Militärs in den Außenhandel übergewechselt zu sein, jedenfalls erzählte er gern, wie ihm seine Herkunft einmal einen Streich gespielt habe. In den ersten Jahren der DDR wurden zur Leipziger Frühjahrsmesse Regierungsdelegationen aus den befreundeten sozialistischen Staaten, allen voran die Sowjetunion, eingeladen, und die reisten dann auch auf hoher Ebene an, meist Stellvertreter der Ministerpräsidenten, wenn nicht sogar Mitglieder und Kandidaten des Politbüros. Für diese illustren Häupter gab der Vorsitzende des Staatsrats, Walter Ulbricht, im prächtigen Ratssaal des Neuen Rathauses ein festliches „gesetztes" Essen, und dieses verlief streng nach Vorschrift: Zuletzt, nachdem alle Gäste eingetroffen und hinter ihren Stühlen Aufstellung genommen hatten, Hände auf der Lehne, erschien Ulbricht. Hannes Laczny, der den Akt ausgerichtet hatte, stand in Türnähe, um den Vorsitzenden abzuwarten und ihn zu seinem Stuhl mit erhöhter Lehne zu führen. Hannes Laczny erzählte nun, ihm sei erst in dem Augenblick, als Ulbricht in die Tür trat, eingefallen, dass er als der Zeremonienmeister jenen doch begrüßen müsse. Er hätte sich dafür aber nichts zurechtgelegt gehabt. „Nun musste ich aber los,", so erzählte mir Hannes die Geschichte, „und wie ich dem Ulbricht näher kam, verfiel ich in Stechschritt und klopfte ganz schön kräftig aufs Parkett, und dann nahm ich die Hacken zusammen, legte die Hände an die Hosennähte und rief: Genosse Vorsitzender des Staatsrates, ich m e l d e: Vorsitzende der Besuchsdelegationen zum Festessen a n g e t r e t e n." Ulbricht habe etwas in den Mundwinkeln gezuckt und gedankt. Nach dem Essen hätte er den Minister für Außenhandel Julius Balkow angesprochen und gesagt: „Etwas ungewöhnlich, Dein Protokollmann, aber weiß sich zu helfen."

Zu meinen Messeaufgaben gehörte es, die Kollektivausstellungen der Partnerländer zu besichtigen und einige wichtige Einzelaussteller Jugoslawiens und diese Besuche zur Durchsprache von Problemen und Handelshemmnissen zu nutzen, und daraus erwuchs dann oft die Notwendigkeit, offene Fragen mit Leitungskräften der Außenhandelsunternehmen zu besprechen. Das konnte nur in deren repräsentativen und zum Kundenempfang herausgeputzten Messebüros geschehen – unsere ministeriellen Diensträume waren so behelfsmäßig, dass wir dorthin niemanden einladen durften. Es musste also in Leipzig richtig gearbeitet werden, und in weiser Voraussicht darauf verlagerte das Außenhandelsministerium zweimal im Jahr seine Innereien in die Messestadt. Jedem Arbeitsbereich wurden zwei Tage vor dem Messeauftakt in Berlin seine „Messekisten" vor die Türe gestellt, und dann folgte ein gewaltiges Packen und der Inhalt der Aktenschränke wurde eingesargt. In der Nacht vor dem Messebeginn rückte dann ein Kommando der Nationalen Volksarmee heran und – o Wunder – meistens klappte es, und die penibel beschrifteten Kisten fanden sich in Leipzig in den richtigen Räumen wieder.

In den Ländern von Marschall Tito

Wenn mein Direktionsbereich auch ein schmales Handtuch war – interessant waren meine Länder und die Beziehungen zu ihnen alle. Günstig war auch, dass sie – Kuba ausgenommen – nur ganz selten oder überhaupt nie Zielländer von Reisen der Mitglieder des Politbüros oder der Minister waren – das verhalf mir zu mehr Selbstständigkeit und ließ mir mehr Spielraum für eigene Einschätzungen und Gestaltungsvorschläge. Mit meinem Minister, damals Horst Sölle, habe ich während meiner Amtszeit als Direktionsbereichsleiter nur zweimal Kuba und einmal Jugoslawien bereist, nie China, Vietnam, Korea, Albanien. Sieht man von der Unterzeichnung der Jahreshandelsabkommen durch Stellvertreter der Außenhandelsminister ab, die der Protokollordnung entsprechend alternativ in den Hauptstädten zur Unterzeichnung aufkreuzten, waren in den Zwischenjahren wegen der gespannten außenpolitischen Beziehungen mit China und Albanien Direktionsbereichsleiter des Außenhandelsministeriums sowieso das Ranghöchste, was diese Länder aus der DDR annahmen.

Kuba blieb meine große Liebe, und immer war ich glücklich, wenn mich nach der Landung in Rancho Boyeros wieder die feuchtwarme tropische Brise umfächelte und sich wenig später der blaue Golf von Mexiko vor meinen Augen ausbreitete, aber Jugoslawien – und wenn ich „Jugoslawien" schreibe, meine ich immer die damalige SFRJ, die Sozialistische Föderative Republik Jugoslawien – das war die eigentliche Herausforderung: Halb Sozialismus, halb Kapitalismus, eine Selbstverwaltungsordnung, die nach der von mir gewählten Lehre gar nicht gut tun konnte, seine Wirtschaft zugleich weit voran und weit zurück, seine Nationalitäten zugleich geeint und unter Spannung, der DDR zugleich kritisch und freundlich gesonnen, in so vielem „wie wir" und in so vielem „ganz anders als wir." Ein Land, dessen Menschen viel Leid durch Deutsche erfahren hatte, und dessen Menschen doch keinem anderen Land so viel pragmatische positive Gesinnung, so viel Anerkennung für wirtschaftliche und kulturelle Leistung erwiesen, wie der Bundesrepublik Deutschland – mehr als der DDR, von der viele Jugoslawen meinten, sie trüge die von der Sowjetunion angelegten Fesseln noch, welche Jugoslawien, geführt durch seinen Helden Broz-Tito, abgeschüttelt hatte, und unter dessen Führung Jugoslawien letztlich doch ein Land blieb, dem die Sowjetunion Respekt erweisen musste und dem sie vorteilhafte Bedingungen der wirtschaftlichen Zusammenarbeit einräumte.

Mit den besonders entwickelten Wirtschaftsbeziehungen Jugoslawiens zu Westdeutschland wurden die DDR-Außenhändler auf Schritt und Tritt konfrontiert. Die Bundesrepublik war der führende Partner in der Industriekooperation, kaum ein namhafter westdeutscher Konzern, der nicht mit geeigneten jugoslawischen Wirtschaftsunternehmen kooperierte, Lizenzgeber war, Baugruppen oder Teile lieferte und bezog, Unternehmen zur Endmontage westdeutscher Fahrzeuge und Ausrüstungen unterhielt. Schon 1972 zählten wir 72 Kooperationsvereinbarungen und etwa 20 bedeutende Kapitalbeteiligungen. Daimler-Benz, Volkswagen, MAN, KHD, Thyssen, Krauss-Maffei, Weingarten, Gildemeister, Hoechst, Bauknecht, Dr. Oetker und viele andere Prestigeunternehmen hatten jugoslawische Partner an sich gebunden und sich so den Markt geöffnet.

Alle Jahre wieder erhielt der Handelsrat den Auftrag, das Ausmaß der Verflechtungen der jugoslawischen Wirtschaft mit der westdeutschen zu beschreiben und Vorschläge zu machen, wie wir uns den Jugoslawen als gleichwertiger oder leistungsfähigerer Wirtschaftspartner andienen könnten, um das weitere „Eindringen" der BRD abzuwenden. Es schien, dass unser Ministerium zur Ausarbeitung solcher Analysen „außeramtlich" aufgefordert worden war, doch ich kann mich nicht erinnern, durch wen eigentlich und an wen wir außer an die Plankommission unser Produkt weitergereicht hätten.

Für uns selbst war die Zusammenstellung nur eine Fleißübung, denn wer unsere Konkurrenten waren und wem wir auf dem Markt unterlagen, das stellten unsere Händler ja jeden Tag mit Bitterkeit fest. Zur Industriekooperation und zur Bildung Gemischter Gesellschaften gab es in den 70ern kein grünes Licht aus der DDR, und auf sehr vielen Gebieten waren unsere Erzeugnisse guter europäischer Durchschnitt, die der Westdeutschen aber Spitzenprodukte. Die westdeutschen Unternehmen lieferten und kauften gegen Deutsche Mark, und jeder einzelne von ihnen entschied selbst, ohne Nachfrage an zentralem Ort, ob eine Geschäftsoperation von Nutzen war oder nicht, und im bundesdeutschen Wirtschaftsministerium las der zuständige Beamte später mal, in welcher Struktur der Warenaustausch sich vollzogen hatte. Wir allerdings glaubten, dass das Vordringen der Bundesrepublik doch von irgendeinem strategischen Lagezentrum aus gesteuert sein müsse. Wie dem auch sei, die Analysen aus Belgrad schienen dort, wo sie gelesen wurden, nichts Spektakuläres zu bewirken, denn in den folgenden Jahren hatten wir trotz unserer Kassandrarufe auch nicht mehr hochwertige Waren zur Verfügung, und auch von anderen unserer Vorschläge, zum Beispiel zur Verbesserung des Kundendienstes, wollte niemand etwas wissen.

Wir hatten vorgeschlagen, um schneller reagieren zu können, den in Ungarn und Bulgarien stationierten DDR-Technikern Dauer-Ausreise-Visa für die SFRJ zu erteilen, aber das hatte sicher dem Genossen Mielke nicht gefallen. Das war eigentlich die Crux: Dass Jugoslawien, weil nach der Terminologie sozialistisches Land, auch im Planteil Sozialistisches Wirtschaftsgebiet geführt wurde, obwohl die konkreten Bedingungen des Außenhandels denen des kapitalistischen Wirtschaftsgebietes entsprachen. Was die DDR in Jugoslawien kaufte, war „Westware", aber es sollte möglichst keine „Westware" kosten. Die Exportplanerfüllung in die kapitalistischen Länder brachte den Verkäufern Prämien und Anerkennung, der Export nach Jugoslawien war Pflichterfüllung. Doch es fand sich kein Reformator.

Als ich für Jugoslawien verantwortlich wurde, konnte ich nicht erkennen, dass die Spannungen zwischen den unter dem Dach der Sozialistischen Föderativen Republik Jugoslawien vereinten Nationalitäten weiterschwelten und eines Tages auf fürchterliche Weise erneut ausbrechen könnten. Ich sah im Gegenteil viele Zeichen der ehrlichen Zusammenarbeit der Nationalitäten, ich sah freundschaftliches Zusammenleben und erlebte auch den gemeinsamen Stolz auf die Leistungen des international angesehenen Vielvölkerstaates.

Allerdings sagten mir schon damals Eingeweihte, dass die Volksarmee eine wichtige Klammer für den Zusammenhalt Jugoslawiens sei und zu den Garanten der Einheit Jugoslawiens auch der diskrete und effiziente Sicherheitsdienst zähle. Ein jugoslawisches „Modell der einsichtsvollen Diktatur des Proletariats" wirkte als „fester Deckel auf einem Topf, in dem religiöse, ethnische und nationalistische Vorlieben und Wunschziele weiterköchelten". Hätte ich dazumal wünschen sollen, dass das System Tito durch eine Bewegung für Freiheit und Demokratie nach westlichem Bild um den Preis überwunden werde, dass seine Zerschlagung Zehntausenden den Tod bringt und Hunderttausende ihre Heimat verlieren?

Ernster waren schon die kaum verkappten Klagen der Slowenen und Kroaten gegen die Umverteilungspolitik der Zentralregierung, durch die ein bedeutender Teil des in den wirtschaftlich stärksten Republiken erzeugten Nationaleinkommens in die schwachen Republiken floss, vor allem auch in den mit Autonomierechten versehenen Kosovo. Für Slowenien und Kroatien waren die südlichen Landesteile eine Art unterentwickeltes Asien.

Nicht nur in den Behörden, sondern auch im letzten Friseursalon hingen Porträts von Josip Broz-Tito, oft auch seiner stattlichen Frau Jovanka, die den offensichtlich hochverehrten Landesvater in einer schier unerschöpflichen Vielfalt von Lebenssituationen, vor allem aber als Marschall in phantasievollen Uniformen aller Waffengattungen zeigten. Tito war schon seit 1963 Präsident auf Lebenszeit und blieb das auch bis zu seinem mitleiderregenden Hinsterben im Jahre 1980. In den 70er Jahren setzten sich Kräfte durch, die mittels der neuen Verfassung von 1974 absicherten, dass nach Titos Tod die bisherige vollständige Konzentration der Macht in einer Hand zu Ende gehe und Partei und Staat durch kollektive Gremien geleitet würden. In den 70er Jahren gewannen die Einzelrepubliken vor allem auf wirtschaftlichem Gebiet zunehmende Kompetenzen, ohne dass die Zentrale in der Außenwirtschaftspolitik die Schlüssel aus der Hand gegeben hätte.

Jugoslawien war auch deshalb ein wunderbares Arbeitsfeld, weil es ein so schönes, von der Natur gesegnetes Land war, dessen vielgestaltige Landschaften einen in den Bann zogen: Fruchtbares Bauernland, schluchtenreiche Berge, das Blau der Adria, viele Städte und Stätten mit reicher Geschichte, wie geschaffen für den Tourismus, mit einladenden Hotels und originellen Gasthöfen und einer verlockenden Küche: Lieder möchte ich davon singen, die einfachsten, allüberall angebotenen Gerichte: Cevapcici, Pljeskavica, Raïnjici waren die schmackhaftesten, und dazu den roten Vranac oder den weißen Zilavka.

Ich fuhr gern zu Verhandlungen und zur Anleitung der Handelsabteilung nach Belgrad. Zu allen Zeiten hatten wir dort fähige Handelsräte und qualifizierte Handelsattachés, die aussagefähige Informationen und Analysen lieferten und den DDR-Unternehmen praktische Hilfestellung auf dem Markt gaben. Handelsrat in den 70ern war nach dem Abgang Kulessas Josef (Jupp)

Elstner, dem später Daniel (Bob) Schweitzer folgte, beide waren vor ihrem Einsatz Generaldirektoren von Außenhandelsunternehmen gewesen.

Jupp Elstner beherrschte den Außenhandel gründlich. Von kleiner Gestalt, mit einem Spitzbart geschmückt, wirkte auf den ersten Blick wie einem sepiafarbenen Gruppenfoto eines Prokuristentreffens der 20er Jahre entstiegen, aber er war ein Mann mit klaren, aktuellen Ansichten, er war ein Leiter mit Autorität und konnte jemandem in Not auf menschliche Weise raten. Ehe Jupp Elstner für Jugoslawien verpflichtet werden konnte, amtierte Donat Ciesla, der mir in Havanna als Attaché vorausgegangen war, kommissarisch als Handelsrat, nachdem der durchaus intelligente, aber eigenbrötlerische und als Zuarbeiter für das Ministerium wenig hilfreiche Georg Kulessa abgelöst worden war.

Verhandlungen zum Warenaustausch

Wirtschaft und Außenwirtschaft Jugoslawiens waren „frei" in dem Sinne, dass sie nicht zentralstaatlich geplant waren. Ein nach der Mitarbeiterzahl kleines Bundessekretariat für Außenhandel leitete die außerwirtschaftlichen Beziehungen mit dem flexiblen Einsatz von Lizenzen, mit denen es den Export von Rohstoffen und hochwertigen landwirtschaftlichen Erzeugnissen (Mais, zum Beispiel) regulierte und über die Regulierung des Imports wichtige Strukturen und Proportionen des Austauschs von Fertigerzeugnissen der metallverarbeiteten Industrie, industriellen Verbrauchsgütern und Textilien aussteuerte. Dabei war es auf die besondere Problematik des Vielvölkerstaates verpflichtet und unternahm dazu den Versuch, die Produzenten aller interessierten Teilrepubliken an wichtigen Exportkontingenten, zum Beispiel beim Export von Konfektionserzeugnissen oder Wein, angemessen zu beteiligen, ohne letztlich dem ausländischen Käufer die Freiheit der Entscheidung beschneiden zu können.

Ein Jahreshandelsabkommen mit den Jugoslawen auszuhandeln, war nicht leicht – vor allem, weil es für das Bundessekretariat mit seinen letztlich beschränkten Herrschaftsrechten schwer war, im eigenen Land zum Kompromiss mit den unterschiedlichen regionalen und zweiglichen Interessenlagen zu gelangen.

In Jugoslawien gab es zwar ein Bundesamt für gesellschaftliche Planung, dessen Gestaltungsvermögen war aber mit dem einer realsozialistischen Staatlichen Plankommission nicht vergleichbar. In gewisser Weise übernahm deshalb die Bundeswirtschaftskammer Jugoslawiens Funktionen eines Wirtschaftsministeriums und einer Planbehörde. Ausgehend von der besonderen

Rolle der Kammer im Wirtschaftsleben Jugoslawiens, die die direkte Partnerschaft der Handelskammern des Auslandes suchte, war es auch mit der Kammer für Außenhandel der DDR zur Gründung einer Gemischten Kommission gekommen. Der Vorsitzende des DDR-Teils konnte seinem jugoslawischen Partner schon aus objektiven Gründen nicht gleichwertig gegenübertreten. Während die jugoslawische Kammer ihrem Staatsorgan, dem Bundessekretariat, die von der Wirtschaft gewünschte Warenstruktur des Austauschs vorgab, musste sich die Kammer für Außenhandel der DDR im Außenhandelsministerium erklären lassen, wo die Reise hingeht. Deshalb kürzte die Kammer für Außenhandel gern den Übermittlungsweg ab und führte dem MAH ihre jugoslawischen Partner gleich direkt zu. Der zu ziemlicher Bedeutungslosigkeit verurteilte DDR-Ko-Vorsitzende der Kommission, Vizepräsident der Kammer für Außenhandel, war dann kaum mehr als ein interessierter Beisitzer. Es war ein freundlicher Mann, der regelmäßig starke Zigarren rauchte, und er schien sich mit seiner wenig aufregenden Rolle abgefunden zu haben. Ich wusste von ihm nur, dass er Zigarren-Großhändler in Hamburg und als Bundestags-abgeordneter Mitglied der Parlamentsausschüsse für Fragen der europäischen Sicherheit und gesamtdeutsche Fragen gewesen war, aber der BRD 1954 aus Protest gegen die Wiederaufrüstung den Rücken gekehrt hatte. Er hieß Karlfranz Schmidt-Wittmack und war schon wegen seiner Gewissensentscheidung für mich ein ehrenwerter, wenn auch zu nichts richtig verwendbarer Mann.

Was ich nicht von ihm wusste, erfuhr ich nach der Wende. Schmidt-Wittmack war schon vor 1933 als Geheimagent unter dem Decknamen „Timm" für die Parteiaufklärung der KPD tätig gewesen. Nach dem Krieg erschloss die Staatssicherheit die lange ausgeruhte Quelle neu. Um sein Wissen um Mobilmachungspläne für ein Militärkontingent der Bundesrepublik öffentlich als Beweis verwerten zu können, zwang die Staatssicherheit Schmidt-Wittmack gegen seinen eigenen Willen und erst recht gegen den seiner überraschten Familie zur Übersiedlung in die DDR – entdeckt worden war „Timm" von den eigenen Diensten der BRD bis dahin nicht.

In der DDR gab es keinen Theoretiker, der zu erklären wusste, warum ein Jahresabkommen mit der SFRJ mit seinen nicht-obligatorischen Warenlisten eine unverzichtbare Basis für den Warenaustausch war. Die Praktiker hingegen wussten, dass sie sich die Zähne ausbissen, wenn sie versuchten, die mit einem Jahreshandelsabkommen vereinbarten zwischenstaatlichen Interessenkompromisse zu unterlaufen. Um es an einem einzelnen Beispiel zu zeigen: Nach vorausgegangenen zähen Verhandlungen zwischen den Interessenvertretern der Werkzeugmaschinenbauer der DDR und der SFRJ war im Jahresabkommen vereinbart, dass der Export der DDR zum Export der SFRJ auf diesem Teilgebiet maximal ein Verhältnis 2,4 zu 1 erreichen dürfe. Das hieß praktisch: Selbst wenn die DDR-Exporteure Abnehmer für das Fünffache oder Siebenfache ihrer eigenen Käufe in Jugoslawien finden sollten, hätte das jugoslawische Bundessekretariat den Unternehmen ihres Landes schrittweise nur Importgenehmigungen für das 2,4 fache der nachgewiesenen eigenen jugoslawischen Verkäufe erteilt. Das hieß umgekehrt: Der Werkzeugmaschinenbau der DDR konnte seinen Absatz in die SFRJ nur dann steigern, wenn er zugleich dafür sorgte, dass die DDR die durchaus hochwertigen jugoslawischen Werkzeugmaschinen importierte. Bei Textilfertigerzeugnissen betrug das Export : Import-Verhältnis 1,5 zu 1. Bei nahezu allen Warengruppen versuchte Jugoslawien, an ein Verhältnis von 1 zu 1 heranzukommen und den Fertigwarenüberschuss in den DDR-Lieferungen zu beseitigen; das hätte zur Konsequenz gehabt, dass die DDR letztlich alle in der SFRJ gekauften Rohstoffe und Halbfertigerzeugnisse auch mit Rohstoffen und Chemieprodukten hätte bezahlen müssen – und das konnte die rohstoffarme DDR nicht, und das wollte sie nicht. Und so war es auch immer wieder meine Sache, dem Partner klarzumachen, dass er mit mir den Kompromiss suchen und finden müsse, wenn nicht, würde die Umsatzentwicklung bald zum Stehen kommen.

Wenn die Staatliche Plankommission der DDR dem Außenhandel einen korrekten Planansatz vorgab, dann waren die vielen aus Vereinbarungen und Erfahrungswerten der Vorjahre bekannten und erreichbaren Proportionen von Geben und Nehmen darin im Wesentlichen berücksichtigt. Nach Jugoslawien zu exportieren war schwer und jeder dort verdiente Verrechnungs-Dollar Gold wert. Deshalb schrieben die mit dem Import beauftragten DDR-Außenhandelsbetriebe uns, der Verhandlungsdelegation des Ministeriums für Außenhandel, in vielen Fällen auch den im Handelsabkommen zu vereinbarenden Import in sehr detaillierten Warenbezeichnungen vor, wenn zu befürchten war, dass die Gegenseite bei global klingenden Kontingentnamen die erforderlichen Exportgenehmigungen mit fadenscheinigen Ausflüchten verweigern könnte.

Um auch hier ein Beispiel zu nennen: Trinkwein konnte die DDR auch in Bulgarien, Ungarn, Rumänien kaufen und mit Erzeugnissen des Maschinenbaus bezahlen, nicht aber Sektgrundweine, Medizinalgrundweine, Wermutgrundweine, die sämtlich dann in der DDR veredelt wurden: Zu Rotkäppchen-Sekt, zum Beispiel, oder zu Gotano-Wermut, dem sozialistischen Cinzano. Die Grundweine wurden von der SFRJ angeboten, aber das Geld dafür verdiente die DDR in der SFRJ saurer als anderswo, denn die SFRJ kaufte in der DDR nur ein wesentlich eingeschränkteres Sortiment von Erzeugnissen als die realsozialistischen Bruderländer. Hätte die DDR-Seite im Handelsabkommen mit Jugoslawien nun einfach eine Position „Wein" vereinbart, dann hätte die jugoslawische Seite ein ganzes Jahr lang versucht, der DDR Trinkweine in Flaschen aufzudrängen – die aber erwarb die DDR anderswo wohlfeiler. Und selbst wenn im Ausnahmefall der Import von Trinkwein vereinbart wurde, musste die Position lauten „Trinkwein, lose", um zu sichern, dass er in der DDR selbst devisensparend auf Flaschen gezogen werden konnte.

Für meine jugoslawischen Verhandlungspartner war es nicht einfacher als für mich, ihre Kompetenzen genau zu kennen, und vielleicht noch schwerer, sich nicht von den inländischen Besserwissern die Butter vom Brot nehmen zu lassen. Die zu meiner Zeit amtierende Direktorin des Bundessekretariats für die sozialistischen Länder, Natalija Perovic, versah ihr Amt bravourös. Sie war gehalten, die demokratischen Rechte der jugoslawischen „Wirtschaftssubjekte", die ausgeprägtes Eigentümerbewusstsein demonstrierten, zu respektieren. Sie hatte aber schon zu oft erlebt, was passiert, wenn ihr die eigenen Landsleute fortlaufend dazwischenquatschen, und wusste, dass sie Verhandlungen letztlich nur mit diktatorischer Härte ins Ziel bringen konnte. Als unsere Dienstbekanntschaft begann, war Natascha knochenhart, blickte abweisend und aus kalten Augen und ließ mich meine Anfängerschaft in coram publico nur zu deutlich spüren. So knallhart Natascha mich in den ersten Verhandlungen anging, erkannte ich doch bald ihre Achillesferse: Sie war gezwungen, den Vertretern der Unternehmen, den von richtig wichtigen und, wenn die das verlangten, auch denen von kleinen, unbedeutenden, eine Stimme in den Verhandlungen zu geben. Sie musste ihnen gestatten, ihr Angebot selbst vorzutragen, schon um sich gegen spätere Anwürfe abzusichern, sie haben „nicht genügend gekämpft", und sie musste mich dazu bringen, ihre Klienten anzuhören. Das konnte ich mir aber eigentlich verbitten, denn wir führten schließlich zwischenstaatliche Verhandlungen, und ich schleppte ja auch keinen Industrietross mit. Hinter den Kulissen verständigte ich mich schließlich auf einen Kompromiss mit Natascha: Acht Exporteure ihrer Wahl würde ich je 5 Minuten anhören – für diese für mich nutzlose Stunde hätte ich dann aber einiges Wohlverhalten verdient. Natascha ließ ihre Petenten aufmarschieren. Wenn diese ihre 5 Minuten überschritten, schlug sie wie eine Domina mit der Wortpeitsche zu: Schluss jetzt.

Jede Seite hatte Positionen, die sie nicht preisgeben durfte. Flaschenweine durfte ich nicht vereinbaren, so vorzüglich die auch schmeckten und so sehr es stimmte, dass sie ein Renner in den Berliner Spitzenlokalen würden. PKW Wartburg sollte ich möglichst bis zu 10.000 Stück an den Mann bringen, aber bei Strafe meines Untergangs keinen einzigen PKW „Zastava" übernehmen (jedenfalls bis 1975 nicht, dann „mussten" wir auch 1.000 Stück davon jährlich einführen.) Nicht ein Stück der „weißen Technik", das waren Kühlschränke, Gefriertruhen, Waschmaschinen, vornehmlich des namhaften slowenischen Herstellers Gorenje, durfte ich zur Abnahme zusagen: Da musste für den Markt der DDR reichen, was die eigenen Kombinate ausspuckten und nach dem Abzug der Exporte in die Bundesrepublik für die Bevölkerung übrig blieb, aber um Kältemittelaggregate, um Hermetikverdichter für Kühlschränke, da sollte ich fechten. Bauleistungen wollte Jugoslawien unbedingt und in unermesslichem Umfang an die DDR verkaufen, aber ich war nur bevollmächtigt, handverlesene, einzeln in langen Entscheidungsverfahren in der DDR ausgesuchte Objekte zuzusagen: Bau- und Montageleistungen für die Rohrproduktion in Riesa, für den Bau des Arzneimittelwerkes Dresden. Wenn intern entschieden worden war, ein bedeutendes Bauprojekt mit Hilfe jugoslawischer Bauorganisationen zu realisieren und die Beteiligten konnten das Wasser halten, dann war das ein Faustpfand für die Abkommensverhandlungen, für das die DDR-Unterhändler ein jugoslawisches Zugeständnis herausholen konnten.

Alle 5 Jahre vereinbarten die DDR und Jugoslawien nach vorangegangenen, meist unergiebigen Absprachen der Plankommissionen – das lag am jugoslawischen System, nicht an mangelndem Engagement unserer SPK – ein Langfristiges Handelsabkommen, im Handel mit der SFRJ eine Art Projektion in die Zukunft, das eigentlich in den folgenden Jahren nur Bedeutung hatte, weil in ihm einige Strukturverhältnisse und Austauschproportionen für Warengruppen verankert wurden, an die man sich später halten wollte. Mit dem Abkommen für 1976 bis 1980 wurde also beispielsweise festgelegt, dass im Export der DDR der Strukturanteil von Fertigerzeugnissen aus Metall durchschnittlich 50 Prozent, der der Rohstoffe durchschnittlich 30 Prozent betragen soll. Praktisch wurde ein Verhältnis Export der DDR zu Export der SFRJ bei Textilfertigerzeugnissen von 1,5 zu 1, bei PKW von 5 zu 1 festgeschrieben und es wurde vereinbart, dass der DDR-Import von Bauleistungen mindestens 10 Mio. Verr.-Dollar erreichen solle, um nur ein paar Charakteristika zu nennen.

Auch nach dem Abschluss der Jahreshandelsabkommen blieb Jugoslawien ein Land, das schnell liefern konnte, wenn in der DDR Versorgungsengpässe eintraten und die Regierung von der Parteiführung dafür verantwortlich gemacht wurde: Selbst über fehlendes Toilettenpapier wurde dann ja in der Regierung beraten. Wenn „Polen offen" war, lohnte die Anfrage in Jugoslawien: Kohlebadeöfen für die Landbevölkerung, Emaillegeschirr, Fischkonserven, Schlafzimmermöbel, Eierhöcker, Herrensocken – die flexiblen Jugoslawen konnten helfen. Aber meine Regierung vergaß oft zu beschließen, womit bezahlt werden solle, und auch in der Plankommission vergaß man gern, dass wir die Jahreshandelsabkommen immer so austarierten, dass der laut Zahlungsabkommen zulässige, umsatzabhängige Swing auf den Verrechnungskonten schon planmäßig voll zugunsten der DDR ausgeschöpft wurde.

Das geschah der Not gehorchend, war aber aus taktischen Gründen auch dem Bundessekretariat recht: Es konnte seinen Unternehmen gegenüber argumentieren, die DDR könne erst wieder bestellen, wenn jugoslawische Importeure in der DDR ordentlich eingekauft hätten, also etwas Druck erzeugen – dass die DDR kaufwillig war, daran bestand ja kein Zweifel.

Wenngleich Jugoslawien keinen geplanten Außenhandel trieb und ein Jahresabkommen nicht denen gleich war, die wir mit Polen oder Kuba abschlossen, so waren die mit Jugoslawien vereinbarten (völkerrechtlich) unverbindlichen Warenlisten von größter Bedeutung: War es nicht gelungen, für eine Exportware oder -warengruppe der DDR ein „Kontingent" in die Warenliste „Import der SFRJ" einzuschließen, hatte ein jugoslawischer Kaufinteressent nur geringe Chancen, dafür eine Einfuhrerlaubnis seines Bundessekretariats zu erwirken, war eine für die DDR interessante Importware nicht in die Warenliste „Export der SFRJ" aufgenommen worden, konnten die jugoslawischen Lieferanten nicht damit rechnen, eine Ausfuhrlizenz zu erhalten. Damit erreichte die jugoslawische Seite eine ähnliche Disziplinierung der Wirtschaft, wie sie in der sozialistischen DDR mit dem Plan gewährleistet wurde.

Die Festessen, die die jugoslawische Seite nach dem Abschluss aller Mühen gab, waren immer etwas Besonderes: An stilvollem Ort, beste nationale Küche, erlesene Weine, großer Kreis. Aber nichts in Jugoslawien ohne Besonderheiten: Das Bundessekretariat hatte für solche Festtafeln kein Geld, deshalb wurde stets eine der großen, im DDR-Handel umsatzstarken jugoslawischen Vertreter-Gesellschaften verdonnert, das Essen zu sponsern, ohne selbst als Gastgeber oder Zahlemann aufzutreten. Der Schein wurde gewahrt, aber jeder wusste Bescheid. Spätestens dann, wenn der Wein ausgegangen, aber noch Durst vorhanden war. Dann sah man, wie der „Gehilfe" fragend zu dem am Tischende platzierten Geschäftsmann von Generalexport, Interexport und wie sie jeweils hießen, hinübersah und der die Augenlider senkte: Ja, bestell mal noch ... Da ich gerade beim Essen und Trinken bin: Während der Abkommensverhandlungen luden oft auch große jugoslawische Exporteure und Industrievereinigungen zu Abendessen ein, da nahmen Gastgeber und Zahler die besseren Plätze ein. Wenn ein Generaldirektor, wie der große Milorad Savicevic von Generalexport, der Maßanzüge trug, einen rassigen westlichen Sportwagen fuhr und die Puppen tanzen lassen konnte, einlud, dann nur an noble Plätze. Ich fragte mich immer, wie solche Großkopfeten eigentlich an die Spitze der selbstverwalteten Handels- und Vertretergesellschaften gelangten und mochte mir vorstellen, dass es da vielleicht eine Art Ausschreibungsverfahren gäbe, wonach die Cleversten und Erfahrensten von den Belegschaftsvertretern ins Amt gerufen würden. Aber in einer schwachen Stunde sagte mir der in der Handelskammer für die DDR zuständige, vergleichsweise bescheiden entlohnte und vom Hauch des Opportunismus umwehte Aleksandar Komnenovie, ich solle das mit der Selbstverwaltungswirtschaft nicht so wörtlich nehmen: Letztlich falle auch in Jugoslawien ohne den Willen der Partei kein Spatz vom Dach und gelange kein Handels- und Wirtschaftsrat gegen ihr Veto auf einen Vorstands- oder Auslandsposten.

Ein Wirtschaftskomitee, das den Namen verdient

In den letzten Jahren der DDR verloren die bilateralen zwischenstaatlichen Wirtschaftsausschüsse zunehmend an Bedeutung, nur noch selten gingen große Ideen für die wirtschaftliche und wissenschaftlich-technische Zusammenarbeit zwischen den sozialistischen Ländern von ihnen aus. Ich denke vor allem deswegen, weil allen sozialistischen Ländern die Luft ausging, jedem das Hemd näher als der Rock saß und kaum ein Land noch über materielle und finanzielle Ressourcen verfügte, um Vorleistungen für große, grenzüberschreitende Wirtschaftsprojekte erbringen zu können. Von Jahr zu Jahr hatte sich namentlich in der DDR eine verderbliche Überzeugung entwickelt, dass internationale Kooperation und Spezialisierung nur zu Abhängigkeiten und Unsicherheiten führe, und da ein rechter DDR-Bürger unter der Vorherrschaft Mittags ohnehin glauben musste, dass sein Land in den Spitzentechnologien führend und wegweisend sei, galt das Schiller-Wort: Der Starke ist am mächtigsten allein. Eigentlich brauchten wir nur noch die Sowjetunion, als Rohstofflieferanten. Ich kannte ja die Meinung Mittags, der vor Generaldirektoren gesagt hatte: Kooperation, wenn ich das schon höre. Zum Beispiel in der Schuhindustrie: Da machen dann die einen das Oberleder und die anderen die Sohlen. Und dann fehlen die Waggons, und die Güterzüge fahren nicht! Als ich selbst Mitglied der Wirtschaftsausschüsse mit allen europäischen RGW-Ländern (die UdSSR ausgenommen), der SFRJ und Kuba wurde, Anfang der 80er Jahre, war die Zeit der bedeutenden praktischen (nicht der verbalen) Initiativen für die internationale Arbeitsteilung schon vorbei und der Wille, volkswirtschaftliche Verflechtungen zu schaffen und in gute, haltbare Verträge zu gießen, schon weitgehend erstorben.

Anfang der 70er Jahre aber erlebte ich noch einen Höhepunkt, ein Beispiel für die Gestaltungskraft von Vorsitzenden eines Wirtschaftskomitees. Gerhard Schürer für die DDR, Hakija Pozderac für die SFRJ hatten ein Abkommen über Investitionen der DDR in der jugoslawischen Aluminiumindustrie initiiert und zur Unterschriftsreife geführt, und ich erlebte mit, dass das Vorhaben gelang und beiden Seiten Nutzen brachte: Der jugoslawischen Seite ein modernes Werk mit heimischer Rohstoffbasis, das auf den internationalen Markt gehen konnte – der DDR sichere Bezüge zu vergleichsweise günstigen wirtschaftlichen Bedingungen. Das Vertragswerk war ein Kunstwerk der beteiligten Wirtschaftler und Juristen und hielt später im Wesentlichen den Belastungen stand. Dem Aluminiumabkommen lag eine ebenso einfache wie gescheite Grundkonstruktion zugrunde. Die DDR musste einen Teil ihres Aluminiumbedarfs auf dem kapitalistischen Markt zu Weltmarktpreisen und gegen konvertierbare Devisen kaufen. Es bestand die Gefahr, dass die führenden Konzerne des Westens in einer weltpolitischen Krisensituation ihre Lieferungen an den Warschauer-Pakt-Staat DDR unterbrechen. Eine auf lange Sicht angelegte Zusammenarbeit mit dem paktfreien Jugoslawien schien die Versorgungssicherheit für die DDR zu erhöhen. So hoch dieses Gut zu bewerten war, ein Vertrag mit Jugoslawien sollte aber noch einen weiteren Vorteil bringen: Es musste gewährleistet sein, dass nur ein Teil des Kaufpreises für das Aluminium in konvertierbaren Devisen zu bezahlen wäre, ein anderer Teil aber mit Waren der DDR.

Die DDR gewährte einen Kredit in Höhe von 66 Mio. US-$ mit 15 Jahren Laufzeit in konvertierbaren Devisen und devisenwertigen Waren zur Errichtung der Aluminium-Elektrolyse und einer Tonerdefabrik in ·ibenik und Obrovac, der jugoslawische Investor erwarb Ausrüstungen und Lizenzen vor allem in der Schweiz. Der Kredit war in Jahresraten zurückzuzahlen, die Annuitäten (Tilgungen und Zinsen auf den gewährten Kredit) wurden für die Bezahlung der jährlichen Importe der DDR von Aluminium-Masseln und Halbzeugen eingesetzt.

Ohne in überflüssige Details zu gehen: Das Vertragswerk war primär und eigentlich eines zwischen Wirtschaftsorganisationen, aber wegen der politischen und wirtschaftlichen Tragweite der Vereinbarungen waren die Liefer- und Bezugspflichten für Aluminium unter staatliche Garantien gestellt, woraus ein interessantes völkerrechtliches Flechtwerk entstand. Die SFRJ hat sich allerdings nur ein einziges Mal, bei diesem Aluminiumabkommen, auf Derartiges eingelassen.

Die Aluminiumkäufe der DDR wurden der Vertragskonstruktion entsprechend, also nach Abzug der Annuitäten von der Preissumme, zu 40 Prozent mit konvertierbaren Devisen bezahlt und zu 60 Prozent mit DDR-Waren. Unter dieser Konstruktion bezahlte die DDR das jugoslawische Aluminium zwar zu Weltmarktpreisen (Notierungen der London Metal Exchange), aber eben nur zu einem Anteil von höchstens 70 Prozent mit konvertierbaren Devisen bzw. Waren, die konvertierbaren Devisen gleichwertig waren, und hier lag neben der krisenstrategischen Bedeutung des Abkommens seine wirtschaftliche.

Dienstreiseland Jugoslawien

Mindestens 23 Mal bin ich in der Direktorenzeit nach Jugoslawien gereist, die Durchreisen aus Albanien über Titograd und Skoplje nicht gezählt. Die hohe Frequenz hatte eine einfache Ursache: Das Wirtschaftskomitee unter seinem aktiven und selbstbewussten DDR-Vorsitzenden Manfred Flegel trug den Besonderheiten des Vielvölkerstaates Rechnung und nahm nur zu gern die Einladungen der verschiedenen Teilrepubliken und Gebiete an, vor Ort die Leistungsfähigkeit ihrer Unternehmen kennen zu lernen und die touristische Anziehungskraft zu prüfen. Allerdings hatte die Begegnung mit den überwältigenden Landschaften und den verlockenden Hotels und kulinarischen Tempeln selten die von den Gastgebern erhoffte Wirkung, denn die DDR ließ ihre Schäfchen wegen der nach Österreich und Italien hin praktisch offenen Grenzen nur in handverlesenen Kleinstgruppen in das auch ideologisch so suspekte Balkanland reisen. Aber die Begegnungen der Wirtschaftler brachte nützliche Anregungen für neue Kooperationen, Liefervereinbarungen und Sortimentsaustausche.

Auch die Ministerpräsidenten und gar die Staatsoberhäupter (in Jugoslawien hießen erstere Präsidenten des Bundesvollzugsrates und letztere, nach Titos Tod, Vorsitzende des Präsidiums der SFRJ) besuchten sich gegenseitig in gewissen Abständen, und auch hier assistierten den gekrönten Häuptern stets einige Persönlichkeiten aus dem Wirtschaftskomitee, und meist war ich als Experte mit von der Partie. Als einen wirklichen Höhepunkt habe ich die

Reise des damaligen Ministerpräsidenten Sindermann nach Belgrad zu Bije-
dic und weiter nach Ljubljana in Erinnerung. Sindermann hatte zwar von den
Wirtschaftsbeziehungen keinen Schimmer, aber über große Politik und die
Freundschaft zwischen den Völkern traute sich der gelernte Journalist, im
Gegensatz zu anderen politischen Größen der DDR, auch vor großem Publikum frei und beherzt zu reden. Sindermann fiel auch nicht in Ohnmacht, als
sein Gastgeber in Ljubljana, der Ministerpräsident Marinc, ihn auf Unterschiede im beiderseitigen Demokratieverständnis hinwies. Im slowenischen
Bled, der Perle der Julischen Alpen, genossen wir im Gästehaus der Regierung und im Golfhotel am Bleder See stilvolle Gastfreundschaft, bis Sindermann zum Treffen mit Tito in Brdo bei Kranj und zur Insel Krk aufbrach.

Im Oktober 1980, als ich zum letzten Mal als Direktor an einer Landfahrt
des Wirtschaftskomitees teilnahm, war Flegels Partner noch der kulturvolle
Mito Pejovski und Flegel noch unangefochten im Sattel. Der Ministerpräsident Montenegros hatte geladen, und die Reise in die Bergrepublik sollte auf
besonders effektvolle Weise vonstatten gehen. Eine regelrechte Inszenierung
lief ab: Manfred Flegel wurde nämlich der Salonzug des im vergangenen Mai
verstorbenen Präsidenten Tito zur Verfügung gestellt, der Blaue Pfeil. Und
nicht genug damit, die Fahrt würde auf der berühmtesten Eisenbahnstrecke
Jugoslawiens erfolgen, der einspurigen Linie Beograd – Titograd – Bar. Diese
Strecke war eine in ganz Europa bewunderte Meisterleistung der Eisenbahn-
baukunst, ab Titovo Uzice führte sie durch Flusstäler, wilde Bergschluchten,
an Abhängen entlang und durch Hunderte von Tunneln. Eigentlich hatte erst
diese Strecke das Land der schwarzen Berge mit der Hauptstadt Belgrad verbunden. Im vornehmen Vorort Dedinje hielt der Salonzug auf einem Neben-
gleis, dorthin wurden wir mit den Protokoll-Mercedes gefahren, und Flegel
verschwand sogleich in der Kommandozentrale des edlen Gefährts. Auch wir,
der Tross, wurden nicht enttäuscht: Unser Waggon, vollklimatisiert, war mit
Edelhölzern getäfelt, hatte tiefe, drehbare Sessel vor breiten, hohen Fenstern,
und in Reichweite eine gut bestückte Bar mit edlem Getränk, und warmes
Essen an Bord war auf feinem Karton angekündigt. Die blitzblanken Toiletten
luden regelrecht zur wiederholten Benutzung ein. Schnell pflügte sich unser
Orientexpress durch die Vororte, und der Blick erfasste die harmonischen
Vorgebirgslandschaften. Nun zog der Präsidentenzug langsam aufwärts in
die erhabene Bergwelt. Für Minutenteile fuhren wir im Gestein, dann auf
einmal in einer Säulengalerie, die in kurzen Intervallen den Blick in ein tiefes
Flusstal freigab, dann über einen Viadukt, wieder in einen Tunnel hinein, wieder über eine Brücke, und an unserem gekrümmten Eisenbahnwurm ent-

langblickend erspähten wir schon die nächste Tunneleinfahrt, eine neue Brücke ...

Plötzlich eine Ansage über den Zuglautsprecher, die Stimme unseres Herrn: Delegation zur Besprechung in das Chefabteil. Wir soeben Dienstverpflichtete rafften unsere Papiere zusammen und betraten das Allerheiligste: Am Stirnende des Salonwagens, noch viel vornehmer als unser Zugteil, ein gewaltiger, halbrunder Schreibtisch aus edlem Holz, eine Schreibtischlampe mit zart getöntem Schirm, dahinter DER CHEF ...wie MARSCHALL TITO. Und der eröffnete nun einen völlig nutzlosen Rapport ...

Zucker aus Kuba

Auf Zucker aus Kuba konnte die DDR schon seit 1963/1964 und 1969/1970 erst recht nicht mehr verzichten. An einem möglichen Wendepunkt der Wirtschaftsbeziehungen zu Kuba, anfangs der 60er Jahre, hatte die Frage für die DDR so gelautet: Wenn die DDR die Gewinnung Kubas für das sozialistische Weltsystem und den RGW unterstützen will, dann muss sie langfristig und zu stabilen Bedingungen Zucker kaufen. Und nachdem diese Entscheidung grundsätzlich getroffen war, stellte die DDR in ihrer Landwirtschaftspolitik die Weichen so, dass der Zuckerrübenanbau auf großen Flächen zugunsten der Getreideproduktion eingeschränkt wurde. Damit wurde der Zuckerimport aus Kuba aber auch zu einem unverzichtbaren Faktor der Volksernährung und der Weiterführung des Zuckerexports aus eigener Produktion. Der Zuckerimport aus Kuba ließ sich zu dieser Zeit also nicht mehr so einfach „zurückdrehen."

Nun lief das Langfristige Zuckerabkommen DDR – Kuba aus, und es war nicht sicher, ob und unter welchen Bedingungen die Kubaner noch einmal Jahreslieferungen von mehr als 200 kt zusagen würden. Die DDR aber hatte hochfliegende Pläne: Schon 1971 sollten 300 kt aus Kuba geholt werden, und die Menge sollte bis 1975 auf 340 kt ansteigen. Schon lange war klar, dass es einen Knackpunkt gab, an dem sich die Leidenschaften entzünden konnten, das war der eigene Zuckerexport der DDR auf die westlichen Märkte. Zucker war immer ein hochwichtiges Ausfuhrgut der DDR in das Kapitalistische Wirtschaftsgebiet gewesen, 1961 waren noch 380 kt Zucker aus eigener Produktion exportiert worden. Zucker war ein sicherer Devisenbringer, die DDR hatte Verpflichtungen zur Belieferung Westberlins, die Aluminiumimporte aus Jugoslawien waren zwingend mit Gegenlieferungen von Zucker verbunden. Zucker wurde in steigendem Maße für die Herstellung von Futterhefe gebraucht, und an der Futterhefe hing die Fleischproduktion.

Für die Kubaner war der eigene Zuckerexport der DDR schlicht „Reexport", denn – so argumentierten sie – nach der beträchtlichen Reduzierung des Anbaus von Rübenzucker in der DDR bekäme diese nur Zucker für den Export frei, wenn dafür kubanischer hereingeholt würde. Und Kuba meinte, und das nicht ganz zu Unrecht, dass der DDR-Zuckerexport das Überangebot auf den Weltmärkten erhöhe und die Preise drücke und das alles für Kuba von Schaden sei. Und diesen ganzen Schlamassel könne man am besten vermeiden, wenn die DDR ganz als Anbieter vom Weltzuckermarkt verschwände. Schon im Zuckerabkommen DDR - Kuba für die Periode 1965 bis 1970 hatte die DDR eine beträchtliche Senkung ihrer eigenen Zuckerexporte versprochen, aber das Versprechen nicht eingehalten. Die Kubaner als exzellente Kenner des Zuckerweltmarktes wussten das genau, vielleicht genauer als die DDR-Oberen selbst, denn seit April 1966 gab es den Bereich Kommerzielle Koordinierung des Alexander Schalck, der niemanden in die Karten sehen ließ, und Zucker wurde von der DDR eben nicht nur planmäßig, sondern auch außerplanmäßig auf den Weltmarkt geworfen. Vielleicht wussten die Kubaner auch das, jedenfalls beschlossen sie, das Übel ein für allemal mit der Wurzel auszurotten und den DDR-Export gänzlich zu unterbinden.

In dieser Lage mit den Kubanern zu verhandeln war ein Todeskommando, und Jarowinsky, der eigentlich prädestiniert für die Aufgabe gewesen wäre, denn er hatte schon 1964 dem großen Fidel in den Rachen gegriffen, hielt sich bedeckt, und so konnte niemand auf einen klügeren Gedanken kommen, als den, den Kandidaten des Politbüros und Landwirtschaftsminister Georg Ewald vor den Karren zu spannen – umso mehr, als dieser schon in Verkennung der Schwierigkeitsgrade leichtsinnig Interesse an einer Kubareise bekundet hatte. Schon zu Beginn war sicher, dass das neue Abkommen sich ohne Anrufung des großen Bartes in Havanna nicht würde zu Ende bringen lassen. So war es nicht mal hinterlistig, wenn die Planer und Außenhändler aller Stufen darauf verwiesen hatten: Niedriger als mit einem Kandidaten des Politbüros dürfe die DDR dort gar nicht antreten. Aber natürlich war der tüchtige Georg Ewald für die ihm zugeteilte Ehre gänzlich ungeeignet.

Georg Ewald war sicher der populärste Landwirtschaftsminister, den die DDR hervorgebracht hat. Er war ein echter Mecklenburger, stammte aus einem Dorf bei Stralsund, war auf dem Bauernhof seines Vaters großgeworden und nach dem Krieg selbst Landarbeiter gewesen. Ein Kerl von einem Mann, offen und frei heraus.

Wichtiges in einfachen Worten und direkter Zielansprache formulierend, konnte er wie kein anderer mit Bauern reden und ihr Vertrauen gewinnen. Für internationale Verhandlungen über eine Materie, die selbst altgediente Außenhändler das Fürchten lehren konnte, und noch dazu mit dem kultivierten, eher hochgemuten kubanischen Außenhandelsminister, war Ewald gänzlich ungeeignet. Ob ihm selbst das Herz in die Hosen gerutscht ist ob der wenig Ehre versprechenden Mission, ich weiß es nicht, aber zuständig war zuständig. Der Staatssekretär und Vorsitzende des Wirtschaftsausschusses, Dieter Albrecht, und ich wurden beauftragt, in Ewalds Amtssitz in Berlin-Köpenick die Direktive durchzusprechen und schon einmal ein bisschen mit Ewald zu üben, Rede und Gegenrede, na so eben, wie es dann später in den Verhandlungen beim Abgleich der Argumente vor Ort zugehen könnte. Das war ein fast aussichtsloses Unterfangen. Dieter Albrecht gab sich redliche Mühe, konnte aber Ewald schließlich auch nicht einreden, er säße am längeren Hebel. Albrecht mimte den Sparringspartner Ewalds, formulierte, als sei er selbst der kubanische Angstgegner Außenhandelsminister Marcelo Fernandez Font. „Ich bin jetzt der Kubaner. Wenn ich also jetzt sage: ‚Genosse Ewald, wir können der DDR im äußersten Fall den Reexport von 50 kt nach Westberlin erlauben, aber keine Tonne mehr', was sagst Du dann?" Da nahm Ewald seinen ganzen Mut zusammen, suchte nach einem griffigen Argument, fand keines, und sagte schließlich laut, recht laut: „Genosse Font, so geit dat nich!" Und dabei schlug er mit der Faust auf den Tisch. Das war nun nicht gerade ein Argument, und schließlich mussten wir alle lachen.

Am 1.-3. Dezember 1969 fuhren die Verhandlungen in Havanna dann auch erst mal an den Baum, aber der Ewald assistierende Dieter Albrecht wusste schon, dass nur eine erste Niederlage den Boden zu Hause für vertretbare Kompromisse ebnen konnte, und im April 1970 wurde das Abkommen in Berlin weiterverhandelt und zu Ende gebracht. Ich war beteiligt, und meine kubaerfahrene Frau war Dolmetscherin ... Kuba sagte zu, jährlich 300 kt bis ansteigend 340 kt im Jahr 1975 zu liefern. Tatsächlich sanken die gelieferten Mengen schon 1972 auf 215 kt ab, um dann bis 1974 wieder auf 260 kt anzusteigen

Krämer sind wir nicht!

Zu Beginn der 70er Jahre geschah Folgenreiches. Im Nahen Osten hatten die USA und die UdSSR nach dem zum Stehen gekommenen Überraschungsangriff Ägyptens auf Israel einen Waffenstillstand und eine Friedenskonferenz erzwungen. Doch am Yom Kippur griff Ägypten erneut an und unterlag. Lieferunterbrechungen der arabischen Staaten lösten in den kapitalistischen

Hauptländern Benzin- und Heizölknappheit aus. Die OPEC verdoppelte den Erdölpreis. Eine Erdölkrise erschütterte die Welt, und auch für alle anderen Brennstoffe änderten sich die Preise auf den kapitalistischen Hauptmärkten, und dieser Preisanstieg war viel heftiger, als ihn die Welt im Gefolge des Koreakrieges 1950 – 1951 erlebt hatte. In schneller Folge änderte sich die Lage auch auf anderen bedeutenden internationalen Rohstoffmärkten, und der Zuckerpreis spielte besonders verrückt. Meßlatte für den Preis für gesackten Rohzucker war stets der Weltkontrakt 11, 1. Termin, an der New Yorker Börse. Im Jahresdurchschnitt 1970 hatte er 3,52 Centavos pro lb betragen, 1973 war der Durchschnittspreis 7,96 Centavos/lb. Die DDR zog nach und sagte Kuba Ende 1973 für die Jahre 1974 und 1975 einen Preis von 10,08 Centavos/lb zu, und als sie das im November 1973 tat, war das noch ein für Kuba günstiger Vorzugspreis! Doch der Zuckerpreis auf dem Weltzuckermarkt stieg weiter und weiter ...

Mehr als zehn Jahre lang hatten die Kubaner die Auffassung vertreten, dass die Preise auf den kapitalistischen Märkten verzerrt seien, deshalb beträchtlich höhere, eben Präferenzpreise, für Zucker und ihre anderen Erzeugnisse eingefordert, und die UdSSR und andere sozialistische Länder waren ihnen entgegengekommen und hatten mit ihnen Sonderpreise vereinbart. Jetzt, als die Preise auf dem Weltzuckermarkt alle vorstellbaren Barrieren nach o b e n durchbrachen, fühlten sich die Kubaner von ihren sozialistischen Brüdern, die diese irrsinnigen aktuellen Zuckerpreise nicht zahlen wollten, benachteiligt und dachten darüber nach, fremdzugehen. Die westlichen Länder hatten ihr Herz für Kuba entdeckt und überschwemmten Kuba mit weitreichenden Kreditangeboten. Argentinien war mit einem Riesenkredit vorausgegangen, jetzt folgten die Westeuropäer, die Bundesrepublik eingeschlossen.

Mitten in diese äußerst komplizierte und brisante Wirtschaftsentwicklung fiel eine Begegnung zwischen Partei- und Regierungsdelegationen der DDR und Kubas im Februar 1974 in Havanna. Genau um diese Zeit hatten die Wirtschaftsdenker im Politbüro und die Planer und Außenhändler Kubas ihrem Oberkommandierenden Castro klargemacht, dass es an der Zeit sei, die Offerten des Westens zu bedenken und zugleich den sozialistischen Abnehmerländern die Daumenschrauben anzuziehen.

Als sich Castro und Honecker trafen, waren sie auf die nun zu führende grundsätzliche Wirtschaftsdebatte ungleich vorbereitet. Castro wusste alles, was ein verantwortungsbewusster Staatenlenker über das Hauptexportprodukt seines Landes und dessen internationale Austauschbeziehungen wissen muss. Honecker fehlte vergleichbarer Sachverstand, ihm fehlte von vornherein die Bereitschaft und Fähigkeit zu erkennen, dass die Wirtschaftsbeziehungen überhaupt Dreh- und Angelpunkt zwischenstaatlicher Beziehungen zwischen sozialistischen Staaten sein könnten. Sehr wahrscheinlich war er auch vor der Abreise von niemandem, der sich trauen durfte, „der Katz' die Schelle umzuhängen", auf die Eventualitäten vorbereitet worden. Er ging in die Gespräche mit Castro in der Überzeugung, dass die DDR Kuba von jeher umfassende und generöse Hilfe erwiesen habe ... Castro aber versuchte der DDR-Seite zu beweisen, dass sich die bilateralen Wirtschaftsbeziehungen längst zum Nachteil Kubas entwickelt hätten. Ein Jahrzehnt zuvor war Che Guevara undiplomatisch, ohne Rücksichtnahme auf weiterreichende staatliche Interessen Kubas in Algier vorgeprescht, aber jetzt zeigte Castro, dass er gleich dachte wie sein schon lange gefallener Bruder in Geist und Glauben: Mit der Forderung nach Weltmarktpreisen machten sich die sozialistischen Länder zum Spießgesellen des Weltimperialismus ...

Im Zusammenhang mit dem Export von Zucker durch die DDR, der aus Castros Sicht Reexport war, brachte er die Worte „Händler, Krämer" ins Spiel und reizte Erich Honecker damit. Doch während in den Ohren eines echten Außenhändlers die Bezeichnung „Händler" als Ehrentitel gelten musste, verwandte sie Castro als Schimpfwort, und Honecker verstand seine Absicht und verbat sich eine solche Charakterisierung der fortschrittlichen Deutschen. Über die Verhandlungen der Delegationen wurde eine unkorrigierte stenographische Niederschrift erstellt, die als „Persönliche Verschlusssache ZK 02/131" zu den Akten genommen wurde. Das Politbüro des ZK der SED wurde über den konfliktiven Inhalt der Besprechungen offensichtlich nicht informiert (!)

Das Arbeitsprotokoll über die erste Sitzung des Politbüros nach Rückkehr Honeckers von der Februarreise beschreibt das Treffen Honeckers und Castros als „brüderlich und herzlich". Auch die zuständigen Staatsorgane der DDR wurden über den politökonomischen Schlagabtausch nicht informiert. Was mich selbst angeht, ich war immerhin als Direktionsbereichsleiter für den Warenaustausch DDR – Kuba mitverantwortlich: Ich erfuhr kein Sterbenswort von den zu Tage getretenen Meinungsverschiedenheiten ... Gleichwohl wurde jedoch „von oben" der Auftrag zur erneuten Anpassung des Zuckerpreises erteilt, nachdem bekannt wurde, dass die UdSSR ihren Bezugspreis erneut heraufgesetzt hatte. Schon im Mai 1974 entschied das Präsidium des Ministerrates der DDR, den Bezugspreis auf 16,38 centavos/lb zu erhöhen. Andere RGW-Länder verhielten sich ebenso wie die DDR. Doch der

Zuckerpreis auf dem Weltzuckermarkt stieg weiter und weiter, und die kubanische Meinung verfestigte sich, im Warenaustausch mit den sozialistischen Ländern, darunter im Handel mit der DDR, Schaden zu nehmen.

Als im Sommer 1974 der Minister für Außenhandel der DDR Horst Sölle auf der Durchreise nach Mexiko einen Zwischenstopp in Havanna einlegte – ich begleitete ihn - und sich mit seinem Amtsbruder Marcelo Fernandez traf, klebte ihm dieser weitreichende kubanische Forderungen nach einer radikalen Änderung der Exportwarenstruktur der DDR ans Hemd. Ich verfasste in Sölles Auftrag einen Bericht über das Ministertreffen, der im Politbüro stirnrunzelnd gelesen, aber ernstgenommen wurde und der schließlich zum Beschluss dieses Gremiums vom 1. Oktober 1974 führte, in dem das maximal mögliche Entgegenkommen der DDR fixiert war. Noch ehe die DDR die Initiative zur Durchführung von Wirtschaftsverhandlungen auf der Grundlage dieses Politbüro-Beschlusses ergriffen hatte, sandten die Kubaner neue Signale aus, die befürchten ließen, sie würden selbst die aus unserer Sicht äußersten Zugeständnisse ungerührt beiseite legen.

Da entschloss sich Honecker, die kubanischen Bitten und Drohungen nicht noch einmal mit einem Schriftstück zu beantworten, sondern Castro einen Parlamentär zu schicken, und dieser Bote war der als Kronprinz der DDR gehandelte Werner Lamberz. In seinem Gefolge sollten einige Experten reisen, und einer davon war ich. Bote hätte auch der sachkundige neuernannte Vorsitzende des Wirtschaftsausschusses Dr. Gerhard Weiss sein können, aber die Mission des Reisenden sollte nicht schon an seiner Funktion festgemacht werden können, außerdem würde es darauf ankommen, p o l i t i s c h und so weit wie möglich auf der Augenhöhe Castros zu verhandeln, und da war Lamberz der „Gleichere".

Gleichwohl war die Mission selbst für einen Lamberz nicht ungefährlich, denn es war nicht das erste Mal, dass Fidel Castro Konflikte in den ökonomischen Beziehungen damit erklärt hatte, dass es Personen seien, die die Konflikte machten.

Fast dreißig Jahre nach der Honeckerreise von 1974 versuchte ich zu ergründen, was damals wirklich und im Einzelnen vorgefallen war. Wie ich schon vermutet hatte, gab das Arbeitsprotokoll des Politbüros über die Sitzung unmittelbar nach Rückkehr Honeckers vom Staatsbesuch in Kuba nicht viel her. Doch dem Protokoll war eine auf Anforderung Honeckers von Wolfgang Rauchfuß angefertigte Aufklärungsschrift vom 3. 3. 1974 beigefügt, in der Rauchfuß dem Generalsekretär „auf der Grundlage eigener Aufzeichnungen" erläuterte, was es eigentlich mit den „von Fidel Castro aufgeworfenen Fragen" auf sich hatte. Aus den Rauchfußschen Kommentaren konnte ich schlussfolgern, dass Castro in den Verhandlungen der Partei- und Regierungsdelegationen die Verletzung der bestehenden Vereinbarungen zum Export von Zucker durch die DDR, eine für Kuba unbefriedigende Struktur der DDR-Exporte, insbesondere den niedrigen Anteil von Rohstoffen und chemischen Erzeugnissen, überhöhte Exportpreise der DDR und anderes angeprangert haben musste. Rauchfuß hatte dem Generalsekretär aufgeschrieben, dass die DDR zwar die ihr für die vier Jahre 1971 – 1974 zugestandenen eigenen Zuckerexporte von 480.000 t bisher eingehalten, 1971 aber die Jahresquote von 120.000 t erheblich überzogen habe. Die Kubaner erlitten durch solche Disziplinverletzungen Schaden, denn der Zuckermarkt war ein sensibler: Relativ bescheidene Mengen, zur Unzeit verkauft, konnten die Preise auf dem Weltzuckermarkt destabilisieren. Dabei konnte Rauchfuß nicht einmal sicher sein, ob er Honecker die ganze Wahrheit aufgeschrieben hatte, denn auch Unternehmen unter der Aufsicht des Alexander Schalck handelten mit Zucker, und die ließen sich von niemandem in die Karten gukken. Doch die Kubaner, souveräne Kenner der Zuckermärkte, bemerkten auch, was die „linke Hand" der DDR tat und durften an der Aufrichtigkeit ihrer DDR-Genossen und ihrer „Offizialstatistik" zweifeln.

Aus dem stenographischen Mitschnitt der Verhandlungen vom 26. 2. 1974 geht hervor, dass Castro auch mit Bitterkeit vermerkt hatte, dass die kubanischen Außenhandelsunternehmen bei den DDR-Exporteuren regelrecht um gute Ware „betteln" müssten, dass viele Waren von schlechter Qualität und rückständiger Technologie seien, dass die DDR-Seite 1973 23 Prozent der vereinbarten Exportwaren nicht geliefert hätte, keine Ersatzteile ... Honecker hielt dagegen, rechnete den Kubanern vor, sie nutzten die Kapazität der Zementfabriken nicht aus, verursachten wegen ungenügender Wartung der Anlagen einen überhöhten Ersatzteilbedarf ...

Das „Neue Deutschland" hatte schon am Eröffnungstag, am 21. 2. 1974, die freundschaftliche Atmosphäre der Beratungen zwischen Honecker und Castro so beschrieben: „Dann beginnen die Gespräche in einer herzlichen, vom Geiste brüderlicher Freundschaft getragenen Atmosphäre, in völliger Einmütigkeit." Aber das war eine journalistische „Diagnose durch die Hose" ... Das anschließende fünftägige Besuchsprogramm schien harmonisch abgelaufen zu sein. Doch Fachleute machte nachdenklich, dass Castro auf einer Massenkundgebung am 23. Februar in Cienfuegos kein Wort des Dankes für die ökonomische Zusammenarbeit an die DDR richtete, und alles, was Erich Honecker in seiner Rede dazu herausbrachte war: „Immer mehr entwickeln sich unsere Wirtschaftsbeziehungen zum gegenseitigen Vorteil." Das hätte auch auf die Bundesrepublik gepasst.

Selbst der schon erwähnte, als „Persönliche Verschlusssache" in den Akten versteckte unkorrigierte stenographische Mitschnitt, die Niederschrift ZK 02/131, enthielt nur einen Teil der Wahrheit über das Spektakel zwischen Castro und Honecker zur Ökonomie der zwischenstaatlichen Beziehungen. Schon nach dem Zusammentreffen vom 21. 2. 1974 hatte Castro in den Begegnungen mit Honecker teils offen, teils halb versteckt Kritik an ungenügender Solidarität der DDR-Genossen geübt und die Defekte im Wirtschaftlichen auf den mangelnden Internationalismus und das kleinbürgerliche Denken der SED und ihrer Führer zurückgeführt.

In der Abschlussverhandlung vom 26. 2. ließ Castro diese Kritik erneut aufscheinen. Wie mir ein Augen- und Ohrenzeuge des Treffens berichtete, konnte Erich Honecker seine Erregung nicht mehr verbergen, erhob sich und schien Anstalten zur vorzeitigen Abreise zu machen. Irgendwie erstarb jedoch das hitzköpfige Duell und glätteten sich die Wogen wenigstens für den Augenblick. Honecker verteidigte sich jedenfalls in der Schlussphase der Verhandlungen gegen den Vorwurf des Krämergeistes: „Ich rede so offen wie Du und will sagen, wir sind keine Händler ... Ich möchte mit aller Entschiedenheit sagen, dass wir an unsere ökonomischen Beziehungen mit Kuba bisher nicht aus Händlergeist herangegangen sind". (DY 30/ J IV 2/201-1157)... Honecker verfügte, dass über das Vorgefallene eine Niederschrift nur in einem einzigen Exemplar anzufertigen sei, und seine Büroleiterin Elly Kelm vergatterte die DDR- Teilnehmer an der Beratung, ihre Niederschriften zu vernichten, über das Gehörte wie über eine GVS absolutes Stillschweigen zu bewahren und bezüglich des weiteren Vorgehens Instruktionen aus Berlin abzuwarten.

Der offizielle Reisebericht für das Politbüros enthält kein Sterbenswort über die erheblichen Spannungen während des Freundschaftsbesuches. Da Fidel Castro Wolfgang Rauchfuß, den Vorsitzenden des Wirtschaftsausschusses DDR - Kuba, einen wahren Kämpfer für die Interessen unseres Landes, als einen der Sündenböcke für die aus kubanischer Sicht unbefriedigende Wirtschaftszusammenarbeit ausgemacht hatte, war Honecker keine andere Wahl geblieben, als Rauchfuß noch während des Rückflugs nach Berlin abzulösen – später wurde der listige Gerhard Weiss an seine Stelle berufen. Auch der Botschafter der DDR in Kuba, Bauermeister, „tanzte nur einen Sommer" und wurde bald nach Hause geholt. Ihm wurde, wohl zu Recht, vorgeworfen, Honecker im Unklaren gelassen zu haben, welche Beschuldigungen ihn in

Kuba erwarteten.Und auch des Bleibens unseres Handelsrates Erich Miller war nicht mehr lange. Auch er hatte uns, seine Leute im MAH, nicht beraten, als es darauf angekommen war.

Die Mission des Werner Lamberz

Werner Lamberz, damals 45 Jahre alt, gelernter Heizungsmonteur, stammte aus dem Rheinland und war Sohn eines Arbeiters und Widerstandskämpfers. Mit 18 Jahren in die Freie Deutsche Jugend eingetreten, war er schon 1953 Mitglied des Zentralrats der FDJ geworden und an der Seite Honeckers zum Sekretär aufgestiegen. 1967 war er bereits einer der Sekretäre des Zentralkomitees der SED und 1971 Mitglied des Politbüros. Das war nicht meine Sphäre, und ich war Lamberz vor 1974 nie begegnet, wusste aber natürlich, dass er als Kronprinz Erich Honeckers galt, doch auch immer in der Gefahr war, als die glänzendere Persönlichkeit das Missfallen des Königs zu spüren. Lamberz war der Verantwortliche für Agitation und Propaganda. Ich weiß nicht, durch welche Schulen er gegangen war, jedenfalls beeindruckte er mich durch Bildung und Wissen und eine geschliffene, bildhafte und rhetorisch brillant vorgetragene Gedankenführung und Sprache. Während unserer Zwischenlandung in Casablanca wurde er von einem persönlichen Gesandten König Hassans II. begrüßt, dem er in fließendem Französisch die aufrichtigen Wünsche der DDR übermitteln ließ. Lamberz schien sich aber auch in Russisch und Englisch auszukennen.

Wo immer es ging, war er bestrebt, gängige politische Klischees und Formeln zu vermeiden. Wie ich sehen konnte, überließ er auch scheinbar weniger wichtige öffentliche Auftritte, wie zum Beispiel eine Rede vor den Mitarbeitern von Botschaft und Handelsvertretung, nicht seinen Eingebungen, sondern bereitete sich gründlich und schriftlich darauf vor, seine Ausführungen sorgfältig gliedernd. Dennoch wirkten seine Reden, als spreche er frei. Lamberz sah gut aus, mit seiner modernen Brille wirkte er eher wie ein flotter junger Universitätsprofessor. Die schönen Dinge im Leben verachtete er nicht, und es gefiel ihm gut, dass die Kubaner hatten ihn und uns, seine Berater, in einer weiträumigen Villa unter Palmen am „Laguito" im Villenvorort Cubanacán untergebracht – „Laguito", der „Kleine See", war eine der ausgesuchten Partei- und Staatsresidenzen.

Nach Havanna, wohin wir Ende Oktober 1974 über Moskau reisend aufbrachen, führte Werner Lamberz seine Oberagitatoren Tiedke und Heinrich als Delegationsmitglieder mit, aber eher als Tarnung des eigentlichen wirtschaftspolitischen Auftrags und Ziels seiner Reise. Seine Wirtschaftsberater,

Dr. Zscherpe, Lemke und Rolf Salzmann, behandelte er von Anbeginn an gleichberechtigt und freundlich und gab zu verstehen, dass er auf offene Worte und, wo nötig, Auseinandersetzung in der Sache Wert lege. Obwohl er (auf eine andere nicht kränkende Weise) stolz und (auf nicht belästigende Weise) eitel war, legte er tatsächlich auf Rat und Kritik Wert. Das nahm mich sogleich für ihn ein. In den langen Wartestunden ließ Lamberz über Gott und die Welt diskutieren, ich war erschlagen, wie offen und unorthodox er selbst zu denken bereit war, und er wollte tatsächlich wissen, was wir, seine Begleiter aus den Niederungen des realen Sozialismus, die mit den Mühen der Ebene beschäftigt waren, dachten. Von dem dogmatischen Tiedke (der es bis zum Rektor der Parteihochschule „Karl Marx" brachte) und dem überaus zynischen Heinrich hörte er da nicht viel Neues, aber andere, auch ich, wollten sich ganz gerne mal offenbaren und wurden von Lamberz' Echo nicht enttäuscht. Mir sagte er, ich solle ihn später ruhig mal anrufen, wenn ich meinte, ich müsste ihn auf etwas aufmerksam machen. Der Kronprinz war noch zu jung, um auf das Ableben des gerade gekürten Königs hoffen zu dürfen, aber unter anderen Umständen hätte ich das als einen ersten Schritt zur Suche nach einer eigenen Mannschaft fehldeuten können.

Lamberz hatte von Anbeginn angekündigt, dass er Gespräche mit Fidel Castro, wenn es ihm denn gelänge, zu ihm vorgelassen zu werden, nur im kleinsten Kreis, sogar ohne den Botschafter, führen wolle, nur mit Dr. Zscherpe als wirtschaftsweisem Notanker, falls seine Vorbereitung einmal nicht ausreichen sollte, und der fähigen Ilse Perez als Dolmetscherin.

Ich kannte den Sprechzettel von Lamberz, und wusste aus dem Vorgespräch, dass er sich blendend „eingefitzt" hatte und verstand, worüber er reden sollte. Vor Beginn der Gespräche, keiner wusste, an welchem Ort sie stattfinden würden, war ich also in den Bereitschaftsraum versetzt, aber sehr enttäuscht war ich deshalb nicht, hatte ich doch Castro schon einmal aus unmittelbarer Nähe erlebt.

Das war im Dezember 1972 gewesen, als ich mich zur Unterstützung des damaligen Kovorsitzenden des Wirtschaftsausschusses Dr. Dieter Albrecht in Havanna aufhielt. Ich kann mich nicht erinnern, welche Igel Albrecht damals in seinen Spitzengesprächen, an denen ich nicht beteiligt gewesen war, gebürstet hatte – es ging wohl um Grundfragen der Lieferung einer Zementfabrik großer Dimension. Jedenfalls wohnten wir im Habana Libre, dem früheren Habana Hilton, und bereiteten uns auf die Abreise mit der Cubana vor, die damals die Strecke Havanna – Santa Maria – Madrid – Prag beflog. Ich stand unter der Dusche, um mich vor der Fahrt zum Flughafen noch einmal frisch zu machen, da wummerte es an meine Tür: „Lenke" – die Kubaner brachten das „m" in meinem Namen nicht heraus. Ich stürzte zur Tür, draußen stand der baumlange Sicherheitsbegleiter von Carlos Rafael Rodriguez. „Wo ist Albretsch?" Das hieß Albrecht. Der stand auch noch im Regen. Wir verstanden, dass wir jetzt sofort zu Fidel Castro fahren würden, machten aber geltend, die Maschine der Cubana würde nicht auf uns warten. Da sollten wir uns keine Gedanken machen. Wir warfen uns in die Kleider. Albrecht bestimmte mich zum Dolmetscher, es war kein anderer greifbar. Wir stiegen in einen Jeep und fuhren in rasender Fahrt zu dem Abschnitt der 11. Straße, an dessen beiden Enden stets auf rot gestellte Ampeln leuchteten. Als Ortskundiger wusste ich, wohin wir gelangten: Zum Haus der Celia Sanchez, Geliebte, mütterliche Betreuerin, Lebensgefährtin Fidels seit den Tagen in der Sierra Maestra, nun auch Chefin der Büros von Staats- und Ministerrat. Vor einem unauffälligen zweistöckigen Haus hielten wir, schwarze Wachposten traten ins Gebüsch zurück, wir waren gemeldet. Wir mussten den winzigen Fahrstuhl benutzen, im Vorraum des Obergeschosses standen ein Hometrainer und andere Sportgeräte, dann wurden wir in eine Sala und an einen großen runden Tisch aus Caobaholz geführt, auf dem nichts weiter stand als ein benutzter Aschenbecher. Fidel saß schon dort, er erhob sich zur Begrüßung und wies uns die Plätze an. Im Hintergrund, vor einem Kamin, kniete eine Frau auf dem Fußboden und schlug Bücher in Packpapier ein. Es war Celia Sanchez, sie nahm keine Notiz von uns. Fidel nahm eine angerauchte Zigarre aus dem Mund, steckte sie aber hin und wieder zurück, dann rauchte er kalt weiter. Näher konnte ich Castro nicht rücken. Mir fiel auf, dass sein Bart farblos und dünn war, Marx und Engels waren da besser bestückt gewesen.

Castro verstand ich ganz gut, doch ich übersetzte auch das, was ich nicht völlig verstanden hatte, sofort und schnell, um keinen Zweifel an meiner Sprachbeherrschung aufkommen zu lassen. Das betraf vor allem die Dankesreden Fidels für die Lieferzusage über eine neue Zementfabrik im Schätzwert von 60 Mio. Rubel und mit einer Jahreskapazität von 1,6 Mio. t – ich kannte die Vorgeschichte nur ungenau und wusste nichts über den dazu vom Politbüro der SED gefassten Beschluss.

Anfangs irritierte mich, dass Fidel immer mal wieder von sich im pluralis majestatis sprach, im Spanischen ist dies allerdings eher altmodisch als anmaßend. Albrechts Antworten ins Spanische gerieten mir weniger souverän. Fidel nahm einen langen Anlauf, sprach über die großen Eindrücke während seines Besuchs in der DDR, der gerade sechs Monate zurücklag, und die freundschaftlichen Gefühle für Erich Honecker. Schließlich kam er zur Sache:

Kuba wolle eine moderne Großdruckerei aufbauen, um die Bildungsoffensive weiterzutreiben und schlage der DDR vor, diese zu errichten. Fidel Castro wusste, warum er Albrecht gerufen hatte, mit Sicherheit hatte der pfiffige Carlos Rafael Rodriguez ihm beigebogen, dass eine Anfrage durch die Außenhändler zu nichts führen würde. Wenn es in der DDR etwas gab, wovon die Gesamtproduktion in alle Welt, selbst in die USA, gut verkäuflich war, dann die polygraphischen Ausrüstungen aus Radebeul, Plauen, Leipzig, Bautzen, und jeden anderen Lieferanten als die DDR hätte Kuba in Dollars und bar bezahlen müssen. Fidel sprach leise. Ich verstand: Kuba erwies der DDR die Ehre, sie zu dem gegenwärtig bedeutendsten Vorhaben Kubas heranzuziehen. Das Wort Kredit fiel gar nicht, aber selbstverständlich werde Kuba seine Verpflichtungen gegen die DDR erfüllen, Kuba werde mit Landesprodukten bezahlen. Die Druckerei müsste schon bald stehen, und man rechne auf eine solidarische Entscheidung des Genossen Erich. Mittlerweile hatte Genossin Celia ihre Packerei beendet, sie hatte einen gerade fertiggestellten Bildband über die triumphale Reise Fidels durch die Sowjetunion und die europäischen Staaten des Warschauer Paktes für Erich eingewickelt, und anstandshalber je einen auch für den Genossen Ulbricht und den Genossen Stoph, alle mit handschriftlichen Widmungen Fidels. Nun wäre sie eigentlich frei gewesen, uns einen Kaffee zu brühen, aber weder Kaffee noch ein Glas Wasser wurden uns angeboten. Albrecht versprach, alles getreulich auszurichten, und dann wurden wir verabschiedet. Wie wir nun nach Hause kommen sollten, wagten wir nicht zu fragen, aber die Sorgen waren unnötig. Unsere Koffer waren schon zum Flughafen verbracht worden, und die Cubana stand in glühender Hitze noch auf der Startrampe, man hatte sie auf höchsten Befehl einfach aufgehalten und die schon vor geraumer Zeit eingestiegenen Passagiere schmorten vor sich hin.

Als VIP-Passagiere hätten wir nun einen reservierten Sitzplatz in der ersten Reihe gehabt, aber da Albrecht und ich verspätet eintrafen, mussten wir in der ausgebuchten Maschine unsere beiden noch freien Plätze in den letzten Winkeln suchen. Dieter Albrecht begann mit gefurchter Stirn schon darüber nachzudenken, wie er dem hoch zu verehrenden Generalsekretär das neuerliche Pumpersuchen verklickern würde und klagte, dass ihm Castro „einen Bonbon ans Hemd geklebt hätte".

Ehe Lamberz an Fidel herangelassen wurde, wurde er erst einmal von Bruder Raúl und Carlos Rafael ausgehorcht. Schon nach der ersten Begegnung mit dem Fuchs Carlos Rafael war die kubanische Marschroute klar. Zucker war Mangelware geworden, Kuba erzielte Traumpreise, der Westen bedrängte Kuba, hochwertige Technik auf Kredit zu kaufen: Das war der bestgeeignete Moment für einen Generalangriff auf die Merkantilisten in der DDR und den Versuch, wie das tapfere Schneiderlein sieben Fliegen auf einen Streich zu erlegen: Generell höhere Preise für Rohzucker, Nickel und Südfrüchte, einen Aufschlag für Weißzucker von 20 Prozent auf den Rohzuckerpreis, Bestätigung eines Mindestpreises für Zucker von 500 Rubeln je Tonne, Zusage auf Lieferung von 70 Prozent Rohstoffen und Chemieprodukten als Gegenleistung für den kubanischen Export, Festschreiben der DDR-Exportpreise auf dem Stand von 1973 für viele Jahre im Voraus, Selbstbeschränkung des DDR-Zuckerexports auf eine Jahresgröße von höchstens 50 kt, umfangreiche neue Kredite für komplette Anlagen mit 10 Freijahren, darunter für ein Trikotagenkombinat, kommerzielle Kredite mit 6 Jahren Laufzeit für alle Maschinenbauerzeugnisse. Es waren mehr als sieben Fliegen, aber Che Guevara hatte es ja schon im Februar 1965 auf der Afro-Asiatischen Solidaritätskonferenz in Algier ausgesprochen:

Wenn sozialistische Länder Handel auf gleichberechtigter Grundlage und zu Weltmarktpreisen verlangen, machen sie sich zu Komplizen des Imperialismus. Den Ausbruch der jungen unabhängigen Staaten auf die Seite der sozialistischen Länder müssen die sich etwas kosten lassen ...

Wir Außenhändler hatten das kubanische Konzept schon eine Weile am eigenen Leibe verspürt und uns erbittert dagegen gewehrt. „Right or wrong, my country", so zu denken billigten wir den Kubanern zu, aber was da verlangt wurde, das konnte die DDR nicht leisten, das lag jenseits aller wirtschaftlichen Möglichkeiten der DDR.

Schon die Kuba lange vor der Lamberz-Reise zugesagten höheren Zuckerpreise erforderten eine Steigerung des DDR-Exports von 1974 auf 1975 auf 240 Prozent, und von 1974 auf 1976 auf 365 Prozent! Die führenden kubanischen Genossen kannten die gallige Reaktion der DDR-Händler auf ihre Forderungen, die Reibungen und bösen Sprüche an der Basis und hüteten sich, ihre eigene Urheberschaft an den maximalistischen Forderungen offen zuzugeben, der scheinheilige Carlos Rafael meinte lediglich „bei den Wirtschaftsbeziehungen könne es auch zu Reibungen zwischen den Außenhandelsorganen kommen." Seine eigene Rolle beim Generalangriff auf die Terms of Trade ließ er nicht erkennen, teilte aber unter dem Siegel der strengsten Verschwiegenheit mit, Präsident Dórticos und die Außenhändler drängten Fidel zur Einschränkung der Zuckerexporte in den RGW und zur massiven Kreditaufnahme im Westen. Mochten ganz am Anfang noch Zweifel aufkommen, welchen Kurs Carlos Rafael selbst unterstützte – als die Lamberz-Delegation Anfang Dezember abreiste, war klar zu sehen: Auch Carlos Rafael hatte zu der Kampfgruppe gehört, die dafür war, die DDR kräftig abzusahnen.

Werner Lamberz setzte darauf, im persönlichen Gespräch mit Fidel Castro die schärfsten Geschosse abzuwehren und Fidel zu überzeugen, dass Kuba besser fährt, wenn es eine langfristige, für beide Seiten vorteilhafte Zusammenarbeit mit der DDR sucht und unsere Leistungsgrenzen wahrnimmt. Wären diese Vorzeichen klar, könnte er, Fidel, mit einer Reihe von Verbesserungen und Zugeständnissen der DDR rechnen. Die zu nennen war Lamberz trainiert. Er verstand jede Zeile des Papiers, das wir ihm vorbereitet hatten. Er würde ein politisches Gespräch führen, den roten Faden immer fest in der Hand behalten. Aber dazu musste er Castro erst einmal gegenübersitzen.

Auch in späteren Jahren musste ich immer lachen, wenn ich in den Zeitungen las, Fidel Castro habe den und den „zu Gesprächen empfangen." In aller Regel empfing Castro nicht, sondern überfiel seine Gesprächspartner zur Unzeit in ihren Residenzen. Wer um eine Audienz nachgesucht hatte und wem sie grundsätzlich zugesagt war, der hatte fortan erreichbar zu sein, Tag und Nacht sprungbereit und nüchtern. Auch Lamberz und wir, seine Helfer, verharrten in Habtacht-Stellung in unserer Villa, und die Ermüdeten lagen angekleidet auf ihren Betten.

Am 29. Oktober, schon zu nächtlicher Stunde, bremsten Fahrzeuge des Vorauskommandos scharf vor dem Villeneingang, gleich danach kam der Máximo Lider und blieb 5,5 Stunden. Drei Tage später erschien er erneut und lange. Castro trug einen Teil der Angriffe indirekt vor: Kuba habe wegen der hohen Lieferverpflichtungen an die sozialistischen Länder nur 1 bis 1,5 Mio. t Zucker zur Lieferung auf die kapitalistischen Märkte frei, aber dieser empfindliche Markt werde dadurch gestört, dass vor allem die ČSSR, Polen, Rumänien den von Kuba bezogenen Zucker zu Dumpingpreisen in den Westen reexportierten. Kuba müsse fordern, dass die sozialistischen Länder die beim Verkauf von Zucker an den Westen erlösten Devisen zurückgeben. Die Struktur der DDR-Lieferungen müsse sich ändern: Mehr Fleisch, Schmalz und Butter. Die von der DDR gelieferte Zementfabrik Nuevitas erbringe die zugesagte Leistung nicht. Die DDR solle eine Trikotagenfabrik liefern …

Der wohlpräparierte Lamberz ergriff die Initiative und erläuterte die Gesamtleistung der DDR für Kuba, die bisherigen Kreditzusagen, darunter für die Lieferung einer Zementfabrik in Cienfuegos, sie würde die größte sein, die die DDR jemals im Ausland errichtet habe, selbst in der DDR gäbe es keine größere. Der Importpreis für Nickel könne auf 4.500 Rubel/t heraufgesetzt werden. Die DDR werde ihre Exportpreise bis 1976 unverändert lassen. Aber

Lamberz erläuterte auch, was der DDR ganz und gar und definitiv unmöglich sei. Eine Generalumkehr der Warenstruktur sei nicht machbar. Die DDR könne keine kommerziellen Kredite gewähren. Sie müsse auf dem Recht bestehen, mindestens 120 kt Zucker auf den freien Markt exportieren zu dürfen.

Die Taktik des Werner Lamberz ging deshalb auf, weil er jede Zusage der DDR zu Recht als Ergebnis der solidarischen Haltung und als Ausdruck der hohen politischen Moral und der äußersten wirtschaftlichen Anstrengungen von Führung und Volk der DDR erklärte, und weil Castro nicht oft genug einwarf, das sei ihm nicht genug, das sei zu wenig, das könne so nicht bleiben, dafür habe er kein Verständnis. Seine staatsmännische Würde wahrend, gab Fidel das, was als Verhandlungsergebnis gelten konnte, an seinen Chefökonomen Carlos Rafael ab mit der Auflage, etwas Brauchbares daraus zu machen. An der Schlusssitzung mit Carlos Rafael Rodriguez nahm ich teil, auf der anderen Seite saßen die Außenhändler Herminio García Lazo und Juan Izquierdo. Carlos Rafael ging erneut von den originären Forderungen Kubas aus, so, als hätte das Gespräch mit Fidel Castro die Landschaft nicht verändert. Lamberz aber baute nahezu jeden Punkt der Zusammenfassung auf das auf, was Fidel dazu gesagt oder nicht gesagt hatte. Da habe Fidel die Auffassungen der DDR ausdrücklich geteilt, da habe er ihnen nicht widersprochen, da habe er genickt, da habe er die Vorschläge der DDR doch recht befriedigt zur Kenntnis genommen ... usw. Schließlich hob Carlos Rafael im Geiste noch einmal die Faust und steckte uns ein paar Grundformeln ins Gepäck: Die sozialistischen Länder dürften die in Preise gegossene historische Ungerechtigkeit des Kapitalismus nicht einfrieren. Kuba sei mit der DDR-Exportstruktur unzufrieden. Maschinen und Ausrüstungen werde Kuba nur auf Kredit und gegen kommerzielle Zahlungsziele kaufen. Einen Passivsaldo der Zahlungsbilanz müsse die DDR umgehend ausgleichen.

Beide Seiten hatten ihr Gefecht gewonnen. Gelöst war nichts. Aber die Mission des Werner Lamberz war dennoch ein Erfolg. Die Führer der DDR würden erfahren, dass sich der Wind gedreht hatte und Augenauswischerei gefährlich werden konnte. Ihre Einsicht in die Notwendigkeiten im Rücken würden Regierung und Staatliche Plankommission der DDR nun versuchen, dem Außenhandel einen Plan vorzugeben, der es erlaubte, mit den Kubanern Kompromisse auszuhandeln und den Zuckerimport in ausreichendem Umfang weiterzuführen. Und schließlich hofften wir ja darauf, dass der von Chaos und Anarchie gezeichnete Weltzuckermarkt wieder Vernunft annehmen und die kubanischen Träume von der ewigen Konjunktur verblühen würden. Und so kam es auch.

Frisches für kalte Zeiten

Enttäuschend verlief die Realisierung der kubanischen Lieferungen von Kaffee und Bananen, deren Lieferung im April 1968 zugesagt worden war. Der Kaffeetraum platzte. Von dem grandiosen Vorhaben blieb nur ein Tauschgeschäftchen übrig, jährlich 1.200 t Qualitätskaffee gegen Braumalz. Aus der Lieferung von Bananen ab 1973 – die Lieferungen sollten jährlich ansteigen und 1975 20.000 t erreichen – wurde nichts. Auch die Lieferungen von Orangen und Grapefruits erreichten die 1968 für die unmittelbare Folgezeit zugesagten Größenordnungen zunächst bei weitem nicht.

Bei Orangen und Grapefruits aber unternahmen die Kubaner bald einen beherzten neuen Anlauf, und diesmal zeitigten die unternommenen Riesenanstrengungen im Rahmen eines dazu abgeschlossenen speziellen mehrseitigen „Generalabkommens zur Produktion und Verarbeitung von Zitrusfrüchten" Erfolge: Ich habe in Kuba miterlebt, wie bei der Anlage neuer Zitrusplantagen Tausende Pflanzlöcher in felsigen Untergrund gesprengt, Hunderte kleiner Stauseen angelegt wurden, habe auf der Isla de Pinos und um Ciego de Avila ganze Landschaften sich verändern sehen. Die DDR erhielt auf der Grundlage des „Generalabkommens ..." bedeutende Früchtelieferungen, noch im Dezember 1989 wurden für das Folgejahr Importe von 97.000 t Apfelsinen und weiteren 54.000 t Pampelmusen, Zitronen und Mandarinen vereinbart. Die DDR erbrachte umfangreiche Lieferungen von Pumpen für Bewässerungszwecke, LKW und Anhängern u. a., errichtete Gefrieranlagen und Kühllager und ermöglichte Kuba damit, auch Zitrussäfte und –konzentrate zu liefern – nie genug, um die fälligen Kredittilgungen zu leisten, doch immer hochwillkommen.

Auch ich war daran beteiligt, den kubanischen Apfelsinen den Weg in die DDR zu bahnen, bin aber nicht sicher, ob ich meinen Landsleuten damit einen so guten Dienst erwiesen habe, wie ich damals glaubte. Eher nein – aber heute kann man gut naseweis sein. Damals, Anfang der 70er Jahre, war das Land ausgehungert nach Südfrüchten, und die Alternativen lauteten: Entweder Kuba-Apfelsinen – oder gar keine Apfelsinen. Nur um die Weihnachtszeit wurde ein knapper Valutabetrag ausgegeben, um spanische Apfelsinen zu kaufen, um die sich die Eltern für ihre Kinder schlugen, aus dem Landesinneren reisten die Zukurzgekommenen an, um ein Netz voll bis ins Vogtland zu schleppen. Doch mit der auch zu anderen Jahreszeiten angebotenen Kuba-Orange konnten sich die DDR-Bürger nicht recht anfreunden. Ihre Schale war grünfleckig, und das eher strohige Fruchtfleisch ließ sich schwer davon ablösen: Kindern konnte man die kubanische Apfelsine nicht in die Schultasche tun, die bespritzten sich beim Auspellen von oben bis unten.

Die Kuba-Orange war eine S a f t – Apfelsine, auch in ihrem Ursprungsland wurde sie nur als Saftorange genossen. Ihr Saft war fruchtig, vitaminreich und wohlschmeckend – ein Qualitätsprodukt. Sie geriet nur deshalb in Verruf, weil sie nicht sein durfte, was sie wirklich war. Das Politbüro der SED, ja, so hoch muss ich greifen, erwartete vom Staatsvolk der DDR, dass es die ungleichen Früchte als gleichberechtigt und gleichgeeignet ansähe und wies alle Vorschläge ab, die Verbraucherpreise der Speiseorangen aus dem Mittelmeerraum und die Saftorangen aus der Karibik zu differenzieren. Doch das unbotmäßige Volk fühlte sich nicht an die Meinung der Obrigkeit gebunden. Schabowski schreibt in seinem Buch „Absturz" über eine Routinesitzung des Politbüros zur Weihnachtsversorgung: „Als dem Binnenhandelsminister ... die Bezeichnung ‚Kuba-Apfelsinen' entfuhr, trug ihm das eine leise, aber messerscharfe Rüge des Generalsekretärs ein: ‚Kein Wunder, dass wir das Vorurteil bei den Leuten nicht beseitigen können, wenn es sogar der Minister unterstützt.'"

Die Akzeptanz der frischen Kuba-Apfelsinen ließ allerdings immer mehr nach, vor allem, weil aus der Sicht des DDR-Konsumenten, wie wir heute sagen würden, das „Preis-Leistungs-Verhältnis" bei den „Cubasinen" nicht stimmte. Der Handelsminister ließ zeitweilig ganze Ladungen durch mecklenburgische LPG-Bäuerinnen auspressen und zu Saft verarbeiten, und wenn es ganz dick kam, wurde auch mal ein Schiff gleich nach Leningrad weiterdirigiert. Wenn die Kubaner unserem Reexport an die Sowjets nicht zustimmen wollten, geschah das notfalls auch ohne ihr Placet.

Freundschaft siegt

Die Mission von Lamberz sicherte, dass die Planer und Außenhändler die Kriegsbeile wieder eingruben und den Versuch starteten, neue Strukturen und Interessenkompromisse für die Plankoordinierung und das ihr aus dem Gesicht geschnittene neue Langfristige Handelsabkommen 1976 bis 1980 zu finden. Der Zuckerpreis fiel erneut in den Keller und die Kubaner aus allen Wolken wieder auf die Füße, und sie waren nun eher in der Lage, die Anstrengungen der DDR zum Erhalt der alten Freundschaftsbande zu gewichten. Das Politbüro hatte schon vor dem Reiseantritt von Lamberz beschlossen, Kuba an verschiedenen Flanken entgegenzukommen, jetzt wurde noch ein Sahnehäubchen obenauf gesetzt. Von allen Krediten, die die DDR den Entwicklungsländern Asiens, Afrikas und Lateinamerikas zusammen einräumte, flossen 75 Prozent nach Kuba. Die schon für 1975 beschlossenen Erhöhungen der Rohstofflieferungen wurden 1976 fortgesetzt. Der Kaliexport der DDR sprang von jährlich 40.000 t auf 170.000 t, Kali war Gold wert. Die Lieferungen von Walzstahl, Butter, Schmalz, Geflügelfleisch, Textilien stiegen an. Die DDR hielt ihre Exportpreise zunächst auf dem Niveau von 1973, spätere Vereinbarungen zur Preisbildung sicherten, dass Preiserhöhungen im DDR-Export durch eine wertgleiche Erhöhung (vor allem) des Zuckerpreises kompensiert wurden.

Hätte man die Exportpreise der DDR, wie die Kubaner zunächst gefordert hatten, trotz steigender Exportpreise gegenüber anderen RGW-Ländern stabil gehalten, hätte dies das materielle Interesse der Exportwirtschaft an Lieferungen nach Kuba empfindlich geschwächt. Was die Kubaner nun beim Import aus der DDR mehr berappen mussten, wurde ihnen beim Zucker obenauf gepackt, was im Lauf der Jahre den bilateralen Zuckerpreis in astronomische Höhen trieb.

Nachdem die Plankoordinierung 16 Monate gedauert hatte und das Hauen und Stechen beendet war, unterzeichnete Horst Sölle im Mai 1976 in Havanna das Langfristige Handelsabkommen, welches dem Ergebnis der Koordinierung der Plankommissionen aufs Haar glich – nochmal anzutreten, um deren Verhandlungsergebnis vielleicht irgendwo noch einseitig zu verbessern, hatte keine Seite den Mut.

Nachdem der Pulverdampf sich verzogen hatte, begriff ich eines: Auch ein gesicherter Import von jährlich „nur" 160 kt bis 190 kt Zucker (das war die Entwicklung für die Jahre 1976 bis 1980, auf die man sich schlussendlich geeinigt hatte) war für die DDR ein hohes Gut, für das die Kasse zu Recht aufgemacht wurde. Die Kubaner hatten uns bei fast allen anderen landwirtschaftlichen Landesprodukten, auf die sich unser begehrlicher Blick richtete, Enttäuschungen bereitet und sitzen lassen. Aber solange wir Zucker einführen und im Wesentlichen mit Maschinenbauerzeugnissen bezahlen konnten, war der Außenhandel die Mühe wert.

Die Ordnung der Dinge sollte so sein: Die im Langfristigen Abkommen für das jeweilige Jahr verabredete Entwicklung sollte Grundstock der nachfolgend abgeschlossenen Jahresprotokolle sein, die sollten alle wesentlichen schon im Langfristigen Abkommen vereinbarten Warenpositionen enthalten und, wo möglich, neue darüber hinaus oder höhere Mengen und Werte bei schon traditionellen Positionen. Aber wenn es zum Schwur kam, fielen in den Jahresprotokollen auch einige Vorhaben unter den Tisch und es erwies sich, dass man bei den Verhandlungen zum Langfristigen Handelsabkommen den

Mund zu voll genommen hatte. In dieser Beziehung war die DDR nicht besser als ihr kubanischer Partner und verabschiedete sich bei nicht wenigen Positionen aus früher eingegangenen Verpflichtungen. Das Jahresprotokoll aber, in dem es um die Lieferbeziehungen in der unmittelbar bevorstehenden Periode ging, um die schon greifbaren Realitäten, nicht mehr um Wechsel auf die Zukunft, war der nach Monaten harten Feilschens verabredete aktuelle Kompromiss. Dieser Kompromiss blieb aber nur erhalten, wenn beide Seiten das Abkommen gleichermaßen erfüllten.

Die Exportzusagen der DDR in den Jahresprotokollen waren im Wesentlichen echt, die kubanischen aber in vielen Positionen Hoffnungsläufe – Nickelsinter, Mandarinen, Bienenhonig, Garnelen, Obstsäfte – wenn wir am Schluss des Jahres Bilanz zogen, war die Struktur verbogen, und wir hatten ein Guthaben auf dem Konto, mit dem wir nichts anfangen konnten. Schuldgefühle ließen die Kubaner bei sich nicht aufkommen: Dass die DDR ihre Verpflichtungen erfüllte, war selbstverständlich, aus dem großen Warenberg der DDR sollten doch die bescheidenen Mengen für Kuba immer abzuzweigen sein.

Kuba aber produzierte unter freiem Himmel und in Abhängigkeit vom lieben Gott, und an eigenen kubanischen Planungsfehlern lag es natürlich nie. Mit der Zeit ertrugen wir das fehlende Gleichgewicht als das kleinere Übel.

Im Lande der Skipetaren

Wenn ich meinem Stellvertreter des Ministers begreiflich machen wollte, dass mir auch das kleine Bergvolk der Albaner Mühe und graue Haare bereitete, konnte ich im günstigsten Fall mit milder Nachsicht rechnen. Selbst in den eigenen Reihen stieß mich manch einer mit der abfälligen Meinung vor den Kopf, dass „das bisschen Import die Katze auf dem Schwanz wegträgt" und die „paar Exporte", die ich dafür geben müsste, wie Brosamen vom Tisch der reichen, großen RGW-Länder abfallen sollten. Der auf die Hergabe einiger solcher Brosamen angesprochene Generaldirektor Roland Winkler vom AHB Elektrotechnik fragte mich einmal halb im Ernst: „Albanien, wo liegt denn das?" Die Sowjetunion wusste, wo Albanien lag – nach Zeiten enger Brüderlichkeit hatte Albanien 1961 die Beziehungen zu ihr abgebrochen, wodurch die Sowjets auch einen strategisch wichtigen Unterseeboothafen in Vlora verloren, und vollzog nun als Gefolgsstaat Chinas alle Wendungen des Maoismus mit. 1968 trat Albanien, das sich inzwischen auch zum ersten atheistischen Staat der Welt proklamiert und alle Kirchen und Moscheen geschlossen hatte, auch formell aus dem Warschauer Pakt aus. In der Zeit, in der ich meine ersten Erfahrungen mit Albanien zu sammeln begann, 1970 bis 1973, muss es dem albanischen Alleinherrscher Enver Hoxha (gesprochen Hodscha) gedämmert haben, dass sein kleines Land zum zweiten Mal in eine lebensgefährliche Isolierung geraten wird. Doch Hoxha ließ die Partei von Anhängern des chinesischen Kurses der Annäherung an die USA säubern, und ganz vorsichtig streckte er die Fühler wieder nach Jugoslawien, Rumänien und Griechenland aus. Als ich zum ersten Mal zu Verhandlungen nach Tirana flog, das war im Spätherbst 1975, waren die Beziehungen Albaniens zu China schon eisig, kaum ein Albaner verharrte mehr vor den Propagandaschaukästen an der chinesischen Botschaft, und der Bruch stand unmittelbar bevor.

Gar nichts aber deutete auf die Absicht Albaniens zur Wiederannäherung an den Warschauer Pakt hin, und in meinen Handelsgesprächen mit albanischen Gegenübern bestanden diese auf der Feststellung, unsere politischen Ziele seien gegensätzlich und unvereinbar, aber in unseren Handelsbeziehungen könne es trotzdem „korrekt" zugehen. Damals und in den Folgejahren war der höchste Grad der Anerkennung, den der albanische Außenhandelsminister Shane Korbeci zu zollen bereit war, der DDR zu bestätigen, im Außenhandel verhielte sie sich „korrekt".

Dieses Standardlob sprach er regelmäßig im Verlauf der Höflichkeitsvisite aus, zu der er mich und den Botschafter jedes Mal vor der Unterzeichnung des Jahresprotokolls empfing.

Zu den Messen in Leipzig entsandte Albanien keine ministeriellen Vertreter, unterhielt aber einen vom Messeamt subventionierten Ausstellungsstand, und der albanische Geschäftsträger ad interim (die Botschafter waren beiderseits zurückgezogen) kam ins Hotel Astoria auf eine Tasse Kaffee zu mir und verkündete dabei, es gehe immer noch „korrekt" zu. Doch vor Ort in Albanien hatten es unsere Außenhändler schwer. Sie durften die Hauptstadt praktisch nur mit lange zuvor beantragten Sondergenehmigungen verlassen und wurden dann aus Begleitfahrzeugen der „Sigurimi" beobachtet. Schon die Einreise mit dem Flugzeug – die Interflug landete nur alle 14 Tage, die ungarische Malev nur einmal in der Woche, andere Flugverbindungen gab es nicht – war wie in ein verwunschenes Land. Der Flughafen Tirana-Rinas hatte damals, wohl wegen der heißen Sommertemperaturen, die den Asphalt schmelzen ließen, eine gepflasterte Rollbahn. Nachdem die Maschine ausgeholpert war, betrat zunächst ein Offizier mit Ballonmütze gruß los allein das Flugzeuginnere und überprüfte, ob alle Einreisewilligen im Besitz eines bereits im Ausland eingetragenen Visums waren, dann verschwand er mit den Pässen im Empfangsgebäude. Das Gepäck wurde auf die Plattform eines verbeulten LKW entladen. Der Gastgeber kam den eben Eingereisten ein paar Schritte entgegen – dann verging eine lange Zeit, ehe die Pässe zurückgegeben waren und die Fahrt zum Hotel angetreten wurde. Lange Zeit wandten die Albaner ihre antiwestliche Kleiderordnung und Frisierregeln auch auf Dienstreisende aus der DDR an und ließen Langhaar und Bärte abschneiden. Da ich einen konservativen Haarschnitt hatte, brachte ich meine Gastgeber nicht in Verlegenheit. Unsere Kapitäne und Matrosen im Hafen Durres, aber auch manche Dienstreisende kamen in Bedrängnis, denn die albanischen Tugendwächter befürchteten die Verseuchung ihrer Jugend mit der dekadenten westlichen Hippie-Kultur, und an den Einreisepunkten standen staatlich besoldete Friseure bereit, den Trägern unvorschriftsmäßiger Haartrachten die Zotteln abzuschneiden, gegen ihren Willen, versteht sich. Richtig bekannt wurde diese Art der Zwangsbekehrung im Februar 1971, als die bundesdeutschen Nationalspieler Gerd Müller und Günter Netzer im Flughafen Rinas „beschnitten" werden sollten, dann aber dank des heroischen Einsatzes von Jupp Derwall ungeschoren davonkamen.

Wenn ich jedes politische Gespräch vermied und mich einfach als einen „korrekten Handelsmann" und nichts anderes betrachtete, dann waren die Albaner ruhige, selbstbewusste Gesprächspartner und aufmerksam-freundliche Gastgeber. Sie luden nach den Gesprächen zum Essen ein, schenkten einen passablen Rotwein aus und setzten auch noch gern einen Traubenschnaps darauf, und sie luden zu besichtigen ein, was sie in der Nähe der Hauptstadt zu zeigen hatten: Das alte Amphitheater in Durres, dem mittelalterlichen Dyrrachium, und die Felsenburg des Volkshelden Skanderbeg in Kruja. Was die Albaner hatten, gaben und zeigten sie gern, und ich hoffte immer, noch einmal Zeiten zu erleben, in denen ich ihr Freund sein könnte. In die Bildergalerie Tiranas, die Ekspozita Kombetare e Arteve Figurative, ging ich allein, um das anrüchige Gemälde von Guri Madhi zu bestaunen, das den aufbegehrenden Enver Hoxha am Konferenztisch mit den anderen kommunistischen Parteien 1960 in Moskau zeigt: Doppelt so groß wie seine eigenen albanischen Delegationsmitglieder und dreimal so groß wie die erschreckte Bande der Revisionisten um Chruschtschow, Breshnew, Ulbricht, Kádár hat ihn der Künstler gemalt, von der Sonne umflossen und so aus der trüben Umgebung als Lichtgestalt herausgehoben, eine zornige Rede herausschleudernd, vor deren Gewalt sich die herumsitzenden moskautreuen Jammergestalten nieder ducken.

Trotz ihrer feuerfesten Haltung gegen den Sowjetimperialismus und ihrer Nichtteilnahme an der Arbeit des RGW waren die Albaner praktisch denkende Leute. Russisch war als Verhandlungssprache willkommen. Sie behielten den zwischen RGW-Staaten üblichen Verrechnungsverkehr und auch den Rubel als Vertragswährung bei.

Da auch die Allgemeinen Lieferbedingungen des RGW eine brauchbare Geschäftsgrundlage waren, vereinbarten sie mit der DDR, auch diese beizubehalten, nur die Überschrift wurde verändert und die Paragraphen neu durchgenummert. Die Albaner waren eben Pragmatiker, sie hüteten sich, sich als Volk von etwa 1 Million Einwohnern in Innovationen zu stürzen, die ihre Kraft überfordert hätten.

Von Albanien kauften wir Chromerz, Schwarzkupfer, Kupferkabel, sogar eine lohnende Menge Erdöl mit hohem Bitumengehalt für die Asphaltgewinnung. Die ersten Frühkartoffeln und Tomaten, die es jährlich vor der eigenen Ernte in der DDR zu kaufen gab, kamen aus Albanien. Importiert wurden auch Trinkweine und Heilkräuter, und meine umtriebigen Erfüllungsgehilfen Hans Leipold und Joachim Rademacher betonten gern, dass die Kampfbereitschaft der Nationalen Volksarmee entscheidend von dem guten pflanzlichen Abführmittel „Regulax" abhinge, für das Albanien die Feigen lieferte.

Von der DDR bezogen die Albaner Kalidüngemittel, Chemierohstoffe, Pflanzenschutzmittel, Arzneimittel, landwirtschaftliche Maschinen und LKW, Elektromotore, Filme – eine große Palette. Wir konnten brauchen, was Albanien bot, Albanien erst recht, was wir ihm lieferten. Ein Glück war manchmal, dass unsere Länder nicht auch noch befreundet waren, da litt die ehrliche Auseinandersetzung um den gegenseitigen Vorteil nicht.

Nach Albanien einzureisen, war nicht einfach, aber wieder herauszukommen, das konnte richtig schwer sein. In Verhandlungen kam es schon mal vor, dass ich meinte, eine albanische Forderung sei gänzlich unannehmbar und ankündigte, abzureisen. Aber der nächste DDR-Flieger kam in zehn Tagen und die nächste Malev in einer Woche, da musste ich den Landweg nehmen. In den 70ern gab es zwei Grenzübergänge: Im Norden Hani i Hotit, gegen Osten Quafa e Thanes. Aber um dahin zu gelangen, mussten die albanischen Behörden, auf die meine Gesprächspartner angeblich natürlich „gar keinen Einfluss ausüben" konnten, für mich und den Kraftfahrer des Geschäftsträgers die Sondergenehmigung zum Durchqueren des Landes über Schkodra nach Montenegro oder über Elbasan nach Mazedonien erteilen. Wenn das Handelsministerium meinte, wir sollten weiterverhandeln, dann brauchten Innenministerium und Sigurimi notfalls viele Tage für die

Papiere und betätigten sich als Geiselnehmer.

Für einen Direktor wie mich war das Besuchsprogramm in Albanien meist bescheiden, kam aber der Stellvertreter des Ministers zur Unterzeichnung des Jahresabkommens, wurden die Schleier über Albanien etwas gelüftet, trotzdem gab es verbotene Zonen – fast das ganze Gebirge, die Hafenstadt Vlora, auch den Hausberg Tiranas, den Dajti, durfte trotz vielen Bittens nie einer besteigen – aber es gab Attraktives genug. Wenn alle zwei Jahre ein albanischer Minister-Stellvertreter in die DDR kam (und die Reisekader in Albanien waren noch handverlesener als unsere, denn im Grunde war für Albanien die ganze Welt Feindesland), dann ließen wir uns etwas einfallen, meist wurde ich zur Betreuung abgestellt. Die Albaner legten größten Wert darauf, dass wir sie nicht in Hinterzimmern abschotteten, sondern saßen gern an belebten Orten mitten unter Allerweltsgästen, und Fähnchen mit den Landesfarben gehörten immer auf den Tisch. Gelegentlich schien unseren eigenen Leuten verdächtig, dass wir die Gesellen aus dem abtrünnigen Land der Adlersöhne so ungezwungen und freundlich betaten. Im Cecilienhof in Potsdam stellte mich einmal ein zorniger Landsmann deswegen zur Rede, aber ich erklärte ihm, hörbar für die Albaner, dass unsere Länder friedlich miteinander und zum gegenseitigen Vorteil Handel trieben und dabei nicht gestört sein wollen.

Für die DDR-Seite war in den 70ern der Stellvertreter des Ministers Dr. Gerd Mönckemeyer, ein Kollege aus der CDU, für die Endverhandlungen zum Jahreshandelsabkommen verantwortlich. Doch die protokollarische Betreuung des Stellvertreters des albanischen Ministers, Vasil Kati, überließ man gerne mir. Kati hatte in Moskau studiert, was er aber heute dachte, ließ er niemanden erkennen. Es muss im Dezember 1975 gewesen sein, da hatte ich Vasil Kati auf einen Wochenendausflug in das winterliche Oberhof zu begleiten. Der etwa sechzigjährige Kati, gefurchte Stirn, das schon gelichtete und etwas störrische Haar nach hinten gekämmt, müde, aber freundliche Augen, ständig auf der Hut, mit seinen glatten Ledersohlen nicht auf den leicht vereisten Wegen auszurutschen, zeigte Interesse an den Sportanlagen und ließ sich nur zu gern überreden, mit dem Sessellift auf den Schanzentisch der Sprunganlage im Kanzlersgrund aufzufahren. Kati war ein umgänglicher Geselle, und solange ich verfänglichen Themen auswich, war auch er selbst ohne jeden missionarischen Ehrgeiz. Abends luden wir die Albaner in ein gemütliches Baudenrestaurant ein, vorweihnachtliche Stimmung herrschte dort, der Glühwein dampfte, da näherte sich der Alleinunterhalter des Abends, eine Art Teewagen mit einer Zither vor sich herschiebend, unserer

Runde, bat um einen Musikwunsch, und da die Gäste mit dem heimischen Liedgut nicht vertraut waren, entschied er selbst und für sein Glanzstück, die „Petersburger Schlittenfahrt". Kati war bereit, dieses Stück als ideologiefrei durchgehen zu lassen, schien aber etwas erschrocken, als der Volkskünstler ihm sein Gästebuch vorlegte und um einen Eintrag bat. Ohne lange zu zögern, schrieb er eine Widmung in Albanisch und gab das Buch zurück. Da der also Bedachte der albanischen Sprache nicht mächtig war, bat er den anwesenden Handelsattaché um eine Übersetzung, und die lautete: „Wenn die deutschen Zitherspieler die Lehren von Marx, Engels, Lenin und Stalin beherzigen, werden sie noch größere Erfolge erringen!"

Vasil Kati bin ich danach nie wieder begegnet. Ein ungarischer Diplomat sagte mir später einmal, Kati sei um das Jahr 1980 pensioniert worden und aufs Land gezogen. Wenig später habe man ihn aber gegriffen und wegen Abweichlerei erschossen – „sie haben ihn geschohsen", sagte er. Ob dies zu der Zeit geschah, als der Ministerpräsident Mehmet Shehu als angeblicher „Agent mehrerer fremder Geheimdienste" entlarvt wurde, konnte mir keiner sagen.

Korea, Land der Morgenfrische

Nach Korea, in das „Land der Morgenfrische", zu reisen, hatte ich einfach keine Lust. Unsere Handelspolitische Abteilung in Pjönjang war gut geführt und bedurfte meiner Inspektion nicht unbedingt. Was die Nordkoreaner vorgaben liefern zu können, stand im Jahreshandelsabkommen, das, wenn draußen verhandelt wurde, der alte Kämpe Kurt Enkelmann unterzeichnete – die Koreaner würden es auch ohne mein Zutun liefern oder nicht liefern. Das Getue um den großen und geliebten Führer Kim Il Sung ging mir schon in Berlin auf den Geist, war ich doch von Amts wegen regelmäßiger Gast zu bedeutenden Veranstaltungen in der koreanischen Botschaftsfestung an der Mohrenstraße, in denen nicht nur der Führergeburtstag, sondern auch Jubiläumsgeburtstage seiner Mutter und Großmutter gefeiert und mit Ginseng-Schnaps begossen wurden, der nach feuchter Gartenerde schmeckte. Auch die (mit einer einzigen erinnernswerten Ausnahme in zehn Jahren) uninformierten und verkniffenen Handelsdiplomaten aus dem Land der Morgenfrische machten mich nicht neugierig auf ihre nördliche Halbinsel, sondern verursachten mir Ärger.

Alle Koreaner trugen am Revers ein Abzeichen unterschiedlicher Ausführung mit dem Konterfei ihres Führers, meist mit der koreanischen Staatsflagge unterlegt. Wolfgang Stepke schwor Stein und Bein, man könne aus der

Form, Größe, Farbgebung und anderen Merkmalen auf die Stellung des Trägers in der koreanischen Hierarchie schließen, aber die erbetene Tabelle habe ich nie erhalten. Eine andere Sache war sicher: Die koreanische Sprache hatte offensichtlich zwei Ausdrücke für das Wort „Genosse": Einen für die „Normalgenossen", einen anderen für die höhergestellten, verehrenswürdigen Genossen.

Wie bekannt, versuchten die Nordkoreaner eine Art Slalom zwischen der Sowjetunion und Volkschina und ließen wissen, sie benötigten weder die sowjetische noch die chinesische Lehre, weil sie über eine eigene, bessere verfügten. Sie kamen irgendwie voran, und wenn die USA heute über die in Nordkorea erzeugte Militärtechnik bestürzt sind und befürchten, die könnte Terroristen in die Hände fallen oder gar gezielt geliefert werden, dann lächelt keiner mehr. Tatsächlich brachten die Nordkoreaner in den 70er Jahren die Eigenproduktion von Schiffen, Lokomotiven, Eisenbahnwaggons, von Lastkraftwagen, Traktoren, Landmaschinen, Werkzeug- und Textilmaschinen zustande, und auch in der Chemie- und Leichtindustrie fehlte nichts Wesentliches. Aber nichts davon entsprach den Leistungs- und Qualitätsstandards der DDR, und so glichen die Warenlisten des koreanischen Exports denen eines mäßigen Entwicklungslandes. Die größten Positionen des DDR-Imports waren Sintermagnesit und Kaustermagnesit (die brauchten unsere Feuerfest-Hersteller in Aken für Hochofenauskleidungen) und Nichteisenmetalle in roher und verarbeiteter Form, einige Erzeugnisse der Textilindustrie, einfachste Handwerkzeuge, Fülltabake. Einziges Erzeugnis der großen metall-verarbeitenden koreanischen Industrie waren einfache Drehbänke und Bohrwerke, die in Reparaturwerkstätten der Landwirtschaft für die Ersatzteilfertigung brauchbar waren – so etwas Einfaches stellte in der DDR kein Betrieb mehr her.

Gern hätten wir Waggons importiert, mussten aber die Hände davon lassen, denn sie sprangen bei erhöhter Geschwindigkeit aus den Gleisen. Nur unter großen Verrenkungen gelang es, Koreanern deutlich zu machen, dass ihre Erzeugnisse nicht der letzte Schrei waren. Jahrelang hatte die DDR Blei und Zink in unverarbeiteter Form aus Korea importiert, da pressten sie uns das Zugeständnis ab, zukünftig vorwiegend Halbzeuge zu kaufen, welche bessere Preise als das Rohmaterial erzielten. Statt Rohblei erhielten wir zunehmend Bleibleche, Bleidrähte und anderes Halbzeug. Aber die Halbzeuge waren nicht maßhaltig. Die Koreaner lehnten empört jede Reklamation ab, doch pfiffige Leute aus dem Reich des Alexander Schalck hatten die rettende Idee: Sie ließen die Halbzeuge in der DDR wieder einschmelzen und verkauften das in seinen Urzustand zurückversetzte Blei, Zink und Messing in den Westen, und angesichts des für DDR-Exporteure günstigen Kurses für die erlösten konvertierbaren Devisen sprang hinten noch ein Gewinn in Mark heraus. Doch davon durften (oder wollten) die Koreaner nichts wissen. Weltniveau hatten im koreanischen Export am ehesten die Erzeugnisse aus der Ginseng-Wurzel, denen der Ruf anhaftete, die männliche Zeugungskraft zu steigern.

Die mit der UdSSR Handel treibenden sozialistischen Länder schlossen für Fünfjahreszeiträume Langfristige Handelsabkommen ab, der Rhythmus war 1965-1970, 1970-1975, 1976-1980 usw. Die Koreaner wollten nun keineswegs moskaukonform gehen, also forderten (und erhielten) sie von der DDR ein Abkommen für 1976-1984.

Im Jahre 1977 musste auch der Wirtschaftsausschuss DDR – Korea in Vorbereitung eines hohen Staatsbesuches vor Ort den Boden vorbereiten, und da durfte ich nicht ausscheren. Ein Vertreter unseres Außenhandelsministeriums war in allen Wirtschaftsauschüssen Mitglied. Der Grund dafür war einfach: Fast alle Vereinbarungen und Abkommen wirtschaftlichen Charakters mündeten letztlich in Warenlieferungen und -bezüge. Die gegenseitigen Lieferverpflichtungen schlugen sich in den Handelsabkommen nieder, und die Kontrolle der Vertragsbindung und Realisierung jeder einzelnen Abkommensposition sowie der Zahlungsbilanz gab Aufschluss, wie es jede der Parteien mit ihren Pflichten gehalten hatte. An vorderer Stelle der Tagesordnung stand bei jedem Treffen eines Wirtschaftsausschusses daher der Bericht der Außenhandelsministerien zur Lage im Warenaustausch.

Der Vorsitzende der DDR-Seite des Korea-Ausschusses war der Stellvertreter des Vorsitzenden des Ministerrates Hans Reichelt. Reichelt war 1925 geboren, stammte aus einer Arbeiterfamilie und war Mitglied der Bauernpartei. Seit ewigen Zeiten schon war er Minister: Von 1953 bis 1963 Landwirtschaftsminister, seit 1972 Minister für Umweltschutz und Wasserwirtschaft. Ein Hüne von Gestalt, schwerfällig in den Bewegungen, strahlte Reichelt eine ungeheure Ruhe aus. Ich habe ihn als konzentrierten, selbstbewussten, wortkargen und gelegentlich etwas zynischen Leiter in Erinnerung. Mit Hans Reichelt, einem Mann von so hohem Rang, zu reisen, hieß angenehm zu reisen. Ihm stand eine TU 134 der Regierungsstaffel zur Verfügung, und mit dieser flogen wir im Oktober 1977 auf der Strecke Berlin – Moskau – Omsk – Irkutsk – Chabarowsk nach Pjongjang.

Unsere Maschine flog nicht auf der internationalen Route Moskau – Tokio, die verlief weit im Norden, sondern in Grenznähe, überquerte Blagoweschtschensk und Birobidschan, aber um unserer Regierungsmaschine das erlauben zu können, hatten uns die Sowjets zwei Fluglotsen beigegeben, die allein hielten die Flugkarten in Händen und wiesen den Navigator der DDR-Besatzung ein. Aber, wie das so unter Kollegen sein kann, die beiden russischen Towarischtschi vertrauten ihren deutschen Freunden gegen alle Vorschrift dann doch ihr kostbares Kartenwerk an, und die zeichneten sich den Streckenverlauf auf alle Fälle auch noch mal in ihre eigenen Bordkarten ein, während die vorübergehend freigestellten sowjetischen Genossen im hinteren Teil des Flugzeugs fürstlich bewirtet wurden und allen Grund hatten, die schmackhafte deutsche Kost und den großen Klaren aus Nordhausen zu loben.

Pjöngjang war keine Stadt zum Wohlfühlen, zu offensichtlich war, dass der Gigantismus seiner öffentlichen Bauwerke mit der verordneten Enthaltsamkeit und Armut ihrer Bewohner kontrastierte. Ich empfand Bewunderung für die Leistung der Architekten und Bauarbeiter, die aus Schutt und Asche eine Stadt von großstädtischem Zuschnitt geschaffen und aus dem Nichts auch einige historische Bauwerke – die Stadttore, zum Beispiel – nachgebaut und moderne Bauten, wie den Kulturpalast des Volkes, mit geschwungenen Dächern und traditionellen architektonischen Stilelementen geschmückt hatten. Kein Bauwerk dieser Stadt war, als ich sie zum ersten Mal betrat, älter als 24 Jahre. Pjöngjang war eine Art Retortengeburt, weitläufig, unpersönlich, ohne Charme, das Leben darin genormt, uniform und wahrscheinlich ziemlich freudlos. Das Leben in Pjöngjang lief entweder in Bühnenfassung und nach offiziellem Drehbuch ab: dann war es schreiend bunt, laut, geleckt, und die Menschen hatten ein unechtes Dauerlächeln angelegt, oder es war lustloser, grauer Alltag, die Menschen ortsgebunden, in engen, von schwachen Glühbirnen kaum erhellten Wohnungen, in Einheitskleidung, Kimtschikraut essend und zu ständigem Götzendienst angehalten. Wenn ich allein durch die Wohnstraßen ging, sah ich in Häuser und Höfe, um ein Bild zu gewinnen, wie es sich lebt in dieser Hauptstadt. Immer hatte ich das Gefühl, dass die Menschen mich meiden, weil sie mit mir, einem Ausländer, nicht reden sollten oder durften, und ganz sicher sprach ja auch keiner von ihnen eine ausländische Sprache. Nirgendwo eine öffentliche Gaststätte oder ein Café oder Kino, von nirgendwo her ein Fetzen Musik, nichts, wohin ich hätte eintreten können, um eine Kleinigkeit zu kaufen.

Wenn ich nicht mit einer Delegation reiste, wohnte ich im „Hotel Potonggang", dem besten am Platz, am Rande eines Parks und breiten Wassergrabens, gespenstisch leer und still, groß und kalt und nüchtern wie ein Krankenhaus. Dreimal, vom Staatsbesuch im Dezember 1977 abgesehen, war ich in Pjongjang, jedesmal drohte dasselbe Besichtigungsprogramm: Museum der Koreanischen Revolution, Museum des Sieges im Vaterländischen Befreiungskrieg 1950 bis 1953, Einblick in das Leben im Pionierpalast. Vor dem gewaltig dimensionierten Revolutionsmuseum, in zehnfacher Lebensgröße, mit erhobenem rechtem Arm, weit hinaus über den Tädongfluss in die lichte Zukunft weisend, das vergoldete Monument Kim Il Sungs – es wurde später, angeblich auf seinen eigenen Wunsch hin, bronziert.

Höhepunkt der Polittouristik in Pjongjang war jedoch ohne Zweifel der unvermeidbare Besuch des Hauses einer eher wohlhabenden, doch seit Generationen revolutionären Bauernfamilie, des Geburtshauses des großen Führers im 10 km entfernten Vorort Mangyongdae. Auf den Bildpostkarten ist zu sehen, dass das koreanische Volk dort in endloser Schlange ansteht und Zutritt begehrt, aber überfüllt schien mir der Platz nie.

Wie kostbare Reliquien zeigen die Erklärer die Sehenswürdigkeiten her: Eine Kiefer, auf die der Knabe Kim stieg, um nach dem Regenbogen zu greifen, eine weiße Pappel, auf die er kletterte, um den nahenden Feind auszuspähen, einen Brunnen, aus dem er Wasser schöpfte, eine Bank auf der er gesessen hatte, um über die lichte Zukunft seiner Heimat nachzudenken. Die Bank war von einem Karree aus weißen Steinen eingefriedet, niemand wagte es, sich auf diese Bank zu setzen. Otto Dieß vertraute mir an, vor Jahren habe ihn einmal ein jahrelanger Arbeitspartner aus dem Außenhandelsministerium an diesen Wallfahrtsort begleitet, ihm einen großen Strauch gezeigt und ganz, ganz leise gesagt: Hinter diesen Strauch hat der große Führer gesch…..

Mit Recht kann der Leser erwarten, dass ich auch von dem Arbeitsprogramm berichte, das ich in Pjongjang erfüllte, aber die Erinnerung daran bereitet mir wenig Vergnügen. Die Zusammenarbeit mit meinen koreanischen Verhandlungspartnern war zähflüssig, langwierig, schwer war es, zum Wesen der Dinge vorzustoßen, ein ungelöstes Problem auf den Punkt zu bringen und der Wahrheit die Ehre zu erweisen. In der koreanischen Planungsbürokratie war das Außenhandelsministerium von niederem Rang und zu selbständigen Entscheidungen kaum befähigt. Eine in der heutigen Sitzung gestellte Frage wurde grundsätzlich erst in der folgenden beantwortet. Die Geheimniskrämerei war noch grotesker als zuhause, wahrscheinlich hatten die koreanischen Sicherheitskräfte sehr wirksame Kontrollinstrumente: Was der Ausländer nicht erfahren sollte, erfuhr er nicht. Meine Landsleute waren wie vom Donner gerührt, als eines Tages die erste Linie der Pjongjanger Untergrundbahn eröffnet wurde, niemand im Diplomatischen Corps hatte auch nur geahnt, dass die Hauptstadt untertunnelt worden war. Es hieß, ein Stollen der Linie führe tief in den Berg und dort seien riesige Hallen geschaffen worden, die bei einem Atomschlag die Bevölkerung der ganzen Hauptstadt aufnehmen könnten.

Ich sagte es schon: Mit Reichelt reisen hieß angenehm reisen, doch auch Verhandlungen auf so hoher Ebene waren nicht frei von Überraschungen. Nach Ankunft unserer Sondermaschine ließ sich die Delegation in den mächtigen Sesseln des VIP-Salons im Flughafen zum Tee nieder, aber dann verzögerte und verzögerte sich die Rückgabe der Pässe, und schließlich machte sich der Handelsrat Wolfgang Stepke auf die Socken. Entgeistert kam er zurück: Im ersten Stock des Gebäudes hatte er durch die geöffnete Tür in einen Arbeitsraum hineingeschaut, da saßen fleißige koreanische Junggenossen und schrieben aus unseren Pässen Seite für Seite ab, welche Länder uns bisher Visa erteilt und Einreise- und Ausreisestempel in die Reisedokumente gedrückt hatten. Das dauerte natürlich. Der Dolmetscher bat den Protokoller, doch mal bitte im ersten Stock in dem Zimmer nahe der Treppe nachzusehen, ob seine Landsleute schon mit der Durchsicht unserer Reisepapiere am Ende seien. Dann bezog die Delegation die prächtige Residenz. Ich war mit meinem Zimmer sehr zufrieden, denn nichts fehlte. Auf dem großen Schreibtisch standen sechs Bände der Werke Kim Il Sungs in Goldschnitt für mein Selbststudium bereit. Unsere Verhandlungen mündeten in die Anfertigung eines Dokuments über die weitere Ausgestaltung der wirtschaftlichen Beziehungen, das die Staatsoberhäupter zwei Monate später unterzeichnen sollten.

Ich war noch ein zweites Mal im Gefolge von Hans Reichelt in Pjongjang, das war im Oktober 1978. Wie stets sollte auch diesmal das Ergebnisprotokoll der Wirtschaftsausschusstagung zeremoniell unterzeichnet werden. Das Abschlussdokument wurde stets dreisprachig verfasst, deutsch, koreanisch und russisch, wobei der russische Text im Falle von Meinungsverschiedenheiten zur Interpretation herangezogen werden sollte. Eine genaue russische Fassung herzustellen war also kampfentscheidend, und das Gastland übernahm es, den abgestimmten Text je einmal für beide Delegationen in Reinschrift vorzulegen. Die hohen Delegationen versammelten sich zur feierlichen Unterzeichnung in einem der weiträumigen Säle des Kulturpalastes und nahmen hinter einem Riesentisch Aufstellung, der Botschafter der DDR erschien (Dietrich Jarck, er hatte Vorgänger Everhartz abgelöst), eine beachtliche Pressemeute hatte sich bereits hinter einer absperrenden Kordelschnur versammelt, da winkte der DDR-Dolmetscher Gensicke von einer Seitentür her den Delegationsleiter Hans Reichelt heran. Aufgeregt brachte er heraus, dass ihm beim Durchlesen der schon in die Abkommensmappe eingebundenen und gesiegelten russischen Fassung grob sinnentstellende Formulierungen, die aus einem „Ja" ein „Nein" machten, aufgefallen seien. Er gäbe seinen Kopf dafür: Der abgestimmte Text sei in Betrugsabsicht geändert worden. Reichelt rief einen weiteren Russischkundigen zu sich, bat um gutachterliche Äußerung. Ja, der ausgehandelte Kompromiss werde mit dieser willkürlich veränderten Fassung verfälscht, das könne Reichelt nicht unterschreiben.

Was tun? Reichelt machte das mit sich allein aus, ließ sich lediglich ein leeres weißes A 4-Blatt geben und betrat dann wieder ungerührt den Festsaal. Die Mappen wurden vorgelegt, Reichelt unterzeichnete, doch nur die neben ihm Stehenden sahen wie: Auf das weiße Blatt, das er ohne Aufsehen über die Schlussseite des Dokuments geschoben hatte ...

Sekt. Reden. Dann trat Reichelt mit dem koreanischen Gastgeber und den beiden Dolmetschern zur Seite: Es schiene ihm, im russischen Text gäbe es kleine Ungenauigkeiten, so etwas passiere in der Eile, die Genossen sollten sich doch nochmal zusammensetzen. Sie setzten sich, lösten die Siegel ab und ersetzten die falschen russischen Fassungen durch die richtigen, zogen die Kordelschnüre wieder ein und siegelten erneut ... Hans Reichelt holte in der Stunde des Abschieds im Flughafen seine Unterschriften unauffällig nach. Sein Ansehen war weiter gewachsen.

Vietnam: Solidarität großgeschrieben

In der Hauptstadt der Vereinigten Staaten, zwischen dem Lincoln-Memorial und dem Washington-Monument, liegt die Gedenkstätte für die Toten des Vietnamkrieges. Ein breiter Fußweg führt leicht abwärts an immer höher werdenden, doch nie die Rasenfläche der parkartigen Umgebung überragenden schwarzen Granitplatten entlang, die die Namen von 58.191 Toten und Vermissten zeigen „in the order they were taken from us." Keine politische Aussage. Die Namen sind das Monument. Als ich es 1994 sah, waren zwanzig Jahre vergangen, seit die letzten US-Marines am frühen Morgen des 1. Mai 1975 mit dem zusammengefalteten Sternenbanner vom Dach der US-Botschaft in Saigon abgeflogen waren, aber das vietnamesische Trauma wirkte unverändert fort.

Mit meinem Direktionsbereich übernahm ich 1969 auch Verantwortung für die Handelsbeziehungen mit der Demokratischen Republik Vietnam, also

Nordvietnam, und für die Wirtschaftsbeziehungen insoweit, als nahezu alle Investitionsvorhaben, die die DDR inVietnam in die Hand nahm, formal als Warenlieferungen auf Kredit von Außenhandelsbetrieben realisiert wurden.

Vietnam war seit zwei Jahrzehnten nicht zur Ruhe gekommen. Das 1954 geschlossene Genfer Abkommen, dem zufolge am 17. Breitengrad eine Demarkationslinie gezogen wurde, die auch Grundlage für eine Truppenentflechtung sein sollte, und das für das Jahr 1956 gesamtvietnamesische Wahlen vorsah, verhinderte die politische Spaltung des Landes nicht. Doch war dies keine Spaltung, wie wir sie in Deutschland erleben mussten, denn die angeblich so viel beglückendere Ordnung in Südvietnam änderte wenig an der bedrückenden Armut der überwältigenden Mehrheit des einfachen vietnamesischen Volkes. Die Wiedervereinigung blieb ein erstrebenswertes Ziel in ganz Vietnam.

Der Norden verkündete 1960 den Aufbau des Sozialismus. Im Süden wirkte, gestützt durch den Norden, eine Befreiungsbewegung; für die befreiten Gebiete wurde 1969 eine Provisorische Revolutionäre Regierung geschaffen, und am 6. Juni 1969 wurde die Republik Südvietnam ausgerufen. 1964 hatten USA-Zerstörer unter einem Vorwand im Golf von Tonking das Feuer auf vietnamesische Schiffe eröffnet und nordvietnamesisches Staatsgebiet angegriffen. Bis 1968 wird Nordvietnam einem pausenlosen Bombardement ausgesetzt.

Als ich 1969 die Arbeit im Direktionsbereich aufnahm, erlebte Nordvietnam eine militärische Atempause, doch 1971 befahl Nixon die Wiederaufnahme der Bombenabwürfe auf dicht besiedelte Gebiete des Nordens, auch auf Hanoi und Haiphong, und später die Verminung der Häfen und Flussläufe. Die Sowjetunion leistete der DRV durch den Aufbau eines modernen Luftabwehrsystems militärische Hilfe, und es hieß, die vietnamesischen Kampfflugzeuge würden von sowjetischen Piloten geflogen. Ich weiß, wie oft ich mir die Frage stellte: Wie wirst du dich verhalten, wenn morgen in der DDR Kriegsfreiwillige für Vietnam ausgehoben werden? Oder wenn du an den in der NVA geleisteten Eid erinnert wirst? Bist du wenigstens bereit, sofort Dienst in der Handelsvertretung Hanoi zu tun? Ich wollte erfahren, ob eine Internationalisierung des Vietnamkonfliktes drohte, verstand aber bald, dass der schon Mitte der 60er Jahre offensichtliche Bruch zwischen China und der UdSSR und Chinas Einflusszonen in Südostasien das offene militärische Eingreifen der europäischen Freunde Vietnams ausschlossen. China verhinderte ja sogar zeitweilig die Weiterleitung von Hilfsgütern aus der Sowjetunion und der DDR in das leidende Nachbarland! Um so klarer war: Praktische materielle Hilfe, materielle Solidarität mit Vietnam ist Pflicht. Doch waren die Hilfsquellen der DDR nach dem Machtantritt Honeckers, der den Wohlstand der eigenen Bevölkerung spürbar anheben wollte, eher begrenzt.

Parteiführung und Regierung beschlossen den maximalen Umfang der Kreditgewährung für Vietnam und garantierten für die Solidarität der DDR-Bürger in einer festen Geldsumme, die Minimum und Maximum zugleich war. Diese wurde aus dem gesamten Spendenaufkommen abgegriffen Die Regierung schuf die Voraussetzungen, dass in diesem Wert Güter aus dem Inlandwarenfonds entnommen werden konnten. Solidaritätsgüter konnten Stoffe, Seife, Brühpasten, Fahrradersatzteile sein, aber auch die Errichtung einer orthopädischen Werkstatt oder die Rekonstruktion eines Krankenhauses.

Das Vertragswerk, das jährlich zur Organisation und Absicherung von Regierungshilfe und Solidarität geschaffen werden musste und das die wenigen Mitarbeiter in der Ländersektion unter der tatkräftigen, klugen und liebenswerten Johanna Mothes hoch forderte, war sinnvoll aufgebaut.Alle Lieferungen und Leistungen für die Errichtung von Industrieanlagen und Großobjekten, aber auch Warenlieferungen, die nach den internationalen Usancen nicht kreditfähig waren, fanden Eingang in ein Protokoll über materielle Hilfe durch zinslos kreditierte Warenlieferungen, die in Rubelpreisen bewertet waren, 1971 hatte dieses Protokoll einen Umfang von 15,4 Mio. Rubel. Dieses Protokoll unterzeichneten die Stellvertretenden Außenhandelsminister im Namen ihrer Regierungen. Im Annex zu diesem Protokoll wurde fixiert, welche Anlagen neu in Angriff genommen werden, und für welche schon begonnenen weitere Jahresscheiben ausgeliefert werden. Das wurde im Laufe der Zeit eine stattliche Liste: Feinstahl- und Drahtwalzwerk Gia Sang, Schweißelektrodenfabrik, Porzellanwerk, Großplattenwerk, aber auch Rekonstruktionen teilzerstörter Betriebe: Glaswerk Haiphong, Druckerei Tien Bo, Fernmeldeamt Hanoi – und noch mehr.

Die Solidaritätsspenden wurden in einer Protokollvereinbarung verankert, für die der Vorsitzende des Solidaritätskomitees der DDR verantwortlich zeichnete, 1971 hatte diese einen Umfang von 30 Mio. Mark.

Wenn die Not in Vietnam besonders groß war, kam ein drittes Protokoll hinzu. Das war der Fall, wenn Vietnam sich nicht durch einen weiteren Kredit belasten wollte, aber auch der Solidaritätsfonds erschöpft war. Dann wurde noch eine Vereinbarung über die Gewährung eines „Geschenks" abgeschlossen, aber dieses karitativ klingende Wort wurde bald durch „unentgeltliche Warenlieferung" ersetzt, diese Warenlieferungen wurden dem

Export entnommen und in Rubeln bewertet. 1971 wurden „unentgeltlich" Lastkraftwagen, Blutplasma, Fieberthermometer u. a. geliefert.

Diese zwei oder drei Protokolle wurden von einem Staatsabkommen überwölbt, das die Stellvertreter der Vorsitzenden der Ministerräte beider Länder Gerhard Weiss und Le-Thanh-Nghi unterschrieben, dieser Akt wurde stets auf großer politischer Bühne vollzogen und führte Freund und Feind den Opferwillen der DDR vor Augen. Wenn auch die Abkommen über die Kreditgewährung Tilgungen in zehn gleichen Jahresraten vorsahen – alle wussten: Das schreiben wir jetzt mal so auf, weil dies auch den Stolz der Vietnamesen achtet, aber bezahlt wird eigentlich mit Blut ...

Im Jahr 1972 ging den USA wohl endgültig der Glaube an die Gewinnbarkeit des Vietnamkrieges verloren. Aber auch unseren Freunden im Norden ging die Luft aus. Im Juli 1972 musste die DRV unter der Wucht der Kriegslasten das begonnene Aufbauwerk, an dem die DDR so vielfältig beteiligt war, unterbrechen und vorübergehend alle zivilen Großvorhaben einfrieren. Mein Bereich arbeitete maßgeblich an den notwendigen Beschlüssen des Ministerrates und den Instruktionen für die DDR Lieferwerke mit. Diese mussten die begonnenen Produktionen so weit es ging, für andere Aufträge verwenden oder ganz stoppen, Sonderfertigungen einlagern. Bau- und Montagepersonal wurde aus Vietnam abgezogen. Kosten, die sich daraus unabwendbar ergaben, wurden nicht dem vietnamesischen Partner aufgebürdet, sondern aus dem Ausgleichsfonds des MAH erstattet.

Schließlich zwangen gegen Ende 1972 die USA den ungeliebten südvietnamesischen Partner Thieu mit der DRV und der Provisorischen Revolutionären Regierung Südvietnams an den Verhandlungstisch. Die Pariser Verhandlungen scheiterten in der ersten Runde, und sogleich setzten die USA die Kräfte des Nordens noch einmal unter mörderischen Druck. Um Weihnachten 1972 wurde Hanoi elf Tage lang bombardiert, und die USA setzten dabei die gleiche Feuerkraft ein wie gegen Nagasaki. 500.000 Einwohner Hanois mussten aus der Hauptstadt evakuiert werden. Die französische und algerische Botschaft wurden zerstört.

Dann ging es in Paris weiter. Der Text des dort von Kissinger und Lê Duc Tho ausgehandelten Waffenstillstandsabkommens war in wichtigen Fragen schwammig, unklar, was die USA bewusst in Kauf nahmen, es musste ihnen reichen, sie wollten das Gesicht wahren. Am 27. Januar 1973 war der Waffenstillstand vereinbart. Die amerikanischen Kriegsgefangenen kamen frei.

Die letzte USA-Kampfeinheit verließ offiziell am 29. März 1973 Südvietnam, doch die Vietnamesen wussten, dass als Zivilpersonen getarnte Militärpersonen im Süden verblieben waren. Der seiner Schutzmacht verlustig gegangene Thieu dachte nicht daran, Wahlen abhalten zu lassen, solange sich der Vietcong in seinen Provinzen eingrub, und Nordvietnam dachte nicht daran, die Wiedervereinigung unter sozialistischer Herrschaft aufzugeben. 1974 waren die Kämpfe um den Süden in alter Heftigkeit neu entbrannt.

Im April 1974 hatte das vietnamesische Außenhandelsministerium eine Reise ins Landesinnere mit festgelegtem, aber nicht namentlich bekannt gegebenen Endpunkt verordnet – mir, Hanna Mothes, und dem Handelsrats-Ehepaar und dazu erklärt, man wolle mir für kameradschaftliche Zusammenarbeit in den letzten Jahren eine besondere Ehre erweisen. Wir fuhren immer südwärts auf der Straße 1, neben der auch der Schienenstrang verläuft. Neben den Gleisen lagen zahllose ausgebrannte Waggonwracks. Immer wieder überquerten wir Flussläufe, über die früher stählerne Brücken geführt hatten, jetzt ragten die zerschossenen Brückenbogen aus dem Wasser, und hölzerne Behelfsbrücken halfen uns weiter, manchmal eine Fähre, oder eine Furt war flach genug, unseren Wolga passieren zu lassen. Unvergessen bleibt mir der Augenblick, in dem wir über die legendäre Hâm Rông-Brücke nahe Thanh-hoa fuhren, das Symbol des vietnamesischen Siegeswillens, die Eisenbahn-, Straßenverkehrs- und Fußgängerbrücke, die immer von neuem von amerikanischen Tiefffliegern beschossen worden war, aber nie ganz zerstört und immer wiederhergestellt wurde. Einmal blieben wir im Schlamm eines Flüsschens stecken, ein Lastkraftwagen zog uns heraus.

Gruppen von Radfahrern kamen uns entgegen, die schwer mit Früchten oder Handwerkserzeugnissen beladen waren. Auf den Feldern sahen wir Kinder auf dem Rücken von Wasserbüffeln, wenn wir anhielten, umringten uns Große und Kleine in freundlicher Neugier. Ich kaufte ihnen einen Aluminiumkamm ab, der hatte Heckflosse und Seitenruder und war aus einem Bruchstück eines amerikanischen Flugzeugwracks herausgesägt. Wir fuhren an Buchten von malerischer Schönheit entlang, in der Ferne Lastkähne unter Segel. Abends erreichten wir einen Platz, auf dem früher eine Stadt gestanden hatte: Vinh. Von der ganzen Stadt war eine einzige dreistöckige Ruine stehen geblieben. Nach dem Kriegsende würde Vietnam die DDR bitten, den Wiederaufbau dieser Stadt zu leiten. In Kiem-lin standen wir ergriffen vor dem Geburtshaus von Ho-Chi-Minh.

Dann brachen wir zur letzten Station auf, in Richtung auf die Grenze mit Laos, ein Jeep fuhr uns voran, ich meine in den Raum Bai-dinh – aber mit Sicherheit weiß ich den Platz nicht zu nennen. Unsere Fahrzeuge fuhren in ein stark bewachtes Gelände ein, auf dem eine Vielzahl von Lagerhallen standen. Vor einem Empfangspavillon machten wir Halt, in der Tür stand überraschend der Stellvertreter des Ministers für Außenhandel, Ba Duc, ein sympathischer kleiner Mann mit breitem Mund, großen Ohren und kleinen Äuglein, das hochgeknöpfte blaue Hemd über den Hosenbund fallend, und in Sandalen, und er breitete die Arme freundlich aus. Der Empfang durch den im Rang Höherstehenden und wohl 250 km fern von Hanoi hatte sicher seine Bedeutung. Wir wurden zum Tee eingeladen. „Mit vielen Waren, die uns die DDR liefert," so erklärte uns der Minister, „helfen wir unseren Brüdern im Süden. Hier sammeln wir diese Waren, in diesem Lager." Dann dankte er allen einzeln für ihre Arbeit für Vietnam. Uns wurde die Ehre zuteil, an den Beginn des Ho-Chi-Minh-Pfades geführt worden zu sein.

Genau ein Jahr später, am 30. April 1975, kapitulierte Süd-Vietnam.

In China, im Reich der Mitte

Die Leitung der Ländersektion China war keine fachlich überdurchschnittliche Herausforderung. Die Handelsbeziehungen zwischen der DDR und China waren von einfacher Bauweise. Im Warenaustausch wurden viele über Jahren gewachsene Traditionen weitergeführt. Im Warenaustausch mit China wurden Staatskredite oder kommerzielle Zahlungsziele für Maschinen und Ausrüstungen in größeren Serien nicht verlangt und nicht gewährt. Dienstleistungen, Transite, Tourismus spielten eine marginale Rolle. Die Warenstruktur, die sich in guten Zeiten herausgebildet hatte, war für beide Seiten von Wert. Die DDR bezahlte im Export zu 99 Prozent mit Erzeugnissen des Maschinenbaus und der Elektrotechnik, das war mehr als eine Idealstruktur, so konnte die DDR in keinem anderen Land der Welt bezahlen! In guten Jahren wurden 2.000 LKW W 50 geliefert, Autodrehkräne, Bagger in großen Stückzahlen, Werkzeugmaschinen, Medizinische Geräte, Diesel-Elektro-Aggregate, Schiffshauptmaschinen, fast jedes Jahr ein Frachtschiff. Anfang der 70er Jahre kamen aus China jährlich etwa 30 kt Reis, 5.000 t Sojabohnen, Gefrier-Volleipulver, Schweinedärme, Gemüse- und Obstkonserven, darunter Ananas, Zitrusfrüchte, Mandarinen, auch Aprikosenkerne, Walnüsse, die DDR erhielt Wolfram, Zinn, Antimon, Quecksilber, Talkum, Borax, Kolophonium. Chinesische Baumwolltextilien, die in vielen entwickelten kapitalistischen Ländern auf Importrestriktionen stießen, waren in der DDR heiß begehrt, weil hier der Ausstoß der eigenen Leichtindustrie hinter dem Verlangen der Bevölkerung zurückblieb, allein aus China kamen 400.000 Frottiertücher im Jahr, aber auch Seiden- und Wollgewebe, Taschentücher, Rohnessel, Köper, Flanell, Popeline, Bettfedern, Borsten, Menschenhaar. Und die tausend kleinen Dinge: Vorhängeschlösser, Kleinwerkzeuge, Emaillegeschirr ... Kurz gesagt: Was sich beide Länder lieferten, hatten sie und gaben sie gern ...

Hinzu kam, dass vor dem Hintergrund wachsender Spannungen in der kommunistischen Weltbewegung beide Seiten einander kein Argument liefern wollten, im Warenaustausch nehme einer des anderen Großmut oder Hilfe in Anspruch oder missbrauche sie gar. Daher achteten die DDR und China sorgfältig darauf, Ungleichgewichte zu vermeiden und sorgten stets für eine annähernd ausgeglichene Zahlungsbilanz. Die an der Chinafront eingesetzten Handelsfunktionäre der DDR sollten keine politischen Schlachten schlagen, sondern diplomatisch und ruhig auf den Vorteil der DDR bedacht sein, ohne den Chinas mit Füßen zu treten. Mit der Wahl des Sektionsleiters Günther Karrasch, der aus dem Werkzeugmaschinenkombinat 7. Oktober kam und dort Büroleiter Biermanns gewesen war, hatte ich richtig entschieden. Karrasch hatte den unschätzbaren Vorsprung, selbst in China studiert zu haben und die Sprache fließend zu sprechen, und er wusste, wie es tags und nachts in einer chinesischen Großfamilie zugeht. Er war ruhig und besonnen.

Für völlig ausgeschlossen hielt ich, dass die Handelsmitarbeiter unserer Pekinger Botschaft irgendwie der Mao-Tse-tung-Ideologie könnten. Als zuständigen Leiter hätte man mir für ein solches Vorkommnis die Leviten gelesen. Regelrecht aufpassen musste man aber, wenn die Chinesen von unserem Staat als von „Ostdeutschland" sprachen und nicht von der Deutschen Demokratischen Republik. Die Chinesen waren schon damals der Meinung, das deutsche Volk sollte in nur einem Staat leben, da es doch auch eine einzige Nation sei. Wenn die Chinesen Bekehrungsversuche unternahmen – eine Zeitlang begannen sie alle geschäftlichen Verhandlungen mit einer kleinen Mao-Zitatenlesung – ließen das unsere braven Außenhändler über sich ergehen, man kam dann schnell wieder zur Sache.

Ärger und die Weisung, ein Disziplinarverfahren durchzuführen, bekam ich einmal aber doch, und das wegen einer ausgesprochenen Kindsköpfigkeit von Manfred P…, dem Delegierten des Außenhandelsunternehmens Feinmechanik-Optik in Hanoi. Er reiste über Peking in der Maschine der chinesischen Gesellschaft CAAC nach Hause zurück. Während des Fluges nach Moskau liefen die Stewardessen mit Tabletts voller Mao-Abzeichen herum, und unser Manfred erbat sich ein besonders großes und steckte es an, aus Jux natürlich. Sogleich wurde er mit einem Gläschen des würzigen und sehr starken Mao-Tai-Schnapses belohnt, und wunschgemäß wurde ihm noch oft nachgegossen. Mao-Tai wurde aus Steingutkruken ausgeschenkt, ähnlich aussehend wie die westfälischen Steinhägerflaschen, die Gläschen wurden bis an den Rand gefüllt, und wegen der Oberflächenspannung wölbte sich dann über dem Glas noch eine konvexe Linse des edlen Getränks wie ein kleiner Berg ... Dann verteilten die Stewardessen die berühmten kleinen roten Büchlein, Mao-Bibeln genannt, und eine der Damen nahm im Mittelgang Aufstellung und begann zu singen. Auch das gefiel Manfred, und er sang und trällerte allerlei Varianten des propagandistischen chinesischen Liedgutes mit. Damals gab es immer einen, der etwas anzuzeigen hatte, und so landete die Sache bei mir, und einen mündlichen Verweis musste ich ihm schon aufbrummen.

Geographisch weit entfernte Auslandsvertretungen der DDR und erst recht solche in Spannungsgebieten wie China genossen einen von ihren Leitern und Mitstreitern geschätzten Vorteil: Sie wurden selten oder nie von Mitgliedern des Politbüros und Ministern aufgesucht. Deren Aufenthalt konnte für das Leitungspersonal leicht zum Verhängnis werden, denn die höchstrangigen Besucher gaben sich oft vom ersten Tag an allwissend und legten Zufallsbeobachtungen falsche Bedeutungen bei. Mancher Botschafter hat sich bei solchen Gelegenheiten einen Knax weggeholt. Zu meinen Pflichten als Direktionsbereichsleiter gehörte, mich wenigstens in größeren Abständen von der Aufgabenerfüllung in „meinen" Handelsvertretungen zu überzeugen und vor Ort das Zusammenspiel der Leitungsmannschaft und ihre Akzeptanz im Kreis der Absatz- und Bezugsorganisationen zu erspüren.

Bei solcher Inspektion vor Ort fanden ausgedehnte Leitungssitzungen und Besprechungen mit dem Gesamtkollektiv statt, meist hielt ich auch eine Sprechstunde ab, in der ich unter vier Augen Wünsche und Beschwerden anhörte. Sehr oft brachte ich ein zuhause vorskizziertes Referat zu politischen und wirtschaftlichen Gesamtlage in der Heimat mit und machte mir Mühe, auch offen über Widersprüche und Mängel zu sprechen. Aber es kam eben auch vor, dass die Notizen der Teilnehmer danach eigene Wege gingen und ich später daheim auf peinliche Weise mit meinen doch etwas zu freimütigen oder auch laxen Bemerkungen konfrontiert wurde. Trotzdem ließ ich mich nie davon erschrecken, dass die Wände Ohren haben. Ich wusste, eine solide Mehrheit war immer interessiert, auch Überlegungen zu hören, die nicht im „Neuen Deutschland" standen. Ich war schon 1965 in Peking gewesen, nun war ich 1971 als DB-Leiter dort. Auf dem Flughafen weit vor der Stadt, zu dem eine von Pappeln gesäumte staubige Straße führte, empfingen mich der Handelsrat Carl-Alexander Eckloff und seine Attachés, alle mit dunklen Anzügen gewandet.

Eckloff war eine respektgebietende Persönlichkeit. Er war das Kind einer Haushälterin, und sein Vater war ein wohlhabender jüdischer Wiener Kaufmann, und Carl-Alexander Eckloff hatte das während der Zeit des Nationalsozialismus verheimlichen und sein Leben retten können. Eckloff war ein Pionier der Anfangsjahre der DDR. Er war schon leicht gebeugt, und grau im Gesicht, die Augen von buschigen Brauen überwölbt, als ich ihn kennen lernte. Klar in der Zielansprache, streng, mitunter knarrig und brummig Er machte den Generationenunterschied sichtbar, ohne Altersüberheblichkeit zu zeigen, und war weitsichtig und weise. Carl-Alexander Eckloff hielt sich an gesellschaftliche Normen und war darin auf geradezu preußische Weise korrekt. Er war bewusst höflich, wenn er meinte, dem Amt wie dem Menschen, der es trägt, stünde Ehrerbietung zu. Natürlich erwies er auch den Chinesen den schuldigen Respekt, zeigte aber auch stets das Selbstbewusstsein und die Unabhängigkeit eines freien Mannes. Bei einer Problembesprechung, die wir - um das Abhören auszuschließen — mit einem Parkspaziergang verbanden, blieb er auf einmal ganz unaufgeregt stehen und zeigte mir mit ausgestrecktem Arm die uns verfolgenden Sicherheitskräfte.

Eigentlich erfuhr ich zum ersten Mal von ihm, wie widersprüchlich und differenziert die Weltsicht in der politischen Führungsschicht und intellektuellen Vorhut Chinas zu jener Zeit war. Eckloff setzte Hoffnungen in Tschou En-lai, den in Frankreich, England und Deutschland studierten Pragmatiker, der bisher alle Säuberungen überlebt hatte. 1971 suchten die chinesischen Führer die Kulturrevolution mit der Erklärung, sie habe gesiegt, zu beenden. Eckloff zeigte mir im Sommerpalast Stellen, an denen in der Kulturrevolution zerstörungsbedrohte Bilddarstellungen mit Kalkmilch übermalt worden waren, um sie so erst einmal vor der Vernichtung zu retten.

Weil es ganz gut an diese Stelle passt, will ich noch erzählen, wie ich das Ende der Kulturrevolution erlebte. Den Anfang hatte ich 1965 während der Mission „Analysenwaage" erlebt. Im Jahr 1978 war ich der Einladung zur Messe Kanton gefolgt. Wir hätten eine erneute repräsentative Beteiligung Chinas in Leipzig gern gesehen, da mussten wir auch Interesse für Kanton zeigen. Die Gastgeber rissen sich ein Bein für mich aus, aber ich will nur ein Erlebnis berichten. Eines Abends wurde ich zusammen mit Handelsrat Hohlfeld und Günther Karrasch zu einem Folkloreabend eingeladen, in eine riesige Halle, vor allem mit chinesischen Gästen bis auf den letzten Platz gefüllt. Das Tanzensemble „Orient" sollte auftreten. Das Ensemble bot Tänze und Lieder des „Ostens" – der Osten, das waren Burma und Indien, die Mongolei, Ägypten, aber auch Argentinien, Brasilien, schließlich sogar die USA und

Japan. Das Publikum ging freudig mit, vor allem die temperamentvollen Volkstänze der Südamerikaner kamen an, und im besonderen ein amerikanischer Volkstanz namens „Rüttel-und-Schüttel-Tanz". Bei uns hieß dieser Rock and Roll. Aber dann wurde ein Flügel herangeschoben und eine Sängerin betrat die Bühne, und da schwoll der Beifall zum Orkan an und wollte und wollte nicht enden. Ich wandte mich fragend an den Dolmetscher: Eine sehr beliebte Sängerin, nicht wahr? Der war ganz aus dem Häuschen: Jaja, aber schauen Sie doch, Lemke Tungsche, schauen Sie, sie hat ein Kleid an, ein langes, gelbes Kleid!!!" Es schien, sie war die erste Künstlerin, die wieder ein elegantes Kleid angelegt hatte, und die Besucher nahmen es wohl als Zeichen, dass die Zeit der mausgrauen Uniformen auch für sie zu Ende ging.

Der Warenaustausch mit China war Clearinghandel, Verrechnungswährung war der (sowjetische, nicht der Transfer-) Rubel. Unter sachlich und friedfertig gestimmten handeltreibenden Ländern ist die Wahl der Verrechnungswährung kein Politikum, sondern eine Frage der regionalen Tradition und der Zweckmäßigkeit. Verrechnungswährung kann auch die Kaurimuschel sein, solange man sich auf ihren Kurs zu einer anderen Währung einigt, in der im Welthandel Preise ausgedrückt und fakturiert werden. Aber als sich Chinesen und Russen am Ussuri blutige Köpfe schlugen und China erste Schritte der Annäherung an die USA vorbereiteten, da wurde der Rubel auf einmal zum Politikum ...

Ich bezweifle, dass ich noch irgendjemanden finden kann, der zu sagen weiß, wann mir die chinesischen Ministerialen zum ersten Mal die Stinkbombe in Gestalt der Frage hinwarfen, ob es nicht zweckmäßig sei, unseren Warenaustausch in einer „internationalen" Währung abzuwickeln, ich meine, es war im Herbst 1969. Sicher ist nur, die Frage war nicht gerade fordernd vorgebracht, eher eingestreut, so dass die Antwort darauf nicht sogleich erzwungen werden sollte. Hätte nicht, wie damals, politische Hochspannung zwischen China und der Sowjetunion geknistert, hätte meine Antwort lauten können: Und wie hätten Sie's denn gern? Wie die Dinge nun aber lagen, würde unsere Schutzmacht Sowjetunion uns danach vorgeworfen haben, wir hätten ein Stück ihrer Weltgeltung verspielt.

Wir hätten nun eigentlich zuerst eine Information für die Oberen verfassen und wahrheitsgemäß aufschreiben müssen, dass der Chinahandel platzen kann, wenn wir auf Dauer in der Rubelfrage hart blieben, und eigentlich war die Frage so beschaffen, dass eine Konsultation mit der Sowjetunion unvermeidlich schien. Nicht nur die Außenhändler, jeder auch nur halbwegs Vernunftbegabte wusste: Wer unseren DDR-Chinahandel gefährdete, den würden die eigenen Oberen aus dem Tempel jagen. Also meinten wir, jetzt sofort sollte man die Sowjetunion besser noch nicht um Erlaubnis fragen, weil deren Antwort ja „njet" lauten könnte. Wer aber gar nicht erst gefragt und sich kein „nein" abgeholt hat, der kann auch nicht gegen ein sowjetisches Gebot verstoßen haben. Aus dieser Zwickmühle haben Ilsabé Neisener und ich uns sicher nicht allein aus eigener Kraft befreit, aber wer uns den Rücken stärkte, doch erst einmal zu sondieren, wohin die Karre eigentlich läuft, weiß ich nicht mehr zu sagen.

Meiner stellvertretenden Ministerin und mir wurde allmählich klar: Wir mussten eine Seilschaft mit anderen sozialistischen Ländern gleicher Interessenlage bilden, vor allem Ungarn und Polen mussten mit ins Boot. Mit denen müssten wir zu der einheitlichen Überzeugung kommen, dass das Abgehen vom Rubel k e i n e wesentlichen sowjetischen Interessen verletzt. Und dann müssten wir erst einmal Vorbesprechungen mit den Chinesen aufnehmen, und das auf der niedrigst möglichen Ebene, und diese sollte Dietrich Lemke sein.

Währungsdiplomatie

Die Währungsumstellung mit China wurde für mich eine spannende Erfahrung. Gestandenen Diplomaten kann ich nichts Neues erzählen, sie wissen „wie man's macht." Zuerst musste ich in den Wald hineinrufen, damit es wieder herausschallt. Ziemlich ungeschützt ließ ich meine Kollegen Direktoren in den benachbarten RGW-Ländern und Ungarn (den in Rumänien natürlich nicht) wissen, wir in der DDR sähen auf Dauer keine Möglichkeit, die chinesische Forderung abzuwehren. Sie verstanden, was sie zu tun hatten, der Ungar Ferenc Ködmön zuerst. Aus Ungarn, Polen, der CSSR kamen bald Signale, dass man dort den chinesischen Vorschlag für verhandelbar halte, und auch die Bulgaren, die in allen Fragen, welche die Sowjets reizen konnten, Trittbrettfahrer waren, nickten.

Dem Handelsrat Chinas in Berlin, der mich schon wiederholt höflich bedrängt hatte, Verhandlungen zuzustimmen, sagte ich, dass ich keine chinesische Delegation herbitten könne, weil ich nicht verhandeln will. Wenn aber eine ungeladen käme, könnte ich sie ja nicht wieder fortschicken. Chinesische Delegationen nahmen ohnehin nicht in Berliner Hotels Quartier, sondern wurden in der eigenen Botschaft kaserniert, damals noch in Berlin-Karlshorst.

Eines Tages war dann ein chinesischer Delegationsleiter da. Der teilte mir mit, er sei der Generaldirektor des Außenhandelsunternehmens Machinery

Nr. 2, aber jetzt ganz für die Dauer unserer „Verhandlungen" freigestellt, etwas anderes habe er in Berlin nicht zu tun. Er könne mich besuchen, wann immer ich wolle. Ob wir schon einmal nachgedacht hätten, auf welche „internationale Währung" wir unsere Verrechnungen umstellen wollen. Ich sagte meinem unwillkommenen Gast, ich könne mir überhaupt nichts Internationaleres als den bewährten Rubel vorstellen. Auf diesem Niveau verblieben wir ein paar Wochen. Dann wechselten die Chinesen das Adjektiv: Wir sollten uns doch für eine „moderne" Währung entscheiden.

Ich hatte nun schon eine ganze Serie von Informationen über meine angeblich „technischen Vorgespräche" angefertigt (zu Verhandlungen hätte ich eine regelgerechte Vollmacht benötigt) und nach oben gegeben und wusste nicht, wer die jeweils zu lesen bekam. Jetzt musste ich schon über „gewisse Besorgnisse in anderen befreundeten Ländern" berichten, die die Befürchtung äußerten, die fehlende Einigung könnte dazu führen, dass sich die Chinesen im Handel von uns weg auf andere orientieren. Ich fragte meinen chinesischen Gegenüber, der viel spazieren zu gehen schien und eine gesunde Farbe hatte, ob er denn eine Idee hätte, was eine „moderne Währung" sei. Nein, hatte er angeblich nicht. Während wir kleinere und größere Bögen um das Währungsthema schlugen, hatten die zuständigen Sektionsleiter unseres Ministeriums und des chinesischen Außenhandelsministeriums im März die Verhandlungen zum Jahresprotokoll für 1970 aufgenommen – mit den Verhandlungen zum China-Abkommen wurde stets erst im Geltungsjahr begonnen – und kamen nicht von der Stelle. Die chinesische Seite gab keine Angebote für die überaus begehrten Metalle ab und hatte ihren Außenhandels-unternehmen den Abschluss neuer Verträge im Export und Import in Rubelwährung untersagt. Das war der Wink mit dem Zaunpfahl, doch die Chinesen sprachen ihre Anliegen auch im Klartext an: Das neue Abkommen sollte einen grundlegend neuen Wortlaut erhalten: Darin sollte eine moderne Verrechnungswährung vereinbart werden, die künftige Anwendung von Weltmarktpreisen, ein entstehender Jahresendsaldo sollte durch Zahlung freier Devisen ausgeglichen werden und auch die Allgemeinen Lieferbedingungen könnten entfallen.

Jetzt musste etwas passieren, und nun trat ich, immer noch ohne Segen von oben, in offizielle Konsultationen mit meinen Pendants in Prag, Budapest und Warschau ein. Jetzt, wo es um die Wurst ging, hielten sich meine Ungarn und Tchechoslowaken auf einmal zurück, aber Polen trat hervor und teilte noch im März mit, es werde den chinesischen Vorschlag zum Übergang auf eine westliche Verrechnungswährung „demnächst" annehmen. Die beiden anderen staubigen Brüder warteten auf die DDR: Hannemann, geh du voran!

Nun schien es meiner Ilsabé aber doch geraten, die Sowjets anzugehen. Der Handelsvertreter Kerber sprach auftragsgemäß beim gerade amtierenden Minister Kusmin vor, und der ließ wissen, „dass die Entscheidung über diese Fragen der DDR voll und ganz anheimgestellt wird." Nun mussten wir im eigenen Land mit der Sprache herauskommen, und wir taten dies, indem wir eine Vorlage für das Präsidium des Ministerrates ausarbeiteten und diese zur Abstimmung herumschickten. Zur Ehre des Außenministers Oskar Fischer sei gesagt, dass er ohne Hin und Her zustimmte. Der Finanzminister sagte nicht ja und nicht nein, sondern teilte mit, er wolle über die Sache noch mit seinem sowjetischen Kollegen sprechen, und der Präsident der Deutschen Außenhandelsbank war der Meinung, die DDR solle nicht den Vorreiter machen und deshalb erst einmal eine RGW-Beratung einberufen lassen. Haha! Es war schließlich der beherzte Dr. Dieter Albrecht, der die Gelegenheit der Abwesenheit seines eigenen Ministers beim Schopfe ergriff und die von mir in der Begründung noch etwas gehärtete Beschlussvorlage einreichte.

Die Vorlage wurde ohne Änderung angenommen. Es war mittlerweile Mai geworden, als ich das Finale einleiten konnte. Was ich noch aufs Genaueste weiß: Dass mich die Chinesen lehrten, wie man als Sieger dem Unterlegenen die Chance gibt, „das Gesicht zu wahren". In dem entscheidenden Gespräch (und die Ungarn und Tschechoslowaken erlaubten sich nun schon ungeduldige Anfragen, auf welche Wunder ich denn noch hoffte) fragte ich nach dem üblichen Palaver am Ende der Sitzung den chinesischen Delegationsleiter, ob er den Schweizer Franken für eine moderne Währung halte? Der zeigte keine Regung der Überraschung oder Genugtuung, schien überlegen zu müssen, und sagte dann nicht etwa „ja", sondern meinte nur, darüber müsse er nachdenken. Und erst Tage später sagte er mir, die DDR-Delegation habe der chinesischen Delegation einen interessanten Vorschlag gemacht, und die chinesische Seite könne den annehmen. Alles, was dann organisatorisch-technisch zu bewältigen war, ging ratzbatz. Die Chinesen hatten nichts dagegen, für die Umstellung der schwebenden Operationen den Kurs der sowjetischen Staatsbank Rubel : Schweizer Franken zu akzeptieren.

Ich muss noch das auf die Umstellungsverhandlungen folgende Essen in der chinesischen Botschaft beschreiben. Dr. Fenske war als Ranghöchster eingeladen, und ihm würde es zukommen, auf Trinksprüche zu antworten. Wie immer, vergewisserten wir uns noch einmal bei seinem Freund im Auswärtigen, worauf wir in Anbetracht der angespannten politischen Beziehungen zwischen der DDR und China das Glas erheben dürften, und die Antwort war: Die Chinesen tränken ohnehin nur auf die Freundschaft zwischen unseren Völkern, da könnten wir nachkommen. So kam es auch. Die Chinesen schenkten in kleinen Stielgläschen ihren berühmten Mao-Tai-Schnaps aus, und auch der Einlader hatte richtig was im Glas – den jüngeren chinesischen Attachés wurde nicht selten Wasser eingegossen, die mussten wir dann ermahnen, uns nicht durch ihre Enthaltsamkeit zu kränken. Dem Mao-Tai wurde schließlich gut zugesprochen, und der Chinaoberste griff zum Glas und trank: „Gambé, auf die Freundschaft zwischen unseren Völkern!" Es wurde nachgeschenkt, und nach einer Weile rief dann Dr. Fenske: „Auf die feste Freundschaft zwischen unseren Völkern!" Noch ein Gläschen, das Wohlbefinden aller wuchs noch etwas, dann prostete der Chinese: „Auf die unverbrüchliche Freundschaft zwischen unseren Völkern!" Na, das beantwortete Fenske nicht direkt, sondern trank erst einmal auf das Wohl unserer verehrten Gäste, die Gläschen wurden neu gefüllt, bis schließlich unser chinesischer Vortrinker erneut das Glas erhob und rief: „Auf die Kampfesfreundschaft zwischen unseren Völkern!" Da tauschten Fenske und ich einen langen Blick aus und beschlossen, uns für das vorzügliche Essen zu bedanken und aufzubrechen.

Jeder will was wissen

Mein Vorgesetzter Gerhard Nitzschke flog in den Jahren 1972 bis 1977 jedes Jahr einmal mit mir nach Moskau. Unsere Absicht war, die Denkart der für die Nicht-RGW-Länder zuständigen Stellvertreter des Ministers für Außenhandel der UdSSR Sorin und Grischin in heiklen Fragen zu erforschen. Das „Große Haus" fragten wir dazu nicht um Erlaubnis, eine Direktive gaben wir uns nicht, eine Niederschrift nach Rückkehr fertigten wir nicht an. Die Sowjets „konsultieren", das konnte erfrischend und nützlich, aber es konnte auch saures Brot sein.

1972 betrat ich das sowjetische Außenhandelsministerium zum ersten Mal. Die Außenpolitiker und Außenhändler saßen gemeinsam in einem palastartigen zierdenreichen Hochhaus. Die langen schmalen Gänge waren mit Ablageschränken vollgestellt, und oben auf den Schränken stapelten sich noch die vernähten Aktenbündel bis unter die Decke, in die kleinen Arbeitsräume hätten die nicht auch noch gepasst. Auch die Stellvertreter des sowjetischen Außenhandelsministers Sorin und Grischin saßen in bescheidenen Arbeitsräumen. Auf dem Weg zu beiden grüßte Gerhard Nitzschke im ersten Jahr noch einen greisen Achtzigjährigen, den Genossen Loschakow, einen Veteranen des Warenaustauschs mit der DDR. Loschakow musste schon an seinen Arbeitsplatz geführt werden und hielt kaum einen halben Arbeitstag durch, aber zweierlei hinderte ihn aufzuhören. Einmal seine engsten Mitarbeiter, die sagten: Und wenn er nur eine Stunde kommt und uns Rat gibt, dann ist er noch immer Gold wert. Zweitens aber wäre Loschakow als Pensionär aus dem Sonderversorgungssystem mit Lebensmitteln und Mangelwaren für Staatsfunktionäre, Sakas genannt, herausgefallen, und seinen Dienstwagen wäre er los gewesen, und dann konnte er sich gleich beerdigen lassen.

Unsere beiden Konsultationspartner konnten unterschiedlicher nicht sein. Sorin hatte unter den Deutschen gelitten. Bei Kriegsausbruch 1941 war er Mitarbeiter der sowjetischen Handelsvertretung in Berlin gewesen und im Güterwaggon über die Ostgrenze abgeschoben worden. Er gehörte zu den älteren Russen, die jüngere Leute wie Schulknaben mit Pionierhalstuch behandelten. Und außerdem war er den russischen Großmachtchauvinisten zuzurechnen, die die DDR-Deutschen als „naschi njemtzi", das heißt als „unsere Deutschen" behandelten. Unsere Überlegungen zur Durchsetzung von mehr Gegenseitigkeit im Wirtschaftsverkehr mit Kuba wollte er sich gar nicht erst durch den Kopf gehen lassen. „Seid nicht so knickrig, rebjata (Kinder!)", sagte er zu uns. Sorin war auch Konsultant für albanische Fragen, wenn auch Albanien die Handelsbeziehungen zur UdSSR kompromisslos abgebrochen hatte.

Ganz anders war Grischin: Ein Freund, ein Kollege, der erkennen ließ, dass auch er keine einfachen Antworten auf schwere Probleme wusste. Wenn wir über Wirtschaftsbeziehungen mit China mit ihm sprachen, ließ er ganz vorsichtig erkennen, dass weder die Sowjetunion noch die anderen Bruderländer über wirtschaftliche Köder verfügten, mit denen man China in die Gemeinschaft der kommunistischen Weltgemeinschaft zurücklocken könne. Das Zentralkomitee seiner Partei erwartete aber von ihm, dass er die anderen sozialistischen Länder zu sozialistischer Prinzipientreue anhielte. Aber was tun? Alle mussten doch trotz der politischen Spannungen versuchen, wichtige Importe aus China hereinzuholen und mit verfügbaren Waren zu bezahlen. Die Chinesen „am steifen Arm verhungern zu lassen", dazu verfügten die RGW-Länder über die Mittel nicht. Im freundschaftlichen Gespräch mit Grischin gaben wir uns wechselseitig zu verstehen, wie eng unser Spielraum war. Grischin war auch Ansprechpartner für Probleme, die wir in den Handelsbeziehungen mit Vietnam, Korea, Laos sahen.

Schon bald nach unserer ersten Konsultation in Moskau verpflichtete das Zentralkomitee der KPdSU die sowjetischen Außenhändler, multilaterale

Abstimmungen zum weiteren Vorgehen gegenüber China, später dann auch gegenüber Albanien zu organisieren. Was China anbetraf, gab es bereits auf der politischen Ebene Geheimtreffen mit diesem Ziel, welche Interkit (Kit – Anfangsbuchstaben des russischen Wortes für China: Kitaj) genannt wurden, von denen aber wir Außenhändler nichts erfuhren.

Auch die Abstimmungen im Bereich des Außenhandels und der wissenschaftlich-technischen Zusammenarbeit waren streng geheim, und die sowjetischen Initiatoren sorgten von allem Anfang an dafür, dass Veranstalter außerhalb der Sowjetunion sich an die konspirativen Regeln hielten.

Das erste Geheimtreffen der Händler fand im Februar 1973 in Moskau statt, dann folgten die Oktobertreffen von Sofia 1973, Budapest 1974, Berlin 1975, Poznan 1976 und Prag 1978. Der Oktober war ein geeigneter Monat, denn zu diesem Zeitpunkt nahmen in allen Ländern die Planungen für die Abkommensverhandlungen für das Folgejahr Gestalt an. Ich habe ab 1973 an allen Treffen teilgenommen. Mit Ausnahme der Begegnung in Prag fanden sie auf Direktorenebene statt. In allen Jahren fuhr ich mit einer Direktive, die mit dem Ministerium für Auswärtige Angelegenheiten abgesprochen war und die ich danach in der Fachabteilung Handel, Versorgung und Außenhandel des ZK abgab. Die Direktive enthielt meist eine Passage, die besagte: Falls sich in der Beratung zu bestimmten Fragen kein einheitlicher Standpunkt der Teilnehmer abzeichnet, hat sich der Delegationsleiter der Auffassung der sowjetischen Seite anzuschließen. Später bekam der Satz eine andere, vielsagende Nuance: ... begibt sich der Delegationsleiter nicht in Widerspruch zur Auffassung der sowjetischen Seite. Aus dem ZK bekam ich alsdann ein Zeichen, dass die Direktive an kompetenter Stelle gebilligt worden war. Niemals habe ich eine schriftliche Bestätigung erhalten, nur eben ein „Zeichen". Einmal aber teilte mir der verantwortliche Mitarbeiter der Fachabteilung, Rainer Diem, mit, „er könne mir nichts sagen." Ich grüble, ob es vor der Tagung in Budapest oder in Poznan war, ich erinnere mich nicht. Als ich doch auf ein klares Wort drängte, – ein nichts-sagendes ZK, so etwas kannte ich bis dahin nicht – erfuhr ich von Rainer Diem nur, es gäbe weder eine Zustimmung noch ein Ablehnung, und er könne mir höchstens den privaten Rat geben, krank zu werden. Soviel verstand ich: Im ZK hatte man eine andere Meinung zum Umgang mit China als die Sowjets, wollte sich aber der sowjetischen Position nicht entgegenstellen. Ich war mit der Haltung im ZK ganz und gar nicht einverstanden, denn ein Fernbleiben der DDR – das wäre doch ein Affront gewesen, und der war nun bestimmt nicht gewollt.

Ich fuhr also ohne Direktive und war verunsichert. Ich nahm mir vor, wenig zu reden, was bei meinem Naturell eine kaum einzuhaltende Selbstverpflichtung war. Ich will nur insoweit vorausgreifen, als dass sich während des besagten Treffens die Vertreter Polens und Ungarns als wahre Schweigekünstler entpuppten und ich viel aktiver war als ich wollte. Ich lieferte später meinen Bericht im hohen Haus ab und wurde für mein Mitwirken weder gelobt noch kritisiert.

Die Geheimbündelei in Vorbereitung der Treffen und am Tagungsort selbst war aufregend. In Sofia holte der Handelsrat Horst Hieke einen Umschlag ab, auf dem stand der Tagungsort. Der war weit ab von Sofia, am Wege nach Borowez in einem wunderschönen Gästehaus des Zentralkomitees, in dem wir Tagungsteilnehmer mit allen Köstlichkeiten der bulgarischen Küche Bekanntschaft machten.

Schon in der so genannten Sofioter Tagung wurde ganz deutlich, dass die Außenhändler so gut wie kein Rüstzeug hatten, große Politik zu machen. Die Teilnehmer (Rumänien wurde aus einleuchtenden Gründen zu den Treffen nicht eingeladen) sollten auf sowjetischen Wunsch zunächst herausfinden, worin die Differenzierungspolitik der Chinesen gegenüber den RGW-Ländern bestehe, sie stellten aber bald fest, dass sich die Differenzierung n i c h t in unterschiedlich günstigen Lieferangeboten zeige. Übereinstimmend wurde bekundet, dass die chinesische Seite keine unberechtigten Preisforderungen stelle. Mit Besorgnis registrierten die Teilnehmer, dass sie bei Wolfram einer gewissen Monopolstellung Chinas ausgeliefert seien, versprachen sich aber, keine ungerechtfertigten Preise zu schlucken. Die sowjetische Seite sorgte dafür, dass wir einen kollektiven Schwur ins Protokoll nahmen, wir schworen, den Chinesen nicht e i n s e i t i g unser Interesse an der Ausweitung des Handels zu erklären. Doch in Wirklichkeit taten wir das alle unablässig in verschiedensten Formen: Mit dem Vorschlag, langfristige Verträge für Importe und Exporte abzuschließen, mit der Bitte, die Durchführung von Fachausstellungen in China zu genehmigen, mit der Einladung chinesischer Regierungsvertreter zu unseren Messen. Die Beratungen konzentrierten sich schließlich voll und ganz auf praktische Gegenstände, die für alle Teilnehmer wichtig waren. Wir beschlossen, dafür einzutreten, dass die bilateralen Allgemeinen Lieferbedingungen erhalten blieben und kein Land der chinesischen Forderung nach Umstellung der Zahlungen auf konvertierbare Devisen nachgab.

Wenn auch der Warenaustausch mit China in den Jahren bis 1979, als ich aus dem Direktionsbereich Ferner Osten ausschied, erfreulich zunahm, so erreichte er doch nicht annähernd wieder den Umsatz der 60er Jahre, und auch einige attraktive chinesische Exportwaren, wie Sojabohnen, Mais, Erdnusskerne, wurden nicht mehr angeboten. Doch das Interesse aller RGW-Länder, sich mit den Chinesen auf dem Feld der Wirtschaft zu arrangieren, war allseitig ausgeprägt, und auf den geheimen Koordinierungstreffen wurden einleitend noch kraftvolle Erklärungen zur Verurteilung der auf die Wiederherstellung des Kapitalismus gerichteten Politik und des aggressiven und großmachtchauvinistischen Kurses der chinesischen Führer abgegeben, aber im Vordergrund stand doch: Wie kommen wir zu mehr vorteilhaftem Warenaustausch.

Als man 1978 zusammenkam, waren die Delegationen weiter angeschwollen, in der DDR-Delegation waren Vertreter der Abteilung Internationale Verbindungen des ZK, des MfAA, ein Vertreter der Deutschen Außenhandelsbank, ein Abgesandter des Ministeriums für Wissenschaft und Technik, und zum ersten Mal nahmen auch die Kubaner teil. Die Direktive der DDR-Delegation drückte klar und in klug aufeinander abgestimmten Wortportionen aus, was zu harmonisieren sei: Die DDR-Delegation hatte zu erklären, dass unser Land „an der planmäßigen Entwicklung der Außenhandelsbeziehungen zu China unter Beachtung der politischen und ökonomischen Gesamtinteressen der sozialistischen Staatengemeinschaft interessiert ist, um die für die DDR notwendigen Importe zu sichern." Zur Überraschung teilten die sowjetischen Außenhändler mit, dass sie die Lieferung von Hubschraubern und Flugzeugen wieder aufnehmen und dass China mehr Energieausrüstungen kaufen will, als die Sowjetunion produzieren kann. Es schien so, als ob die früher einheitliche Auffassung, Zusatzgeschäfte in konvertierbaren Devisen abzulehnen, zu bröckeln begann.

Alle waren dafür, die Chinesen weiter zu ihren Messen zu bitten, und die DDR-Seite konnte berichten, dass die Volksrepublik nach dreijähriger Pause 1979 wiederkommen wolle; im Gegenzug bereitete die DDR eine Fachausstellung in Tientsien vor.

Einig war man sich in Prag unverändert, keine Waren mit Unikatcharakter an China zu liefern, und im Schoß des RGW entstandene und noch unveröffentlichte Forschungsergebnisse sollten China nicht zugänglich gemacht werden. Offenbar von den Sowjets inspiriert, schlugen die Bulgaren die Aufstellung von sogenannten „Begrenzungslisten" vor, dieses gefälliger klingende Wort hatten sie sich anstelle von „Embargolisten" ausgedacht. Auf diese Listen sollten Erzeugnisse kommen, die sowohl zivilen als auch militärischen Zwecken dienen können, heute nennt man das „Dual-use-Güter". Aber wir dachten sogleich an unsere LKW W 50 – wenn wir deren Export in Gefahr brächten, würde man uns zuhause das wichtigste Teil abschneiden.

Die Teilnehmer erklärten, sie wollten den bulgarischen Vorschlag prüfen.

1974 begannen dann auch Geheimveranstaltungen der Außenhandelsministerien zu Albanien. Die erste dieser Beratungen fand in Budapest statt, und der Stellvertreter des Ministers Dr. Mönckemeyer nahm die DDR-Interessen wahr. Auch die Albanienberatungen waren von den sowjetischen Politikern mit dem Fernziel initiiert, die Albaner heim in die Gemeinschaft der Rechtgläubigen zu holen. Aber sehr früh leuchtete allen ein, dass dies verlorene Liebesmüh sei, und die Beratungen nahmen dann Fachcharakter an, wurden aber dennoch sorgfältigst geheimgehalten. Den den Gipfel an Abschottung erzielten die Polen 1976. Das Tagungsprotokoll nennt Warschau als Tagungsort des Jahres 1976. Sicher ist aber: Ort der Beratungen war ein Militärflughafen, und ich meine, es war die an der Weichsel gelegene Flugbasis Demblin Irina. Der Kommandant des Flughafens begrüßte jeden der Delegationsleiter mit Handschlag und Anheben des rechten Zeige- und Mittelfingers an den Schirm seiner viereckigen Mütze.

Mekong Seeing

Vierzig Jahre nach der historischen Begegnung zwischen N. S. Chruschtschow und J. F. Kennedy in Wien am 3. und 4. Juni 1961 las ich die sowjetische Gesprächsniederschrift und war erstaunt, wie beide Weltmächte damals um die politische Zukunft von Laos gerungen hatten. Die ganze Niederschrift des Wiener Treffens hat 53 Schreibmaschinenseiten, aber auf 19 von ihnen geht der scharfe Streit der beiden Führer von der laotischen Frage aus oder kehrt dorthin zurück. Zu dieser Zeit herrschte in Laos nach dem Sturz Souvanna Phoumas, der als Ministerpräsident alle politischen Kräfte in Verantwortung genommen hatte, Bürgerkrieg. Der korrupten prowestlichen, von den USA unterstützten Regierung stand die unter kommunistischer Führung stehende Pathet-Lao-Front gegenüber. Kennedy unterstellte der Sowjetunion nicht zu Unrecht die Unterstützung der „Rebellen" gegen die „legale" monarchistische laotische Regierung.

Die Genfer Laos-Konferenz von 1961 bis 1962 sollte die politische Neutralität von Laos herbeiführen und besiegeln und installierte eine neue, die 2. Koalitionsregierung unter Souvanna Phouma. Doch die kommunistischen Pathet Lao sahen schon bald darauf reale Möglichkeiten, das Kräfteverhältnis entscheidend zu ihren Gunsten zu verändern, banden sich in das Nachschubsystem des Vietnamkrieges ein und ließen den Bürgerkrieg neu aufflammen. Bis 1973 gelang den Pathet Lao schrittweise die Eroberung von mehr als der Hälfte des laotischen Staatsgebietes. Damals hörten wir immer wieder von Kämpfen in der „Ebene der Tonkrüge", in welche die USA mit mörderischen Bombenabwürfen eingriffen.

Es kam erneut zur Bildung einer Gemeinschaftsregierung, der nunmehr 3. Koalitionsregierung unter Souvanna Phouma. Doch auch die 3. Koalitionsregierung hielt nicht lange. Die nun von den Pathet Lao gebildete und geführte „Provisorische Regierung der Nationalen Einheit" richtete sich im Grenzraum zu Vietnam ein. Sie nahm auch Außenbeziehungen zur DDR auf.

Nachdem die DDR schon Anfang der (19)70er Jahren die im Dschungel operierenden Pathet Lao unter strenger Geheimhaltung in bestimmten Fragen unterstützt hatte – zum Beispiel bei der Einrichtung eines Höhlenkrankenhauses - unterzeichneten 1974 in Berlin Staatssekretär Dr. Gerhard Beil und der laotische Minister für Nationale Wirtschaft und Planung, Min Soth Phet-Resi, ein Warenhilfsabkommen über 3 Millionen Mark: Medikamente und Stoffe gingen über Vietnam nach Laos.

Im benachbarten Vietnam wurden 1975 die USA zum Abzug gezwungen, und in Laos nutzte ein von den Kommunisten getragener Nationalkongress die Gunst der Stunde, stürzte die Monarchie und rief die Volksdemokratische Republik aus, die dann 1977 ihre Bindungen an Vietnam mit dem Abschluss eines Freundschaftsvertrages unterstrich. Große Propagandakampagnen zur Umerziehung der laotischen Bevölkerung setzten ein. Es war nur eine Frage der Zeit, dass die Laoten erneut um Hilfe nachsuchen würden, und sicher würde die DDR nicht nein sagen, aber auch von vornherein signalisieren, dass auf längere Sicht auch gewisse Gegenleistungen erwartet würden. Die DDR schlug also vor, und die Laoten akzeptierten es, auch mit dem regulären Warenaustausch zu beginnen. Zu diesem Zweck reiste im April 1977 eine Delegation des Ministeriums für Außenhandel der DDR in einer IL 18 der Interflug über Taschkent – Karachi – Dacca nach Hanoi, und von dort weiter nach Vientiane. Ich war Leiter, mit mir reisten Johanna Mothes und der Jurist Dr. Günther Willma, als Französisch-Dolmetscher sollte uns Hartmut Rönnebeck von der gerade errichteten DDR-Botschaft helfen, die unter der Leitung des kameradschaftlichen Botschafters Günter Horn stand.

Für uns alle war das eine spannende Mission, wir betraten jungfräulichen Boden. Mit allen Arten von Vereinbarungen, die wir aushandeln sollten, würden wir Neuland betreten. Laos hatte sich noch mit keinem anderen sozialistischen Land vor uns über Währung und Preisbildung verständigt, noch kein Handels- und Zahlungsabkommen und keine Allgemeinen Lieferbedingungen abgeschlossen. „Muster" gab es für nichts. Deshalb war ich sehr froh, dass mir Dr. Willma zur Hand ging.

Was die zukünftigen Exporte der DDR anbetraf, konnten wir uns die Positionen der Warenliste vorstellen, aber ob wir in dem rückständigen und ruinierten Land überhaupt Erzeugnisse für eine Warenliste Laotischer Export würden identifizieren können, das war zweifelhaft. Um es vorwegzunehmen: Mehr als Kaffee, Furniere, Parketholz und Kunstgewerbe fanden wir dann auch nicht.

Wir verständigten uns mit den Laoten auf die Ausarbeitung eines zunächst auf 5 Jahre angelegten Handels- und Zahlungsabkommens, in dem sich beide Seiten die Meistbegünstigung einräumen. Wir empfahlen den Laoten reinen Herzens, den Rubel als Verrechnungswährung zu akzeptieren, am meisten zog wohl mein Argument, dass auch im Handel mit Vietnam Rubelpreise gelten, und da die Laoten mit den Vietnamesen gut Freund seien, könnten sie sich dort konsultieren und orientieren. Doch mit dem „gut Freund" hatte ich wohl einen wunden Punkt getroffen, ich erspürte, dass im Verhältnis der beiden Länder Vietnam eine Großmacht war, und was eine Großmacht für ein kleineres Land sein kann, das wusste ich.

Es kam der Moment, da meinten die mit uns verhandelnden laotischen Junggenossen, jetzt müsste ich ihrem Minister das bevorstehende Finale anzeigen und erklären, was wir zustandegebracht hätten. Das Industrie- und Handelsministerium war eine winzige Institution mit wenigen Dutzend Mitarbeitern. Eine Protokoll- und Dolmetscherabteilung hatten sie nicht. Da der Minister keine Fremdsprache, nur laotisch sprach, kam als Sprachmittlerin nur seine Sekretärin infrage, die sprach leidlich russisch und war deshalb aus erklärlichen Gründen unabkömmlich, und weil sie unabkömmlich, aber auch Mutter eines gerade geborenen Säuglings war, der regelmäßig nach der Brust verlangte, hatte sie die Wiege gleich neben ihrem Schreibtisch stehen.

Als der Minister unsere Arbeit gutgeheißen hatte, bereiteten wir das Abkommen zur Unterzeichnung vor, es war geplant, es anlässlich des Besuches des deutschen Kovorsitzenden des Gemeinsamen Wirtschaftsausschusses, der unmittelbar bevorstand, unterzeichnen zu lassen. In allem wollten wir Gleichberechtigung üben, doch das war nicht leicht. Zum Beispiel hatten die Laoten keine Abkommensmappen mit aufgeprägtem Staatswappen. Wir fanden im Botschaftsbestand zwei neutrale rote Mappen, voilà. Als nächstes brauchten wir zum Einbinden Kordelschnur in den Landesfarben: Schwarz-rot-goldene führten wir mit uns, doch für die laotische Mappe brauchten wir Kordel in den Landesfarben rot, blau und weiß. Woher nehmen? Die praktische Johanna fuhr auf den Morning Market, kaufte drei Wollknäuel, und im Hotelzimmer drehten wir erst eine stattliche Zahl von Wollfäden zu je einem starken roten, blauen und weißen Faden und dann die drei Farben zu einer Kordel zusammen. Ein Petschaft hatten die Laoten zuerst auch nicht, sodass wir erwogen, einfach die Wappenseite einer Geldmünze in den Siegellack zu drücken, bei uns zuhause würde die Notlösung sicher keiner entdecken, aber dann fanden unsere Freunde doch noch eine Art Staatssiegel.

Schon im Frühjahr 1977 hatte der Generalsekretär der Laotischen Revolutionären Volkspartei und Ministerpräsident von Laos, Kaysone Phomvihane, den Wunsch geäußert, einige sozialistische Länder zu besuchen. Da er mit stattlichem Gefolge zu reisen beabsichtigte, Laos aber weder über ein eigenes Flugzeug noch über die Mittel, eines zu chartern, verfügte, bat er die DDR um diesbezügliche Hilfe, und die stellte ihm eine TU 134 der Interflug zur Verfügung, kostenlos.

Während des Staatsbesuches wurde ein gemeinsamer Wirtschaftsausschuss DDR – Laos aus der Taufe gehoben. Der DDR gingen damals die konvertierbaren Devisen für den ständig wachsenden Kaffeeimport aus, aber in unseren Freundesländern wuchs doch Kaffee, nur die Verantwortlichen, allen voran die im Ministerium für Außenhandel, waren nicht fähig, ihn den Kubanern, Vietnamesen, Laoten, Angolanern und anderen, die uns nur auf der Tasche lagen, aus dem Kreuz zu leiern – so dachte man in der Führung. Ich war schon in meine neue Funktion als DB-Leiter Fernost eingesetzt – warum, werde ich noch erzählen – und war ebenso wie Lindner und der Plankommissionär Braun scharf gemacht, Importe gerade auch aus Laos, das wir so generös unterstützten, hereinzuholen.

Ja, seit Juni 1977 hatte die DDR ihre Kaffeekrise. Wegen des akuten Devisenmangels legte die Regierung fest, die Importe von Rohkaffee aus dem westlichen Ausland einzuschränken. Der Jahresimport war bis 1977 auf mehr als 53.000 t angestiegen, und der kostete die DDR ungefähr 670 Millionen DM.

Nach den Regierungsbeschlüssen sollte fortan als „reiner Bohnenkaffee" nur noch die Sorte „Rondo" zum Preis von 120 Mark je Kilogramm verkauft werden. Ab Juli wurde ein Mischkaffee, 50 Prozent Bohne: 50 Prozent Malzkaffee in den Handel gebracht, „Kaffee-Mix". In den Dienststellen durfte Kaffee zur Bewirtung von Gästen nicht mehr ausgeschenkt werden. Im MAH gab es jedoch „Protokollkaffee" für ausländische Gäste, und in meinem Sekretariat wurde willkommenen Besuchern selbst gekaufter und aus der eigenen Tasche finanzierter Bohnenkaffee kredenzt. Über den „Kaffee-Mix" kursierten unzählige Witze. Als hässlichsten habe ich mir den folgenden gemerkt (und man soll sich erinnern, dass damals viel über die vernichtende

Wirkung der Neutronenbombe berichtet wurde): „Was ist der Unterschied zwischen der Neutronenbombe und Kaffee-Mix? Keiner. Die Tasse bleibt ganz, und der Mensch geht kaputt." Bleibt nur noch zu sagen: Das sarkastische Volk machte solange boshafte Witze, bis Partei und Regierung es für gescheiter hielten, wenigstens diese Blöße der DDR zu verdecken und so viel Kaffee einzuführen, wie die Leute trotz der gepfefferten Preise trinken wollten.

Um es vorwegzunehmen: Laos konnte unsere Kaffee-Bedürfnisse nicht decken. Wie in vielen Anbauländern, waren es auch in Laos arme Bergbauern, die Kaffee auf traditionelle Weise vermehrten und ernteten. Diese Art der einzelbäuerlichen Produktion ließ sich nicht steigern, und um die kleinen Produzenten zu höherer Leistung anzustacheln, hätte das Angebot des Staates an Tauschwaren reichlicher sein müssen – es wurde aber immer armseliger. Überdies war die Sicherheitslage in den südlichen Bergregionen angespannt, Anhänger der abgelösten politischen Kräfte griffen die mit der Volksdemokratie sympathisierenden bäuerlichen Siedlungsgebiete an. Doch unsere im Februar 1978 angereiste Wirtschaftsdelegation unter Werner Lindner hielt an dem Plan, das Kaffeeanbaugebiet zu erkunden, fest. Die praktisch einzige Möglichkeit, in das Anbaugebiet von Pakxé zu gelangen, war der Luftweg, und deshalb stellte die Regierung eine DC 3 zur Verfügung. Na, die war alles andere als vertrauenerweckend, sie sah auch innen aus, als wäre sie schon zum Ausschlachten freigegeben worden. Die Kabine hatte natürlich keinen Druckausgleich. Die Sitze waren speckig, Anschnallgurte fehlten, die rechteckigen Plexiglasfenster waren verkratzt. Hinter den beiden Pilotensitzen stand eine Holzkiste, auf der konnte man sich während des Fluges niederlassen. Das tat ich, denn die beiden Flugzeugführer sprachen ein paar Worte englisch und waren gesprächig. Einer davon, so erfuhr ich, war aus der königlichen Luftwaffe übernommen worden, der andere war ein treuer volksdemokratischer Kader, hatte aber keine richtige Ausbildung, doch gemeinsam trauten sie sich den Job offenbar zu. Mich irritierte, dass ich in dem ziemlich verwahrlosten Cockpit fast keine Instrumente sah, zumindest keine, die irgendetwas anzuzeigen schienen, und ich fragte den Königsflieger: „Where are the instruments?" Und der antwortete: „No instruments, Sir. Visual flying – Mekong seeing!" Beim Wort „visual" zeigte er mit abgespreizten Zeige- und Mittelfingern der linken Hand auf seine beiden Augäpfel, dann nach unten, und tatsächlich, die Maschine flog auf Sicht und immer dem Lauf des Mekongs folgend. Es wäre bedeutend kürzer gewesen, in direkter Linie auf Pakxé zu fliegen, aber erstens wäre dann thailändischer

Luftraum verletzt worden, und zweitens lieferte das breite in der Sonne glitzernde Band des Mekong eine wunderbare Orientierung. Auf dem verlassenen kleinen Flughafen warteten ein paar freundliche Laotinnen mit Blumenkränzen auf uns, und dann ging es unter militärischem Schutz in die Berge. Ich weiß, dass der Wirtschaftsausschuss auch nach 1978 weiter Mühe auf die Zusammenarbeit mit Laos zur Steigerung der Kaffeeproduktion verwandte und will niemanden wegen möglicher Illusionen schmähen – aber 1978 war unser Besuch bei den Kaffeebauern nichts als Ökotourismus.

Joghurt auf den Sitzen

Aus den Erfahrungen im eigenen Ministerium, aus dem Außenwirtschaftsbereich der Staatlichen Plankommission und natürlich den Außenhandelsbetrieben wusste ich, dass auch unter Freundesländern gelegentlich schwere, konfliktreiche Verhandlungen unvermeidbar sind, Schwerstarbeit geleistet werden muss. Und dass es nach dem Gewitter wieder gut weitergehen kann. Wer zu DDR-Zeiten und im Fernsehen die Berichterstattung über Staatsbesuche, meist „offizielle Freundschaftsbesuche" genannt, verfolgte und die vielköpfigen Delegationen an langen Tischen einander gegenübersitzen sah, mochte vielleicht geglaubt haben, dass da etwas Hochwichtiges geschieht. Aber es geschah nichts wirklich Wichtiges. Aber was dann? Man stelle sich eine große, verstreut lebende Familie vor. Man hält Kontakt, nimmt am Schicksal der anderen Familienglieder teil, man hilft sich, so gut es geht. Und irgendwann ruft dann mal einer den anderen an und schlägt vor: Kommt uns doch wieder mal besuchen. Und dann kommt der Besuch, und der Gastgeber zeigt ihm das schöne neue Rathaus und die moderne Einkaufspassage. Und zuhause wird dann dem Gast richtig was Gutes aufgetischt, und man trinkt einander zu und sagt: Schön, dass wir mal wieder zusammen sind. Und es wird über die anderen Familienteile und die Bekannten gesprochen, gut und weniger gut, und wenn mal wirklich einer stänkert, sagen ihm die anderen: Verdirb uns nicht die Stimmung. Staatsbesuche und „offizielle Freundschaftsbesuche" sind auch nichts anderes, nur kosten sie viel mehr.

Nie bin ich richtig dahintergekommen, wer die Delegationen für internationale Reisen des Generalsekretärs und Vorsitzenden des Staatsrates und des Ministerpräsidenten zusammengestellt hat. Ich meine nicht die Auswahl der fünf bis sieben Spitzenfiguren, zu denen obligatorisch der Botschafter der DDR im besuchten Land gehörte, und ich meine auch nicht die mitreisenden Ärzte und Sicherheitskräfte, sondern die Experten für Außenpolitik und Wirtschaft, die im Gefolge mitreisen. Wenn auch Vertragswerke, die während eines Staatsbesuches unterzeichnet werden sollten, längst von Vortrupps ausgehandelt waren, so war doch nicht völlig auszuschließen, dass auch während eines Besuches noch Fragen auftauchten, und wenn es nur Fragen des Generalsekretärs zur Selbstverständigung waren. Als Erich Honecker im Februar 1974 nach Kuba flog, war ich nicht auf der Liste der Experten – und für dieses Land war ich doch wirklich einer.

Ich glaube, bei der Auswahl hatte die zuständige Länderabteilung des Ministeriums für Auswärtige Angelegenheiten das Sagen, aber mit den Abteilungsleitern des MfAA verband mich damals wechselseitige Abneigung, das änderte sich erst ab 1980 gründlich zum Guten. Jedenfalls war ich bass erstaunt, als ich im Dezember 1977 „auf der Liste" stand: Honecker flog nach Vietnam und in die Koreanische VDR. Da aber die IL 62 der Regierungsstaffel eine Zwischenlandung brauchte, beglückte er auch die Philippinen. Die internationale Reputation ihres Herrscherpaares Marcos war nicht gerade glänzend und die Philippinen von Staatsgästen nicht überlaufen, da passte der Besuchswunsch des zweiten deutschen Staates ganz gut ins Kalkül.

Für mich waren alle Rituale einer Staatsreise neu. Der Chef des Protokolls, Franz Jahsnowski, den ich im Lauf der kommenden Jahre schätzen lernte, ein qualifizierter Diplomat, der sieben Sprachen, darunter chinesisch und vietnamesisch, beherrschte, war Reisemarschall. Er würde während der gesamten Reise seinem Generalsekretär nicht von der Seite weichen, aber auch nie vergessen, den anderen Mitgliedern der Delegation und dem Tross der Experten präzise anzuzeigen, wann und wo sie sich einzuklinken hätten. Ganz wichtig war, den vertraulichen Ablaufplan, der mir vom Kurier ausgehändigt wurde, zu studieren und die schriftlichen Weisungen zur Anfahrt auf dem Flughafen und zur Gepäckabgabe und –beschriftung einzuhalten. Ich bekam eine Tafel „Freie Fahrt", die sicherte, dass ich von keiner Verkehrsstreife aufgehalten werden konnte und in den Sonderteil des Flughafens Berlin-Schönefeld einfahren durfte. „Am 30. 11. 1977 bis 11.40 Uhr Eintreffen der für die Hauptmaschine vorgesehenen Experten; sie nehmen bis 12.00 Uhr ihre Plätze im Flugzeug ein", so lautete mein Marschbefehl. Man war gut beraten, mindestens eine Stunde vorher einzutreffen, denn das gab die Möglichkeit, sich in einem gesonderten Raum den anderen Experten vorzustellen, soweit man mit ihnen nicht schon vertraut war. Deren Zahl war nicht gering.

In der Hauptmaschine flogen mit Honecker weitere 6 Delegationsmitglieder: Stoph, Mittag, Margarete Müller, Gerhard Weiss, Bruno Mahlow und Horst Neubauer. In Hanoi wollten der Außenminister Oskar Fischer und Botschafter Dieter Döring dazuzustoßen. In der Namensaufstellung fehlten, außer bei den Ärzten, die Doktortitel aller Mitreisenden – Honecker war nicht promoviert, da sollten sich die anderen nicht schmücken.

Die Politik- und Wirtschaftsexperten waren bei Reisen des Generalsekretärs in der Regel nicht im Rang von Stellvertretern der Minister, sondern nachrangige Leiter von Abteilungen oder Direktionsbereichen und wissenschaftliche Mitarbeiter aus Führungsorganen. Von dieser Kategorie waren wir 8. Als Experten wurden auch die „Leibeigenen" geführt, die persönlichen Mitarbeiter Honeckers, die Leibärzte, der Chef des Protokolls und der Chef der Sicherungsgruppe, Generalmajor Günter Wolf. Zu den an die Person geketteten Experten gehörten Frank-Joachim Herrmann, Joachim Wolff, die Sekretärin Elli Kelm, der Büroleiter von Willi Stoph, Günther Böthling, und der persönliche Mitarbeiter von Mittag – das waren also 5.

In der Ärztegruppe reisten die Chefin des Regierungskrankenhauses, Prof. Dr. Wittbrodt, die Anästhesistin Honeckers, Dr. Banaschak, und Stophs Arzt Dr. Austenat – das waren 3.

Dem Chef des Protokolls standen ein Protokollmitarbeiter zur Seite, der Chefdolmetscher für Vietnamesisch Jürgen Fritz, der Stenograf Krause und eine Sekretärin – das waren weitere 5. Dieser Gruppe unterstand offensichtlich die Reisekasse, auf jeder Station erhielten wir einen Umschlag mit dem Tagegeld in Landeswährung und ein Kärtchen, auf dem stand die Nummer des PKW und des Zimmers im Gästehaus am Ankunftsort.

Die Sicherungsgruppe, sämtlich Offiziere des Ministeriums für Staatssicherheit vom Oberstleutnant bis zum Unterleutnant, bestand aus Wolf und 10 weiteren Sicherheitsleuten, darunter dem Adjutanten Honeckers Adelhard Winkler.

In der Hauptmaschine IL 62 reisten also außer der Crew 38 Delegationsmitglieder, eine ganz schöne Truppe. In einer Vorausmaschine waren 35 weitere Helfer der Delegation schon seit 6 Uhr morgens in der Luft, und 25 Journalisten: Reporter, Kameraleute, Kabelhalter, Laboranten. Zu den Helfern gehörten 20 Sicherheitsleute, die zum Teil keine Dienstränge, sondern die Bezeichnungen „Steward" und „Kurier" führten. Womit diese beschäftigt waren, weiß ich nicht genau zu sagen, doch gehörte zu ihren Aufgaben das Verladen des Gepäcks, an dem sie zuvor verschiedenfarbige Bänder anbrachten, die sichern sollten, dass das Gepäck am Ankunftsort nach Residenzen getrennt werden konnte, und das Verteilen „gewisser Waren" – doch davon später. Das Gepäck blieb auf diese Weise während der ganzen Reise in den Händen eigener Leute. Daneben muss es, für mich im Dunkeln verborgen,

Vorauskommandos zum Aufbau stabiler Funkverbindungen gegeben haben, Ersatzmannschaften der Interflug, und, nicht zu vergessen, Transportkommandos, die für die von der DDR-Seite gegebenen Festempfänge Speis und Trank aus der DDR heranführten – bis hin zu landestypisch geschälten Karotten.

Schon die Wartezeit im Flughafen verging mir „wie im Fluge". Schließlich, exakt 11.40 Uhr, ein Zeichen: Experten einsteigen. Jeder Platz war mit einem Namensschild gezeichnet, und auf jeder Sitzfläche lag ein Willkommenspräsent, streng nach Stellung des Empfängers in der Hierarchie differenziert: In meiner Reihe, der dritten, lagen Döschen mit Joghurt Ehrmann, keiner macht mich mehr an. Auf den hintersten Plätzen machten es sich die Sicherheitsgenossen bequem, legten die Jacken ab und ließen die umgeschnallten Pistolenhalfter sehen. In ihrer Nähe stand ein gut gefüllter Kühlschrank, aber sie griffen nur sehr zurückhaltend hinein, sondern wandten sich, die Maschine war noch nicht richtig in der Luft, dem Skatspiel zu.

Ich konnte von meinem Platz aus auf das Rollfeld schauen. Dort hatten sich jetzt die zur Verabschiedung befohlenen Mitglieder des Politbüros versammelt und auch die Geschäftsträger a. i. Vietnams und der KVDR. Honecker verabschiedete sich, doch ehe er zur Gangway ging, trat er einige Schritte zur Seite und der dunkel bebrillte Mielke trat dicht an ihn heran, hatte sein Ohr und empfing eine letzte Weisung. Viele Jahr später hörte ich, dass Honecker während seiner Auslandsreisen stets von Mielke vertreten worden sei. Dann machte der Chefpilot zwei angedeutete Stechschritte, salutierte, erstattete Meldung und wurde nach einem Händedruck an seinen Arbeitsplatz entlassen.

Fünfzehn Minuten später startete die IL 62 nach Taschkent. Sechs Stunden dauerte der Flug dorthin, um Mitternacht (Berliner Zeit) Abendessen in Taschkent, zwei Stunden später Start nach Vietnam, und diesmal vergingen 8? Stunden, bis unser Flugzeug auf dem Flughafen Tan Son Nhut von Ho-Chi-Minh-Stadt, dem ehemaligen Saigon, landete. Ich hatte wenig geschlafen, sondern noch einmal meine Unterlagen durchgesehen. In den Verhandlungsmappen der hohen Delegationsmitglieder waren einige Positionspapiere zu Wirtschaftsfragen aus meiner Feder, aber vielleicht gaben sie doch irgendwo Anlass zu Missverständnis. In meiner Naivität stellte ich mir vor, Honecker oder Mittag säßen da vorn im Salon und schauten in die Arbeitsmappen. „Genosse Lemke?", fragte mich eine der Flugbegleiterinnen, „nach vorn, bitte." Da hatte ich den Salat. Aber, Gott sei Dank, es war „nur" der stellvertretende Ministerpräsident Gerhard Weiss, der gearbeitet hatte, und seine Frage war zu beantworten. Ich sah aber, wie es im Salon zuging: Honecker, Stoph und Mittag und der Generalmajor Wolf saßen in Hemdsärmeln und Hosenträgern in den Sesseln, hatten ein Bier neben sich und spielten Skat. Nach kurzem Aufenthalt in Ho-Chi-Minh-Stadt wurde der Flug in zwei TU 134 der Interflug nach Hanoi fortgesetzt, weil die kurze Piste des Flughafens Hanoi-Gia Lam die sichere Landung einer IL 62 nicht hergab. Erst dort wurde Honecker mit militärischen Ehren empfangen. Die Gruppe der Experten wurde an einen nahen seitlichen Stellplatz geführt, von dem aus man das Zeremoniell gut überblicken konnte. Im Empfangskomitee suchte ich mit den Augen vor allem einen Mann, den Verteidigungsminister Nguyen Giap, den Helden der Schlacht von Dien Bien Phu, in der 1954 die vietnamesische Volksarmee die französische Hauptmacht vernichtend geschlagen hatte.

Während der offiziellen Gespräche im Präsidentenpalast saß ich in der Expertenreihe Mittag und Dr. Gerhard Weiss im Nacken und Le Duan und Pham van Dong gegenüber. Ich weiß, es klingt überheblich, aber ich hörte nichts Neues, denn beide Vorsitzende lasen Konserventexte vor. Den deutschen kannte ich sowieso, am Wirtschaftsteil hatte ich in bescheidenem Umfang mitgewirkt. Den vietnamesischen verfolgte ich nur für den Fall, dass von dort eine abweichende Darstellung käme oder neue Bitten. Die kamen diesmal nicht.

Am nächsten Tag fuhren Honecker, Delegation und Experten in die Provinz Bac Thai zu dem von der DDR errichteten Stahl- und Walzwerk Gia Sang. Der Rückweg vom Stahlwerk führte aus einer anmutigen sanften Hügellandschaft in die Niederungen des Roten Flusses, in der sich Reisfelder, Bambushaine und Bananenpflanzungen abwechselten. Wir sahen Reisfelder und Bewässerungsgräben und die Bauern auf den Feldern, barfüßig, gebückt, schwerarbeitend, und wir sahen auch ihre Häuser, viele davon nur notdürftig wiederhergestellt. Viele hatten ihr Tagwerk unterbrochen, waren an die Straße geeilt und winkten Honecker freundlich zu.

Doch der Tag in der Provinz Bac Thai ist mir wegen eines anderen Erlebnisses für Jahrzehnte in Erinnerung geblieben, und das kam so: Noch spät am Abend, nach Abschluss des offiziellen Programms, hatte der DDR-Botschafter Dr. Dieter Döring die Delegation und die Experten in seine Residenz eingeladen. Honecker sollte einigen der tüchtigsten DDR-Bürger begegnen, die in Vietnam ihre Pflicht taten, Frauen und Männern aus Aufbaustäben, Technikern, Ärzten. Das war eine gute Idee, aber der Botschafter verpatzte gleich den Auftakt. An diesem Tag jedenfalls missfiel Honecker die Ergebenheitsadresse an den „hochverehrten Genossen Generalsekretär". Ich merkte es bald, an diesem Tag war Honecker von großen Gefühlen bewegt und bereit, dass sich „Herz zu Herzen findet ...". Und zur Überraschung aller wischte er dem erschrockenen Botschafter Döring über den Mund, nahm das Wort und redete frei, in einfachsten Sätzen und Bildern. Ich habe seine Rede noch am selben Abend vor dem Einschlafen aus dem Gedächtnis niedergeschrieben, aber ich habe meine Niederschrift einem Mann, dem ich mich verbunden fühlte, im September 1987, am Vorabend des Staatsbesuches Honeckers in der Bundesrepublik, geschenkt. So bin ich jetzt noch einmal auf mein Gedächtnis angewiesen, aber ich glaube, mich nicht zu irren.

„Ich dachte immer," so begann Honecker, „die führenden Genossen Vietnams seien Leute aus dem Norden. Aber sie haben mich belehrt, sie sagten mir, wir kommen doch aus dem Süden, und jetzt sind wir dorthin zurückgekehrt. Und ihr wisst ja, Marx ist aus Trier und Engels aus Wuppertal. Nun will ich mich ja nicht mit Marx und Engels vergleichen, aber es ist ja bekannt, ich bin aus dem Saarland, und viele gute Freunde auch, Jupp Angenfort und andere ... Heute haben wir Bauern gesehen, die schwer arbeiten, und es wird vieles getan, damit sie auch menschenwürdig wohnen können. Ihr wisst ja, wie ich mich in der DDR für das Wohnungsbauprogramm einsetze, alle sollen eine gute Wohnung haben, mit Badestuben. Wohnungen sind wichtig, und Badestuben sind wichtig, aber, das lehrt uns Vietnam, noch wichtiger ist der revolutionäre Geist, und wenn wir uns den erhalten, dann wird eines Tages die rote Fahne auch über unserem Saigon wehen."

Ich saß neben Dr. Gerhard Weiss, der drehte den Kopf leicht zu mir hin und zog mit dem Zeigefinger ein unteres Augenlid ein wenig herab: Hör zu, Junge. Ich sah, er hatte feuchte Augen. Die hatte ich auch. Ich sah nicht, dass uns eine revolutionäre Erhebung in deutschen Landen bevorstand, und eine rote Flagge über Bonn konnte ich mir nicht vorstellen, aber es ging doch um etwas ganz anderes. Schlagartig wurde mir klar: Das verordnete Herumtheoretisieren über die Herausbildung zweier deutscher N a t i o n e n – alles Wortgeprassel, drinnen in Honecker sah es ganz anders aus, da war der Traum von einem einheitlichen Deutschland und von der Wiedergewinnung der alten Heimat genauso lebendig, wie er in mir noch lebendig war. Und ich wusste nun, das durfte wenigstens gedacht werden.

Am Abend gaben die Stadtbehörden ein festliches Essen im ehemaligen Präsidentenpalast, der jetzt Palast der Einheit hieß. Wer das Bild schon vergessen hatte, für den war es nahe dem Eingang noch einmal aufgestellt: Drei Panzer der Befreiungsstreitkräfte durchbrechen am späten Vormittag des

30. April 1975 den hohen Metallzaun des von den Wachen schon verlassenen Palastes. Ehe er aufgab, hatte der südvietnamesische Präsident Thieu noch die Treulosigkeit seiner früheren amerikanischen Gönner in giftigen Tiraden angegriffen, noch am 22. April 1975, als die Befreier vor Saigon standen, geißelte er im Parlament „den amerikanischen Verrat", verkörpert in einem Vertrag, „der uns den Tod bringt", und er meinte, die USA seien nicht besiegt worden, sondern davongerannt. Am 29. 4. verließ das noch verbliebene Gros von US-Bürgern und vietnamesischen Kollaborateuren in 80 Hubschraubern Saigon und suchte auf den vor der Küste liegenden Kriegsschiffen Zuflucht. Was Thieu betraf: In die Hände des Feindes geraten wollte auch er nicht. Er hinterließ den General Duong Van Minh als neues Staatsoberhaupt und war schon im amerikanischen Exil, als Saigon wenige Tage später fiel.

Die Atmosphäre der festlichen Empfänge in Hanoi erschien mir im Rückblick ernst und eng im Vergleich zu der heiteren, farbigen, gelösten in Ho-Chi-Minh-Stadt. Wir saßen in einem großen Saal an langen festlich mit vielen Tropenblüten und stilvollen Leuchtern dekorierten Tischen. Schöne, schlanke, strahlende Vietnamesinnen in pastellfarbenen Gewändern, eine Schulter freilassend, trugen in langer Reihe die erlesenen Speisen herein, nahmen leise hinter unseren Stühlen Aufstellung und ließen sich zulächeln, ehe sie auf ein Zeichen bedienten. Das zum Abschluss servierte Ananaseis wurde in schalenförmig ausgehöhlten Fruchtkörpern serviert.

Der nächste Tag hätte so schön werden können, aber er wurde mein Waterloo. Ich war natürlich immer auf fachliche Fragestellungen aus der Delegation vorbereitet. Als am Abreisetag der Besuch der Exportmusterausstellung Südvietnams auf der Tagesordnung stand (Kleiderordnung: Alle Programmpunkte dieses Tages können in leichter Sommerkleidung – Hemd, ohne Krawatte und Jacke – absolviert werden), steckte ich mir eine Kopie der vietnamesischen Lieferliste in die Gesäßtasche. Die geräumige Halle lag am Saigonfluss. Sie zeigte Möbel im vietnamesischen Stil, Teppiche und Stickereien, Leuchter, Schmuck aus Schildpatt, edlen Hölzern und Silber, Ölgemälde, Aquarelle, Körbe, Bast- und Strohmatten, Schnitzereien aus Elfenbein, Lackmalereien, lebende Zierfische, Orchideen und vieles, vieles andere, was das Herz eines Außenhändlers kalt lässt, weil es nicht nach Tonnen und Millionen handelbar ist.

Aber dann kam das Unglück: Eine spezielle Abteilung mit Ausstellungsgütern, die als Exportgüter ausgegeben wurden: Obst und Gemüse, vor allem als Konserven, Meeresprodukte: Krebse, Krabben, Schildkröten, Konfitüren und Leckereien, Gewürze aller Art, aber auch kostbare Stoffe, Lederschuhe, Täschnerwaren … Vor allem die Obstkonserven und die Meeresfrüchte wurden in verlockender Verpackung vorgeführt, mit leuchtend-farbigen Etiketten, eine Augenweide – ich hatte vietnamesische Produkte in so schöner Aufmachung noch nie vorher zu Gesicht bekommen. Der Oberökonom Mittag, die Lücken im heimischen Angebot vor Augen, fragte lauernd: Und in welchem Umfang kaufen wir diese Waren ein? Er fragte nicht mich, er fragte den Vorsitzenden des Wirtschaftsausschusses. Nun muss ich an dieser Stelle erst einmal sagen: Weiss war üblicherweise ein anständiger, gerecht denkender Vormann, aber er war auch ein Schlitzohr … Hier nun, in dieser südvietnamesischen Potemkinschen-Dorf-Halle und angesichts dieses im wahren Wortsinn E t i k e t t e n s c h w i n d e l s erfasste er sofort den lauernden Anschiss und (obwohl er die Frage gut und gern hätte beantworten können und wusste, dass Vietnam der DDR gegenüber für keine dieser Köstlichkeiten lieferbereit war) drehte den Kopf zu mir: „Genosse Lemke, was kauft ihr davon ein?" Ich musste Mittag antworten, dass die Vietnamesen uns diese Waren nicht anbieten, sondern die DDR vor allem mit Arbeits- und Berufsbekleidung bezahlen. Wahrscheinlich wäre es taktisch gescheiter gewesen, hinzuzufügen, „dass sich die Vietnamesen trotz unserer wiederholten harten Forderungen beharrlich geweigert haben, unsere genau auf diese Sortimente gerichteten Wünsche zu erfüllen" oder etwas ähnlich Kämpferisches. Wie auch immer, ich wurde keiner weiteren Frage gewürdigt, und Weiss schwieg ganz still. Aber später, im engeren Kreis, explodierte Mittag. Dem passte ohnehin nicht, in welchem anschwellenden Umfang die DDR Nationaleinkommen an die Vietnamesen wegschenkte, aber da er für solche Überlegungen nicht mit der Zuneigung Honeckers rechnen konnte, drehte er das Ding um: Die Außenhändler holen nicht genug Gegenleistung herein, und hier hätte jeder gesehen: Die Vietnamesen haben, was wir auf unserem Markt brauchen. Mit Gerhard Weiss, der von Hanoi aus direkt in die DDR zurückflog, kam ich nicht mehr ins Gespräch. Zuhause, nachdem der Sturm sich gelegt hatte, würde er mir raten, wie ich wieder auf die Füße käme. Jetzt aber setzte Mittag seinen Zorn erst einmal in Festlegungen für den Reisebericht um, und die sollten mir Kummer machen.

Dies war meine erste Spitzenreise, und ich hatte noch keine Übung in der Unheilverhütung. Später lernte ich das. Die Abschlussberichte der Delegationsreisen wurden immer schon auf dem Rückflug, noch in der Luft, verfertigt. Erstens, weil sie am nächsten Tag für Politbüro und Regierung vorliegen sollten. Zweitens aber, weil die Verfasser, meist war der Abteilungsleiter des

Ministeriums für Auswärtige Angelegenheiten federführend, die heitere Entspannung bei den Großkopfeten ausnutzten, um sich den Berichtsentwurf im Vorübergehen absegnen zu lassen. Der eigentliche Bericht konnte kaum gefährlich werden, aber die sogenannten „Schlussfolgerungen" konnten Sprengstoff enthalten, etwa so „Punkt 3. Der Minister für Außenhandel hat eine Konzeption zur besseren Durchsetzung des gegenseitigen Vorteils in den Handelsbeziehungen mit Zentralkannibalien – ich erfinde mal ein Beispielland – vorzulegen. Termin: Gleich morgen!" Das hieß dann, binnen kurzem eine neue Sammlung von Zaubersprüchen auszuarbeiten, denn meist sollten Lösungen herbei, an denen die Fachleute seit Jahren ohne Erfolg gearbeitet hatten. Und der Minister daheim war überhaupt nicht erfreut, sein Haus mit unlösbaren Zielvorgaben belastet zu sehen. Abwenden konnte man solche hinterhältigen Attacken aber nur, wenn man sich heimreisend nicht dem Schlummer hingab, sondern sich in die fliegende Redaktionsgruppe einfädelte. Diesmal, auf der Reise Vietnam – Korea, war ich noch Neuling und nicht gefragt, doch in den folgenden Jahren zogen mich die Redakteure gern mit hinzu, und ich trug zu manch eleganter Lösung bei.

Als ich zum Empfang des Ehepaars Marcos im Malacañang-Palast an einem aussichtsreichen Platz an einer der beiden großen runden Tafeln vor dem Vorstandstisch Platz nahm, war ich bereits von Generälen der Streitkräfte und des Innenministeriums umgeben, wie ich durch einen kurzen Blick auf die gedruckten Tischkarten gesehen hatte, nur der Stuhl zu meiner Rechten war noch frei, und erst nach einer Weile stellte ein dienstbarer Geist dort noch eine handschriftliche Visitenkarte mit einem Namenszug auf, den ich als chinesisch deutete. Um uns Gäste aus dem fernen Westen vor Ungeschicklichkeiten zu bewahren, hatte uns das Protokoll auf die eigenartige Abfolge der Eröffnung des „Sitzempfangs" hingewiesen. Zuerst brachte der Präsident der Philippinen einen Toast aus, darin bezeichnete er den Besuch Honeckers als „monumental" (a monumental visit), dann ertönte die Hymne der DDR, dann war „Sampaguita" zu rufen, dann anstoßen, Glas absetzen, Beifall. Dann Toast Erich Honecker, Hymne der Philippinen, „Sampaguita" rufen, anstoßen, Glas nieder, Beifall. Nun wurde serviert, und das Unterhaltungsorchester Joe Nicolas & his Manila Strings erheiterte uns, denn in Unkenntnis der atheistischen und regionalen Vorlieben seiner Gäste aus der DDR hatte es nach Liedgut gegriffen wie „Stille Nacht, heilige Nacht" und „In München steht ein Hofbräuhaus". Jetzt erschien auch noch der verspätete Gast zu meiner Rechten. Dieser hob während des Essens mehrmals sein Glas, trank mir zu und verband das mit freundlichen Worten über „my great country", wie er sich ausdrückte, wobei mir ein gewisses Interesse der herumstreunenden Fotografen an unserem Zwiegespräch auffiel. Es schien mir nun geraten, mich als einen Chief of Department des Ministeriums für Außenhandel der DDR vorzustellen, worauf ich erfuhr, er sei der Botschafter der Republik Südkorea.

Ich war wie vom Donner gerührt. Wie jeder, der mit der Koreanischen Volksdemokratischen Republik zusammenarbeitete, wusste ich: Die Nordkoreaner hörten sich den Standpunkt der DDR zur Existenz von zwei souveränen, unabhängigen Staaten auf deutschem Boden zwar höflich und ohne heftigen Widerspruch an, Korea aber war nach ihrer unwandelbaren Doktrin noch immer nur e i n Staat einer einheitlichen Nation. Der Süden Koreas war zeitweilig der Volksmacht entzogen und vom Feind besetzt, und die Wiedervereinigung unter volksdemokratischen Fahnen war unmittelbares Gebot. Diese Doktrin hatte für alle anderen Länder Folgen: Wer Nordkoreas Freund sein wollte, musste die Verräter im Süden meiden wie die Pest, jedwede politischen und wirtschaftlichen Kontakte waren untersagt, und wurden, wenn sie dennoch beobachtet wurden, mit Liebesentzug bestraft. Und nun hatte mir eine undurchsichtige Fremdregie den südkoreanischen Botschafter an die Seite gesetzt. Am Vorabend der Weiterreise in das Land Kim Il Sungs konnte das nichts anderes sein als eine gezielte politische Provokation, so sah ich es selbst, und mir Unbedarftem war ein schwerwiegender politischer Regelverstoß unterlaufen. Ich hatte vor dem Empfang gehört, die Außenpolitiker der DDR hätten die Philippinen gebeten, die Botschafter Taiwans, Südkoreas und Israels nicht einzuladen, der Botschafter der Bundesrepublik Deutschland dagegen sei nicht unwillkommen. Offensichtlich war so Regie geführt worden, dass die unwillkommenen Diplomaten der Begrüßungszeremonie fernblieben, dann aber noch eintrafen, denn in der Philippinen Gunst standen sie ja. Das Blut stieg mir heiß in den Kopf, und ich malte mir aus, dass die gerade geschossenen Pressefotos schon auf dem Funkweg nach Pjongjang waren. Es blieb mir keine andere Wahl, ich musste „das Vorkommnis" sofort melden … Der Außenminister Oskar Fischer beschloss, Honecker nicht zu informieren … Und er tat recht damit, die Gastgeber schienen doch wohl keine Provokation im Sinn gehabt zu haben, und die Nordkoreaner, wenn sie denn von dem Fehltritt erfahren hatten, wollten keine Staatsaktion daraus machen.

Die Stadtrundfahrt Honeckers durch Manila gestaltete sich zu einem aufregenden Ereignis. Die Führung hatte nun die wunderschöne Mitherrscherin Madame Imelda R. Marcos, vom Gatten zum Gouverneur von Groß-Manila erhoben. Offiziell hieß die Dame auch nicht Imelda Marcos, sondern „Mrs. Ferdinand E. Marcos", also „Frau von Ferdinand E. Marcos."

Das Protokoll hatte dem Gast zwar hohe Ehre erwiesen und allen Delegationsfahrzeugen ein eigens geprägtes und freie Fahrt gewährendes Nummernschild mit der Aufschrift „State Visit Erich Honecker Chairman of the State Council of the German Democratic Republic" verpasst, konnte aber den stets verstopften Verkehr der Quezon-City nicht entwirren, so dass die Wagenkolonne auseinander riss und die Besuchergruppe zersplittert am Herzzentrum der Philippinen eintraf.

Die DDR-Sicherheitsgenossen betraten den weitläufigen modernen Krankenhauskomplex zum Teil durch ganz andere Türen als ihr Vorsitzender und irrten, wie auch ich, auf eigene Faust durch die Gänge, ehe sich die Mannschaft wieder eher zufällig vereinigte. In der DDR wären einem hohen Besucher ein, zwei schon nicht mehr leidende aseptische Patienten in reinlicher Umgebung vorgestellt worden, hier aber marschierte der Besichtigungszug chaotisch mitten durch Bettensäle mit Frischoperierten. Anderes an diesem Vormittag war anziehender, im Besonderen der Besuch des auf Initiative von Imelda errichteten Kulturzentrums. Zu Beginn des Rundgangs erläuterte die Gouverneurin Imelda an einer großen Weltkarte die Lage ihres Tausend-Inseln-Staates.

Erich und alle anderen Männer im besten Alter waren sichtlich von der Eleganz und Vollendung der reizenden Dame mit dem Zeigestöckchen fasziniert und schluckten auch die politische Ortsbestimmung, die die Präsidentengattin gab: „Wissen Sie, die Philippinen sind wie ein wunderschönes, liebreizendes blutjunges Mädchen, das von mächtigen Verehrern (nun zeigte sie mit dem Stöckchen zuerst auf die Sowjetunion, dann auf die Vereinigten Staaten) umworben wird und gerade deshalb in seiner Jungfräulichkeit verharren muss ..."

Im Morgengrauen des folgenden Tages stand die wieder instand gesetzte IL 62 abflugbereit nach Nordkorea auf dem Rollfeld. Draußen lief das gleiche Zeremoniell wie bei der Ankunft ab. Präsident Marcos hatte, wie schon während aller Empfänge, ein fein besticktes Festhemd mit langen Ärmeln und goldenen Manschettenknöpfen an, den „Barong Pilipino". Frau Imelda war inzwischen unter dem schützenden Baldachin hervorgetreten und trug eine hinreißende rosafarbene kreolische Tracht mit knapper Korsage und einer Art Reifrock und in der linken Hand ein rosa Sonnenschirmchen, und als nun der Augenblick der Trennung kam, reichte sie Honecker den Handrücken, und der applizierte ihr einen Handkuss, aber so fein, so formvollendet, regelrecht elegant, dass man hätte glauben können, er hätte das schon vor zwanzig Jahren mit den Jugendfreundinnen im Blauhemd so gehalten.

Der 8. Dezember versprach ein ruhiger Tag zu werden, mindestens sieben Stunden in der Luft, Zeit zum Schlafen. Doch zum ersten mal im Leben flog ich über Japan hin, und es war zu verführerisch, wach zu bleiben und nach unten zu schauen, und als wir um 15.30 Uhr in Pjongjang landeten, war ich todmüde und nickte ein …

Über das nun ablaufende militärische Zeremoniell will ich mich nicht verbreiten, doch dann traten Honecker und Kim Il Sung den jubelnden Sterblichen gegenüber und die Presse stürzte heran. Kim Il Sung wies eine körperliche Besonderheit auf, hinter dem rechten Ohr hatte er ein Gewächs von der Größe einer Kinderfaust. Ich hatte schon davon gehört, denn in Korea kursierte die Legende, dass diese Schwellung der Sitz besonderer Nervenzellen sei, aus denen Kim göttliche Eingebungen zuflössen. Obwohl diese Körperlichkeit damit nahezu geadelt schien, war es koreanischen Fotografen strengstens untersagt, den Führer von der „schlechten Seite" her abzubilden, und der koreanische Journalistenpulk drängte sich auf der Schokoladenseite zusammen. Da die von der DDR-Seite mitgeführten Presseleute offenbar nicht gewarnt worden waren, erschien am nächsten Tag im „Neuen Deutschland" ein Begrüßungsbild, das Kim Il Sung mit einem Kloß hinter dem Ohr zeigte.

Vom Flughafen fuhr eine Kolonne von mehr als 60 Wagen nun dem Zentrum entgegen, das vielleicht 15 km entfernt lag. Es war gegen 17.00 Uhr. Wir fuhren durch Dörfer und Vorstadtsiedlungen und konnten uns nicht erklären, warum die Organisatoren deren Bewohner vor uns versteckten. Tatsächlich, wir sahen nicht einen einzigen Menschen auf der Straße oder an den Fenstern, wir fuhren durch vollkommen totes Land. Mir wurde unheimlich. Dann aber erkannte ich in der Ferne eine Art riesiges Stadttor, und als wir das erreichten, begann wie von einer unsichtbaren Linie ab der organisierte Begrüßungswahnsinn.

In dichten Trauben, Fähnchen und Kunstblumen schwenkend, Zehntausende Menschen in Winterkleidung, und obwohl kalter Regen fiel und matschige Schneeflocken herabfielen, scheinbar von tumultartiger Erregung und Begeisterung erfasst. Auf den ersten Blick musste der Fremdling erkennen, dass hier eine Inszenierung lief, etwas Künstliches.

An Straßenkreuzungen und Plätzen hatte die Dramaturgie noch für Steigerungen gesorgt. Tanzgruppen in seidenen Gewändern führten Tänze auf und sangen Lieder, und an einem poetisch „Pfingstrosenberg" genannten Hügel stiegen beide Führer aus dem Wagen und grüßten das Volk. Bei aller Liebe fürs Organisierte: Dies hier war so bombastisch, so erkennbar fern vom Alltag des werktätigen Volkes, dass es mich bedrückte. Wer konnte daran Gefallen finden?

Unerbittlich wurden die müden Reisenden zum großen Abendessen im Präsidentenpalast gerufen. Na, das war ein Protzbau, ich fühlte mich wie in einem sozialistischen Versailles. Unser Handelsrat wusste zu sagen, dass dieser Riesenbau ein mehrfaches Luftreinigungssystem aufweise, zum Ausfiltern von Schmutzpartikeln, aber auch für die chemische, bakteriologische und atomare Überwachung. Rolltreppen führten bergan und zum Bankettsaal, in dem schon etwa 500 Gäste auf den Einmarsch der Mitglieder des illustren Präsidiums warteten. Vor einer weiten Bühne ein langer, festlich gedeckter Tisch, davor zwei große runde Tische, und an einem war mir ein Platz zugeteilt. Wieder war ich, wie schon auf den Philippinen, von allerhand Generalität umgeben.

Im Gegensatz zu den Filipinos, die Bewunderer der erfolgreichen DDR-Olympioniken und gesprächig gewesen waren, redeten die mich umgebenden Würdenträger kein Wort, nicht einmal untereinander. Das war mir überhaupt nicht recht, denn sterbensmüde wie ich war, hätte das Gespräch mich vielleicht aufgeputscht. Und nun lasen die Führer auch noch ihre langen Riemen von Ansprachen herunter, es war entsetzlich, und Hunger hatte ich auch keinen. Ich hatte nur Mordsangst, ich könnte einnicken und vom Stuhl herunterfallen. Deshalb streckte ich beide Arme aus und stützte mich an den Stuhllehnen der Tischnachbarn ab. Schließlich öffnete sich der Vorhang, die Präsidiumsmitglieder ließen ihre Sessel zur Bühne drehen, und ein musikalisches Programm von erlesener Qualität begann.

Als sich der Vorhang öffnete, erscholl ein allgemeines Ahhh … Etwa 50 junge Damen in bis auf den Boden reichenden weißen Gewändern und ein ebenfalls aus weißgewandeten Damen bestehendes Orchester mit Violinen, Bratschen, Klarinetten und zwei Harfen ließ sich hören. Frauen-Duette, Männer-Quartette, Quartette mit Nationalinstrumenten, Frauen-Vokalmusik lösten sich ab, und neben Gesängen auf das herrliche Vaterland Korea und das glückliche Land des Dschutsche wurde deutsches Liedgut verabreicht: Wenn alle Brünnlein fließen, es blies ein Jäger wohl in sein Horn. Bloß gut, dass es keine vertonten Hymnen auf Honecker gab, das rettete uns vor dem gleichberechtigten Nebeneinander mit den Lobgesängen auf den ortsansässigen Führer, von denen ich hier nur einen in der Übersetzung aus dem Englischen wiedergeben möchte:

Hingabe unserem lieben, verehrten Führer,
der jeden Tag dem Besten seines Volkes widmet.
Heute kennt unsere große Freude keine Grenzen.
In seinem Busen bewahrt er
wie ein Vater warme Liebe für uns.
Wir folgen Dir, dem lieben Führer,
bis an die Grenzen des Erdballs,
ergeben stehen wir zu Dir
bis zum Ende von Sonne und Mond.
O, Dein treuer Segen begleitet uns immerdar.
Wir bleiben Dir für immer treu,
setzen all unseren Glauben in Dich.
Wir beten zu unserem Führer,
mit allem, was in unserem Herzen ist,
beten wir für lange und fruchtbare Jahre
für unseren großen und liebsten Führer.

Auch das schönste Programm geht einmal zu Ende. Ich war mehr als einmal eingenickt, hatte mich aber doch auf dem Hintern halten können, jetzt durfte ich wenigstens applaudierend stehen. Ein riesiger Blumenkorb wurde auf die Bühne getragen, und nach Landesart sollten sich nun Kim und Erich zu den Künstlern begeben, um ihnen zu danken. Die Bühnenkante lag etwa einen halben Meter höher als das Parkett, und deshalb mussten die beiden zunächst nach links außen zu einem eigens angebrachten Treppchen schreiten. Aber nach ein, zwei Schritten nahm Honecker einen kleinen Anlauf und sprang mit jugendlichem Schwung auf die Bühne. Sofort erscholl anerkennender Beifall: Er kam von den Damen und Herren des Diplomatischen Corps, die hatten nichts zu verlieren. Denn der massige Kim konnte nicht folgen, er watschelte die Treppenstufen hinauf. Hatte Honecker bewusst, geplant, gehandelt? Wohl kaum, denn sein Sprung war eine Herausforderung an den Göttlichen. Wäre er nicht einem plötzlichen Impuls gefolgt, sondern einer kalkulierten Eingebung, dann musste sein Tun als gewollte Demonstration gewertet werden, als Demonstration von Natürlichkeit und menschlichem Leistungsvermögen gegenüber all dem Götzenkult vor dem unsterblichen, aber fetten und ungewandten Kim.

Nach der Wende las ich seitenweise, wie intellektuel bescheiden, humorlos, linkisch-hölzern, farblos, emotional verklemmt Honecker gewesen sei, welche Peinlichkeiten er seiner Umgebung zuweilen bereitet habe. Ich kann kaum mitreden, aber das will ich doch sagen: Diese Attribute mögen zutreffen, aber mit ihnen ist der Mensch Erich Honecker nicht zur Gänze bestimmt. Wenn Helmut Schmidt sagt, ihm sei nie klar geworden, wie sich dieser mittelmäßige Mann so lange an der Spitze des Politbüros habe halten können, dann zeigt er und zeigen ähnlich wenig Wissende nur, dass sie die Gesetze der Machtgewinnung und Machterhaltung im realen Sozialismus nicht wirklich verstanden haben. Wer die „Gesetzmäßigkeiten" der Diktatur des Proletariats so zu erfassen und zu nutzen versteht, dass er die Macht ergreift, um sie nie wieder loszulassen, muss über nicht weniger Fähigkeiten verfügen als einer, der nach den Gesetzen der Mediendemokratie den Gipfel ersteigt, nur eben über andere. Für den, der nach den Leninschen Normen siegen will, sind Witzigkeit, Originalität, oder negativ: die Fähigkeit zum Blenden und die Fähigkeit zum Herzeigen unechter Gefühle nicht so wesentlich. Ich habe an Honecker nur ganz selten Spaß gehabt, aber ich schaue mir die an, die ihm Mittelmaß bescheinigen, und bei den meisten von ihnen finde ich nicht, dass sie ihn überragen.

In einem wichtigen Punkt haben sich gleichwohl fehlende Ausbildung und Verständnisfähigkeit Honeckers furchtbar gerächt, auf dem Feld der Wirtschaft. Weil Honecker davon wenig bis nichts verstand, benötigte er den machthungrigen Mittag. Der versprach ihm, wie einst Mephistopheles dem Dr. Faustus, wider besseres Wissen die Rettung seiner Vision von dem glücklichen Volk, das auch in der Krise nicht hungert und friert. Doch dazu später mehr.

Irgendwann zwischendurch luden die Koreaner ihre Gäste zum Besuch des Diplomatenladens ein. Honeckers Sekretärin Elli Kelm hatte das Tagegeld Erich Honeckers in Händen und war beauftragt, es sinnvoll auszugeben. Lange stand sie vor einem Bild mit mächtigen Gebirgsbächen, es kostete 117 Won, aber sie konnte es nicht kaufen. „Soviel hat er nicht", sagte sie.

Die große Reise Vietnam – Philippinen – KVDR ging am 11. 12. 1977 zu Ende. Nach der Zwischenlandung in Irkutsk litt ich Höllenqualen. Eines der Triebwerke versagte den Dienst, heulte auf, erschlaffte, heulte erneut auf. Dann gab der Flugkapitän Entwarnung: Alles wieder im grünen Bereich. Vor der Landung in Berlin, das war am 11. 12. 1977 um 19.29 Uhr, gab er noch über Lautsprecher bekannt: Einschließlich des Abstechers Ho-Chi-Minh-Stadt – Hanoi und zurück hatten wir in 45 Flugstunden 33.956 km zurückgelegt.

Vertreibung nach Fernost

„Hoch/die/ in-ter-na-tio-na-le/So-li-da-ri-tät!" – das war Mittags Losung nicht. Nach der Staatsreise Erich Honeckers in den Fernen Osten muss Mittag ein scharfes Urteil zur Wirtschaftlichkeit unserer Austauschbeziehungen mit Vietnam und Nordkorea abgefeuert haben: Wir haben da jahrelang noch und noch hineingesteckt, und jetzt bringt es der Außenhandel nicht fertig, die Früchte zu ernten. Unsere Fachabteilung im Apparat des ZK hatte wohl als erste eine Idee, wie die Dinge in Zukunft betrieben werden sollten. Das Diktum lautete: „Im MAH ist ein gesonderter Direktionsbereich Ferner Osten unter dem Stellvertreter des Ministers Eugen Kattner zu bilden, der neue DB ist straff auf die Sicherung des gegenseitigen Vorteils in den Wirtschaftsbeziehungen mit den sozialistischen Ländern Fernost auszurichten." Der neue DB wurde für China, Nordkorea, Vietnam, Laos, Kampuchea und die Mongolische Volksrepublik zuständig und, o Wunder, er wurde mir anvertraut. Die mir bisher zugeordneten Länder Jugoslawien, Kuba, Albanien blieben als Direktionsbereich unter dem Oberbefehl von Gerhard Nitzschke bestehen. Bis dahin mochte das Ganze noch hingehen. Unerträglich aber wurde die nun einsetzende pausenlose Abfragerei, Gängelei und „Empfehlerei" (die Partei gab grundsätzlich keine Weisungen, sie „empfahl") aus dem Apparat. Obwohl wir den sanften Druck auf Vietnam, Korea und Laos erhöhten und unsere Erwartungen auf hochwertige Gegenlieferungen schamloser als bisher formulierten und dazusagten, wovon wir gern wie viele Tonnen hätten, wenn jene Länder neue DDR-Lieferungen nachfragten – wo nichts ist, da hat auch der Kaiser sein Recht verloren. Wie immer im realen Sozialismus, wenn sich die gewünschten Resultate nicht einstellten, waren Berichte anzufertigen. In diesen wurde in straffer Diktion Rechenschaft über die „gezielten Aktivitäten" gelegt, die wir unternommen hatten, und wurden die voraussichtlichen Resultate „eingeschätzt." Von Mal zu Mal, Schritt für Schritt kamen die Berichte dem zu erwartenden Fiasko näher. Über die Leipziger Frühjahrsmesse 1978 retteten wir uns hinweg, da war der neue Leitungsbereich noch im Aufbau. Doch schon zur Leipziger Herbstmesse 1978 war klar: An eine Steigerung unseres Imports aus den Nachkriegswirtschaften Vietnams, Koreas, Laos' war noch lange nicht zu denken. Wenn überhaupt, konnte nur der von den Wirtschaftsausschüssen eingeschlagene "neokolonialistische" Weg zum Ziel führen: Gezielte kreditierte Investitionen von Technik und know-how in Plantagen und Primärverarbeitungsbetriebe für Kaffee, Kautschuk, Agar-Agar, Südfrüchte, Gewürze, sowie in Bergwerke und Tagebaue für Erze, Apatite, seltene Erden, dazu Spezialisteneinsätze. Doch das erforderte auch wieder finanzielle Vorleistungen, Übernahme von Risiken und jahrelanges Warten auf die erste Ausbeute. Natürlich schied China als Partner für solche Projekte aus. Die KVDR war bereit, uns für die Gewährung von langfristigen Krediten für den Ausbau eines Betriebes zur Herstellung von Mess- und Regelgeräten gewisse Gegenlieferungen von Elektrolyt-Zink und -Silber zuzugestehen, aber weitere neue Projekte zeichneten sich nicht ab.

Eugen Kattners Hauptverantwortung war der Warenaustausch mit der Sowjetunion, dem wichtigsten und Haupthandelspartner der DDR. Im Warenaustausch mit der Sowjetunion spiegelte sich die Sonderstellung beider Länder füreinander wider. Entscheidungen der Sowjetunion zu wichtigen Importpositionen konnten die politische und ökonomische Strategie der DDR unterfüttern – oder zur Strecke bringen. Die sowjetische Weigerung, dem von der DDR geforderten Preis für einen neuen Großrechner oder einen Weitstreckenpersonenwagen zuzustimmen, konnte einen ganzen Industriezweig der DDR auf Dauer lähmen. Über den Handelsverkehr konnte die Sowjetunion aktive Unterstützung für die Linie der DDR oder Liebesentzug signalisieren. Gegen allzu demonstrative Eigenständigkeit, Großmannssucht, Eigenwilligkeit oder Verweigerung der DDR hatten die Sowjets handelspolitische Gegenmittel. Wer als Stellvertreter des Ministers „die Sowjetunion machte", war – so sehr die Verantwortlichen aller Dienstgrade für den Handel mit dem NSW auch von ihrer Bedeutung überzeugt sein mochten - mehr als primus inter pares: Er war der King unter den Stellvertretern. Er durfte zwar das Jahresprotokoll mit der UdSSR nicht selbst „im Auftrag der Regierung der Deutschen Demokratischen Republik" unterzeichnen, das blieb immer dem Minister vorbehalten, aber er war doch „der Mann", ihm war die Verhandlungsdirektive erteilt, er konferierte mit jedem am Zustandekommen des Jahresprotokolls engagierten Generaldirektor der Industrie und der Außenhandelsbetriebe, ja, sogar mit den in Moskau anreisenden Industrieministern der DDR auf gleicher Augenhöhe. Eugen Kattner verschwand alljährlich so gegen Ende Oktober aus dem Tagesgeschäft in Berlin und richtete seinen Hauptgefechtsstand in Moskau ein. Der Minister hatte sich daran gewöhnt, dass Kattner am Ort des Geschehens weilte und über seine Verweildauer dort souverän entschied. Die ungeheure Bedeutung, die Informationen über das Angebots- und Abnahmeverhalten der Sowjetunion haben konnten, brachten den Stellvertreter des Ministers für die Sowjetunion beständig in Versuchung, mit der obersten Führung von Partei und Staat direkt zu kommunizieren. Jedenfalls schien ihm das Recht des direkten Zugangs dorthin zuzustehen, wann immer e r es für richtig hielt. Mir scheint, Kattner hat diesen Versuchungen in der Regel widerstanden und Minister Horst Sölle nicht in Verlegenheiten gebracht.

Abgang in Ehren?

Ende 1978 hatte ich den Kanal gestrichen voll: Ich war frustriert von der fruchtlosen Einkaufspolitik Fernost, von der Rolle eines Zwischenleiters, von der immer gleichen Art von Analysen, Statistiken und Vorlagen, vor allem aber von dem engen Spielraum für eigenes Gestalten. Aber wie das im Sozialismus war: Wegbewerbungen waren im System nicht vorgesehen, die Partei befand darüber, ob und wann ein nächster Schritt fällig war und ob nach oben, zur Seite, nach unten. Jetzt wäre ich gern ins Ausland gegangen, in ein Land mit außenwirtschaftlicher Bedeutung, nicht aufs Abstellgleis oder in die Sommerfrische. Aber das ging nun auch nicht: Meine Frau, die immer eine gute Sprachmittlerin gewesen war, aber nie zu höheren Ehren gelangt war, fiel Paul Markowski auf, der selbst in mehreren Sprachen gewandt und konferenzfest war. Markowski, ein Guru der Außenpolitik, Chef der Abteilung Internationale Verbindungen im Zentralkomitee, kam später zusammen mit Werner Lamberz bei einem Hubschrauberabsturz in Libyen ums Leben. Markowski setzte meine Frau bei dem ersten Besuch des legendären Luis Corvalán in der DDR als Dolmetscherin ein. Das war 1976, nachdem Corvalán, "Don Lucho", in Genf auf dem Rollfeld gegen den sowjetischen Dissidenten Bukowski freigetauscht worden war. Meine Frau hatte nun die Feuerprobe bestanden und kam wiederholt bei Axen, Hager, später auch bei beiden Honeckers zu Arbeit und Ehren, immer öfter auch im Ausland.

Aber begonnen hatte das alles mit der ersten Chance Corvalán, und nun wollte sie den Aufstieg nicht gegen den Daueraufenthalt in fernem Land an der Seite des Ehemanns und in einer vielleicht ungeliebten Arbeit eintauschen, denn wenn sie mich auf meine Bitte hin überhaupt in eine HPA entsandt hätten, dann wäre es auch wieder eine gewesen, die die Partei für mich aussucht, nicht ich selbst, und sehr sensibel war der Umgang mit den Wünschen der Genossinnen Ehefrauen damals nicht, es konnte gut sein, dass sich keine freie Stelle im spanisch- oder englischsprachigen Ausland finden ließ. Dann waren die Kinder da mit ihren Rechten. Unsere Tochter war im Jugendweihealter – fast nirgendwo im Ausland gab es aber Schulen mit Oberstufe, und würde sie zuhause bleiben und im Internat leben wollen? Und hatte Irmingart einen Sohn geboren, um ihn gerade im vielleicht kompliziertesten Alter ins Heim zu geben? Aber alle diese Überlegungen waren spekulativ, solange ich nicht meine Fachabteilung aufgesucht und gesagt hatte: Ich will meinen Posten verlassen. Bedingungen ließ sich die Fachabteilung so wie so nicht stellen, da gab es Erfahrungswerte. Ich steckte in der Sackgasse, aus eigener Kraft würde ich nicht herauskommen.

Mit mir waren in den vergangenen Jahren regelmäßig persönliche Gespräche" geführt, und Zwischenbeurteilungen waren angefertigt worden, dafür waren die Stellvertreter der Minister Nitzschke und Kattner zuständig gewesen. Dahinein hatten sie stets in irgendeiner Form geschrieben, ein Parteischulbesuch würde mir mal nicht schaden. Ich war aber an der Einlösung dieser Androhung nicht interessiert. Da die Berliner Bezirksparteischule stets überbucht war, wurden die zur Parteiqualifizierung ausgesuchten Außenhändler auf die übrigen Bezirke der DDR verteilt, lebten dann etwa ein Jahr in spartanischen Internaten in Erfurt, Magdeburg, Leipzig und reisten nur alle 14 Tage nach Hause. Aber die parteiwissenschaftliche Qualifizierung war ohnehin nur ein Teil des Erziehungsziels:

Wichtiger noch war, die Genossen wieder auf parteisoldatisches Normalmaß zu trimmen. Auf diesen Provinzialschulbetrieb hatte ich keinen Bock. Allerdings gab es auch noch die Einjahres-Lehrgänge an den Parteihochschulen in Berlin und Moskau. Doch die kamen für mich kaum infrage, dorthin wurden vor allem jüngere Parteimitglieder entsandt, für die eine Beförderung in Aussicht genommen war. Umso überraschter war ich, als mir eines schönen Tages mitgeteilt wurde, ich sei für einen Einjahres-Lehrgang an der Parteihochschule „Karl Marx" in Berlin vom September 1979 bis Juni 1980 vorgesehen. Für meinen Direktionsbereich werde ein Vertreter benannt, nach dem Schulbesuch solle ich auf den alten Platz zurückkehren. Ansonsten lautete die eher inoffizielle Begründung für die Schulbeschickung, mir könne es mal nicht schaden, mich gründlich mit den Beschlüssen der Partei vertraut zu machen.

Es ist die reine Wahrheit: Mein ganzes Leben lang war ich frei von Karrierestreben – verstanden als Vorwärtswollen ohne Leistung und zu Lasten anderer oder besserer Bewerber. Warum ist es mir so wichtig, das zu sagen? Es gab viele Schwächen, Fehler, Laster, die einen Genossen in Verruf bringen konnten, aber wirklich ruinieren konnte ihn der Ruf der „Kleinbürgerlichkeit". In der Partei wurde diesem Begriff nicht der heute übliche Wortsinn beigelegt: Kleine Verhältnisse, kleines Leben, enge Moralauffassungen, mäßige kulturelle Bedürfnisse, spießige Lebensgewohnheiten, genügsame Beschäftigung mit Kleingarten und Tauben. Von solcher Kleinbürgerlichkeit hatten auch „Genossinnen und Genossen" genug. Nein, „kleinbürgerlich" war, wem Denken, Fühlen und Lebensweise des Proletariats, der Arbeiterklasse, fremd waren. Der Arbeiter war frei von heftigem Verlangen nach Besitz und Wohlstand, er strebte nicht nach hervorgehobener gesellschaftlicher Stellung, nicht nach Würden, Ehren, Titeln, der Arbeiter lebte sauber und anständig und familiengebunden, der Arbeiter leistete seine Arbeit an dem Platz, an den er gestellt wurde, er ordnete sich willig in die Gemeinschaft ein und hob sich nicht individualistisch aus ihr hervor, er schätzte seine eigene Person und Meinung eher gering und das Kollektiv hoch. In sozialistischen Zeiten der Kleinbürgerlichkeit beschuldigt zu werden, bedeutete nicht wegen einer Lebensart kritisiert zu werden, sondern wegen einer fehlerhaften politischen Position.

Bei der Beurteilung eines Genossen waren Eigenschafts-Worte wie karrieristisch, individualistisch, moralisch ungefestigt, arrogant, materiell überinteressiert, opportunistisch, versöhnlerisch nicht einfach Hinweise auf bedenkliche Seiten seines Charakters, sondern politische Defekte, die in dem Sammelbegriff „kleinbürgerlich" summiert wurden. Der „Kleinbürgerlichkeit" gezogen zu werden – das habe ich gefürchtet, seit ich als Hochschüler in Berlin-Staaken antrat, und ich hatte Gründe, besorgt zu sein: Es war ja nicht entscheidend, ob man kleinbürgerlich dachte, sondern ob man dafür gehalten wurde.

Seine persönliche Karriere zu betreiben, das wäre sichtbarer Beweis der Kleinbürgerlichkeit gewesen. Doch an diesem Punkt, Gott sei Dank, hatte ich den Vorteil, mich nicht verstellen zu müssen. Natürlich wollte ich nicht absteigen, sondern vorwärtskommen - das gebe ich gerne zu. Aber ich habe niemals gegen einen vermeintlichen Mitbewerber intrigiert, mich nie beworben und immer gewartet, bis man mich ruft. Und nun ging ich zur Parteihochschule, ohne im Kopf mit meinem Aufstieg beschäftigt zu sein.

Stellvertreter des Ministers für Außenhandel

Am ersten Arbeitstag nach dem Abschluss der Parteihochschule warf ich pünktlich zu Dienstbeginn meine Aktentasche auf den vertrauten Schreibtisch im Direktionsbereich Ferner Osten. Mein Vertreter hatte den Platz schon geräumt, und meine Sekretärin, Frau Köhn, schien meine Rückkehr nicht zu bedauern. Doch ehe ich noch den Wunsch geäußert hatte, sie möge jetzt die Sektionsleiter zu mir bitten, trat der Leiter der Hauptabteilung Kader Horst Hieke herein: „Pack gar nicht erst aus", sagte er, „und komm mit mir. Erklären kann ich dir nichts, aber du meldest Dich jetzt bei Deinem früheren Chef Gerhard Nitzschke und arbeitest als sein Assistent. Mit ihm ist alles besprochen. Du gehst nicht als Hilfsarbeiter zu ihm, sondern schaust ihm alles ab, was einer braucht, der ihn in allen Fragen vertreten muss. In allen! Hast du mich verstanden?" Hatte ich nicht. Nitzschke begrüßte mich gelassen: Na, Kämpfer, sagte er. Das war üblicherweise sein Ausdruck für alle, die er als Mitstreiter akzeptierte. Noch am selben Tag ließ er einen kleinen Katzentisch an seinen Schreibtisch rücken, und an dem saß ich nun jeden Tag, bei jeder Besprechung, jedem Telefonat, an seiner Seite, und dort saß ich auch, wenn gar nichts passierte und mein Vorarbeiter tiefsinnig in die Post und die Unterschriftenmappen blickte. Auf jedes Stück Post, in jede Mappe schaute ich nach ihm ebenso, und wenn ich den Sinn einer Sache nicht erkannte, fragte ich und erhielt mal eine freundliche, mal eine unwirsche Antwort. Für mich war nicht zu erkennen, ob Gerhard Nitzschke mich als einen willkommenen oder als einen lästigen Zuschauer betrachtete.

Es ist jetzt an der Zeit, dass ich dem Leser enthülle, wes Geistes Kind ich damals, im September 1980, war. Von der Parteihochschule war ich mit der Überzeugung zurückgekehrt, dass man mich dorthin nicht geschickt hatte, um mich für eine höhere Aufgabe aufzurüsten, sondern einfach meiner politischen „Runderneuerung" wegen. Das war so nichts Unnormales: Mehr als zwei Drittel meiner Mitstudenten gingen an den Platz zurück, den sie vorher eingenommen hatten. Wenn die geheime Beurteilung, welche die Parteihochschule mir hinterhergeschickt hatte, meine damalige Haltung annähernd richtig wiedergab, dann musste darin stehen, dass ich im scharfen ideologischen Meinungsstreit der Konfrontation ausweiche und zu vermitteln suche. Dass ich selbst dann zur Mitte strebe, wenn man einmal über die Flügel stürmen muss. Es musste darin stehen, dass ich kein Optimist bin, sondern dass mich eher eine Art kritischer Pessimismus motiviert. Kurzum, ich konnte nicht damit rechnen, dass mich die Beurteilung der Parteihochschule für höhere Weihen empfahl.

Ich muss zugeben, dass ich noch in den ersten Jahren meiner Zeit als Direktionsbereichsleiter in vielen Fragen ausgesprochen naiv gewesen war. Ich hielt die mir gelieferten offiziellen Versionen über die Motive und Ziele der Innen- und Außenpolitik von Partei und Regierung für ausreichende Wahrheiten, die Parteiführung für monolithisch und ihre Mitglieder für weitgehend frei von persönlichen Ambitionen. Ich konnte mir nicht vorstellen, dass es in den Führungsgremien der Partei unterschiedliche Denkansätze zur ökonomischen Strategie geben könnte. Ich unternahm kaum Versuche, mehr zu erfahren, als mir an Informationen von Amts wegen zugedacht wurde. Es könnte sein, dass ich sogar Furcht davor hatte, durch Neugier aufzufallen, und den unnötigen Verdacht vermeiden wollte, ich versuchte andere zur Preisgabe von Geheimnissen zu verleiten. Wie dem auch sei: Erst als ich merkte, dass ich als Erfüllungsgehilfe unter die Räder komme, wenn ich mir die Informationen weiter nur zuteilen ließe, änderte ich mein Verhalten. Ich begann, persönliche Kontakte zu Mitarbeitern im Ministerium für Auswärtige Angelegenheiten, der Abteilung Internationale Verbindungen des ZK, der Staatlichen Plankommission und des Ministeriums der Finanzen auszubauen. Ich besuchte wichtige Zeichengeber am Arbeitsplatz, und siehe, ich bekam manches Papier, manche „illegale" Kopie zu lesen, die die fremden Festungen auf dem Dienstwege nicht verlassen hatten. Ich merkte, dass es keine verlorene Zeit war, auch mal eine halbe Stunde bei anderen Bereichsleitern zu sitzen und zu philosophieren.

Mindestens ebenso wichtig war, was ich von meiner Frau lernte. Seit Anfang 1977 dolmetschte sie Spitzengespräche und diente Erich Honecker, Hermann Axen, Kurt Hager, Konrad Naumann und anderen. Nicht, dass sie dabei Staatsgeheimnisse erlauscht hätte. Aber sie erfuhr in den Vorzimmern der Macht von den Referenten und Spezialisten, von den Sekretärinnen und Protokollbediensteten, von den Ärzten und Sicherheitsleuten viel über persönliche Stärken und Schwächen der Mächtigen, über Beziehungsgeflechte und Animositäten, sie erlebte, wie heiligste Kühe mit Sarkasmus und Zynismus bedacht und unumstößliche Wahrheiten relativiert wurden. Sie half mir, Spiegelfechtereien zu durchschauen, Halbwahrheiten zu erkennen, aber auch zu verstehen, dass es Tabus gab, die auch in den Zirkeln der Mächtigen nicht gebrochen werden durften. Ich verstand besser, was man glauben darf und was man nicht glauben muss, was notfalls verziehen wird und was unverzeihlich ist.

Als ich von der Parteihochschule kam, wusste ich mich zu steuern. Ich vermied es, Glaubensstärke zu demonstrieren, gab gewisse Zweifel zu und zeigte Gefallen an Leuten, die zu ironischer Selbstkritik fähig waren.

An dem rituellen Parteigetue war ich - wie schon vor dem Parteischulbesuch – nur gering interessiert, bekundete keine Neigung, ein Parteiamt zu übernehmen (und durfte mich demzufolge auch nicht wundern, dass mir keiner eines antrug ...). Doch mit Zynikern ohne Glauben an Ideale wollte ich nichts zu tun haben. Die DDR und der Sozialismus sollten gedeihen, und dafür wollte ich mich weiter ins Zeug legen. Was meine politische und weltanschauliche Ausstattung anbetraf, fühlte ich mich berechtigt, die DDR zu repräsentieren. Wenn ich auch niemals formulieren würde, „die Partei sei meine Heimat", so sah ich mich doch auch in der Partei nicht als Fremdling oder Außenseiter, sondern war überzeugt, dass Leute wie ich, die jede Überspitzung hassten, gut in die Partei passen sollten. Ob ich aber eine verantwortlichere fachliche Aufgabe erfüllen könnte, als ich sie bisher hatte, da war ich mir nicht sicher.

Aufhaltsamer Aufstieg

Im Januar 1981 arbeitete ich mit großer Hingabe an einem Beschluss zur Steuerung des Handels mit den anderen sozialistischen Ländern. Den Auftrag, einen solchen Beschluss vorzulegen, hatte Gerhard Nitzschke schon seit einem Vierteljahr, aber er zeigte wenig Eifer, ihn zu vollenden. Ohne es eigentlich zu wollen, musste ich die Redaktion an mich ziehen und Tempo vorlegen. Ich erkannte später, warum Nitzschkes Leidenschaften in dieser Sache so verhalten waren, aber dazu an anderer Stelle. Ich handelte, als trüge ich schon Verantwortung, aber es war mir mulmig zumute. Ich assistierte schon den fünften Monat, und die Einladung zur Berichtswahlversammlung der Kreisorganisation Außenhandel der SED, die Gerhard Nitzschke zum 1. Sekretär wählen sollte, war schon ergangen. Mit mir aber war noch immer nicht gesprochen worden. Ich begann, Gespenster zu sehen, denn niemand, nicht ein einziger der mir Übergeordneten wollte meinem fragenden Blick begegnen. Mein Anblick schien Peinlichkeiten auszulösen, und ich war wie von einer Mauer des Schweigens umgeben.Erst um den 20. Januar herum erhielt der Minister ein Zeichen aus dem Großen Haus, dass jetzt meine Bestätigung vorbereitet werde. Er beauftragte mich mit der Wahrnehmung der Geschäfte des Stellvertreters des Ministers. Beinahe zeitgleich verschwand Gerhard Nitzschke aus meinem Blickfeld. Nun musste ich springen.

Nomenklaturkader

Am 3. 2. 1981 stimmte das Sekretariat des ZK meiner Berufung zu. Ich habe viel Grund zu der Annahme, dass der Abteilungsleiter Handel, Versorgung und Außenhandel im ZK, Hilmar Weiß, und seine enge Mitarbeiterin in Kaderfragen, Helga Arndt-Neugebauer, mit der ich gemeinsam in Berlin-Staaken studiert hatte, eine untadelige Rolle gespielt haben. Auch in den kommenden Jahren bewies Weiß mir gegenüber eine abwartend-kritische, aber gerade in schwierigen menschlichen Situationen faire Haltung.

Ich war Weiß für meine Berufung dankbar. Als ich das einem meiner guten Freunde sagte, gab mir der zu bedenken: Wofür dankbar? Kannst du dir nicht vorstellen, dass so eine Berufung auch ganz anders ablaufen könnte? Dass du eine Bewerbung abgibst und da hineinschreibst, warum du dir die Sache zutraust? Du hättest ja schreiben können: Ich habe ein ordentliches Staatsexamen gemacht, ich spreche zwei Sprachen fließend und kann zwei weitere lesen und halbwegs verstehen. Sechs Jahre habe ich als Verkäufer und Verkaufsdirektor gearbeitet, war drei Jahre Stellvertreter des Leiters einer Handelsvertretung und danach zehn Jahre Direktionsbereichsleiter ... Doch schon die Vorstellung war weltfremd. Ich hielt es für das selbstverständliche Recht der herrschenden Partei, allein zu entscheiden, welche Aufgaben Führungsfunktionen sind und wer in diese berufen wird und alsdann zur „Nomenklatura" gehört.

Das System der Nomenklaturkader und sogar das amtsstubenhafte Wort dafür hatte die DDR, wie vieles andere, von der Sowjetunion übernommen. Die „Nomenklatur(a)" war ein „Verzeichnis leitender Personen, deren Berufung nicht der Ressortchef wahrnahm, sondern eine höhere Stelle." Für meine Branche hieß dies: Nicht der Minister für Außenhandel, sondern das Zentralkomitee war für die Ernennung des Kommandeurkorps der Arbeiterklasse (zu dem mehr als 5.000 Nomenklaturkader zählten) zuständig. Zur Nomenklatur des Ministerrates zählten der Minister selbst, sein Erster Stellvertreter, 2 weitere Staatssekretäre, 8 Stellvertreter des Ministers, die Hauptabteilungsleiter Planung und Kader, 80 Handelsräte sowie 7 dem Minister allein unterstellte Generaldirektoren von Außenhandels- und Dienstleistungsbetrieben und mehr als 40 doppeltunterstellte Generaldirektoren von AHB. Die Nomenklatur des Zentralkomitees umfasste alle diese vorgenannten, außerdem aber noch den Direktions-Bereichsleiter UdSSR, 14 Stellvertreter von Handelsräten in sozialistischen und 14 in kapitalistischen und Entwicklungsländern, jedoch nur ca.45 Generaldirektoren von Außenhandelsbetrieben.

Darüber hinaus hatte die Fachabteilung des ZK noch bei den in einer „Kontrollnomenklatur" erfassten Kadern die Finger im Spiel. Für diese legte sie ihre Hand nicht ins Feuer, behielt sich aber vor, Ratschläge zu geben. Zu dieser „Kontrollnomenklatur" gehörten z. B. die vom Minister berufenen

Direktionsbereichsleiter. Das Einreichungsverfahren war standardisiert. Wenn ein Stellvertreter des Ministers zu berufen war, lief das so ab: Der Außenhandelsminister legte dem Vorsitzenden des Ministerrates eine mit der Fachabteilung des ZK abgestimmte Vorlage vor. Schon in dieser Startphase entschied also die Partei. Spätestens zu diesem Zeitpunkt löste die Kaderabteilung des ZK auch die Sicherheitsüberprüfung aus.

Der Vorsitzende des Ministerrates sagte „ja" und gab die Vorlage an das Sekretariat des ZK weiter. Das Sekretariat entschied abschließend. In diesem Verfahren erschien der Ministerrat entbehrlich.

Innerhalb des Außenhandelsministeriums pflanzte sich das Nomenklatursystem fort. Nomenklaturkader des Ministers waren die Leiter, welche die Staatssekretäre, Stellvertreter des Ministers und Hauptabteilungsleiter nicht aus eigener Machtvollkommenheit berufen durften. Selbst die Leiter der Ländersektionen waren Nomenklaturkader des Ministers und wurden berufen. Wer „berufen" war, mochte sich geehrt fühlen, doch das generell arbeitnehmerfreundlich gestaltete Arbeitsgesetzbuch der DDR galt für ihn nur nach Maßgabe der §§ 38 und 61. Die danach Platz greifende „Verordnung über die Pflichten, die Rechte und die Verantwortlichkeiten der Mitarbeiter in den Staatsorganen vom 19. 2. 1969" versetzte einen Berufungskader in den Zustand weitgehender Rechtlosigkeit und lieferte ihn, wenn es hart auf hart kam, der Willkür aus. Dass dies nur selten vorkam und ein aus der Funktion Entfernter in aller Regel ordentlich versorgt blieb, gehört auch zur Wahrheit. Und dass in einem Bonner Ministerium vom Abteilungsleiter an aufwärts jeder Beamte ohne Nennung von Gründen von heute auf morgen in den zeitweiligen Ruhestand versetzt werden und seines schönsten Lebensinhalts beraubt werden kann, muss man auch wissen.

Aus der Pflicht heraus, in der Besetzung der Nomenklaturfunktionen möglichst nie Vakanzen zuzulassen, war ich als Stellvertreter des Ministers verpflichtet, einen „Kaderperspektivplan" aufzustellen und unablässig fortzuschreiben. Die Sinnhaftigkeit dieser Pflicht sah ich ein, allein sie zu erfüllen war ein einziger Krampf. Tod, Krankheit, Niederkunft, Scheidung, Liebeshunger, Alkohol, gar nicht zu reden von fehlgeschlagenen Sicherheitsüberprüfungen — wie oft brachten sie meine Kartenhäuser zum Einsturz. Für die in der zweiten oder dritten Reihe auf den Aufstieg wartenden Nachfolge-, Nachwuchs- und Reservekader waren Qualifizierungsmaßnahmen zu planen: Zusatzstudien, Sprachlehrgänge, Parteischulbesuche. Wie so viele Dokumente war auch der Kaderperspektivplan eine vertrauliche Dienst- oder Verschlusssache. Dahinein aufgenommen zu sein, begründete keinerlei Ansprüche. Ich selbst hatte nie erfahren, dass ich um die Jahreswende 1978/1979 im Kaderperspektivplan des Ministers als Nachfolgekader für den Handelsrat in Kuba gestrichen und als Nachfolgekader für den Stellvertreter Nitzschke einrangiert worden war.

Schafft er's oder schafft er's nicht?

Den Länderbereich Sozialistische Länder II zu leiten, war für mich eine sehr große Herausforderung. Die Monate an Nitzschkes Seite hatten mich gelehrt, was mich erwartete. Ganz gewiss bezweifelte auch ein Teil meiner Mitarbeiter – es waren damals etwa 35 in Berlin und 150 auf Außenposten in den Handelsvertretungen – dass ich das Zeug hätte, den erprobten Fahrensmann Gerhard Nitzschke zu ersetzen. Nach zehn Jahren war der auch im Ausland schon in den Rang eines Doyens der Stellvertreter für den Handel mit dem SW aufgerückt. Die eigentlichen Vorbehalte gegen meine Berufung aber kamen wohl weniger aus dem eigenen Bereich, sondern aus den Kreisen der „Viererbande" – der Stellvertreter für die Warenbereiche. Da wusste ich seit langem, wer mein Freund nicht sein wollte. Aber ich fand auch nicht alle Warenbereichs-Stellvertreter gleich hinreißend, und dem später noch ernannten jungen zweiten Staatssekretär hatte ich zu Recht vorzuwerfen, dass er von Handelspolitik nichts, aber auch rein gar nichts verstünde.

Der von mir jetzt geleitete Bereich war ein Bereich der „Handelspolitik" und seine Außenbeauftragten arbeiteten in den „Handelspolitischen Abteilungen (HPA)" der DDR-Botschaften. Aber der Begriff konnte zu falschen Schlussfolgerungen verführen. „Handelspolitik" hatte jedenfalls unter unseren Bedingungen so gut wie nichts zu tun mit dem klassischen Repertoire der Verträge über Handel und Seeschifffahrt, Meistbegünstigung, Zollpolitik. Wenn es überhaupt so etwas wie Handelspolitik gab, dann oblag die der Parteiführung, der Regierung und der Staatlichen Plankommission. Der Außenhandelsteil des Volkswirtschaftsplanes wies dem Außenhandel den Platz an, bestimmte die grundsätzliche Ausrichtung nach Ost und West und nach Ländern und die Grundstrukturen des Exports und Imports. Im Volkswirtschaftsplan waren die wirtschaftlich bedeutenden Importziele und -positionen verankert, um diese zu gewährleisten, wurden den Industrieministerien Exportaufgaben nach Wirtschaftsgebieten und Ländern erteilt. Im Laufe der Jahre erhöhte sich die Nomenklatur der Warengruppen und Einzelerzeugnisse, für die der Staat Aufkommen und Verteilung bilanzierte, im Rahmen dieser Bilanzen war der Export und Import bedeutender Erzeugnisse nach Menge und Wert zwingend vorgegeben. Wenn die handelspolitische

Generallinie des Staates auf die Länderpläne für die einzelnen sozialistischen Länder heruntergebrochen wurde, dann folgten die Rang- und Reihenfolge der Länder und die absoluten Größenordnungen des Warenaustauschs schon nicht mehr etwaigen politischen Wunschvorstellungen, sondern richteten sich nach den beiderseitigen Potenzen – nach den Möglichkeiten der Partnerländer, die Wünsche der DDR nach genau bezeichneten Rohstoffen und Fertigwaren zu erfüllen, und nach den Möglichkeiten der DDR, die von den Partnerländern zur Bezahlung verlangten Gegenwaren bereitzustellen. In diesem Kontext war die Tätigkeit des Bereiches SL II „Handelspolitik", wobei seine besondere, von anderen Verantwortungsbereichen kaum doublierte Rolle die Sicherung der Ausgewogenheit der gegenseitigen Warenlieferungen war, die sich in möglichst ständig ausgeglichenen bilateralen Zahlungsbilanzen niederschlagen sollte. Gab es unter solchen Vorzeichen Raum für Leistung, Ehrgeiz, Schöpferisches für Leiter und Mitarbeiter eines sozialistischen Länderbereichs? Ich werde es noch beweisen.

Die Beschlüsse des Rates für gegenseitige Wirtschaftshilfe waren für die Entwicklung des Warenaustauschs mit den Ländern meines neuen Verantwortungsbereichs von Bedeutung, vor allem auf dem Felde der Preisbildung und der Normierung der Vertragsgestaltung und des Zahlungsverkehrs: Polen, die ČSSR, Ungarn, Rumänien, Bulgarien, Kuba waren Vollmitglieder, Jugoslawien assoziiert. Doch der Rat war kein supranationales Organ, keine übernationale Planungsbehörde.

Was in Wirtschaftskooperation und Außenhandel zwischen zwei Mitgliedsländern ablief, bestimmten diese letztlich allein, und was sie allein in ihren bilateralen Beziehungen nicht lösten, löste ihnen der RGW nicht.

Der totale Herrschaftsanspruch der Partei, die „Politik" stieß in der Außenwirtschaft auf Grenzen. Auf der Schwelle nach „draußen" wurden Beschlüsse und Befehle zu Verhandlungsaufträgen, Angeboten, Anfragen, Bitten, Vorschlägen. Was zwischen den souveränen Warenbesitzern DDR und Polen, DDR und Kuba nicht einvernehmlich als „Kompromiss zwischen Gleichen" und nach den Kriterien ökonomischer Rationalität v e r e i n b a r t werden konnte, wurde zu Makulatur. Wer eine Weile in diesem Bereich geübt hatte, wusste: Der totale Lenkungsanspruch von Partei und Regierung brach sich an den Landesgrenzen, doch es empfahl sich für die Handlungsbeauftragten nicht, den zu erwartenden Misserfolg der beschlossenen und damit befohlenen Aktion offen vorauszusagen, sondern es war klüger, eine gescheite Formel für die fällige Reaktion, die am ehesten vertretbare und durchsetzbare Rückfallposition vorzubereiten.

Am ersten Wochenende nach meiner Berufung machte ich einen langen einsamen Spaziergang um den Liepnitzsee. Am Ende meiner dort geführten Selbstgespräche nahm ich mir zwei Dinge ganz ernst vor.

Erstens: Ich hatte begriffen, dass keines „meiner" Länder wie das andere war. Die Jahreshandelsabkommen – die Jahresprotokolle waren nach Konstruktionsprinzipien gebaut, die ich – Jugoslawien, Kuba und Albanien ausgenommen – noch nicht kannte. Die Abkommen kamen in einem iterativen Prozess zustande, von dem ich weder die Einlaufkurve kannte noch die erfahrungsgemäßen Konflikte der Endrunde. Ich wollte den Leitern der Ländersektionen, die stets als Stellvertreter des Delegationsleiters fungierten, das Gefühl geben, dass ich mich von ihnen willig führen lasse, ihnen aber so schnell wie möglich das Monopol auf Herrschaftswissen nehmen. Das sollte mir vor allem mit der Forderung gelingen, neben den nur das Grundsätzliche regelnden Verhandlungsdirektiven sogenannte „Verhandlungtaktische Konzeptionen" vorzulegen. Ich nahm mir vor, fleißig zu sein und wirklich alles zu lesen, was man mir hergab. Die Länder-Verhandlungsdirektiven waren schon deshalb „nichts-sa-gend", weil sie mit der Staatlichen Plankommission und Industrieministerien abzustimmen und in einigen Fällen sogar dem Präsidium des Ministerrates zur Bestätigung vorzulegen waren. Jeder wusste: Die Pläne enthalten auch Nicht-Machbares, Illusionäres. Deshalb würden im Verlauf der Verhandlungen Kompromisse und Ersatzlösungen notwendig werden. Die musste der Delegationsleiter entweder erneut zur Entscheidung vorlegen oder er musste soviel A.... in der Hose haben, sie auf die eigene Kappe zu nehmen. Es wäre also gescheit gewesen, in die Direktiven auch Varianten für Rückzugsmanöver aufzunehmen. Aber das hätte nach „Kapitulantentum" gerochen und verbot sich. Die „Verhandlungtaktischen Konzeptionen" wurden für unseren Eigengebrauch und daher ohne solche diplomatischen Rücksichten ausgearbeitet. Sie erwiesen sich im übrigen schon deswegen als segensreich, weil sie die Sektionsleiter nötigten, die vielen Schritte von „Versuch und Irrtum", die sie in den Verhandlungen zu gehen hatten, methodisch auf die Reihe zu bringen und die Qualität ihrer verhandlungstaktischen Faustpfänder zu bewerten.

Zweitens: Ich war schon als Verkäufer, Handelsattaché und DB-Leiter dahintergekommen: Freunde und Feinde sahen die Vertreter Deutschlands mit kritischen Augen. Die Deutschen hatten Vernichtung und Leid über viele Nationen gebracht, sich einer Herrenrasse zugehörig gefühlt und die Qualitäten anderer Völker gering geschätzt. Ich wollte versuchen, ein harter Verhandlungspartner zu sein, nie aber sollte mir einer meiner ausländischen

Gegenüber Arroganz, Überheblichkeit, Unhöflichkeit und Missachtung seiner völkischen Eigenheiten vorwerfen können. Ich nahm mir vor, nie im Zorn vom Verhandlungstisch aufzustehen. Zu dieser Selbstverpflichtung hatte ich Grund: Ich war Choleriker, und Frau und Kindern gegenüber hatte ich schon vieles zu bereuen.

Meine Vorgesetzten, Sölle und Beil, verfolgten meine ersten Schritte, meine eigenen Mitarbeiter maßen mich an der Statur meines Vorgängers, und das Ministerium für Staatssicherheit versah die in meinem ferneren Umfeld agierenden IM „Elfriede Müller", „Landwirt", „Herbert", „Uwe", „K. Schütz" und andere mit Forschungsaufträgen. Diese schrieben minutiös auf, was an Negativem über mich zu erfahren war, einiges davon, nicht alles, entsprach ihrer eigenen unmittelbaren Beobachtung: In der Regierungskommission habe Beil eine meiner Vorlagen zurückgewiesen, Dr. Schwierz sei mir in irgendeiner Frage „scharf in die Parade gefahren", in einer Parteiaktivtagung hätte ich indirekt und ohne einen Namen zu nennen die Führungspraxis meines Vorgängers Nitzschke beanstandet.

Doch ich selbst wusste nichts von den Kommentaren, die meine ersten Monate begleiteten. Ich las und las bis nachts an meinem Schreibtisch mit Blick auf die Allee Unter den Linden und versuchte, Ziele und Wege zu begreifen, denn einige Jahreshandelsabkommen für 1981 harrten noch der Vollendung.

Zwei der Inoffiziellen Mitarbeiter schrieben damals auf, ich sei „teilweise arrogant." Gegen Vorwürfe dieser Art war ich schon seit meinen Hochschultagen empfindlich, denn als arrogant oder überheblich eingestuft zu werden, hatte die Wirkung einer Keule, im Sozialismus der Gleichen war das ein Totschlag-Argument. Mit diesem Vorwurf rächten sich sehr oft die Flachdenker und Kleinkarierten, die schon aufhorchten, wenn man ein unübliches Fremdwort oder ein antikes Sprichwort gebrauchte oder in heiklen Situationen nur ein wenig ironisch, sarkastisch oder zynisch formulierte und dabei auch vor Personen oder Institutionen nicht halt machte, die sie für heilig hielten.

Wäre ich wirklich arrogant gewesen, dann hätten mich die Verletzten in den eigenen Reihen am steifen Arm verhungern lassen. Aber das Gegenteil war der Fall, sie machten mir Mut. Wenn ich heute darüber nachdenke, warum ich Kritikern als arrogant gelten konnte, fällt mir allerdings doch etwas ein. Schon zu Beginn meiner Amtszeit ließ ich eine ganze Reihe meiner Mitarbeiter wissen, dass ihre schriftlichen Ausarbeitungen meinen Ansprüchen nicht genügten. Oft waren sie methodisch ungeschickt aufgebaut und nicht zielführend, der Wortschatz eintönig-bürokratisch, von der Zeichensetzung nicht zu reden.

Die Verständnisfähigkeit der Empfänger war gelegentlich überfordert, weil Erfahrungen unterstellt wurden, die die Leser nicht haben konnten. Erfolge wurden nicht richtig verkauft: Entweder war die eigene Leistung überhöht, dann war die Wirkung = Eigenlob stinkt. Oder sie war gar nicht ausgewiesen. Niederlagen waren nicht als die Folge unbezwingbarer widriger Fakten dargestellt. Mein Kommentar lautete dann oft: „Das ist kein Deutsch." Ich beanstandete damit die Form, aber letztlich meinte ich den Inhalt.

Die Arbeit im Bereich erhielt einen regelrechten Ordnungsrahmen, als die umsichtige Christel Rambaum die Leitung des Büros übernahm und wir Jutta Beidokat gewannen, eine Sekretärin von hohen Graden. Beide erkannten schnell auch meine Schwächen, Verletzlichkeiten und Normverstöße, doch sie waren allezeit tolerant, loyal und verschwiegen. Wie oft habe ich mich gefreut, dass ich mich für diese beiden entschieden hatte! Sie halfen mir oft, mich zu orientieren, doch nie haben sie „gepetzt". Ich kannte ihren charakterlichen Wert, und schon deswegen versuchte ich nie, sie zu Auskünften über Äußerungen, Fühlen und Denken von Mitarbeitern zu verleiten. Doch Christel Rambaum verstand es, Stimmungen und Unruhe im Kollektiv zu deuten und gab mir, wenn nötig, einen nicht personifizierten Fingerzeig, worüber ich nachdenken sollte. Solche Signale schlug ich nicht in den Wind. Jutta Beidokat antwortete nur, wenn sie gefragt wurde. Doch auch sie hätte ich nicht a u s f r a g e n können. Bei ihr musste ich mit der Frage die Antwort vorwegnehmen: Meinen Sie, Kollegin Beidokat (später sagte ich auch „Frau Jutta"), ich sollte mich bei der Kollegin X entschuldigen, war ich da ungerecht? Dann sah sie mich mit Augen von unergründlicher Tiefe an und bewegte den Kopf ein bisschen. Das hieß: Ja, Sie sollten!

Ich erklärte in meiner Antrittsrede, ich werde die Erfahrungen meines Vorgängers nutzen und versuchen, an seine Leistungen anzuschließen. Ich behielt auch einige bewährte, von Gerhard Nitzschke eingeführte Leitungsmethoden bei. Dazu zählte die Frühberatung mit den Direktionsbereichsleitern und dem Planungschef – im Volksmund als „Morgenandacht" bezeichnet. Vom ersten Tag an beauftragte ich den Büroleiter, ein Festlegungsprotokoll zu führen: Wurde eine Aufgabe erteilt, dann stand dabei, wer sie zu erfüllen hatte und bis wann. Das schloss späteres Gefeilsche aus.

Diener zweier Herrn

Meine Berufungsurkunde hatte Horst Sölle unterschrieben. Vielleicht hatte er vorher einen flüchtigen Blick in meine Kaderakte geworfen und wusste mehr über mich als ich über ihn.

Er war Leipziger, Jahrgang 1924, ein Stellmachersohn, hatte in einer medizinischen Gerätefabrik Industriekaufmann gelernt. (Ich lernte später einen der Werkmeister dieses Unternehmens kennen, Lauterbach, der den jungen Sölle aus der Lehrzeit kannte und voll des Lobes über ihn war.) Sölle war dann zum Kriegsdienst eingezogen worden, wurde Unteroffizier und landete nach kurzer sowjetischer Gefangenschaft erst einmal als Hilfsarbeiter in der Gepäckausgabe des Leipziger Hauptbahnhofes. Er zog Lehren aus dem deutschen Untergang, trat der SPD bei und studierte an der Leipziger Universität Volkswirtschaft. Danach verpflichtete ihn seine Partei, nun die SED, in immer anspruchsvollere Aufgaben, zuletzt war er Sektorleiter und Stellvertreter des Leiters der Fachabteilung Handel, Versorgung und Außenhandel im Apparat des ZK. Schon 1962 wechselte er als Staatssekretär ins Ministerium für Außenhandel und Innerdeutschen Handel und wurde 1965 Minister. Ich sah ihn während der Frühjahrsmesse 1967 zum ersten Mal aus der Nähe, auf dem Ausstellungsstand Kubas, schlank, freundlich, schon mit einem Schuss ins staatsmännisch-gravitätische. Auf Auslandsreisen nach Jugoslawien und Kuba Mitte der 70er Jahre war ich näher an ihm dran – räumlich, denn Sölle war kein Mann, der Vertraulichkeit oder Kumpelei aufkommen ließ. Sölles ganzes Wesen signalisierte seinen Partnern in Ost und West, dass er ihnen mit der Haltung entgegentreten wolle, die Bertolt Brecht allen Deutschen in seiner auf die Weise des Deutschlandliedes zu singenden Kinderhymne empfohlen hat: „Und nicht über und nicht unter andern Völkern woll'n wir sein ..." Horst Sölle war uneitel, solide, ehrenhaft und erwarb sich durch Arbeit und Pflichterfüllung Respekt und Gefolgschaftstreue. Seine Ghostwriter, die staubtrockenen Genossen Junge und Hofsess, verfassten die landesüblichen aufgegossenen Reden für ihn.

Alles war so gut und richtig in den Zeiten, als es in Staat und Partei nach einem einigermaßen ehrenhaften Regelwerk zuging. Der Minister für Außenhandel war Mitglied des Ministerrates und unterstand dem Vorsitzenden des Ministerrates. Als Nomenklaturkader des ZK war er auch der Partei Rechenschaft schuldig, der für ihn zuständige Sekretär des ZK war Dr. Werner Jarowinsky.

Das Regelwerk sah vor, dass der Vorsitzende des Ministerrates über die Wirtschaft gebietet. Es sah n i c h t vor, dass sich der Wirtschaftssekretär des Zentralkomitees – Mittag – mit Hilfe einer in der Verfassung nicht vorgesehenen und nicht mit verfassungsmäßigen Vollmachten ausgestatteten Wirtschaftskommission und vermittels einer Arbeitsgruppe Zahlungsbilanz direkte Leitungs- und Weisungsrechte gegenüber Industrieministern und Generaldirektoren der Kombinate aneignet. Es sah n i c h t vor, dass sich Ministerratsvorsitzender und Wirtschaftssekretär einen kaum verdeckten Machtkampf liefern und der Generalsekretär der SED diesen dauerhaft entscheidet, indem er dem Wirtschaftssekretär die höhere Autorität verleiht und ihm blind vertraut. Das Regelwerk sah auch nicht vor, dass ein dynamischer Teilbereich des Außenhandels, die Kommerzielle Koordinierung, aus dem Staatsapparat und Zugriff der Plankommission herausgelöst und dem Kommando des Wirtschaftssekretärs der Partei und des Ministers für Staatssicherheit unterstellt wird.

Viel von dem, was ich hier über „Regelwerk und Realitäten" aufschreibe, hatte ich 1981 schon erkannt, doch erst in den folgenden beiden Jahren erlernte ich den ganzen Verhaltenskodex, der sich daraus für mich als Stellvertreter des Ministers ergab. Die Wanderung der Macht weg vom Vorsitzenden des Ministerrates hin zum Wirtschaftssekretär Mittag war am deutlichsten an der Arbeitsgruppe Zahlungsbilanz zu sehen.

Für die Manövrierfähigkeit und die Entscheidungsspielräume der DDR-Wirtschaft gab es schon Ende der 70er Jahre kein wichtigeres Barometer und keine wichtigere Schaltstelle als die Zahlungsbilanz. Die „Arbeitsgruppe" war ein Befehlsstand unter dem Dach der allmächtigen Partei, und sie war so zusammengesetzt, dass sie mehr Kompetenz zusammenzog als der Ministerrat. Neben Mittag, Jarowinsky und Felfe als Mitgliedern des Politbüros und dem Vorsitzenden der Plankommission, Gerhard Schürer, Kandidat des Politbüros, den ZK-Abteilungsleitern Ehrensperger und Hilmar Weiß band sie die Mitglieder des Präsidiums des Ministerrates Werner Krolikowski und Wolfgang Rauchfuß ein, als Fachleute im Ministerrang Beil, Sölle, Höfner (Finanzen), Kuhrig (Landwirtschaft), die kundigen Staatssekretäre Schalck-Golodkowski und Prof. Dr. Grünheid, und die Stellvertreterin des Finanzministers Herta König, die Bankpräsidenten Kaminsky und Dr. Polze. Sekretärin war die im Vorzimmer der Macht gestählte Renate Floßmann. Arbeitsgruppe? Super-Regierung! Nur angemerkt werden soll dies: Die Perversion in den Machtstrukturen offenbarte sich auch in der Rolle rückwärts. Als Mittag zeitweilig in Halbgnade fiel und zum 1. Stellvertreter des Vorsitzenden des Ministerrates wegbefohlen wurde, nahm er die im Parteiapparat angeeignete Machtfülle, verkörpert unter anderem in der AG Zahlungsbilanz, in die Regierungsebene mit und verurteilte den auf seine Stelle ins Sekretariat beförderten W. Krolikowski zur tauben Nuss. Bei Mittags Rückkehr ins Sekretariat wanderte die Arbeitsgruppe wie eine Geliebte mit ihm dorthin zurück.

Ich bin nicht berufen, über Mittag zu richten. Doch ich habe eine Meinung.

Mittag war ja nicht als Ökonom unfähig und verachtenswert, im Gegenteil, das unter seiner maßgeblichen Mitwirkung entwickelte Neue Ökonomische System der DDR war ein Versuch, die Fesseln des sowjetischen Wirtschaftsmodells zu sprengen und Voraussetzungen für den Zugang der DDR zur Weltwirtschaft zu schaffen. Mittag reiste viel und sah viel, und er hatte Vorstellungen, wie der DDR zu mehr wirtschaftlicher Dynamik und Innovation zu verhelfen wäre. Doch die Verlockungen der Macht waren so groß, dass er den in Wirtschaftsfragen gespürlosen und unkundigen Generalsekretär auf falschem Weg weitergehen ließ und ihn in der Illusion bestärkte, das Land hätte die Kraft für die von Honecker bis zum Untergang verteidigte Politik der Einheit von Wirtschafts- und Sozialpolitik. Mittag wusste, dass es kaum ein Äquivalent für das im Kapitalismus wirkende Wolfsgesetz der Konkurrenz und die Strafe des wirtschaftlichen Untergangs gibt, und mir scheint, er wurde zum Menschenquäler, weil er glaubte, die fehlende Brutalität des Marktes durch die Brutalität der Kritik und die Angst vor verbaler Hinrichtung ersetzen zu müssen.

Auf eine erwartete Gegenrede antworte ich: Ich weiß, dass der deutsche und der globale Kapitalismus Mittags haben. Zum Kapitalismus gehören sie. Zum Sozialismus durften sie nicht gehören.

Einen solchen regelwidrigen Zustand konnten ursprünglich weder Sölle noch Beil gewollt haben, er war ohne ihr Zutun entstanden. Doch er konnte für das Ministerium für Außenhandel schnell tödlich werden, als ihm in den 70er Jahren ein überzüchteter, unerfüllbarer Plan für den Export in das Kapitalistische Wirtschaftsgebiet aufgebürdet wurde. In der Volkswirtschaft konkurrierten immer mehrere wirtschaftliche Ziele miteinander, alle zusammengenommen waren sie damals schon unerfüllbar: Die Investitionstätigkeit, der soziale Wohnungsbau, die Versorgung der Bevölkerung mit Waren und Diensten, die materielle Sicherung der Landesverteidigung, der Export. Etwas zugespitzt formuliert: Die Industrieministerien und die Generaldirektoren konnten sich aussuchen, wofür sie geprügelt wurden. Das war die Crux der Plan- und Mangelwirtschaft: Nicht das aussichtsreiche Geschäft, nicht der Gewinn motivierten, sondern die Furcht vor vernichtender Kritik. Es gab einen Witz, der das veranschaulichte: Der Minister fragt seine Generaldirektoren: Soll ich Dich loben oder möchtest Du lieber bei der nächsten Kritik einmal ausgelassen werden? Keiner wollte gelobt werden.

Gegen die mit den Händen zu greifenden Probleme im Inneren: Leere Regale, Wartezeiten für PKW und hochwertige Industriewaren, marode Nahverkehrsmittel, nicht übergabereife Wohnungen, fehlende Ersatzteile für die

Erntekampagne, unvollendete Investitionen waren die Exportaufgaben eher etwas Fernes und Abstraktes. Während einer Tagungspause in Leipzig trat ich einmal mit dem Generaldirektor des Trikotagenkombinats, Dr. Manfred Beier, zur Seite und machte ihm Vorwürfe wegen fehlender Angebote für die Tschechoslowakei. Er brauste gar nicht auf, sondern sagte nur: Jetzt erzähle i c h Dir mal was über Prioritäten. Export SW ist wichtig, das Angebot für die eigene Bevölkerung ist sehr wichtig, die Erfüllung des NSW-Exports ist sehr, sehr wichtig, aber das Allerwichtigste ist, dass ich die Trikots für das nächste Turn- und Sportfest der DDR in Leipzig rechtzeitig abliefere, darauf ruht das Auge Honeckers, denn wenn ich das nicht schaffe, kann ich mir eine Kugel in den Kopf schießen.

Der Vorsitzende des Ministerrates mochte tödlichen Hass gegen seinen Widersacher Mittag empfinden: Jener war kompromissloser, brutaler, ja menschenverachtender vorgegangen und hatte Minister und Generaldirektoren unterworfen. Diese hörten die Signale von da und von dort, folgten aber letztlich nur dem Kommando aus der Parteizentrale.

Stoph war doch klug genug zu wissen, dass in der Gesellschaft der Diktatur des Proletariats keine Korrektive wirken, die früher oder später verfassungsmäßige Zustände wiederherstellen. Stoph verlor, weil er nicht um seine Rechte und die Rechte seiner Institution kämpfte. Stoph wusste, dass es die so oft beschworene „kollektive Führung" unter Kommunisten nicht gibt – oder schon lange nicht mehr gab – sondern nur die Macht der Einzelnen. Die Macht ist nur einmal da, wer nicht nach ihr greift, wer sie nicht verteidigt, besitzt sie nicht länger. Ich weiß wohl, dass nicht wenige frühere Weggefährten meine mangelnde Hochachtung vor Willi Stoph fehldeuten, sie mir verübeln. Ich gestehe einfach, dass mir einige seiner Stellvertreter stärker imponierten und sie mir für das Amt des Ministerpräsidenten als besser geeignet erschienen, weil sie – so schien es mir – mehr wussten und konnten.

Der Minister für Außenhandel sah mit offenen Augen, wohin es mit der Staatsräson gekommen war. Er sah sich in die staatliche Hierarchie und in die daraus erwachsenden Loyalitätspflichten eingebunden. Es widersprach seinem Selbstverständnis, die über ihn gekommene Gefangenschaft zu verlassen, er wollte kein Opportunist sein. Und er war zu besorgt um die Autorität des Staates und das Staatswohl, als dass er seiner Umgebung durch zynische Andeutungen mitgeteilt hätte, dass er den Grund für die Aushöhlung seiner ministeriellen Macht sehr wohl kannte = die Entmachtung des Vorsitzenden des Ministerrates durch Honecker und Mittag, die Stoph nur die äußeren Attribute, den äußeren Schein des Amtes ließen. Der Machtverlust von Stoph pflanzte sich im Machtverlust seiner Minister fort. Vielleicht haben die Horst Sölle am nahesten stehenden Weggefährten aus seinem Munde gehört oder er hat es sie spüren lassen, dass ihn die Regelwidrigkeiten bedrückten. Doch sein Bedürfnis nach Ordnung zwang ihn zu Selbstdisziplinierung, und für jene, die – wie ich – nicht ganz nahe an ihm dran waren, mochte es so ausschauen, als gäbe es für ihn noch immer eine heile Welt und wolle Sölle, dass die hinter ihm Aufgestellten daran glauben.

Beschlussvorschläge des Ministerrates von grundsätzlichem Charakter und von gesamtvolkswirtschaftlicher Bedeutung brachte Stoph entweder zuerst im Politbüro ein und ließ den Parteibeschluss dann vom Ministerrat übernehmen, oder er ließ einen im Ministerrat behandelten und verabschiedeten Beschluss mit einer Sperrfrist versehen und reichte ihn im eigenen Namen zur Bestätigung dem Büro des Politbüros ein. Soweit ich erkennen konnte, übergab das Büro Beschlüsse wirtschaftlichen Inhalts, bevor sie in die Tagesordnung des Politbüros gelangten, zunächst Mittag zur Zensur. Was ich aber nicht ahnte war, dass Mittag Mitte der 80er Jahre erwartete, dass ihm auch der Minister für Außenhandel Vorlagen grundsätzlichen Inhalts vor der Einreichung in den Ministerrat zur vorausgehenden Billigung vorlegte.

Ich erinnere mich an ein peinliches Erlebnis. Mit meiner Beteiligung war Anfang 1985 die Vorlage über die Erfüllung der Jahresprotokolle mit den sozialistischen Ländern des Jahres 1984 erarbeitet und im Präsidium des Ministerrates ohne Veränderungen verabschiedet worden. Sie machte Leistungsmängel der Industrie sichtbar. Mittag platzte allein deswegen vor Zorn, weil die Vorlage ohne seine Kenntnis im Ministerrat behandelt worden war, und verhinderte ihre Bestätigung im Politbüro. Auf schüchterne Anfragen, was mit der Vorlage geschehen sei, ließ er kolportieren: „Ich habe sie z e r r i s s e n". Im Ministerrat entfernte man die Vorlage aus den Annalen, als habe es sie nie gegeben, doch Stophs Apparat ließ durchsickern, was geschehen war. Die Vorlage wurde wenig später unter Beteiligung der Staatlichen Plankommission, ohne dass es aus dem Apparat Mittags Hinweise zu ihrer gezielten Veränderung gegeben hätte, geringfügig ergänzt und im wesentlichen unverändert und nach Kenntnisnahme durch den Wirtschaftszaren erneut in den Ministerrat eingereicht und beschlossen. Stoph aber vergaß nichts und verzieh nichts. Als die DDR sich ihrem Ende zuneigte und Stoph in denkwürdiger Volkskammersitzung gefragt wurde, wer den wirtschaftlichen Niedergang der DDR zu verantworten habe, nannte er Mittags Namen.

Sölles Treue zu Recht und Gesetz hätte das Ministerium und seine Sympathisanten lähmen können, denn eines war klar: Die Brisanz und der politische Stellenwert außenwirtschaftlicher Probleme wurden in der politischen Führung nur wahrgenommen, wenn sie dem allgewaltigen Mittag plausibel gemacht werden konnten. Dem Export Priorität zu verschaffen und die Indus-trie zur Anerkennung dieser Priorität zu zwingen – das gelang nur, wenn knappe, klare, fassbare Entscheidungsvorschläge die Zustimmung von Mittag fanden. Und das galt erst recht, wenn es um unbequeme, Gewohntes umstürzende, schmerzhafte, risikoreiche, aber gerade deshalb erfolgversprechende Entscheidungsvorschläge ging. Einer musste sie in den Gehörgang von Mittag befördern, einer musste es tun wollen und können – und der war Beil. Beil könnte gewusst haben, dass die Nähe zu Mittag seinem eigenen Charakterbild Schaden zufügen kann. Doch er beanspruchte, daran gemessen zu werden, dass die Vorschläge und Eingaben, die er Mittag einfilterte, gut für unser Land waren.

Ich habe zu allen Zeiten Achtung vor Sölle und Beil empfunden. Sie haben mich beide gefördert, geschützt und haben mir keine ernsten Kränkungen zugefügt. Ich verhehle in diesen „Lebenserinnerungen" nicht, dass mir das politische System der DDR Zwänge auferlegt, Zugeständnisse abgefordert und mich genötigt hat, Absurditäten zu bedienen.

Auch das Charakterbild Horst Sölles, aber mehr noch das Gerhard Beils hat die Geschichte in Schwankungen versetzt. Sölle und Beil wurden zu zwei Seiten einer Münze, einer Wappen, der andere Zahl. Beide waren in der gegebenen Konstellation erforderlich. Aber nicht erforderlich war, dass die, die hinter Sölle und Beil aufgestellt waren, spaltend Partei ergriffen. Ich war dazu nicht bereit. Sölle füllte den Platz aus, den die politische Hierarchie der DDR einem Minister zuwies. Er tat das, was ein Minister in Zeiten, in denen das Hauptbuch stimmt, mit Autorität und Fachwissen leisten kann. Von Anfang an war er ministrabel und ministerlich gewesen. Die Leitung des Ministeriums war kein Freundeskreis, woher sollten dann in der Zeit der Auflösung des herkömmlichen Machtgefüges die engen Freunde kommen. Doch die Erfahrungen aus langen Zeiten der Zusammenarbeit, die viele Leitungsmitglieder mit dem Minister verbanden, hatten ein Bedürfnis nach Loyalität erzeugt, von Fronden und Fraktionen war Sölle nicht bedroht. Es waren viele, die sich schmutzig gefühlt hätten, ihm den Respekt zu verweigern, nur weil die, die ihn gekrönt hatten, nun Zweideutiges in den Machtstrukturen zuließen. Es war nicht Opportunismus, dass viele, die Sölle als Vormann und Menschen schätzten, in wachsendem Maße auch Beil Respekt und Zustimmung erwiesen. Die für das Ministerium für Außenhandel wichtigsten Informationen,

Vorgaben und Befehle flossen dem Ministerium jetzt offensichtlich nur mehr durch den Parteikanal zu, und die Rückkopplung verließ das Ministerium auf demselben. Wie wollte ein Stellvertreter wie ich überleben, wenn er sich der Gnadensonne verweigerte? Und was Beil anging: Der genoss nicht nur die Sonne der Erleuchteten, der stand ja auch allein in ihrem Regen.

Beil leitete ebenso wie Sölle ministerlich und nicht wie ein Gefängnisaufseher, er schirmte seine Dienstleister gegen die Unbilden der Witterung ab und ließ sie verantwortungsvoll und mit großen Freiheiten arbeiten. Ich selbst fühlte mich hinter diesem Schild sicher und frei, das Vernünftige zu tun.

Ich werde nie erfahren, wann Gerhard Beil seine Mission erkannte und sich bei dem Mephistopheles Mittag einschrieb, und ob er noch solidarisch mit Sölle war, als er den Brückenschlag zu Mittag einleitete. Die Erhebung zum Berater Mittags löste gesetzmäßige Rückkopplungseffekte aus und unterfütterte Beils Vorzugsstellung im Ministerium. Ich denke, die Neuordnung des Machtgefüges im Ministerium war schon um das Jahr 1975 vollzogen und wurde 1976 durch die Wahl Beils zum Kandidaten des Zentralkomitees und 1977 durch seine Bestallung zum Mitglied des Ministerrates nur vollendet. Von keinem von beiden, nicht von Horst Sölle, nicht von Gerhard Beil, habe ich je ein Sterbenswort erfahren oder erfragt, was Freundschaft oder Feindschaft füreinander offenbart hätte – einer m u s s t e doch den Tunnel zu dem Entscheider Mittag graben.

Dass Horst Sölle aus dem Amt des Ministers nicht verdrängt werden konnte, hing wohl auch damit zusammen, dass Stoph aus für mich rätselhaften Gründen – nach 1990 löste sich das Rätsel – unkündbar war und die Seinen nicht verließ. Die durch äußere Kräfte erzwungene Doppelherrschaft im Außenhandelsministerium war ja für jedermann sichtbar. Beil respektierte Sölle als Leiter der Dienstbesprechung und der vierzehntägigen Koordinierungsberatungen, beeinflusste aber aus der Position des 1. Stellvertreters wesentlich den Lauf der Geschicke und forcierte profilbildende Themen. Beschlussvorlagen, die Zielstellungen im Handel mit dem SW zum Gegenstand hatten, vertrat Sölle im Ministerrat und dessen Präsidium, Themen des Handels mit den kapitalistischen Ländern und der Zahlungsbilanzentwicklung aber wurden von Beil in Politbüro und Regierung eingebracht.

Aus der Tatsache, dass ein Kanal von Beil ins Politbüro führte und dort zu Mittag, ergab sich noch eine Weiterung. Das erste Gebot Mittags war dem biblischen gleich: Ich bin der Herr, dein Gott! Du sollst nicht andere Götter haben neben mir! Daraus folgte, dass es neben dem von Beil ins Politbüro angelegten Kanal keinen zweiten dorthin geben durfte. Der O r d n u n g nach war Dr. Werner Jarowinsky der für den Außenhandel zuständige Sekretär, und einem Stellvertreter des Ministers für Außenhandel wie mir wäre es nicht in den Sinn gekommen, einem Anruf seines Büroleiters Toni Schäfer zu einem Privatissimum bei „Jaro" nicht Folge zu leisten. Der in vielerlei Hinsicht rege Jarowinsky stellte dann auch interessierte Fragen, hörte sich Erläuterungen an und beendete dann einen Abschnitt fast jedesmal mit den Worten: „Aha, interessant, schreib mir das mal auf." Hier begann nun die Schwierigkeit. Es war nicht ratsam, Jarowinsky denselben Gedankenreichtum zukommen zu lassen wie Mittag über Beil: Man konnte ja konkurrierende Verwendung nicht völlig ausschließen. Es war aber auch schlechterdings unmöglich, beiden Empfängern Unterschiedliches aufzuschreiben, Gegensätzliches womöglich. Als ich das erste Mal in diese Bedrängnis geriet, war mein Amtsbruder Dieter Prietzel zur selben Zeit wie ich bei Jarowinsky einbestellt, und gemeinsam verließen wir die heiligen Hallen wieder. Dieter Prietzel hatte bereits Erfahrung. „Hör zu", sagte er zu mir beim Zurückfahren, „nichts aufschreiben, nichts abliefern. Verstanden? Gar nichts!" Ich war unsicher, hielt mich aber an den Rat. Ich wurde nie gemahnt ...

Einige Stunden nach meiner Berufung, für die ich Horst Sölle herzlich dankte, stand ich bei Beil im Zimmer. Ich sagte ihm, ich sei gekommen, um mir seine Gratulation abzuholen. Er sah mich unergründlich an und antwortete: „Ich hoffe, Du weißt, wie die Dinge hier im Hause liegen." Ich wusste es. In den nächsten sechs Jahren erhielt Staatssekretär Gerhard Beil von jeder Spitzeninformation, die ich verfertigte, ein zweites Original (und damals hatten wir noch keine Computer) in derselben Viertelstunde, in der ich sie auch dem Minister Sölle vorlegte. Nur ein einziges Mal fragte mich Sölle: Hat Gerhard Beil das Papier schon? Ich antwortete: Ja, eben jetzt. So erfuhr der Minister wenigstens von mir selbst, dass ich Diener zweier Herren war.

Beils Regierungskommission

Das wichtigste Instrument, mit dessen Hilfe Gerhard Beil seine von „oben" abgesegneten vorwärtsweisenden, konstruktiven Ideen in die Wirtschaft hinein durchsetzte und zugleich seine persönliche Macht befestigte, war die „Regierungskommission zur einheitlichen Steuerung von Export und Import". Mit der Schaffung und Leitung dieser überministeriellen Kommission stand Beil zum ersten Mal richtig neben dem Gipfelkreuz.

Als ich im Jahr 1981 als Stellvertreter antrat – und in der RKEI mitwirkte, ich schreibe hier über Selbsterlebtes - war die Regierungskommission schon eine ausgebaute Schaltzentrale. Ihre Berechtigung und Notwendigkeit war vor allem einem Umstand geschuldet: Die Industrie musste immer stärker und direkter Verantwortung für den Absatz ihrer Erzeugnisse auf den äußeren Märkten übernehmen. Das Monopol des sozialistischen Staates auf den Außenhandel durfte nicht länger als Monopol staatlicher, in der Hauptstadt zentralisierter Außenhandelsbetriebe verstanden werden, die von aus Industriesicht fremdgesteuerten Generaldirektoren geleitet werden, auf deren Entscheidungen die Warenproduzenten keinen Einfluss haben. Die Außenhandelsbetriebe wurden schrittweise zu Absatzorganen eines oder mehrerer Kombinate profiliert und ihre Generaldirektoren doppelt unterstellt. „Doppelunterstellung" empfand ich als einen unglücklichen Begriff. Er beinhaltete natürlich nicht, dass der Generaldirektor auf ein und demselben Entscheidungsfeld zwei getrennte und sich womöglich widersprechende Weisungen erhalten sollte.

Doppelte Unterstellung bedeutete, dass der Generaldirektor oder die Verkaufsdirektoren, die für das Warensortiment (nur) eines Kombinats zuständig waren, in die Leitungs- und Weisungsstrukturen eines Industrieministeriums oder Kombinats (auch arbeitsrechtlich) eingebunden waren, aber der Minister für Außenhandel ihrer Berufung zustimmen musste und auf dem Gebiet der Handelspolitik, der Koordinierung der Auslandspreisbildung, der Export- und Importlizenzierung staatliche Hoheitsrechte und Vollmachten behielt und ausübte. Auf den ersten Blick konnte die „doppelte" Unterstellung eher als eine arbeitsrechtlich determinierte „einfache" unter die Industrie erscheinen, doch das war nur der äußere Schein. Der Generaldirektor eines AHB war gut beraten, sich die Sympathie des Ministers für Außenhandel nicht zu verscherzen, und sei es nur deswegen, weil der Außenhandelsminister einem bei seinem Industrievorgesetzten in Ungnade gefallenen tüchtigen Generaldirektor einen weichen Landeplatz als Leiter einer Handelsvertretung herrichten konnte.

Die ständig wachsende Verantwortung der Industrie für Export und Import erhöhte gesetzmäßig die Notwendigkeit der handelspolitischen Koordinierung und staatlichen Interessenbündelung und des Erfahrungs- und Informationsaustauschs. Gerhard Beil sah die zwingende Notwendigkeit, das Auftreten der Exportindustrie auf den internationalen Märkten dort zu koordinieren und einheitlich auszurichten, wo Koordinierung und Einheitlichkeit den Erfolg verstärkten, Risiken verringerten und Kosten sparten.

Die Schaffung der „Regierungskommission zur einheitlichen Steuerung von Export und Import" war ein machtpolitisch kluger Schachzug. Die Kommission war keine zur L e i t u n g des Exports und Imports, schon eine solche Begriffswahl hätte im Widerspruch zu den neu definierten eigenen Verantwortlichkeiten der Industrie gestanden, nein, zur S t e u e r u n g war sie geschaffen. Dieser Begriff war zwar für Biophysik und Maschinenbau erklärt, nicht aber für die Ökonomie, da bedeutete er, was der Begriffsanwender darunter verstehen wollte. Die Regierungskommission verkörperte die Fähigkeit, die doppelte Unterstellung überhaupt zu beherrschen, sinnvoll zu handhaben und zum Gesamtnutzen der Volkswirtschaft zu instrumentieren, und dieses Instrumentieren, dieses Aussteuern besorgte Gerhard Beil. Doch er ließ seine Führungsrolle nicht auf autokratische Weise hervortreten, er leitete die Kommission eher wie ein auf konsensuale Meinungsbildung und kollegialen Umgangston festgelegtes Gremium, wie eine „Arbeitsgruppe staatlicher Leiter".

Letzten Endes passten die Aufgabenstellungen der RKEI alle in den Hauptpflichtenkatalog der außenwirtschaftlichen Verantwortung der Industrie, und die in die RKEI entsandten Vertreter der Industrieminister erwarben in der Kommission zusätzliche Kompetenz und Wissensvorsprung für die Arbeit in ihren Ministerien. Diesen Zugewinn vor Augen, nahmen sie in der RKEI eine kooperative Haltung ein. Zur Nestbeschmutzung wurden sie nicht verleitet. Anders als die in der Kommission auftretenden Berichterstatter des MA wurden sie von Beil nur sehr sehr selten gerügt – einige von ihnen nie.

Die Regierungskommission war zugleich ein Platz der Informationsvermittlung, die Mitglieder erfuhren aus Beils Mund und aus erster Hand von Beschlüssen und Wertungen der Parteiführung und Regierung und über die Ergebnisse von Staatsbesuchen. Beil vermittelte handelspolitische Gesamtsichten aus der Vogelperspektive und ließ die Stellvertreter des Ministers des MAH aufmarschieren und über aktuelle Entwicklungen in den Handelsbeziehungen und den Stand von Abkommensverhandlungen referieren. Landesweite Einfuhraktionen, wie z. B. die zum massenhaften Einsatz moderner Werkzeugmaschinen aus NSW-Importen, große internationale Ausstellungen der DDR, wie die in Moskau und China, für den DDR-Export von Konsumgütern zu lösende Grundsatzaufgaben, wie zum Beispiel die Einführung des Strichcodes, wurden in der RKEI beraten und instrumentiert.

Um es zusammenzufassen: Beil gewann aus der internationalen Umschau einen klaren Blick dafür, was auf dem weiten Feld der außenwirtschaftlichen Beziehungen neu, effektiv und zukunftswirksam zu werden versprach. Dies transportierte er in die Verantwortungsbereiche, die er – gerade auch mit der

Regierungskommission – zu erreichen vermochte und kämpfte für ihre Anwendung und Durchsetzung. Wie er das tat, zeugte davon, dass er das besaß, was wir heute als hohe Kultur des Managements bezeichnen würden.

Mitglieder der Regierungskommission und Beils Adressaten waren Staatssekretäre und Stellvertreter der Minister aller Industrieministerien, der Staatssekretär aus dem Ministerium für Wissenschaft und Technik, Klaus Stubenrauch, die zuständige Stellvertreterin des Ministers der Finanzen, Herta König, der Stellvertreter des Vorsitzenden der Staatlichen Plankommission, Dr. Dieter Albrecht, der Präsident der Deutschen Außenhandelsbank, Dr. Polze, ein Stellvertreter des Präsidenten der Staatsbank, lange Zeit war das der Haudegen Kurt Morgenstern, zuletzt Edgar Most. Die Fachabteilung des ZK und der Ministerrat wie auch die Arbeiter- und Bauern-Inspektion waren durch Horcher vertreten.

Die Länderbereiche des MAH für den Handel mit den sozialistischen Ländern entsandten gemeinsam ein ständiges Mitglied in die Kommission, das war damals der für die UdSSR zuständige Eugen Kattner. Er war gehalten, mich als Stellvertreter für die anderen sozialistischen Länder ins Bild zu setzen, betrieb aber Informationsvorenthaltung. Beil sah bald, dass Kattner Themen meines Verantwortungsbereiches nicht sachkundig genug abdecken konnte und es zweckmäßiger war, meinen Originalton zu hören. 1982 wurde ich ständiges Mitglied der RKEI.

Der Vorsitzende der RKEI hatte Recht und Pflicht, alle 14 Tage eine Beschlussvorlage in die Regierung einzubringen, die von einem eigenen Sekretariat der Kommission unter Thomas Neubert, später Manfred Schicktanz, zusammengebaut wurden. Schon die Titel der Beschlussvorlagen waren global: „Zur Erfüllung des Außenhandelsplanes". In den Vorlagen verwob sich die Sicherung der NSW-Aufgaben und des Valutaplanes mit anderem - der Gestaltung des Anlagenexports, der Reklamationsanalyse, der Einladungspolitik zu den Leipziger Messen für Gäste aus West und Ost. Vorlagen endeten oft mit der Formel: „Nach Beratung in der RKEI werden den Führungsgremien der Partei und Regierung detaillierte Vorschläge unterbreitet." Vorlagen und Schlussfolgerungen umfassten mehr und mehr die Totalität der Außenwirtschaft, und allmählich musste sich der Gedanke herausbilden, Beil könnte auch für alles zusammen zuständig sein.

Beil sicherte seine Autorität und die Würde des Gremiums zusätzlich durch reibungslose Organisation und rituelle Abläufe der Sitzungen ab. Die Beratungen begannen an jedem Freitag 14.00 Uhr, pünktlichst mit dem Zeigersprung. Das „schöne Wochenende" begann für die Teilnehmer erst danach.

„Schönes Wochenende" war in der DDR ein beliebter Freitagsgruß, und manche, die sich das zuriefen, ließen es oft vor Ablauf der gesetzlich verordneten Arbeitszeit beginnen ...

Die Vertreter der Industrieministerien sahen ihre Persönlichkeit, Eigenständigkeit und ihre Loyalität zu den eigenen Vorgesetzten respektiert. Kritik an Versäumnissen der Industrieministerien wurde von Beil so professionell, unverletzend, für die Betroffenen gesichtswahrend geübt, dass die Angesprochenen geneigt waren, der Kritik durch vorauseilende Selbstkritik zuvorzukommen.

Wenn ich zurückblicke: Ich war stolz, der RKEI angehören und später eine ihr nachgeordnete Steuerungsgruppe leiten zu dürfen.

Das Gewicht der „Anderen"

Der Warenaustausch mit den Ländern meines neuen Verantwortungsbereichs hatte beachtliches Gewicht. Nach dem Statistischen Jahrbuch der DDR machte Anfang der 80er Jahre der Anteil des Außenhandels mit den sozialistischen Ländern etwa 70 Prozent des Gesamtaußenhandels aus, davon entfielen ungefähr 40 Prozent auf die Sowjetunion und 30 Prozent auf alle anderen sozialistischen Länder zusammen.

Diese 30 Prozent der „anderen" beinhaltete mit höchstens 5 Prozent auch den Handel mit China und einigen kleinen fernöstlichen Ländern, mit denen ich nichts mehr zu tun hatte. Sagen wir also: 25 Prozent des Außenhandelsumsatzes waren in meinem Bereich angesiedelt. Die restlichen 30 Prozent entfielen nach dem Statistischen Jahrbuch mithin auf die kapitalistischen und Entwicklungsländer, und in diesen 30 Prozent steckten auch die Umsätze mit der BRD und Berlin-West.

Doch das war das Bild, welches die Statistik lieferte, die Äpfel und Birnen addierte, und das muss ich erklären: Eine „Valutamark" Umsatz mit sozialistischen Ländern war nach anderen Prinzipien errechnet als eine „Valutamark" Umsatz mit westlichen Ländern, und die Anwendung unterschiedlicher Prinzipien hatte zur Folge, dass der relative Anteil des Handels mit dem Osten zu hoch und der relative Anteil des Westhandels zu niedrig ausgewiesen wurde, und das hatte natürlich naheliegende politische Gründe. Wer etwas mehr von diesen statistischen Geheimnissen zu verstehen begehrt, muss sich leider durch den folgenden Abschnitt quälen.

Das interne, vertraulich zu behandelnde Umrechnungsverhältnis zwischen Transfer-Rubel und Mark betrug seit 1981 1 Transfer-Rubel = 4,67 Mark. Dieser Markbetrag wurde als „Mark/Valutagegenwert" bezeichnet. Das interne Umrechnungsverhältnis für den Transfer-Rubel, nennen wir es hier ruhig einmal „Kurs", war ein „realer Kurs", weil er das Ergebnis einer volkswirtschaftlichen Durchschnittsrechnung war: Die DDR musste im Durchschnitt beim Export von Waren mit einem Außenmarktpreis von 100 Transfer-Rubeln Exportwaren der DDR zu Betriebs-Preisen (BP)/Industrie-Abgabe-Preisen (IAP) im Wert von 467 Mark liefern.

Im Statistischen Jahrbuch der DDR wurde aus der „Mark/Valutagegenwert" die „Valuta-Mark". Auch die als Außenhandelsergebnisse im „Sozialistischen Wirtschaftsgebiet" gewerteten Umsätze mit Jugoslawien und China in Verrechnungs-$ und Verrechnungs-Schweizer Franken wurden nach vertraulich gehaltenen Spezialkursen in Transfer-Rubel umgerechnet.

Die so erhaltenen Transfer-Rubel-Beträge wurden danach entsprechend dem internen Umrechnungsverhältnis 1 : 4,67 M in Mark/VGW = Valuta-Mark überführt. Die „Spezialkurse" für die Umsätze mit der SFRJ und China waren deshalb erforderlich, weil die offiziell veröffentlichten Dollar- und Schweizer Franken-Kurse der Staatsbank den (tatsächlich höheren) volkswirtschaftlichen Mark-Aufwand für die Erlangung eines Dollars oder Franken nicht widerspiegelten. Um in der Statistik für die sozialistischen Länder aber eine gewisse innere Stimmigkeit oder Vergleichbarkeit der Länderergebnisse zu sichern und weil die Ergebnisse für die UdSSR, Polen usw. anders als die für die SFRJ und China so berechnet waren, dass sie den echten volkswirtschaftlichen Aufwand verkörperten, mussten die Export- und Importzahlen für die SFRJ und China „heraufgeschleust" werden ...

Bis hierher ist ja alles noch einfach. Doch nun trieb die DDR ja auch Außenhandel mit dem nicht-sozialistischen Wirtschaftsgebiet und in westlichen Währungen, kassiert und gezahlt wurden vorwiegend konvertierbare Devisen. Während die Umrechnungsverhältnisse für die Exporterlöse in den sozialistischen Ländern den durchschnittlichen volkswirt-schaftlichen Aufwand widerspiegelten und die Statistik für die sozialistischen Länder in „Valuta-Mark" real war, waren die Umrechnungsverhältnisse für die Exporte und Importe mit dem nicht-sozialistischen Wirtschaftsgebiet n i c h t real. Die letztgenannten waren nämlich der Fiktion unterworfen, im Außenhandel sei eine DM der Bundesrepublik einer Mark der DDR wertgleich. Anders ausgedrückt: Eine von der DDR bei der Ausfuhr in die BRD erlöste Deutsche Mark = 1 Verrechnungseinheit wurde in der Statistik zu einer Valuta-Mark. Was Erlöse in den kapitalistischen Ländern betrifft, so hätte die eben dargelegte Vorgehensweise analog dazu führen müssen, die Umsätze in anderen Währungen, also z. B. im englischen Pfund, in der italienischen Lira, im kanadischen Dollar usw. nach den auf den internationalen Devisenmärkten existierenden Kursen in Deutsche Mark umzurechnen und sie dann 1:1 als Valuta-Mark in die DDR-Statistik zu übernehmen. Das war aber aus Gründen, die mit anderen wundersamen Regelungen im RGW zusammenhingen und in die ich mich jetzt nicht vertiefen will, nicht möglich, und daher wurden die Währungsumsätze in westlichen Währungen mit Spezialkursen „hochgeschleust", das heißt: mit einem Faktor multipliziert, der – zwei Beispiele - 1984 1,527, 1988 1,839 betrug. Ein Beispiel: Ein in Italien erzielter US-$ wurde mit dem offiziellen DDR-Staatsbankkurs in 1,85 DM = 1,85 Valutamark umgerechnet, diese 1,85 VM dann mit 1,839 multipliziert; ein Italien – US-$ wurde damit dann in der Statistik zu 3,40 VM. Durch dieses Heraufschleusen wurden die sonstigen Westumsätze realitäts-n ä h e r ausgewiesen als die Umsätze mit der BRD und Berlin-West, aber immer noch gezielt unterbewertet.

Der geneigte Leser hat es schon erfasst: In der Statistik für die nicht-sozialistischen Länder wurde mittels der Gleichsetzung von DM und Valuta-Mark bzw. durch ein „gedrosseltes" Heraufschleusen ein ganz anderes Prinzip der Bewertung der Außenhandelsergebnisse angewandt als für die Bewertung der Ergebnisse im sozialistischen Wirtschaftsgebiet. Die Kurse für die Umrechnung der DM und der anderen kapitalistischen Weltwährungen in statistische Valuta-Mark spiegelten n i c h t (wie im SW) den durchschnittlichen Mark-Einsatz für ihre Erwirtschaftung wider, sondern unterschlugen den (Beispieljahr 1988) 240 – 440 Prozent höheren inneren volkswirtschaftlichen Aufwand. Die Folge war: Warf man die von der DDR offiziell veröffentlichten Umsätze im SW und NSW in einen Topf, entstand ein falsches, aber e r w ü n s c h t e s Bild von der politischen Ausrichtung des Außenhandels der DDR. Nach der gewählten Methode wickelte die DDR etwa 70 Prozent ihres Außenhandels mit den „Freundesländern" ab, aber nur 30 Prozent mit den Kapitalisten. Wären die Ost-West-Umsätze nach demselben Prinzip bewertet worden, nämlich nach dem zur Erwirtschaftung einer Valutamark durchschnittlichen gesellschaftlichen Aufwand, dann wäre das Verhältnis, grob gesagt, 50 : 50 gewesen. Weil sich die DDR aber auch auf diesem Gebiet vom schönen Schein nicht trennen konnte, wurden die statistischen Methoden bis 1989 nicht geändert.

Es wäre nun leicht, all dieses Tun mit dem Begriff der „Augenauswischerei" zu belegen – das aber wäre der Gipfel der Ungerechtigkeit. Wer sich die Mühe machte, alle deutsch-deutschen Tatbestände zu bedenken, die zu der „Grundthese" führten, eine DM der Bundesrepublik sei einer Mark der DDR wertgleich, der würde erkennen: Die DDR-Statistiker waren keine Lügenbolde, sondern Sklaven einer politischen Sondersituation und politischer Realitäten, denen kein anderes sozialistisches Land ausgesetzt war!

Das Dilemma endete erst mit der Herausgabe des Statistischen Jahrbuchs der DDR 1990, das die Außenwirtschaftsresultate für 1989 veröffentlichte. Die Werte für den SW- und NSW-Handel wurden darin einheitlich in Mark (DDR)-Valutagegenwert ausgewiesen. Der Transfer-Rubel wurde in 4,67 MarkVGW, der US-$ in 8,14 MarkVGW, die Deutsche Mark in 4,40 MarkVGW umgerechnet. Noch im Jahrbuch mit den Ergebnissen des Jahres 1988 waren die politischen Proportionen folgende gewesen: Umsätze mit den sozialistischen Ländern 69 Prozent, davon RGW-Länder 66 Prozent; mit den nicht-sozialistischen Ländern 31 Prozent vom Ganzen. (Export und Import waren nicht gesondert ausgewiesen, aus einem Missverhältnis zwischen Export und Import mit dem NSW hätte der Analyst eine weiter wachsende Verschuldung der DDR herauslesen können.)

Die für das Jahr 1989 veröffentlichten Ergebnisse kann man deshalb nicht ohne weiteres mit denen für 1988 vergleichen, als die Länder anders geordnet erscheinen. Für 1989 gibt es Angaben zum RGW, zu den „westlichen Industrieländern" und zu Entwicklungsländern, dabei sind Länder wie Kuba, Mongolei, Vietnam u. a. bei RGW- und Entwicklungsländern doppelt gezählt. Für 1989 sind die Proportionen RGW Ausfuhr 43,2 Prozent / Einfuhr 39,4 Prozent; westliche Industrieländer Ausfuhr 48,5 Prozent / Einfuhr 53,1 Prozent; Entwicklungsländer Ausfuhr 5,2 Prozent / Einfuhr 4,1 Prozent. Die nunmehr ehrlichgemachte Statistik brachte die Wahrheit an den Tag: Schon in der „alten DDR" waren die Umsätze im Westhandel höher als die mit den Freunden.

Um nun den Kreis wieder zu schließen: Eine ehrliche Statistik hätte den relativen Anteil der „anderen" sozialistischen Länder also schon zu Beginn der 80er Jahre mit etwa 20 bis 22 Prozent bewerten müssen, den Anteil der Länder „meines" neuen Bereiches mit etwa 18 bis 20 Prozent.

Was schon die zweite Hälfte der 70er Jahre bestimmt hatte, galt 1981, als ich den neuen Bereich übernahm, weiter: Die Außenwirtschaft der DDR hatte unter dem Druck der weltweiten Inflation und verschärfter Konkurrenzbedingungen schlechte Perspektiven. Die Notwendigkeit, die jährlichen Importüberschüsse aus dem NSW nicht ins Uferlose wachsen zu lassen, kanalisierte das Exportwarenaufkommen in Richtung Westen. Die Steigerungsraten des Austauschs mit den sozialistischen Ländern blieben unter den Möglichkeiten, die die Ostmärkte boten. Die Exportsteigerungen der 80er Jahre waren nur noch weniger das Resultat eines erhöhten Wareneinsatzes, sondern vor allem Preissteigerungen geschuldet.

Das Wirtschaftswachstum der RGW-Länder blieb gegenüber dem der führenden kapitalistischen Länder zurück. Generell fehlten die Voraussetzungen für ein prozentual schnelleres Wachstum des Außenhandelsumsatzes als des allgemeinen Wirtschaftswachstums. Gleichwohl waren die im Warenaustausch mit den anderen sozialistischen Ländern erzielten Steigerungsraten beachtlich. Bedauerlicherweise vermag ich die Wirkung der steigenden RGW-Vertragspreise, die die Raten des Anstiegs der Außenhandelsumsätze mit den anderen sozialistischen Ländern relativieren, aus der Umsatzstatistik nicht zuverlässig genug herauszurechnen mit dem Ergebnis, dass die Zahlen ein schöneres Bild zeigen als die Wirklichkeit. In laufenden Preisen stieg in den Jahren meiner Amtszeit im Zeitraum 1980 bis 1988 der Umsatz mit den anderen sozialistischen Ländern (RGW ohne UdSSR, einschließlich Kuba, DRV, MVR) von 1980 = 32,7 Mrd. M/VGW auf 1988 = 51,2 Mrd. M/VGW, das war eine Steigerung um 57 Prozent und pro Jahr um 7 Prozent.

Es gab dabei ins Gewicht fallende Unterschiede nach Ländern: Mit Bulgarien, Ungarn, der ČSSR und Polen wuchs der Warenaustausch um 51 bis 59 Prozent, mit Rumänien nur um 30 Prozent, mit Jugoslawien nur um 10 Prozent.

Nach dem absoluten Volumen war die ČSSR umsatzstärkster Handelspartner der DDR nach der UdSSR, danach folgten Polen, Ungarn, Bulgarien und Rumänien. Für die ČSSR und Polen war auch die DDR der zweitwichtigste Handelspartner.

In den anderen sozialistischen Ländern war jährlich ein Exportüberschuss der DDR von etwa 2,7 Mrd. Mark/VGW zu erwirtschaften. Daraus wurde der für uns negative Saldo der Dienstleistungen bezahlt, jährlich etwa 1,2 Mrd. Mark/VGW, und 400 Mio. Mark/VGW für den Saldo aus dem ausgehenden und eingehenden Tourismus. In den restlichen 1,1 Mrd. Mark/VGW steckten beträchtliche Importe an Militärtechnik.

Es war schon ein gewichtiger Bereich, den man mir anvertraut hatte. Die Bedeutung der anderen sozialistischen Länder für die Volkswirtschaft der DDR bestimmte sich aus den Importerfordernissen. Zweifellos waren der Import von Steinkohle, Aluminium, Schwefel, Bauxit, um nur einige Rohstoffe zu nennen, und die Einfuhr landwirtschaftlicher Erzeugnisse, wie Zucker, Obst und Gemüse, Wein und Sekt, aus den ASL unverzichtbar. Doch der entscheidende leistungssichernde Beitrag für die DDR-Volkswirtschaft waren die Bezüge an Ausrüstungen, Maschinen, Bauteilen der metallverarbeitenden

Industrie und Elektrotechnik-Elektronik. Unbestreitbar hatten die sozialistischen Länder auf entscheidenden Gebieten den Anschluss an den wissenschaftlich-technischen Höchststand in der westlichen Welt schon verpasst. Doch unbestreitbar war auch, dass in einer Reihe von Branchen einzelne europäische sozialistische Länder – die UdSSR lasse ich einmal außen vor – ein beachtliches Produktniveau und begehrte Einzelerzeugnisse aufwiesen, die sie sich, in Ermangelung noch attraktiverer Westimporte, gegenseitig aus den Händen rissen. Ich weiß ein Lied davon zu singen, denn ich nahm im Rahmen der Jahresprotokollverhandlungen an dem Gefeilsche um die Edelsteine teil.

Bedeutung hatte der mir übertragene Bereich auch dadurch, dass die steigenden Ausgaben der DDR für den Gütertransit, die Durchleitung von Erdöl und Erdgas und den Erwerb von Reisezahlungsmitteln für den Tourismus nach Polen, in die ČSSR, nach Ungarn und Rumänien ja mit Warenlieferungen bezahlt werden mussten. Die dafür von den Partnerländern geforderten „Gegenwaren" bereitzustellen, wurde der DDR immer saurer.

Das galt auch für den sprunghaft ansteigenden Import von Bau-, Montage- und Projektierungsleistungen und die Bezahlung ausländischer Arbeitskräfte, vor allem aus Polen, aber auch aus Ungarn und Kuba. Es war ernüchternd: In einigen Industriezweigen schien sich ohne diese Blutzufuhr aus dem Osten kein Rad mehr drehen zu wollen.

Jahresringe – Jahresprotokolle

Sechzig dieser Jahresprotokolle habe ich bis zu meinem Abgang 1990 „Für die Regierung der Deutschen Demokratischen Republik" unterzeichnet, meist vor kleiner Presse, und mit einem Glas Sekt darauf angestoßen. Jahresprotokolle waren das für alle sichtbarste Arbeitsergebnis meiner Mannschaft. Ich habe in diesen Lebenserinnerungen mehrere Begriffe für eine im Wesentlichen gleiche Sache gebraucht: Jahresprotokoll, Jahreshandelsabkommen, Abkommen über Warenaustausch und Zahlungen im Jahre ... Doch ehe ich erkläre warum, ist es an der Zeit, über die Rolle der Staatlichen Plankommission für die Außenwirtschaft ein paar Worte zu verlieren.

Die Plankommission der DDR führte mit ihren Schwesterorganisationen in den RGW-Ländern für das jeweils folgende Planjahrfünft „Perspektivplan-Konsultationen" durch, später nannten sie sich „Plankoordinierungen". In den Plankoordinierungen wurden die Jahresvolumen des Exports und Imports vereinbart und die Strukturanteile von Rohstoffen, Maschinenbauerzeugnissen und Verbrauchsgütern daran bestimmt. Für einzelne Warengruppen wurde das wertmäßige Austauschverhältnis festgestellt – z. B. Werkzeugmaschinen 3,5 : 1 oder Elektronische Rechentechnik 1 : 2,5 ... Falls der Saldo der Dienstleistungen in einer besonderen Warenstruktur zu bezahlen war, wurde auch dies verbindlich festgelegt, z. B. ein Mindestanteil von 15 % Chemieerzeugnissen. Für ausgewählte Warengruppen und Einzelerzeugnisse von hervorgehobener volkswirtschaftlicher Bedeutung wurden Mengen und Werte explizit vereinbart und festgeschrieben - zum Beispiel für Steinkohle, Kali, Walzstahl, Polygraphische Ausrüstungen, Getränkeabfüllmaschinen, Polyäthylen und Polypropylen, für Möbel und Miederwaren – das richtete sich nach der jeweiligen Interessenlage der beteiligten Länder.

In einer Zentralverwaltungswirtschaft musste sich die Staatliche Plankommission als oberster Datenverwalter im Besitz des zentralisierten volkswirtschaftlichen Sachverstands wähnen. Auch ich selbst hatte nie Zweifel daran, dass die volkswirtschaftliche Zusammenschau und wirtschaftliche Richtlinienkompetenz dort in den richtigen Händen war.

Wenn ich allen Amtsneid, alle Eifersüchtelei, wie sie unter konkurrierenden Institutionen üblich ist und sich zur Berufskrankheit auswachsen kann, vergesse, dann war die gewissenhaft gemachte zwischenstaatliche Plankoordinierung schon das erstrebte Langfristige Handelsabkommen zum gegenseitigen Vorteil, das zu erschaffen eigentlich das Ministerium für Außenhandel zuständig war. Doch die Verhandlungsgruppen der SPK hatten in der Plankoordinierung im Kampf um die Interessen der DDR alle Trümpfe ausgespielt. Sie hatten die Interessen der DDR und ihres jeweiligen Partnerlandes gegeneinander ausgewogen, und wo die Plankommissionäre an die Grenzen der eigenen und fremden Leistungs- und Kompromissfähigkeit gestoßen waren, würden auch die Außenhändler nicht mit dem Kopf durch die Wand kommen. Wer von uns Außenhändlern Augenmaß und Verstand hatte, überschätzte den eigenen Anteil an der Gestaltung der Außenwirtschaftsbeziehungen zu den Partnerländern nicht und wusste zu werten, dass er auf Fundamenten stand, die die Plankommissionen gelegt hatten.

Die Ergebnisse der Plankoordinierungen mit den sozialistischen Ländern sollten die Grundlage für die Planauflagen für Industrie und Außenhandel in den Folgejahren sein. Der Länderbereich des Ministeriums für Außenhandel baute seine Mindestforderungen an die Industrieministerien und Kombinate zur Bereitstellung von Exportwaren auf diesen Planauflagen auf, und die Planauflagen limitierten zugleich den Anspruch der Industrie auf Importe.

Man kann sagen, dass die jeweils für ein Planjahrfünft abgeschlossenen Langfristigen Handelsabkommen (nicht zu verwechseln mit den für die Ewigkeit abgeschlossenen Staatsverträgen über Handel und Seeschifffahrt) die in staatsrechtlich verbindliche Form gebrachten Resultate der Plankoordinierung der Staatlichen Plankommissionen waren. Die Philosophie war nun, dass die jeweiligen Jahresscheiben der Langfristigen Abkommen die völkerrechtlich bindende Grundlage für den bilateralen Warenaustausch in den Folgejahren sind. Höchstens ein paar Ergänzungen wären dann jährlich noch abzusprechen, und diese sollten in einem „Protokoll" festgehalten werden. So gesehen war ein Protokoll, ein „Jahresprotokoll", ein Dokument niederen Stellenwerts. Während die Langfristigen Handelsabkommen grundsätzlich von den Ministern unterzeichnet wurden, wurden für Jahresprotokolle Stellvertreter des Ministers bevollmächtigt.

Wie sagte der Dichter? „Doch die Verhältnisse, sie sind nicht so." Die Turbulenzen in der Wirtschaftsentwicklung führten dazu, dass die Langfristigen Handelsabkommen ihren Realitätsbezug schneller einbüßten, als die Tinte der Unterschriften trocknete. Es wurde die Regel, dass schon in den Verhandlungen zum Protokoll des ersten Geltungsjahres solche Abweichungen in Lieferfähigkeit und Bedarf der beteiligten Länder sichtbar wurden, dass ganz neu verhandelt werden musste. Deshalb bezeichne ich die Jahresprotokolle gern zutreffend als „Jahreshandelsabkommen." Die Abweichungen von den LFA wurden im zweiten, dritten Jahr naturgemäß immer größer und forderten wachsenden Einfallsreichtum der Verhandler. Und doch wäre es f a l s c h zu sagen, die beschriebene Entwicklung habe die Langfristigen Abkommen zu Makulatur gemacht, denn an den Konstruktionsprinzipien dieser LFA hielten die Seiten eisern fest. Gemeint sind damit die in den LFA vereinbarte Grobstruktur Rohstoffe: Maschinenbauerzeugnisse: Konsumgüter: Landwirtschaftliche Erzeugnisse, die so genannten Rohstoff- und Chemie"pakete", die Austauschproportionen für parallel produzierte Maschinenbauerzeugnisse, die Prinzipien für die Bezahlung der Salden aus Dienstleistungen und Touristik u. a. Die von den Plankommissionen vereinbarten „Rohstoffpakete", „Chemiepakete", „Rohstoff-Landwirtschaft-Pakete" und Warenverknüpfungen (z. B. Export DDR Strumpfwaren gegen Export Ungarn Lederschuhe; Export DDR Essigsäure, Natriumsulfat gegen Export Ungarn Mastgänse; Export DDR Grubenleuchten gegen Export Rumänien Galvanikelemente) spiegelten die Wertigkeit der ausgetauschten Positionen aus der Sicht der beiden beteiligten Volkswirtschaften wider. Die Länder versuchten die gegenseitigen Lieferungen so auszusteuern, dass die Ausgewogenheit immer erhalten blieb – auf höherer oder auf niedrigerer Ebene.

In den Augen der Kritiker aus den Gefilden der freien Marktwirtschaft betrieben wir im Außenhandel der planwirtschaftlich geführten sozialistischen Länder Naturalaustausch, Tauschhandel nach dem Prinzip: Ein Steinbeil gegen einen Korb Fische ... Ich habe nach der Wende im Bundeswirtschaftsministerium ein paar Minderqualifizierte kennengelernt, die sich das tatsächlich auch bildlich so ähnlich vorstellten. Doch die Waren, deren Austausch wir zunächst in effigie am Verhandlungstisch nach komplizierten Modalitäten vereinbaren, hatten richtige Preise, und ausgetauscht wurden gleiche Preissummen. Dennoch ist richtig: Was wir betrieben, war „monetär vermittelter Naturalaustausch".

Wie bei Karl Marx im „Kapital", Band I, nachzulesen ist, hat jede Ware einen Wert und einen Gebrauchswert. Der Wert, das ist die in der Ware geronnene menschliche Arbeit, der Gebrauchswert ist der Nutzen, den sie für den Menschen hat. Der Wert ist idealerweise im Preis ausgedrückt. Wir, die Verhandlungsführer für die Jahreshandelsabkommen berechneten den von uns vereinbarten Waren-Austausch natürlich nach effektiven aktuellen Preisen. Zugegeben, diese Preise spiegelten aufgrund der Preisbildungsprinzipien des RGW die Knappheitsverhältnisse auf den Weltmärkten nur bedingt und verzögert wider. Aber was wir zum Austausch vereinbarten, berechneten und bilanzierten wir in Preissummen, in Geldeswert. Das Wesen unserer Verhandlungen beruhte jedoch darauf, dass die zu tauschenden Waren einen „Gebrauchswert" hatten, einen spezifischen Gebrauchswert für die Volkswirtschaft der DDR. Dieser Gebrauchswert war von unterschiedlichen Faktoren bestimmt. Rohstoffe, die in unserem eigenen Land nicht vorkamen, hatten ständig einen hohen Gebrauchswert: Schwefel, Bauxit, Baumwolle, um Beispiele zu nennen. Dabei spielte eine Rolle, ob das Lieferland im sozialistischen Lager Monopolist war und ob es dauerhaft interessierte Abnehmer im westlichen Ausland hatte.

Auch Ausrüstungen, Maschinen, Fahrzeuge konnten einen hervorgehobenen Gebrauchswert haben. Das war immer dann der Fall, wenn die DDR die fraglichen Erzeugnisse, hätte sie die nicht aus einem sozialistischen Herstellerland beziehen können, im westlichen Ausland hätte kaufen müssen. Um nur ein Beispiel zu nennen: Tanklastzüge und Fahrzeuge für die Müllabfuhr konnte nur die ČSSR liefern. Dabei spielte keine Rolle, dass die ČSSR diese Spezialfahrzeuge selbst nicht im Westen losschlagen konnte, dazu waren sie nicht modern genug. Ihren Gebrauchswert bestimmte, dass die DDR Spezialfahrzeuge dieser Art, wäre der Bezug in der ČSSR fehlgeschlagen, ersatzweise nur im Westen gegen konvertierbare Devisen hätte einkaufen können.

Der Gebrauchswert einer Ware konnte dadurch bestimmt sein, dass sie echt „NSW-wertig" war, so der Fachjargon. Ein echt „NSW-wertiges Erzeugnis" konnte ein sozialistisches Land in beliebigen westlichen Ländern gegen konvertierbare Devisen gegen Barzahlung verkaufen, ein Beispiel: Polypropylen aus Rumänien. Im Handel mit sozialistischen Ländern gab Rumänien Polypropylen daher nur gegen andere Erzeugnisse ab, die es selbst im Westen gegen konvertierbare Devisen kaufen musste und aktuell benötigte, also zum Beispiel gegen Polyisoprenkautschuk aus der DDR.

Bestimmte landwirtschaftliche Erzeugnisse hatten hohe Gebrauchswerte: Pfirsiche aus Bulgarien, ungarische Gänse zur Weihnachtszeit – für den Import aus Italien oder Dänemark stand der DDR das passende Geld nicht zur Verfügung.

Einige Handelsgüter hatten für die DDR einen hohen Gebrauchswert, nicht aber für den anbietenden Partner. Auch dafür ein Beispiel: Polnische Montageleistungen, Hochofenauskleidungen, Leistungen für den Denkmalschutz. Für Polen waren Arbeitskräfte keine Mangelware, polnische Bauarbeiter übten Druck auf ihre Behörden aus, ließen sich gern nach der DDR vermitteln. Dies wissend, konnten wir in den Verhandlungen den „Gebrauchswert" polnischer Leistungen herunterspielen und sie im Austausch mit wohlfeiler Gegenware bezahlen.

Der Gebrauchswert, und damit der Verhandlungswert einer Importware und genauso einer Exportware war keine für alle Zeit gegebene, quasi „natürliche" Eigenschaft. Vor allem bei Fertigerzeugnissen konnte der Gebrauchswert, der Stellenwert einer Ware abhängig von der Bedarfsentwicklung oder einer eventuellen Substitution durch Eigenproduktion steigen und fallen.

Die Verhandlungen zu den Jahresprotokollen wurden auf der Grundlage einer Generaldirektive geführt, die dem Ministerrat der DDR zur Beschlussfassung vorgelegen hatte. Lagebedingt waren darüber hinaus dem Präsidium des Ministerrats einzelne Länderdirektiven z. B. die für Polen, Rumänien oder Kuba, vorzulegen. Der wichtigste Befehl der Direktiven lautete: „Mit dem Jahresprotokoll sind solche Vereinbarungen zu treffen, die die vollständige Erfüllung der Länderpläne im Export und Import nach Industriezweigen und Kombinaten gewährleisten." Das war natürlich, wie die Schweizer sagen würden „ein Zaubersprüchli". In die Umgangssprache ordentlicher Bürger übersetzt, hieß das: Das Partnerland muss versprechen, alles zu kaufen, was wir ihm anbieten, und es muss uns alles verkaufen, was wir brauchen. Na ja, diesen Kraftspruch in die Direktiven zu schreiben, konnten wir nicht vermeiden. Doch indem wir ihn aufschrieben, nährten wir die Illusion der abnickenden Genossen, das ginge auch so. Später fanden wir einen Weg, dem Ministerpräsidenten und den Industrieministern aufs Brot zu schmieren, dass die Sterne für die Durchsetzung solcher maximalistischer Forderungen schlecht stünden.

Mit der Hilfe der Plankommission gelang es mitunter auch, Einsprüche Dritter gegen die Direktive abzuschmettern. Diese musste von 26 (sechsundzwanzig!) Institutionen der Volkswirtschaft und Einzelpersönlichkeiten des Präsidiums des Ministerrates bestätigt werden, das konnte qualvoll sein. Natürlich gab es unter den 26 Stellungnehmern auch solche, die ohne Einwand zustimmten und nur kleine egoistische Hinweise gaben: Der Kulturminister, zum Beispiel, der jedes Jahr darauf hinwies, wir sollten an den Einkauf der Pressmasse für Schallplatten denken.

Eine umstrittene Klausel der Generaldirektive war die zu Ersatzteilen. Um von den Partnerländern die Zusage auf Lieferung von Ersatzteilen im benötigten Umfang zu erhalten, wurde dem Verhandlungsführer der DDR erlaubt, den Partnerländern im Export äußerstenfalls die im Langfristigen Abkommen fixierten Umfänge zuzusagen, auch wenn die DDR-Produzenten im Angebot weit unter diesen Sollwerten geblieben waren. Die Industrieminister wussten genau, was das bedeutet: Gaben sie im Export nicht, was den Partnern zustand, hatten die ihrerseits das Argument, die der DDR zugesagten Ersatzteile zurückzuhalten.

Mit den Augen von heute betrachtet, möchte man in der Erinnerung an das alljährliche Affentheater um die Ersatzteile schamrot werden. Schon zu DDR-Zeiten waren sich im Grunde genommen alle einig: Ausreichende Mengen Ersatzteile sind nicht nur unverzichtbar, sondern Ersatzteile können auch zu guten Preisen verkauft werden, und mit guten Preisen ist auch der Plan leichter zu erfüllen. Aber die realsozialistischen Bedingungen waren aus scheinbar nicht zu klärenden Gründen ganz anders, da ging die Magie von den produzierten Stückzahlen von Finalerzeugnissen aus. Das führte zu fast grotesken Konstruktionen. Bulgarien war auf die Herstellung von Balkancar-Gabelstaplern spezialisiert. Mit jedem Gabelstapler wurde 1 (in Worten: eine) Batterie ausgeliefert. Wenn die mit der Auslieferung des Staplers ausgelieferte Batterie verbraucht war, gab es keinen Ersatz. Für jede weitere stellten die Bulgaren schier unerfüllbare Gegenforderungen, die Stapler blieben entweder stehen oder die Verantwortlichen kümmerten sich um einen Westimport.

Im Austausch mit Ungarn spielte der Export von Wartburg und Trabant (Tróbant, sagten die Ungarn) eine entscheidende Rolle, aber die ungarischen

Werkstätten litten genauso unter Ersatzteilmangel wie die in der DDR. Am Ende der Abkommensverhandlungen stellten die Ungarn ein Ultimatum: Entweder, Genosse Lemke, Sie erhöhen die Lieferzusage der DDR für PKW-Ersatzteile auf 25 Mio. Rubel (das waren ungefähr 116 Mio. Mark/VGW), oder Ungarn wird das Abkommen nicht unterzeichnen. Diesen in jedem Jahr ungedeckten Scheck durfte ich ohne die telefonisch eingeholte ausdrückliche Genehmigung meines Ministers nicht unterschreiben.

Das ungarische Außenhandelsministerium, das seine Forderungen bis 1989 auf 31,3 Mio. Rubel steigerte – verständlich, denn jährlich kamen Tausende Fahrzeuge hinzu und alte wurden kaum ausgesondert – wusste nur zu genau, dass wir da unerfüllbare Träume aufschrieben, aber eines hatten sie doch damit „gewonnen": Das ungarische Außenhandels-Ministerium würde wegen des unterlassenen Imports von Ersatzteilen wieder in der Presse angegriffen werden (und frustrierte Fahrzeughalter sind ein aggressiver Menschenschlag), aber dann könnte es seinen Sprecher wenigstens sagen lassen, die Deutschen seien schuld.

Als ich zum ersten Mal eine Beschlussvorlage über die Ergebnisse der Jahresprotokollverhandlungen für das Jahr 1981 in den Ministerrat einbringen musste, da waren mir die Sachen so heiß, dass es mir richtig schien, der Regierung reinen Wein einzuschenken. Ein Punkt darin hieß: „Für Exporterzeugnisse der DDR, die den Partnerländern Polen, ČSSR, Ungarn und Bulgarien zur Gewährleistung der Unterzeichnung der Jahresabkommen 1981 entsprechend den Langfristigen Handelsabkommen zugesagt werden mussten, jedoch im SW-Exportplan nicht enthalten sind, wird folgende Arbeitsrichtlinie bestätigt: Diese Exporte sind auf der Grundlage von Einzelentscheidungen nur in dem Maße mit den entsprechenden sozialistischen Ländern zu binden bzw. zur Realisierung freizugeben, wie es im Interesse des Vertragsabschlusses und der Realisierung der entsprechenden Importe z w i n g e n d erforderlich ist." Im Klartext: Wenn wir auf die mit den nicht vorhandenen Exportwaren verknüpften Importe tatsächlich nicht verzichten konnten, dann mussten sich die Verantwortlichen zusammensetzen und die fehlenden Exportwaren irgend woanders herauskratzen (wo sie dann auch fehlten ...). Solch brisante und unsere ganze Nacktheit enthüllende Beschlusspunkte aufzuschreiben, das ging nur, wenn Solidarität zwischen Plankommission und MAH herrschte und zwischen denen, die für sie ihre Namen hergaben. 1983 gingen wir dazu über, der Vorlage eine Anlage beizufügen, die das Kind noch deutlicher beim Namen nannte, ihre Überschrift lautete: „Ausgewählte, in den Jahresprotokollen vereinbarte Exporte, die derzeit materiell nicht gesichert sind und deren Nichtbereitstellung zum Ausfall wichtiger Importe führt". Um ein Beispiel herzunehmen, stand da: Ministerium für Erzbergbau, Metallurgie und Kali / Export nach Kuba / Blech für Kronenverschlüsse, Grobbleche, Blank- und Stabstahl insgesamt 4 084 t im Wert von 7,0 Mio. Mark/VGW = 1.000 t Rohkaffee erster Güte.

Wenn der Leser, den ich auch in die dunklen Abgründe unserer Verhandlungen schauen ließ, nun glauben sollte, dass wir uns da alle Tage durch ein Jammertal quälen mussten, dann hätte ich die Akzente falsch gesetzt. Nein wirklich, die Jahresprotokoll-Verhandlungen waren eine spannende Sache und eine Bestätigung für den Berufsstolz aller, die daran mitwirkten. Für einen Milliardenumfang kamen ausgewogene Vereinbarungen über Lieferungen und Bezüge zustande, die der Industrie Planungssicherheit und Hunderttausenden Lohn und Brot gaben und die im folgenden Jahr weitestgehend mit Leben erfüllt wurden. Meine Stellvertreter in den Verhandlungen und ihre nächsten Mitarbeiter waren konstruktive Denker und gewillt, tragfähige Kompromisse zu finden. Sie holten im Verlauf der Verhandlungen in guter Zusammenarbeit mit den Bevollmächtigten der Industrieministerien oft interessante Ausgleichsangebote für nicht lieferbare Erzeugnisse heran. Sie bewegten ihre Auslandspartner, Ersatz- und Zusatzwünsche vorzulegen, die sich erfüllen ließen. Ich war oft beeindruckt, welche Flexibilität und welcher Gemeinsinn in den Unterkommissionen zu Tage traten. Wenn auch der Grad der Absicherung der Export- und Importpläne durch die Jahresprotokolle im Zeitraum 1981 bis 1989 zurückging – es kam nun schon vor, dass nur 97 Prozent, 95 Prozent oder nur 91 Prozent der Planvolumina durch Liefer- und Bezugskontingente gedeckt wurden – so lagen die Ursachen dafür vor allem in unrealen Plänen.

Für uns, die wir in den Verhandlungsmonaten ein ziemlich sicheres Gefühl für das Erreichbare gewannen, war jeder Abschluss eines Jahresprotokolls ein Erfolgserlebnis. Das ließen wir uns nicht vermiesen, und als Stellvertreter des Ministers gab ich mir Mühe, in der Abschlussinformation, die (natürlich vom Minister unterschrieben) regelmäßig zuerst an den Generalsekretär der SED ging, unser kollektives Licht nicht unter den Scheffel zu stellen.

In der Eröffnungssitzung der Jahresprotokoll-Verhandlungen gehörte es auch zur guten Ordnung, der Gegenseite wesentliche Abweichungen vom Liefer- und Kaufverhalten der Vorjahre, vor allem umfangreichere Zusatzwünsche im Import und im Dienstleistungsbereich anzukündigen – alles nicht ohne taktische Überlegungen. Ein zweites, drittes Treffen der Delegationsleiter konnte erforderlich werden, wenn die Spielräume der Direktiven erschöpft waren und eine der Seiten die Notwendigkeit erkannte, im eigenen Land neue Entscheidungen und Vollmachten einzuholen.

Mit jedem abgelaufenen Amtsjahr konnte ich das Vertrauensverhältnis zu meinen Gegenübern ausbauen und hoffen, dass mir ein Gespräch unter vier Augen nicht abgeschlagen wird und wir uns gegenseitig „reinen Wein einschenken." Unter vier Augen – das ging schließlich in allen Ländern, nur in Rumänien nicht. Meine rumänischen Partner der ersten Jahre, die Stellvertreter des Ministers Stoian und Stanca, fürchteten offenbar den eigenen Sicherheitsdienst mehr als den Misserfolg.

Zur Unterzeichnung der Jahresprotokolle erschienen meist die Minister, an den Unterzeichnungen in Berlin nahm, zu Ehren der Gäste, nicht selten der Stellvertreter des Ministerpräsidenten, Dr. Gerhard Weiss, teil. Jeder Berufsstand hat seine Marotten. Die Archivare nehmen keine Akten aus dem Regal, nein, sie „heben aus". Die Fußballer laufen nicht ins Stadion, nein, sie „laufen auf." Die Sektionsleiter, die ihrem Delegationsleiter das Abkommen zur Unterschriftsleistung an den richtigen Stellen aufschlagen „legen vor." „Vorlegen" wollte gekonnt sein, besonders, wenn in die Abkommensmappe zusätzliche Briefwechsel eingebunden waren, also an drei, vier oder mehr Stellen zu unterschreiben war. Da kam es schon einmal vor, dass Unterschriften versehentlich ausgelassen und nachgeholt werden mussten.

In den ersten Jahren nach 1981 wurde ein Abkommen unterzeichnet, wenn es fertig war. Mitte der 80er bürgerte sich ein verzögertes Verfahren ein, nachdem der Generalsekretär oder der beinahe noch wichtigere Mittag einmal gereizt gefragt hatte: Warum erfahre ich davon aus der Zeitung? Mir fiel zuerst ein, die Presse nicht mehr einzuladen und ihr die von mir freigegebene Pressenotiz einen Tag später zu geben. Aber die Medien reagierten empört: Einen Tag später wäre ihnen die Meldung nichts mehr wert. Also musste ich die Abschlussinformation über die Verhandlungsergebnisse am Tag v o r oder am Morgen der Unterzeichnung in drei Originalen für Honecker, Mittag und Stoph fertigstellen. Die hub dann mit den Worten an: Es ist beabsichtigt, am ... das Jahresprotokoll über den Warenaustausch mit der ... in ... zu unterzeichnen. Das klang so, als bestehe die Möglichkeit, das inzwischen ausgefertigte und gesiegelte Vertragswerk, sollte es höheren Orts Einwände geben, noch einmal „aufzumachen" und in Teilen neu zu verhandeln. Gott sei Dank wurden wir dazu nie gezwungen, das wäre eine schöne Blamage geworden. Vielleicht blieb es uns auch deshalb erspart, weil in meinen Abschlussinformationen doch der erreichte Erfolg gebührend herausgestellt war und herauszulesen war, dass wir keine von unserem Partner begehrte

Ware mehr im Sack hatten und deshalb auch nichts mehr verlangen konnten. Aber das musste behutsam genug formuliert werden, denn die Empfänger wollten eigentlich nicht lesen, dass unsere stolze und so vorzüglich in Kombinaten organisierte Industrie nicht in der Lage war, den Exportplan mit attraktiver und absatzfähiger Ware auszufüllen. Andererseits durften bittere Wahrheiten auch nicht verschwiegen werden: Wenn es nicht gelungen war, Importe von Rohstoffen oder erstrangigen Verbrauchsgütern zu sichern, wäre es töricht gewesen, dies in schönfärberischer Absicht zu verdunkeln. Die Abschlussinformationen schrieb ich sehr oft vom ersten bis zum letzten Wort selbst.

In den Abschlussinformationen und Pressemeldungen gaben wir stolz bekannt, welche wichtigen Importe an Rohstoffen, Fahrzeugen, Nahrungs- und Genussmitteln wir vereinbart und was wir für den Tourismus getan hatten. Beim Export war allerdings eine gefährliche Klippe zu umschiffen: Wir mussten schließlich auch verlauten lassen, womit wir bezahlen werden. Da konnte man sich mit jeder falsch ausgewählten Ware ins Bein hacken. Die DDR exportierte in jedem Jahr PKW Trabant und Wartburg nach Ungarn – im letzten Jahr vor dem Ende waren es 37.500 Stück. Ohne PKW herzugeben, hätten uns die Ungarn nichts von all den schönen Dingen geliefert, auf die unsere Landsleute scharf waren, und es hätte keine Reisen an den Balaton gegeben. Aber angesichts der immer längeren Vormerkungslisten und Wartezeiten auf Trabant und Wartburg im eigenen Land hätte die bloße Pressemeldung über diese T a t s a c h e für bösen Ärger gesorgt, nicht nur bei den Oberen, auch bei „unseren Menschen". Dieselben, die so gern auf die Zeltplätze am Plattensee fuhren, hätten bitterböse Leserbriefe geschrieben, warum wir etwas exportieren, was wir zuhause selbst brauchen.

Zur Bezahlung hochwertiger Importe lieferte die DDR auch Kühlschränke, Möbel, Badebekleidung, Spielzeugeisenbahnen – ehe wir unsere Exporterfolge hinausposaunten, waren wir gut beraten, uns mit der Angebotssituation bei HO und Konsum vertraut zu machen: Was dort Mangelware war, durfte in keiner Exportmeldung erscheinen. Wir hätten das gern anders gelöst, aber von Jahr zu Jahr wurden die Presseberichte über abgeschlossene Jahresprotokolle langweiliger. Wir „gaben öffentlich zu", Werkzeugmaschinen, Klima- und Kältetechnik, Chemieanlagen, Erzeugnisse der Elektrotechnik zu exportieren und die gegenseitigen Lieferungen von Walzwerkserzeugnissen und chemischen Grundstoffen fortzusetzen, zum Beispiel, doch wen interessierte das? Manchmal wählten wir Gattungsbegriffe und nichtssagende Zusammenfassungen: Elektrische Haushaltsgeräte, Erzeugnisse der Leichtindustrie, eine „breite Palette" von Verbrauchsgütern ... Nein wirklich, die Medien hatten keine Freude an uns. Abschlussinformationen wurden, wie andere Spitzenmeldungen auch, mit Kurier ins Große Haus gefahren. Dazu mussten sie dem Staatssekretär und späteren Minister Beil spätestens morgens um 8.00 Uhr vorliegen, und das nötigte mich und die Bereichssekretärin Jutta Beidokat, an solchen Tagen mindestens eine Stunde früher zum Dienst zu erscheinen – nur weil eine Information ohne Ewigkeitswert die Zeitung überholen musste. Da ich gerade von „Spitzeninformationen" erzähle: Wie oft bin ich spätabends in Berlin-Schönefeld gelandet, todmüde, und habe mich dann noch gezwungen, ganz leise, um niemanden im Haus zu wecken, bis nach Mitternacht am Küchentisch sitzend zu entwerfen, was am nächsten frühen Morgen dem Staatssekretär oder Minister berichtet werden musste und danach oft ohne weiteren Kommentar ins große Haus weiterlief. Da habe ich manchmal gedacht: Jetzt möchte ich alles hinschmeißen, mal richtig ausschlafen. Soll es doch ein anderer machen...

Wenn schon oft die Rede davon war, dass die Industriebereiche nicht im ausreichenden Umfang Exportwaren bereitstellten, dann ist das nur die halbe Wahrheit. In jedem Jahr hatten wir am Ende der Verhandlungen auch Ladenhüter, das heißt, ein beträchtlicher Teil der für den Export geplanten Waren schaffte den salto mortale auf den Außenmarkt nicht. Unter marktwirtschaftlichen Bedingungen hätte das sofortige Entscheidungen zur Einstellung der Produktionsvorbereitungen auslösen müssen. Aber so schnell schossen die Preußen nicht. Die Plankommission bestand auf einer Beschlussformel, die den Eindruck erwecken konnte, die im Osten nicht absetzbare Ware ließe sich wenigstens teilweise im Westen losschlagen. 1981 hörte sich das so an: „Waren für 755 Mio. Mark/VGW sind direkt oder (indirekt) durch Kapazitätsumstellungen für den NSW-Export zu nutzen." Na, Monate später war das Ende vom Lied dann, dass die Ware eingelagert blieb oder für inländische Zwecke freigegeben werden durfte.

Der große Steuermann

Am Ende des Jahres 1979 hatten sich hohe Aktivsalden in den Transfer-Rubel-Verrechnungen mit den anderen sozialistischen Ländern gebildet, zum Jahresende 1980 wuchsen sie weiter an, vor allem Polen, die ČSSR, Ungarn, Bulgarien und Kuba standen bei uns in der Kreide. Weit über eine Milliarde Mark Nationaleinkommen lag auf der Halde, weil 1980 Polen für mehr als 500 Mio. Mark, die ČSSR für etwa 330 Mio. Mark, Bulgarien für 200 Mio. Mark zugesagte Lieferungen schuldig geblieben waren. Zu gleicher Zeit fehlten Waren zur Erfüllung der hochgestochenen Exportpläne in das kapitalistische Wirtschaftsgebiet, und die Westverschuldung hatte besorgniserregende Ausmaße angenommen. Die Nettodevisenverschuldung war von 1971, da hatte sie erst 4,5 Mrd. DM betragen, bis 1981 auf 26,0 Mrd. DM hochgeschnellt – das war mehr als das Doppelte des damaligen Jahresexports ins westliche Ausland einschließlich in die BRD und nach Westberlin! Wer Augen hatte zu sehen und Ohren zu hören, der wusste: Die Waren, die „zuviel", ohne augenblickliche Gegenleistung nach dem Osten verkauft worden waren, wollte im Westen niemand haben. Deshalb war es der Industrie ganz recht, dass sie nach dem Osten abflossen und nicht auf den Fabrikhöfen herumstanden. Doch im Parteiapparat drehte man den Spieß um und richtete ihn auf den Minister für Außenhandel: Der hatte zugelassen, dass die Warenströme eine falsche Richtung einschlugen. Das war pure Demagogie.

Ich weiß nicht, wer zuerst erkannte, dass der Außenhandelsminister, wollte er nicht ewiger Prügelknabe sein, die Vollmacht brauchte, die Planerfüllung im Export zu stoppen, wenn das Empfängerland nicht willens war, die vereinbarten Gegenlieferungen zu erbringen. Ich denke, es waren Gerhard Beil und Hilmar Weiß. Ich stand neben ihnen auf der Seite der Befürworter neuer Vollmachten. Doch die Regulierungsidee hatte auch Gegner. Der eine war Horst Sölle, der seine Philosophie gelegentlich in die Worte fasste, „er sei Minister f ü r Außenhandel, nicht g e g e n." Kurt Fenske erwartete, dass eine riesige bürokratische Maschinerie in Gang gesetzt werden musste und Eingriffe zu Effektivitätsverlusten führen würden, aber nicht zu mehr Export in die kapitalistischen Länder. (Dass lästige Regulierungswerkzeuge gebraucht würden, sah ich auch. Als junger Verkäufer hatte ich in Ägypten und Indien Einblick in die Arbeitsweise von Licence Authorities gewonnen.) Gerhard Nitzschke sah als erfahrener Fuhrmann voraus, dass die DDR, die heute Gläubiger war, morgen Schuldner sein könnte. Dann wäre es gut, erbosten Partnern sagen zu können: Haltet still, erinnert Euch, 1978 bis 1981 waren w i r die Gläubiger und haben Euch geschont.

Die Dispute endeten mit der Annahme eines Beschlusses im Politbüro des ZK der SED am 24. 2. 1981 „über die Verbesserung der Steuerung des Exports und Imports im Handel mit den anderen sozialistischen Ländern und über Sofortmaßnahmen für das Jahr 1981, insbesondere das I. Quartal 1981".

Die DDR stand damals mit ihrem „Steuerungs-Beschluss", welcher n i c h t auf den UdSSR-Handel anzuwenden war, nicht allein. Der DDR-Beschluss reagierte auf den Verfall von Abkommenstreue und -disziplin, und wahr ist, als er geboren wurde, gab es Anlass zu moralischer Entrüstung über die anderen Partnerländer. Niemand schien vorauszusehen, dass der Beschluss eines Tages gebraucht werden könnte, um eine Lage zu beherrschen, in der eine unheilbare Exportschwäche der DDR die gezielte Drosselung der eigenen Importe erzwang.

Der Beschluss institutionalisierte ein System der Planung neben dem Plan, oder genauer, der Planung in der Planung. Acht Jahre lang spielte ich eine Rolle in diesem System. Spötter, wie mein Amtskollege Wilhelm Bastian, hängten mir in Anlehnung an einen der Ehrentitel Mao Tse-tungs den Beinamen „Großer Steuermann" an. Ich gab dann zurück: Versündige Dich nicht, das ist immer noch Gerhard Beil!

Die Oberaufsicht über diesen ganzen Jammer wurde einer Arbeitsgruppe der Regierungskommission übertragen, zu deren Leiter ich mit einer schönen Urkunde berufen wurde. Meine Stellvertreter waren die Stellvertreter des Vorsitzenden der Staatlichen Plankommission Dr. Dieter Albrecht und Friedrich Schiefer, ein Stellvertreter des Finanzministers, des Verkehrsministers und Stellvertreter der Präsidenten von Staatsbank, Außenhandelsbank und Staatlichem Vertragsgericht. Die wichtigsten Mitglieder der Kommission waren aber die zuständigen Stellvertreter der Industrieminister.

Noch ist Polen nicht verloren
Jeszcze Polska nie zginęła …

Was hat mich dieses Polen in Trab gehalten! Als ich im Herbst 1980 zu Gerhard Nitzschkes anderen sozialistischen Ländern versetzt wurde, war das auch ohne Sondermeldungen aus Polen ja schon eine bewegte Zeit. Es herrschte Angst vor dem großen Krieg, und wenn man genaues auch nicht wusste, angesichts der Schwäche unseres Bündnisses in der zivilen Wirtschaft kam schon gelegentlich Zweifel auf, ob denn wenigstens die militärischen Ressourcen ausreichten.

Markus Wolf schrieb über die Haltung unseres Generalsekretärs in jenen Tagen: „Erich Honecker hatte Moskau den blinden Gehorsam längst aufgekündigt. Er versuchte, in einer Atmosphäre der Irrationalität zwischen den Großmächten so etwas wie eine gesamtdeutsche Achse der Vernunft zu schaffen." Und nun begann auch noch eine aufregende Nachricht über die innere Lage Polens die andere zu jagen. Die blutigen Ereignisse vom Dezember 1970, als der Danziger Aufstand niedergeschlagen wurde und Gomulka den Hut nehmen musste und die gewalttätigen Unruhen 1976 in Radom und in den Ursus-Werken waren noch nicht vergessen. Die Anführer jener Proteste waren im Jahr darauf verurteilt worden, und das löste die Gründung eines „Komitees zur gesellschaftlichen Selbstverteidigung" aus. 1979 war der Papst zum ersten Mal nach seiner Wahl nach Polen gereist und hatte seinen Landsleuten erklärt, was für ein Polen er bevorzugte. Im August 1980 hatten Preiserhöhungen für Lebensmittel neuerlich Streiks in Lublin und Gdansk ausgelöst. Gierek führte das Streikrecht ein und erlaubte die Bildung freier Gewerkschaften. Die von Walesa, zuerst als „schlauer Halbdummer" abgetan, geführte Solidarność erstarkte und trat mit einem Aktionsprogramm hervor, einer der Berater Walesas war damals Mazowiecki. Am 5. September gab Gierek auf, der ihm folgende versöhnliche Kania wurde von allen „wahren Kommunisten" als Kapitulant wahrgenommen.

Ich konnte natürlich nicht ahnen, dass die Sowjetunion gegen Jahresende bereits versuchte, den Warschauer Pakt auf eine militärische Intervention einzuschwören. Die DDR sollte eine der für einen Einmarsch ins Auge gefassten 18 Divisionen stellen. Kádár und Ceauçescu lehnten ab mitzutun.

Im Februar 1981, Kania amtierte weiter als oberster Parteisekretär, wurde Jaruzelski Ministerpräsident, er berief Rakowski zu seinem Stellvertreter, hinter vorgehaltener Hand wurde auch der als Preisgeber und Revisionist bezeichnet. Zum ersten Mal hörte ich von einem „standhaften Flügel" im Zentralkomitee der PVAP, der Kania und Jaruzelski und deren Parteigänger als liberal-bourgeois, trotzkistisch, revisionistisch, nationalistisch und dem Klerus hörig angriff. Als diesem „rechtgläubigen" Flügel zugehörig wurde vor allem „Grabski" genannt, aber im Juli 1981 fiel dieser bei der Wahl zum Politbüro durch. Andererseits scheiterten jedoch zunächst die Versuche, Grabski und Olszowski aus dem Zentralkomitee hinauszudrängen. Beide galten als Frontleute Moskaus, doch die Sowjetunion schien ihnen jetzt den Rücken nicht mehr stärken zu wollen. Ich schreibe über Grabski so ausführlich, weil sich unsere Wege später noch kreuzen sollten.

Die polnische Wirtschaft verfiel zusehends. Häfen, Fluggesellschaften wurden bestreikt, Ausstände hier, Ausstände dort. Polen erfüllte seine außenwirtschaftlichen Verpflichtungen immer schlechter. Die Sowjets drohten ihnen an, die Lieferungen von Erdöl, Erdgas und Heizöl, aber auch von Kühlschränken und Fernsehgeräten einzuschränken, und im September taten sie es dann wirklich.

Die DDR hatte ja schon im Februar 1981 den Steuerungsbeschluss gefasst und teilte Polen nur soviel Exportwaren zu, wie sich die Polen durch Lieferungen an die DDR verdienten. Aus wirtschaftlicher Sicht war das unumgänglich, aber in Polen, wo bereits im April das Fleisch wieder rationiert und die

Zuckerrationen halbiert worden waren, gab es die ersten Hungerdemonstrationen. Da meinten auch der DDR wohlgesonnene orthodoxe polnische Genossen, es sei der falsche Zeitpunkt, „Ware gegen Ware zu handeln und damit Polen den Hahn zuzudrehen".

In der DDR konnte man angesichts des polnischen Risikos nicht naiv in die Zukunft schauen. Die Fährverbindung Mukran – Klaipeda, die polnisches Hoheitsgebiet umging, wurde konzipiert, die Erweiterung des Erdgastransits über tschechoslowakisches Territorium in Angriff genommen.

Im September und Oktober 1981 trieben die Dinge auf eine Explosion zu. Der 1. Kongress der unabhängigen „Gewerkschaft" Solidarität tagte und forderte eine Verbesserung der Lebensmittelversorgung, Kohle für die Bevölkerung und die Industrie – das waren scheinbar unpolitische Ansprüche – aber dann auch: Freilassung der politischen Gefangenen, freien Zugang zu den Massenmedien, freie Wahlen, Arbeiterselbstverwaltung und eine umfassende Wirtschaftsreform.

Es ging uns ja nicht darum, Polen abzustrafen. Doch die Lieferausfälle bei Steinkohle gingen uns allmählich an den Nerv – und den Polen auch! Im November 1981 wurde in der polnischen Regierung ernsthaft ein Vorschlag diskutiert, in den Städten die Menschen in einem Stadtviertel zu versammeln und nur dieses zu beheizen! Jaruzelski schreibt in seinen Memoiren: „Die Kohle war ein sensibler Bereich, weil alles davon abhing. Vor allem wegen der Kohle verurteilten uns die Sowjets und die Ostdeutschen." Meine Erinnerungen an Polen, seit dem 13. Dezember 1981 nun unter Kriegsrecht, und an meine beiden ersten Jahre als für Polen zuständiger Stellvertreter des Ministers kreisen um die Kohle, immer wieder um die Kohle ...

Der deutsche Imperialismus hatte die oberschlesische Kohle verspielt. Jetzt waren wir davon abhängig, dass der neue Eigentümer sie uns lieferte. Verpflichtung und Bereitschaft Polens, das zu tun, hatten eine bewegte Vorgeschichte. Während der Verhandlungen zum Potsdamer Abkommen hatte Josef Wissarionowitsch Stalin gemeint, seine Besatzungszone besäße doch gute Kohle „da bei Torgau", aber es war ihm dann wohl erklärt worden, dass die sowjetische Zone außer einer unergiebigen Schachtanlage in der Nähe Zwickaus nur Braunkohle, keine Steinkohle besaß und auf Kohlelieferungen aus den Westzonen angewiesen war. Als diese wegen der sowjetischen Blockade Westberlins eingestellt wurden, sprang die UdSSR ein und trat aus ihren Bezugsrechten gegenüber Polen einen Teil für Ostdeutschland ab. In diesem Akt des Jahres 1948 hatte der sogenannte „Umleitungsvertrag", russisch „Prom-Vertrag" genannt, seine Wurzeln. Seither gab es also, erstens, direkte Liefervereinbarungen zwischen Polen und der DDR über Steinkohle und, zweitens, „Umleitungs-Lieferungen" von Kohle, die im Rahmen der Handelsabkommen UdSSR – Polen vereinbart, von der UdSSR an Polen bezahlt, aber direkt in die DDR abgefahren wurden. Für den Zeitraum 1981 – 1985 hatte die UdSSR der DDR jährliche Lieferungen von 3.000 kt Umleitungs-Steinkohle und 600 kt Umleitungs-Koks zugesagt. Zu dem Deal gehörte die Zusatzvereinbarung, dass die DDR jährlich 300 kt Kokskohle des besonderen Typs „K" in der Sowjetunion kaufte und sie von dort direkt nach Polen verladen ließ.

In der praktischen Durchführung dieser verschachtelten Konstruktion traten ständig Irritationen auf. Weil für die Umleitungskohlen kein Sortiment zwingend vereinbart war, versuchte Polen, seine Verpflichtungen aus dem Umleitungsvertrag möglichst mit Lieferungen der stark aschehaltigen Feinsteinkohle abzudecken. Die DDR war darauf angewiesen, dass die Russen da im deutschen Interesse dagegenhielten, wozu sie nicht immer aufgelegt waren.

Nachteilig war auch, dass sich Polen, die UdSSR und die DDR erst zusammensetzten um auszuhandeln, welche Mengen jeweils auf den Direktvertrag Polen – DDR und welche auf den Umleitungsvertrag Polen – UdSSR – DDR gebucht werden sollten, n a c h d e m die Lieferungen in die DDR gerollt waren. Die edlen polnischen Kohlesorten Typ 34 und 35 und die Feinsteinkohle wurden von den Polen zu einem handelspolitischen „Paket" zusammengebunden und mussten von der DDR mit einem „Paket" anderer Rohstoffe und Chemieprodukte bezahlt werden. Das geriet der Feinsteinkohle wegen zu einem schlechten Geschäft.

Das Bestreben der DDR wuchs, einen Teil der Feinsteinkohle, von Spöttern als „polnischer Mutterboden, heilige polnische Muttererde" bezeichnet, nicht mehr abzunehmen – doch auch das war leichter gesagt als getan. Ehe es gelang, den Anteil der Feinsteinkohle auf den erforderlichen Umfang herunterzudrücken, musste der Nothelfer Alexander Schalck einige hunderttausend Tonnen in den Westen weiterverscherbeln.

Ja, alles kreiste um die Kohle. Wenn die polnische Lieferschwäche dauerhaft wurde, blieb der DDR nichts anderes übrig, als beim Klassenfeind Ruhrkohle zu kaufen, und die kostete richtig Geld. Ehe die Parteiführung eine solche Kaufentscheidung absegnete, musste mit den Polen noch einmal Tacheles geredet werden. Das taten in der ersten Zeit des Kriegsrechts Horst Sölle und Gerhard Schürer durchaus auch selbst – doch wussten alle, die nicht auf den Kopf gefallen waren: Wie hart und konsequent da auch gefordert wurde

– wenn die Polen angedeutet hatten: Bis hierher und nicht weiter, dann war das von ihrer allerhöchsten Ebene sanktioniert. Aber es gehörte zum Ritual: Ehe Westgeld für Kohle ausgegeben wurde, mussten wenigstens Lemke und ein hoher Ministerialgenosse aus dem Energiebereich, vom Botschafter unterstützt, in Warschau „interveniert" haben und, im günstigsten Fall, mit minimalen Verbesserungen in Menge, Sortiment oder Termin, oder, im ungünstigsten Fall, erfolglos nach Hause zurückgekehrt sein.

In allen Jahren hat mich die polnische Kohle bis in die Träume verfolgt. Mehr als einmal musste ich an die Front, oft wurde mein Einsatz binnen Stunden entschieden. Das Jahr 1985 war ein besonders kritisches, es begann mit einer Kältekatastrophe im Januar. Die Braunkohlezufuhr für das DDR-Kraftwerk Hirschfelde havarierte, zeitweiliger Ersatz konnte nur aus dem polnischen Tagebau in Turow kommen. Braunkohle hatte die DDR in den letzten Jahren den Polen nicht mehr abgenommen, sie musste durch die geforderten Gegenlieferungen von Chemieprodukten zu teuer bezahlt werden. Nun war Not am Mann. Aber die Außenhandelsunternehmen blieben in ihren Verhandlungen stecken: Der polnische Lieferant machte ein Angebot auf höhere Weisung von DDR-Zusatzlieferungen von Heizöl, Synthesekautschuk u. a. abhängig. Die konnten wir nicht frei machen, ließen übermitteln, wir könnten Farben und Lacke, Fotochemie, vielleicht auch PKW gegenliefern, doch in Polen bewegte sich nichts. Mitten im Arbeitstag erhielt ich die Weisung, sofort nach Warschau zu reisen. Meinen Diplomatenpass hätte ich der Ordnung entsprechend nach jeder Auslandsreise in der Reisestelle deponieren müssen – das hatte ich mir schon lange abgewöhnt und war deshalb sogleich reisebereit.

Ich hatte für den Verteidigungsfall immer einen Satz Wäsche und einen Kulturbeutel im Büroschrank, den griff ich jetzt und stieg ohne einen Pfennig polnisches Geld in den nächsten Schnellzug.

Mein polnischer Partner Gwiazda wich mir nicht aus und verhandelte noch am Abend des 18. Januar mit mir. Es gelang mir, den Polen klarzumachen, dass eine Havariesituation kein geeigneter Moment für handelspolitische Erpressung und Preispoker ist, das würden wir ihnen nie vergessen. Ich hatte Vollmacht, sogar den Preis zu verhandeln und brachte den immerhin noch 0,25 Rubel unter das Limit auf 12,00 Rubel/t. Irgendwann um die neunte Abendstunde schien ein zu meiner Unterstützung abgesandtes Telegramm von Schürer an seinen polnischen Kollegen Gorywoda Wirkung zu erzielen, Schürer hatte diesem offenbar glaubhaft versichern können, dass Heizöl und Polyurethane definitiv nicht für Polen verfügbar sind. Doch es schien mir, als ob meine Vollmachten, Polen andere Waren zum Ausgleich anzubieten, noch immer nicht ausreichen würden. Mitten in der Nacht telefonierte ich mit Hilfe des Geschäftsträgers auf der W-Tsche-Leitung. Das geheimnisvolle Zerhackertelefon stand in einem schmucklosen Holzkasten auf dem Schreibtisch des Botschafters. Jedes Wort meines Anrufes kam als verwirrender Nachhall zurück, wie bei einem Gespräch mit einem anderen Stern. Dass ich zu solch unanständiger Stunde überhaupt „sehr leitende Persönlichkeiten" in der Heimat erreichen konnte, hatte einen einfachen Grund: In der Nacht vom 18. zum 19. 1. 1985 lief in der DDR-Hauptstadt eine „spezielle Maßnahme", also eine militärische Übung, und die benötigten Genossen saßen zusammen und hatten so gleich einen nicht simulierten Ernstfall. Schließlich gab die polnische Seite nach, nahm mir ab, was ich als Gegenleistung für ihre über Nacht wertvoll gewordene Braunkohle geben konnte, darunter 1.000 Stück Trabant, auf die meine Landsleute nun wieder länger warten mussten.

Vielleicht hatten sich meine polnischen Freunde doch an die Tage nach der Ausrufung des Kriegsrechts erinnert, als Staat und Bevölkerung der DDR sofort geholfen hatten, Hunger und Verzweiflung zu lindern. Damals waren allein in der Zeit bis zum 28. Dezember 1981 791 LKW mit Milch, Brot, Eiern, Mehl, Butter, Käse, Seife, Teigwaren, Apfelmus, Zigaretten, Kinderoberbekleidung, Schuhen, Füllfederhaltern und mit Tausenden Weihnachtspäckchen nach Polen abgegangen, kostenlos natürlich. Und das ging bis in den Januar hinein.

Auch im Februar 1985 dauerte der extrem kalte Winter an. In Polen sackten Kohleförderung und –export weiter ab, die polnischen Kraftwerke verbrauchten 43 Prozent Kohle über die Norm und konnten dennoch die Energieversorgung nicht stabilisieren, täglich wurden Betriebe stillgelegt. Zu allem Überfluss musste auch noch die UdSSR ihre Gaslieferungen reduzieren, oder war das schon ein Druckmittel, weil auch die polnischen Kohlelieferungen an die Sowjets abfielen? Jedenfalls standen im polnischen Außenhandelsministerium die Protestierer aus allen Käuferländern auf der Matte, der DDR-Botschafter und Handelsrat waren in guter Gesellschaft, aber Polen war in einem unauflösbaren Dilemma: Die eigene Bevölkerung fror sich die Zehen ab.

Ich hatte nach meinem Braunkohleeinsatz noch nicht wieder meinen Normalpuls, da rief mich am Wochenende der Staatssekretär Gerhard Beil in seine Wohnung in der Radenzer Straße und wies mich an, zur Mobilisierung erhöhter Kohlelieferungen umgehend mit meinen Ministerkollegen Pakull von Kohle und Energie und Gerber vom Verkehrswesen nach Polen zu reisen.

Ohne den Verkehrsminister ging übrigens schon lange nichts mehr. Er hatte „Waggonhilfe" zu leisten – die DDR musste ganze Züge („Ganzzüge") aus dem eigenen Waggonbestand zusammenstellen, um die Kohle heimzuholen, denn allen Regeln des Gemeinsamen Güterwagenparks des RGW zum Trotz: Die einzeln nach Polen gelangten DDR-Waggons blieben in Polen hängen und wurden zur Verstärkung des innerpolnischen Wagenumlaufs „missbraucht". Die von der DDR gestellten Ganzzüge wurden zuletzt auch ohne polnischen Abruf losgeschickt und sollten Druck auf die Gruben auslösen.

Ich hatte darauf zu bestehen, dass Polen die Lieferverträge über Feinsteinkohle ohne Abstrich erfüllt und im I. Quartal 400 kt ausliefert, dass eine Lieferterminliste („Liefergrafik") nach Mengen und Gruben übergeben und für die Zeit nach dem 11. März überhaupt Lieferbereitschaft erklärt wird. Drei volle Tage musste ich auf das Spitzengespräch warten, dann empfing mich der Stellvertreter des Ministerpräsidenten Dr. Janosz Obodowski. Ich hörte einen dramatischen Bericht über die Lage in Polen, die Produktionsausfälle bei Walzstahl, Schwefel, Ammoniak, die zugespitzte Lage im Verkehrswesen – inzwischen fehlte schon im Lande vielerorts die Kohle für die Zugbespannung, und die Ladungen froren an den Waggonwänden fest – aber ich konnte mich davon nicht beirren lassen, ja, ich musste sogar eine feine Drohung einbauen: Auch uns ginge die Luft aus, und ob die DDR unter diesen Bedingungen zu ihren Verpflichtungen stehen könne?

Während meiner dreitägigen Wartezeit hatte sich Stoph entschlossen, Jaruzelski einen Brandbrief zu schreiben, den übergab der mich begleitende Geschäftsträger a. i. jetzt. Schließlich erhielt ich wenigstens die Zusage, bis 10. 3. würden 190 kt ausgeliefert, wenn alles gut ginge, im äußersten Fall 213 kt. Das Ergebnis meines Gesprächs gab ich sofort über die Geheimleitung nach Berlin durch. Jetzt wussten sie dort, welche Mengen ersetzt und an Ruhr und Saar geordert werden mussten.

Was die feine Drohung betraf, die ich bei Obodowski hatte fallen lassen: Wir erlitten in diesem Frühjahr und danach so hohe Einbußen im Import aus Polen, dass wir unseren DDR-Export dorthin noch rigider steuern mussten als je zuvor. Nach der Leipziger Frühjahrsmesse hatte ich dem Minister eine für die DDR-Führung bestimmte Prognose der polnischen Lieferungen vorzulegen. Reaktion darauf: Ein Operativstab unter Leitung des MAH war zu bilden, dem Plankommission und Industrieministerien angehörten, ich hatte den Vorsitz, Klaus Schwerdtfeger war die Seele des Geschäfts.

Der Stab ließ sich fortlaufend den exakten Stand der polnischen Rohstofflieferungen vorlegen und entschied, welche der vorgesehenen hochwertigen

DDR-Exporte in anderen Ländern zu hartem Geld gemacht werden sollten, um wenigstens einen Teil der Ersatzkäufe bezahlen zu können. Wir hatten viele Monate zu tun.

Geben und Nehmen

Wegen keines anderen Landes als Polen habe ich so schnell und so intensiv lernen müssen, was es heißt, konsequent für die Interessen der DDR und um die Wahrung des gegenseitigen Vorteils zu kämpfen. In den Beratungen des Gemeinsamen Wirtschaftsausschusses DDR-Polen, dem ich angehörte, in den Wirtschaftsverhandlungen der Staatlichen Plankommissionen beider Länder und in den Verhandlungen zu den Jahresprotokollen habe ich die Kugeln pfeifen hören. In den Beziehungen zu keinem anderen Land meines Bereiches verbanden sich hohe Politik und Wirtschaftsinteressen so wie in denen zwischen der DDR und Polen.

Was die von Schürer vereinbarten Austauschprinzipien für das neue Planjahrfünft 1980 bis 1985 anbelangte, betraf das wichtigste den Saldo der Dienstleistungen (Eisenbahntransit, Erdöldurchleitung u. a.). Der würde in 5 Jahren etwa 320 Mio. Transfer-Rubel betragen, fast 1,5 Mrd Mark, jährlich also 300 Mio. Mark. Schürer hatte erreicht, dass die DDR diesen Jahressaldo zu 85 Prozent mit Maschinenbauerzeugnissen und „nur" zu 15 Prozent mit Chemieprodukten zu bezahlen hatte. 15 Prozent – das waren jedes Jahr 45 Mio. Mark. Ebenso verbindlich war das Prinzip, dass sich die gegenseitigen Lieferungen von Rohstoffen 1:1 ausgleichen müssen. Soweit waren wir 1980 schon gekommen: Bezog man die für Transitleistungen anteilig zu liefernden Chemieprodukte in die Rechnung ein, hatte die rohstoffarme DDR an das im Ergebnis des 2. Weltkrieges so viel besser besattelte Polen mehr Rohstoffe zu liefern als sie erhielt. Auch der Austausch von Nahrungs- und Verbrauchsgütern hatte 1:1 zu erfolgen. Andere Prinzipvereinbarungen regelten die Gegenleistungen für polnische Bauleistungen, Schiffsreparaturen, das Walzen von Brammen zu Warmband. Abgestimmt worden war, und in Listen festgehalten, welche Erzeugnisse im Sinne der Plankoordinierung als „Rohstoff" gelten sollen: Möbelgestelle aus Holz, Sanitärkeramik – zum Beispiel – im polnischen Export, Metallschläuche, Wälzlagerringe – zum Beispiel – im deutschen. Das war der Fluch des Naturalaustauschs.

Seit dem 13. Dezember 1981 herrschte in Polen Kriegsrecht, und Jaruzelski war gemeinsam mit 3.000 Militärkommandeuren, die er den zivilen Leitungsbereichen beigab, zur Rettung Polens angetreten. Im März kam Jaruzelski für 12,5 Stunden nach Berlin, von Hunderttausenden am Straßenrand begrüßt. Diese von der Partei organisierte Massenpräsenz sollte ihn ermutigen, aber für Honecker und dessen Umgebung, deren Meinung ich erspüren musste, weil ich schon von Berufs wegen nicht in Fettnäpfe treten durfte, war Jaruzelski zwar Retter in höchster Not, aber zugleich ein Häretiker. Er stand für alle die schlimmen Ketzereien, die wir so oder ähnlich niemals in der DDR zulassen würden.

Schon vor Jaruzelskis Anreise hatten die Polen signalisiert, welche Hilfe sie benötigen und wie sie sich den Fortgang der Wirtschaftsbeziehungen vorstellen, denn 1981 war der Warenaustausch zwischen unseren Ländern um 17 Prozent abgerutscht, und Polen hatte in der laufenden Rechnung ein Passiv von 240 Mio. Mark. Ende Januar 1982 war als erster Zivilbote der Stellvertreter des Vorsitzenden des polnischen Ministerrates und Ko-Vorsitzende des Wirtschaftsausschusses DDR – Polen für einen Tag in Berlin angereist, zeitgemäß war ihm ein Mitglied des Militärrates, Divisionsgeneral Łuzycki, beigegeben.

Danach begann die Umsetzung des am 8. Januar gefassten Beschlusses des Politbüros der SED. Um die Hilfswilligkeit der Bevölkerung zu bekunden, waren schon im Dezember Lebensmittel und Spielzeuge nach Polen gesandt worden. Jetzt ging es um die Industrieversorgung und darum, mehr Verbrauchsgüter in die polnischen Geschäfte zu bringen. Zusätzlich zu dem, was wir für den Import aus Polen zu bezahlen haben würden, hatten wir selbst nichts, denn es zeichnete sich ab, dass die DDR-Industrie allergrößte Mühe haben würde, in Planhöhe zu produzieren. Doch es wurde zugesagt, 50 Prozent der für das Gesamtjahr vorgesehenen Lieferungen von Kali, Dieselkraftstoff, Synthesekautschuk u. a. bis zum Mai und 50 Prozent der Konsumgüter in den ersten 4 Monaten auszuliefern. Es wurde zugesagt, polnischen Schwefel und Schwefelkohlenstoff künftig in einer Polen hochwillkommenen Gegenwarenstruktur zu bezahlen. Die DDR verzichtete zeitweilig auf Importe von Obst und Gemüse. Sie bot Polen den Reexport von 390 Ikarus-Bussen aus Ungarn an. Sondermaßnahmen zur beschleunigten Auslieferung von Ersatzteilen für Erntemaschinen wurden zugesagt. Die DDR bot an, 4.000 Arbeitskräfte, die planmäßig von den Baustellen in der DDR nach Hause zurückkehren mussten, im Rahmen des Arbeitskräfteabkommens weiter zu beschäftigen. Und schließlich nahm die DDR die Kürzung der Jahresmenge bei der Steinkohle hin und gestand Polen eine gewisse Erhöhung des Lieferanteils feiner Flammkohle zu.

Die ersten Monate des Jahres 1982 waren auch in meinem Bereich von hektischen Bemühungen erfüllt, inmitten des Ausnahmezustands zur Normalisierung der Wirtschaftsbeziehungen zurückzukommen und die zwingend anstehenden Lösungen für das Jahresprotokoll 1982 zu finden. Wir mussten mit der Bahn nach Warschau reisen, was nie ein Vergnügen war. Schlecht ausgeschlafen stieg man im Morgengrauen auf dem Warschauer Hauptbahnhof ungeduscht aus dem Zug. Auf Warszawa Centralna gab es zwar einen VIP-Salon, aber Duschen hatten die da auch nicht. Doch in der Handelsvertretung konnte ich mir wenigstens den Bart abnehmen.

Ich kann mich nicht mehr genau erinnern, wann genau die DDR damals ein weiteres schwerwiegendes handelspolitisches Zugeständnis machen musste - jedenfalls hatten wir bald die polnischen Transitleistungen in einer noch anspruchsvolleren Struktur zu bezahlen: 70 Prozent Maschinenbau, 15 Prozent Chemie und 15 Prozent Konsumgüter. (Ich will hier nur kurz vorausgreifen: Wir landeten später noch bei 1/3, 1/3, 1/3.) Die Polen stützten ihre Forderungen mit einer einfachen Logik ab: Sehen Sie, der Eisenbahntransport. Da muss man Schienen erneuern: Schienen = Rohstoff, die Lokomotiven fahren mit Diesel oder Elektroenergie aus Kohle = Rohstoffe. Und die Eisenbahner müssen essen und sich kleiden = Konsumgüter. Es gibt also eine „verursachungsgerechte Struktur" für unsere polnischen Transitleistungen, und so wollen wir bezahlt werden. Am liebsten hätten es unsere polnischen Kollegen gesehen, wir hätten die Verhandlungen zum Jahresprotokoll erst einmal ausschließlich darauf konzentriert, ihnen für den errechneten Dienstleistungssaldo unsere edelsten Exporterzeugnisse hinzublättern, und erst dann über unseren Import aus Polen gesprochen, aber darauf konnten wir uns nicht einlassen. Die Vielzahl der zu beachtenden und vor allem durch die Plankoordinierung gegebenen Prämissen konnte auch ein erfahrener Verhandler nicht ohne Hilfsmittel im Kopf verfügbar halten, und Improvisation wäre tödlich gewesen. Deshalb brüteten Klaus Schwerdtfeger und sein in Fragen der Verhandlungsstrategie klug kombinierender, listenreicher Beimann Günther Borgwardt vor den Verhandlungen ein regelrechtes Tableau aus und bauten die vielfältigen Verflechtungen, Proportionen und Salden zu einem Zahlenmodell zusammen. Dieses Modell verbanden sie mit Varianten von Kombinationen von Export- und Importwaren und Warenpaketen.

Nach diesem Modell versuchten sie in den zähen Verhandlungen Ware für Ware vorzugehen. Ich musste das Modell natürlich auch begriffen haben, und wenn es gelungen war, mich in seine Geheimnisse einzuweisen und ich es verstanden zu haben schien, waren meine Sektionsgenossen schon mal zufrieden.

Doch aller Anfang war schwer. Ich wollte in meinen ersten Jahresprotokollverhandlungen im Februar 1982 in Warschau keinen Fehler machen. Mir ständig soufflieren zu lassen, dafür war ich zu stolz, das musste die Ausnahme sein. Ich sprach also erst, wenn es in meinem Kopfe klick gemacht und ich selbst verstanden hatte, warum ich welchen nächsten Zug tun musste. Beisitzer der SPK war damals der schon erfahrene Claus Nitzsche. Ich hörte ihn manchmal schwer atmen, als wolle er herausstoßen: Na Junge, dann mach doch ... Aber ich stürzte nicht ab. Klaus Schwerdtfeger hatte mich sauber, selbstlos und aufrichtig vorbereitet.

M e i n Verhandlungspartner für das Finale war in den Jahren bis 1985 Władisław Gwiazda, bis er Minister für Außenhandel und später Stellvertreter des Vorsitzenden des Ministerrates wurde. Ich bewahre ihm eine herzliche Erinnerung.

Ich habe ja schon einmal bekannt, dass ich mir zu Beginn meiner Stellvertretertätigkeit geschworen hatte, niemals Anlass zu geben, in mir einen „hässlichen Deutschen" zu sehen, der aus der Geschichte seines Landes nichts gelernt hat.

Gerade den Polen gegenüber war das so wichtig, ungeachtet der Tatsache, dass sie selbst gelegentlich unsensibel waren, zu Vorurteilen, Vorverurteilungen neigten. In Polen gab es so viel für einen geschulten Marxisten-Leninisten Verdächtiges: Die Stellung der katholischen Kirche, die Kleinbauernwirtschaft, die Privatgeschäftchen, eine weltoffene und anscheinend unzensierte Kulturszene. Aus heutiger Sicht gesehen bin ich froh, dass ich die Tiefe der Aversionen meiner Parteiführung gegen alle, die in Polen das Sagen hatten und alles, was in Polen schief lag, gar nicht kannte. Mir reichten schon die Volksaversionen.

Bei Gwiazda und gegen Gwiazda habe ich nie Ressentiments verspürt, habe ich nie an mich halten müssen, er war kein Großpole. Eine würdige Erscheinung, hochgewachsen, stark, mit eher derben bäuerlichen Gesichtszügen, dichtem schwarzem Haar und buschigen Augenbrauen, mit ruhigen Augen, die in Wasser zu schwimmen schienen. Er war nie aufgeregt, nie scharfmacherisch, und wir vertrauten uns. Im persönlichen Gespräch ließ Gwiazda auch durchblicken, wenn er politische Vorbehalte hatte, aber er tat das nicht anklägerisch, er sprach sich einfach aus. Unter den Linden war Ende 1980 das Reiterdenkmal Friedrichs II., geschaffen von Christian Daniel Rauch, wieder aufgestellt worden. Da hatte auch Gwiazda die Stirne gerunzelt: Preußen und die Teilungen Polens ...Was soll die Rückkehr des großen Friedrich unter die Linden bedeuten?

Wenn die Verhandlungen einmal überhaupt nicht weitergehen wollten, holte mich Gwiazda allein in sein Kabinett, da er nicht deutsch sprach, dolmetschte dann Floeth. Ich sehe Gwiazda noch vor mir, leger mit einer Backe auf dem Schreibtisch, ich im Zimmer auf und ab gehend. Wir hatten einen Kompromiss angedacht, und Gwiazda bat mich: „Falls ich zustimme, muss ich das ja meinem Minister erklären. Nun bringen Sie, Genosse Lemke, mir mal richtig bei, so als wären Sie an meiner Stelle, mit welchen Worten ich das dem Alten beibiege …

Ich habe Grund zu der Annahme, dass ich die Polen von meinen freundschaftlichen und gutnachbarlichen Gefühlen überzeugt habe. Polen ist das einzige Land, das mir – 1988 – einen hohen Orden verliehen hat – mit einem weißen Adler im rot-weißen Strahlenkreuz und an einem blauen Schulterband. Falls einer meiner Nachkommen meine Lebenserinnerungen bis hierher liest und mich bittet, ihn anzulegen – ich habe das gute Stück noch.

Aber alles in allem waren die Kriegsrechtsjahre trübe Zeiten. Der Armeegeneral Jaruzelski, Vorsitzender des Militärrates für die Nationale Rettung, war ja im März 1982 auf einen Tag in Berlin gewesen. Die DDR-Führung hatte sich bemüht, dem General das reiche demokratische Führungsspektrum der DDR vorzuführen. In der DDR-Delegation, die sich mit Jaruzelski immerhin, das war eine einmalig gebliebene Neuerung, im Sitzungssaal des Politbüros der SED traf, standen neben den Großen der SED (sogar einen der „Kleinen", Hans Modrow, hatte man eingeklinkt) auch Manfred Gerlach, Gerald Götting, Ernst Goldenbaum und Heinrich Homann. Jaruzelski kam mit einigen Experten, und auch in der DDR-Liste standen Experten, ich war einer davon, aber ich kann mich nicht entsinnen, dass die Experten zu den Gesprächen im Allerheiligsten hinzugebeten worden wären.

Im August 1983 stand der Gegenbesuch Honeckers in Warschau ins Haus. Das reiche demokratische Spektrum der DDR wurde nicht mitgenommen, Modrow gestrichen, die Besucherliste war von altbewährtem Zuschnitt. Die Experten waren wieder hinzugefügt worden, und ich war auch dabei. Die Polen hatten in ihrer Partei- und Staatsdelegation den Außenhandelsminister und den Chef der Plankommission, die DDR nicht, denn auf unserer Seite gab es Mittag, und der wusste ohnehin alles allein und alles am besten. Diesmal wurden wir DDR-Experten zu den offiziellen Gesprächen im Haus des Zentralkomitees der PVAP zugelassen (das bestimmten die Gastgeber, die ihre Experten dabeihaben wollten) und ich hatte, der polnischen Regie folgend, mit Heinz Klopfer am großen Verhandlungstisch Platz zu nehmen. Am nächsten Tag, an dem Honecker nach Katowice flog und eine Steinkohlengrube besuchte, waren Schularbeiten zu erledigen, aber am darauffolgenden Tag nahm ich wieder am Programm teil: Meeting im metallurgischen Kombinat „Huta Warszawa". Vor dem Kaltwalzwerk überreichten FDJ- und ZSMP-Gruppen Blumen. Die Arbeiter ertrugen unsere wandelnde Besichtigungsgruppe still, ab und zu winkte mal einer. Das waren dieselben Arbeiter, die der später vom polnischen Sicherheitsdienst ermordete Priester Popieluczko betreute. Mitten im Werksgelände stand eine Muttergottesstatue, Plakate der Solidarność sahen wir nicht. Es gab keine Anzeichen für einen massiven Einsatz von Sicherheitskräften.

Dann das Meeting mit dem „Werks-Aktiv": Junge, war das eine gestelzte Veranstaltung, ganz nach der alten Mode, so richtig nach dem Geschmack Honeckers. Kein Mensch konnte doch glauben, dass es da ein intaktes kampfgestähltes Betriebskomitee der PVAP gab, das gab es damals doch in ganz Polen nicht und vielleicht nie wieder.

Gleichwohl waren die zusammengerufenen Arbeiteraktivisten und Mitarbeiter der Huta freundlich-aufmerksam, einige sichtlich bewegt, wenn auch nicht zu Ovationen aufgelegt. Kein Punkt des internationalen sozialistischen Rituals für Werksbesuche wurde ausgelassen: Stoph übergab eine Karl-Marx-Statue an den Kombinatsdirektor.

Überhaupt lief das Protokollarische ab wie im tiefen Frieden. Es gab ein Mittagessen im Repräsentativhaus des Ministerrates in der Krakowskie Przedmieście, das war früher das Palais der Fürsten Radziwiłłs, der Warschauer Vertrag war dort unterzeichnet worden. Serviert wurden geräucherter Lachs, flambierte Kabanossi, Champignon-Cremesuppe, Lendenfilet auf altpolnische Art und Eis. Und zum Abschluss wie bei der Ankunft großes militärisches Zeremoniell. Zusammen mit den anderen Experten war ich lange vor dem Abflug dem Flughafen Warszawa-Okęcie zugeführt worden und stand wartend hinter den noch locker aufgestellten Militärformationen. Hübsche Kerle, lachend, schwatzend, gut drauf, in maßgeschneiderten Uniformen, die braunen Stiefelschäfte glänzten. Ich wünschte ihnen nichts sehnlicher, als dass sie nie auf polnische Arbeiter schießen müssten. Dann die Nationalhymnen, eine davon beginnend: Noch ist Polen nicht verloren ... Und dann paradierten die Jungs schneidiger als die Preußen.

Im Schatten Ceauçescus

Was die Verantwortung für den Warenaustausch mit Rumänien so gefährlich machte, war ein lästiges Primat der Politik über die Ökonomie. Auch wer keine Insiderinformationen hatte, wusste: Die Rumänen gehen unter Führung des schon 1965 zur Macht gelangten Nicolae Ceauçescu einen eigenen

Weg, entziehen sich dem von Moskau gebotenen einheitlichen Handeln und beugen der Gefahr vor, die Breshnew-Doktrin könnte eines Tages auch auf sie angewendet werden. Rumänien lehnte auch die vom Warschauer Vertrag geforderte Erhöhung der Militärausgaben ab. Zu gleicher Zeit entzog es sich der geheimen Abstimmung der Chinapolitik und baute die Zusammenarbeit mit China aus – 1978 war Hua Guo - Feng Gast Ceauçescu in Bukarest.

Rumäniens Anteil am Intra-RGW-Handel war recht gering – 6,6 Prozent (1975). Die DDR hatte einen Anteil von 24,3 Prozent, Polen 20,9 Prozent, Bulgarien 17,2 Prozent. Der Anteil des Außenhandels mit dem Westen lag in Rumänien über 60 Prozent, in der DDR und ČSSR von 30 bis 35 Prozent. Und gerade weil das alles so war, so eindeutig, lautete der Auftrag: Entwicklung der Wirtschaftszusammenarbeit mit Rumänien fördern, keinen Anlass zu Behauptungen geben, die DDR „bestrafe" Rumänien für seine Abweichungen mit Liebesentzug durch gedrosseltes Wachstum des Warenaustauschs. Doch das war leichter gesagt als getan. Gerade 1981 auf 1982 waren wir in schweren Wassern. In der Plankoordinierung hatten sich Rumänien und die DDR überfressen und irreale Zuwächse konzipiert, doch im DDR-Export kamen wir nicht hinten hoch, und in der laufenden Rechnung hatten wir bei den Rumänen Schulden. Der Stellvertreter des Ministerpräsidenten Gerhard Weiss, der auch Ko-Vorsitzender des Gemeinsamen Wirtschaftsausschusses war, ließ im IV. Quartal 1981 von Rudolf Heinze und mir eine Vorlage für das Politbüro ausarbeiten. Die Vorlage fing gleich mit der bitteren Wahrheit an, dass uns für die Erreichung der Exportziele des kommenden Jahres 170 Mio. Mark/VGW fehlten.

Das Langfristige Handelsabkommen 1981 bis 1985 war erst im Januar von Horst Sölle und seinem rumänischen Kollegen Burtica (Burtica hieß übrigens „Bäuchlein" – schöner Familienname für ältere Herren) unterzeichnet worden. Danach waren die Generalsekretäre zusammengetroffen, und Ceauçescu hatte Honecker eingeredet, die gerade abgesteckten Ziele wären zu überbieten und diesbezügliche Schnapszahlen genannt. Der schlaue Gerhard Weiss wusste schon, warum er „ins Politbüro ging." Zuerst sollte das Politbüro beschließen, dass der Exportplan voll mit Ware zu „untersetzen" sei („untersetzen" war das Unwort des Jahrzehnts). Stoph wurde verpflichtet, das in Sonderrapporten zu kontrollieren. Auf Vorschlag der Plankommission sah der Beschluss vor, anstelle der nicht ausreichend lieferbaren Werkzeugmaschinen den Rumänen Reisezugwagen und Kühlzüge anzubieten. Um die Importlast zu reduzieren, sollten mit dem Argument, die Qualität sei schlecht, Verträge über Diesellokomotiven, Kipper und PKW Dacia storniert werden. Das Argument „schlechte Qualität" vorzutragen war berechtigt, war aber eine Ohrfeige für den stark entwickelten rumänischen Nationalstolz und würde die Abkommensverhandlungen zusätzlich verschönern. Darüber hinaus waren weitere Importeinschränkungen beschlossen. Die DDR sah vor, auf 21 weitere Dieselloks, 450 schwere LKW, auf fast 60 Mio. Mark/VGW Werkzeugmaschinen und über 20 Mio. Mark/VGW Rechentechnik zu verzichten, obwohl das Langfristige Abkommen gerade diese Positionen explizit auswies.

Über eines war ich heilfroh: Ohne einen solchen höchstrichterlichen Beschluss im Rücken wäre mein Schiff in den unmittelbar bevorstehenden Jahresprotokollverhandlungen noch vor dem Stapellauf untergegangen. Aber ein Selbstmordkommando blieb das bevorstehende Treffen sowieso.

Im Herbst 1981 und im Frühjahr 1982 saß ich ersten Mal dem rumänischen Stellvertreter des Ministers Dr. Ion Stoian gegenüber. Man hatte mir geraten, „mich warm anzuziehen", er sei ein Angreifer und Polterkopf. Mein Bereichsleiter Planung und Koordinierung, Günter Schreiter, kannte ihn, Stoian war einer seiner Professoren während des Studiums in Bukarest gewesen, hatte also auch in der Theorie der Außenwirtschaft etwas auf dem Kasten. Dr. Ion Stoian war ein respektgebietender, mittelgroßer, kräftiger Mann, er mochte etwa 62 Jahre alt sein. Er wirkte gutsherrlich, bodenständig. Sein Haar war grau, und grau waren die riesigen buschigen Haarbögen über den Augen. Sein Blick war grimmig, seine Bewegungen voll Unrast, es schien, als ginge ihm alles zu langsam. Ich wusste nicht, ob und auf welche Weise ein Minister in Rumänien seiner Persönlichkeit beraubt war, wieviel von seiner Seele ihm noch gehörte, aber ich hatte immer das Gefühl, da sitzt dir einer gegenüber, der d a r f nicht verlieren, muss immer siegen, um seine gesellschaftliche Stellung behaupten zu können. Bei ihm konnte ich mir nicht vorstellen, dass er an irgendetwas Nebensächlichem Freude und Genuss am Leben haben könnte. Ich bin froh, dass ich den Tag erlebte, an dem er mich berichtigte. Stoian schonte mich, den Neuling, nicht. Ich hatte versucht, eine weniger offizielle Umgebung für unsere Verhandlung auszuwählen, wir saßen am Arbeitstisch meines Dienstzimmers mit dem Blick auf die Linden. Stoian hatte das erste Wort. Er versuchte, die verfahrene Karre wieder in Gang zu setzen. Er wollte unter keinen Umständen die drohende Senkung der DDR-Importe hinnehmen, denn rumänische Maschinenbauerzeugnisse waren auch auf anderen RGW-Märkten kein Renner – in Westeuropa waren sie schon gar nicht verkäuflich. Deshalb schlug er Seite um Seite seiner Verhandlungsliste auf, nannte Positionen des rumänischen Importinteresses und schlug vor, die DDR-Lieferungen über das bisher von uns vorgelegte Angebot hinaus zu erhöhen. Doch wenn ich auch ein Anfänger war, soviel wusste ich:

Ich durfte nicht mehr geben, als die Industrie für Rumänien bereitstellen konnte, und das hatte ich schwarz auf weiß vor mir in handtuchartigen Verhandlungslisten. So konterte ich, indem ich Positionen nannte, in der ich mein Angebot erhöhen konnte, da musste e r nein sagen. Im Grunde war mir recht, dass er meine Zusatzangebote nicht abnahm, Das wären doch nur „Luftkontingente", sie würden jetzt im Augenblick die Bilanzrechnung verschönern, aber die Stunde der Wahrheit käme doch, weil die rumänischen Unternehmen nichts kaufen würden, das sie nicht brauchen. Die Folterwerkzeuge hatte ich Stoian schon gezeigt, vor allem die Nichtabnahme von 450 schweren LKW angekündigt. 450! Die muss man sich einmal in einer Reihe vorstellen. Stoians Stimme zitterte, als er das empört zurückwies. Er dachte wohl daran, dass Überbringer schlechter Nachrichten gefährdet sind. Das galt im Besonderen für Rumänien. Stoian gab das Ziel nicht auf, mich im DDR-Export „hochzujubeln." Doch da versuchte er, einem nackten Mann in die Tasche zu greifen. Position für Position kam mein: Leider nicht möglich. Bedaure, nein. Steht mir leider nicht zur Verfügung. Was ich hatte, habe ich Ihnen gegeben ... Stoian geriet nun unter Hochspannung, schon zweimal war er aufgestanden, um einen Moment aus dem Fenster zu schauen. Jetzt wurde seine Stimme hart, feurig und laut. Er gab Politerklärungen ab, konnte nicht verstehen, dass ich die Grundsatzvereinbarungen der Generalsekretäre missachtete, zieh mich der Obstruktion, sagte dann: Genosse Lemke, was dürfen Sie überhaupt? Dann nannte er weitere von Rumänien gewünschte Importwaren und kam da zur Position „Zündhölzer aus Riesa", und selbst bei dieser musste ich ihm die erbetene kleine Zulage abschlagen. Da explodierte er, stieß den Stuhl zurück, stampfte wütend und protestierend aus dem Raum.

Ich kannte damals den berühmten Ausruf Herbert Wehners im Bundestag noch nicht: Wer rausgeht, muss auch wieder reinkommen. Aber ich war voller Angst, denn es bestand immer die Gefahr, dass die eigenen Vorgesetzten meinen würden: Das hat ja wohl an Dir gelegen, Genosse. Ich dachte nur: Du gehst dem Stoian jetzt keinen Schritt nach und bewegst dich nicht und bleibst auf deinem Stuhl sitzen, bis er wiederkommt. Und irgendwann kam mein Stoian wieder herein, und wir trennten uns ohne Ergebnis.

In den folgenden Wochen entfaltete sich eine rege Handelsdiplomatie. Vorschläge gingen hin und her, und beide Seiten schluckten kleinere Kröten. Mir ging es nicht gut, aber Stoian muss es zuhause noch schlechter ergangen sein.

Wer sich in sozialistischer Handelspolitik auskannte, wusste: Wenn zwei Länder das Jahresprotokoll erst im März des Geltungsjahres unterschreiben, dann war die Geburt schwer gewesen. Dr. Ion Stoian kam zur Frühjahrsmesse nach Leipzig, und wir verhandelten erneut. Und wieder bestand Stoian auf den nicht erfüllbaren rumänischen Forderungen und drohte, den Palast in die Luft zu sprengen. Buchstäblich im letzten Augenblick vor seiner Abreise, am 19. März 1982, gab er es auf und wollte nun unterzeichnen. Es blieb keine Zeit, die Abkommensmappen mit Kordeln einzubinden und zu siegeln – bei Staatsdokumenten eine Todsünde. Fernsehen und Bildreporter hielten den Unterzeichnungsakt fest. Der Kameramann wurde instruiert, aus der Hocke zu filmen, damit nicht sichtbar ward, dass die beiden Kombattanten Stoian und Lemke ein loses Bündel signierten. Doch es gibt ein Fotodokument von der Zeremonie, da sieht man die fliegenden Blätter ganz deutlich.

Bukarest war im Sommer eine schöne grüne Stadt mit breiten Alleen und großen Parks, ehrwürdigen Bauten und Denkmälern aus der Zeit vor dem Ersten Weltkrieg. Aber es gab auch eine anheimelnde enge alte Einkaufsstraße, die Lipscan, so genannt, weil dort früher die „Lipscani" aus Leipzig herangeholte Waren verkauften, und belebte kleine Obst- und Gemüsemärkte. Ich fuhr gern zu der schon 1808 errichteten alten Karawanserei Hanul Manuc, in deren kühlem Innenhof man sich bei einer Flasche Feteasca in die Zeit der Osmanen zurückversetzen konnte. Aber ich war nicht oft im Sommer in Bukarest, Abkommensverhandlungen hatten ihren Höhepunkt im Winter.

Und der Winter in Bukarest wurde von Jahr zu Jahr immer grausamer – für die Rumänen, die in fast unbeheizten Wohnungen hausen mussten und dazu noch ständig Mangel an Lebensmitteln litten. Doch zur selben Zeit sahen sie die alten Straßenzüge unter der Abrissbirne zusammenstürzen und an ihrer Stelle den neuen Präsidentenpalast erstehen, ein monumentales Bauwerk von wahnwitzigen Dimensionen: Fassadenfront 270 m, 84 m in die Höhe ragend, 92 m in die Erde gegraben, eine Fläche von fast 65.000 Quadratmeter bedeckend, nur das Pentagon war noch größer. Ceauçescu kämpfte verzweifelt, um den Schuldenberg in konvertierbaren Devisen abzutragen, drosselte dazu auch den Einsatz von Erdöl für Heizzwecke auf ein Minimum und zapfte das Energieverbundsystem des RGW bis über die Grenze seiner Belastbarkeit hinaus illegal an.

Im Winter sah das im Sommer so einladende Bukarest aus wie vom Aussatz befallen. Ganze Straßenzüge lagen im Dunkeln, selbst Krankenhäusern wurde der Strom abgeschaltet. In den Geschäften waren die Verkäuferinnen in ihre Mäntel gehüllt und trugen Handschuhe. Ich wohnte damals meist im kalten Hotel Dorobanti und fror nachts erbärmlich. Bei der zweiten Winterreise ging ich dann schon statt im Schlafanzug im Trainingsanzug und mit Wollsocken ins Bett. Was heißt Bett: In rumänischen Hotels bestand das Deckbett aus einer dünnen Wolldecke und einem darunterliegenden Laken. Schon nach einer Viertelstunde verrutschte diese Abdeckung so, dass ich nur noch die seit langem ungewaschene Decke auf der Haut spürte. Beim nächsten Mal reiste ich mit einem Vorrat an Sicherheitsnadeln an. Am Morgen: Kaltes Wasser aus der Dusche. Im funzlig-trüben Restaurant war das Kesselwasser nicht heiß genug, um den Tee aus dem Beutelchen zu ziehen.

Ehe unsere Mannschaft ins rumänische Ministerium für Außenhandel und internationale Wirtschaftskooperation aufbrach, kleideten wir uns in der DDR-Handelsvertretung noch für die Winterspiele ein. Ich verschwand in der Toilette und zog die langen Unterhosen an, Wollsocken, gefütterte Stiefel, zog einen leichten Pullover über und steckte einen dicken in die Tasche. Das alles, und auch noch Mantel, Mütze und Handschuhe würden wir brauchen, wenn sich unsere Kampfhandlungen in die Länge zögen. Das Ministerium war ein prächtiges altes Bankgebäude mit dicken Mauern, und in seinem Inneren herrschte Grabeskälte. Die rumänische Bürokratie litt wie ihre Landsleute. Der mit vielen Spiegeln ausgekleidete Verhandlungssaal lag im Erdgeschoss. Die Gastgeber bewirteten uns mit eiskalter Coca Cola, es gab nicht einmal einen kleinen Elektrokocher, um einen heißen Tee zu bereiten. Dies wissend, brachten wir unsere eigenen wohlgefüllten Thermosflaschen mit. Frieren durfte ich nicht, war erst einmal die Blase erkältet, war das Durchhalten schwerer.

An meinen Verhandlungspartner der Jahre 1985 bis 1987, Constantin Stanca, erinnere ich mich lustlos. Er konnte nicht lachen, die hohen Erwartungen seiner Oberen schienen ihn beständig zu quälen. Eines Tages verschwand er auf Befehl Ceauçescus aus dem Außenhandel. Er war für ein Geschäft verurteilt worden, das international in die Schlagzeilen geraten und sicher nur deswegen dann auch in Rumänien verdammt wurde. Um konvertierbare Devisen einzunehmen, hatten die beschuldigten rumänischen Wirtschaftsfunktionäre offensichtlich zugesagt, große Mengen europäischen Mülls ins Land zu lassen.

Auf Stanca folgte bald der perfekt deutsch sprechende S t a n c u, Stellvertreter des Ministers Stefan Stancu, ein sympathischer Zyniker und perfekter Opportunist. Nie entglitt ihm auch nur die kleinste Respektlosigkeit gegen seine Parteiführer, aber nie bekannte er sich auch nur mit einer Silbe zu ihnen. Stancu hatte eine hohe freie Stirn, trug ein Lippenbärtchen und wirkte unverspannt, ja heiter. Meriten hatte er sich bei der Vertretung rumänischer Interessen im RGW in Moskau erworben, und auch in der DDR hatte er früher gedient. Stancu war ein vertrauensbildender Verhandler, der immer verstand, was machbar und zumutbar war. Er hatte eine wunderbare Redewendung: „Tovarasul Lemke, lassen Sie uns jetzt etwas bauen …" Stefan Stancu war der einzige, den ich mich zu fragen traute, ob Ceauçescu auch in den Außenhandel direkt hineinregiere. Stancu blickte mir tief in die Augen und sagte dann ganz leise, ohne sich einmal umzusehen: Ich bin schon auf dem Sprung, ins Zentralkomitee, ich muss die persönliche Zustimmung Ceauçescus zu den Ergebnissen haben. Aber ich muss einen Augenblick abpassen, in dem er allein ist. Wenn Gattin Elena dazukommt, wird es nichts.

Erzählen will ich noch von der letzten Partei- und Staatsvisite Honeckers 1987 bei Ceauçescu. Obwohl nur als Experte mitgeführt, fand ich mich überraschend mit an den großen Verhandlungstisch gesetzt und auch ins Präsidium der Abschlusskundgebung. Das hätte ich lieber vermieden, denn zu jener Zeit hatte ich schon die ganze Führungsclique Rumäniens satt, so wie ich auch mit der Mehrheit der DDR-Bürger die spätere Hingabe des Karl-Marx-Ordens an den Chef der Dynastie Nicolae Ceauçescu für eine Entehrung des großen Sohnes des deutschen Volkes hielt. Jene Abschlusskundgebung im Oktober 1987 fand in einem Saal statt, der durch einen Gang mit dem Präsidentenpalast verbunden war. Die führenden Persönlichkeiten kamen so mit dem Volk gar nicht in Berührung. Im Saal hatte ohnehin nicht das Volk Platz genommen, sondern 6.000 herbeibefohlene, überaus ordentlich gekleidete Jubelperser, die von einem für mich nicht erkennbaren Regisseur an den richtigen Stellen zu Beifallsstürmen aufgefordert wurden. Von meinem Platz im Präsidium sah ich zu Ceauçescu hinüber. Der war doch eigentlich ein richtiges Hutzelmännchen. Und was niemandem verborgen blieb, war ein Sprechfehler, der immer häufiger seine heisere Ansprache unterbrach. Immer wieder blieb seine Rede vor einem Wort stehen wie ein ungehorsames Springpferd vor den Balken, die Luft schien ihm auszugehen, dann drehte er den Kopf etwas zur Seite, um ihn dann, das Kinn vorstreckend nach oben zu rucken, und diese Bewegung schien dann den kurzzeitig gebremsten Satzteil herauszuschleudern. Es schien mir, als ob der für den Beifall zuständige Steuermann die Klatscher gerade nach diesen Ladehemmungen losmachen ließ, so als müsse dem Führer an diesen Stellen besonders für seine Anstrengungen gedankt werden. Also, es war eine schaurige Veranstaltung, und ich musste danach immer wieder nachdenken, was das für ein Mechanismus sein muss, der solche Gestalten so hoch hinaufsteigen lässt.

Privilegien! Privilegien?

Schon im zarten Kindesalter wusste ich, wie ein Einhorn aussieht, und was ein Privileg ist, denn als ich zu lesen anfing, fragte ich meinen Vater, was das Wort „Priv." auf den Etiketten der von ihm verkauften Arzneifläschchen bedeutet, und warum das darauf abgebildete Pferd nur e i n großes Horn hat, alle Hörnertiere, die ich kannte, hatten zwei. Mein Vater, Eigentümer der Privilegierten Einhorn-Apotheke in Vacha, konnte mir das genau erklären. Später überließ er mir eine wunderschöne handgeschriebene Urkunde aus dem Jahre 1821, mit der seine Königliche Hoheit, der Großherzog von Sachsen-Weimar-Eisenach, einem der Vorgänger meines Vaters das Recht zur ausschließlichen Haltung einer Apotheke im Amt konzediert hatte.

Was Privilegien sind, wusste ich also schon seit vierzig Jahren, jetzt aber bekam ich selber welche. Bei der Zuteilung der „Ehrenvorzüge" – ein schönes altdeutsches Wort für „Privilegien" – spielte eine entscheidende Rolle, welchen Platz in der Hierarchie ein zu Bevorzugender einnahm. Rangstreitigkeiten konnten nicht aufkommen, die Einteilung richtete sich nach der Protokollordnung der DDR, zu meiner Stellvertreterzeit galt zuletzt die vom 15. Januar 1987. Die „führenden oder offiziellen Persönlichkeiten" waren darin nach Rangfolge geordnet, und die Ehefrauen gehörten zur Kategorie ihrer Männer. Bei Platzierungen und Nennungen in der Presse wurde streng nach dieser Ordnung verfahren. Spaßes halber sah ich natürlich auch nach, wohin ich selbst gehörte: In die 24. Kategorie. Die Kategorien 22 bis 30 lauteten:

Die Präsidenten der Akademien der Wissenschaften und der Künste

Die Leiter zentraler Ämter und Verwaltungen

Die Staatssekretäre und Stellvertreter der Minister

Die Präsidenten von Akademien, die ministeriell unterstellt sind

Die Sekretäre der Bezirksleitungen der SED

Die Generaldirektoren der zentralgeleiteten Kombinate

Die Stellvertreter der Vorsitzenden der Räte der Bezirke

Die Generale der bewaffneten Organe

Die Rektoren der Universitäten und Hochschulen

In der Wendezeit wurden alle, die in der DDR Privilegien genossen hatten, auf das Heftigste angegriffen, jeden Tag gab es neue Enthüllungen über Sonderrechte, Pfründen, Vorteilsnahmen im Amt. Ich gehörte auch zum Kreis derer, die sich auf bestimmten Feldern einer Vorzugsbehandlung erfreuten. Zuerst wehrte ich mich aber dagegen, „Privilegien" genossen zu haben. Aus meiner Sicht waren die Privilegien, die meine Ebene der Dienstklasse genoss, sämtlich auf die Erhaltung der Arbeitskraft ausgerichtet, einer von Dienstherrn exzessiv beanspruchten Arbeitskraft. Ich hielt dagegen, die Bezahlung eines Stellvertreters sei bei der hohen Arbeitsbelastung und dem ständigen Freizeitopfer zu niedrig gewesen, und das Fehl sei dann eben durch gewisse preiswerte Nebenleistungen gewährt worden, zum Beispiel durch die Einweisung in Ferienheime des Ministerrates. Dienstwagen und Fahrer gehörten zur Arbeitsorganisation, und wer unter der Arbeitslast krank wurde, sollte doch Anspruch auf hervorragende medizinische Versorgung haben. Wohnung im Ein-Familien-Haus des Ministerrats? Gewiss, aber ich zahlte doch die ortsübliche Miete dafür. Und da war dann noch der Hinweis auf die Verhältnisse im Westen: Jeder selbstständige Fleischermeister in West und Ost besaß und genoss mehr, als ein Staatsfunktionär in der DDR. Damit war das Gewissen erst einmal beruhigt.

Wenn ich auch damals wohl zu Recht darauf bestand, die von mir genutzten Privilegien seien kein Ausdruck von dekadenter Lebensweise (und dieser Meinung bin ich natürlich bis heute), so wollte ich doch nicht leugnen, eine Vorzugsbehandlung genossen zu haben. Es war ja nicht der Vorzug an sich, der geldwerte Vorteil, der in den Augen vieler die Privilegien verwerflich machte. Es war vielmehr die Tatsache, dass die Nutznießer eine Weltanschauung vertraten, nach der alle gleich sein und die Funktionsträger noch entsagungsvoller und uneigennütziger leben sollten als das von ihnen geführte Volk. Doch sickerte immer mehr durch: Je weiter man in der Hierarchie nach oben stieß, je mehr Amtsträger fand man, die Wasser predigten und Wein tranken, bis man ganz oben anlangte, wo eine Mark der DDR eine Deutsche Mark wert war. Gut, gegen die Privilegien der Bewohner in der Waldsiedlung Wandlitz waren die Vorzüge, die ein Dietrich Lemke genoss, kleine Fische. Doch vor mir selbst und im Lichte des Verpflichtung, sich mit den Maßstäben der Arbeiter und Bauern messen zu lassen, musste ich wohl zugeben: Privilegien hatte ich auch. Nicht der Dienstwagen war das Privileg, nicht der an meine Person gebundene Fahrer, sondern das ungeschriebene Recht, mich und meine Familie von ihm auch in den Urlaub oder zu meiner jährlichen Rennsteigwanderung fahren zu lassen. Nicht der Einkauf eines Kastens Radeberger Pilsner war das Privileg, sondern dass ich den jederzeit und ohne Anstehen in dem kleinen Sonderladen in der Mohrenstraße mitnehmen konnte. Nicht die jederzeitige medizinische Betreuung durch gute Ärzte war das Privileg, sondern, wenn nötig – um ein Beispiel zu nennen - der schnellere und direkte Zugang zu einem der seltenen Computertomographen. Letztlich war auch nicht die Einweisung in ein Ferienheim des Ministerrates, gegen Bezahlung natürlich, das Privileg – denn der FDGB d u r f t e höhere

Staatsangestellte nicht versorgen – sondern die Exklusivität, die Abschottung von allem anderen Volk.

Mitunter war die Grenze zwischen Privileg und Belästigung fließend. An einem Wintertag wurde mein Fahrer auf der Kreuzung am S-Bahnhof Grünau durch einen Falschabbieger abgedrängt, geriet ins Gleiten und drückte ein Fußgängergeländer ein. Ich stieg aus, wir warteten auf die Verkehrspolizei, die schnell erschien. Der VP-Genosse, welcher kein Verschulden meines Fahrers Wolfgang Remdt feststellte, merkte aber sogleich, dass er einen Dienstwagen vor sich hatte. Ich stand in einer kleinen Entfernung, der VP-Genosse zögerte etwas, dann trat er auf mich zu, grüßte und fragte: „Verzeihung, aber sind Sie eine Persönlichkeit?" Nee, sagte ich, eine Persönlichkeit sei ich nicht. Doch er ließ nicht von mir ab, und ich sagte ihm schließlich, ich sei ein stellvertretender Außenhandelsminister. Na, so rief mein VP-Genosse, „dann sind'Se doch so was wie ne Persönlichkeit!"

Grund für seine Hartnäckigkeit: Unfälle von „Persönlichkeiten" hatte er an die Zentrale zu melden, die wiederum den Vorgesetzten verständigte. Noch am selben Abend war Beil informiert. Wenn ich da nun mit einer illegalen Freundin verunglückt wäre …

Für die Staatsfunktionäre bis hinauf zu den Ministern gab es, entgegen hartnäckigen Behauptungen, die in der Wendezeit aufkamen, keine Sonderversorgungsläden mit Waren westlicher Herkunft und zu Vorzugspreisen, und auch – von dem Lädchen mit Radeberger Bier und Tomatenketchup, das ich schon beschrieben habe, abgesehen – kein Versorgungssystem für Waren aus der DDR-Produktion. Wenn Staats- und Parteibesucher der höheren Kategorien (dahinein gehörten meine dienstlichen Besucher, welche Stellvertreter des Ministers oder allenfalls einmal Staatssekretäre waren, noch n i c h t) Einkaufswünsche hatten, wurden sie in eine geschlossene Abteilung des Centrum-Warenhauses am Alexanderplatz geführt. Dort wurden ausschließlich DDR-Erzeugnisse, Normales und „Bückware", feilgeboten. Doch wesentlich kulturvoller und individueller als anderswo im Binnenhandel der DDR ging es auch dort nicht zu. Auch die Kantine für die Nomenklaturkader des Ministerrates vom Stellvertreter des Ministers an aufwärts im Gästehaus am Thälmannplatz war eigentlich kein privilegierter Platz des kulinarischen Genusses, und das „gutbürgerliche" Essen dort war auch nicht besonders preiswert.

War es ein Privileg, Auszeichnungen und Orden zu erhalten? Was den „Aktivisten", den „Verdienten Aktivisten", die „Verdienstmedaille" (jene Medaille, die Herrn Manfred Stolpe so viel Ärger eingebracht hat) anbetrifft:

Nein. Auch den „Verdienten Mitarbeiter des Handels", den „Vaterländischen Verdienstorden in Bronze" oder ein „Banner der Arbeit" der unteren Stufen erhielt gelegentlich schon mal eine langgediente Mitarbeiterin, ein treuer tüchtiger Mitarbeiter, die es nicht bis zum Stellvertreter des Ministers gebracht hatten. Doch wenn dann die Region der silbernen und goldenen Verdienstorden, der einstufigen Banner und der Sterne der Völkerfreundschaft anbrach, hatte sich eingebürgert, sie dann zu verleihen, wenn ihren Trägern die Knochen morsch wurden, dann aber mit schöner Regelmäßigkeit alle fünf Jahre bis zum seligen Ende. Ich selbst war noch nicht alt genug geworden, um in diesen Rhythmus eingetaktet zu sein, aber als ich 50 wurde, erhielt ich den „Vaterländischen" in Bronze und nach den ersten großen Bewährungsproben das „Banner" Stufe II. Zu meinen Pflichten gehörte es, den aus meinem Bereich hervorgegangenen Alten, besonders denen, die in ihrem Leben wirkliche persönliche Opfer für die sozialistische Sache gebracht hatten, anlässlich ihrer Geburtstage, bei Auszeichnungen und auch dann, wenn ihr Leben zu Ende gegangen war, Aufmerksamkeit und Ehre zu erweisen. Was die Auszeichnungszeremonien betraf, so wäre ich da sicher entbehrlich gewesen, durfte aber auch da nicht fehlen.

Deutsch-Böhmisches Bündnis

Wenn es im Handel mit der Sowjetunion ernsthaft klemmte, fiel schon mal der scherzhafte Vorschlag: Am besten wir wären 16. Sowjetrepublik, dann hätten wir es jetzt leichter. Doch ernsthaft wollte das keiner. Der Vorschlag, mit dem Land der Tschechen und Slowaken einen Bundesstaat zu bilden, hörte sich dagegen nicht schlecht an. In der Tat gab es kein anderes sozialistisches Land, mit dem uns so viele Gemeinsamkeiten verbanden, das galt auch für den Außenhandel. Die Grundstruktur des Austauschs war annähernd deckungsgleich: Ausgeglichene Rohstofflieferungen, Fertigerzeugnisse des Maschinenbaus hatten fast gleich hohe Anteile, Konsumgüter gingen hin und her. Wenn die gegenseitigen Lieferverpflichtungen aus Kooperation und Spezialisierung irgendwo pünktlich und wertgleich eingehalten wurden, dann zwischen ČSSR und DDR; im Jahrzehnt zwischen 1979 und 1989 stieg ihr Anteil am Austausch von 26 Prozent auf 43 Prozent.

Sehr ungleich waren nur zwei Posten, Transitleistungen und Tourismus. Gegen das Ungleichgewicht in den Transitleistungen, hauptsächlich im Eisenbahntransport und bei der Durchleitung von Erdgas aus der UdSSR, war gar nichts zu unternehmen: Das ergab sich aus der geographischen Lage der DDR „am Rand des Lagers." Der Leistungsüberschuss der ČSSR für die DDR musste von der DDR zu 45 Prozent mit Rohstoffen, 27,5 Prozent mit Maschinenbauerzeugnissen und zu 27,5 Prozent mit Konsumgütern bezahlt werden.

Nun zum Tourismus: Nicht, dass die tschechoslowakischen Nachbarvölker nicht gern in die DDR gekommen wären, und vor allem an die Ostsee. Aber da drängten sich schon die DDR-Bürger zusammen und hatten für ihre Zeltplätze ein zugangsfeindliches Buchungssystem. Erst als der DDR die Aufwendungen für den ausgehenden Reiseverkehr endgültig über den Kopf wuchsen, 1988, beschloss man, ein 400-Betten-Hotel an der Ostsee eigens für die ČSSR bauen zu lassen und Jugendherbergen und Zeltplätze für diesen Zweck zu schaffen. Der pass- und visafreie Reiseverkehr hatte die Schleusen ja richtig geöffnet, und schon Anfang der 70er reisten jährlich 4,5 Millionen DDR-Bürger in die ČSSR ein, in den Spitzenjahren 1987/1988 wurden es dann 6,7 Millionen, und sie alle fanden irgendwie ein Unterkommen von Prag bis zur Hohen Tatra. Die Verbraucherpreise waren ähnlich niedrig wie in der DDR, das Bier besser und die Wanderwege ordentlich markiert.

Doch unerschöpflich waren das Aufnahmevermögen und die Geduld der Nachbarn nicht, und es fielen halboffiziell schon mal Sätze wie „Die Deutschen scheißen uns die Wälder voll" oder „In der Tatra treiben sich so viele DDR-Bürger herum, demnächst müssen wir auf den Bergeshöhen Einbahnstraßen anlegen." So musste die DDR auch auf diesem sensiblen Gebiet eine Kontingentwirtschaft einführen. Anders als ein Bundesbürger konnte einer aus der DDR jedenfalls weder in Berlin noch in Prag an einen Bankschalter treten und sagen: Tauschen Sie mir mal bitte 500 Mark in Kronen. Auch auf den Schwarzmarkt jenseits der Grenze konnte er nur zugreifen, wenn er seine DDR-Mark außer Landes schmuggelte, das war riskant. Bei der Ausreise wurden die mitgeführten Markbeträge in eine Anlage zum Personalausweis eingetragen, die mussten bei der Rückkehr wieder vorgeführt werden. Für die DDR-Urlauber im „nichtorganisierten Tourismus" gab es 1982 bei Reisen von mehr als 2 Tagen einen Tageshöchstsatz von 120 Kronen, also 40 Mark pro Tag. Das war wenig, aber immer noch mehr als für Ungarn, da waren es 30 Mark! Darüber hinaus wurde 1983 für Reisen nach Ungarn ein Jahres-Höchstbetrag von 2.240 Forint pro DDR-Bürger eingeführt, der 14 Tagen Aufenthalt entsprach – aber 55 Prozent aller DDR-Bürger verweilten zwischen 16 und 30 Tagen in Ungarn – gut vorstellbar, auf welche krummen Wege sie getrieben wurden. Die Kronen- und Forint-Fonds heranzuschaffen, war keine Sache des Staatsbankpräsidenten der DDR, der sich bei den technischen Anschaffungsprozessen immer mächtig ins

Licht rückte – es war Aufgabe des Außenhandels, und auch der hätte ohne die SPK auf verlorenem Posten gestanden.

Seit 1975 arbeiteten beide Länder bei der Produktion von Landmaschinen erfolgreich zusammen. Die DDR spezialisierte sich vor allem auf Mähdrescher und Kartoffelvollerntemaschinen, ab 1986 lieferte die DDR jährlich 1.400 Mähdrescher in die ČSSR. Die ČSSR konzentrierte sich auf Maschinen für die Zuckerrüben- und Kartoffelernte und lieferte die so wichtigen hydrostatischen Fahrantriebe für Mähdrescher zu. Nach 1981 kamen Abkommen über die Zusammenarbeit bei der Produktion von Fernsehbildröhren und Industrierobotern und auf dem Gebiet der Biotechnologie zustande.

Im letzten Jahr, das die DDR bis Silvester überstand, vereinbarten die Regierungen die Weiterführung der bewährten Kooperationen und nahmen neue auf den Gebieten der Steuerungstechnik für Werkzeugmaschinen, bei der Herstellung von Baugruppen für die flexible Automatisierung und in anderen Bereichen in Angriff. Nur ein Jahrhundertvorhaben misslang, und schuld war die DDR: Die gemeinsame Produktion eines modernen PKW. Das hat erst das größere Deutschland unter ganz anderen Vorzeichen in Mladá Boleslaw geschafft.

Von einem kleinen, und doch zugleich großen Konflikt will ich berichten, um dessen Lösung sich der wirkliche Freund der ČSSR Gerhard Weiss bis an sein Lebensende bemüht hat, der aber erst nach seinem Tod im Oktober 1986 aus der Welt geschafft wurde. Warum Gerhard Weiss in den Höhenlagen der Macht in der DDR mit seinen Vermittlungsvorschlägen so lange abblitzte, weiß ich nicht. Es ging um nichts Geringeres als um das „Pilsener Bier." Diese Bezeichnung, also Pilsener Bier oder Pilsner, schrieben nämlich die DDR-Brauereien auf ihre Etiketten, und das betrachteten die Tschechoslowaken als Warenzeichenraub, ernste Geschäftsschädigung und weltweite Exportstörung, was sie erlauben könnten, wäre allenfalls das Wort „Pils" oder den Zusatz „Nach Pilsener Art". Aber sie selbst waren auch keine Engel und benutzten ihrerseits die Zeichen und Bezeichnungen „Meißner Porzellan" und „Jenaer Glas" für etwas, was nicht aus Meißen und nicht aus Jena kam. Gerhard Weiss war nun immer der Meinung gewesen, dass sich hier ein Kompromiss geradezu aufdränge, aber, ich wiederhole mich, unidentifizierbare starke Kräfte in der DDR mit Gehör bei der hohen Führung waren der Meinung, der DDR-Arbeiter werde unglücklich, wenn „Pilsener" verschwände. Da entschloss sich Štrougal endlich zu einem Frontalangriff und schickte eine diplomatische Note – ich habe sie selbst gelesen – deren Ton man auch bei friedlicher Gesinnung nur als r o t z f r e c h bezeichnen konnte. Bei der

ČSSR ginge es schließlich um ökonomische Interessen, bei den Deutschen aber nur um eine Gewohnheit … Da die Note aber im Kern vernünftig war, wurde sie auf DDR-Seite hinter den Spiegel gesteckt und bewirkte die Kapitulation im Bierkrieg. Ein Abkommen kam zustande, dem zufolge die DDR noch vier Jahre Zeit hatte, sich an das „Pils/ener", dem der Schwanz abgehackt worden war, zu gewöhnen. „Meißen" und „Jena" durften die Tchechoslowaken noch für kurze Aufbrauchfristen, also ein paar Monate, nutzen, dann war Schluss. Die DDR erklärte gleich noch, „Karlsbader Oblaten", „Karlsbader Salz" und Karpaten-Salami werde sie auf eigene Produkte auch nicht mehr schreiben, nur die Bezeichnung für den Schmuck, den eine Genossenschaft der DDR herstellte, in der Sudetendeutsche aus Jablonec tätig waren, und der die Marke „Gablona" trug, die werde sie beibehalten. Der gelungene Kompromiss wurde im „Regierungsabkommen über die Benutzung von bestimmten Bezeichnungen von Waren" verankert.

Gebremster Tourismus

Heute ist jedes Entwicklungsland über Deckungsbeiträge aus dem einkommenden Tourismus froh, und die Tschechen und Slowaken umwerben auch uns Deutsche, sie zahlreich zu besuchen und viel Geld im Land zu lassen. Doch zu realsozialistischen Zeiten unterlagen auch die Leistungen für ausländische Touristen den Kriterien des Naturalaustauschs zwischen Mangelwirtschaften. Dass DDR-Touristen Waren heimholten, welche die ČSSR selbst importiert hatte, oft sogar aus dem Westen, war unangenehm bis peinlich, aber kein „Millionenproblem" („Helga, gucke ma, Ölsardinen, da nehmer fünf Büchsen mit.")

Hätten die DDR-Touristen nur Gablonzer Modeschmuck und überteuerte Glaswaren eingekauft, hätten die Tchechoslowaken nichts beklagt. Aber die reisenden Massen verbrauchten in Mengen Lebensmittel, Fleisch und Butter, betankten ihre Fahrzeuge, erwarben auch Textilien, Schuhe und Haushaltgeräte. Sie bezahlten natürlich auch die Skilifte und Zeltplatzgebühren. Wofür genau sie ihr Geld ausgaben, das erfassten unsere tschechoslowakischen Nachbarn in einer exakten Statistik und rechneten uns vor, dass die Kronen-Reisezahlungsmittel von den DDR-Bürgern zu 13,5 Prozent für Übernachtungen, zu 20 Prozent für Benzin, zu 44 Prozent für Lebensmittel und zu 22,5 Prozent für den Einkauf von Konsumgütern ausgegeben wurden!

Es belastete die Völkerfreundschaft, als von den Zöllnern verlangt wurde, durch Filzen und Wegnahme von Ein- und Ausfuhrwaren Fragen zu regeln, die in das Reich der Ökonomie und nicht in das Reich von Recht und Gesetz gehören. Die Zöllner wurden immer häufiger in die Hölle gewünscht, und die ganz oben in Berlin und Prag gleich mit. Eigentlich sollten die Ausfuhrbeschränkungen aus der ČSSR nicht auf Bürger der DDR und der UdSSR angewandt werden, sondern richteten sich 1981/1982 vor allem gegen Ungarn und Polen. Ungarn hatte mit den Ausfuhrbeschränkungen begonnen, worauf die Tschechoslowakei im Gegenzug im Dezember 1981 ein generelles Ausfuhrverbot für alle Arten von Nahrungs- und Genussmitteln, für Stoffe und Bekleidung u. a. verhängte. Man konnte über das Vorgehen der Tschechen und Slowaken denken, was man wollte, sie verloren nie ihre Eigeninteressen aus dem Auge und regulierten natürlich vieles auch über die Inlandspreisbildung. Die Kronen-Reisezahlungsmittel, die wir Ende 1981 für unsere Landsleute für die Reisesaison 1982 erstritten hatten, waren einen Monat später schon viel weniger wert, als am 31. Januar 1982 in der ČSSR Fleisch um 40 Prozent, einheimische Weine um 20 Prozent, Geflügel, Fisch, Reis und vieles andere erheblich teurer wurden. Das touristische Ungleichgewicht musste also auf höherer Ebene kompensiert werden. Ich will hier niemanden mit dem Berechnungsmodus langweilen, wie der Geldwert des zugunsten der ČSSR anfallenden Überschusses berechnet wurde, es genügt zu sagen: Er ließ sich berechnen. Für diese Differenz wurde der ČSSR nach langwierigen Verhandlungen ein Ausgleich durch Waren zugestanden. Für eine so genannte „Grundsumme" von Kronen-Reisezahlungsmitteln steckten die Gegenwaren, Konsumgüter eingeschlossen, schon in den Warennomenklaturen der Plankoordinierung und den Warenlisten der Langfristigen Handelsabkommen.

Alles, was über diese Grundsumme hinaus an Kronen von der DDR erbeten wurde, war zu einem Drittel mit Rohstoffen und rohstoffwertigen Waren, zu einem Drittel mit ausgewählten Fertigerzeugnissen des Maschinenbaus und zu einem weiteren Drittel mit Konsumgütern zu bezahlen. Um sicherzustellen, dass diese zusätzlichen Tourismus-Waren von der DDR auch wirklich zusätzlich zu den schon vereinbarten traditionellen Mengen derselben Erzeugnisse geliefert würden, kamen sie in eine gesonderte Warenliste. Wieviel Reisezahlungsmittel mit dem Jahresprotokoll zu vereinbaren waren, beschloss die Regierung. Diese Geldmengen mit dem tchechoslowakischen Partner verbindlich abzusprechen, war also allerhöchster Befehl. Bei jeder anderen Importposition konnte man sich nach erfolgloser Verhandlung herausreden, hier war das ausgeschlossen.

1987 war die sogenannte Grundsumme 1.750 Millionen Kronen, diese Grundsumme wurde mit einem gegebenen Koeffizienten in Transfer-Rubel umgerechnet, das ergab 106,7 Millionen Transfer-Rubel, und das wiederum waren 498,3 Millionen Mark/VGW. Darüber hinaus sollten weitere 400 Millionen Kronen mit der ČSSR festgemacht werden, die hatten einen Gegenwert von 25,9 Millionen Transfer-Rubeln bzw. 121,0 Millionen Mark/VGW. (Dann waren noch einmal 50 Millionen Kronen beauflagt, aber mit denen hatte sich der Finanzminister der DDR noch nicht richtig angefreundet.) Die letztgenannten 400 Mio. Kronen waren aber zu einem für die ČSSR günstigeren Koeffizienten in Transfer-Rubel umgerechnet worden, auch das ein Zugeständnis, das der DDR abgetrotzt worden war. Um es plastisch zu machen: Beim Einkauf der Grundsumme erhielten wir für 1 Mark/VGW 3,51 Kronen, bei den über diese hinaus vereinbarten erhielten wir für 1 Mark nur 3,21 Kronen.

Für die 25,9 Mio. Transfer-Rubel aus Zusatz-Reisezahlungsmitteln standen den Tschechoslowaken also Zusatz-Waren zu. Das Schönste war nun, dass die dafür erforderlichen Gegenwaren, immerhin 121 Mio. Mark, nicht geplant und eigentlich auch gar nicht da waren. Deshalb beschloss die Regierung, „der Vorsitzende der Staatlichen Plankommission solle dafür Einzelentscheidungen treffen". Diese Zauberformel lief in der Praxis für uns im Außenhandelsministerium auf folgendes hinaus: Erst einmal kratzten wir aus den Angeboten der Industrie alle nichttraditionellen Waren zusammen, die als „zusätzlich" gelten konnten und versuchten, die Anerkennung des Partners für ihre Aufnahme in die Sonderwarenliste zu erreichen. Dann versuchten wir „Länderverlagerungen", also den Einsatz von ursprünglich für Polen, Ungarn, Bulgarien vorgesehenen Erzeugnissen in der âSSR. Das alles brachte nicht viel.

Schließlich kristallisierten sich in den Verhandlungen die Erzeugnisse heraus, ohne die eine Lösung nicht möglich war. Ohne die Geheimnisse der „Einzelentscheidungen" der Plankommission preisgeben zu wollen: Sie liefen darauf hinaus, die Waren aus der Materialversorgung der Industrie und den Fonds für die Versorgung der Bevölkerung abzugreifen und sie in die ČSSR umzuleiten. Zur Beruhigung des Gewissens diente: Wenn die Leute reisen, haben sie kein Geld, um zu Hause Waren zu kaufen. Doch das war Selbsttäuschung, was für die Reisezahlungsmittel weggegeben werden musste, fehlte zuhause, denn es war genug Geld unter den Leuten. Im Spitzenjahr des Tourismus, 1988, wurden u. a. Werkzeugmaschinen, Plastverarbeitungsmaschinen, Gastronomieausrüstungen, Wofatite, Leuchtstoffe und Fotopapiere zusätzlich geliefert. Dazu an Massenverbrauchsgütern u. a. 3.000 Kühlschränke, mehr als 6.000 Gefriertruhen und Tiefkühlschränke,

5.000 Farbfernseher, 8.000 Warmwasserspeicher, 700 Kleinkrafträder, Spielwaren, vor allem Modelleisenbahnen, für mehr als 20 Mio. Mark/VGW, Gardinen, Obertrikotagen, Briketts, Kartoffeln ...

Die tschechoslowakische Seite kontrollierte den Fortgang der Vertragsbindung und Auslieferung der Bezahlwaren für Reisezahlungsmittel streng, behielt jedoch stets die Entwicklung des Gesamtexports der DDR im Auge um zu verhindern, dass wir uns einseitig auf die Erfüllung der Verpflichtungen bei den gesondert ausgewiesenen Positionen konzentrierten, andere aber vernachlässigten. Sie ging immer von dem vereinbarten Grundsatz aus, dass die Dynamik des Tourismus die Substanz ihrer traditionellen Bezüge nicht gefährden darf. Zu den traditionellen Bezügen gehörten natürlich auch Konsumgüter. Um nur ein einziges Beispiel zu nennen: Die DDR hatte jährlich bis zu 100.000 Stück Haushaltnähmaschinen aus Wittenberge zu liefern. Und tatsächlich wurden die Kronen-Abholer von der Staatsbank der DDR einige Male mit leerem Beutel nach Hause zurückgeschickt, wenn die DDR-Seite in der laufenden Rechnung in ein steigendes Passivum geriet und in den Lieferproportionen die Auslieferung der nicht ausdrücklich an die Reisezahlungsmittel gebundenen Konsumgüter zurückblieb. Dann schrillten bei uns die Alarmglocken, „Partei und Regierung" forderten Aufklärung, und es begann eine Zeit der Sonderrapporte.

Die Probleme unseres Warenaustauschs mit den Tschechen und Slowaken kamen dann Leuten zu Ohren, die sich sonst kaum für unsere Sorgen interessierten. Werner Eberlein schreibt in seinen Memoiren: „In Burg stand die einzige Knäckebrotfabrik der DDR, deren Produktion aber nicht reichte, um den Bedarf zu decken. Die Fabrik arbeitete rund um die Uhr ... Die Reserven lagen bei Null ... Das größte Problem aber war ein ganz anderes, ... das heute niemanden mehr bewegt. Einen Teil der Produktion mussten wir damals in die ČSSR exportieren. Ja, mussten, denn auch mit den damit erzielten Krónen finanzierte die DDR den nicht unbeträchtlichen Tourismus der DDR-Bürger in die ČSSR. Das berührt das Thema Auslandsreisen. Es ist nicht wahr, dass Reisen nicht in gewünschtem Maße erlaubt wurden, weil man befürchtete, die Touristen kämen nicht zurück. Das Hauptproblem war die Frage, wie man ihre Reisen finanzieren sollte ... War es eigentlich Aufgabe des (Bezirks)-Parteisekretärs, sich um Kronen zu kümmern ... ?"

Ja, unbedingt, dachten w i r, die Außenhändler, alle Bezirkssekretäre sollten sich darum kümmern, und wir unternahmen viel, damit wir nicht allein auf dem Problem sitzen blieben.

Auch Ungarn und Rumänien ließen sich den überschießenden Tourismus teuer bezahlen. Über Ungarn gehe ich schnell hinweg: Da wurde dem reisenden DDR-Bürger „fürs Geld was geboten": Die warmen Wasser des Balaton, würziges Essen, guter Wein. Die anziehende Hauptstadt Budapest mit Bädern und Thermalquellen, Hunderten kleiner Geschäfte in den Durchgängen und Höfen an den Prachtstraßen, stilvolle Gaststätten und Weinkeller, in denen aufgespielt wurde, belebte Märkte und Markthallen. Nur: Die Ungarn beschwerten sich ständig über die mickrige Ausstattung unserer Touristen mit Forint, denn die hatte zur Folge, dass alle mit PKW einreisenden DDR-Bürger ihre Fahrzeuge bis zum Sinken mit Fleisch- und Wurstkonserven und Lebensmitteln aller Art beluden und den einheimischen Wirten wenig zu verdienen gaben. Ungarn übertrieb die Forderung nach „Sonderopfern" der DDR für den Tourismus nicht. Für die im Rahmen der Plankoordinierung vereinbarte Grundsumme waren entsprechende Ausgleichslieferungen bereits vereinbart. Wenn die DDR über diese Grundsumme hinaus weitere Forintmittel begehrte, dann stellte die ungarische Seite im Verlauf der Verhandlung zu den Jahresprotokollen Zusatzforderungen nach Konsumgütern. 1981 leisteten wir lange hinhaltenden Widerstand, am Ende gaben wir ihnen, wenn auch nicht im vollen Gegenwert der uns zusätzlich bewilligten Forint, aber doch in ansehnlichem Umfang PKW Trabant und Staubsauger als Zugabe. Da staunt der Laie, und der Fachmann wundert sich: Trabanten aus Zwickau und Staubsauger aus Oberlind waren damals Objekte der fremden Begierde.

Aber auch Rumänien kassierte handverlesene Gegenwaren für einen Teil des für Rumänien naturgegeben stets positiven Saldos der touristischen Leistungen. Der Einnahmeüberschuss Rumäniens hatte eine nie versiegende Quelle: Die mit ihren Trabant, Wartburg und Lada nach Bulgarien strebenden DDR-Bürger.

Diese hätten ihren langen Weg zum Schwarzen Meer gern im Transit durch Jugoslawien abgekürzt, doch es stand ihnen nur Rumänien offen. In Ungarn tankten sie noch einmal randvoll, in der nur zu berechtigten Furcht, an den rumänischen Tankstellen endlose Warteschlangen, aber kein Benzin vorzufinden. Einziges Bestreben des DDR-Bürgers war, schnell wieder aus dem vom Mangel gezeichneten Land hinauszukommen. Doch auch Rumänien selbst war ein Endziel des organisierten und nichtorganisierten Tourismus, und es reisten mehr DDR-Bürger nach Rumänien als umgekehrt Rumänen in die DDR.

Wie es dazu kam, dass uns Rumänien für seine überschießenden touristischen Leistungen zur Kasse bat, will ich ausführlicher erzählen. Man muss wissen, dass Rumänien sein Erdöl nicht aus der Sowjetunion bezog, sondern aus Entwicklungsländern, 1979 etwa 16 Mio. t, und die sprunghaft gestiegenen Preise ihm nun die Luft abdrückten. Ceaușescu verordnete seinen Staatsorganen, aber auch den Bürgern geradezu brutale Kraftstoffeinsparungen: Die dienstlichen Fuhrparks wurden halbiert, die Kraftstoffpreise drastisch erhöht, und eine der Maßnahmen traf auch die PKW-Touristen aus der DDR und anderen sozialistischen Ländern, die in Rumänien Urlaub machten oder im Transit nach und von Bulgarien durch das Land fuhren. Diese PKW-Urlauber konnten in Rumänien über Nacht Kraftstoff nur noch gegen Valuta-coupons oder bare Westwährung erwerben, aber die hatten sie nicht, denn Rumänien hatte die Umstellung ohne jede Vorankündigung vorgenommen. Unmittelbar nach Bekanntgabe der Neuregelung stauten sich insbesondere an der bulgarisch-rumänischen Grenze bei Russe die Konvois der rückreisewilligen DDR-Fahrzeuge, denn die rumänischen Grenzer ließen nur Fahrer ins Land, die mindestens 10 bis 15 US-$ oder um die 30 Westmark vorweisen konnten. Gleichzeitig teilte das rumänische Außenministerium den intervenierenden Botschaftern der sozialistischen Länder mit, es gäbe eine Übergangsregelung für heimkehrende PKW-Urlauber, diese würden bis zum 10. August noch gegen Zahlung in Inlandswährung Lei betankt. Zwischen dem 10. und 20. August wollten die Rumänen PKW-Touristen auch noch in Richtung nach Bulgarien einreisen und in Lei bezahlen lassen, aber nur dann, wenn die DDR zuvor zugesichert hätte, Rumänien später im Rahmen einer noch abzuschließenden Grundsatz-Vereinbarung auch für die Valuta-Ausfälle in der Übergangszeit zu entschädigen. Die DDR war der rumänischen Erpressung alternativlos ausgeliefert und musste im Interesse ihrer Bürger verhandeln – und kapitulieren. Das in der DDR für den Tourismus zuständige Verkehrsministerium und das Außenhandelsministerium verhandelten gemeinsam mit dem rumänischen Tourismusministerium.

Während Rumänien seine Forderungen über den Daumen gepeilt und astronomisch überhöht hatte, konnte die DDR-Seite einen soliden und unanfechtbaren Berechnungsmodus für die Ermittlung des Wertes des Saldos aus dem aus- und eingehenden Tourismus vorlegen, was aber auch wieder kein Kunststück war, denn aller organisierte Tourismus floss über drei Institutionen: Deutsches Reisebüro, Jugendtourist und FDGB, und alle Reisezahlungsmittel des unorganisierten Tourismus über die Staatsbank der DDR. Rumänien verlangte nun für 75 Prozent des Wertes des für Rumänien positiven Saldos aus ein- und ausgehendem Tourismus Gegenlieferungen von Benzin, Dieselkraftstoff oder anderen devisenwertigen Waren, am Schluss stimmte die DDR einem Satz von 62 Prozent zu. Der Leser hat es gemerkt: Aus der ursprünglichen rumänischen Forderung, das von den DDR- Autotouristen getankte Benzin zu ersetzen, war am Ende eine Forderung geworden (und sie war befriedigt worden), den Gegenwert j e g l i c h e r touristischer Dienstleistungen teilweise mit devisenwertigen Waren zu bezahlen, also auch die Hotelbettenbenutzung und die verzehrten Lebensmittel. In Höhe des Wertes von 62 Prozent des touristischen Saldos bezog Rumänien dann zunächst in den Jahren 1980 bis 1985 Benzin, Fleisch und Butter – zu den relativ niedrigen RGW-Preisen, natürlich. Das aus der DDR gekaufte Benzin wurde dann an den rumänischen Tankstellen zum zehnfachen Preis an die DDR-Touristen zurückverkauft. Immerhin konnte das von Rumänien anfangs erdachte lästige Benzin-Couponsystem vermieden werden. Obwohl die DDR-Bürger so wenig Auslauf hatten, waren die Reisebüro-Angebote für die rumänische Schwarzmeerküste nicht sonderlich beliebt: Sie waren zu teuer, die Qualität befriedigte nicht, den Urlaubern missfiel, dass die Restaurants schon um 21.00 Uhr oder 22.00 Uhr schlossen. Doch in einer mit niemandem abgestimmten Initiative bat Honecker 1987 Ceauçescu, das jährliche Platzangebot für DDR-Urlauber auf mehr als das Doppelte, nämlich auf 100.000 Plätze zu erhöhen. Die Fachleute beider Seiten wiegelten hinter dem Rücken ihres obersten Kriegsherrn ab und peilten bis 1990 jährlich 55.000 Plätze an. Aber die DDR-Initiative hatte zur Folge, dass Rumänien die zwischen 1986 und 1987 scheinbar versandete Vereinbarung über die Lieferpflichten der DDR für devisenwertige Gegenwaren wieder ausgrub und seine Forderungen vehement erneuerte. Noch im letzten Jahresprotokoll mit der SRR für 1990 musste die DDR Lieferungen von Fleisch für 7,1 Millionen Mark und Butter für 14,8 Millionen Mark zusagen.

Der Neue: Gorbatschow

Als der scheidende Stellvertreter des Ministers Gerhard Nitzschke mir den Staffelstab übergab, sagte er mir: Ich hab es 10 Jahre gemacht – 10 Jahre sind genug. Nach dieser Messlatte hatte ich 1985 die Hälfte meiner Strecke zurückgelegt. In diesen fünf Jahren nach 1981 starb der schon lange in politische Agonie gefallene Greis Breshnew, wurde der schon todgeweihte Andropow Generalsekretär und, nach dessen Ende, der sterbenskranke Tschernenko – keiner von ihnen hatte Kraft und Willen, die Sowjetgesellschaft aus Stagnation und wirtschaftlichem Krebsgang zu erlösen.

Dann kam 1985 Gorbatschow, und im ersten Augenblick schien es mir, als strebe auch er keinen Wandel an; Protokolle über Sitzungen des Politbüros der KPdSU, die in den letzten Jahren veröffentlicht wurden, zeigen, dass er anfangs keine andere Sprache sprach als die Vertreter der alten Linie.

Doch bald begann er mir zu gefallen. Er wirkte offen, unorthodox und menschennahe. Sowjetführer hatten immer vom Papier abgelesen, jetzt war einer da, der sprach anspruchsvoll und volkstümlich zugleich, und im richtigen Moment auch frei und spontan. Nicht nur im Umgang mit den eigenen Landsleuten, sondern auch mit Führungskräften und Volk der westlichen Welt wusste er auf vertrauensbildende Art zu reden. Es machte einfach wieder Spaß, Reden eines Generalsekretärs zu lesen. Mir schien, als signalisierte sein Auftreten auch dem Gegner: Nehmt mich beim Wort, ich bin prinzipienfest und flexibel zugleich. Ich hielt es für richtig, dass Gorbatschow einige bisher mit dem Bannstrahl belegte geschichtliche Tatsachen enthüllte. Dem Klassenfeind sagte er nichts Neues, aber wenigstens traute er doch den eigenen Anhängern zu, mit der Wahrheit leben zu können. So empfand ich Glasnost damals. Doch ich hatte wohl nicht genau genug hingehört. Im Grunde hatte sich in der Sowjetunion an den Strukturen der Vergangenheit eigentlich nichts geändert. Richtig Revolutionäres geschah nicht. Die großen Tabus wurden nicht angepackt, Stalin, zum Beispiel: Auf dem sowjetischen Schriftstellerkongress des Jahres 1986 durfte nicht einmal dessen Name erwähnt werden, weder positiv noch negativ. Die Perestroika verstand ich als Anstoß zu tiefgehenden Reformen. Wie die im Einzelnen aussehen könnten - da war ich überfordert. Aber dass solche kommen mussten, um den Sozialismus von der Verliererstraße herunterzuholen, davon war ich überzeugt, denn wir fielen immer weiter zurück. Einem wachsenden Teil meiner eigenen Landsleute schien unser wertvollstes Gut, die soziale Sicherheit, nicht mehr wertvoll genug, um dafür täglich das mittlere Maß an Fortschritt und Bürgerfreiheit hinzunehmen, das die DDR einräumte.

Allerdings imponierte mir die sowjetische Außenpolitik jener Tage. Ich meinte, es könnte zu Verabredungen der großen Mächte kommen, die die Kriegsgefahr verringern, ohne dass die europäische und asiatische Großmacht Sowjetunion, unsere Schutzmacht, in Gefahr geriete. Ich kam nicht auf den Gedanken, die DDR könne ihre Bedeutung als wichtiger Bündnispartner der Sowjetunion verlieren.

Ich glaube, es war um die Jahreswende 1986 zu 1987, lange vor dem Tapeten-Artikel von Kurt Hager, als ich zum ersten Mal von meiner Frau erfuhr, wie in den oberen Zirkeln der Macht tatsächlich über Gorbatschow gedacht und laut geredet wurde. Sie kam von ihren Dolmetschereinsätzen im Großen Haus immer nachdenklicher zurück. Über Gorbatschow werde regelrecht feindselig gesprochen, er werde der Blauäugigkeit und Träumerei gezogen. Und was Reformen betraf, alles, was Gorbatschow als Ziel vorschwebe, werde in der DDR längst erfolgreich umgesetzt oder müsste als untauglich verworfen werden. Was ich da hörte, beeinflusste mich schon. Sah ich vielleicht selbst die Gefahren nicht, die Gorbatschow heraufbeschwor? Ich begann die Dinge nüchterner zu sehen, und bei nüchternem Blick kühlte sich meine Begeisterung für die häufigen wortreichen Auftritte Gorbatschows merklich ab, und ich erkannte ein Missverhältnis zwischen Wortmasse, Inhalt und Neuigkeitswert. Mir fiel auf, dass auch nach zwei Jahren nicht erkennbar wurde, wie die Umgestaltung der sowjetischen Wirtschaft erfolgen und der gewaltige Abstand zur Arbeitsproduktivität des Westens verringert werden sollte. Allein als Ausfluss von mehr Klarheit und Bürgerrechten würde sich wirtschaftlicher Fortschritt nicht einstellen. Mich begannen die Anzeichen einer Auflösung der politisch-wirtschaftlichen Solidarität der Warschauer Vertragsstaaten zu schrecken. Was die Wirtschaft, das nach der stolzen Weltsicht aller Ökonomen eigentliche Feld der Systemauseinandersetzung betraf, konnte ich in den Botschaften Gorbatschows nichts Messianisches entdecken. Immer sorgenvoller stimmte mich, dass Gorbatschows Wirtschaftler Hand an einige Fundamente des Rates für Gegenseitige Wirtschaftshilfe legten. Dass Gorbatschow (ich denke, ohne selbst die Tragweite seiner Zustimmung zu begreifen, er war kein Weltökonom) die Kettenhunde des nationalen Eigennutzes von der Leine ließ, konnte ich mir nur mit der wirtschaftlichen Erschöpfung der Sowjetunion erklären. Der unter Gorbatschow im September 1985 zum Ministerpräsidenten der UdSSR ernannte Ryschkow forderte den Übergang zur Anwendung aktueller Weltmarktpreise und -bedingungen. Aus der UdSSR kam die Forderung zur Einführung der Konvertierbarkeit der nationalen Währungen als Vorstufe ihrer vollständigen Konvertierbarkeit. 1988 schlugen die UdSSR-Ökonomen die Einführung eines neuen Wirtschaftsmechanismus im RGW vor:

An die Stelle der verbindlichen Abstimmung und Planung der zwei- und mehrseitigen Wirtschaftsbeziehungen sollte eine „radikalisierte Version des Neuen Ökonomischen Systems auf übernationaler Ebene" treten. Unter Gorbatschows Augen vollzog sich die durchgehende Ökonomisierung der Wirtschaftsbeziehungen der UdSSR zu den RGW-Staaten, die schließlich 1989/1990 auch die Geschäftsgrundlage des bevorrechteten Außenhandels der DDR mit der UdSSR zerstörte. Von den Freunden der SPK hatte ich schon 1986 gehört, was es die DDR kosten würde, wenn sie die aus der UdSSR bezogenen Rohstoffe zu Weltmarktbedingungen kaufen müsste: Dann wäre das 2,8fache an DDR-Ware aufzuwenden. Das wirklich zu tun, was die sowjetischen Wirtschaftspolitiker mit höchster Billigung vorschlugen, und es wurde im Januar 1990 ja beschlossen, bedeutete die schon dahinsiechende DDR unter das Fallbeil zu schieben. Mit der schrittweisen Aufkündigung der Vorzugsbehandlung, die zu Zeiten Nikolai Ryshkows erste Wirkungen entfaltete, näherte die Sowjetunion die Bedingungen des Wirtschaftsverkehrs der RGW-Länder untereinander denen des Westens an. Sah Gorbatschow nicht, dass damit die unausgesprochene Geschäftsgrundlage des Vasallenvertrages ausgehöhlt wurde, die da lautete: Ungeteilte Treue gegen ökonomische Sicherung!? Anscheinend nein, denn zur selben Zeit mahnte er Polen, die DDR und andere Verbündete, ihr Heil nicht im Westen zu suchen.

Als Gorbatschow 1995 seine „Erinnerungen" veröffentlichte, war er anscheinend klüger geworden – späte Einsicht, zu späte Einsicht: „Wie die weitere Entwicklung zeigte, war der gleichzeitige Übergang zur Verrechnung in frei konvertierbarer Währung in den Handelsbeziehungen mit den osteuropäischen Ländern unüberlegt. Weder erhielten wir noch sie mehr Devisen, dafür kam es zu einer Desorganisation der Wirtschaftsbeziehungen."

Die in ihrer Dimension und Qualität noch nie dagewesene Industrieausstellung der DDR in Moskau im Jahr 1988, in die auch meine Freunde Heinz Liedtke und Horst Sauer ihr Genie einbrachten, war nach meiner Lesart ein letzter, fast verzweifelter Versuch, der sowjetischen Führung zu sagen: Seht her, das geht alles mit uns! Und in Zukunft geht noch viel mehr. Das muss Euch etwas wert sein. W i r müssen Euch etwas wert sein.

Ich gehörte durchaus zu denen, die sich Sorgen über den Weg der Sowjetunion und die deutsch-sowjetische Zukunft machten. Warum ich die seit 1987 sprungartig zunehmende despektierliche Art und Weise, über das sowjetische Oberhaupt herzuziehen, nicht mitmachen wollte, hatte einen einfachen Grund: Wenn ich „despektierlich" sage, habe ich seine eisigsten Kritiker in den hohen Sphären der DDR im Auge, die ihn bewusst abwerteten. Dieselben hielten die DDR für nicht reformbedürftig und für die beste aller Welten, rechtfertigten und pflegten im eigenen Land vieles, was uneffektiv und verknöchert war.

Es kann sein, dass es 1985 noch eine Chance gab, die Sowjetunion zu retten und dem Sozialismus Lebensfähigkeit zu verleihen. 1989 hingegen war die Zukunft des Landes und des sozialen Systems verspielt und Gorbatschow gab nur preis, was längst verlorengegangen war und allenfalls mit Waffengewalt hätte bewahrt werden können. Und wenn mit Waffengewalt: Für wie lange? Möglicherweise haben all jene Recht, welche meinen, Gorbatschow hätte der Bundesrepublik höhere, ja phantastische Summen als Preis für die

Zustimmung zur deutschen Einheit und zum Verbleib Deutschlands in der NATO abverlangen sollen und diese vielleicht auch erhalten. Und ich verurteile Gorbatschow, nichts dafür getan zu haben, um die Führungsschicht der Sozialisten in der DDR, welche die weltpolitischen und militärpolitischen Interessen der Sowjetunion verteidigte, vor Diskriminierung durch Strafverfolgung und Rentenraub zu schützen.

Für das, was der Sozialismus an Umgestaltung und schöpferischem Neubeginn brauchte, war ein Titan an Weitsicht, Bildung, Energie, Geduld und Charakter nötig. Gab es doch auch mancherorts die Überzeugung, der real existierende Sozialismus sei überhaupt nicht reformierbar. Atemberaubende Führungsqualitäten hätte Gorbatschow haben müssen, um die verkrusteten Strukturen des Partei- und Staatsapparates aufzubrechen – er besaß sie nicht. Es war schmerzlich, erkennen zu müssen:

Gorbatschow war, gemessen an dem geschichtlichen Auftrag, um den er sich gerissen hatte, kaum Mittelmaß. Wer daran nach dem Untergang der Sowjetunion Zweifel hatte, dem mussten solche spätestens kommen, als der aus dem Kreml in die Niederungen zurückgeschleuderte Gorbatschow sich nicht zu schade war, Pizzawerbung zu treiben und in Festzelten belanglose Reden zu halten - für Geld, für viel Geld. Und es scheint, je höher die Honorare und Sponsorenbeträge für sein Institut wurden, je prinzipienloser wurden seine rednerischen Gegenleistungen – bis er schließlich sein Gedächtnis verlor und sich nicht mehr erinnern konnte, führenden deutschen Politikern von Modrow bis Kohl das Versprechen gegeben oder abgenommen zu haben, die Ergebnisse der Enteignungspolitik der UdSSR in Deutschland zwischen 1945 und 1949 unangetastet zu lassen.

Meine anfängliche Sympathie für Gorbatschow ist einer tiefgefühlten Aversion gewichen.

Führungspersonal der DDR

Sich über Gorbatschow Gedanken zu machen, zog augenblicklich nach sich, auch über die politische Elite der DDR nachzudenken, zu vergleichen, zu fragen: Haben w i r eigentlich das richtige Führungspersonal? Zur DDR habe ich mich nicht bekannt, weil sie ein so kluges Politbüro hatte – das Politbüro war, als ich Mitte der 80er genügend Einblick in die Führungsstrukturen gewann, in seiner Mehrheit eine Negativauslese. Es war systembedingt ohne Mitwirkung des Volkes ernannt und nicht abwählbar. Ich hatte es nicht mit ausgesucht und war nicht verpflichtet, es zu lieben. In Erich Honecker sah ich eine gestaltende Persönlichkeit der Zeitgeschichte, mit Stärken und

Schwächen. Die Schwächen begannen, immer gefährlichere Wirkungen zu zeitigen. Honecker erkannte den Zeitpunkt für wirksame Reformen nicht und trägt hohe Verantwortung für die Auszehrung der vom Volk der DDR unter Entbehrungen erbrachten Wirtschaftsleistung. Doch die DDR ging nicht wegen Erich Honecker unter.

Im Politbüro und im Präsidium des Ministerrates hatte ich zu einer Handvoll Politiker ein gewisses Vertrauen, weil ich sie für fachlich kompetent und charakterfest halten durfte. Aus unterschiedlichen Gründen hatte ich Respekt vor Ewald, Lamberz, Schürer, Kleiber … Was das Präsidium der Regierung betraf, hielt ich sehr große Stücke auf Dr. Gerhard Weiss, Wolfgang Rauchfuß und Horst Sölle, die drei Stellvertreter, die mit Außenhandelserfahrungen ausgerüstet in dieses hohe Amt aufrückten. Ich respektierte in gleicher Weise auch die Nicht-Außenhändler Hans Reichelt und Manfred Flegel.

Einige Minister und Staatssekretäre, Meister ihres Faches, kannten mich und legten auf direkte und freundliche Zielansprache Wert, einige duzten sich mit mir. Duzen hieß unter Genossen: Wir redeten uns mit den Vornamen an. Für meine Haltung zu diesen allen soll gelten, was Hans Modrow gesagt hat: „Auch der gemeinsame Irrtum von gestern ist eine verpflichtende Bindekraft, die verhindert, heute überheblich … von denen zu reden, deren politische Nähe ich früher zu schätzen und zu nutzen gewusst habe."

M e i n e Bindung an die DDR und meine Überzeugung, im richtigen deutschen Staat zu dienen, beruhte auf der Begegnung und Zusammenarbeit mit mittleren und höheren Fachleuten in den Ministerien, in der Leitung der Industriekombinate und der Außenhandelsbetriebe, im diplomatischen Dienst, in Universitäten und Schulen, in der Landesverteidigung, im Fernsehen, im Gesundheitswesen und auch in Teilen des Parteiapparates. Mein Land hatte eine wirkliche, nach Leistungskriterien ausgewählte E l i t e , Menschen mit solidem Wissen und nichtegoistischer Weltsicht, viele davon in Arbeiter- und Kleinbauernfamilien aufgewachsen und in der DDR durch Leistung zu Amt und Würden gelangt. Die traten wie ich für den Staat DDR ein und waren um sein Ansehen besorgt. Mit ihnen war ich freiwillig in einer Solidargemeinschaft. Ihr Schicksal betrübt mich noch zwei Jahrzehnte nach der Wende.

Das Wort „Elite" zu verwenden, wäre mir zu DDR-Zeiten nicht eingefallen. Nach der Wende habe ich aber nicht selten hören müssen, dass die selbstgewissen Eliten der alten Bundesrepublik glaubten, das Wissen und die Leistungen der mittleren und höheren Führungskräfte der früheren DDR, ihrer „Dienstklasse", geringschätzen zu dürfen. Dagegen muss sich Stolz und

Widerspruch regen. „Westbeobachter", die unser Land nicht wirklich erfahren haben, behaupten, dass in der DDR Emporkömmlinge dominierten, nachdem die „alten Eliten" weggegangen waren. Sie geben den Aufgestiegenen die Verantwortung dafür, dass die DDR-Gesellschaft zu einer Gesellschaft des „Kleinkrämerischen, ... einer Melange aus Bürokratismus, Misstrauenskultur, Kontrollierungswut und intellektueller Unsicherheit" – so gelesen bei Tilman Krause – geworden sei.

Was es davon gab, war nicht von der „Dienstklasse" erzeugt, die sich ihre Berufung aus eigener Kraft erarbeitet hat und die „ihr Brot mit Tränen aß". Dennoch werden meine Kinder und junge Freunde mir und meinesgleichen die Frage nicht ersparen: Wenn Ihr meint, tüchtig und leistungsstark gewesen zu sein und denen auf der anderen Seite nicht unterlegen – warum waren Eure Ergebnisse so oft zweite Wahl und Euer Unternehmen letztlich nicht erfolgreich?

Das Leistungsvermögen der DDR hat bis ans Ende ihrer Tage unter den im Vergleich zur Bundesrepublik schlechteren Ausgangsbedingungen gelitten.

Die DDR erbrachte allein die Gesamtheit der Reparationen für die Sowjetunion. Sie litt stärker unter den Teilungsdisproportionen. Sie verlor 1,7 Millionen vorwiegend gut ausgebildete Bürger an die Bundesrepublik. Sie war Anhängsel der Sowjetunion, die im Vergleich zu den führenden Industrienationen des Westens ein wirtschaftlich und wissenschaftlich-technisch leistungsschwaches und von den Rüstungslasten erdrücktes Land war. Und vor allem: Die DDR war nach einem falschen Modell gebaut. Der frühere Vorsitzende der Staatlichen Plankommission will erkannt haben, dass sich d i e Marktwirtschaft d e r Planwirtschaft als grundsätzlich überlegen erwiesen hat. Ich bin unsicher, ob das als bewiesen gelten kann.

Wovon ich jedoch überzeugt bin ist, dass eine in die Ordnung der Diktatur des Proletariats eingebettete Planwirtschaft, wie sie der DDR verordnet war, der Marktwirtschaft auf Dauer unterliegen musste.

Regierungsgeschäfte

Bestimmt zwanzig Mal habe ich miterlebt, „wie die Regierung regiert". Es gehörte mit zu den Aufgaben eines Stellvertreters des Ministers, Beschlussvorlagen für den Ministerrat, das Präsidium des Ministerrats und das Politbüro des ZK der SED auszuarbeiten. Was vorzulegen war, ergab sich aus den Arbeitsplänen dieser Gremien oder wurde von ihnen kurzfristig angewiesen. Es kam aber auch vor, dass der Minister für Außenhandel oder der Vorsitzende eines Wirtschaftsausschusses die Initiative ergriff und einen Beschlussvorschlag einbrachte. Das war dann unumgänglich, wenn die Problemlösung nur gelingen konnte, wenn alle Ministerien auf einheitliche Ziele und Handlungsweisen verpflichtet wurden. Bis eine Vorlage "stand", waren oft quälende Abstimmungsrunden nötig, denn es war schlechterdings unmöglich, dem Vorsitzenden des Ministerrates ein Entscheidungspapier vorzulegen, das noch Differenzstandpunkte enthielt, in der irrigen Annahme etwa, es könne damit eine kontroverse Diskussion ausgelöst werden, an deren Ende die Regierung entscheidet und ein Machtwort spricht. Einwände gegen Vorlagen der Außenhändler kamen in konzentriertester Form aus den Industrieministerien. In der zweiten Hälfte der 80er kamen Einsprüche vor allem, als wir in unseren Vorlagen den Anspruch der Industriebereiche auf Importe immer enger an den Leistungsbeitrag derselben Industriebereiche im Export binden mussten. Das Grundprinzip der Ländersteuerung, „ohne Export kein Import", schien auf den ersten Blick von blendender Logik und Gerechtigkeit zu sein. Doch der Widerspruch einiger Industrieministerien gegen eine zu sklavische Handhabung des Prinzips hatte handfeste Gründe. Die Industrieministerien trugen die Bilanzverantwortung für die umfangreichen Importe zur Industrieversorgung, aber auch für die Importe des Bevölkerungsbedarfs.

Sie wollten gerade noch einsehen, dass Importe ihres eigenen Produktionsbedarfs (nehmen wir die Leichtindustrie: Faserstoffe, Garne und Gewebe, Textilfarbstoffe und -hilfsmittel u. a.) durch Exporte des eigenen Zweiges (Bekleidung, Ober- und Untertrikotagen, Bodenbeläge, Teppiche und Gardinen u. a.) erwirtschaftet werden mussten. Doch die Steuerung, die wir vornahmen, folgte ja anderen Kriterien. Gesteuert wurde nach dem so genannten „Saldenprinzip". Sehr vereinfacht ausgedrückt, besagte das folgendes: Wenn die Außenhandelsbetriebe eines Industriebereichs, weil ihnen die Ware fehlte, in einem Land nur 75 Prozent des beauflagten Exports unter Vertrag bekamen, wurden ihnen auch nur 75 Prozent des Importplanes „zugeteilt".

Das Saldenprinzip band aber oft auch uns Handelspolitikern selbst die Hände und beschränkte in den Verhandlungen zu den Jahresprotokollen unseren Manövrierspielraum, weil die DDR-Industrieministerien peinlich darauf zu achten begannen, dass wir nicht mehr Exportvolumen ihrer Kombinate zur Lieferung zusagten als nach dem Saldenprinzip zur Finanzierung des Imports ihres eigenen Ministeriums planmäßig erforderlich sein sollte. Dass sich nun – sagen wir – das Ministerium für Werkzeug- und Verarbeitungsmaschinenbau dagegen sträubte, dass „seine" Ware für die Bilanzierung des Imports zum Beispiel des Ministeriums für Schwermaschinen- und Anlagenbau eingesetzt würde – solche Erscheinungen des Partikularismus waren auch Ausfluss des Saldenprinzips. Am schärfsten bestand das Ministerium für Chemische Industrie auf der Beachtung des Saldenprinzips. Es kontrollierte das Außenhandelsministerium während der Abkommensverhandlungen nicht nur dahingehend, dass der wertmäßige Saldo zwischen Export und Import chemischer Erzeugnisse gewahrt wurde, sondern verlangte darüber hinaus, dass im Export und Import die "NSW-wertigen Waren" (also der Waren, die jede Seite gegen konvertierbare Devisen im Westen hätte absetzen können) nur exakt im selben Wert vereinbart werden. Das setzte aktualisiertes Spezialwissen voraus, das nur markterfahrene „Chemiker" haben konnten, weshalb wir auch noch dankbar sein mussten, dass sich kleine Sondereinsatzgruppen des MfC in die Verhandlungen mit Rumänien und der âSSR einklinkten.

Die Planauflagen nach Ländern konnten die Industrieministerien nicht aushebeln, die waren „Gesetz", doch wenn sie trotz aller Anstrengungen ihre Exportpläne in das Sozialistische Wirtschaftsgebiet nicht erfüllten und nach dem Saldenprinzip der Import beschränkt werden musste, dann brachten wir sie in Versuchung, die Importe für den Produktionsverbrauch des eigenen Ministeriums vorzuziehen und anderes „draußen stehen zu lassen."

Es konnte geschehen, dass sie dann, um ein Beispiel zu nennen, erst einmal die Importe „draußen ließen", die direkt für die Versorgung der Bevölkerung bestimmt waren und nach denen das Volk Schlange stand. Da stellte sich dann doch die Frage nach der Sinnhaftigkeit der Steuerung nach Ländern. Die Erfahrungen zwangen uns, um das Jahr 1987 herum bestimmte Kursänderungen in der Ländersteuerung vorzunehmen. Für ausgewählte Länder wurde das Einzelgenehmigungsverfahren im Import eingeführt. Wenn mir schon bis dahin das Maß des Administrativen in meiner Leitungsverantwortung zuwider war, jetzt begann die Mangelwirtschaft ihre Fratze zu zeigen. Doch darüber später mehr.

Einen Beschluss in den Ministerrat oder sein Präsidium einzubringen, dem die Industrieministerien knurrend gegenüberstanden und gegen den sie sich gegebenenfalls zu offenem Widerstand würden hinreißen lassen, das konnten die Außenhändler nur dann, wenn die Staatliche Plankommission mit ins Boot stieg und die Stellungnahme des Vorsitzenden Schürer dem Vorsitzenden des Ministerrates signalisierte: Das m ü s s e n wir so beschließen, wir haben keine Alternative. Unsere Abstimmungspartner in den Industrieministerien erkannten umgehend, ob die Front der Einreicher MAH + SPK zu durchbrechen war, doch wenn ihnen das aussichtslos erschien, retteten sie sich oft in eine "Zustimmung mit beschränkter Haftung", etwa in die folgende Formel gekleidet: „Für den Fall, dass in Durchführung des Beschlusses volkswirtschaftliche Auswirkungen eintreten, die außerhalb der Lösungsmöglichkeiten des Ministeriums ... liegen, sind durch den Vorsitzenden der Staatlichen Plankommission Einzelentscheidungen herbeizuführen." Das hieß dann soviel wie: Macht mal, ihr werdet schon sehen, was ihr davon habt ... Das Ding landet postwendend wieder auf eurem eigenen Tisch ...

Zu den Sitzungen des „großen" Ministerrates im Stadthaus wurde ich mindestens zwei Mal im Jahr geladen: Im Oktober wurde die Generaldirektive zu den Jahresprotokollverhandlungen behandelt, die ich gemeinsam mit Dr. Schwierz und später auch mit Jochen Steyer ausgearbeitet hatte, im Februar oder März standen die Ergebnisse der Verhandlungen auf dem Prüfstand und wurde der Außenhandelsplan adjustiert.

Der „große" Ministerrat war ein aufgeschwemmter Organismus – an den hufeisenförmig aufgestellten Sitzungstischen saßen bis zu fünfzig Minister und Leiter zentraler Ämter, Gäste nicht mitgerechnet. In zwei Vorzimmern warteten die geladenen Gäste. An einer Art Tresen saßen drei adrett kostümierte Genossinnen-Damen, mit Tagesordnung und Anwesenheitslisten hantierend, hinter einer Batterie von Telefonen. Ihnen oblag es abzuschätzen, wie die einzelnen Tagesordnungspunkte durchlaufen würden, und nach Gefühl und Erfahrung riefen sie die geladenen Gäste telefonisch von ihren Dienststellen ab. In der Hauptstadt der DDR waren die Wege kurz. Schnell erreichte man den Diensteingang in der Klosterstraße, wo die Citroën der Minister und Ladas der Stellvertreter in schneller Folge anrollten. Uniformierte Posten prüften die Dienstausweise und grüßten militärisch. Die Damen am Vorzimmertresen hatten meist ein gehöriges Zeitpuffer eingebaut, so dass Gelegenheit blieb, mit den Herbeigerufenen aus anderen Dienstbereichen zu parlieren und an der Nachrichtenbörse mitzubieten. Mit einem Male ging dann alles blitzschnell. Die nicht allzu breite Tür zum Sitzungssaal flog auf, im selben Moment rief eine der Damen laut: TOP 7, Direktive Jahresprotokolle, Genossen Dr. Albrecht, Dr. Schwierz, Lemke ... Die Aufgerufenen drängten sich schnell an den ihnen entgegenströmenden Gästen, deren Punkt erledigt war, vorbei in den Saal, erspähten die nächsten freien Plätze am Ende des Tisches, besser noch – aus akustischen Gründen – an dessen Innenseite. Der Außenhandelsminister war längst dabei, seine Vorlage zu begründen, irgendwann war dann Stoph zu vernehmen, gab die Auflassung zu Stellungnahmen, kommentierte selbst, doch auch mit der Hand hinter der Ohrmuschel war er für mich Hinterbänkler nur bruchstückhaft zu verstehen. Wer von den Ministern die Courage hatte, in diesem unruhigen Bahnhofssaal das

Wort zu ergreifen und wer von ihnen sich nicht scheute, Bedenken oder Veränderungen vorzutragen, obwohl sein Haus der Vorlage längst schriftlich zugestimmt hatte (!), konnte Glück haben, dass Stoph ihn ruhigstellte und die Endredakteure anwies, im Sinne des Antragstellers noch mal Hand an diesen oder jenen Beschlusspunkt zu legen. Da war dann für uns, die Ausarbeiter, höchste Gefahr im Verzuge. Einen Einbruch eines solchen "Last minute"-Bessermachers konnte man nur noch in derselben Stunde verhindern, wenn man sich mit den Beschlussredakteuren zusammensetzte und ihnen beim Formulieren hilfreich unter die Arme griff. Ein Dutzend Mal gemacht!

Im Präsidium des Ministerrates war ich oft, selten als bloßer Zuhörer, meist hatte ich eine Vorlage aus der Feder des eigenen Bereichs zu vertreten. Im Umfeld des Präsidiums ging es etwas intimer zu. Im Präsidium begründeten Staatssekretäre und Stellvertreter der Minister die Vorlagen ihrer Ressorts. Sie nahmen mit am T-förmigen Konferenztisch Platz, um sich dann zum Vortrag zu erheben. Irgendwie gab mir die Anwesenheit einiger Präsidiumsmitglieder, die mir seit langem gewogen waren, Sicherheit - gegen unberechtigte Anwürfe, so hoffte ich, würden sie meine Sache doch wohl verteidigen. Stoph, als einziger rauchend, saß als Vorsteher der Heiligen Dreifaltigkeit in der Mitte des quergestellten Führungstisches, zu seiner Linken Adi Neumann, rechts Werner Krolikowski, dieser meist ohne Jacke, mit breiten Hosenträgern, unter die er hin und wieder die Daumen schob und die Träger schnippen ließ. Hin und wieder nickte Adi Neumann ein, die langen Beine weit von sich streckend ... Der Ministerrat nahm nur abgestimmte Vorlagen ohne sichtbare Differenzstandpunkte an. Veränderungen an den eingereichten Vorlagen konnte es also nur geben, wenn das Präsidium des Ministerrates über höhere Weisheiten verfügte. Das war nicht so oft der Fall. Doch schloss das nicht aus, dass das hohe Gremium an diesem und jenem herumkritisierte ...

Die lustigste Baracke

Im Westen nannte man Ungarn "die lustigste Baracke im Kommunismus", auch vom „ungarischen Gulasch-Kommunismus" war die Rede. Das war nicht gerade anerkennend gemeint, eher boshaft. Aber etwas war dran an dieser Charakterisierung. Nach Ungarn war ich mit der Familie schon gern gefahren, als ich dort noch nichts Dienstliches zu besorgen hatte. Im Frühling, Sommer und Herbst zeigte sich Budapest von der schönsten Seite. Manche Hotels, das Gellért zum Beispiel oder das Grand Hotel Margitsziget auf der Margareteninsel, hatten Schwimmbäder, Thermalquellen oder Dampfbäder im Hause, und das war gerade auch im Winter attraktiv. In meiner Check-Liste für Auslandsreisen stand deshalb unter Ungarn: Badehose! Badekappe! Die Haushaltsregeln ließen es zu, in Viersterne-Hotels, darunter im Béke (Friedens-Hotel), im Atrium Hyatt, im Forum, Flamingo oder Novotel, wenn nichts anderes frei war, auch im Hilton zu übernachten, das machte schon Spaß. Das Protokoll des ungarischen Außenhandelsministeriums hatte mit stilvollen Gaststätten Vorzugsbedingungen ausgehandelt, und wenn die ungarischen Kollegen einluden, dann machte schon das Ambiente allein Freude: Unter schattigen Linden im großen Garten des „Gundel", im Alabárdos oder im Régi országház auf dem Burgberg, im Mátyás-Keller, im Apostolok, im Opernrestaurant mit seinen gut aufgelegten, singenden Kellnern ... Das Angebot in den Kaufhäusern, in der von der Fülle der verlockenden Landesprodukte überquellenden Markthalle, in den vielen kleinen Privatgeschäften für Modisches war, gemessen an zu Hause, breiter, farbiger. Von Jahr zu Jahr wurde auch die Palette der in Lizenz hergestellten Westwaren umfangreicher. Viel konnte man ja von dem auch für meine Amtskategorie bescheidenen Tagegeld nicht ersparen, aber in Ungarn fand ich meist, wonach ich zu Hause vergebens ausgeschaut hatte: Einen neuen Brauseschlauch, eine Mischbatterie, einen Hartschalenkoffer, die würzige Pick-Salami ... Der Friseur hatte gerade dann für mich Zeit, wenn ich mal eine halbe Stunde Leerlauf hatte und freute sich richtig über ein Trinkgeld, und Taxifahrer waren überall zur Stelle und fuhren die ganze Nacht hindurch. Ungarn war lockerer, leichter, freier, gutbürgerlich – so stellte ich mir Österreich vor, in das ich noch nie einen Fuß hatte setzen dürfen ... Es schien auch nicht sehr anstrengend, in Ungarn Mitglied der Partei der Arbeiterklasse zu sein, jedenfalls erfuhr ich, dass dort weder bei Parteiversammlungen noch beim Parteilehrjahr regelmäßige Anwesenheit verlangt wurde. Doch schon zu Beginn der 80er Jahre machten die strenggläubigen politischen Beobachter in unserer Botschaft in Ungarn nationale Überheblichkeit aus, und es missfiel, dass der Westen das ungarische Sozialismusmodell lobte: Wenn dich deine Feinde loben ....

Dabei fand die in Ungarn verbliebene starke Schicht des Bürgertums und fanden viele Intellektuelle ihren eigenen Sozialismus gar nicht so begehrenswert und zweifelten an dessen Fähigkeit, die Probleme zu lösen, und sie meinten, Ungarn befinde sich in der Krise. Zur Wahrheit in Ungarn gehörte auch: Junge Ehen, kinderreiche Familien, Mindestrentenempfänger lebten sehr bescheiden und litten unter jeder Preiserhöhung. Auch die Angehörigen akademischer Berufe fanden sich unterbezahlt – längst hatte sich zum Beispiel eingebürgert, Ärzten nach der Behandlung ein „Dankgeld" in die Schale zu legen. So sah mancher Besucher des schönen Landes an der Donau nur den äußeren Schein und meinte, die Ungarn müssten sich glücklich fühlen, doch in Wirklichkeit nahmen Kleingläubigkeit, politische Untätigkeit und Zukunftsängste zu. Es sickerte durch, dass Oppositionelle „Komitees zur Unterstützung der Armen" gründeten.

Als ich mit meiner Frau im Jahr 1988 zum Kuraufenthalt im Sanatorium der Ungarischen Armee in Heviz war, lernte ich auf Spazierwegen und in der Sauna ranghohe Militärs kennen: Majore, Oberste. Mit einem Staffelkommandanten der Luftverteidigung wurde ich vertrauter. Er würde im Ernstfall gegen den Feind fliegen, daran ließ er keinen Zweifel. Doch lieber würde er an seinem schönen Haus in Keczkemét am Rande der Pußta weiterbauen, ab und zu nach Wien reisen und seiner Frau, die selbstständig war und eine Parfümerie betrieb, ein bisschen beim Geldmachen helfen. Ein anderer hoher Offizier, führend in der Internationalen Abteilung des Verteidigungsministeriums tätig, ließ durchblicken, dass er nicht im Traum an einen Angriff der NATO auf das friedliebende Ungarn glaube. Überhaupt verhielten sich meine mitkurenden Ungarn nicht p r i n z i p i e l l, wenn sich die Dinge auch auf geschmeidigere Art gestalten ließen.

In den ersten Jahren war János Vas mein Verhandlungspartner im Außenhandelsministerium. Die Sprache der Ungarn war in gewisser Weise logischer als die deutsche: Im Ungarischen stand bei Wortkombinationen das Wichtigste voran. János Vas war wie ich „Külkereskedelmi miniszter helyettes" = Außenhandel-Minister-Stellvertreter. In späteren Jahren verhandelte ich mit János Ambrus, Zoltán Gombocz und Dr. Piroschka Apró. Allen diesen ungarischen Gegenübern war eines gemeinsam – sie hatten, um mit Brecht zu sprechen, nicht viel Spaß an „den Mühen der Ebene", am wenigsten aber der längere Zeit für die DDR zuständige junge Staatssekretär Gombocz. Doch in vielen Jahren war die Suche nach den finalen Kompromissen so dornenreich, dass die Delegationsleiter drei bis vier Mal zusammentreffen mussten.

Als ich den Bereich übernahm, waren die Verhandlungen zum Jahresprotokoll 1981 festgefahren. Gerhard Nitzschke hatte im Januar noch einen Versuch gemacht (ich war dabei), in einem Gespräch mit dem konsequent-harten und doch auch wieder sympathischen Jenö Tordai dem Ziel näherzukommen, musste mir dann aber das Abkommen als Investitionsruine zurücklassen. Was Nitzschke mangels Masse nicht gelungen war, gelang auch Lemke nicht. Mitte März unternahmen die listigen Ungarn, welche die Machtverhältnisse in Berlin kannten, des langen Wartens müde, ein Umgehungsmanöver. Sie hatten erkannt, dass die Staatliche Plankommission der DDR in der

Plankoordinierung für 1981 bis 1985 schon für das erste (!) Jahr der Laufzeit Lieferzusagen gemacht hatte, die brüchig waren. Weil die DDR nun in den Verhandlungen zum Jahresprotokoll 1981 wichtige Warenpositionen schuldig blieb, hielten die Ungarn wichtige Exporte im Wert von fast 300 Mio. Mark/VGW zurück.

Das ungarische Politbüro-Mitglied Ferenc Havasi lud sich bei Mittag ein. Der dachte gar nicht daran, sich und die DDR von Ungarn blamieren zu lassen. Ha, die leistungsstärkere Wirtschaft hatte doch die DDR, nicht Ungarn. Also hörte er sich den Forderungskatalog des Genossen Havasi an und befand freihändig und unverzüglich, das alles könne die DDR selbstverständlich liefern.

Doch damit nicht genug: Wir Außenhändler hatten noch nicht gewagt, die Bemühungen um den Import von Pflanzenöl, Tabak, Bienenhonig, Textilzellstoff und Spanplatten einzustellen - die Ungarn hatten sich in der Plankoordinierung verpflichtet, uns diese hochwertigen Güter zu liefern, aber nun war ihnen an diesen Abschnitten die Luft ausgegangen. Mittag hörte sich das an und entschied: Wenn die Ungarn es nicht haben, können wir es auch nicht von ihnen verlangen. Aber das war nur die halbe Wahrheit: Ungarn hatte diese wertvollen Erzeugnisse zur Lieferung an westliche Abnehmer disponiert. Entschieden ist entschieden, wir stellten unsere Kampfhandlungen an diesem Abschnitt ein.

Die SPK hatte dem Außenhandel nach Lage der Bilanzen alles für den Export gegeben, was sie für real verfügbar ansah. Nun blieb ihr, für dumm verkauft, gar nichts anderes übrig, als die von Mittag in Minutenschnelle zugesagten Mangelwaren aus dem Exportplan für das kapitalistische Wirtschaftsgebiet herauszuziehen und uns, den Außenhändlern, für Ungarn anzudienen ... Nun verhandelten unsere eigenen Experten Manfred Arnold und Edith Mulack, packten eine Vielzahl kleiner Pakete und Paketchen, in denen sie mit jedem Stück Mangelware auch einen Ladenhüter zusammenschnürten, und zeitigten folgende Bilanz: Als die Verhandlungen Anfang März eingefroren waren, hielten die Ungarn ungarische Exportwaren für 282,4 Mio. Mark/VGW zurück, die wir unbedingt brauchten. Havasi hatte bei dem großen Mittag eine Warenliste abgegeben, und es waren ihm alle darin aufgelisteten DDR-Exportwaren im Gesamtwert von 178,4 Mio. Mark/VGW zugestanden worden. Und als die Mulacks und Arnolds und ihre Helfer sich durchgekämpft hatten, hatten sie von der ihnen an Hand gegebenen Verhandlungsmasse Export 178,4 Mio. Mark nur 92,9 Mio. Mark verbraucht und dafür kostbare ungarische Gegenwaren von 268,6 Mio. Mark herausgeholt. Am 19. 3. 1981 hatte Ferenc Havasi Berlin heimgesucht, am 31. 3. konnte ich das Jahresprotokoll unterzeichnen.

Ich gestehe es und werde mich vor niemandem dafür schämen, der mir ironisch oder hämisch bedeutet, ich griffe zu hoch: Für mich waren die Augenblicke, in denen ich – eingebettet in eine Mannschaft – ein Jahresprotokoll an den wunderbaren Punkt herangehandelt hatte, an dem ich selbst (oder einer an meiner Seite noch vor mir) spürte: „Jetze haben wirs …" Augenblicke großen Glücks. Es gab Jahre und Länder, da stellte sich im Finale kein Glücksgefühl ein, aber etwas, was auch wichtig war: Nun ist die Quälerei zu Ende … Ich sagte: „Eingebettet in eine Mannschaft …" Es ist ja nicht so, dass ich das eigene Zutun zum Erfolg nicht bewertet wissen will, ich betreibe doch keine Selbstverstümmelung. Aber warum es nicht zugeben: Links und rechts von mir saßen Mitstreiter, und gute Dolmetscher gehörten dazu (ich nenne hier nur einige der besten: Meta König, Konrad Kappes, Lisa Ganzer-Flegel, Ilse Perez-Arlt, Victor Scholz …), die mir Kraft gaben. Oft war es mein Stellvertreter in der Delegation, der mir den Kick verlieh, manchmal war es auch eine oder einer, die oder der mich besonders motivierte. Die oder den versuchte ich während der Verhandlung mit einer unauffälligen Drehung des Kopfes zu erfassen, um am Gesichtsausdruck abzulesen: Hab ich jetzt den Lockruf oder die Verweigerung aus den Worten des Gegenübers richtig herausgehört? Ist mein Angebot wolkig genug dahergekommen, war es eingepackt genug, um es wieder zurückziehen zu können, wenn es nichts einbringt? Und dann sah ich ein unmerkliches Kopfnicken oder ein leichtes Wiegen des Kopfes, das ja oder nein anzeigte. Auch der, der sich sicher fühlt, kann Freundesrat nicht entbehren. Alle in der Verhandlungsmannschaft waren wichtig. Manchmal war es ein Zettel von ganz außen, der mir einen Rat gab: Tu jetzt das. Oder: Tu das jetzt nicht. Manchmal konnte ein guter Rat auch sein: Nicht weiterverhandeln. Jetzt Schluss machen. Wenn ich zurückblickend meine, ich hatte den richtigen Beruf, dann heißt es auch: Ich hatte die richtigen Bundesgenossen.

Verdächtige Experimente

Schon zu Beginn der 80er Jahre sah die Führung der DDR die Sonderwege Ungarns in der Wirtschaftsleitung mit Misstrauen. Auch im Ministerium für Außenhandel machten wir uns Gedanken, wie wir die für uns unverzichtbare Planmäßigkeit der Austauschbeziehungen weiterhin gewährleisten können, wenn in Ungarn die Aufgliederung des zentralen Planes auf die Wirtschaftseinheiten abgebaut wird, die Zahl der am Außenhandel beteiligten und mit

Außenhandelsrechten ausgestatteten Unternehmen sich vervielfacht und marktwirtschaftlich motiviertes Handeln an die Stelle der direkten Beauflagung der Unternehmen mit Export- und Importkontingenten tritt. Doch wenn es zu Spitzenbegegnungen der Politiker und Ökonomen der DDR und Ungarns kam – auf der Ebene des Wirtschaftsausschusses, in Treffen der Ministerpräsidenten und auf der Ebene Honeckers mit János Kádár und Karoly Grosz wurde offene Polemik vermieden, jede Seite beschrieb die Erfolge des von ihr angewandten Modells. Was die Ungarn betraf, so erklärten sie die in ihrem Land eingeführten Neuerungen für völlig konform mit den Zielen der sozialistischen Gemeinschaft und den Gesetzen sozialistischen Wirtschaftens.

An die Stelle durchgängiger Planbeauflagung setzte Ungarn den Einsatz indirekter ökonomischer Regler: Kredit, Steuern, Preise, Währungskurse, also Mechanismen des geregelten Marktes. Ungarn versuchte das Eigentümerbewusstsein der Betriebsbelegschaften zu erhöhen, es gab nun Unternehmen, deren Leitung gewählt wurde, andere Unternehmen erhielten einen so genannten „Betriebsrat" als Organ des Arbeit g e b e r s, während die Arbeitnehmerinteressen nun wirklich von den dazu berufenen Gewerkschaften vertreten werden sollten. Es geschah einiges zur Stärkung der Kleinbetriebe, der Staat gab Produktionsmittel an Kleingewerbetreibende ab. In den Jahren nach 1981 war noch keineswegs offensichtlich, dass der ungarische Weg zu mehr Effizienz und zur Leistungsstärkung in der Außenwirtschaft führen würde. Eher im Gegenteil.

Im Wirtschaftsausschuss DDR – Ungarn war es so wie in allen anderen: Die Vertreter des Außenhandels hatten die Aufgabe, im ersten Tagesordnungspunkt ein Gesamtbild des aktuellen Standes der Erfüllung der wechselseitigen Lieferverpflichtungen zu geben, und unsere Analyse ergab, wir hatten dem ungarischen Partner mehr vorzuwerfen als er uns. Der Ko-Vorsitzende der DDR-Seite im Ausschuss war damals der kampferprobte Außenhändler Wolfgang Rauchfuß. Auf der ungarischen Seite hatte den Vorsitz Jószef Marjai, eine graue Eminenz der ungarischen Ökonomie, Stellvertreter des Ministerpräsidenten mit Sitz im Parlamentsgebäude. Marjai war klein und massig, er trug eine Brille mit überstarken Gläsern und konnte ungarische Interessen in beißende, ja giftige, wenn auch ruhig vorgetragene Polemik kleiden. Marjai trat im RGW wiederholt als vorwärtsdrängender Reformer auf, ließ sich aber auch nicht auf die Rolle eines Frontbildners ein, so dass er die Phalanx der Bewahrer nicht ins Wanken brachte. Mancher seiner Vorschläge hätte für die Ausgewogenheit des Warenaustauschs und die Abkommensdisziplin zwischen den RGW-Ländern segensreich wirken können - zum Beispiel der Vorschlag, swingüberschreitende Salden am Jahresende vom Schuldner ganz oder doch mindestens zu einem gewissen Prozentsatz in konvertierbarer Währung begleichen zu lassen. Doch angesichts des chronischen Devisenmangels befürchtete eine Mehrheit, die Angst potentieller Schuldner, Endsalden in Devisen zahlen zu müssen, könnte die ohnehin nicht mehr dynamischen Austauschbeziehungen weiter strangulieren. Marjai im Wirtschaftsausschuss anzugreifen, ging nur mit Rückendeckung, und mehr als einmal schickte mich Rauchfuß als Agent provocateur in die Spur. Marjai war viel zu klug, um diese Rollenverteilung nicht zu erkennen. Er warf mir zwar einen zynischen Blick zu, seine Konter landeten aber bei Rauchfuß. Mit jedem Jahr, das ins Land ging, wurde nun aber offensichtlicher, dass die DDR keinen Grund zu falschem Stolz hatte. Eine nüchterne Analyse ergab, dass die Abweichungen vom Langfristigen Handelsabkommen auf Seiten der DDR umfangreicher waren als auf ungarischer.

Einige im Zusammenhang mit der Erdölverknappung und den Erdölpreiserhöhungen in der DDR 1982 getroffene Entscheidungen, vor allem die zur drastischen Einschränkung des Imports von Ikarus-Bussen, trafen die Ungarn hart und in diesem Umfang unerwartet. Durch Reexporte nach Polen und in die Sowjetunion wurde das Problem nur teilweise und für die Ungarn unbefriedigend gelöst. Etwa zur selben Zeit beschloss die DDR, die materiell-technische Basis für die eigene Getreideproduktion zu stärken. Das führte zu Kürzungen der Lieferungen von Mähdreschern E 512 und E 516 an Ungarn. Andererseits erwartete die DDR von Ungarn (wie auch von Rumänien und Polen) Verständnis für Umschichtungen in den Importen und hatte im Zusammenhang mit der Heizölablösung und der Braunkohlengewinnung, der Erdgasbohrung und -erschließung viele neue Bezugswünsche.

Zu Spannungen war es immer wieder wegen ungleicher Lieferungen im so genannten Rohstoffpaket gekommen, aber hier befreiten sich die Ungarn von einem Teil der Lieferverpflichtungen für Aluminium und Mais, indem sie auf Teile der DDR-Gegenlieferungen von Braunkohlenbriketts und Kali verzichteten. Das aber war für die DDR-Seite eine schlechte Lösung, denn die freigewordene DDR-Exportware war im Westen nur schwer oder gar nicht zu vermarkten. Ob wir es wahr haben wollten oder nicht: Die DDR-Seite hatte spätestens 1986/1987 kein Pulver mehr auf der Pfanne, und im Wirtschaftsausschuss verboten sich einseitige Schuldzuweisungen.

Die DDR wurde in der laufenden Zahlungsbilanz zum Schuldner Ungarns. Um das Schiff nicht aus dem Ruder laufen zu lassen, mussten wir auch

Ungarn gegenüber ein kaum zu verdeckendes Einzelgenehmigungsverfahren im Import einführen.

Da der Gemeinsame Wirtschaftsausschuss die Wirtschaftsfragen gut abdeckte, fanden bei Partei- und Staatsbesuchen Honeckers und Stophs in Budapest und bei Besuchen Kádárs, Grósz' und Lázárs in Berlin die Wirtschaftsbeziehungen allenfalls lobende Erwähnung, und vorhandene Reibungen erschienen nur im üblichen problemverhüllenden Parteichinesisch. Je öfter ich an diesem Typ der Verhandlungen „auf höchstem Niveau" teilnahm, um so besser verstand ich, dass diese zeremoniellen Auftriebe die gewünschte Garantie dafür boten, es gar nicht zu intimen, freimütigen Aussprachen oder gar Schlagabtauschen kommen zu lassen. Der Zeremonialcharakter und das reichlich mitgeführte und allgegenwärtige Gefolge waren ein sicherer Schutz gegen Gesichtsverluste des Führungspersonals. Wenn die Programme Begegnungen im kleinsten Kreis vorsahen, dann waren diese eher rein protokollarischer Natur und fanden unmittelbar vor dem feierlichen Augenblick statt, in dem die Delegationen, schon hinter ihren Stühlen aufgereiht, auf den inszenierten Eintritt der beiden Hauptpersonen warteten.

Gleichwohl: In Ungarn hatten die Spitzenbegegnungen einen gewissen Charme. Der ging schon von der beeindruckenden Architektur und der nationalbewussten Ausgestaltung des großartigen Parlamentsgebäudes an der Donau aus. Dort fanden die Delegationsgespräche und die offiziellen Empfänge statt. Die Delegationsleiter begaben sich meist zuerst allein in den Munkacsy-Saal, doch wenn zum Beispiel ein Orden verliehen wurde, wie 1982, als Kádár den Karl-Marx-Orden erhielt, war dorthin auch die ganze Delegation eingeladen. Die festlichen Essen begannen im Kuppelsaal mit dem Aperitif, dann wurde in den stilvollen, abendlich dezent erleuchteten Jagdsaal gebeten. Von dem einfachen, sympathischen János Kádár ging etwas Gewinnendes aus, und die von ihm ausgestrahlte Lockerheit übertrug sich auch auf Erich Honecker.

Ich habe Kádár nach 1982 nur noch einmal gesehen, es muss 1988 gewesen sein. Meine Verhandlungspartnerin Piroschka hatte mich zu einem formlosen Mittagessen in das recht einfache Parteihotel an der Népköztarsasag-Allee eingeladen. Ohne irgendwelches Aufsehen zu erregen, erschien Kádár dort mit seiner Frau, bestellte nach der Karte und verhielt sich und wurde behandelt wie ein normaler Bürger. Als er das Land stabilisierte, nannten ihn seine Feinde den „Schlächter Ungarns." Später, lange vor Gorbatschow, wurde er geliebt, weil er um einen Sozialismus mit menschlichem Antlitz besorgt war.

Ich will über den Staatsbesuch vom Juni 1982 nicht umfänglicher als nötig berichten, aber mir gefiel die schlichte, schnörkellose, direkte Art und Weise, in der Kádár auf vermutete Ressentiments auf DDR-Seite einging und wie er Mängel beim Namen nannte. In dieser Kunst hatte Honecker weniger Übung, aber Kádár verletzte nicht, und Honecker wurde nicht verstimmt. Er wisse, dass die Meinungen zum ungarischen Wirtschaftssystem auseinandergingen, auch zur Mitgliedschaft Ungarns im IWF, aber er meine, Ungarn praktiziere eine Variante der sozialistischen Planwirtschaft, und außerdem funktioniere diese seit 14 Jahren, und Ungarn komme seinen Verpflichtungen gegenüber den Bruderländern korrekt nach. Einzelne Verpflichtungen und Termine würden nicht eingehalten, er durfte das so abstrakt sagen, denn alle im Raum wussten: Das betraf beide Seiten. Die DDR hatte größere Lieferrückstände bei Mähdreschern, und das kurz vor Erntebeginn. Das war nicht schön. Die Ungarn hatten aus der DDR importiertes Kali ohne Genehmigung reexportiert und Marktstörungen verursacht. Das war auch nicht schön. Da die DDR für den Ankauf der Forint-Reisezahlungsmittel teuer in hochwertigen Waren bezahlen musste, hatte sie die Ausstattung der Individualreisenden gekürzt, und damit fuhren mehr DDR-Touristen mit weniger Zehrgeld nach Ungarn. Das missbehagte den Ungarn, und Kádár bat um Verständnis, dass Ungarn die Zahl der aufzunehmenden Touristen nicht erhöhen könne, aber auch in diesem komplizierten Fall sprach er nicht verletzend an und bat herzlich um eine bessere Geldausstattung der DDR-Reisenden. Zu all diesen Fragen sollten sich die Fachleute auseinandersetzen, gut, aber wenn man das Große und Ganze sah, herrschte doch Grund zu Friedfertigkeit und Versöhnlichkeit. Man sah doch: Zwischen Ungarn und der DDR gab es nichts Gravierendes.

Ob bei diesem Besuch Honeckers auf der Gegenseite schon der später in der Wendezeit zu so großer Bedeutung gelangte Grenzöffner Dr. Gyula Horn mitwirkte, weiß ich nicht mehr zu sagen, aber ganz sicher erinnere ich mich, ihm 1988 gegenübergesessen zu haben. Das war im März, Kádár war noch Generalsekretär der USAP, Ministerpräsident war Károly Grósz, der die von Stoph geleitete DDR-Delegation empfing, und in der ungarischen Delegation vertrat Horn die Außenpolitik. Die Ausreiseproblematik, die damals die außenpolitischen Beziehungen zwischen Ungarn und der DDR aufzuheizen begann, spielte am Konferenztisch keine Rolle, und so mag man mir verzeihen, dass mir von diesem Besuch nur ganz andere Erinnerungen geblieben sind.

Noch im Jahr 1988 hatte sich Kádár zurückgezogen und Károly Grósz wurde Generalsekretär, und in dieser Eigenschaft kam er im September 1988 nach Berlin. Was den politischen Teil seiner Gespräche betraf, biss er mit seinen Vorschlägen, mehr Demokratie zu wagen, bei Honecker auf Granit, der sagte ihm: „Die ständigen Kampagnen des Westens mit Forderungen nach mehr Demokratie à la Gorbatschow finden bei uns keine Basis, weil unsere Menschen wissen, sie sind an allen Dingen beteiligt." Was die Wirtschaft betraf, so hatte Grosz wissen lassen, er wolle in der DDR etwas „lernen" und sich mit den in der Wirtschaft so erfolgreich voranschreitenden DDR-Genossen unterhalten, austauschen, ganz zwanglos, frei und offen, also er denke nicht an ein Spitzengespräch, sondern eines mit den eigentlichen „Machern". Na, da kannte er seine DDR-Partner schlecht. Wie nicht anders zu erwarten, nahm Mittag die Sache in die Hand, legte fest, wen er auf der DDR-Seite sehen wollte – und wen demzufolge nicht. Nun war in jenen Tagen aber Herbstmesse und alle 30 einbestellten DDR-Wirtschaftskapitäne an der Front in Leipzig. Der Wirtschaftsausschuss-Vorsitzende Rauchfuß und Beil machten mich für die „Einweisung" der Generaldirektoren verantwortlich. „Nichts darf schief gehen …". Das war eine neue Rolle für mich. Das Protokoll stellte einen Saal im Hotel Astoria zur Verfügung, und ich schickte zwei Leute mit schriftlichen Einladungen durch Leipzig und telefonierte noch einmal hinterher. Alle Generaldirektoren kamen persönlich. Doch wie sollte ich „einweisen?" Ich entschied mich für eine mehr indirekte Botschaft und sagte den Generaldirektoren: „Ihr habt vor kurzem in der Kontrollberatung des Genossen Dr. Mittag miterlebt, dass uns auf allen Gebieten alles gut gelingt. Und etwas anderes will auch Genosse Grósz nicht von Euch hören." Dann sagte ich ihnen, ich wüsste nicht, wie die Veranstaltung ablaufen soll, dass ich aber an ihrer Stelle nicht auf Fragen warten, sondern ein Konzept machen würde, worüber ich aktiv und zusammenhängend sprechen will. Darunter über das, was uns bilateral gut gelingt und was die DDR-Seite noch verbessern will. Dann erläuterte ich noch sehr detailliert den aktuellen Stand im Warenaustausch und wie ich bei den bestehenden Problemen die Schuldverteilung sehe. Ich hatte sehr aufmerksame Zuhörer.

Am 9. September trafen wir dann in Berlin-Niederschönhausen wieder zusammen. Dort war im Konferenzgebäude ein großes Tischviereck für 40 bis 50 Personen aufgebaut. Ich saß neben Mittag und Rauchfuß im Präsidium. Mittag erschien, gab mir weder die Hand noch sah er mich überhaupt. Mittag überließ nichts dem Zufall. Nach einleitenden Worten von Grósz bat Mittag seinen hohen Gast nicht etwa, nunmehr Fragen zu stellen (und von den DDR-Genossen regte sich ohnehin keiner) sondern sagte: „Und nun wollen wir frei und offen diskutieren. Genosse Wokurka, fang Du an!"

Wokurka war ein erfahrener Mann, und als Grosz ihn am Ende seines Vortrags nach Liefertreue und Qualität seiner ungarischen Partner fragte, sagte der: „Nur positiv. Und wenns mal ein Problem gibt, wird das schnell gelöst." Dann wurde der Stellvertreter des Generaldirektors des Kombinats Mikroelektronik aufgerufen, gemeldet hatte auch er sich nicht, und es hob auch später niemand freiwillig den Finger. Grósz fragte ihn nach seinen Darlegungen: „Und wie steht es um die geistige Kultur und Technik bei Ihrem ungarischen Partner?" Antwort: Sehr gut, die Messtechnik hat einen hohen Stand. Aufruf Hans Schneider, Kombinat Fortschritt-Landmaschinen. „Kritischstes" in seinem Kurzvortrag: Gemeinsam müssen wir wissenschaftlich-technische Erkenntnisse schneller umsetzen. Grósz: „Und wie steht es mit den Preisen?" Vorsichtige, diplomatische Antwort: „Dafür gibt es zwar RGW-Preisbildungsprinzipien, aber ein Problem ist das schon." Zum selben Thema äußert sich nach Aufruf und Vortrag auch Lothar Heinzmann, General des IFA-Kombinats, nach allen Seiten gleichgewichtig: „Die Preise müssen stimmen, wenn wir auf dritten Märkten erfolgreich sein wollen." Gut, über Preise haben in aller Welt Käufer und Verkäufer keine einheitlichen Auffassungen. Dann wird noch der Chemieanlagenbau und ein Werkzeugmaschinenkombinat zum Auftritt gerufen, aber Grosz hat nun schon von vielen Erfolgen gehört und keine Lust mehr Fragen zu stellen. Aber er sagte noch einen bedeutungsschweren Satz: „Das Prinzip des gegenseitigen Geltendmachens von Interessen kann als ordnendes Element dienen." Nun fasst Mittag zusammen, macht aus der Vortragsfolge einen "lebendigen Erfahrungsaustausch", der die Strategie des XI. Parteitages glänzend bekräftige ... Es sei interessant, sagt er wörtlich, „dass viele der dargelegten Ergebnisse von den Kombinaten in eigener Initiative realisiert worden seien." Wie er es erwähnt, klingt es so, als wären Initiativen eine Ausnahme. (Tatsächlich hatten wir in der DDR sogar das Wort „Eigeninitiative" für solche Fälle geschaffen.) Dann Aufbruch. Verabschiedung und Dank an die Organisatoren hat Genosse Mittag nicht vorgesehen.

Mangelverwaltung

Unter großem Druck des Parteiapparates und der Regierung hatten wir 1981 das System der Steuerung von Export und Import im Handel mit den anderen sozialistischen Ländern beschließen lassen. Die damit verbundenen Vollmachten hatten uns erlaubt, den Export zu zügeln und damit schrittweise ausgeglichenere Zahlungsbilanzen zu erreichen, ohne die Unternehmen auch noch nach Quartalen und Monaten zu kujonieren.

Zwar hatten Beils Formulierer in die jeweils zum Messeende gefertigten Beschlüsse für Politbüro und Regierung gelegentlich ohne mein Wissen missverständliche Kampfaufgaben hineingepackt, nach der LFM 1984 zum Beispiel, „während des ganzen Jahres (sic) sei die Ausgeglichenheit von Export und Import kontinuierlich (sic) zu gewährleisten", aber diese Selbstbefriedigungsparolen wurden sowieso von niemandem kontrolliert.

Doch Ende 1984 wurde es zum ersten Mal ganz ernst. In der Vorlage zur Durchführung der Jahresprotokollverhandlungen für 1985 stellten wir fest, dass seit langem der Export der DDR nach Jugoslawien weit hinter dem Import zurückblieb. Grund dafür war vor allem die ersterbende Investitionstätigkeit und das Abfallen des Massenkonsums in Jugoslawien, weshalb wir auf 250 Mio. Mark/VGW vorhandenen guten Exportwaren sitzenblieben. Es drohte eine Swingüberschreitung und die Pflicht, zum Ausgleich konvertierbare Devisen einzuschießen. Die waren nicht da. Deshalb beschloss die Regierung auf Vorschlag der SPK und des MAH: „Sollte sich diese Entwicklung 1985 fortsetzen, ist zwischen SPK und Industrieministerien abzustimmen, für welche Importe keine Vereinbarungen ins Jahresprotokoll aufgenommen werden. Ausgehend von der aktuellen Entwicklung der Zahlungsbilanz sind strengste Maßstäbe an die Durchführung von Importen aus der SFRJ anzulegen, und es ist ein Steuerungssystem anzuwenden, das die Erteilung von Einzelgenehmigungen beinhaltet. Dabei ist davon auszugehen, dass nur die Bereiche über Importe aus der SFRJ verfügen können, die durch die Erfüllung der Exportverpflichtungen Voraussetzungen für die Finanzierung dieser Importe geschaffen haben."

Dieser Beschluss ließ noch offen, wie das anzuwendende Steuerungssystem aussehen sollte. Dr. Beil sah, dass das Außenhandelsministerium zum Prügelknaben werden würde, wenn es allein zu entscheiden hätte, welcher Import im gegebenen Augenblick der – nach gesamtvolkswirtschaftlichen Prioritäten beurteilt – brennendste sei. Er sah auch, dass „Einzelgenehmigung" bedeuten konnte, dass es notwendig werden kann, einem Industrieministerium einen Import zu genehmigen, obgleich ebendieses Ministerium besonders unbefriedigende Exportleistungen aufwies. Und weil er das erkannte, bestand er darauf, dass der Herr des Einzelgenehmigungsverfahrens nicht das nach der Ordnung zuständige MAH, sondern das Ministerium für Materialwirtschaft sein sollte.

Im eigenen Interesse musste mir diese Entscheidung recht sein, aber sie bedeutete unausweichlich, einem anderen die Lufthoheit über mein Territorium einzuräumen.

Meine Mitarbeiter wurden zu Analytikern und Zahlenaufbereitern und ich selbst zum Beisitzer im Entscheidungsgremium. Unser Importverfahren Jugoslawien unterschied sich jetzt nur noch im Detail von dem rigiden und überregulierten Genehmigungsregime für den Import aus dem westlichen Ausland.

Ich nehme die Entwicklung der folgenden Jahre bis 1989 vorweg: Wegen der Exportschwäche im Handel mit dem Osten, und die war Resultat der alles andere in den Schatten stellenden Konzentration auf den Export in den Westen, musste das Einzelgenehmigungsverfahren für den Import nacheinander auch gegenüber der ČSSR, Polen, Ungarn und Rumänien eingeführt werden. Unterschied nur: Herr des Verfahrens wurde auf Forderung des Ministers die Staatliche Plankommission. Die faktische Entmachtung und das ganze Genehmigungsprocedere waren für mich überhaupt nur zu ertragen, weil die Zusammenarbeit mit meinem Supervisor in der SPK, Dieter Albrecht, fachlich und menschlich hochwertig war.

Es brach eine Zeit der elenden Zuteilungswirtschaft an, die erst am Vorabend der Währungsunion zu Ende ging, als die Wirtschaft der DDR ihren Produktionsbedarf zunehmend aus dem Westen heranholte und die Bevölkerung das Angebot des Ostens verschmähte, weil sie nun nach anscheinend Verlockenderem greifen konnte.

Keine volle Bildung

Wer sich heute darüber belustigt, dass sich in der DDR Parteiführung und Regierung über die Versorgung ihrer Bevölkerung mit Weißkohl und Toilettenpapier Gedanken machten, sollte daran denken: Eines der grundlegenden Menschenrechte war verwirklicht, alle Arbeitswilligen hatten Arbeit und Lohn. Freilich mehr Lohn, als die Wirtschaft an Verbrauchsgütern dagegen stellen konnte - hier begann der fehlerhafte Kreislauf. Doch die Parteiführung korrigierte das Missverhältnis nicht, sie fürchtete den Volkszorn. Aufrufe, den Gürtel enger zu schnallen, schaffen Zündstoff. Was das Fehlen einer sinnvollen Arbeit für einen Menschen bedeutet, wissen inzwischen in Deutschland Millionen. Ob es im Vergleich zur Errungenschaft der Vollbeschäftigung ein so unverzeihliches Übel war, dass in den Geschäften immer etwas fehlte, immer nach etwas angestanden, immer auf etwas gewartet werden musste? Und wenn nun systemimmanent zu sein schien, dass der Mangel immer wieder aufbrach: Hätten Partei und Regierung wegschauen sollen? Viele Fragen. Ein purer Marktwirtschaftler kann sie leicht beantworten. Doch die DDR war keine pure Marktwirtschaft, sondern wollte ein fürsorgender Sozialstaat sein.

In der DDR, in die ich gestellt war, war es auch für meinen Bereich eine heilige Pflicht, das an Verbrauchsgütern hereinzuholen, was der Plan vorsah - und wenn sich Reserven erschlossen, auch darüber hinaus. Vordringlicher Produktionsbedarf waren z. B. im Jahr 1985 Werkzeugmaschinen, Energieausrüstungen, Motoren, Ausrüstungen für das PKW-Programm, Elektronik-Bauteile. Die Nomenklaturen enthielten auch kritische Ersatzteilkontingente (Ersatzteile für Landmaschinen; Ersatzteile für Fahrzeuge, Bau- und Landmaschinen), doch hier konnten naturgemäß nur globale Wertpositionen erfasst werden, und die Gretchenfrage, ob gerade die am dringendsten gebrauchten Sortimente ausgeliefert worden waren, ließ sich kaum beantworten. Das war die "Regelberichterstattung". Schon die verursachte unseren Freunden draußen in den HPA erhebliche Mühe.

In bestimmten Zeiten, zum Beispiel vor den Weihnachtsfeiertagen, wurden zur Unterrichtung der Festtagsversorgungs-Kommission zusätzliche telegraphische Meldungen über Versandbereitschaft und Versand abgefordert. Wir mussten auskunftsfähig sein, wie viele Hafermastgänse aus Polen und Ungarn heranrollen, wie der Auslieferungsstand für „rotbäckige" Äpfel aus Ungarn und Mandarinen aus Kuba ist. Im Sommer verlangten wir tägliche aktuelle Meldungen über die Verladung von Pfirsichen aus Bulgarien.

Unter den Importpositionen, zu denen regelmäßig in kurzen Abständen Bericht zu erstatten war, gab es „Dauerbrenner". Die Übergabe von Neubauwohnungen hing davon ab, dass Ungarn und die ČSSR uns die zugesagten Badewannen pünktlich anlieferten. 1985 machte die ČSSR mit 5.000 Stück einen Anfang, 20.000 hatten wir erbeten. Von Jahr zu Jahr erhielten wir höhere bindende Lieferzusagen, und von Jahr zu Jahr wurden sie schleppender erfüllt. Da wurde es die Regel, dass unsere Handelsräte selbst in die Lieferwerke fuhren, um Druck zu machen. In welchem Maße wir das Wohnungsbauprogramm und die Altbausanierung von Importen ordinärer Einbauelemente abhängig gemacht hatten, war an den Badewannen besonders deutlich sichtbar: In den Jahresprotokollen für 1989 mussten wir bereits einen Import von 110.000 Stück vereinbaren, obwohl noch Lieferrückstände aus 1988, ja aus 1987 überhingen.

Mit der zwischenstaatlichen Spezialisierung zwischen den RGW-Ländern entstanden Monopole. Auch wenn sie nicht missbraucht wurden und echte Produktionsstörungen Ursache der Lieferausfälle waren, sie blieben Monopole. Den hilflosen Abnehmern in der DDR wurde nur im äußersten Fall und auf „den letzten Drücker" die Alternative eingeräumt, sich auf dem meist sofort lieferfähigen Märkten des Westens ersatzweise einzudecken, wenn das bei zeichnungsgebundenen Teilen überhaupt technisch denkbar war.

Und manchmal wurden klitzekleine Erzeugnisse zum Politikum: Wenn die Zeit der Einschulungen kam, und die Volksbildungsministerin Honecker feststellte, dass in den Schreibwarenläden keine Radiergummis angeboten wurden, dann musste bei Strafe unseres Untergangs die Gummifrage stabsmäßig angepackt und gelöst werden. Die ČSSR ließ sich bewegen, schlagartig ihre Radiergummiproduktion hochzufahren, unter der Voraussetzung, dass die DDR Zusatzlieferungen von Latex auf den Weg brachte. Das war auch in der DDR eine defizitäre Position, und die Staatliche Plankommission musste eine „Einzelentscheidung" treffen. Schweren Herzens, aus Furcht vor der Strafe der Herrin. Aber es geschah ja auch für die eigenen Enkel ...

Als Stellvertreter des Ministers kannte ich selbstverständlich alle Positionen, deren Ausbleiben Skandale verursachen konnte, und in meinen direkten Kontakten mit den ausländischen Bundesgenossen machte ich Druck und drohte für den Fall der Nichtlieferung auch Gegenschläge an, ich werde es noch an einem aufregenden Erlebnis schildern. Aber ich musste mich auch ständig für Ungelöstes, für nicht aufgeholte Rückstände und Lieferausfälle der D D R verantworten. Lange Zeit hatte ich die Rituale beachtet, Selbstkritik geübt, die ergriffenen Maßnahmen erläutert, glaubhaft machen können, dass meine Mitarbeiter und ich selbst nicht zu kämpfen aufhören. Ich hatte die Unzufriedenheit und die spitzen Bemerkungen meiner Vorgesetzten über meine Steuerungskunst und mein Durchsetzungsvermögen eingesteckt, aber Ernstliches war mir nicht widerfahren.

Da machte ich einen schweren Fehler. Ich hielt die Spielregel nicht ein, die da lautete: Der Kämpfer zeigt niemals, dass er nicht mehr an den Erfolg seiner Sache glaubt! Das war 1987, ein Jahr, in dem die Zahlungsbilanz mit dem westlichen Ausland schon unheilbar krank war. Bei Erzeugnissen, die eine Absatzchance auf den westlichen Märkten hatten, wurde immer rücksichtsloser zugunsten des NSW-Exports umverteilt. Zu den Erzeugnissen, die offensichtlich in Westdeutschland über Versandhauskataloge gut verkäuflich waren, wenn auch zu für die DDR schlechten Preisen, gehörten auch Foron-Haushaltsherde. Dafür fehlten sie nun in der DDR. Deshalb wurde der Import aus Bulgarien beauflagt. Die bulgarische Produktion langte zwar nicht einmal für Bulgarien selbst, aber in den Verhandlungen zum Jahresprotokoll hatten wir den Bulgaren einige Tausend Haushaltsherde abgenommen. Die Bulgaren erkannten, dass wir unter Druck standen, und der DDR-Importeur Union zahlte einen stolzen Rubelpreis. Ich weiß nicht mehr, welche Stückzahlen wir im Anfangsjahr vereinbarten, aber die Lieferungen sollten bis 1990 bis auf jährlich 20.000 Stück ansteigen. Die famosen bulgarischen Herde wurden von dem Unternehmen ELKA in Varna hergestellt und waren von miserabler Qualität: Nicht maßhaltige Bleche, Lackschäden, die Gummidichtungen schlossen nicht oder lösten sich, die Schalter blockierten oder zerbrachen, Heizplatten brannten durch. Die bulgarischen Bürger waren nichts Besseres gewohnt und schienen nicht zu reklamieren, aber die DDR monierte und reklamierte und bestand auf dem Einsatz von DDR-Abnahmeingenieuren im Lieferwerk. An eine durchgreifende Gesundung des technologischen Prozesses war nicht zu denken, sie war auch nicht erforderlich, weil die von der DDR ausgesonderten Elektroherde von glücklichen bulgarischen Menschen gern gekauft wurden. Da die Gutausbeute mager war, brachten die Bulgaren die vertraglich zugesagten Stückzahlen nicht zusammen und verwahrten sich auch immer heftiger gegen die deutschen Mäkeleien. Auf ein anderes sozialistisches Lieferland auszuweichen, auch das gelang nicht. In Polen wurden Elektroherde produziert. Jahrelang versuchten wir vergeblich, wenigstens 5.000 Stück hereinzubekommen, aber was wir den Polen auch als Kompensation anboten, sie kamen uns nicht entgegen: Herde waren auch auf dem polnischen Markt Mangelware.

Was mich betraf, so hatte ich den Kanal mittlerweile gestrichen voll, und als ich in der Dienstbesprechung des Ministers zum Stand der Sicherung von Versorgungspositionen berichten musste, ich glaube, es war im Juni oder Juli 1987, da verließ mich aller Verstand. Statt sachlich und mit einem vergrämten Gesicht, wie es der spätere Außenminister Joschka Fischer aufsetzen konnte, mitzuteilen, dass wir es noch nicht ganz geschafft hätten und entschieden weiterkämpfen, ließ ich mich über die Schnapsidee ranghöherer Entscheidungsträger aus, ausgerechnet bei den schlamperten Bulgaren Küchenherde für deutsche Luxusfrauen zu kaufen, und da ich schon einmal dabei war, meine miese Einstellung zu dem ganzen Versorgungstheater zu offenbaren, misslang mir auch der Vortrag zu den weiter anstehenden Krawallschoten und, was das Schlimmste war, ich schien auch einen ausgesprochen anmaßenden Eindruck zu hinterlassen. Und hatte auch noch ein unpassendes lateinisches Sprichwort an den Schluss gehängt. Mit ein bisschen mehr Fingerspitzengefühl hätte ich frühzeitig merken müssen, dass das nicht mein Tag war, und nach ein paar markigen Sätzen abbrechen müssen. Aber meine Wahrnehmung war getrübt, so dass ich nicht einmal gewahr wurde, wie der Minister zunehmend finsterer dreinblickte und seinen Zorn kaum noch unterdrücken konnte. Doch dann schlug der Blitz ein, und Beil verpasste mir einen vernichtenden Tiefschlag. „Unzumutbar" sei das gewesen, was ich da geliefert hatte, ich solle sicher sein, dass ich nicht noch einmal Gelegenheit erhalten werde, der Dienstberatung solch einen Saft vorzusetzen. Als die Beratung zu Ende ging, hatte ich das Gefühl, Beil halte schon einen Nachfolger für mich in Reserve.

Der Beobachter der Fachabteilung des ZK war sonst nach den Dienstbesprechungen meistens noch auf eine Zigarette und eine Tasse Kaffee zu einem kurzen Plausch in mein Arbeitszimmer gekommen. Heute kam er nicht. Diem hatte eigentlich nichts von einem Intriganten an sich und war mir ganz allgemein gewogen, doch als mittlere Charge der Fachabteilung blieb ihm in des Ministers Nähe oft nur die Rolle des bloßen Trendverstärkers, und in dieser Eigenschaft empfahl er Beil: „Schmeiß den Lemke raus!" Am Nachmittag lief ich Fenske über den Weg, der sagte nur: Es war mehr noch das Wie, was Beil empört hat, als das Was ... Und Horst Hieke kam als einziger auf einen Sprung herein und meinte: Mensch, Du weißt doch, wie es gemacht werden muss. Dann machs doch auch so ...

Beil ließ mich links liegen, einen Monat, zwei Monate. Während des Eröffnungsempfangs der Leipziger Herbstmesse 1987, am Vorabend seiner Abreise zum Staatsbesuch in der Bundesrepublik Deutschland im Gefolge Honeckers, winkte er mich ins Präsidium, und was er sagte, ist mir so in Erinnerung: „Du hast mich irritiert. Aber Du kannst es doch. Nun geh mal wieder vorwärts." Das war die Absolution, für diesmal. Es sollten noch Tage kommen, an denen er mir erneut großes Vertrauen bewies.

Die „Versorgungspositionen" habe ich nun noch ernster genommen. Hätte ich gewusst, wie ernst sie Erich nahm, ich hätte es nicht glauben wollen. Ein Jahrzehnt nach der Wende suchte ich im Archiv nach einer bestimmten Information der Fachabteilung des ZK an Honecker. Es gab im Bundesarchiv dazu nur einen Aktenband „Informationen an den Generalsekretär". Darin fand ich nichts anderes als die sämtlich von Honecker abgezeichneten, meist sogar zum Umlauf im Politbüro verfügten Hausmitteilungen von Hilmar Weiß zu „Versorgungspositionen" – das alles und so überaus detailliert hatte „e r" wissen wollen. In den Memoranden fand ich alle die Positionen, die ich selbst kontrolliert hatte: Weißzucker, Wein und Sekt, Dauerbackwaren, Obst- und Gemüsekonserven, frisches Obst und Gemüse, darunter die Hortex-Einfuhren aus Polen, Frühkartoffeln aus Albanien, Kuba und Bulgarien, Mastgänse aus Ungarn und Polen, Kaffee, Kühlschränke, Tonbandgeräte und anderes. Ich bekam auch einen Eindruck davon, wie unser höchster Führer sich rechtzeitig vor den Höhepunkten des Jahres über den Stand der Zufriedenheit der Bevölkerung hatte informieren lassen.

Reichte zum Frauentag am 8. März das Angebot von Blumen, Treibzweigen, Topfpflanzen, Schokoladentafeln und Pralinen, Rot- und Weißwein, Sekt, Kornbränden, von Parfümen, Flieder-, Reseda- und Azurschaumbädern und Damenhygiene?

Waren vor Ostern genügend Dragee-Eier, Süßtafeln mit Festeinschlag und Osterhohlkörper vorhanden?

Gab es zum Frühlingsauftakt und vor dem Auszug in die Datschen genügend Tapeten, Tapetenkleber, Tapeziertische, Bügelbretterbezüge, Farben und Lacke, Ringpinsel, Kombizangen, Gliedermaßstäbe (um Irrtümern vorzubeugen: gemeint waren Zollstöcke)? Waren ausreichend Fahrräder, Schläuche und Ventile da? Und Riemen für Kinderwagen?

Waren zur Jugendweihe genügend Herren- und Damenoberbekleidung, Damen- und Herrenschuhe, schwere Jeans, Cordhosen, Krawatten vorhanden?

Standen zur Erntezeit Einkochgläser, Einkochklammern, Gummiringe vulkanisiert und nichtvulkanisiert, Einkochthermometer, Gärröhrchen und Mostkappen zur Verfügung? Und Paprika, Kümmel und Senfkörner?

Und für die Kinderferienlager Limonaden als Fass- und Tankware?

Und reichte das Angebot von Schneeschiebern, Sand- und Stechschaufeln, Heizkissen und Kohleherden zum Winteranfang?

War das Weihnachtsfest richtig vorbereitet durch ausreichende Angebote von Weihnachtsbäumen (Kiefernanteil wie hoch?), Baumständern, Pyramiden-, Dekorations-, Advents- und Spitzkerzen, Schaft- und Spitzkerzenlampen?

Würden die Eltern genügend Puppenhäuser, Plüschtiere aus Edelpelzimitationen, Modelleisenbahnen (Doppelstockwagen! S-Bahnen!), Schaukelstühle und Ersatzbatterien vorfinden? Und die Hausfrauen Zitronat, Puderzucker, Gewürze, Backzutaten?

Das alles wollte der Generalsekretär wissen. Hin und wieder gab es Grund zur Freude, da war das Angebot heuer um 10, 20 oder sogar 50 Prozent höher als im Vorjahr, doch es gab auch Erzeugnisse, da „entsprach das Angebot einer Entwicklung auf 98,1 Prozent" – sollte heißen: es war rückläufig. Im Handel gab es Bestandsnormen, war dieser Bestand g e b i l d e t, konnte nach menschlichem Ermessen nichts schiefgehen. Doch es gab, wie Hilmar Weiß leider mitteilen musste, auch „Positionen, die noch keine volle B i l d u n g aufweisen." Manchmal musste offen gesagt werden, dass der Bedarf „nicht befriedigt werden kann" und dass „nicht ausreichend versorgt wird" oder dass „sofort verkauft wird und die Erzeugnisse deshalb nur kurzzeitig im Angebot sind." Doch alle mühten sich, waren bereit, wenn es irgendwo lichterloh brennen würde, die Tourenpläne umzustellen und Schnell- und Bereitschaftsdienste zu organisieren.

Spezialisiert und kooperiert

Die Länder des RGW hatten die gleiche politische und wirtschaftliche Ordnung, weitgehend gleiche politische Ziele, eine geplante und zentral gelenkte Wirtschaft. Sie sahen sich in einer gemeinsamen Verteidigungsstellung gegen Pläne des Westens, ihr gesellschaftliches System totzurüsten und auszuzehren. Es bedarf keiner weiteren Erklärung, um Notwendigkeit und Sinnhaftigkeit des Rates für Gegenseitige Wirtschaftshilfe, des Warenaustauschs und der Kooperation und Spezialisierung zwischen ihnen zu verstehen. Zugleich war die Gruppierung der anderen sozialistischen Länder um die Sowjetunion, deren Rohstofflieferungen unersetzbar waren, eine Gruppierung um einen Partner, der das internationale Tempo der wissenschaftlich-technischen Revolution in der Welt nicht mithalten konnte, Ursache für ein immer dramatischeres Innovationsdefizit. Die bilaterale Kooperation und Spezialisierung war eine zwischen Partnern niederer technischer Reife und trotz ihres nachweisbaren Nutzens gemessen am Weltstand nicht effektiv genug, die einzelnen sozialistischen Länder an die Hochtechnologie des Westens heranzuführen. Das führte zu einer andauernden Versuchung zu prüfen, wieweit die kapitalistischen Länder veranlasst werden könnten, die politische Schwelle für die Kooperation mit den anderen RGW-Ländern tieferzulegen und Formen der Zusammenarbeit auszubauen, die eine legale und weitreichende Übernahme westlicher Hochtechnologie einschlössen.

Hieraus erwuchsen die Triebkräfte des Günter Mittag, die großen westlichen Konzerne an seinen Hof zu laden oder ihnen die Aufwartung zu machen, und die des Gerhard Beil, sie ihm zuzuführen. In diesem Punkt konnte ich durchaus verstehen, was beide taten. Und aus diesem Punkt erklärte sich die gebremste Intensität beider, die DDR-Industrie weiter mit der der Sowjetunion und der anderen RGW-Länder zu verflechten, und erklärte sich die fehlende Impulsgabe für die Wirtschaftsausschüsse, die zunehmend degenerierten.

Was an Kooperation und Spezialisierung zwischen RGW-Ländern zustande kam, stand in einem Spannungsfeld, es war Fortschritt in der Begrenztheit und auf spezifische Weise belastet. Zu den Belastungen gehörten die Probleme der Nutzens- und Gewinnteilung beim Export kooperierter Erzeugnisse in die westliche Welt. Zu den Belastungen gehörte die a l t e r n a t i v l o s e

Abhängigkeit vom K&S-Partner bei Produktionsstörungen, Havarien oder ökonomisch motivierten Lieferverweigerungen, zum Beispiel wegen fehlender Preiseinigung. Alternativlos, weil es für den betroffenen RGW-Partner gar keine Chance gab, auf anderen sozialistischen Märkten wenigstens zeitweilig Ersatz zu kaufen; denn für Ersatzkäufe in kapitalistischen Ländern fehlten die finanziellen Voraussetzungen. Es beunruhigte, dass vielfach der Zustand eintrat, dass nur noch e i n Land e i n e n Typ einer Ausrüstung herstellte und die aus dem Wettbewerb mehrerer Produzenten vergleichbarer Erzeugnisse erwachsenden Impulse unter den Tisch fallen sollten. Die "segensreiche" Wirkung solcher Monopole kannte ich doch schon aus dem eigenen Vaterland. Genau das war im Westen anders.

Die Qualität der Ergebnisse einer jeden Kooperation und Spezialisierung war unterschiedlich. Es gab „Wegspezialisierungen" – da übernahm der begünstigte Partner ein traditionelles, nicht entwicklungsfähiges Erzeugnis. Wir kennen das aus unseren heutigen Tagen: Auf wie vielen klassischen Elektrogeräten namhafter deutscher Unternehmen wie Siemens, Krupp, Braun sehen wir die Prägung „Made in China", „Made in Bulgaria". Ich werde noch über meine düsteren Erfahrungen mit solcherart Spezialisierung berichten. Es gab aber auch, vor allem zwischen leistungsfähigen Unternehmen der DDR und der ČSSR, hervorragende, effektive Vereinbarungen der Spezialisierung und Kooperation, mit deren Hilfe beide Länder ihr wissenschaftlich-technisches Potential zum beiderseitigen Vorteil ausschöpften, zum Beispiel in der Zusammenarbeit bei der Herstellung von Farbbildröhren oder in der Fahrzeugproduktion.

Bei der Kooperation in der Fahrzeugproduktion war es in den 70er Jahren zunächst um mehr gegangen: Beide Länder wollten einen neuen PKW entwickeln und dafür wichtige Baugruppen unifizieren. Aus Gründen, die heute nur noch eine Fußnote verdienen, musste die DDR passen und traf die (von der ČSSR nie ganz verziehene) Entscheidung, ein Kooperationsabkommen aus 1979 aufzukündigen. Was jedoch von der ursprünglichen hochfliegenden Idee blieb und 1984 in Gang kam, war ein nützliches Geben und Nehmen in beträchtlichen Größenordnungen. Die Zusammenarbeit konzentrierte sich nun auf die Nutzkraftwagenproduktion, auf Aufbauten für NKW, Anhänger, Auflieger, Aggregate und Baugruppen. Die DDR lieferte der ČSSR Gleichlaufgelenkwellen, Kugelgelenkkränze, Stoßdämpfer, Heizsysteme und weitere Positionen. Die ČSSR spezialisierte sich auf Einspritzpumpen, Luftfilter, Scheibenbremsenteile, Aluminiumkühler, Feuerwehrschlauchkupplungen und anderes. Auch die Landmaschinenkooperation mit Ungarn (Ungarn lieferte

Schwadaufnehmer, Feldfutter- und Mais-Schneidwerke), die Konzentration der DDR auf die Produktion und Lieferung von Mähdreschern, Feldhäckslern und Ladern und die der Ungarn auf die von Ikarus-Autobussen gehört in die Erfolgsliste.

Bei PKW entschied die DDR über ihre Zukunft nach dem Motto: „Der Starke ist am mächtigsten allein!" Wir dachten, der Starke zu sein. Die Wartburg-Produktion sollte nun 1985 74.000 Stück betragen, die Trabant-Produktion 135.000 Stück. Bis 1988 sollten dann die Stückzahlen auf 100.000 Stück Wartburg bzw. 175.000 Stück Trabant klettern. In Gotha wurden jetzt Fahrgestelle für Eisenach gebaut. Doch an die hohen Ziele heranzukommen war eine Quälerei, immer fehlten Einbauelemente, mal Bremsbeläge, Lacke, Keilriemen, Einscheibensicherheitsglas – wir erfuhren es, weil wir uns um Ersatzlösungen im Import bemühen mussten.

Ein Gebiet gab es, da rang die ČSSR regelrecht darum, die DDR zum Partner zu gewinnen, das war die Produktion von Video-Abspielgeräten. Warum daraus nichts wurde, ich weiß es nicht mehr zu sagen. Möglich, dass die DDR glaubte, diese Neuerung von „unseren Menschen" fernhalten zu können, oder dass sie glaubte, die Sehnsucht der DDR-Bürger nach dieser neuen Technik ließe sich über die Intershops lösen und limitieren zugleich.

Ich will auch ein frustrierendes Beispiel der Spezialisierung nicht unterschlagen. Das ungarische Unternehmen IGV hatte die Produktion der früher in der DDR gefertigten elektromechanischen Registrierkassen übernommen. Sie hatte dabei vertraglich zugesichert, den anhaltenden Bedarf der DDR zu decken. IGV nahm Kredite auf, geriet in schwere Wasser und erwirtschaftete haarsträubende Verluste. Die zuständigen ungarischen Staatsorgane, geblendet von der Weltläufigkeit ihres neuen Wirtschaftssystems, überließen IGV den Kräften des Marktes und dem Liquidator und legten keinen Rechtsnachfolger fest. Ende vom Lied: IGV produzierte weder neue Registrierkassen für die DDR, noch lieferte es die dringendst benötigten Ersatzteile. Und die ungarischen Ministerien teilten (fürs erste) lakonisch mit, für Beschwerden nicht zuständig zu sein. Doch zu diesem Zeitpunkt, 1984, standen in den Kaufhallen der DDR mehr als 100.000 Registrierkassen ungarischer Produktion, und davon waren bereits 14.000 stillgelegt, weil die 1982, 1983 und 1984 bestellten Ersatzteile nicht oder nur zu geringen Teilen ausgeliefert worden waren. Jede defekte Registrierkasse aber bedeutete eine Käuferschlange mehr, die sich über die unfähige DDR-Obrigkeit das Maul zerriss. Als für Ungarn zuständiger Stellvertreter des Ministers war ich ja kein Betrachter dieser Szenerie, sondern aufgefordert, Lösungen herbeizuführen.

Das war schwierig: Der importierende Außenhandelsbetrieb der DDR konnte Vertragsstrafe berechnen, tat das auch, aber das brachte die Registrierkassen in der DDR nicht zum Rattern. Die Fachabteilung des ZK brachte mich in Zugzwang: Tu, was du willst, aber Gnade dir Gott, du löst das Problem nicht. Ich zog ein Register nach dem anderen, doch hatte ich zu bedenken, dass ja auch die DDR vielerlei Lieferrückstände Ungarn gegenüber hatte und sich die wechselseitigen Sünden im allgemeinen aufhoben.

Zunächst erreichte ich nur, dass die Ungarn DDR-Fachleute in die versiegelten Lager der IGV i. L. hineinließen, die aufspürten, was von den am dringendsten benötigten Ersatzteilen noch auf Lager war und expediert werden konnte. Doch was wir eigentlich wollten, taten die Ungarn nicht: die Produktion wieder anzuwerfen. Als die Fachabteilung des ZK mitteilte, die Kassenausfälle würden zum Jahresende hin auf 30.000 ansteigen, griff ich zum Mittel der Retorsion: Ich ließ die Auslieferung von Ersatzteilen für kältetechnische Anlagen, Getränkelinien und Verpackungsmaschinen im Umfang von ca. 7 Millionen Mark sperren, und das brachte nun in Ungarn Produktionsprozesse ins Schlingern, und der Protest der betroffenen ungarischen Betriebe bei ihren Wirtschaftsführern verhalf den im Staate Ungarn Verantwortlichen zur Einsicht, etwas tun zu müssen. Der Betrieb ITV wurde beauftragt, Kassenersatzteile zu produzieren, da aber auch er finanziell ausgepowert war, mussten weitere ungarische Kleinbetriebe in die Bresche springen, und so wurden die schlimmsten Folgen für die DDR abgewendet. Ich meine mich zu erinnern, dass wir schlussendlich Registrierkassen auch in Bulgarien einkauften.

Der Deutschen liebstes Kind

In jedem Jahr mussten die Bereiche UdSSR und ASL nach dem Abschluss der Jahresprotokollverhandlungen genau vorrechnen, wie viele PKW wir hereingeholt und wie viele wir weggegeben hatten. Die Parteiführung wollte, genau nach Typen, die Stückzahlen wissen, die letztlich für die Versorgung des Inlands zur Verfügung stehen werden. Im Import kam normalerweise der Löwenanteil aus der Sowjetunion: Lada und einige wenige UAS, Wolga und SIL. Aber es gab Jahre, wie 1983, da strich uns die Sowjetunion fast die gesamten Lieferungen: 11.975 Stück Lada hatte die DDR zu kaufen eingeplant, genau 727 Stück gaben die Sowjets her. Im selben Jahr machte uns auch die Tschechoslowakei einen Strich durch die Rechnung: 12.800 Škoda hatten wir kaufen wollen, nur 1.500 wurden uns zugesagt. Warum sich die Sowjets verweigerten, weiß ich nicht mehr. Aber „meine" Tschechoslowaken gingen davon aus, dass zwischen unseren Ländern vereinbart war, das begehrte Gut PKW nur im Verhältnis 1 : 1 auszutauschen. Die DDR exportierte den Wartburg und den berühmten Trabant. Aber beides waren Zweitakter, und die tschechoslowakischen Umweltschutzbehörden hatten haarsträubende Berichte verfasst, in welchem Maße die Fahrzeuge aus der DDR Menschen, Tiere und Wälder vergifteten, und tatsächlich entschied die Regierung des uns doch ansonsten so freundlich gesinnten Nachbarlandes, den Import von Trabant einzustellen und den von Wartburg auf eine Stückzahl von 1.500 zu drosseln.

Nicht dass wir so ganz ohne Verständnis für die Umweltsorgen der ČSSR gewesen wären. Musste sich doch umgekehrt der Gemeinsame Wirtschaftsausschuss mit größtem Ernst mit der Luftverschmutzung in den sächsischen Grenzregionen, dem Waldsterben im Erzgebirge und der impertinenten Geruchsbelästigung, die von den böhmischen Chemiefabriken ausging, befassen – auf dem Kamm des Gebirges wachten „Riechposten", die ständig die Intensität des katzendreckartigen Geruchs bewerteten und in ihre Tableaus eintrugen. Also, zu ihrem Umweltbewusstsein wollten wir den Partnern in Böhmen und Mähren gern gratulieren, aber wegen des Verhältnisses 1 : 1 im PKW-Austausch hatten wir leider nur Anspruch auf 1.500 Stück Škoda – das war tragisch, denn der Škoda galt als zuverlässig und hatte seine Liebhaber.

Ganz im Gegensatz zum Dacia aus der SRR, der dort nach einer Lizenz von Renault gebaut wurde. Es mag auch für den Dacia willige Abnehmer in der DDR gegeben haben, aber im Laufe der folgenden Jahre bereiteten uns die anschwellenden Qualitätsreklamationen schlaflose Nächte.

Ich greife hier der Zeit voraus, weit voraus und füge ein, wie es uns in den kommenden Jahren mit dem Dacia erging. Der Dacia wurde in Ploešti auf Anlagen gebaut, die bereits hochgradig technisch verschlissen waren, und die Qualität der Fahrzeuge sank ständig weiter ab. Der DDR-Importeur hätte unter normalen Bedingungen die Abnahme mängelbehafteter Fahrzeuge verweigert, doch angesichts der schon endlosen Wartezeiten waren die Käufer oft auch bereit, gewisse Mängel in Kauf zu nehmen.

Die DDR entsandte Abnahmeingenieure ins rumänische Lieferwerk, die sich an die Bänder stellten und den Rumänen die meisten der geprüften Fahrzeuge zum Eigengebrauch belassen konnten. Doch selbst unter den herausgesuchten Dacia waren noch schwarze Schafe, und weiterhin gelangten mängelbehaftete Fahrzeuge in die DDR. Wenn die Schäden an den Dacias eher äußerlicher Art waren, nahmen die des Wartens müden Käufer die

Nachbesserung oft selbst in die Hand. Ich entsinne mich bis heute: In einem Fahrzeug war offenbar schon im Lieferwerk eine Flasche Motorenöl im Kofferraum ausgelaufen. Dem DDR-Käufer wurde der Schaden nicht verheimlicht, aber er nahm den ölverseuchten Wagen mit, er wollte nicht noch länger ohne Fahrzeug sein.

Im Jahr 1988 mehrten sich die technischen Beanstandungen an den Bremsen und Lenkungen, und im Juli musste die Kraftfahrtechnische Anstalt der DDR dem Dacia 1310 TX die Allgemeine Betriebserlaubnis entziehen. Dieser Amtsakt befreite den Importeur aus einer misslichen Situation, denn bis dato war der rumänische Hersteller ziemlich taub seinen Klagen gegenüber gewesen. Nun aber wurde er zu einer Rückruf- und Umrüstaktion für 4.361 Fahrzeuge gezwungen! Auch unter zivilisierten Staaten wäre das ein bedauerliches Handelshemmnis gewesen, doch letztlich ein Vorgang, der in das Reich der Technik und nicht in das der Politik gehört. Im Verhältnis zu dem nationalistischen, von einem eitlen Conducator geführten Rumänien, das nicht wahrhaben wollte, dass es selbst Urheber des Desasters war, geriet die Sache zum Politikum und auch ich, der beteiligte Handelspolitiker, in eine Gefahrenzone. Zwar war es noch nicht zum Äußersten, einer Intervention Ceauçescu bei Honecker etwa, gekommen, aber dem Botschafter der SRR, Gheorghe Caranfil, merkte man an, dass er von zuhause unter einen unerträglichen Druck gesetzt worden war, den Konflikt auf die Botschafterebene zu heben und durch diplomatische Interventionen den Fortgang der Auslieferungen zu erzwingen. Der Dacia war von den Rumänen selbst zu einem Symbol für Hochleistungsfahrzeuge erhoben worden: Beim Staatsbesuch in Rumänien wurde Honecker im Dacia 2000 (oder in einem ARO in Sonderausführung) gefahren, seine Begleitung im Dacia 1800, die Experten im Dacia 1400.

Die rumänischen Diplomaten waren immer Fighter gewesen, schon der langjährige Handelsrat Gheorghe Pozdarie war ein harter Knochen. Doch Caranfil war in besonderer Weise motiviert. Als Chemieminister Rumäniens hatte ihn einst das Sonnenlicht Nicolaes und Elenas gewärmt, dann aber war, ohne seine Schuld, eine Chemieanlage in die Luft geflogen und er selbst in Ungnade, oder besser: in Halbgnade, denn Ceauçescu setzte ihn immerhin auf den Botschafterposten in Berlin. Caranfil war ein stattlicher, gutaussehender großer schlanker Mann, er sprach gut deutsch. Ehe es zum Äußersten kam, hatte ich immer gemeint, dieser in den Handelsfragen kundige, gebildete, oft angenehm ironische Botschafter könne doch gar kein eingefleischter Ceauçescu-Anhänger sein. Nun aber wahrte er zwar die Formen, wurde aber immer drängender und fordernder und ein häufiger, unerwünschter Besucher. Ohne sich festnageln zu lassen, unterstellte Caranfil der DDR-Seite, sie manipuliere die Kraftfahrtechnische Anstalt in Karl-Marx-Stadt und wolle mit einem in Auftrag gegebenen Gefälligkeitsgutachten den Import aus Rumänien zu Fall bringen, um dafür Importe aus kapitalistischen Ländern hereinzuholen und zu rechtfertigen.

Doch Caranfil war ein kluger Mann. Er erkannte, dass der Außenhandel in seinem Bestreben, der Bevölkerung für gutes Geld kein schlechtes Auto anzudrehen, diesmal bis „ganz oben" Rückenhalt finden könnte und tat alles, um dem rumänischen Produzenten einen endgültigen Abnahmestop und die Abgabe des Offenbarungseides gegenüber Ceauçescu zu ersparen. Im Jahresprotokoll für 1989 vereinbarten wir nur einen Import von 530 Stück, ich vermute, auch diese geringe Stückzahl nur als Überhang aus dem Vorjahr. Weil PKW fehlten und die Viertakter-Liebhaber in der DDR den Dacia letzten Endes zu nehmen bereit waren wie er war und nicht besser zu werden versprach, wurden MALF und MAH verpflichtet, mit den Rumänen weiter um Lösungen zu ringen. Doch unausgesprochen blieb: Die Fachleute der DDR kannten den Zustand der Produktionsanlagen im Lieferwerk und glaubten nicht mehr an eine durchgreifende Besserung.

Was schließlich dazu führte, dass ich am 19. November 1989 in den Verhandlungen über die Lieferumfänge für 1990 den Import von 4.000 Stück Dacia vereinbarte, weiß ich heute nicht mehr zu sagen, außerdem sollte die Lieferung von 5.000 Stück eines komfortableren rumänischen Viertakters beginnen, „Oltcit", benannt nach dem rumänischen Fluss Olt und der ersten Silbe des französischen Lizenzpartners „Citroën". Vielleicht hatte es etwas damit zu tun, dass bereits zu diesem Zeitpunkt klar war, dass die Sowjetunion die Lieferwünsche der DDR für den Lada 1990 nicht erfüllen würde, und die mir übergeordneten Entscheider zu dem Schluss gekommen waren: Besser ein Auto als kein Auto.Dass wir überhaupt PKW exportierten, erschien vielen als ein Kapitalverbrechen. Nach Polen gingen, 1983 soll als Beispiel dienen, 7.600 Wartburg und 4.600 Trabant, nach Bulgarien 5.000 Wartburg und 5.000 Trabant, nach Ungarn 12.000 Wartburg und 20.400 Trabant, nach Jugoslawien 5.000 Wartburg, und Rumänien kaufte 500 Trabant als Behindertenfahrzeuge. Die Tschechoslowaken erteilten für den Import von 1.500 Wartburg eine Ausnahmegenehmigung. Es war nun einmal so, dass PKW als begehrtes Konsumgut ein wichtiges Faustpfand zur Importsicherung waren. Doch es war Kampfauftrag, Wartburgs und Trabanten so sparsam wie möglich einzusetzen, und für jedes nicht exportierte Fahrzeug konnten wir mit

Lob rechnen. 1983 hatte der Plan den Export von 72.600 PKW erlaubt, 61.600 wurden zur Lieferung zugesagt. Das wären per Saldo 11.000 glückliche DDR-Bürger mehr gewesen, hätten uns nicht die fast 21.000 Ladas und Škodas gefehlt, die in der UdSSR und ČSSR ausfielen. Und so wurde der Außenhandelsminister nicht für ein Mehr gelobt, sondern für ein Weniger von 10.000 Stück getadelt. Da dem führenden großen Genossen Mittag (und seinem zur Folgsamkeit gezwungenen Abteilungsleiter Klaus Blessing) nichts Grundsätzliches einfiel, das dem Dauerdefizit ein Ende hätte bereiten können, erlag er der Versuchung, in die Exportfonds einzugreifen und Umverteilungen anzuweisen. Ich erkannte, dass dann auch Beil machtlos war und seine Argumente von Mittag in den Wind geschlagen wurden.

Rolle rückwärts

In den Jahren 1981 bis 1985 war die Verschuldung der DDR gegenüber dem NSW nicht abgebaut worden, sie war aber auch nicht weiter angestiegen. Im Jahr 1986 wirkte aber – Siegfried Wenzel hat das anschaulich beschrieben – „die Gegenstrategie der Industrieländer gegen die OPEC …, darunter Einsparungsmaßnahmen und die Aufnahme der Erdölförderung in der Nordsee. Der Erdölpreis fiel um die Hälfte von 32 auf 16 Dollar pro Barrel. Die Deviseneinnahmen der DDR sanken bei gleichen materiellen Exporten an Heizöl und Erdölprodukten auf die Hälfte. Damit war dem eben erst beschlossenen Fünfjahrplan 1986 – 1990 eine wesentliche Grundlage entzogen." Die Lage verschlimmerte sich von Jahr zu Jahr, bis es 1989 so aussah: „Mit den geplanten Valutaeinnahmen 1989 werden nur etwa 35 Prozent der Valutaausgaben insbesondere für Kredittilgungen, Zinszahlungen und Importe gedeckt. 65 Prozent der Ausgaben müssen durch Bankkredite und andere Quellen finanziert werden. Das bedeutet, dass die fälligen Zahlungen von Tilgungen und Zinsen, das heißt Schulden, mit neuen Schulden bezahlt werden." Gesunde Volkswirtschaften verfolgten das Ziel, die Schuldendienstrate nicht über 25 Prozent eines Jahresexports anwachsen zu lassen, in der DDR betrug die Rate 1989 150 Prozent.

Die vorstehenden Aussagen stammen aus der Geheimen Verschlusssache GVS b5 – 1155/89 vom 27. Oktober 1989. Ich erfuhr später, eine Reihe von Aussagen in dieser Verschlusssache hätten die wirkliche Lage „über" dramatisiert. Egon Krenz habe diese „Über" dramatik bei den Verfassern gleichsam bestellt, um dem in seiner Gesamtheit unkundigen und trägen Politbüro die tatsächlich bedrohliche Lage begreiflich zu machen. Mein heutiges Wissen um die „Überspitzungen" in dem Geheimpapier verdanke ich einem Fachmann, dessen Sachverstand ich seit zwei Jahrzehnten zu schätzen Anlass habe. Ich selbst kann an dieser Stelle keine ausgewogene hieb- und stichfeste Analyse liefern.

Nach 1985 führte die Konzentration der außenwirtschaftlichen Ressourcen auf die Steigerung der Exporte in die nichtsozialistischen Länder und die Sowjetunion zu immer gravierenderen Lücken in der materiellen Unterfütterung der Exportpläne für die anderen sozialistischen Länder.

Die Abweichungen im Exportangebot der Industrie zu den Langfristigen Abkommen und auch in der Bedarfsstruktur des Imports wuchsen. Aus den Schmuckstücken der Plankoordinierung, den Rohstoff-, Landwirtschafts- und Chemie"paketen", brachen Juwele heraus, vor allem deswegen, weil die Partner einige dieser Juwelen effektiver auf westlichen Märkten verwerten konnten als im RGW-Raum. Die einseitigen Touristenströme kosteten die DDR Jahr für Jahr wertvolle Tauschware, die dann für dringend erforderliche Importe nicht mehr verfügbar war. Auch das Mehr an Transitleistungen, das die DDR als westliches Ende des sozialistischen Lagers in Anspruch nahm und mit ausgesuchten Waren zu bezahlen hatte, beschnitt unsere Importmöglichkeiten. Die DDR war gezwungen, in erheblichem Umfang Bau- und Montageleistungen zu importieren und ausländische Arbeitskräfte unter Vertrag zu nehmen, auch das kostete Ware. Nicht, dass nicht auch in den Partnerländern die Schuldenentwicklung erzwungen hätte, allen Geschäftschancen auf den kapitalistischen Märkten nachzujagen und dass sich nicht auch bei ihnen Defizite im Angebot für die anderen sozialistischen Länder aufgetan hätten. Doch ohne Schwarz-Weiß-Malerei: Die DDR hatte größere Schwierigkeiten als die Mehrzahl der anderen RGW-Länder, den erforderlichen Export zur Finanzierung ihrer Importvorstellungen aufzubringen, und das trat jetzt für jedermann sichtbar in der Entwicklung der Länderzahlungsbilanzen mit der ČSSR, Ungarn, Rumänien und Polen zutage.

Was keiner der Urheber des mir 1981 anvertrauten Steuerungssystems vorausgesehen hatte: Jetzt brauchten wir die Steuerung, um den DDR-I m p o r t auf den schwächeren Export zuzuschneiden: Rolle rückwärts war angesagt. Ich sah die Gefahr, die jetzt auf meinen Bereich zukam: Jetzt waren schmerzhafte Einschnitte in den Import zu verhängen, und wer das tat, der würde der volkswirtschaftlichen Kurzsichtigkeit gescholten werden, denn immer folgte einem nicht gezogenen Import ein größerer Ausfall in der industriellen Warenproduktion und im Export.

Beil, 1986 zum Minister berufen, erkannte sofort, welche Schuldzuweisungen uns ins Haus standen. Mit dem nicht zu widerlegenden Argument, nur die Staatliche Plankommission kenne die volkswirtschaftlichen Wertigkeiten jeder Importware, schob er der SPK den Schwarzen Peter zu. Nachdem das MAH schon für den Import aus Jugoslawien seine Vollmachten zur Importsteuerung an das Ministerium für Materialwirtschaft abgetreten hatte, übernahm nun auch für die ČSSR, für Ungarn, Rumänien und Polen die SPK in Gestalt des Stellvertreters des Vorsitzenden Dr. Albrecht die Befugnisse des Scharfrichters.

Ich selbst wurde Beisitzer in den „Importgenehmigungs-Kommissionen der SPK" für die UVR, SRR, VRP und ČSSR, assistierte Dr. Albrecht in den immer neuen „Rapporten zur Verbesserung der materiellen Sicherung des Exports" und suspendierte im August 1987 die Tätigkeit meiner eigenen Steuerungsgruppe.

Bulgarisches Erbe

Soweit war es mit „meinen" Ländern nun gekommen: Guthaben hatten wir nur noch bei Bulgarien, Kuba und Albanien, und dazu noch solche, die sich nur schwer in Waren eintauschen ließen. Gegenüber Bulgarien war die DDR Gläubiger in der laufenden Rechnung, seit ich mit diesem Land zu tun hatte. Jedes Mal, wenn wir im IV. Quartal mit den Bulgaren über das Protokoll für das Folgejahr zu verhandeln begannen, beteuerten sie hoch und heilig, die noch verbliebenen Lieferrückstände allernächstens aufzuholen und damit die Rechnung glatt zu stellen.

Da ich den bulgarischen Freunden mein Misstrauen in die Ehrlichkeit ihrer Absichtserklärungen nur sehr vorsichtig einflößen konnte, einigten wir uns meist auf einen Kompromiss, und der bedeutete: Wir würden das neue Jahr mit einem Aktiv in der Zahlungsbilanz beginnen und dieses erneut bis zum Jahresende mitschleppen. Kämen, wie zu erwarten, neue bulgarische Lieferrückstände hinzu, stünden wir am Ende des neuen Jahres dort, wo wir uns schon am Anfang befunden hatten. Bulgarien war Ende der 80er das einzige Land, bei dem ich in bestimmten Abständen zum Mittel der Exportzurückhaltung greifen musste. Das führte zu Feuerstößen gleich aus zwei Richtungen: Zum einen erkannten die Bulgaren durch Indiskretionen von DDR-Exportbetrieben und aus eigener Beobachtung, dass das Ministerium für Außenhandel der DDR in die Warenflüsse eingegriffen hatte und erhoben Beschwerde. Zum anderen protestierten die betroffenen DDR-Exportbetriebe, die Exporterzeugnisse gefertigt hatten und denen sie nun auf den Höfen herumstanden. Sie konnten ihre Exportpläne nicht erfüllen, verfehlten den geplanten Gewinn und zahlten keine Prämien für Planerfüllung, was wiederum auf die

Moral ihrer Arbeiterschaft zurückwirkte.

Aus der Zweischneidigkeit der Wirkungen der Steuerung hatten wir gelernt und versuchten nun, Eingriffe möglichst nur auf ein Kombinat oder einen Lieferbetrieb zu beschränken. Als wir Mähdrescher des Kombinats Fortschritt Landmaschinen vor Beginn der Ernteperiode in Bulgarien von der Auslieferung zurückstellten, gerieten wir von allen Seiten unter Beschuss und mussten die Schleusen wieder öffnen.

Einige Kombinate boten Bulgarien außerhalb der in den Jahresprotokollen getroffenen Liefervereinbarungen zusätzliche Lieferungen an, meist Ware, die sie zu Jahresbeginn für die Sowjetunion oder kapitalistische Länder disponiert, aber nicht verkauft hatten. Waren das Kombinate von durchschnittlicher Reputation, gelang es uns meist, ihre Absichten zu durchkreuzen. Ging es aber um solche, auf denen das Wohlgefallen des Wirtschaftssekretärs ruhte, war aller Widerstand zwecklos. Ein Wolfgang Biermann, Generaldirektor des Kombinats VEB Carl Zeiss Jena, führte dann das Gespräch „von ZK-Mitglied zu ZK-Mitglied", und Gerhard Beils weitgespannte strategische Interessen ließen es ihm geraten erscheinen, sich nicht einer Petitesse wegen anzulegen. „Der Adler frisst keine Fliegen", lautet ein spanisches Sprichwort. Auch der Planungsminister Kurt Fenske nutzte seine Vollmachten gelegentlich, den nach Bulgarien drängenden Exporteuren eine Wohltat zu erweisen, ich kam ihm meist erst später auf die Schliche.

Wie die Bulgaren in weniger als zwei Jahrzehnten aus ihrem Agrarland einen Industriestaat beachtlicher Leistung gemacht hatten, das empfand ich als beeindruckend. Das Problem schien zu sein, dass Bulgarien zwar mit einem Riesensatz in die Neuzeit gesprungen war, aber unvermeidbar zu kurz, um an das führende wissenschaftlich-technische Niveau der DDR oder der ČSSR oder gar des Westens anzuschließen und die geforderte höchste Qualität zu meistern. So produzierten die inzwischen entstehenden Assoziationen vor allem für die Sowjetunion, wichtige Maschinenbaubetriebe waren von der Sowjetunion und nach sowjetischen Dokumentationen errichtet. Bulgarien war das europäische RGW-Land mit dem höchsten Exportanteil in die UdSSR. Mit nur vier Warengruppen: Hebe- und Fördermitteln, elektrotechnischen Erzeugnissen, elektronischen Erzeugnissen und Nachrichtentechnik, bestritten die Bulgaren 50 Prozent ihres UdSSR-Exports. Im Bereich des Schwermaschinenbaus hatte Bulgarien überdimensionierte Kapazitäten, in Radomir zum Beispiel, geschaffen und bemühte sich, die zum Teil verwaisten Unternehmen mit Kooperationsleistungen, auch für die DDR, auszulasten, darunter Baugruppen für Tagebaugroßgeräte und für Hebe- und Transport-

ausrüstungen. 1982 gingen drei Großbetriebe des Investitionsmaschinen-
baus in Betrieb, um die Abhängigkeit von Einfuhren aus dem Westen zu verringern. Was mich aber beeindruckte, vor allem anlässlich der Messebesuche
in Plovdiv (bei allen Qualitätsproblemen, die punktuell heftige Auseinandersetzungen zeitigen konnten), waren die oft unorthodoxen, im Vergleich zur
DDR durchgreifenderen Schritte, gute Voraussetzungen für die Industriekooperation mit kapitalistischen Partnern zu schaffen

Das alle Jahre wieder aufregendste Trauerspiel rankte sich um den Import
von Frischobst, vor allem um Pfirsiche, Weintrauben, Melonen, Pflaumen,
und um den Import von Tomaten und Paprika. Die Plankoordinierung hatte
Verbindungen zwischen Frischobst und Lieferungen der DDR von Chemieerzeugnissen hergestellt, und dieser Zusammenhang blieb während des ganzen Jahres im Visier. Aber es war doch unser Ziel, Pfirsiche zu essen, nicht,
den Export von Chemieprodukten zu ersparen ... Natürlich war es auch mein
Ziel, die bulgarischen Lieferzusagen hochzutreiben, aber von Jahr zu Jahr
passten sich die Vereinbarungen im Jahresprotokoll mehr den Realitäten an:
Als wir im Herbst 1989 das letzte Jahresprotokoll mit Bulgarien unterzeichneten, wurden uns noch ganze 1.200 t Pfirsiche zugesichert. Wenn die
begehrten Pfirsiche genießbar in der DDR ankommen sollten, und sie wurden ja in Eisenbahnwaggons transportiert, dann mussten Transportorganisa-
tion und Wetter beinahe ideal zusammenspielen, dann musste schon vom
Augenblick der Ernte an wirklich alles gelingen. In der Parteiorganisation der
Botschaft führte man das Wort „Kampfpositionen" regelmäßig im Munde,
aber Helmut Ihle, unser bewährter Handelsrat, bezog solche wirklich und tat
für den Erfolg jedes Mal mehr, als eigentlich seines Amtes war. Er fuhr in die
Erntegebiete, redete mit den Leitern und Arbeitskräften auf den Feldern,
bewirtete die Organisatoren mit kühlem Radeberger aus der DDR, setzte
Prämien aus. Aber oft misslang das Husarenstück, und es gab Zeiten, da
mussten schon an der DDR-Grenze ganze Waggonladungen verfaulter Pfirsiche entsorgt werden. Kamen sie aber bis in die großen Städte, und auch daran sind mir lebendige Erinnerungen geblieben, dann wurden die Pfirsiche im
Handumdrehen vom LKW herunter verkauft, und die Verkäufer wollten sich
nicht beim Abwiegen aufhalten: Verkauft wurden nur ganze Stiegen.

Der Tourismus war ein wichtiges bulgarisches Exportgut, und Reisen nach
Bulgarien waren zweifellos begehrt. Als ich ab 1985 auch für die Abkommensverhandlungen mit Bulgarien zuständig wurde, reisten jährlich schon
mehr als 250.000 DDR-Bürger allein mit dem Reisebüro (wie das klingt:
d e m Reisebüro, es gab nur dieses eine) und mit Jugendtourist dorthin. Aber

Bulgarien war doch nicht in einer so komfortablen Lage, dass es wie die ČSSR und Ungarn dafür Sonderbedingungen hätte stellen können. Das hing einmal mit der Entfernung zusammen, für Individualreisende mit eigenem Fahrzeug war das doch eine beachtliche Fahrstrecke, und es hing auch mit der bescheideneren Qualität des bulgarischen Herbergswesens zusammen, mit den Abstrichen an Sauberkeit und gastronomischem Service. So lange ich mich erinnern kann, hatte die DDR-Seite alljährlich Klagen über das Missverhältnis zwischen Preis und Leistung. Tramptourismus nach Bulgarien war nicht ungefährlich. In späteren Jahren musste der PKW-Reisende schon in der DDR Benzintalons erwerben, um vor Ort tanken zu können. Auch ich selbst hatte herrliche Erinnerungen an Urlaub am Schwarzen Meer – aber eine „Sonderbezahlung" über die jährlichen 10.000 Wartburg und Trabant hinaus ließen wir uns nicht abknöpfen.

Da bin ich schon bei der Reise der Partei- und Staatsdelegation mit Honecker im September 1987, an der ich als Experte teilnahm. Mittag und Sölle waren Delegationsmitglieder, zusammen mit Horst Tschanter war ich für SPK und MAH unter den Experten. Experten waren auch Siegfried Bock, der jetzt die Abteilung Südosteuropa im MfAA leitete, und Jürgen van Zwoll und Peter Schubert, die bald darauf Botschafter in Polen und Albanien wurden. Shiwkow stammte aus dem früher eher bescheidenen Dorf Prawez, das nur eine knappe Autostunde vor den Toren Sofias lag. Diesem Örtchen hatte Shiwkow durch massierte Zuführung von Investitionen gewaltige Bedeutung verliehen, dort gab es nicht nur ein Historisches Museum, einen Kulturpalast, eine einladende Gaststätte am Stausee, sondern, viel wichtiger, ein Kombinat für Mikroprozessortechnik, in dem Leiterplatten und Personalcomputer montiert wurden. Der Wunderheiler Ognjan Doinow, Mittags bulgarisches Gegenstück, hatte angewiesen, in einer Turnhalle von Prawez eine Ausstellung aller in Bulgarien gefertigten Geräte der Datenverarbeitungstechnik aufzufahren. Als die DDR-Delegation darin herumgeführt wurde, musste Mittag befürchten, dass von dieser geballten Show des Emporkömmlings Bulgarien vielleicht doch zu viel Glanz ausstrahlen könnte.

Er blieb Honecker nahe, um diesen mit leicht daherkommenden Bemerkungen wissen zu lassen, dass wir das alles auch haben in der DDR, nur mehr noch und selbstverständlich besser. Dabei störte nur ein junger Ingenieur aus der bulgarischen Absatzorganisation von Robotron, weiß der Himmel, wer den nach Prawez mitgeschickt hatte, und der ließ in seinem verblendeten Objektivismus gelegentlich eine völlig unpassende Bemerkung fallen: Da sind uns die Bulgaren voraus ... Oder: Dieses Erzeugnis ist gut, wir importieren es. Dann sagte er noch: Wir importieren sowieso das Mehrfache von dem, was wir in Bulgarien verkaufen. Halblaut, aber doch gut verständlich, ließ sich nun Mittag vernehmen: „Du Esel!"

Wir waren noch nicht wieder richtig in der Residenz Bojana angekommen, ließ Mittag mir übermitteln: Ich will das Handelsabkommen sehen! Helmut Ihle eilte, um die Computerausdrucke der Export- und Importlisten herbeizuschaffen. Ich meine, wir importierten bis zu fünfmal mehr, als wir lieferten. 1989, das weiß ich mit Bestimmtheit zu sagen, war es noch immer das 4,4 fache. Als ich Mittag die, zugegeben, nicht allzu kontrastreichen Listen übergeben wollte, fragte er zunächst noch einmal: Wir importieren mehr als wir liefern? Ja, sagte ich. Dann nahm Mittag mir die Listen aus der Hand und schaute eine Weile darauf. Er hatte die Listen aber nicht herumgedreht, und so standen die Zahlen nun auf dem Kopf. Aber es war ihm schon nicht mehr wichtig.

Höhepunkt dieser Reise waren die Ordensverleihungen. Todor Shiwkow hatte den Karl-Marx-Orden erhalten, nun überreichte Shiwkow Honecker den Orden „Stara Planina" am Band. Eigentlich sollten nur die Interimsdekorationen angeheftet werden, aber Shiwkow hatte schon die Spange des großen Ordens geöffnet und versuchte, sie Honecker ans Revers zu pinnen. Es gelang ihm aber nicht recht, und schließlich rutschte ihm die „Stara Planina" aus der Hand und schepperte zu Boden. Beide Generalsekretäre bückten sich zugleich, dann versuchte sich Shiwkow noch einmal, aber da war Honecker dieses Gefummel schon lästig geworden, er nahm Shiwkow den Orden aus der Hand und stopfte ihn dorthin, wo der elegante Mann sonst das Kavalierstuch herausschauen lässt.

Kuba – mi amor

Dagegen war gar nichts zu machen, Kuba blieb mein „Lieblingsland." Nicht, dass es mir nicht auch Ärger und Enttäuschungen bereitet und Kritik eingebracht hätte, nein, das war es nicht. Aber es blieb immer das Land, in dem ich die aufregendsten und schönsten Erlebnisse als junger Außenhändler hatte und das Land, von dessen Menschen ich wohl am meisten verstand, von ihrer nationalen Eigenart, ihrer Sprache, ihrer Art, „Revolución" und einen Sozialismus zu machen mit der Art von Fehlern, wie wir sie auch begingen, und vielen kubanischen Torheiten dazu: Nosotros los Cubanos ...

Menschen, die vieles an der ihnen gebrachten neuen Lehre mit kindlichem Eifer übertrieben, aber mehr noch por la libre nahmen, mit unvergleichlicher Leichtigkeit, mit ihren entwaffnenden demokratischen Umgangsformen, mit dieser Sorte respektlosen, doppelbödigen Witzes, mit dem die kleinen Kubaner die Großen zu sich herunterziehen.

In den Jahren zwischen 1980 und 1989 verlief die wirtschaftliche Entwicklung Kubas widersprüchlich. In den Jahren 1980 bis 1985, von den Kubanern selbst scherzhaft „die Jahre der fetten Kuh" genannt, wurden jährliche Wachstumsraten von etwa 7 Prozent erwirtschaftet, das Angebot von Verbrauchsgütern im staatlichen Handel verbesserte sich, freie Bauernmärkte ergänzten das Angebot. Aber im Schoße dieser Jahre verringerten sich Kubas Exporterlöse, vor allem durch sinkende Erlöse aus dem Zuckerexport auf die freien Zuckermärkte. Das Wiederanwachsen des Handelsbilanz-Defizits ging einher mit sinkender Effektivität und Arbeitsproduktivität in der industriellen und landwirtschaftlichen Produktion. In der 1986 einsetzenden Periode der „Rektifikation" verwarf die kubanische Führung wieder einmal alle marktwirtschaftlich orientierten Reformansätze und setzte irrigerweise erneut auf idealistische Lösungswege, den moralischen Anreiz, auf revolutionäre Rhetorik, auf die Militarisierung von Teilbereichen der Volkswirtschaft, zum Beispiel des Bauwesens. Die schmerzhafte Verringerung der Einnahmen in Freien Devisen zwang Kuba zur völligen Einstellung des Schuldendienstes gegenüber seinen kapitalistischen Gläubigern.

In der Periode der „Rektifikation" vollzog Kuba eine Rezentralisierung der staatlichen Wirtschaftslenkung. Sie gewährleistete den straffsten Einsatz der geschrumpften Ressourcen, konnte aber natürlich keine Voraussetzungen für flexibles und dynamisches Wirtschaften erzeugen. Es ist leicht zu verstehen: Die wirtschaftliche Anspannung verleitete die kubanischen Wirtschaftsfunktionäre, gerade auch die des Außenhandels, ihren auswärtigen Partnern in den sozialistischen Länder unangemessene Zugeständnisse abzunötigen. In den Jahren nach 1985 versuchten auch meine Verhandlungspartner, mehr zu nehmen als zu geben und suchten dabei in einigen Fällen auch Zuflucht zu Kunstgriffen, zum Beispiel durch fehlerhafte Berechnung der Rückzahlungsverpflichtungen aus früher aufgenommenen Krediten und anderer Bilanzfaktoren.

Überhaupt waren die kubanischen Verhandlungspartner wegen ihres ausgeprägten Selbstbewusstseins und Stolzes oft schwierige Persönlichkeiten. Die Eigenschaften, die Mikojan nach der Oktoberkrise 1962 den „großen" Kubanern bescheinigte, trafen auch auf manche der „kleinen" Kubaner, wie auf meine Verhandlungspartner zu: Die Kubaner seien – so Mikojan – „ausholend, emotional, nervös, ... beim geringsten Anlass vor Ärger explodierend und mit einer ungesunden Affinität, sich auf Nebensächlichkeiten zu konzentrieren", und sie seien „extrem gespreizt". Ich ahne, was er mit dem Wort „gespreizt" ausdrücken wollte. Diese Eigenschaft trat bei den Klügsten der außenhändlerischen Zunft, ich will nur Marcelo Fernandez Font, Raúl León Torras und Herminio García Lazo nennen, ständig oder zeitweilig in Reserviertheit, kühler Arroganz und nachsichtigem „Von-oben-herab" zu Tage, bei den weniger hervorstechenden Persönlichkeiten zeigte sie sich eher in der Neigung zu machistischer Überheblichkeit, in schnellem Beleidigt-Sein und in der Weigerung, Schuld anzuerkennen. Zurückblickend glaube ich, dass meine Gesprächspartner fast immer unter dem Druck von Verhandlungsdirektiven standen, nach denen sie zu viel fordern mussten, jedenfalls mehr, als ihnen meiner Überzeugung nach bei nüchterner Rechnung zustand. Das schränkte ihr Verlangen ein, mir das ganze Ausmaß von Herzlichkeit und Natürlichkeit zu offenbaren, das sie besaßen und das sie zu anderen Zeiten so liebenswert gemacht hatte.

Im letzten Jahrfünft der Wirtschaftszusammenarbeit entwickelte Kuba großen Ehrgeiz, die Rolle des ausschließlichen Nahrungsgüterexporteurs zu überwinden, mit der DDR bei der Produktion von Maschinenbauerzeugnissen zu kooperieren und dabei zugleich die Palette seiner Exporterzeugnisse zu erweitern. Im Wirtschaftsausschuss engagierten sich rührige Industrievertreter der DDR, den Kubanern Hilfestellung zu geben, es gab Reibungsverluste, Enttäuschungen, aber schließlich auch Erfolge. Die DDR begann mit dem Import von Sattelaufliegern, Landwirtschafts-Anhängern, Hydraulikzylindern, Gestellen für Telefonzentralen, Tastaturen, Schaltkreisen, Kohleschichtwiderständen ... Als Horst Sölle, der Kleiber als Ko-Vorsitzender des Wirtschaftsausschusses DDR – Kuba gefolgt war, und sein kubanischer Partner Carlos Rafael Rodriguez am 4. März 1989 die XV. Tagung in Havanna beendeten, empfing ihn Fidel Castro. Castro erschien sogar zum Abschiedsempfang und dankte Sölle und jedem einzelnen Mitglied des Ausschusses mit Handschlag für das Geleistete. Das war auch meine letzte Begegnung mit „Fidel", den nicht wenige DDR-Bürger, Erich Honecker nachahmend, „Fiedel" nannten.

Solange ich an der Aufgabe beteiligt war, den Import aus Kuba von dem einen Bein Zucker auf mehrere Beine zu stellen, war ich bei aller Skepsis doch auch bereit, mich trotz früherer Niederlagen neu für den Gedanken zu erwärmen, in der Winterzeit frisches Obst und Gemüse aus Kuba heranzuholen, und ganz hat er mich nie losgelassen. Doch schon zu Beginn der 60er Jahre hatten unsere kubanischen Freunde die praktischen Fragen nicht lösen können, die sich dem massenhaften, konzentrierten Export von Tomaten, Gurken, Paprika entgegengestellt hatten: Ernte großer Mengen zu gleichen

Zeiten, Verpackungskartons, zügiger Transport zu den Häfen, Zwischenlagerung in Kühlhäusern, Seetransport möglichst im eigenen Schiffsraum. So verlockend war der Gedanke auch für Plankommission und Regierung, dass Anfang der 80er erneut Experimente unternommen wurden, Tomaten, Kartoffeln, Paprika und frische Früchte in größerem Maßstab abzufrachten. Die Fachleute hielten für unumgänglich, dass die Kubaner Partien von 200 t Tomaten direkt vom Feld und ohne jegliche Zwischenlagerung an von der DDR gegen konvertierbare Devisen gecharterte Kühlschiffe heranfahren, um eine zügige Beladung zu sichern. Die Tomaten waren dann, auf 6 bis 8 Grad Celsius heruntergekühlt, etwa 2 Wochen nach der DDR unterwegs. Die Erfahrungen waren zunächst niederschmetternd: Ganze LKW-Ladungen der angedienten Tomaten mussten schon vor Ladung vor allem wegen Schwarzfleckigkeit zurückgewiesen werden. Das lag an der fehlenden Behandlung des Ernteguts mit Pflanzenschutz- und Schädlingsbekämpfungsmitteln. Bei den ersten Probeverschiffungen betrug der Verderb bis zu 82 Prozent, später 40 bis 45 Prozent. Um wenigstens für einige hauptstädtische Verwender Frischware heranzuholen, lud die Interflug 1981 bis 1984 Tomaten, Paprika, Zitronen, Orangen und Pampelmusen zu – ein teurer Genuss. Doch den Kubanern war der hohe logistische Aufwand für einen so geringen Erlösposten lästig, die Sache krebste dahin, Wünsche der DDR, auch Bananen, Avocados und Mangofrüchte auf dem Luftweg zu erhalten, fanden keine große Gegenliebe. Doch gewisse Bemühungen konnten wir schon erwarten, hatten doch die Kubaner umgekehrt Importwünsche nach Frischem auch an die DDR: rotwangige Äpfel für die Weihnachtsversorgung, die kannte die Bevölkerung noch aus dem Kapitalismus.

Ausgehend von den kubanischen Wünschen, und weil alles in allem beide Seiten in der Zusammenarbeit relativ gute Erfahrungen gemacht hatten, entschied sich die DDR um die Jahresmitte 1985, im Zeitraum 1986 bis 1990 weiter in die kubanische Zuckerindustrie und die zitrusverarbeitende Industrie zu investieren. Die Ländersektion Kuba des MAH trug die Hauptlast der Vorbereitung des Abkommens, mit dem die DDR Kredite von 430 Mio. Mark/VGW für die Festigung der Zuckerproduktion und Kredite von 187 Mio. Mark/VGW für die Erweiterung der industriellen Verarbeitung von Zitrusfrüchten gewährte. Damit finanzierte Kuba den Import von kompletten Energieausrüstungen, Dampferzeugern, Turbosätzen, Zentrifugen und die Rekonstruktion von Energieerzeugungsanlagen, die die DDR schon in den 60ern geliefert hatte und die nun in die Jahre kamen. Die DDR beteiligte sich nach 1986 auch an der Errichtung weiterer wichtiger Investitionsobjekte zur Produktion von Bananenmark, Dickzuckerfrüchten, Formaldehyd und Alkohol. Ich glaube, man kann mit Fug und Recht sagen, dass es in der Plankoordinierung und in der Arbeit des Wirtschaftsausschusses mit Kuba noch eine regelrechte Arbeit an Zukunftsinvestitionen zum gegenseitigen Nutzen gab, als das Nachdenken über neue gemeinsame Zukunftsvorhaben in den Ausschüssen mit den anderen RGW-Ländern schon einzuschlafen begann.

Die gemeinsamen Investitionen mehrerer RGW-Staaten in die kubanische Nickelhütte Las Camariocas waren ein Vorhaben großer Tragweite, doch wie sich zeigen sollte, stand es unter keinem guten Stern. Zucker und Zitrus - das waren über die Länge der Jahre die wirklichen Säulen der kubanischen Gegenleistung für den DDR-Export. Für das letzte Jahr, das die DDR und Kuba im RGW vereinte, waren Importziele vereinbart, die ein durchaus realistisches Bild davon vermitteln, wohin wir nach 30 Jahren Wirtschaftszusammenarbeit gelangt waren.

1990 sollte die DDR aus Kuba 220 kt Roh- und 70 kt Weißzucker beziehen, 100 kt Orangen und Mandarinen, 41 kt Grapefruit, 10 kt Zitronen. Vorgesehen war der Import von mehr als 6 kt Zitruskonzentraten und -säften, davon 1.750 t zur Tilgung der für den Aufbau des Kombinats in Ciego de Avila ausgereichten Kredite. Das waren die Säulen des Imports. Doch ins Gewicht fielen auch die etwa 2.400 t Nickelsinter und Nickeloxid, 20 kt Futterhefe, die mehr als 2.500 t Bananenmark, 12 kt Spritrektifikat und mehr als 14.000 hl Rum.

Stagnation auf dem Balkan

Aus unseren Wirtschaftsbeziehungen zu Jugoslawien war Mitte der 80er die Dynamik entwichen, die Möglichkeiten des Warenaustauschs hatten anscheinend ihre Grenzen erreicht, doch anders als im Handel mit unseren RGW-Nachbarländern war es die Schwäche der anderen, der Jugoslawen, die unsere Pläne durchkreuzte: Es blieb uns auch „gute Ware" stehen, Zementausrüstungen, Baumaschinen, Kälteausrüstungen, PKW Wartburg, weil Jugoslawien unter dem Druck eines ihm von IWF und Weltbank auferlegten Stabilisierungsplans Investitionen und gesellschaftlichen Verbrauch mit dem Ziel drosselte, seine Verschuldung gegen den Westen abzubauen und die Inflations- und Zinsraten, die 50 Prozent erreicht hatten, zu senken. Es war natürlich nicht zufällig so, dass Jugoslawien gezwungen wurde, die importdrosselnde Kurs- und Zinspolitik auch gegen Clearing-Handelspartner auszurichten. Aus DDR-Sicht war das widersinnig: Die Clearing-Verrechnung war seit jeher beste Gewähr dafür, dass kein beteiligtes Land beim anderen verschuldete. Die Währungsinstitutionen sahen das natürlich aus einem anderen Blickwinkel: Ihre Auflagen wollten ja nicht bewirken, dass die Konkurrenz aus dem Osten die zeitweiligen Vakanzen des Westens besetzte. Wir Außenhändler gerieten unter Druck. Die jugoslawischen Wirtschaftsbehörden verweigerten in steigendem Maße die Importlizenzen für Exportverträge der DDR-Außenhandelsbetriebe über Maschinenbauerzeugnisse, Ausrüstungen und Anlagen. Anfang 1985 zeichnete sich ab, dass uns für das laufende Jahr fast eine halbe Milliarde Mark Ware stehenbleiben würde. Die DDR-Importeure, denen wir aus Geldmangel den Importhahn zugedreht hatten, wurden unruhig, ja bösartig.

Lange Zeit waren wir auf die gescheite Konstruktion und das Funktionieren der Rohstoffabkommen Aluminium, Zink, Textilzellstoff stolz gewesen, jetzt krachte es auch in deren Gebälk, weil die jugoslawische Seite die beidseitige Vorteilhaftigkeit aufzuheben trachtete. Zum Vertragskonsens gehörte, dass die DDR einen bestimmten Anteil ihrer Gegenlieferungen mit „nicht konvertierbaren" Waren bestreiten konnte. „Konvertierbare Waren" waren solche, die auf westlichen Märkten gegen frei konvertierbare Währungen jederzeit und zu fairen Preisen verkäuflich waren – „nicht konvertierbare" waren demzufolge jene, auf die die Märkte im Westen weniger scharf waren. Jetzt wurden die jugoslawischen Partner der Generalabkommen immer wählerischer und zögerlicher und versuchten, die Bezahlwarenstrukturen zu Lasten der DDR zu verschlechtern und der DDR die Zusicherung des andauernden Exports von Elektroenergie abzutrotzen. Was aber noch gefährlicher war: Sie wichen in ihren Preisforderungen von den vertraglichen Regeln ab.

Vereinbart war, dass die DDR für Aluminium einen Mischpreis zahlt – zu 50 Prozent aus dem Durchschnittspreis der führenden Welt-Aluminium-Produzenten, zu 50 Prozent aus dem Preis des so genannten Freien Aluminium-Marktes gebildet. Schon das war ein Vorzugspreis. Doch der jugoslawische Abkommenspartner forderte einen höheren als diesen gemischten Vorzugspreis, und als wir der DDR-Regierung die Auswirkungen dieses voluntaristischen Verhaltens vorrechnen mussten, stellten wir fest: Die Jugoslawen forderten, umgerechnet auf 45.000 t Aluminium-Masseln, auf die wir Anspruch hatten, 14,8 Millionen US-$ mehr, als ihnen zustanden. Auch im Getriebe des Zink-Abkommens knirschte es: Der Abkommenspartner tilgte den in der DDR aufgenommenen Kredit nicht fristgerecht und hatte erhebliche Lieferrückstände bei Zink. Der Partner des Zellstoff-Abkommens werkelte zu unseren Lasten an der Struktur der Bezahlwaren herum.

Die Ökonomie der Lohnveredlungen (in den Abkommen als Zusammenarbeit in der Konfektion bezeichnet), die wir in Unternehmen der jugoslawischen Leichtindustrie durchführen ließen und die dort mehr als 10.000 Arbeitsplätze sicherten, stimmte nicht mehr. Die Gegenseite verlangte als Bezahlung für ihre Arbeitsleistungen, soweit sie sich diese mit Material anstelle von Geld vergüten ließ, einen immer höheren Anteil von Textilrohstoffen, während die DDR mit nachlassendem Erfolg versuchte, vorwiegend mit Halbfertigerzeugnissen, vor allem mit Geweben, zu bezahlen.

Wo sich im DDR-Import aus Jugoslawien bereits Abhängigkeiten herausgebildet hatten, drohten sich die Lieferkonditionen zu verschlechtern – es mussten Zeichen gesetzt werden, aber die Einschnitte durften die DDR natürlich auch nicht schmerzhafter treffen als die Seite, welche das Ziel der Strafaktion war, denn das gehörte auch zur Wahrheit: Auf manchem Gebiet hatte die DDR einfach keine Alternative. Weil die produktive Akkumulation in der Industrie der DDR immer weiter zurückfiel, kam die Automatisierung nicht vom Fleck und sank schon seit 1985 der Anteil der mit manueller Arbeit Beschäftigten in der DDR nicht mehr. Keine oder kaum eine Alternative hatte die DDR deshalb immer dort, wo es um die Weiterführung arbeitsintensiver Prozesse in der Industrie und im Bauwesen ging: Entweder wir holten die Arbeitskräfte und Gewerke aus Polen, Vietnam, Kuba, Mocambique, oder wir verlagerten Lohnarbeit nach draußen, wie gerade auch nach Jugoslawien.

Eine Seilschaft aus den Ausarbeitern Dieter Albrecht und mir, der Hermann Leihkauf, Horst Grüner und Herta König zur Seite traten, arbeitete eine knallharte Entscheidungsvorlage aus, die Vollmachten gab, für die Interessen der DDR zu fechten – ohne Furcht vor dem allgegenwärtigen Vorwurf der Politiker, die immer in Sorge waren, die Koofmiche könnten die „sonst so guten Beziehungen" vergiften.

In dieser Vorlage wurde der Auftrag erneuert, Importe nur in dem Umfang zuzulassen, wie Exporte flossen. Da wir im Export keine Wunder erwarten konnten, wurden von vornherein Importe gestrichen: Schiffsreparaturen, Energieausrüstungen, Aluminium-Guss, Kupplungen, spanende Blankwerkzeuge, Verdichter, Rollenketten, Mischbatterien, Bohrfutter ... Wunderliche Abhängigkeiten der DDR von Jugoslawien-Importen wurden nun beseitigt: Papierbeutel mit Seitenfalte hatten wir bisher einführen müssen, Hebel-Mechaniken für Leitz-Ordner (halt, bei uns hießen die "Falken"-Ordner), und warum hatten wir selbst nicht genug Eierhöcker herstellen können? Die vereinigten Textilproduzenten und Lohnveredler Jugoslawiens erhielten ein Signal: Die DDR kaufte für 48 Mio. Valuta-Mark Konfektion und Schuhe nicht von ihnen, sondern aus Westeuropa. Dabei hatten die Jugoslawen gehofft, die DDR werde notfalls konvertierbare Devisen in das Clearing-Verrechnungskonto einschießen.

Unsere Vorlage wurde angenommen. Sie bewirkte keine Wunder, aber sie gab dem Wirtschaftsausschuss und uns im Ministerium für Außenhandel das nötige Verhandlungsbewusstsein. Die jugoslawischen Kontrahenten sahen immerhin, dass ihre Bäume nicht in den Himmel wuchsen. Doch in fast jedem der folgenden Jahre mussten wir der Regierung erneut Vorschläge unterbreiten, wie Sondersituationen bewältigt werden sollen: Im Jahr 1988 konnte uns nur Jugoslawien die benötigten Tagebauausrüstungen für den Braunkohletagebau Klettwitz fertigen, musste die Industriekooperation Bekleidung und Strumpfhosen flott gemacht werden, waren auf einmal 50 Mio. Mark außer der Reihe an die Fluggesellschaft JAT zu zahlen, weil die DDR-Regierung jetzt einer größeren Bevölkerungsgruppe erlaubte, ihre Verwandten im westlichen Ausland zu besuchen, und diese Glücklichen mit der jugoslawischen Gesellschaft fliegen ließ.

Die DDR hatte hohe Forderungen auf Kreditrückzahlungen und überfällige bankgesicherte Forderungen gegenüber jugoslawischen Abnehmern, weil die aber säumig blieben, kamen wir selbst in Schwierigkeiten. Der Präsident der Deutschen Außenhandelsbank wurde bevollmächtigt, den Swing einzuhalten – was soviel hieß, von den DDR-AHB bereits erteilte Zahlungsaufträge solange „zu schieben", bis der technische Kredit auf dem Verrechnungskonto wieder Spielraum freigab.

Die Rohstoffabkommen und die verschiedenen Formen der Lohnveredlung in der Leichtindustrie blieben tragende Säulen des wirtschaftlichen Austauschs. Doch alles in allem wurde das Jahrfünft 1986 bis 1990 ein Jahrfünft der Stagnation unserer Wirtschaftsbeziehungen mit der SFRJ.

Bei Halt: Verbeugung!

Auch in den zehn Jahren, in denen ich als Stellvertreter für die Handelsbeziehungen mit Albanien verantwortlich war, geschah Ungewöhnliches. Die am schwersten wiegende Erschütterung war die Entfernung Mehmet Shehus aus dem Amt des Ministerpräsidenten, das er 27 (!) Jahre bekleidet hatte, im Dezember 1981 und seine Ersetzung durch den politisch weniger profilierten Adil Carcani.

Die Kampagnen zur Verurteilung Shehus setzten erst spät ein, was darauf schließen ließ, dass vielleicht nicht alle Führungskader sogleich glauben wollten, er sei langjähriger Agent westlicher Geheimdienste gewesen und habe sich selbst das Leben genommen. Es waren erfahrene Militärs, Wirtschaftler, Kulturfunktionäre-Pragmatiker allesamt, die dem Unterdrückungs-feldzug Enver Hoxhas zum Opfer fielen. Als Enver Hoxha, dem alle Segnungen der modernen westlichen Medizin zur Verfügung gestanden hatten, am 11. April 1985 starb, trat der auf seine Nachfolge vorbereitete Ideologie-Sekretär Ramiz Alia die Nachfolge an. Nachdem die Albaner den Sowjets untreu geworden und danach den Chinesen von der Rolle gegangen waren, blieb ihnen ja eigentlich keine Wahl mehr. So verbohrt und weltfremd ihre ideologischen Positionen waren, wussten sie als Pragmatiker und Kenner des europäischen Wirtschaftsalltags den Wert geregelter Handelsbeziehungen zu den RGW-Ländern, die UdSSR ausgeschlossen, zu schätzen. In den Außen-wirtschaftsbeziehungen forderten sie auch die DDR nicht durch unkluge Provokationen heraus, hielten sich an Usancen des RGW-Handels, behielten (nach kurzer Zeit des Herumtändelns mit anderen Gedanken) die Verrechnungen im Rubel bei, machten die periodische Korrektur der Vertragspreise mit und nahmen für eine Spinnereianlage von Textima ein mehrjähriges kommerzielles Zahlungsziel, denn die Verfassung verbot Albanien nur die K r e d i t -Aufnahme, und ein Zahlungsziel war ja kein Kredit. Und sie schlossen auch einen Eisenbahnstumpf an den jugoslawischen Bahnkörper und damit an Westeuropa an. Sie übernahmen aber auch einige Untugenden der RGW-Länder: In den Verhandlungen zu den Jahresprotokollen vereinbarten sie auch einmal Lieferungen von 110, wenn sie nur 100 hatten. Vertrags- und Lieferrückstände, vor allem bei Chromerz, rissen ein. An albanischem Chromerz, wenn alles gut lief, waren das jährlich 60 kt, waren wir interessiert. Auch frühe albanische Tomaten, Kartoffeln und Gurken nahmen wir gern in einer Größenordnung von 20 kt ab. Ganz allmählich entwickelten sich auch schüchterne Ansätze von Kooperation und Lohnveredlung in der Leichtindustrie, und kurz vor dem Untergang des Sozialismus waren sich DDR und Albanien auch einig geworden, einen Gemeinsamen Wirtschafts-ausschuss ins Leben zu rufen.

Alles in allem waren die Albaner umgänglicher geworden, geschäftsmä-ßig-freundlich, solange man politische Themen vermied, bekundeten sie auch ihrerseits nicht unbedingt missionarischen Eifer. Äußerlich betonten sie noch immer, dass unsere staatlichen Beziehungen nicht völlig normal seien, ohne der DDR-Seite immer wieder aufs Brot zu schmieren, dass sie es war, die 1961 den Botschafter abberief und auf die Einschränkung des Umfangs der Vertretungen beider Länder gedrungen hatte.

Lange Jahre unterhielten beide Länder nur Geschäftsträger ad interim und Handelsattachés, dann trat auch da wieder Normalität ein. Ilir Boçka war der erste albanische, Peter Schubert 1988 der erste DDR-Botschafter und Gerhard Pfeiffer und Wolfgang Dornemann die ersten DDR-Handelsräte nach der Eiszeit.

Wenn ich Gast meines albanischen Partnerministers Pajtim Ajazi, später seines Nachfolgers Kostandin Hoxha war, hatten diese aber offensichtlich den strengen Parteiauftrag, mich ein Stück an das große revolutionäre Erbe Albaniens heranzuführen. Sie machten das so geschickt, dass sie jedesmal ihren Kampfauftrag zur Revisionistenbekehrung als erfüllt abrechnen konnten. Dass ich es strikt ablehnen würde, irgendeine Ehrenbezeugung am Grab Enver Hoxhas zu leisten, war ihnen klar, dazu drängten sie mich nicht. Natürlich habe ich mir selbst einmal eine Besichtigung des Grabes von Hoxha auf dem auf der Höhe über Tirana gelegenen Friedhof erlaubt. Dafür gab es klare Regeln. Es war bekannt, dass die beiden am Grab aufgestellten Ehrenposten der Armee einen Besucher, der vor dem Grab s t e h e n blieb, zur Ehrenbezeugung zwingen würden. Also hatte mir unsere Botschaft eingegeben, gemessenen Schrittes am Grabplatz vorbeizuschreiten, wenn ich denn meinen Besichtigungswunsch nicht unterdrücken wollte.

Als im Juni 1989 der DDR-Außenminister Oskar Fischer bei Ramiz Alia vorsprach und an das „Zugetan-Sein von Kommunist zu Kommunist zwischen Erich Honecker und Ramiz Alia" erinnern konnte (beide bezeichneten einander als Freunde), hatten sich die Sitten geändert, und Fischer legte am Denkmal der „Mutter Albanien" und an Enver Hoxhas Grab Blumen nieder. Zu dieser Zeit waren sich die Führer in DDR und Albanien eben doch ziemlich einig, dass „zuviel Euphorie in der Welt und offen sei, ob Umarmungen und Küsse die Welt vom Kriege befreien könnten." Beide Länder waren gleichermaßen von den Entwicklungen in der SFRJ, in Ungarn und Polen beunruhigt, und wie sollte Oskar Fischer auch widersprechen, wenn Ramiz Alia meinte, beide Länder brauchten keine Vormünder ...

Als mich mein Partner Kostandin Hoxha (kein Verwandter des verblichenen großen Namensträgers) zu einer Fahrt über Land abholte, während der wir zum Mittagessen im früheren Jagdsitz des faschistischen italienischen Außenministers Galeazzo Graf Ciano einkehren wollten, fragte er mich, ob ich einverstanden sei, noch einen kurzen Blick „in ein nahegelegenes Museum" zu werfen. Ich ahnte schon, was mir da bevorstand, lehnte aber nicht ab. Ich ging langsamen Schrittes durch einen sehr kleinen Abschnitt des Museums, blieb einen Moment vor der Imitation eines Feldkommandostandes stehen, aber mein Ministerkollege zog mich mit seinem Schrittmaß schneller aus dem Museum wieder hinaus, als wir hineingekommen waren.

Es hatte genügt. Noch rührender verhielt sich Pajtim Ajazi. Der hatte für mich nach Abschluss der Jahresprotokollverhandlungen eine Zweitagesfahrt an die Adriaküste nahe Saranda, gegenüber Korfu gelegen, arrangiert, und auf dem Wege dahin machten wir in der romantischen alten Bergstadt Gjirokastra Halt. Mit keiner Silbe wurde mir angekündigt, dass mir eine Kulthandlung bevorstand, im Gegenteil, ich wurde gefragt, ob ich mir ein sehr schön restauriertes Haus eines wohlhabenden albanischen Kaufmanns ansehen wolle, was ich mit Freuden bejahte. Als wir das liebevoll wiederhergestellte Haus verließen, lotste mich Ajazi am Gästebuch vorbei und schnell zum Ausgang. Draußen erfuhr ich dann so nebenher, dass wir gerade das Geburtshaus Enver Hoxhas besucht hatten.

In meiner ganzen Albanienzeit hat mich nicht ein einziger Albaner ins Herz schauen lassen. Ich weiß bis heute nicht, ob die tüchtigen Außenhändler, die ich kennengelernt habe, Anhänger der Diktatur oder potentielle Reformisten waren, oder ob einer davon später zu einer Bürgerpartei gestoßen ist. Nur Ajazi hat mir etwas aus seinem Leben erzählt, woraus ich geschlossen habe, dass er sich lange um das Vertrauen der Kommunisten hatte bemühen müssen. Ajazi war ein Lehrersohn, ein Kind aus der Intelligenz, und hatte vor der Aufnahme in die Partei ein oder zwei Jahre praktische Arbeit im größten albanischen Wasserkraftwerk am Mati ableisten müssen.

Ich flog gern nach Tirana. Botschaft und HPA legten Wert darauf, die Zeit meiner Anwesenheit zu gründlichen fachlichen und menschlichen Gesprächen zu nutzen, ihre Probleme und Überlegungen standen nicht allzu oft im Mittelpunkt. Tirana war eine Hauptstadt ohne jegliches kulturelle Leben. Das sind die Plätze, wo die einsamen Vertreter des Vaterlandes in die Versuchung geraten, zur Flasche zu greifen. An der Botschaft in Tirana war ein Stellvertreter des Ministers für Außenhandel der ranghöchste DDR-Besucher, aber auch nur alle zwei Jahre. So gesehen war der Besuch des Ministers für Außenhandel der DDR im Jahr 1986, der mit einer Sondermaschine einschwebte, um das Langfristige Handelsabkommen 1986 bis 1990 zu unterzeichnen, nach langen Jahren des politischen Verkehrs auf Sparflamme eine Sensation gewesen.

Notlandung

Der bulgarische Sommer war heiß, und die Luft in Sofia roch schon nach Urlaub, als ich im Juli 1989 mit meiner Frau dort eintraf. Der Minister für Außenhandel Bulgariens hatte mich zum Wandern ins Pirin-Gebirge eingeladen, im Balkantourist-Hotel Pirin sollten wir wohnen, ein Bergführer würde die Kammwege mit uns gehen. Wandern im Piringebirge war begehrt, die Berge dort waren höher als bei den Tschechen, Slowaken, Polen und Rumänen, und das Reisebüro der DDR hatte die nicht im Angebot.

Meine bulgarischen Partner hatten es mir oft nicht leicht gemacht, auf Vorteilen bestanden, wo sie ihnen nicht zukamen, aber ich war in den Auseinandersetzungen immer Freund geblieben, hatte meine Schuldzuweisungen nicht ins Maßlose verschärft, wenn sie die Zahlungsbilanz mit der DDR wieder einmal aus dem Gleichgewicht gebracht hatten, und mit ihnen zusammen Schadensbegrenzung betrieben. Es lag ihnen etwas an mir – sie wollten mir etwas Gutes tun. So sehr ich mich zu jedem anderen Zeitpunkt über die Einladung gefreut hätte – der Sommer 1989 war unheilschwanger, keine Zeit für unbeschwertes Reisen. Im Juli 1989 hatte ich für die Zukunft meines Landes Erwartungen, die sich aus schwachen Hoffnungen, trotzigem Optimismus und ängstlicher Bedrückung speisten. Woher ich den Restbestand an Optimismus nahm, weiß ich nicht mehr zu sagen. Eigentlich wusste ich zuviel, um noch optimistisch sein zu können. Die Führung der DDR hatte über Jahre behauptet, das Vertrauen der Staatsbürger zu haben und ihren Dank eingefordert. Diesen Bürgern zu offenbaren, dass ihr letzten Endes bescheidenes Leben auf Pump laufe und nur erhalten bliebe, wenn der Erzfeind weiter und in steigendem Maße anschreibt, dieser Offenbarungseid war von diesem Generalsekretär und seinem Politbüro wohl nicht zu erwarten. Aber gegen alle Vernunft hoffte ich, die Umstände würden Honecker zwingen, den Auftrag zu einer Generalrevision zu geben. Seltsamerweise befürchtete ich nicht, die Menschen in der DDR könnten den Mut schon verloren haben, noch einmal von vorn anzufangen und dabei noch einmal auf das sozialistische Modell zu setzen. Ich wusste, dass jährlich Zehntausende die Ausreise erzwangen. Ich wusste, dass politischer Protest laut geworden war, wegen angeblicher Wahlfälschung, wachsender Umweltschäden, ständiger Versorgungsmängel, die ganz zu beseitigen unmöglich war.

Aber ich war doch überzeugt, dass eine große Mehrheit weiter in ihrer sozialistischen Heimat DDR bleiben, anständig für sie arbeiten und ihrer Führung eine weitere Chance geben wolle. Ich hatte keine Ahnung, auf welchem verlorenen Posten ich schon stand und welche Enttäuschungen noch auf mich warteten.

Der Urlaub im Piringebirge hätte zu anderer Zeit ein ungetrübtes Erlebnis sein können. Unser Bergführer – ein Jahr später würde er in Zeuthen an unsere Tür klopfen und uns um Starthilfe als Sportlehrer in Deutschland bitten – verlangte uns allerhand ab. Höhepunkt war eine eindrucksvolle Dreitages-Rucksackwanderung von der Jarowo-Hütte über den Kontscheto-Sattel, das „Pferdchen", zum 2914 Meter hohen Vichren, und von dort über die Demjanitza-Hütte und den Tewnoto-See zur Hütte Besbog. Nahe der Demjanitza-Hütte hatten wir ein wundersames Erlebnis: Mit dem Bergführer stiegen wir in eine Schlucht hinunter, auf einer kleinen Insel, umgeben vom tosenden Wildbach, Zelte, bulgarische Männer mit fröhlich-glasigen Augen, Stoppelbärten, umgeben von Fleischspießen und Kannen voll Rotwein, traurige, getragene Lieder singend. Wir sollten mitessen und mitsingen. In den Gesängen kam immer wieder das Wort „Makedonija" vor. Später erfuhren wir: Sie sangen die Rückkehr Mazedoniens ins bulgarische Reich herbei.

Der Schlendrian und das mäßige Interesse der Bediensteten im Hotel, in den Gaststätten und auf den Hütten an ihren Gästen machte uns nicht heiß, da waren wir in Bulgarien einiges gewohnt, und es wurde doch durch soviel Schönheit der Natur und liebenswerte, selbstbewusste bulgarische Landsleute aufgewogen. Aber so einfach ließen sich die gewohnten Mängel nicht mehr dem lottrigen balkanischen Wesen oder dem realsozialistischen Desinteresse der fest-, aber schlecht besoldeten Gastronomen anlasten, denn im selben Lande ging es auch ganz anders. Der sozialistische Hoteldirektor lud uns ins benachbarte Raslog in eine Nachtbar, die er nebenbei auf privatkapitalistischer Grundlage betrieb, und hier war alles vom Feinsten: Modern die Ausstattung, dezente Beleuchtung und Musik, befrackte, schnelle, liebenswürdige junge Kellner, Sekt im Tiefkühler, und alles so attraktiv, dass junge Leute trotz hoher Eintrittspreise draußen Schlange standen. Der weißhaarige Bürgermeister von Bansko, Partisan des 2. Weltkrieges, der uns am nächsten Tag seine Stadt zeigte – in vielen Straßen wurde gerade zum ersten Mal eine Schmutzwasserkanalisation verlegt – lehnte den kapitalistischen Einbruch unseres Hoteldirektors in die orthodoxe Wirklichkeit seines Bulgarien heftig ab, aber der Doppelunternehmer zeigte keine Spur von Schuldbewusstsein.

Solcherart Privatunternehmerschaft wurde doch jetzt von seiner Parteiführung ermutigt, und überhaupt käme man nur so voran, und der verdienstvolle Genosse Bürgermeister werde die Zeichen der Zeit schon noch erkennen. Der aber wollte ganz auf den selbstlosen Bürgersinn und die Opferbereitschaft seiner Banskoer setzen, anders würde die Kanalisation nie fertig, fremdes Geld sei dafür nicht zu erwarten. Nach Meinung der Bulgaren ging es uns in der DDR hervorragend, im Vergleich zu ihnen gerechnet hatten in der DDR ja 100 Einwohner doppelt soviel Fernseher und Kühlschränke. Wir hörten es und wussten, dass unsere Landsleute daheim daran die Qualität ihres Lebens nicht mehr messen wollten. In die Tage unserer Heimreise aus Bulgarien drängten aufregende Nachrichten. Aus Ungarn, das schon am 2. Mai mit dem Abbau seiner Grenzbefes-tigungen nach Österreich begonnen hatte, setzten sich immer mehr DDR-Urlauber in den Westen ab, die Botschaft der Bundesrepublik in Budapest füllte sich mit Fluchtbereiten, in die Ständige Vertretung in Berlin drangen Ausreiser ein.

Was tun? Das Grübeln reißt nicht ab

Unsere Unruhe ließ sich nicht mehr verdrängen: Wie würde die Parteispitze mit diesem massiv aufbrechenden Widerspruch und Widerstand umgehen? Ich wusste, wie Honecker und andere Mitglieder des Politbüros über die Reformpolitik Gorbatschows dachten und teilte, was den Ausgangspunkt anbetraf, ihre Meinung: Hier wird eine Weltanschauung einer Weltmacht demontiert und durch nichts Konstruktives, die Lebensfähigkeit des Sozialismus Sicherndes ersetzt. Ich verstand, was mancher meiner Leitungskräfte aussprach – besonders oft erinnere ich mich an die ehrlichen und hitzigen Gespräche mit Helmut Ihle, Handelsrat in Sofia. Er und seine Frau waren so herrlich geradeaus: „Gorbatschow ist ein Spinner ..." Ich wollte jedoch ihrer Schlussfolgerung nicht folgen, die da lautete: „...und die ganze Richtung ist falsch." Im Innersten hoffte ich, in der Sowjetunion werde Gorbatschow bald ein wirklicher Reformator folgen, „ein Prophet, ein Kerl, ein Riese", wie Erich Weinert einmal formuliert hat, der das erstarrte Weltreich zu neuer Größe und Leistung führt und endlich einmal Freiheit und Sozialismus zusammenführt, und zu dieser Hoffnung gehörte, die Sowjetunion möge doch wenigstens auf militärischem Gebiet so stark und unangreifbar bleiben, dass einem neuen berufenen Führer Zeit für sein Werk bleibt.

Was die DDR betraf: Mit dem Auftreten von Verschwörern, die Honecker und den widerwärtigen Mittag stürzen und einen Abschnitt gesellschaftlicher und wirtschaftlicher Reformen in der DDR einleiten könnten, und denen ich mich, sobald die Gefahr vorüber war, vor einem Erschießungskommando zu landen, anschließen würde, rechnete ich im Sommer 1989 nicht. Womit ich eigenartigerweise überhaupt nicht rechnete: Mit dem gänzlichen Ende der Einparteienherrschaft, mit einem Volksbegehren oder Volksaufstand. Ich dachte, wenn überhaupt etwas in Veränderung gerät, dann „machen w i r das unter uns aus", für das Volk mit. Im Nachhinein: Welcher Hochmut. Zukünftige Konflikte ahnend, sah ich mich selbst schonungslos. Ich gehörte zu einer Generation und Schicht von Staatsfunktionären, die mit Märtyrergeschichten aufgewachsen waren.

Wir hatten verstanden, welchen Opfermut viele Sozialdemokraten unter dem Sozialistengesetz bewiesen hatten, wie viele Kommunisten und Liberale in den Konzentrationslagern gelitten hatten und bis zum Tode standhaft geblieben waren, wie viel Armut, Ängste, Ächtung standhafte Kämpfer für unsere große Vision hingenommen hatten – selbst aber war uns, den so gezogenen, in Jahrzehnten der Parteidisziplin und der Erziehung im Glauben an Lehrmeinungen und Verkündigungen der Mut zum Widerspruch abhanden gekommen. Nie war mir bewusst geworden, ich könnte ein unveräußerliches Recht auf eine eigene, individuelle Meinung über den richtigen Weg in die neue Gesellschaft haben, in der ich leben will, und so waren meine Vorstellungen, worin die jetzt fälligen Reformen von Gesellschaft und Wirtschaft bestehen müssten, nicht zu Ende gedacht und nicht zu Ende formuliert. Mehr noch, ich fürchtete sogar, einmal in Bewegung gebracht, würde das gesamte sozialistische Gebäude in eine unaufhaltsame Bewegung geraten und zerfallen, und übrigbleiben würde in Deutschland nur die von mir abgelehnte kapitalistische Ordnung. Nein, ich war auf die Rolle des Reformers nicht vorbereitet, bei Lichte betrachtet, war ich ein Konservativer. Eine Revolution, ein grundlegender gesellschaftlicher Wandel würde mich entblößen und es zeigen: Ich wäre kein Verteidiger der alten Ordnung und ein unentschlossener Anhänger der Reformation.

Die Leitung hört und schweigt

Den Spaß an meiner Arbeit und Leitungsaufgabe (in der immer mehr die aus der Not geborenen Steuerungs- und Lizenzierungsschritte im Import aus Polen, der ČSSR, Ungarn und Jugoslawien hervortraten) verlor ich zusehends, an meinem kleinen Stück Macht hatte ich immer noch Gefallen. Ich spürte diesen Widerspruch und fürchtete den Augenblick, in dem der Herr, der mir alles gegeben, auch wieder alles nehmen würde. Aber es war wohl noch nicht soweit, ich jedenfalls konnte ein Ende nicht erkennen, als ich nach dem Urlaub in Bulgarien zum ersten Mal wieder in die Dienstbesprechung des Ministers mit seinen Stellvertretern ging. In der Dienstbesprechung des Ministers, pünktlich an jedem Freitag um 9.00 Uhr beginnend, äußerte keiner der Teilnehmer jemals den Wunsch, unaufgefordert grundsätzliche oder aktuelle Fragen zu besprechen. Wie die Dinge grundsätzlich und aktuell zu sehen waren, war dem „Neuen Deutschland" zu entnehmen, und wenn sich das zu einem Thema nicht äußerte, obwohl ARD und ZDF am Vorabend die Existenz des Problems kundgemacht hatten, war es dem Minister vorbehalten, es uns als wichtig oder konfliktiv zu eröffnen. Eine Nachricht wie zum Beispiel diese: „Die deutsche Ausgabe der sowjetischen Zeitschrift Sputnik ist am 18. 11. 1988 von der DDR-Postzeitungsliste gestrichen worden" hatten alle Teilnehmer aus dem Westfernsehen erfahren. Aber erst dadurch, dass sie der Minister Tage später in der Dienstbesprechung verkündete und hinzusetzte: „Ich finde auffällig, dass auch im Außenhandel Leute protestieren, die den Sputnik weder abonniert noch gelesen haben" trat sie in unser Leben ... Kontroverse Auseinandersetzungen am Tisch des Ministers hätten zur Voraussetzung gehabt, dass mindestens e i n Teilnehmer an der zahlenmäßig immer weiter anschwellenden Tafelrunde einen von der erkennbaren Linie abweichenden Standpunkt preisgegeben hätte, aber wer dazugehörte, war schon durch alle Schulen der sozialistischen Demokratie gegangen und hielt den Mund. Ließ sich im Laufe eines Vortrags nicht vermeiden, neue problematische Entwicklungen des eigenen Fachgebietes beim Namen zu nennen und ließ sich auch nicht vermeiden, als Ursachen für die Probleme Defekte am eigenen System auszumachen, dann war Vorsicht geboten. „Nicht jeder kann mit Wahrheiten richtig umgehen", ließ einen der Minister dann unter vier Augen wissen, „es schreiben da in der großen Runde zu viele Leute mit, und es gehen anschließend Berichte an Stellen, die dir dein Problem nicht lösen." Gemeint waren damit wohl das Ministerium für Staatssicherheit, in dessen Sold der Leiter der sogenannten „Kontrollabteilung" des Ministers stand, der Horcher der Fachabteilung des Zentralkomitees, der Leiter der Außenwirtschaftsinspektion (eine allerdings eher harmlose Institution, die an ihrer eigenen Bedeutungslosigkeit litt), schließlich waren auch die ansonsten durchaus kollegialen Offiziere im besonderen Einsatz aus der Kaderhauptabteilung und der Presse- und Informationsabteilung gehalten, Augen und Ohren offen zu halten. Dem äußeren Schein nach war auch Alexander Schalck Teilnehmer der Beilschen Dienstbesprechung, sein Name war jedenfalls in der Anwesenheitsliste ausgedruckt. Aber auch er war nur durch einen Horcher vertreten, der sogar hin und wieder eine altkluge Bemerkung fallen, aber am Tisch des Ministers über den von ihm vertretenen Bereich nicht ein Sterbenswörtchen verlauten ließ.

Der Minister wusste, wer in seinen Dienstberatungen mehr lauschte als sprach, aber mit welchem Argument hätte er die Beobachter wohl ausladen sollen. Ob er auch ahnte, dass über die ihm bekannten Aufpasser hinaus schon seit Anfang der 80er Jahre in seiner unmittelbarsten fachlichen Umgebung noch zwei weitere höherrangige inoffizielle Späher auf ihn und seinesgleichen achteten? So war die „Dienstbesprechung des Ministers mit seinen Stellvertretern" nur ein Vorhof zum Tempel der Wahrheiten, und so war das Gremium, das eigentlich dazu berufen war, in seinen Beratungen die heißesten Eisen anzupacken und kühne und originelle Ideen aufzuschließen, eine Art Vortragshalle. Die vom Vortragenden entworfenen Beschluss-empfehlungen waren mit allen, für die sich daraus Arbeit oder Interessenwidersprüche ergeben konnten, im Voraus abgestimmt. Einerseits war das effektivitätsfördernd. Andererseits waren die Vorlagen dadurch aber oft verharmlost und die Lösungsansätze auf den kleinsten gemeinsamen Nenner heruntergeschnitten. Hatte man ein wirklich schwerwiegendes Anliegen, so ging man erst einmal allein zum klugen Staatssekretär Dr. Fenske, der einen zumindest wissen ließ, wenn er von der vorgeschlagenen Lösung nichts hielt – sein Urteil konnte recht verächtlich ausfallen und einem für längere Zeit die Lust an dem eigenen Ideengut und an neuerlichen Besuchen beim Großmeister rauben. Wenn man dann noch immer Handlungsbedarf spürte, ging man zum Minister selbst, und dort war erste Bürgerpflicht, mit geordneten Gedanken und volkstümlicher Logik anzukommen. Meist wurde man am Anfang gefragt, welche Zeit die Klärung des Problems benötige (gemeint waren Angaben in Minuten, 3 bis 5 sollten ausreichen), und um solche ehrgeizigen Vorgaben einhalten zu können, war es immer am besten, man hatte den Gegenstand zu Papier gebracht und den Lösungsvorschlag dazu. Was das Erfordernis volkstümlicher Logik anbetraf: Die war erforderlich, weil die vorgedachten Lösungen nicht selten weitergegeben und höheren Orts gelesen und verstanden werden mussten, und da hatte der Minister Erfahrungen. Obwohl er selbst exzellent und den Kern treffend formulierte, legte er aus erzieherischen Gründen an Geschriebenes seiner Stellvertreter nur ungern Hand an – er ersetzte mal ein Wort durch ein treffenderes, aber ehe sich die Mühe machte, einen Satz umzubauen, strich er lieber einen ganzen Absatz.

Entschieden hat er immer. Das war wohl auch das Einzige, das er auch an M i t t a g wirklich schätzte: Dass entschieden wurde, und wenn Mittag etwas von Beil Vorgelegtes entschied, war das ja, so durfte Beil denken, nach menschlichem Ermessen nie falsch. Beil entließ einen nie mit Zweideutigkeiten, man erfuhr, was er für geboten hielt. Manchmal hätte ich gern eine ministerliche Paraphe auf meinem Blatt gehabt, die gabs nicht immer, allenfalls einen zustimmenden Rückruf durchs Telefon. Nie ist vorgekommen, dass Beil im Nachhinein ein Problem nicht gekannt haben oder eine Entscheidung nicht so getroffen haben wollte, wie er sie getroffen hatte.

Wenn die Dienstbesprechungen auch nicht der Ort von Wortgefechten oder der Ideenfindung waren, für meine Standortbestimmung waren sie schon deshalb wichtig, weil Beil die Einlaufkurve in die oft sterbenslangweilige Tagesordnung zu sorgfältig ausgewählten Informationen nutzte, die er ohne Umwege aus den inneren Zirkeln der Macht gewonnen und die er in einer Weise, die die spätere naseweise oder leichtsinnige Weiterverwendung ausschloss, für seinen ja so differenzierten Zuhörerkreis aufbereitet hatte. Das stärkte seine Stellung, weil es signalisierte: Der Minister ist nahe dran, der weiß, wo die Reise hingeht, der lässt durchblicken, ob man die Suppe so heiß essen muss, wie sie gerade gekocht wurde – oder nicht. Im Gegensatz zu seinem Vorgänger Horst Sölle, der sich zu Beginn der Zusammenkunft immer zunächst in der Runde umsah, als wolle er prüfen, ob alle schon aufnahmefähig seien, und der dann die bedeutungsvollen Worte sprach: „Die Dienstberatung ist eröffnet" (was für Folgen diese Feststellung eventuell hätte haben können, ist mir verborgen geblieben), nahm Beil nach einem flüchtigen Händedruck mit dem Konzertmeister und 1. Geiger Kurt Fenske zu seiner Rechten zügig seinen Platz ein.

Beinahe noch im Hinsetzen ließ Beil, auf jede Begrüßung verzichtend und etwaiges Restgemurmel ignorierend, mit dem ersten Augenaufschlag den ersten Satz einschlagen: „Das Politbüro hat beschlossen ...", oder ähnlich Bedeutsames. Inzwischen, im zweiten Halbjahr 1988 und im Jahr 1989, waren das auch nichtwirtschaftliche, politische Nachrichten und Botschaften mit knappstem Kommentar: „Das Neue Forum hat am 10. 9. einen Gründungsaufruf erlassen. Soweit wir wissen, sind in Außenhandelsbetrieben bisher keine Gesinnungsgenossen aufgetreten." „Der pass- und visafreie Reiseverkehr mit der ČSSR ist vorübergehend aufgehoben worden." Solche Nachrichten mehrten sich. Aber in den Dienstbesprechungen des Ministers gab es dazu nichts zu sagen.

Schulden und Probleme, wohin der Blick fällt

Die Verschuldung der DDR gegenüber dem nichtsozialistischen Wirtschaftsgebiet wuchs unaufhörlich. Allenfalls wurde diese Tatsache, nie aber wurden Zahlen in der Dienstbesprechung genannt, die Verschuldung war Staatsgeheimnis höchster Stufe. Aber die Erfüllung des über jedes Realmaß hinaus hochgeschraubten Exportplanes NSW, im besonderen die Erwirtschaftung konvertierbarer Devisen, waren zentrale Themen, und sie verwiesen Probleme des Handels mit den sozialistischen Ländern auf den zweiten Platz, schweißtreibende Probleme im Handel mit der Sowjetunion ausgenommen: Die Verringerung von Erdöllieferungen, Forderungen nach Anhebung der Importpreise für Rohstoffe, die Verweigerung eines gerechten Preises für Reisezugwagen im DDR-Export, ein Lieferstopp für PKW Lada konnten die Republik erschüttern und die Westorientierung für den Moment vom Tisch vertreiben. Dennoch, auch das Viertel am Außenhandelsumsatz der DDR, das in meinem Verantwortungsbereich lag, verursachte gelegentlich punktuellen Ärger!

Wenn in beißender Winterkälte die polnische Steinkohle ausblieb oder der Berufsverkehr wegen fehlender IKARUS-Busersatzteile lahmte, wenn die ČSSR die Auszahlung von Kronen-Reisezahlungsmitteln an die DDR-Staatsbank einstellte, weil wir die vereinbarten Gegenlieferungen von Badeanzügen und Spielzeugeisenbahnen nicht erfüllt hatten oder wenn Radiergummis aus der ČSSR gerade in dem Augenblick fehlten, wenn die Mütter die Ranzen für das neue Schuljahr packen wollten – dann waren auch die ASL, die „anderen" sozialistischen Länder, gelegentlich Mittelpunkt einer Dienstbesprechung gewesen.

In der zweiten Hälfte 1988 und jetzt, im Jahre 1989, erregten einige „meiner" Länder Unruhe wegen ganz anderer Erzsünden, die sie begingen und die ungläubiges Kopfschütteln auslösten und die Frage, ob diese schon auf dem Wege seien aus dem RGW hinaus, hin zum Handel nach kapitalistischen Spielregeln und in die Westintegration, und warum die Sowjetunion das alles erlaube. Wer sollte solche Fragen beantworten?

Neuartige Partner

An der Leipziger Frühjahrsmesse 1989 hatte der damals neuernannte Ko-Vorsitzende des Wirtschaftsausschusses DDR-Ungarn, Tamás Beck, teilgenommen. Der war auch Minister für Außenhandel, deswegen hatte ich ihn zu betreuen. Er ließ mich alsbald wissen, dass seine Frau eine KFZ-Reparaturwerkstatt betreibe, und wenn ihm der Außenhandel die Laune verderbe, werde er „in seinen anderen Laden" zurückgehen. Solche Art Außenhandelsminister war mir bis dahin noch nicht begegnet. Beim Mittagessen, das ihm der Stellvertreter des DDR-Ministerpräsidenten, mein früher Förderer Wolfgang Rauchfuß, im Gästehaus des Rates des Bezirks Leipzig gab, informierte uns Beck dann, Ungarn habe westlichen Konzernen ein Dutzend – fürs erste ein Dutzend – seiner veralteten Großbetriebe zum Kauf angeboten, einen Dollar das Stück. Ungarn selbst könne die Betriebe nicht modernisieren, und ehe sie ganz wertlos seien, sollten sie die Kapitalisten nehmen und auf Vordermann bringen, dann behielten die ungarischen Arbeiter wenigstens ihren Arbeitsplatz und Ungarn hätte Exporterlöse im Westen. Dann erfuhren wir auch die Namen einiger der Betriebe auf der Verkaufsliste in Budapest, Györ, Székesfehérvár ... Ob Rauchfuß damals pflichtschuldigst irgendetwas entgegengehalten hat, Argumente hätte er sicher für eine mehrstündige Vorlesung über den Klassenkampf in der Weltökonomie haben müssen, weiß ich nicht mehr. Wir waren beide erschrocken, aber der ungarische Minister schien die Listen des Weltimperialismus nicht zu fürchten.

Mein polnischer Amtskollege, zum ersten Mal nach der Anerkennung der Solidarność am 5. April 1989 hatte ich keinen Genossen, sondern einen „Herrn" Minister, Stanislaw Amanowicz, zum Verhandlungspartner, erklärte die definitive Absicht Polens, zukünftig vom Abschluss ausbilanzierter Handelsabkommen Abstand zu nehmen und verbindliche Liefer- und Kaufzusagen nur noch für etwa 10 Prozent der bisherigen Nomenklaturen zu vereinbaren, alles andere solle dem freien Spiel der Kräfte überlassen bleiben. Uns, die wir erwarteten, die Wirtschaft – auch die polnische! – werde zusammenbrechen, wenn sie sich nicht an festen Jahresvorgaben für alle Warengruppen orientieren könne, befiel das blanke Entsetzen. Die Polen aber meinten, ein bisschen unauffällige Steuerung durch die Ministerien vorausgesetzt, werde der Markt es schon richten. So wurden wir erneut „Opfer" von Reformen, wo wir nicht Gestalter sein konnten. Wir lehnten die polnischen Liberalisierungsvorschläge einige Monate heroisch ab, ehe wir im Februar 1990 „namens der Regierung der Deutschen Demokratischen Republik" den Schwanz einzogen und ein Jahresprotokoll unterschrieben, das in ein Oktavheftchen passte, derweil es früher dick wie ein Kursbuch gewesen war.

Der 40. Jahrestag

Ich weiß, wie töricht ich war, auf ein erlösendes Wort von Honecker am 7. Oktober, dem 40. Jahrestag der DDR, zu hoffen – auf ein Zeichen, dass unaufschiebbare politische und wirtschaftliche Reformen, die uns aus der Falle befreien könnten, nun nicht mehr aufgeschoben würden, und sei das Eingeständnis unserer Fehlentwicklung der letzten 10 oder 15 Jahre noch so bitter. Und dann sah und hörte ich einen klapprigen Greis mit dünner, hüpfender Stimme wieder nur die Zaubersprüche von gestern aufsagen und fand keinen Satz, der wenigstens so klang, als verhieße er ein Umschalten, einen neuen Anfang. Als Honecker geendet hatte, war ich sicher, dass es sich nicht lohnen würde, am nächsten Tag auch nur einen Blick in die Zeitung zu werfen. Nun blieb nur noch die Hoffnung auf eine biologische Lösung oder einen Gott aus der Maschine.

Am nächsten Tag hatte eine Mitarbeiterin meines Sekretariats traurige Augen. Bald erfuhr ich den Grund: Ihr Junge war eher zufällig am Rand der Protestdemonstration um den Palast der Republik erfasst und aufgegriffen worden und hatte in irgendeiner Turnhalle mit dem Gesicht zur Wand und erhobenen Händen auf Strafe oder Freilassung gewartet. Nur durch eine glückliche Fügung kam er um Mitternacht frei. Seiner Mutter, unserer treuen Kollegin, versicherten wir unser Mitgefühl, sie spürte, dass sie in unserem Kollektiv nur Freunde hat.

Wie sollte das weitergehen: Nun schon lauter Protest auf den Straßen ... Ich dachte an den Revolver in meinem Panzerschrank – jetzt würde wohl bald der Befehl kommen, ihn Tag und Nacht bei sich zu führen und ihn im „Ernstfall" zu gebrauchen. Gegen wen? Als Lehrling hatte ich vor 36 Jahren auf dem Holzmarkt in Jena schon einmal erlebt, wie sich eine Gruppe Unzufriedener schnell mit Pöbel auffüllt und wie der Zuspruch tausender zunächst eigentlich unbeteiligter Zuschauer, die nichts wagen und sich beim ersten Schuss in Sicherheit bringen, die anfangs wenigen Akteure anheizt, und wie diese, blind für die Folgen, Symbole, Sachen und schließlich Menschen zerschlagen. Ein einziger zur Selbstverteidigung gelöster Schuss, und der Waffenträger würde an den nächsten Baum geknüpft.

Weg mit den Schusswaffen

Da hatte ich nun den Schusswaffengebrauch acht Jahre lang geübt. Zweimal im Jahr hatte man sich zu einem genehmen Termin zur Schießübung auf einem mitten in der Stadt, im Obergeschoss einer Garage in der Straßburger Straße, einem Seitenzweig der damaligen Wilhelm-Pieck-Straße, einzufinden, die Makarow umgeschnallt, die Magazine zur Hand, und dann empfingen einen dort für leichte Konversation ungeeignete, vorschriftenkundige Altgediente in blauen Kitteln, um noch einmal zu erklären, was man schon längst wieder vergessen hatte: Laden, entsichern, feuern, und dass die Waffe eigentlich längst schon mal einen Tropfen Öl verdient gehabt hätte. Dann ballerte man auf eine Leinwand, auf der schlechtrasierte Verbrechergestalten mal hinter einem Wartburg, mal hinter einem Busch hervorsprangen und die man schneller zu erledigen hatte, als die selbst abdrückten. Einen Film, in dem hundert unbewaffnete Demonstranten das Portal des Ministeriums für Außenhandel aufbrechen oder den Schlagbaum am Grenzübergang Invalidenstraße zur Seite schieben, hatten sie da nicht, nun aber würde das vielleicht sozialistischer Realismus werden? Welches Glück, dass die Waffen im Halfter blieben! Die Befürchtung der sanften Revolutionäre, die systemnahen Waffenträger könnten sich verschanzen und ihre Planstellen verteidigen wollen, und die Empörung einiger Volkskammerabgeordneter über den frevelhaften Leichtsinn der Modrow-Regierung erlösten mich im Januar 1990 dann: Dieselben Volkspolizeigenossen, die meine Schießkünste ausgebildet hatten, erschienen mit einem großen Pappkarton und sammelten die Schießeisen ein. Sie konnten es gar nicht fassen, dass ich wenigstens eine Quittung dafür haben wollte. Zwei Monate vorher hätte der Verlust der Waffe noch die Vertreibung aus dem Amt bedeutet.

Honeckers Abgang

In den Tagen nach dem enttäuschenden 40. Jahrestag schien alles seinen gewohnten Gang weiterzugehen. Am 18. Oktober flog ich zum Besuch der Internationalen Bukarester Messe. Die Teilnahme an der Eröffnungsveranstaltung hatte ich mir geschenkt, ich kannte die Riten aus Vorjahren. Die organisierten Huldigungen für Nicolae und Elena Ceauçescu erreichten dabei stets groteske Ausmaße: Auf langgestreckten Tribünen rechts und links der Paradeauffahrt zur runden Haupthalle überschrien sich die in Bussen herangekarrten und in einheitliche Festkleider gesteckten Lobhudler, sobald die Ceauçescus dann die Haupthalle betreten hatte, leerten sich die Tribünen in Windeseile. Der DDR-Pavillon, in diesem Jahr von meinem alten Studienfreund Prof. Dr. Horst Tiedtke geleitet, enthielt die in Rumänien unvermeidbaren Kultelemente und Opferschalen: Porträts von Honecker und Ceauçescu in einer Vitrine die in deutscher Sprache erschienenen Chemiefachpublikationen Elena Ceauçescu, einer ungebildeten Schneiderin, die sich zur Präsidentin der Akademie der Wissenschaften hatte erheben lassen – keiner der Wälzer entstammte ihrer eigenen Feder, wie mir damals noch keiner entdeckt hatte, was ich aber angesichts der vielen Doktorhüte, die berühmte westliche Universitäten der Gattin des Conducators schleimerisch verliehen hatten, auch nicht hätte glauben wollen.

Am frühen Nachmittag kam der Handelsattaché Hübner aufgeregt auf mich zu: Erich Honecker ist gerade als Generalsekretär abgelöst worden! Da war es nun auf einmal soweit, so hatte es kommen müssen. Aber ich war nicht eigentlich froh darüber - die Tragik Honeckers war ja auch die eigene, und ich bezweifelte, dass da eben ein altes Konzept durch ein neues besseres abgelöst worden war und nicht nur ein alter Mann durch einen jüngeren. Die Parteidisziplin wirkte fort: Jetzt hieß es auf neue Marschbefehle warten.

Trotzdem schlug ich noch am selben Tage vor, die Porträts aus dem Messepavillon zu entfernen – es ging mir nicht darum, den Kopf Honeckers abzuhängen, vielmehr schien mir der Augenblick geeignet, durch paritätisches Vorgehen den von Ceauçescu entehren und so dem Gefühl der Mehrheit der recht und billig denkenden DDR-Bürger Rechnung zu tragen, die die vor kurzem erfolgte Dekoration Ceauçescu mit dem Karl-Marx-Orden missbilligten. Aber in einer eilends zusammengerufenen Sitzung des Botschafters Dr. Plaschke mit der Messeleitung hielt sich der Hausherr an Formales: Honecker sei doch unverändert Vorsitzender des Staatsrates, und das Staatsoberhaupt habe ihn hierher entsandt. Da ließen wir von der Bilderstürmerei ab.

Die Einschläge kommen näher

Nach dem Abgang Honeckers und Mittags wurde der ganze Ernst der Lage auch in den Dienstbesprechungen des Ministers mit seinen Stellvertretern nicht mehr verdrängt. Der Minister sprach von einer „komplizierten politischen Situation" und forderte „die Durchsetzung der führenden Rolle der SED in der Arbeit jedes Genossen." Er verdeutlichte „die Kraft unserer Partei, die straff organisiert und bei Mobilisierung jedes Genossen in der Lage sei, eine Verbesserung der Situation in der DDR herbeizuführen." Dies waren jedenfalls die Worte, die der Leiter des Ministerbüros Hermann Nahrstedt für das Protokoll erfand. Doch die Dinge überschlugen sich: Am 3. November informierte Oberst Metzler die Dienstbesprechung noch über die erfolgreiche Abschlussübung der Kampfgruppen des Außenhandels. Das Bataillon „Heinrich Rau" war mit 89 Prozent seiner Sollstärke angetreten, „nur" 5 Kämpfer hatten ihren Austritt erklärt. Es war ausgezeichnet geschossen worden. Die Hundertschaft des Ministeriums hatte allerdings ihre Übungen vorzeitig beendet. Wenn nicht, hätten sie am Sonntag mit ihren Schützenpanzerwagen durch die Berliner Innenstadt rollen müssen.

Der 1. Sekretär der SED-Kreisleitung hielt viel von der kürzlich herausgegebenen Erklärung des Politbüros, er sah allenthalben „Zuversicht und Erwartungsdruck", doch nach dem 3. November wurde er nicht mehr zu den Dienstberatungen eingeladen, auch der Horcher der Fachabteilung nicht mehr. Der Parteisekretär des Ministeriums, Heinz Gothow, nahm am 24. November zum letzten Mal teil. Jetzt war Staat Staat und war Partei Partei. Zum allerletzten Mal fand ein Beschluss des Politbüros in einer Dienstbesprechung am 10. November 1989 Erwähnung: Der Leiter der Rechtsabteilung informierte über den am 7. 11. im Politbüro gefassten Beschluss über die nichtkommerzielle Einfuhr von PKW und PKW-Ersatzteilen. Aber es war längst so weit, dass ein

Beschluss dieses Gremiums nicht mehr automatisch zum Staatshandeln verpflichtete und berechtigte. Just an dem Tag, an dem das Politbüro seinen PKW-Beschluss fasste, war die Regierung Stoph zurückgetreten.

Die nach fahrbaren Untersätzen ausgehungerten DDR-Bürger mit Westverwandtschaft hatten eine Lawine losgetreten. Die Forderung nach Genehmigung der privaten Einfuhr gebrauchter PKW aus Westdeutschland schwoll an. Während das Referat Genehmigungen des MAH unter Hinweis auf eine Verordnung aus dem Jahr 1959 noch serienweise Ablehnungsbriefe versandte, ließ Beil eine vorsichtige Öffnung vorbereiten. Er wandte sich Mitte Dezember an die Minister für Verkehr und Maschinenbau und schlug vor, die Einfuhr für bestimmte Typen von PKW bis zu einem festgelegten Fahrzeug-Höchstalter zu erlauben. Das Einfallstor öffnete sich dann zuerst nur einen Spalt breit für wenige gängige Typen. Ersatzteilversorgung und Service sollten beherrschbar bleiben und die Einfuhr alter Schinken verhindert werden, das Werkstättennetz der DDR war schon für Trabant, Wartburg und Lada nicht leistungsfähig genug. Aber dann jagte eine Ergänzungsverordnung die nächste, bis letztlich all die bunten Fabrikfrischen und Oldtimer hereingelassen wurden, die sich die westdeutschen Verwandten für ihre fahrbereiten Schwestern und Brüder vom Herzen rissen.

Letzte Jahresprotokolle

Oktober und November 1989 waren, wie in allen Jahren davor, mit härtester Arbeit ausgefüllt. Mit allen Ländern, für die ich Verantwortung trug, liefen gleichzeitig auf Expertenebene die Verhandlungen zu den Jahreshandelsabkommen für 1990 an. Wo Notwendigkeit bestand, dass der Delegationsleiter den Gesprächen schon von Anfang an Konturen gab, griff ich selbst ein. Schon am 19. Oktober abends flog ich aus Bukarest nach Warschau weiter, Tage später nach Tirana. In Berlin trafen die Delegationen aus Budapest, Prag und Sofia, schließlich aus Kuba ein. In Belgrad musste ich nach Lösungen suchen. Außer mit Polen kamen die Jahreshandelsabkommen nach den bewährten planwirtschaftlichen Strickmustern zustande. Meine Verhandlungspartner waren, Polen wieder ausgenommen, die alten liebgewordenen Haudegen beiderlei Geschlechts. Jedoch ließ nun bald auch meine ungarische Partnerin Piroschka Apró durchblicken, dass ein verbindliches, planwirtschaftlich eingebundenes Jahresprotokoll nur noch für 1990 zu vereinbaren sei, danach müsste den inzwischen in Ungarn entstandenen mehr als 400 Außenhandelsbetrieben freie Bahn gegeben werden.

Mir war nach den Gesprächen mit meinen Partnern in Warschau und

Budapest, Amanowicz und Dr. Piroschka Apró, durchaus klar, wo die Reise hinging. Wie schon seit einigen Jahrzehnten mit Jugoslawien, würden wir zukünftig im Außenverhältnis Abkommen indikativen Charakters und mit einer stark verkürzten Warenliste unterzeichnen. Das sollte aber unverändert einschließen, die für beide Seiten elementaren Warenpositionen, vor allem Rohstoffe und chemische Haupterzeugnisse, ausgewählte Konsumgüter und Dienst- und Veredelungsleistungen, explizit nach Mengen und Werten und nach einer ausgefeilten Interessenbilanz abzustimmen und zu vereinbaren. Diese Vereinbarungen würden zwar im Außenverhältnis nicht völkerrechtlich verbindlich sein, aber jeweils beiden Partnern die Obergrenzen für die Erteilung von Export- und Importgenehmigungen vorgeben. Keines der Länder würde zukünftig, weder für die Hauptpositionen noch für irgendeine andere Ware, einen bestimmten Lieferumfang einklagen können, aber das „do ut des" durch ein warenkonkretes Genehmigungssystem steuern müssen.

Mir erschien diese Perspektive in düsteren Farben. Nicht, dass mich die seit Ende der 70er Jahre zunehmende wechselseitige Lieferuntreue nicht schon gelehrt hätte, wie groben Verletzungen der Jahreshandelsabkommen durch ein säumiges Partnerland durch Anwendung des biblischen Grundsatzes „Auge um Auge, Zahn um Zahn" beizukommen sei – dahin waren wir schon gekommen. Aber – Summe über alles – war die planmäßige Erfüllung der nach monatelangen Verhandlungen zustande gekommenen Warenlisten doch das Bestimmende, Normale, weil im Vorfeld der Regierungsverhandlungen stets die zukünftigen Lieferanten und Käufer in Gestalt der Industriekombinate und Außenhandelsbetriebe ihre Export- und Importmöglichkeiten abgeklärt und fixiert hatten. Auf diese Basisdaten, diesen „Rohstoff" baute dann der Verhandlungsprozess der Außenhandelsministerien auf, die dann einen für alle Zweige der Volkswirtschaft erträglichen Gesamtinteressenausgleich auszutarieren hatten.

Meine vorausschauenden Sorgen waren gewiss nicht unbegründet. Wenn in der DDR weiterhin Doktrin war, dass das System der volkswirtschaftlichen Planung und Bilanzierung und seine Nomenklaturen immer feingliedriger werden müssten, während in wichtigen großen RGW-Ländern die bisher parallelen Strukturen und die Planungspflicht verschwanden, würde die für eine orthodoxe DDR-Planwirtschaft unerlässliche Liefer- und Bezugssicherheit wegfallen. Es war abzusehen, dass das Außenhandelsministerium das dann erforderliche Krisenmanagement noch weniger als schon bisher würde leisten können. Schon seit etwa 1985 bis 1986 hatte das Außenhandelsministerium schweren Herzens darauf bestehen müssen, ich habe das ausführlich beschrieben, dass die Staatliche Plankommission und das Ministerium für Materialwirtschaft die Verantwortung für die Verwendung der Währungserlöse aus dem Export nach Ungarn, Polen, der âSSR und Jugoslawien übernehmen und aus gesamtvolkswirtschaftlicher Sicht von Fall zu Fall und pro Erzeugnis (!) entscheiden, was zuerst importiert werden darf, welches der schreienden Mäuler zuerst zu stopfen wäre. Im Außenhandelsministerium wurde dieser Lenkungsprozess im Grunde nur noch „papiermäßig" zu Ende geführt, das heißt planstatistisch gebucht und in Genehmigungsurkunden gegossen. Diese in den Jahren 1985 bis 1986 notwendig gewordene Steuerung (dieses „Krisenmanagement") war nicht systembedingt, sondern hatte seine Ursache darin, dass jetzt v o r a l l e m die D D R die in den Jahreshandelsabkommen verankerten Exportverpflichtungen nicht einhielt und nicht das Geld verdiente, das sie für den Import verplant hatte. Diese importreglementierende Steuerung hätte sofort zu den Akten gelegt werden können, hätten wir ehrliche Exportpläne gemacht und den sozialistischen Partnern nur versprochen, was wir auch halten konnten. Sie war nicht Ergebnis eines Systemfehlers, sondern Ausfluss der von der Parteiführung erpressten Hochstapelei bei der Aufstellung der Exportpläne für die sozialistischen Länder.

Das war nun meine Furcht: Das beschriebene widerwärtige Lenkungsverfahren würde nun gegenüber allen sozialistischen Partnerländern, die auf den Abschluss verbindlicher Jahreshandelsabkommen verzichteten und Orientierungswerte nur für ausgewählte Einzelpositionen abstimmen wollten, von der bisher krisenbedingten Ausnahme zur Regel werden, zur Dauerinstitution.

Und das würde das mit fähigem Personal ausgestattete Außenhandelsministerium, jedenfalls seinen Leitungsbereich für die sozialistischen Länder, auf Dauer zum Schreiber der mächtigen Plankommission degradieren. Mir schien der Moment gekommen, um die Versetzung als Handelsrat an eine Auslandsvertretung zu bitten. Doch es sollte alles ganz anders kommen

Mit dem Gesicht zum Volke

Schon nach dem Abgang Honeckers war nichts mehr wie zuvor. Nach dem Ausscheiden von Mittag, Hermann, Axen, Hager, Mielke und anderen aus dem Politbüro, nach der Demonstration von 500.000 (oder noch mehr …) Berlinern auf dem Alexanderplatz waren der Führungsanspruch und die Macht der SED gebrochen. Das Große Haus am Werderschen Markt gab nicht mehr den Kammerton vor. Mehr noch: Aus der Fachabteilung Handel, Versorgung und Außenhandel des ZK kamen erste Wünsche nach Übersiedelung ins Wirtschaftsleben. Die Forderungen aus den Außenhandelsunternehmen nach mehr Freiraum erreichten auch meinen Leitungsbereich, am massivsten als Forderungen, das enge Genehmigungsverfahren nach Ländern abzuwerfen und die Ware dorthin fließen zu lassen, wo sich Käufer finden. Da sich jedoch am System des Handels gegen transferable Rubel nichts geändert hatte und wir im Ministerium die Verantwortung dafür behielten, den Export dahin zu dirigieren, wo man für das verdiente Geld auch etwas Nützliches zu kaufen bekam, konnten wir das erstarrte Genehmigungssystem kaum lockern und war das, was wir an Korrekturen vornahmen, kosmetischer Art. Wenn es in den Belegschaften der Außenhandelsunternehmen auch – und das wegen der schon seit Jahrzehnten strengen Personalauslese – keine Bürgerrechtler gab, Unruhe, Unzufriedenheit, Reformvorstellungen traten gleichwohl hervor, und der Minister verpflichtete seine Stellvertreter, in die Unternehmen zu gehen und dort zornige Fragen zu beantworten. Das war nun schon etwas Neues, für uns Ministeriale waren in den Außenhandelsunternehmen keine Schaubühnen mehr vorbereitet, keine Ehrenplätze in abgehobenen Präsidien für werte Gäste, die zu erwartenden Fragen waren nicht vorher eingesammelt oder von der Partei ausgedacht, und der Minister gab seinen Stellvertretern keine „Linie" vor, er hatte selbst keine. Ich ging zuerst in den Außenhandelsbetrieb Intermed, dort hatte ich vor dreißig Jahren gelernt und noch einen Bonus, dann in den AHB Elektrotechnik.

Es ging mitten hinein in die Verkaufskontore. Die Meetings bestritt ich die ganze Zeit stehend, an einen Schreibtisch gelehnt, Ankläger und Fragesteller vor mir und im Rücken. Im AHB Elektrotechnik sollte ich beantworten, welche Schulden die DDR hat, wie künftig Führungsfunktionen besetzt werden, ob der Außenhandel weiter geplant wird, warum die Reisespesen so unanständig niedrig sind, ob ich selbst mich in Sonderläden mit Westwaren eindecke und was ich verdiene, wie alt der Wartburg ist, den ich fahre und ob es stimmt, dass ich mir jedes Jahr einen neuen holen kann. Die meisten Fragen hätte ich selbst anderen stellen wollen, aber über mir war nur noch offener Himmel. Ich blieb einigermaßen ehrlich und kam mit heiler Haut wieder ins Freie.

Der Minister ließ sich berichten, wo möglich, wurden die Forderungen des Volkes bedacht, aber eine friedliche Revolution im Außenhandel setzten wir nicht in Gang.

Unruhe in den Handelsvertretungen

Schon meine Ausflüge in die Volksversammlungen in den Außenhandelsunternehmen waren kein Zuckerlecken gewesen, aber Mitte November beginnend kam ich vom Regen in die Traufe, als ich mich entschloss, in den

Handelsvertretungen draußen vor die Mitarbeiter zu treten und dort, wie es der frühere Botschafter der DDR in der SFRJ, Prof. Dr. Siegfried Bock, in seinen geschriebenen Erinnerungen nennt, „eine Art Betriebsversammlung" abzuhalten. Ich versprach, auf jede Frage zu antworten, was konnte ich auch anders tun, ich hatte ohnehin keine Macht, eine Frage zu verhindern. Die Handelsräte waren dankbar, dass ich „auftreten" wollte, längst waren die in ruhigen Zeiten funktionierenden, aber dann auch eher überflüssigen „Informationssysteme" des Auswärtigen und der Partei verstummt, und die Botschafter waren ohnehin darin geübt, in Krisensituationen vorschnelle Reaktionen zu vermeiden. So blieb es nicht aus, dass sich in meinen „Betriebsversammlungen" auch die Diplomaten den Außenhändlern zugesellten.

An die Versammlung in Belgrad erinnere ich mich besonders. Ich wählte statt der bisher üblichen sektiererischen Anrede „Genossinnen und Genossen!" diese: „Kolleginnen und Kollegen!" Da erntete ich erste giftige Zwischenrufe: „Schon umgeschwenkt, Genosse Minister?" „Genossen ist wohl schon anrüchig, was?" Und während ich noch mutmaßte, da könnte ich einen besonders standfesten Parteisoldaten verletzt haben, setzte schon ein anderer Rufer an: „Muss auch zukünftig jeder, der als Unternehmensvertreter ins Ausland geschickt werden will, der Partei angehören?" Ich antwortete ohne zu zögern, obwohl solche Entscheidungen immer außerhalb meiner Kompetenz gelegen hatten: „Nein!" Darauf der fragestellende Unternehmensvertreter: „Dann trete ich hiermit aus der SED aus."

In der Versammlung in Sofia ging es nicht minder heiß her. Einige der Unternehmensdelegierten erwiesen sich als Opportunisten, die früher nie durch revolutionäres Gedankengut aufgefallen waren, nun aber offene Rechnungen präsentierten. Doch zugleich meldeten sich auch Besonnene zu Wort, wie der parteilose Fachmann Klaus Fiebelkorn, der nicht bereit war, das Kind mit dem Bade ausschütten zu lassen. Der Bevollmächtigte des AHB Chemie fragte mich, ob mir denn der in diesem Jahr genossene fast kostenlose Urlaub im Piringebirge von Amts wegen zugestanden hätte und ob ich denn wenigstens für den von der DDR-Handelsvertretung für diese Bergfahrt ausgeborgten klapprigen Wartburg eine Leihgebühr gezahlt hätte. Der Handelsrat beantwortete beides mit ja.

Ich war in meinem Ministerium eher ein kleines Licht, ein Nebenlicht. Aber in Bukarest, Sofia, Belgrad wollte man von m i r wissen, wie es mit dem Sozialismus weitergeht. Ich dachte bei meinen Antworten weniger darüber nach, was Krenz wohl dächte, sondern eher, was ich gern hätte, und das erklärte ich zum Zukunftsprogramm.

Die Stunde der Volkstribunen

Zuhause im Ministerium schlug die Stunde der Volkstribunen. Die forsche, überaus selbstsichere Wesensart des Ministers Beil lag nicht jedermann. Manch einer sagte halblaut, der Minister sei doch geradezu ein Blutsbruder des großen Mittag gewesen – mitgegangen sei er, da gehöre er auch mitgehangen. Manch einer meinte, er habe auf dem Weg zur Macht alle die ausgesondert, die Selbstbewusstsein zeigten und sich ihm allzu ebenbürtig fühlten. Streitbare Köpfe in den Außenhandelsbetrieben warfen ihm vor, er setze den Bestrebungen der Industrie zur Aushebelung des Außenhandelsmonopols und zur Liquidierung der zentralen Berliner Außenhandelsunternehmen keinen Widerstand mehr entgegen. Auch ich hätte ihm gelegentlich gern einmal in die Hand gebissen, aber in der Stunde des Angriffs auf das Allerheiligste des Außenhandels wollte ich keine Rechnung mit ihm aufmachen, die ich in nichtrevolutionären Zeiten geschlossen gehalten hatte und bewies Solidarität.

Am 26. November, in einer Versammlung aller Parteimitglieder des Ministeriums, das mögen 400 oder 500 gewesen sein, und sie füllten das angemietete Auditorium Maximum der Humboldt-Universität, ging es darum, die reichlich 20 Delegierten auszuwählen, die unser Ministerium auf der Wahlversammlung zur Kreisorganisation der SED vertreten sollten. Für einen, der über alle Zwischenstufen bis in den für Dezember geplanten Parteitag der SED gelangen und aus diesem als ZK-Mitglied und mit Anspruch auf ein hohes Staatsamt hervorgehen wollte, war es entscheidend, in seiner eigenen Grundorganisation gewählt zu werden. Auch Beil musste also in geheimer Wahl gewählt werden, und nach den neuen demokratischen Spielregeln war seine Wahl nicht sicher. Zu dieser Wahl wollte Beil gewissermaßen demütig zu Fuß gehen, gab seinem Fahrer Wojahn frei und bat mich, ihn, mit dem Wartburg aus Zeuthen kommend ab Karolinenhof mitzunehmen.

Die Versammlung versetzte mich in eine Art Betäubung. Zum ersten Mal hatte keine Parteileitung vorausbestimmt, wer im Block zu wählen war. Für die etwa 20 Delegierten waren auf Zuruf in den Basisorganisationen wohl an die hundert Kandidaten auf den Wahlzettel geschrieben worden, und das Reglement besagte, dass jeder jeden beliebigen weiteren Kandidaten hinzusetzen und ankreuzen könne. Jeder durfte mit bis zu 20 Kreuzen die Delegierten seines Vertrauens bestimmen, und gewählt waren die ersten zwanzig mit der höchsten Stimmenzahl. Wer dies hier liest und nicht selbst erlebt hat, was Parteiwahlen in der DDR bis zu diesem Tage waren, der wird nicht verstehen können, was ich an diesem Tag für ein Demokratieerlebnis hatte. Wer früher von der übergeordneten Parteileitung nominiert war, war sicher gewählt, den theoretisch zulässigen Fall, dass mehr als 50 Prozent der wählenden Genossen, die meist mit offenem Stimmzettel an die Urne traten, einen einzelnen Kandidaten auf dem Stimmzettel ausgestrichen und damit abgelehnt hätten, habe ich nie erlebt. Wer nach „Leninschen Normen" gewählt war, wusste nicht, wie viele seiner Wähler ihn wirklich gewollt hatten.

Wer nun aber in dieser Novemberversammlung gewählt würde, der war wirklich „angekommen". Seit dieser Wahl verstehe ich die Gefühle, die einen Menschen dazu treiben können, sich um die Zustimmung der Masse zu bemühen, ihr Denken und Empfinden zu erspüren und zu beeinflussen, um schließlich ausgewählt zu werden und den Zielen des eigenen Verlangens entgegengetragen zu werden. Weil ich aber auch die Kehrseite der Medaille sah und ahnte, dass ich die Bitternis einer politischen Niederlage nicht verwinden würde, habe ich nicht Ernst gemacht mit der Absicht, mich um ein Mandat der von mir favorisierten Partei zu bewerben, mich auch später nicht erneut um die Mitgliedschaft einer politischen Partei beworben und mich nicht nach einem politischen Amt gestreckt.

In der Novemberversammlung erlebte ich, wie die zurückgestaute Volksmeinung alle Dämme brach. Genossinnen und Genossen, die ich nie zuvor an einem Rednerpult gesehen hatte, forderten Mitwirkung, griffen autokratische Strukturen im Ministerium an, sprachen über ihre persönliche Lebenssituation. Einer meiner Sektorleiter, Konrad Rayß, offenbarte ein Stück seines Schicksals: Als Kind war er mit seiner Mutter auf Stalinschen Befehl unter Zwang nach Kasachstan ausgesiedelt worden. Meine eigene Diskussionsrede war im Kern eine Aufforderung, aus Überzeugung auf Ansprüche und Vorrechte zu verzichten, die sich Partei und Staat, gestützt auf die Lehre von der Diktatur des Proletariats, angemaßt hatten, und nachzudenken, welche Rolle unserem Hause unter solchen neuen Vorzeichen zukommt. Ich meinte, dass wir, die wir bisher die Schalthebel in der Hand hatten, Toleranz beweisen und billigen müssen, dass jetzt Menschen, die wir bisher für unsere Feinde hielten – ich meinte die Bürgerrechtler – Einfluss auf die Staatsgeschäfte verlangten, und das müssten wir aushalten.

Am Schluss meiner Rede forderte ich den Minister auf, zukünftig zu zeigen, dass er an der demokratischen Beratung konfliktiver Themen interessiert ist, und empfahl der Versammlung, den international bekannten und respektierten Fachmann Beil, „den die Opposition uns erst mal nachmachen solle", zu wählen. Wenn sich Jahre später ehemalige Mitstreiter an meine Rede erinnerten, dann sollte ich ihnen erklären, warum ich mich wohl mit „solcher Leidenschaft" für Beil ins Zeug gelegt hätte. Als die Stimmen ausgezählt und die Delegierten bestimmt waren, war der Minister auf Platz 13 gelangt und gewählt. Die mit Abstand meisten Genossenstimmen hatte ein kritisch und fordernd aufgetretener junger wissenschaftlicher Mitarbeiter, der sich deutlich von der Leitung des Ministeriums distanziert hatte, Mattscherodt hieß er, auf sich vereinigt. Den zweiten Platz teilten sich der Stellvertreter des Leiters der Hauptabteilung Preise, Wolfram Lippmann, und ich. Alle Spitzenreiter von damals haben in der so genannten friedlichen Revolution nie wieder eine Rolle gespielt.

Modrow tritt ans Ruder

Am 17. 11. 1989 stellte Hans Modrow seine neue Regierung vor, statt früher 44 hatte die neue 28 Minister, davon 9, die schon unter Stoph gedient hatten, und unter diesen Gerhard Beil als Minister für Außenwirtschaft, der seine bisherigen Staatssekretäre und Stellvertreter im Amt beließ. Die für den Außenhandel zuständige Fachabteilung im Zentralkomitee hatte auf Kaderentscheidungen keinen Einfluss mehr. Wer sich von den Mitarbeitern dieses kleinen, aber in Personalfragen bisher allmächtigen Apparates in den Zeiten unangefochtener Herrschaft über das Ministerium und die Außenhandelsbetriebe als „anständiger Kerl" bewiesen hatte, suchte freie Stellen an der Basis und in Auslandsvertretungen, und die Eingliederung vollzog sich in Windeseile – in Windeseile eben deswegen, weil die Endlosprüfungen des Parteiapparates und des Ministeriums für Staatssicherheit über die Tauglichkeit der Bewerber nun nicht mehr stattfanden. Ich selbst kam bei den Rückwanderungen in Bedrängnis, als ein intriganter Dunkelmann des Apparats auf die Schnelle Handelsattaché in Jugoslawien werden wollte. Ich hätte kein Vertrauen zu diesem Bewerber, sagte ich seinem noch immer still vor sich hin amtierenden ZK-Abteilungsleiter am Telefon, und löste eine Kraftprobe aus. Beil, der sich mit Kurt Fenske konsultierte, nahm den Auftrag zu meiner Entlassung entgegen, ließ ihn aber versanden.

Auch der 1. Sekretär der Kreisleitung Außenhandel der SED, Dr. Dieter Schubert, ein gelernter, erfahrener Außenhändler, quittierte den Parteidienst. Er bat mich um eine Aufgabe in einer Handelsvertretung. Von seinen fachlichen Voraussetzungen dafür überzeugt, denn er hatte als Stellvertreter des Generaldirektors im AHB Transportmaschinen gedient, bot ich ihm einen Platz in der Handelsvertretung Warschau als Attaché an. Nachdem auch Dr. Schwierz eine hilfreiche Hand gereicht hatte, nahm er eine wohlklingend titulierte, aber weniger bedeutende Stelle im Generalkonsulat Leningrad an.

Dort schaffte der fließend russisch sprechende Vizekonsul Dieter Schubert nicht nur den Wiedereinstieg, sondern erarbeitete sich nach der Wende eine führende Stellung im Büro des Delegierten der Deutschen Wirtschaft im ehemaligen Leningrad, einem Auslandsorgan von DIHT und BDI.

Osthandel ohne Plan?

Im November und Dezember gingen die Arbeiten an der Ausarbeitung des Planes für 1990 und die Verhandlungen zu den Jahreshandelsabkommen für 1990 weiter – wie gewohnt, und doch ganz anders. Schon am 31. 10. 1989 hatten der Vorsitzende der Staatlichen Plankommission, Gerhard Schürer, und weitere Großökonomen dem neuen Generalsekretär der SED Egon Krenz ein „ungeschminktes Bild der Lage der DDR mit Schlussfolgerungen" vorgelegt. Die vertraulichen Wege der Informationsvermittlung durch meinen langjährigen und geachteten Arbeitspartner in der Staatlichen Plankommission, Dr. Dieter Albrecht, waren intakt geblieben, ich durfte ihm über die Schulter sehen und das „Schürerpapier" vom 27. 10. 1989 – Mitunterzeichner waren Beil, Schalck, Höfner und Donda – lesen und wusste nun: Selbst dann, wenn die Verschuldung augenblicklich zum Stehen käme, würde die Wiedererlangung des ökonomischen Gleichgewichts eine 30 %ige Senkung des Lebensstandards erfordern und die DDR „unregierbar machen."

Dass unter diesen Umständen auch der Entwurf des Außenhandelsplanes für die sozialistischen Länder und seine Kennziffern, geboren sämtlich v o r diesem Offenbarungseid, Makulatur waren, das verstand ich schon. Für die Verhandlungen zu den Jahresprotokollen 1990 hätte das eigentlich bedeuten sollen: Halt! Weiter erst nach Klarheit ... Doch in dieser Lage konnte uns niemand von außen Klarheit bringen. Wir mussten versuchen, in gewohnter und bewährter Weise selbst die nächsten Aufgaben zu formulieren und sie kollektiv zu beraten. Deshalb berief ich zum 27. November eine Handelsrätetagung meines Bereichs ein. Wir erinnerten uns an die alte Streitfrage, dass man ja doch nicht wisse, ob die Henne oder das Ei zuerst da waren, und in unserer Lage konnte das heißen: Wir machen erst die Jahresprotokolle und dann daraus einen Plan – dass es einen verbindlichen Plan für 1990 nie geben würde, ahnten wir noch nicht. Jede einzelne Position, die wir in die Jahresprotokolle aufnahmen, war von den Warenproduzenten bestätigt, sozusagen eine „private Lieferzusage", und im Import holten wir „Kaufversprechen" ein. Wir maßen unsere Vereinbarungen mit den Partnerländern immer noch an dem auf Eis gelegten Plan, aber wir vereinbarten, was der Industrie möglich schien. Unsere Partnerländer verstanden, wenn wir ihnen sagten: Gebt Euch zufrieden mit dem Erreichten, lasst uns jetzt den Sack zubinden, wir wissen nicht, wie lange unsere Vollmachten noch halten. Und alle, auch die nimmersatten Kubaner, begriffen das. Dass es den Leitern der Ländersektionen und ihren Mitarbeitern gelang, auf so schwankendem Boden alle Jahresprotokolle bis zur Unterzeichnung zu bringen, war eine große Leistung, deren Bedeutung im Jahr der Währungsunion 1990 sichtbar wurde.

Die Tatsache nämlich, dass aus dem nie beschlossenen Außenhandelsplan verbindliche zwischenstaatliche Abkommen geworden waren, deren Lieferzusagen auch nach der Wirtschafts- und Währungsunion von den Osthandelspartnern, auf deren Empfindsamkeiten die Bundesrepublik Deutschland Rücksicht zu nehmen hatte, ja, denen sie wie Ungarn in besonderer Weise Dank abstatten wollte, eingefordert werden konnten, diese Tatsache ermöglichte es vielen ostdeutschen Unternehmen, auch nach dem 30. Juni 1990 weiterzuproduzieren, das Produzierte zu verkaufen und in einigen Fällen sogar Exportsubventionen zu kassieren.

Eine glücklich verlorene Wahl

Mit Jugoslawien war der Verhandlungsprozess in der 2. Novemberhälfte ins Stocken geraten. Die Partner dort bestanden darauf, den Umfang ihrer Lohnveredelungsarbeiten für die Konfektionsindustrie der DDR – die Herstellung feiner Damenmoden aus zugelieferten Stoffen – auszuweiten, aber wir hatten Zahlungsschwierigkeiten. Ich flog nach Jugoslawien, um die Suche nach einem Kompromiss zu unterstützen.

Am späten Nachmittag des 30. 11. sollte ich wieder in Berlin sein. Im Audimax der Humboldt-Universität wurde die neue Kreisleitung der SED gewählt und, wenn ich mich recht entsinne, die Delegierten des Außenhandels zum SED-Parteitag.

Mein Lebtag hatte ich keine oder nur untergeordnete Parteifunktionen innegehabt, einmal war ich Mitglied der Leitung meiner Abteilungsparteiorganisation, aber jetzt, wo sich der Zorn der Parteibasis gegen „die da oben", auch „die da oben im Außenhandelsministerium", aufbaute, waren diese meine Jungfräulichkeit und meine Reformbereitschaft anscheinend gute Voraussetzungen, überhaupt einen Mann aus der Leitung des Ministeriums (Frauen gabs darin nicht) in die Kreisleitung zu bringen, und so hatte mir der Kaderchef des MAH, Horst Hieke, mitgeteilt, „alle seien der Meinung, dass ich es machen soll." Ich entschloss mich zur Kandidatur, aber es war ein ganz und gar halbherziger Entschluss, denn ich hatte nur sehr unreife Vorstellungen davon, wofür ich mich eigentlich in einer neuen Kreisleitung schlagen wollte. Ich muss von da ab einen Schutzengel gehabt haben: Meine Rückreise aus Belgrad verzögerte sich, die Maschine nach Berlin-Schönefeld fiel aus, ich nahm den Umweg über Frankfurt am Main, obwohl das zu diesem Zeitpunkt trotz schon vollzogener Maueröffnung eigentlich noch streng verboten war, versorgte mich mangels Reisedevisen am Postschalter im Rhein-Main-Flughafen mit Begrüßungsgeld, wofür zur bleibenden Erinnerung mein Diplomatenpass gestempelt wurde, flog mit der PanAm nach Berlin-Tegel, nahm die damals kostenlosen Busse und Bahnen nach dem mir vorgeschriebenen Grenzübergang Friedrichstraße und stürmte zu Fuß zum Versammlungsort Humboldt-Universität, wo ich kurz nach Mitternacht eintraf. Meine Parteigenossen Küttner und Schwerdtfeger hingen tief desillusioniert in den Hörsaalsitzen und berichteten mir, dass es um meinen Wahlerfolg schlecht aussähe, ich habe mich ja wegen Abwesenheit nicht einmal vorstellen können, und die Großkopfeten von gestern hätten hier sowieso keinen Bonus mehr. Dem Einschlafen nahe, nahm ich noch den mir gut bekannten Generaldirektor und Herrenreiter Falkenberg als Versammlungsleiter wahr. Ich hörte, heute Abend sei dem großen Alexander Schalck das Parteitagsmandat strittig gemacht worden, so dass er entnervt aufgegeben und seine Kandidatur selbst zurückgezogen habe – und der war doch einmal unangefochtener 1. Sekretär der Kreisorganisation gewesen!

Jetzt verstand ich erst das Erlebnis beim Betreten der Humboldt-Universität. Als ich dort in der ersten Stunde des neuen Tages anlangte, drehten Alexander Schalck und seine Frau Sigrid gerade aus der Tür, sichtlich entnervt und weißgesichtig, und als mich Alexander sah, rief er mit resignierter Stimme zu mir herüber: „Das war das Ende!" Einordnen konnte ich diesen Zuruf nicht, nichtsahnend wie ich war. Ich wusste damals nicht, dass Alexander Schalck zu diesem Zeitpunkt schon die Vorladung vor den Töplitz-Untersuchungsausschuss in der Tasche hatte. Gleich gar nicht wusste ich, dass er am selben Abend das noch amtierende Politbüro erschüttert und unter Tränen um Polizeischutz ersucht hatte und erfahren musste, dass ihm der nicht zuteil werden kann. Aber da ich mich zu mitfühlendem Optimismus verpflichtet fühlte, murmelte ich so etwas zurück wie: Das wollen wir doch erst mal sehen … Wie wir heute wissen, war in jener Stunde gerade der vorletzte Tag im DDR-Leben des Alexander Schalck angebrochen. Am Morgen des nächsten Tages, am 2. 12. 1989, bat er schon in Stuttgart den Leiter des Diakonischen Werkes Neukamm vorsorglich um die Notaufnahme. Schließlich verließ er die DDR in der Nacht vom 2. zum 3. Dezember 1989.

Um meinen Bericht über meinen Sturm auf ein hohes Parteiamt abzuschließen: Mein Schutzengel war nicht untätig gewesen, mit dem knappsten denkbaren Ergebnis, so erfuhr ich am nächsten Tag, war ich – n i c h t gewählt worden.

Alexander Schalck-Golodkowski

Hier ergänze ich den Bericht von der denkwürdigen Parteitagung im Auditorium Maximum um eine Personalie, denn dies ist die geeignete Stelle, über spätere Erfahrungen mit diesem bedeutenden Außenhändler zu schreiben, dem ich schon in Jugendjahren begegnete und der starken Eindruck auf mich hinterließ.

Alexander begann wie ich selbst im Oktober 1954 ein Direktstudium des Außenhandels an der Hochschule für Außenhandel in Berlin-Staaken, oder richtiger: in Staaken Kreis Nauen. Im Kreis der Staakener Studienanfänger nahm Alexander Schalck vom ersten Tage an eine Sonderstellung ein, er erschien mir und anderen (und seinen Lehrern gleichermaßen ...) von Anbeginn an als ein zum Führen Berufener. Alexander hatte das System des demokratischen Zentralismus und wie man sich darin einen Platz verschafft, schon lange vor uns anderen Studenten erkannt. Er galt als „Arbeiterkind" – doch vom Arbeiterkind Alexander Schalck konnte eigentlich die Rede nicht sein. Alexanders weißrussischer Erzeuger war eigentlich die längste Zeit Seifenvertreter gewesen, da er aber zeitweilig seinen Unterhalt als Droschkenfahrer verdient hatte, ließ er sich offenbar auch dem Transportarbeitergewerbe zuordnen.

Alexander verließ seine Staakener Kommilitonen des II. Studienjahres im Jahre 1956 und setzte die spätere Losung Walter Ulbrichts „Überholen ohne einzuholen" in die Tat um – er absolvierte das III. und IV. Studienjahr im Fernstudium und war früher als wir, die von ihm abgehängten Mitschüler, Diplom-Wirtschaftler und irgendwann dann auch noch Doktor (der Geheimwissenschaften). Alexander Schalck sah ich dann für Jahre nur aus respektvollem Abstand. Ich trat ihm erst wieder einen Schritt näher, als ihn die Geschichte vom Hochsitz in die Niederungen herabstieß. "Von der Parteien Gunst und Hass verwirrt, schwankt sein Charakterbild in der Geschichte", heißt es bei Schiller. Keiner, der über ihn urteilt, soll bezweifeln: Er war einer der aufstiegsbewusstesten, talentiertesten und wagemutigsten Vertreter unseres Berufsstandes. In einer anderen Gesellschaftsordnung als der unseren geboren, hätte er ein international beachteter Konzernchef, Banker oder Wirtschaftsminister werden können ...

Dies ist auch der rechte Platz, einen Nach(wende)ruf auf Alexander Schalck auszubringen. Ich habe inzwischen viele Leute über diesen starken Kerl urteilen hören. Ich meine: Wie jeder andere hat er das Recht, dass seine Leistungen, seine Verdienste um die DDR sachlich und fair beurteilt werden. Einigen seiner Nachwende-Kritiker fehlt der Sachverstand. Auch ich maße mir nicht an, allein die fachliche Leistung des Außenhändlers Schalck zu beurteilen - der braucht einen eigenen unabhängigen Biographen. Aber so viel will ich doch sagen: Nicht alle Aktivitäten der „Kommerziellen Koordinierung" hätten eines so bevorzugten, separatistischen und geheimnisumwitterten Apparates bedurft. Eine Vielzahl von Geschäftsoperationen, die der Kommerziellen Koordinierung vorbehalten waren, hätten auch die klassischen Außenhandelsunternehmen beherrscht. Ansonsten, meine ich, wurde unter dem Dach der Kommerziellen Koordinierung vom Genialischen bis zur Abzockerei - damit meine ich die Devisenkreditgewährung an die Industriekombinate, die ihrerseits jede auf den Außenmärkten selbst verdiente Valuta ohne Abzug an den Staat abzuliefern hatten – ein beachtliches Repertoire von Welthandelsaktivitäten in Szene gesetzt.

Aus dem Kreis einstiger Genossen des Alexander Schalck empfand ich als schärfsten „Schuldspruch" den des Markus Wolf, der in seinen Erinnerungen schrieb: „Ich habe Alexander Schalck-Golodkowski als einen intelligenten, sehr amüsanten, aber auch eiskalten Mann erlebt, dem es nur noch verbal um Ideologisches und tatsächlich weit mehr um sein Ansehen bei der Führung und ums Geschäft ging." Diese Meinung teile ich nicht. Ich war immer überzeugt, dass es Alexander Schalck ernst mit dem Sozialismus ist, dass er etwas tun will, das vielen Menschen nützt. Doch das auch in der festen Überzeugung, dass jene, die weit Überdurchschnittliches dabei leisten, auch weit überdurchschnittlich dafür remuneriert und dekoriert werden sollen. Als einen Peter Schreyer oder Theo Adam des Außenhandels durfte er sich schon sehen. Die kürzer Gekommenen dachten eher so, wie es in dem populären Schlager heißt: Die süßesten Früchte essen nur die großen Tiere.

Doch bei allem Respekt vor dem so genannten gesunden Volksempfinden: Das ist nicht der Punkt. Alexander Schalck lässt in seiner Autobiographie, den „Deutsch-deutschen Erinnerungen", keinerlei Zweifel aufkommen, dass er schon als 20-Jähriger „nach oben kommen" wollte. Macht zu erringen und auszuüben, Teil der Vorhut der Klasse und Teil ihrer Macht zu sein, – das war die süße Frucht, nach der er strebte, dahinter trat die Freude am persönlichen Wohlergehen, das Streben nach Materiellem zurück. Was er wirklich genoss, waren Macht und Einfluss, diese härtesten aller Männerdrogen.

Von der Kommerziellen Koordinierung weiß ich nichts

In diesen Tagen kam ich kaum zur Besinnung und zur Ordnung meiner Gedanken, und abends verbrachte ich jede noch freie Stunde vor dem Fernseher und hinter den Zeitungen. Den Anträgen der Presse, selbst etwas zu gestern und morgen zu sagen, konnte ich mich entziehen, denn eine Persönlichkeit der Zeitgeschichte war ich nicht. Da geschah es, dass mein Minister in Bedrängnis geriet, und in dieser Bedrängnis „schob er mich vors Loch". Das war kurz nach der aufregenden Volkskammersitzung, in der Mielke versichert hatte, „doch alle Menschen zu lieben" und in der Gerhard Beil bestätigen sollte, dass das Schalck-Imperium 100 Milliarden in die Schweiz verschoben habe. Abgesehen davon, dass der fragestellende Schwachkopf ganz sicher keine Vorstellung von der Größenordnung einer Milliarde hatte, waren Angelegenheiten der Kommerziellen Koordinierung natürlich von größter Sprengkraft.

Deshalb ordnete Modrow unverzüglich an, die Firmen der KoKo dem „ordentlichen" Außenhandelsminister zu unterstellen. Der übertrug noch in der ersten Dezemberdekade die Überführung des Schalckschen Großreichs in die Welt des transparenten Außenhandels dem respektablen Finanzmann Dr. Gerstenberger, aber auch der hatte natürlich seine liebe Not mit der aufgeputschten öffentlichen Phantasie und der lüsternen Presse. Als die Auskunftsersuchen und Interviewwünsche immer aggressiver wurden, kam Beil die erlösende Idee, einen seiner Stellvertreter vorzuschicken, der vom KoKo-Bereich so wenig wusste, dass er kaum etwas Falsches sagen konnte, es sei denn, er schämte sich seiner Naivität und unterlag den Lockungen des Reporters, sich das Ansehen großer Bedeutsamkeit zu geben. Beil hielt mich als Leiter eines sozialistischen Bereiches für geeignet, nichts über die in der kapitalistischen Sphäre operierenden kommerziellen Koordinierer zu wissen und zu sagen.

Am 10. 12. stellte ich mich einem als hinterlistig angekündigten Interviewer der damals vielbeachteten Sendereihe „Klartext". Befragt wurde ich in einem kleinen Adlershofer Senderaum, eingerichtet wie ein Wohnzimmer, hinter meinem Rücken ein Schrank voller Wein- und Sektgläser – der fromme Betrachter sollte daraus gleich einmal erkennen, wie die Arbeitsumgebung eines DDR-Ministerbonzen aussah (Diplomarbeit Horst Sauer: Optische Hintergründe sind gesellschaftliche Vordergründe!) Und dann die Fragen: Die erste Serie freundlich-neugierig: Sagen Sie uns doch mal, klären Sie uns doch mal auf ... Aber dann immer direkter, jede Flucht verstellend: „Das heißt doch aber, dass der Außenhandelsminister Dr. Beil nicht nur von der Existenz des Bereichs Kommerzielle Koordinierung gewusst hat, sondern auch von den Geschäften. Warum hat er nicht dazu auch ehrlich und offen vor der Volkskammer Stellung genommen? Sein Auftritt hat ja doch eigentlich erst zur Verunsicherung der Bevölkerung beigetragen!"

Na, da hatten wir den Salat, aber ich funktionierte wie erwartet: Ich erklärte den in der internationalen Handelswelt hocherfahrenen weltgereisten Dr. Beil zum Unwissenden. Unter den Rezipienten dieser Sendung würden genügend kundige Thebaner sein, die das fadenscheinige Rollenspiel durchschauen.

Alles sollte ich wissen und beantworten: Wie verliefen die Börsenoperationen, die Briefkastengeschäfte, wohin flossen die KoKo-Gewinne und woher kamen die Embargowaren, wie ist das mit dem Waffenlager in Kavelstorf. Und wem genau gehört die Firma F. C. Gerlach? Die Fragen uferten aus: Wie arm oder wie reich ist die DDR? Wo liegt „unser" Geld, wer hat Zugriff auf die Konten?

Heute mag man solche Art Interesse und diese aggressiv-unanständigen Befragungsmethoden für etwas ganz Übliches halten – für die DDR im Dezember 1989 und für einen Staatsfunktionär wie mich, der sich bisher die Presse mit einem Kraftspruch vom Halse halten konnte, der bisher mit einer Art „Immunität" ausgestattet war und der sich wegen der engmaschigen Geheimhaltungsvorschriften auf ein totales Verdunkelungsrecht berufen konnte, und der, wenn er nur ein kleines bisschen weise war, jede Individualität und Originalität zu unterdrücken gelernt hatte, ein solcher Staatsfunktionär musste den Befehl, sich im Dezember 1989 der nichtlenkbaren Presse zu stellen, wie eine Einladung zum Selbstmord empfinden. Ich fühlte mich noch zusätzlich elend, weil ich ahnte, als Antwortgeber gerade wegen meiner Unwissenheit ausgesucht worden zu sein.

Nach Adlershof nahm ich ein Philips-Diktiergerät mit, nicht weil ich die Interviewer warnen wollte, sinnentstellend zu kürzen und zu schneiden, sondern um meinem Auftraggeber beweisen zu können, was ich von mir gegeben hatte. Unnötigerweise: Das Klartext-Interview wurde nicht gesendet. Hatte die Redaktion kalte Füße bekommen? Gab es Weisungen von „oben", aber wer saß damals „oben"? Ich weiß es nicht. Vielleicht hatten die Macher der Sendung gemerkt, dass das ganze Interview eine einzige Aufforderung zum Tabubruch war, zu einer Generaldecouvrierung, für die die Machtverhältnisse noch nicht klar genug waren? Vielleicht war alles noch einfacher, vielleicht waren meine Antworten zu unsensationell gewesen, zu durchsetzt mit kollegialer Anerkennung für die Mitarbeiter der Arbeitsebene der KoKo –

damit hatte ich nicht gespart, die hatte ich eher schützend als eine Art Creme der Händler benotet. Freilich war das unlustig geschehen, denn der in seiner Jugend so proletarisch gestylte Alexander hatte in seinem Dienstbereich allerhand privilegierte Arroganz aufwachsen lassen.

Das Außenhandelsmonopol zerbröckelt

1989 hatten 343.000 Übersiedler die DDR verlassen. Ende Dezember hatte die Industrieproduktion schon 3 Prozent unter dem Vorjahresniveau gelegen. Die Regierung von Hans Modrow hielt am sozialistischen Eigentum in allen wesentlichen Wirtschaftszweigen fest, versuchte aber zugleich, dem Unternehmertum Spielräume zu eröffnen. Die auf mehr Marktwirtschaft gerichteten Gesetze und Verordnungen der Regierung enthielten zugleich restriktive Bestimmungen und kollidierten, wie zum Beispiel das Joint-Venture-Gesetz, mit herkömmlichen zögerlichen Verfahrensweisen der Staatsorgane, so dass eine gefährliche Gemengelage eintrat.

Am 25. 1. 1990 führte der Ministerrat die Gewerbefreiheit ein. Das warf sehr bald die Frage auf, ob auch im Außenhandel privatwirtschaftliche Unternehmen zuzulassen waren und für uns im Besonderen, ob und wie ihnen auch der Zugang zum sozialistischen Wirtschaftsgebiet zu öffnen wäre. Immerhin war unsere bisherige Praxis, die Exportkontingente der Jahresprotokolle von Jahresbeginn an restlos auf die staatlichen Außenhandelsunternehmen, die Branchenmonopole innehatten, aufzuteilen, was eigentlich bedeutete, dass für neue Exporteure gar kein Platz auf dem Markt mehr war. Die ersten Entscheidungen wurden freihändig getroffen, die etablierten staatlichen AHB räumten auf sanften Druck von oben den neuen Unternehmen Teile der Wertsummen der ihnen erteilten Exportlizenzen ein, in anderen Fällen wurden „um des lieben Friedens willen" und um erst gar keinen Anlass zu bürgerbewegtem Fundamentalismus zu geben, mehr oder weniger formlose Genehmigungsdokumente gezeichnet in der Gewissheit, die Zahlungsbilanz werde den wertmäßig geringen Beipack schon verkraften.

Aus dieser Zeit rühren die allerersten Unternehmensgründungen und Exportvertragsabschlüsse mit sozialistischen Ländern von „Newcomern", die Jahre später in den Prozessen um den kriminellen Missbrauch des Transfer-Rubel-Systems aufgerollt wurden und in denen die Verstandeswerkzeuge der verhandelnden altbundesdeutschen Richter oft überfordert waren. Teile der juristischen Argumentationen der befassten Gerichte bis hinauf zum Bundesverfassungsgericht sind blanker Unsinn. Nachbeben solcher Verhandlungen sollte ich noch in den Jahren 1999 und 2000 als Zeuge miterleben.

Das Ende des RGW

Das Jahr 1990 sollte mit einem Paukenschlag beginnen. Am 9. Januar würde in Sofia die 45. Tagung des RGW zusammentreten, geleitet von den Ministerpräsidenten der Teilnehmerländer. In Sofia sollte eine Entwicklung kulminieren, die die Sowjetunion seit Mitte der 80er Jahre vorangetrieben hatte, und die mit dem Wachsen reformerischer Bewegungen in Ungarn, Polen und dann auch der Tschechoslowakei Unterstützer fand. So unsicher mein Urteil gelegentlich gewesen sein mochte, was hier lief, war klar zu erkennen, hier war meine Meinung fest: Die sowjetische Führung, auf immer verlorenerem Posten im Rüstungswettlauf mit den USA, suchte ihren eigenen wirtschaftlichen Status aufzubessern, sie forderte, den Außenhandel auf die Bedingungen des Weltmarktes (sprich: kapitalistischen Welt-Marktes) umzustellen. Die Preise der Weltmärkte sollten zukünftig ungefiltert, ohne Schonzeit, gelten und die international üblichen Zahlungsbedingungen angewandt werden. Wer rechnen konnte, wusste, dass dies zu einem Preissturz für die Erzeugnisse des DDR-Maschinenbaus und der Elektrotechnik führen würde. Außerdem müssten fortan für Maschinen und Ausrüstungen, und gerade im Warenaustausch mit der Sowjetunion machten diese 60 bis 70 Prozent des DDR-Exports aus, Zahlungsziele von 4 bis 10 Jahren eingeräumt werden. Das hieße bei einer – angenommen – nur vierjährigen Kreditlaufzeit, dass im ersten Jahr der Lieferung nur 25 Prozent des Warenwertes zur Bezahlung der Importe zur Verfügung stünden und mithin die vierfache Warenmenge erforderlich wäre, um die gleiche Menge Einfuhrgüter zu bezahlen, denn die sowjetischen Lieferungen bestanden vor allem aus Rohstoffen, die international gegen Barzahlung gehandelt wurden. Die DDR würde also im Handel mit der Sowjetunion bei der angestrebten Änderung der Handelspraxis riesige Summen verlieren, im Handel mit den anderen RGW-Ländern würden sich die Effekte vielleicht ausgleichen, den Kubanern, Vietnamesen, Mongolen müsste man ohnehin wieder entgegenkommen, da war die DDR sowieso immer Gulliver im Lande der Zwerge.

Das war aber nicht der letzte sowjetische Keulenschlag: Die bisher vorgesehenen Veränderungen der Preisbildungsprinzipien sollten ja noch unter Beibehaltung des Transfer-Rubelsystems erfolgen. Jetzt, 1989 bis 1990, nahmen die Vorschläge eine neue Qualität an: Jetzt wurde vom sowjetischen Ministerpräsidenten Ryshkow über die schon bis dahin konzipierte Einführung der Usancen des (kapitalistischen) Weltmarktes hinaus eine völlige Umstellung des Warenaustauschs auf Zahlungen in konvertierbaren Devisen gefordert. Wer auch nur mit etwas Verstand ausgestattet war, musste wissen: Das ist das Ende jeglicher Vorzugsstellung der DDR und der anderen RGW-Länder im Wirtschaftsverkehr mit der Sowjetunion. Die DDR würde die sowjetischen Rohstoffe Erdöl und Erdgas aus dem bis zu den Verbrauchern anliegenden Leitungssystem in konvertierbarer Währung kaufen müssen, ohne einen Hebel zu besitzen, die Sowjetunion zur Abnahme ihrer Maschinenbauerzeugnisse zwingen zu können. Die Sowjetunion aber würde für das verdiente „gute Geld" frei bei den führenden Anbietern der westlichen Welt einkaufen können. Ja, so war die sowjetische Zielstellung und die der stärker als die DDR im Westhandel verankerten Reformerländer am Vorabend der Sofioter Tagung – über die werde ich noch berichten.

Verlust des schon Verlorenen

Ob schon alle Spitzenkräfte, die zur Vertretung der Interessen der DDR im Januar 1990 nach Sofia reisten, derselben Meinung waren, habe ich Grund zu zweifeln, aber ich sah damals klar und war mit Dr. Kurt Fenske einer Meinung: Wir erkannten, dass die Sowjetunion mit der Forcierung der Umstellung des RGW auf Welthandelsbedingungen ihr I m p e r i u m aufgab und, wenn man die Dinge nur aus unserer nationalen Sicht sehen wollte, die DDR mit einem kräftigen Tritt in den Hintern in die Arme der Bundesrepublik trieb. Ich vermutete damals, dass die sowjetischen Spitzenökonomen ihren politischen Führer Gorbatschow über die Folgerungen ihrer Initiativen im RGW und die Gefahren der zunächst wirtschaftlichen Loslösung mittel-osteuropäischer Staaten aus dem Bündnis bewusst getäuscht und ihr in Wirtschaftsdingen unkompetentes Oberhaupt aufs Kreuz gelegt haben. Zurückschauend schrieb Modrow acht Jahre später, „er wage zu bezweifeln, ob die sowjetische Seite die Auswirkungen ihres eigenen Vorstoßes je gründlich bedacht habe". Was Gorbatschow selbst angeht, so war Modrows Zweifel vielleicht berechtigt, was die handelnde sowjetische Mannschaft betrifft, gab es nichts zu zweifeln: Die Zusammenarbeit mit dem wirtschaftsstarken Westen schien die Rettung der sowjetischen Ökonomie zu verheißen.

Die Erwartungen in die Wirtschaftskraft des Westens ließen die Sowjetunion die Bedeutung ihres schon zerrissenen Imperiums und des dazugehörenden verkrampften RGW neu, nüchtern und niedriger bewerten. Der gewissenlose Umgang mit dem unwichtig gewordenen kleinen Bruder DDR erscheint so als ein unvermeidliches Bauernopfer. Gleichwohl: Die Sowjetunion gab nur preis, was sie schon verloren hatte. Nach dem Verzicht auf den Hegemonialanspruch über Osteuropa stand die Auflösung des Warschauer Paktes auf der Tagesordnung.

Wenn ich mit den Einsichten von h e u t e auf jene Tage zurückschaue, dann kann ich allerdings über das damals Geschehene nicht mit dem gleichen gerechten Zorn urteilen wie seinerzeit. Die sozialistische Planwirtschaft in der DDR und die anderen Zentralverwaltungswirtschaften brachen 1989 bis 1990 ja nicht primär als Folge der von der Sowjetunion initiierten Aufkündigung des Warenaustauschs im Transfer-Rubel nach RGW-Traditionen zusammen, sondern es war umgekehrt: Schon mit der Abkehr vieler RGW-Staaten von der zentralstaatlichen Planung gingen die binnenwirtschaftlichen Elemente zur Durchsetzung des bilateralen RGW-Handelsregimes verloren. Weil die Zentralverwaltungswirtschaften den internationalen Wettbewerb nicht bewältigten, unterlagen sie der Marktwirtschaft und wurden durch sie ersetzt, und der Marktwirtschaft war der vorausgeplante Austausch von verbindlichen Warenkontingenten zu festen Preisen in einer Kunstwährung wesensfremd. Das Schlussdokument der im April 1990 in Bonn abgehaltenen KSZE-Wirtschaftskonferenz zeigt es am deutlichsten: Es schwammen schon alle auf das andere Ufer zu…

Beerdigung in Sofia

Die 45. Tagung des RGW, abgehalten in dem alle Maßstäbe sprengenden Sofioter Kulturpalast, erbaut nach Entwürfen von Shiwkows Tochter Ljudmila, wurde zur letzten. Die Sowjetunion, fasziniert von der Idee, sich selbst zu sanieren und enthusiastisch assistiert von der Tschechoslowakei, vertreten durch den ansonsten von der Geschichte vergessenen Übergangsmann Čalfa, und von Ungarn und Polen, drängte die Tagung, die Zusammenarbeit im RGW auf marktwirtschaftliche Prinzipien umzustellen. Das im RGW-Chinesisch formulierte Schlussdokument verschleierte, dass der Beginn des neuen Zeitalters schon auf den 1. 1. 1991 angesetzt war. Eine in Sofia installierte Arbeitsgruppe, der für die DDR Christa Luft angehörte, sollte „Modalitäten" für die Fortsetzung der RGW-Kooperation und ein neues Statut ausarbeiten. Das aber war reine Augenauswischerei, das Kind war schon tot. Die Arbeitsgruppe konstituierte sich und trat danach nie wieder zusammen.

Einige Hauptakteure, in deren Ländern der Übergang in die Marktwirtschaft beschleunigt voranging, betrieben die Umstellung auf den Handel in konvertierbarer Währung schon während des Jahres 1990, parallel zu dem in Jahreshandelsabkommen vereinbarten Transfer-Rubelhandel wurden Handelsgeschäfte in freien Währungen forciert. Die DDR verließ den dümpelnden RGW noch vor ihrem Hinscheiden.

Der DDR-Regierungsdelegation unter Hans Modrow, Christa Luft und

Gerhard Schürer gehörten als Experten auch der MAH-Staatssekretär Dr. Kurt Fenske und ich an. Die DDR unternahm den Versuch, Übergangsfristen zu erwirken, das längerfristig Unvermeidliche in Jahresschritten zu vollziehen, vergebens. Ich saß in der zweiten Reihe hinter den Delegationsspitzen und schaute wie gebannt auf meine Amtsbrüder in den Delegationen der Ungarn, Tschechoslowaken, Rumänen, Kubaner, und ich behielt den kleinen Comandante Henry Ruiz aus Nicaragua im Auge. Meine ungarische Partnerin, Dr. Piroschka Apró, glühte vor Begeisterung ob der schönen Zeiten, die nun anbrechen würden. Dem pokerfacigen, im jahrzehntelang gesund überstandenen Dienst für das abweichlerische Rumänien Ceauçescus in Moskau gestählten Stancu meinte ich anzusehen, dass die kommenden Beschlüsse Rumänien nichts Gutes verhießen. In den Blicken des Bulgaren sah ich Hilflosigkeit, und dem Außenhändler Barčak aus Prag missfiel es sichtlich, seinem aufgeputschten Ministerpräsidenten Čalfa zuhören zu sollen.

Als ich später am offenen Sitzungssaal der Kubaner vorbeikam, stand der große alte kubanische Weltökonom Stellvertreter des Ministerpräsidenten Carlos Rafael Rodriguez, von einigen Getreuen umringt, vor der Tür. Er war in der Plenartagung entschieden und sichtlich den Tränen nahe gegen die vorgesehenen Beschlüsse aufgetreten, ohne Illusion, das Blatt wenden zu können. Carlos Rafael kannte mich, er hatte mir in Kuba viel Aufmerksamkeit erwiesen, und ich wusste gut, wer er war: Wohl der einzige führende Kommunist aus der Zeit vor 1959, der allzeit das volle Vertrauen Castros hatte, und der mit glänzender Rede einfordern konnte, was Kuba gebührte und mit noch glänzenderer, was ihm nicht zustand. Ich spürte sofort: Für die Kubaner war ich nicht mehr wie gestern noch der Vertrauen verdienende Freund, als Helfer eines Königsmörders wie Modrow stand ich für diese schon auf der anderen Seite der Barrikade.

Ich habe später in den Erinnerungen des letzten DDR-Botschafters in Kuba, Karlheinz Möbus, einem der geradlinigsten und solidesten Kerle, denen ich in der Botschafterfunktion im Ausland meine Aufwartung gemacht habe, nachgelesen, wie sich die Kubaner in den darauffolgenden Monaten, als die deutsche Vereinigung heraufzog, verhalten haben. Möbus scheint da im kubanischen Außenministerium und in anderen „Expertenkreisen" nur Kubaner getroffen zu haben, die meinten, die Wirtschaftsabkommen zwischen Kuba und der DDR seien solche zum ausgewogenen gegenseitigen Vorteil, das neue Deutschland werde „problemlos" an den erreichten hohen Stand anknüpfen, und alles werde noch größer und schöner werden. Wer die wirkliche Geschichte der Abkommen über den Produktentausch Milchpulver:

Futterhefe, die Ausrüstungslieferungen für die Zitrusfruchtverarbeitung gegen Orangen und Säfte, wer das jährliche Tauziehen um die korrekte Feststellung der Tilgungs- und Zinsverpflichtungen und ihre Kompensation durch zusätzliche Lieferungen von Landesprodukten verinnerlicht hatte, musste eigentlich wissen, dass ausnahmslos jede Wirtschaftsvereinbarung mit Kuba ein Element großzügiger H i l f e enthielt und nach den rauen Regeln des Weltmarkts nicht zustande gekommen wäre. Von dem heraufziehenden größeren Deutschland die karitative Ausweitung dieser internationalistischen Nächstenliebe erwarten, das konnten nur Träumer. Die im Januar 1990 in Sofia versammelten Kubaner waren keine.

Und erst recht nicht das kleine Häuflein der Nicaraguaner, die dem RGW in einer Art Assoziation anhingen. Geradezu flehentlich rang der zur Plenartagung zugelassene Comandante Henry Ruiz um irgendeine solidarische Lösung, die seinem Land den Zufluss an Hilfe erhalten könnte, vergebens, das passte nicht mehr ins System. Ich hörte die Stimme des kleinen Ruiz mit dem Lippenbärtchen und den listigen Äuglein wie von ganz fern zu mir dringen und war traurig. Die DDR-Repräsentanten, die seinem Land in den vorausgegangenen Jahren Besuche gemacht hatten, vor allem die Frauen, mochten den jungenhaften Comandante, bei Margot Honecker hatte er einen großen Stein im Brett. Wenn wieder einmal Not war und Nicaragua Waren oder blanke Dollars brauchte, schrieb Henry Ruiz einen hübschen Brief und der Botschafter steckte den der Landesmutter Margot zu – hätte er ihn bei einem hochrangigen Genossen im Zentralkomitee eingereicht, vielleicht sogar bei dem Nicaragua wohlgesinnten Axen, hätte der Hilferuf zuständigkeitshalber erst einmal bei Mittag abgeliefert werden müssen, und der hätte ihn eingestampft. So aber ließ Margot Honecker anrufen, „Irmchen" (so nannte sie meine Frau) möchte doch mal gleich rüberkommen und eine Seite übersetzen, und dann wurde das Briefchen abends Erich Honecker auf den Couchtisch gelegt und die Aussicht auf Hilfe war schon viel freundlicher.

Treffen mit Mazowiecki

Am Rande des Tagungsgeschehens traf Modrow den frischgebackenen rumänischen Ministerpräsidenten Petre Roman und den polnischen Premier Mazowiecki, im kleinstmöglichen Kreis, ohne Gesprächszettel, ich war dabei. Zum ersten Mal erlebte ich den ersten nichtsozialistischen Premier Polens aus der Nähe.

Polen hatte uns, die wir damals noch auf das Modell von der Diktatur des Proletariats verpflichtet waren, schon seit 1986 das Gruseln gelehrt, als dort ein Konstrukt der Teilung der Staatsmacht erprobt wurde, das der Opposition den Weg freimachte, bis zu 35 Prozent der Parlamentssitze und 100 Prozent der Senatorenposten zu erringen, und die errang sie auch. Aber 1989 war etwas geschehen, das die Erfinder nicht eingeplant hatten. Die den Kommunisten, der PVAP, lange verbundene Bauernpartei und die bis dahin handzahmen Liberalen schwenkten um, und der wenig vorher mit einer Stimme Mehrheit zum Präsidenten gekürte Jaruzelski musste am 25. 8. 1989 den Nichtkommunisten Mazowiecki zum Ministerpräsidenten berufen. Für strenggläubige Genossen war das der Sieg der Konterrevolution in unserem Rücken. Die zuvor in Polen ausgehandelten Kompromisse sicherten zwar einem PVAP-Mitglied den Posten des Außenhandelsministers zu, aber ihm rückten schon Solidarność-Anhänger als Stellvertreter zur Seite, wie der schon genannte Gentleman Amanowicz.

Und nun trafen sich in Sofia zwei Männer, denen nicht viel Vergangenes gemeinsam war, die aber beide ihr Land ohne Bürgerkrieg in eine Nachwendegesellschaft überführen sollten, zwei Männer, die trotz mannigfaltiger latenter Krisenherde ihre Bürger in guter Nachbarschaft halten wollten, was nun nach Ausbruch der Demokratie nicht leichter war als vorher unter autokratischer Herrschaft. An anderer Stelle hat Modrow den Polen Mazowiecki so feinsinnig erkannt und beschrieben, dass ich hier seine Worte hernehmen will: „Alle Kraft, nur scheinbar verdunkelt von Müdigkeit, bezog Mazowiecki aus katholischem Glauben. Vielleicht war dies die politische Lehre, die seine ernste Würde stützte: Niemand versuche künftig ein Amt, der nicht eine Ausbildung als Leidtragender hinter sich hat." Auch in Sofia umgab Mazowiecki „ein Hauch trauriger Verstörtheit", gewiss, aber die Art, wie sich beide Männer in die Arme nahmen, die freundlichen Gesten und Blicke, die geradezu spürbare Wärme, mit der der katholische Pole dem Sozialisten Modrow Mut machte, die hat mich sehr bewegt. Aufschreiben sollte ich nichts.

Damals noch in der Hoffnung, wir könnten mit einigen ehemaligen RGW-Ländern das System der Clearing-Handelsabkommen für zwei, drei Jahre am Leben erhalten, bis die entwickelte Markt- und Geldwirtschaft sie ablöst, erteilte Kurt Fenske sich und mir die Vollmacht zu Gesprächen mit Gleichgesinnten. Wir verhandelten noch in Sofia mit dem bulgarischen Außenhandelsminister Christo Christow und einigten uns, auch für 1991 und 1992 nochmals Jahresprotokolle anzusteuern.

Als die Sofioter Tagung abends zu Ende ging, war ich ausgelaugt und angsterfüllt. In dieser Todesstunde des RGW schwante mir zum ersten Mal, dass ein Tag kommen könnte, an dem man Leute wie mich nicht mehr braucht, weil es den Außenhandel, den ich kenne, nicht mehr gibt. In meinem Hotel, dem Vitoscha New Otani, liefen mir Protokoll-Ordonnanzen in den Weg und riefen aus, in der Bar sei noch Programm für die Delegierten aller Länder, und ein alkoholisches Getränk sei frei. Ich ging über den sparbeleuchteten Gang zu meinem Zimmer, fiel ins Bett und zog mir die Decke ganz fest über den Kopf wie einer, der nichts mehr hören und nichts mehr sehen will.

Es dauerte aber nur noch zwei Monate, bis in der durch offene Grenzen zusätzlich politisch und wirtschaftlich geschwächten DDR den förmlichen Amtsträgern die Ausweglosigkeit des Weitermachens vollends klar wurde und sie die Flucht in die Einheit Deutschlands antraten.

Nach der Wende hat der von mir hochgeschätzte Ökonom Siegfried Wenzel, dem ich analytisch nicht das Wasser reichen kann, in den Heften zur DDR-Geschichte seine Untersuchungsergebnisse zu der Frage mitgeteilt: „War die DDR 1989 wirtschaftlich am Ende?" Wenzel weist nach, dass die im Oktober 1989 zunächst angenommene Nettoverschuldung nicht 26,5 Mrd US-$, sondern nach dem Zeugnis der unverdächtigen Deutschen Bundesbank etwa 15 Mrd. US-$ betrug. Sie war damit beträchtlich höher als ein Jahresexport der DDR in das kapitalistische Ausland (KA). Gleichwohl gibt es, so lässt selbst die Bundesbank durchscheinen und stellt Wenzel zu Recht fest, Staaten in der westlichen Hemisphäre, deren Verschuldung sowohl absolut als auch pro Kopf höher ist und für die „weder die Frage der Verantwortung der Regierung noch der gesellschaftlichen Verhältnisse gestellt wird." Schließlich bekennt Wenzel, ungeachtet aller Katastrophenszenarien – intern wurden Schwarz-Weiß-Bilder auch gemalt, um den zum Teil in Wirtschaftsdingen völlig unkundigen Mitgliedern der obersten Führung einen Schock zu versetzen, der sie zum Mitdenken und Handeln zwänge – sei die DDR im Herbst 1989 noch n i c h t zahlungsunfähig gewesen. Dies alles vorausgeschickt, bekundet er, dass die DDR dessen ungeachtet „ohne Perspektive war", dass ohne eine „Veränderung der Politik", gemeint ist eine drastische Einschränkung des Lebensstandards der DDR-Bevölkerung, in zwei, drei oder vier Jahren die Zahlungsunfähigkeit der DDR unausweichlich eingetreten wäre. In seinen ersten Veröffentlichungen zu diesem Thema zog Siegfried Wenzel die Folgen nicht in Betracht, die die Beschlüsse des RGW vom 9. 1. 1990 in Sofia für die DDR haben mussten, in seinem später herausgegebenen Buch „Was war die DDR wert? Und wo ist dieser Wert geblieben?" holt er das nach, und das war allerdings dringend erforderlich.

A l l e i n der nach Sofia unausweichlich gewordene Zusammenbruch der bis dahin sicheren Ostmärkte hätte die wegen der Westverschuldung bereits hochkritische Lage der DDR so verschärft, dass ihre ökonomische Kapitulation unmittelbar spruchreif geworden wäre. An dieser Überlegung ist nichts hypothetisch. Es gab keine Chance, das Leben der DDR zu verlängern. In meinen Gedanken und Erinnerungen an die Zeit nach der Währungsunion werde ich der Bundesregierung gravierende Versäumnisse oder gar „Nicht-Wollen" beim Kampf um den Erhalt der Außenmärkte für die Industrie der neuen Bundesländer vorwerfen. Doch kann ich sie nur bedingt für die Entwicklung im Schoß der sozialistischen Gemeinschaft bis zum 9. Januar 1990 in Haftung nehmen.

Ich bin ärgerlich, jetzt, zwanzig Jahre nach jenem Schicksalsjahr 1989 bis 1990, in Buchveröffentlichungen von Nichtfachleuten, die in ihrer beruflichen Laufbahn nie eine komplexere wirtschaftliche Verantwortung in der und für die DDR getragen haben, zu lesen, die Einschätzung eines damals – 1989 – unmittelbar bevorstehenden ökonomischen Einsturzes der DDR sei in das Reich der Legenden zu verweisen. Selbstverständlich ist es richtig, dass in der Vergangenheit einzelne kapitalistische Länder – es genügt Argentinien nennen, oder aus jüngster Zeit Island, oder gar Griechenland – unter Schuldenlasten in konvertierbarer Währung stöhnten, die absolut und maßstäblich die der DDR in ihrem Endzeitjahr überstiegen. Doch ein in die kapitalistische Weltwirtschaft integriertes Land wird letzten Endes von seinesgleichen nie im Stich gelassen: Ein Staatsbankrott eines kapitalistischen Landes wäre das Eingeständnis des Scheiterns des kapitalistischen Systems, und deshalb tritt ihr de facto bestehendes kollektives Haftungssystem ein. Aber das Haftungssystem ist eben eines für Freunde, nicht für Feinde. In der Stunde der Not müssen eben die Freunde auch wirtschaftlich stärker sein als die Feinde. Dieses Glück hatte die DDR nicht. Wir lebten immer noch im Kalten Krieg, und die DDR musste ihre tödliche Schwäche in einem Augenblick offenbaren, als die politisch-ökonomische Gemeinschaft des Westens, ihre Feinde, sich begreiflicherweise nicht zu ihrer Rettung verständigten, sondern sich auf ihre Vernichtung einigten, und ihr bisher einziger potenter Freund, die Sowjetunion selbst lebensgefährlich geschwächt und entschlossen war, das System der privilegierten RGW-Partnerschaft zu opfern. Außerdem waren alle Freunde der DDR arm ... Wie kann man bei der Beurteilung der Wirtschafts- und Schuldenproblematik der DDR, für die nicht zuletzt die eigene Bevölkerung keine Opfer mehr bringen wollte, so harmlos daherschreiben und unseren Landsleuten eine Illusion einreden, die sie ihre schmerzliche Niederlage nur noch tiefer empfinden lässt.

Schwere Entscheidungen

Ich begann damit zu rechnen, dass es früher oder später zur Einheit Deutschlands kommen werde und musste mir und meiner Familie die Frage beantworten, womit ich zukünftig das tägliche Brot zu verdienen gedachte. Es war mir nicht klar, ob ich wegen meines freiwillig und aufrichtig geleisteten Dienstes für die DDR mit Verfolgung und Ausschluss aus der Gesellschaft zu rechnen hatte.

Ich wollte mich unter keinen Umständen in irgendeinen Sozialplan flüchten, sondern weiter arbeiten, und diese Arbeit musste ich nun zum ersten Mal in meinem Leben s u c h e n. Wenn ich mich verdingen konnte, ohne mich für meine Vergangenheit entschuldigen zu müssen, würde ich jede Arbeit annehmen, die ich bekommen könnte, am besten in der Wirtschaft, wenn mir das nicht gelänge, auch im Staatsdienst. Wenn ich mich als früher ranghoher Staatsfunktionär öffentlich zu einer marxistisch-leninistischen Partei bekannte, war ich chancenlos. Ich verließ die Partei, um nicht chancenlos zu sein. Bisher war die DDR mein Vaterland gewesen. Der SED, in der Kampfgruppe und in der Nationalen Volksarmee hatte ich Treue geschworen, doch alle diese Institutionen verabschiedeten sich nun aus der Geschichte, ohne Nachkommen, die die Einlösung der Gelöbnisse hätten einfordern können. Nachdem das Vaterland DDR verloren ging, ist mir niemals der Gedanke gekommen, ich könnte in einem anderen Land leben als in Deutschland. Wollte ich in diesem Land zukünftig Rechte einfordern, müsste ich für dieses Land auch Pflichten übernehmen.

Ich sah es als meine Pflicht an, das, was ich als „Besitzstände des DDR-Außenhandels" verstand, nach Bundesdeutschland zu überführen. Dass ich unter „Besitzständen" zu allerletzt die Guthaben auf den Transfer-Rubel-Konten meinte, versteht sich wohl von selbst: Leute wie Fenske, Schwierz und Lemke wussten, dass unsere Freunde im Osten ihre Schulden ungern in harter Münze zurückzahlen wollten. Nein, unter Besitzständen waren die Märkte im Osten zu verstehen, auf denen unsere ostdeutschen Unternehmen – die M e n s c h e n, die darin arbeiteten – bisher ein festes Standbein hatten, und die für längere Zeit möglicherweise die einzigen sein würden (so dachte ich damals noch), die ostdeutsche Waren abnahmen.

Aus dieser Überzeugung heraus und weil ich meinen Lebensunterhalt verdienen musste, wie jeder andere auch, hielt ich es nicht nur für zumutbar, sondern es war mein Z i e l, mich in das System des nun verbliebenen einzigen deutschen Staates einzufügen. Ich habe nicht vergessen, dass wir zu DDR-Zeiten in der Leitung des Außenhandelsministeriums überzeugt waren, einen Arbeitsauftrag zu erfüllen, der Teil einer weltweiten Klassenauseinandersetzung ist – mancher scheint das vergessen zu haben. Aus der politischen Hülle geschält, war unser Arbeitsauftrag zugleich etwas ganz Nüchternes und Unideologisches: Wir wirkten an der Sicherung des Absatzes der Arbeitsergebnisse der Industrie unseres Landes mit und sorgten uns darum, dass die Arbeiter Lohn und Brot hatten. Dieser Auftrag änderte sich nach der Wende nicht. Er rechtfertigte den persönlichen Einsatz für die auf dem Gebiet der noch bestehenden und dann der ehemaligen DDR um ihre Existenz kämpfenden Unternehmen und ihre Mitarbeiter auch nach der Niederlage der DDR und nach dem Untergang des Volkseigentums … Es mag sein, dass der eine oder andere meiner früheren Glaubensgenossen diesen meinen Pragmatismus nicht gebilligt hat, doch ich war meiner selbst sicher. An einigen früheren Stationen meines Lebens hatte ich mich gequält, Entscheidungen hinausgezögert, diesmal zögerte ich nicht. Wenn die politische Macht einmal verloren ist, das wussten die Theoretiker der Diktatur des Proletariats immer, und auch auf der Parteihochschule war uns das auf das Eindringlichste erklärt worden, dann ist sie für immer verloren. Und das stand nun für den März 1990 bevor. Das einheitliche Deutschland würde ein bürgerlicher Staat sein, und die Wirtschaft kapitalistisch. Nur dieser bürgerliche Staat und diese kapitalistische Wirtschaft würden zukünftig Arbeit geben, und dort würde ich mich bewerben müssen. Dabei wollte ich „nach hinten" nichts verleugnen und „nach vorn" nichts versprechen. So habe ich es gehalten, und ich bereue es bis heute nicht.

Ich kann gar nicht sagen, wie oft ich seit 1990 gefragt worden bin, „was denn das so für Leute" gewesen seien in den Ämtern des Klassenfeindes, die da über uns gekommen waren. Auch vor der Wende war ich nie der Auffassung, dass Beamte in einem bürgerlichen Wirtschaftsministerium „linear gesteuerte Auftragnehmer im Machtapparat der herrschenden Klasse" seien. Gleichwohl hatte ich grundsätzliche und tiefsitzende Vorbehalte. Dass die Beamten, die ich kennenlernte, Befürworter und Verteidiger des bürgerlichen Rechtsstaates und der kapitalistischen Marktordnung waren, konnte ich ihnen ja wohl nicht vorwerfen – wir beschäftigten in unseren Ministerien ja auch keine Feinde oder erklärten Gegner des Arbeiter-und-Bauern-Staates.

Ich kann es mir nicht verkneifen, hier erst einmal ein Wort eines ganz nahen Verwandten wiederzugeben, der war zu DDR-Zeiten parteiloser Dozent an der Technischen Hochschule Dresden und so kritisch, wie man dort gerade noch tolerieren wollte, und als die Wende und Neuordnung über seine Hochschule kam, machte man ihn zum Vorsitzenden einer Evaluierungskommission. Als die nun einen ehemaligen Genossen Institutsdirektor behalten wollte und einen ehemaligen unparteilichen Assistenten für ungeeignet erachtete, erntete er Vorwürfe, und auf diese antwortete er so: Ich unterscheide nicht zwischen Genossen und Nichtgenossen, sondern zwischen A….löchern und Nichta…. löchern.

Dies vorausgeschickt, sage ich: Ich habe im Wirtschafts- und Finanzministerium Herren und Damen des Beamtenstandes aller Arten kennengelernt: Kluge und wenig wissende, clevere und naive, charakterlich feste und schwankende Gestalten, Freidenker und ideologisch Verbohrte, ziemlich unvoreingenommen Denkende und von unsäglichen Vorurteilen belastete, stolze, unabhängige Charaktere und Gegenstücke dazu, die offenbar nichts als ihre Karriere im Sinne hatten und sich nach oben anboten, uneitle und eitle, gut gekleidete und schlampig angezogene, und manchen, der von vielen guten und unguten Eigenschaften jeweils ein Stückchen hatte.

Gravierendste Unterschiede? Unter den mir bekannten westdeutschen Beamten war keiner, der zu Beginn seiner Laufbahn ein paar Jahre in einem Exportunternehmen Ware verkauft oder eingekauft hatte, unter den ostdeutschen Ministerialangestellten keiner, der erst einmal ein paar Jahre in einer Anwaltskanzlei gedient hatte. Und bei einer Umfrage, wie sie nach der Wende beliebt wurden, nach dem „g r ö ß t e n" Deutschen hätte eine Mehrzahl meiner ostdeutschen Außenhändlerkollegen wohl noch immer Karl Marx genannt, bei den westdeutschen wäre der keinem von ihnen eingefallen … Ich muss es meinen Freunden und ebenso denen, die mich mit Abstand betrachten, sagen wie es ist: M e i n e Bonner Auftraggeber und Quasi-Vorgesetzten waren in der Mehrzahl fähige, anständige Leute ohne Siegerallüren, und es wäre schäbig, kämen sie in meinen Memoiren nicht entsprechend weg. Ich habe mich natürlich nur mit Bonner Beamten in eine Reihe stellen können, bei denen ich merkte, dass sie jedermanns Persönlichkeitsrechte achteten. Ich traf auch auf Vertreter einer anderen Haltung, für die ich „ein (leider) nicht justiziabler Staatsdiener mit linksdiktatorischem Täterprofil" war. An denen versuchte ich grußlos vorbeizugehen. Aber weder die Tauben noch die Falken haben mich je dazu gedrängt zu erklären, ob sich mein politisches Bild der bürgerlichen Gesellschaft nach der Wende grundsätzlich geändert hat. Es hatte sich nicht geändert, aber das schien auch niemand für möglich zu halten, und es wurden keine Bekenntnisse von mir verlangt. Ich habe nicht einmal auf das Grundgesetz schwören müssen. Dass die Personalabteilung des Bundeswirtschaftsministeriums den Verfassungsschutz nach mir befragte und ein Gutachten der Gauckbehörde eingeholt hat, sagte sie mir gerade heraus ins Gesicht. Am 21. 8. 1992 teilte mir der Leiter des Personalreferats Clemens Wagner – die Anfrage bei den Gaucks hatte man bereits im November 1991 eingereicht – mündlich und wörtlich mit: „Das BMWi wurde unter dem Datum 20. Juli 1992 informiert, dass sich keine Anhaltspunkte für eine Zusammenarbeit von Herrn Dietrich Lemke mit dem Ministerium für Staatssicherheit ergeben haben."

Schrumpfende Apparate

Der Bedeutungsverlust und der Abbau der Staatlichen Plankommission, die im Januar 1990 dann in eine Wirtschaftskommission unter Prof. Dr. Grünheid umgewandelt wurde, setzte noch im alten Jahr ein. Wir Handelspolitiker des MAH wurden aufgefordert, die erfahrenen Länderspezialisten der SPK in unsere Direktionsbereiche und Ländersektionen zu integrieren. Der Auftrag, die freiwerdenden Kollegen, die wir aus der gemeinsamen Arbeit in den Wirtschaftsausschüssen und den Abkommensverhandlungen gut kannten und an deren Leistungsvermögen und Erfahrung nicht zu zweifeln war, einzubauen, stieß auf den Widerstand der Altsassen, namentlich, wenn es um die Besetzung von Leitungsaufgaben ging. Einige unangefochtene Fachleute, wie Claus Nitzsche und der Bulgarienexperte Günther Huhn, sollten ihren Platz finden, aber viele der jungen klugen Nachwuchsleute kamen bald abhanden. Freilich: Dies alles waren ohnehin sehr kurze Übergangslösungen, nach dem Amtsantritt de Maizières und mit der Bildung des Wirtschaftsministeriums galt Planung ohnehin als Teufelszeug, und die Abkömmlinge dieses Gewerbes erzielten nur niedrige Preise für ihre Arbeitskraft.

Aber auch unsere eigenen Reihen und die der Handelspolitischen Abteilungen schrumpften, denn manch einem war der Sperling in der Hand in Gestalt des Vorruhestands lieber als die Tauben auf dem Dach in Gestalt der empfohlenen Umschulungen zu Steuerberatern, Wirtschaftsprüfern, Werbekaufleuten ...

Schon vor dem Amtsantritt der de-Maizière-Regierung kam es zu Begegnungen und Informationsaustausch des noch bestehenden Ministeriums für Außenhandel mit dem Bundeswirtschaftsministerium, nachdem Modrow und Kohl am 13. und 14. Februar in Bonn die Vorbereitung der Wirtschafts- und Währungsunion vereinbart hatten. Die Bundesregierung verlangte von den Bundesministerien zusammenfassende Darstellungen des Standes der Handels- und Kooperationsbeziehungen der DDR mit dem Ausland, im Besonderen aber mit den Mitgliedsländern des RGW und hier wiederum mit dem Schwerpunkt UdSSR. Dezidiert erwartete sie eine Aussage zu den Risiken für die Weiterführung der Lieferungen an die UdSSR, Polen, Ungarn und die Tschechoslowakei nach Einführung der DM. Davon ausgehend fanden erste Konsultationen zwischen Beauftragten der für die Wirtschaft zuständigen Ministerien und ihren Fachleuten noch im Februar 1990 statt. Mein eigener Bereich wurde zum ersten Mal Anfang März auf die Zusammenstellung von Informationsunterlagen verpflichtet, die für die Konsultation am 6. März 1990 in Berlin benötigt wurden, an der auf westlicher Seite offenbar auch das Auswärtige Amt und das Landwirtschaftsministerium, auf der DDR-Seite auch die Wirtschaftskommission teilnahmen.

Minister Gerhard Beil hielt es für richtig, dass der Inhalt der Informationsabgabe durch das MAH nicht ausuferte und kanalisierte Fragen und Antworten über den durchaus mit guter Rundumsicht ausgestatteten Hauptabteilungsleiter für den Handel mit der Bundesrepublik und Westberlin, Wolfgang Steger. Dieser Vorgabe Rechnung tragend, arbeiteten wir für die Übergabe in allen Teilen richtige, aussagekräftige, jedoch unvollständige Materialien aus. Die Westteilnehmer der ersten interministeriellen Konsultationen bezeichneten das Herangehen der DDR-Teilnehmer in den ersten Treffen als aufgeschlossen und berichteten, diese seien informationsbereit und –willig gewesen. Gleichwohl hätten sie „noch nicht über den Horizont der WWU (Wirtschafts- und Währungs-Union, D. L.) hinausschauen, also über eventuelle Konsequenzen aus einer deutschen Vereinigung nicht sprechen wollen." Bereits in den ersten Konsultationen erkannten die Beteiligten ein Dilemma: Ist eine WWU denkbar bei Aufrechterhaltung einer (wenn auch gewissermaßen „unsichtbaren") innerdeutschen Grenze? Eine solche Zollgrenze erschien offensichtlich unverzichtbar, um die Unternehmen in der wirtschaftsschwachen Noch-DDR vor massiver Westkonkurrenz zu schützen, deren Folge der Zusammenbruch einer Vielzahl der ostdeutschen Produzenten sein müsste mit der Konsequenz, dass die Träger der Lieferverpflichtungen gegenüber den Osthandelspartnern, weil untergegangen, die zugesagten Leistungen nicht mehr erbringen könnten. Hier entstand die Frage, welche Vorkehrungen die Bundesregierung treffen müsste, um den Ostpartnern Vertrauensschutz für gewachsene Außenwirtschaftsbeziehungen zusagen zu können.

Mit als erstes interessierte daher die Bonner ministeriellen Osthändler die Frage „Welche langfristig bindenden Lieferverpflichtungen gibt es gegenüber dem RGW-Raum? Welche Abrechnungsverfahren gelten dafür? Wie sollen diese Verpflichtungen in Zukunft behandelt werden?" Auf der Suche nach Lösungswegen sollte die Bundesregierung ungenügend beachten, dass

Gefahren für die Weiterführung der gewachsenen Beziehungen vor allem im
I m p o r t aus den Ostländern bestanden. Auf einem offenen Markt DDR
würde sich, von einer Handvoll börsennotierter Rohstoffe abgesehen, eine
breite Nomenklatur traditioneller Fertigerzeugnisse aus den Ostländern als
nicht konkurrenzfähig erweisen, so dass die Ostländer das Geld nicht verdienen würden, mit dem sie die Käufe aus Ostdeutschland zu finanzieren hätten.

Nach der Installation der Regierung de Maizière hätte es bald zu Begegnungen zwischen dem zuständigen Staatssekretär im Bundeswirtschaftsministerium, Dr. Dieter von Würzen, und dem für den Außenwirtschaftsbereich
des Ministeriums für Wirtschaft der DDR zuständigen Staatssekretär Dieter
Prietzel, wie wir alle vormals SED, kommen müssen, aber Prietzel war in den
Augen der Bonner Eminenz wohl nicht satisfaktionsfähig. Als Parlamentär
wurde der seit Januar 1990 mit der Jahrhundertaufgabe der „Harmonisie-
rung" des Außenhandels der BRD und der DDR beauftragte Bonner Ministerialdirigent Dr. Axel Gerlach in die Höhle des Löwen geschickt. Gerlach
erkannte frühzeitig, dass die auf ihn zurollenden gesamtdeutschen Verantwortlichkeiten ohne bereitwillige und aufrichtige Kooperation mit dem früheren Staatssekretär Dr. Fenske und den altlastigen ehemaligen Stellvertretern
Dr. Schwierz und Lemke nicht zu meistern wären, dass man diesen aber auch
nicht vorhalten könne, sie verletzten „Bringepflichten". Davon wird noch zu
berichten sein.

Reisen mit Modrow und Luft

Im Februar reiste Modrow in die CSFR und nach Polen. Wirtschaftsfragen
standen auf der Tagesordnung, und entsprechende Sprechpapiere hatten wir
dafür ausgefertigt, aber viel mehr konnte da nicht drinstehen, als dass wir
uns bemühen wollten, dass sich die Räder weiterdrehen und wir liefern und
kaufen werden, was wir schon vereinbart haben, oder allenfalls etwas mehr
… Wichtiger war wohl, gemeinsam abzugleichen, wie sich angesichts der
inneren Umwälzungen in jeweils beiden Staaten deren Einbettung in die
europäische Entwicklung vollziehen könnte, und viel wichtiger war für die
DDR-Regierung die öffentlich bekundete Wertschätzung des charismatischen
Präsidenten Václav Havel und des Ministerpräsidenten Mazowiecki für den
verzweifelten Versuch des Hans Modrow, sein Land durch die Beteiligung
verantwortungsbewusster oppositioneller Persönlichkeiten regierbar zu halten. Das war etwas bisher Unerhörtes: Nach Prag reiste zwar in des Ministerpräsidenten Begleitung eine Truppe, die zu Zeiten Willi Stophs auch nicht

anders ausgesehen hätte: Lauck, Ott, Tschanter, Lemke, Böthling, Franz Jahsnowski ..., aber in letzter Minute war ein Ergänzungszettel in den schon gedruckten Ablaufplan geschoben worden: Tatjana Böhm, Minister, Unabhängiger Frauenverband, und Wolfgang Ullmann, Minister, Demokratie jetzt.

Ich sehe Ullmann noch deutlich vor mir; er nutzte den Besuch in Prag zu Kontakten mit Bürgerrechtsfreunden, kam dann mit einer zerknitterten Aktentasche von irgendwoher verspätet und freundlich grüßend an den Verhandlungstisch im Hrzany-Palais, an dem Modrow und Marian âalfa konferierten. Da er nicht wie wir anderen streng nach Rang Platzierten auf die höfischen Sitten verpflichtet war, nach denen alle außer dem Vorsitzenden am Verhandlungstisch nur hören und schreiben, aber nicht reden, griff er immer mal wieder freundlich in die Reden der beiden Vorsteher ein, stellte Fragen und ließ keine Langeweile aufkommen.

Nach Warschau reisten neben der Altfraktion, darin Singhuber, Dr. Dieter Albrecht, Lemke, Wolfgang Meyer, nun auch die neuen deutschen Repräsentanten Minister Rainer Eppelmann, Walter Romberg, Matthias Platzek. Eppelmann nahm Witterung bei Jacek Kuron auf, damals Minister für Arbeit und Sozialfragen, Platzek sprach mit dem Minister für Umweltschutz Kaminski, Dr. Walter Romberg aber gesellte sich dem Team um den neuen Vorsitzenden des DDR-Teils des Gemeinsamen Wirtschaftsausschusses DDR-Polen, Singhuber, zu. Um es kurz zu machen: Singhuber und sein polnischer Kollege Janowski, beide neu auf diesem Feld, hatten sich nichts zu sagen, weil sie wenig von der komplizierten Vorgeschichte der Wirtschaftsbeziehungen wussten und unsicher waren, auf welche Weise sich das in der Planwirtschaft Gewachsene in der nun angebrochenen Planlosigkeit erhalten ließe. Dr. Romberg konnte mit der Unlustigkeit, den Sticheleien, der auf kein richtiges Ergebnis zulaufenden Begegnung, die er angespannt mit nervösen Blicken verfolgte, nichts anfangen, und schon in der ersten Gesprächspause sprach er mich und Dr. Albrecht an: Wie ist das wirklich, und warum ist es so, und wo ist die Wahrheit? Es war zu spüren: Da war ein Mann, Mathematiker von Haus aus, erfahren in der christlichen Friedensarbeit, der in so ernster Zeit keine Minute vergeuden wollte, ihn bedrückte der eben erfahrene Stillstand, er fragte, wie die Dinge bewegt, angetrieben werden könnten. Mich beeindruckte, dass Romberg anscheinend nicht einen Augenblick befürchtete, von mir oder meinem Amtsbruder Albrecht voreingenommen informiert oder fehlgeleitet, von den Wahrheiten abgelenkt zu werden. Er zeigte Vertrauen, bat um Kooperation, und er erzeugte sogleich in uns den Wunsch, ihm das mit Offenheit zu vergelten.

484

Wir schritten zu zweit oder dritt die Wege in der Parkowa (einem Gäste-hausviertel der Regierung, das wir beiden Altgedienten von vielen vorausge-gangenen Treffen kannten) und in dem benachbarten winterlich kahlen Łazienki-Park auf und ab, und danach konnten wir uns den Mann auch als zukünftigen Minister vorstellen. Romberg wurde der Finanzminister de Mai-zières, jener, der – schweren Herzens, weil er die Folgen überblickte – die Einführung der DM in der DDR besiegelte und dem es oblag, die Abkommen der DDR mit dem RGW über den nichtkommerziellen Zahlungsverkehr zu kündigen. Wann immer dieser Mann später in die Kritik geriet, nie zweifelte ich daran, dass er das Beste für unser Land anstrebte.

Die Wirtschaftsministerin Dr. Christa Luft traf während der bereits erwähn-ten Reise nach Budapest in den Räumen des Parlaments den Stellvertreter des Ministerpräsidenten Ungarns, Péter Medgyessy, eben den erstklassigen und kompetenten Finanzmann Medgyessy, der 12 Jahre später den konser-vativen ungarischen Regierungschef Victor Orban schon im ersten Wahlgang knapp schlagen und die gewandelten ungarischen Sozialisten in die Regie-rung zurückführen sollte. Ich hatte einen Teil des Sprechs von Frau Luft vor-bereitet, denn eigentlich war es zu dem Besuch an der Donau vor allem aus dem Außenhandels-Grund gekommen, dass in der DDR der Busverkehr zu erliegen drohte, weil Ungarn den Export neuer Ikarusbusse drosselte und auch die Ersatzteilversorgung bremste, und das alles deswegen, weil wichti-ge DDR-Exporte lahmten und der Passivsaldo der DDR in der laufenden Zah-lungsbilanz anstieg. Die Ungarn befürchteten, die Lieferausfälle und -rück-stände der DDR könnten sich ausweiten und sie auf ihren anschwellenden Transfer-Rubelguthaben sitzen bleiben lassen, denn Ende 1990 sollten ja die Rechnungen in dieser Traditionswährung geschlossen werden. Sie gaben also Frau Luft auf ihre Bitte, den Export der Ikarusse nicht weiter zu behin-dern, eine Antwort, die nicht ja und nicht nein lautete, und taten in den fol-genden Wochen erst mal wenig bis nichts. Über seherische Kräfte verfügten beide Seiten damals wirklich nicht! Hätte die DDR-Seite geahnt, dass schon am 14. Februar 1990, eine Woche nach der Erklärung von Bundesbankpräsi-dent Pöhl, an so etwas sei nicht zu denken, in den Bonner Gesprächen zwi-schen Kohl und Modrow eine Währungsunion beider deutscher Staaten angesteuert werden würde, hätte Christa Luft die Winterreise nach Budapest schwerlich angetreten und ruhig noch ein wenig gewartet, und die Ungarn hätten bald darauf mit Kusshand zusätzliche Buslieferungen auf den Weg gebracht. Denn kaum war die Einführung der DM in der DDR angekündigt, kippte die Zahlungsbilanz um, und die Ungarn wurden Schuldner, was ihnen wegen der Aussicht, am Ende des Jahres den Saldo in barer Münze auszahlen zu sollen, sehr missfiel.

Leipziger Frühjahrsmesse, nicht wie immer

Die Frühjahrsmesse 1990 stand vor der Tür, aber nichts war wie immer. Die letzten Dienstbesprechungen des Ministers vor der Messe behandelten keinen einzigen echten auf die Zukunft gerichteten Tagesordnungspunkt mehr – mit einer rührenden Ausnahme. Kollege Prietzel legte am 16. Februar einen sorgfältig ausgearbeiteten Beschluss vor: „Maßnahmen zum 825jährigen Bestehen der Leipziger Messen in 1990". Das war wie ein Beschluss über das Auftreten des Salonorchesters aus Anlass des Untergangs der Titanic. Ansonsten erfuhren wir nur noch, dass sich der Ministerrat Sorgen machte über die zunehmende Instabilität im Lande, über Eigenmächtigkeiten, Rechtsextremismus, Verweigerung der Mitarbeit an der Wahlvorbereitung ...

Zu Messebeginn sprach Gerhard Beil am 10. März auf der letzten großen Handelsrätetagung im Plenarsaal des Neuen Rathauses zu den grundlegend neuen Aufgaben des Außenhandels. Er wusste und wir wussten, dass morgen unsere Welt untergehen würde, aber wir bemühten uns, Apfelbäumchen zu pflanzen.

Die Messe ging am 17. März zu Ende, am 18. März war Wahl zur Volkskammer. Die Stellvertreter des Ministers, die mit dem Minister Gerhard Beil wie immer im Regierungshotel „Astoria" nächtigten, wussten: In dieser Funktion ist das unsere letzte Messe – oder vielleicht die letzte überhaupt, denn über den Wahlausgang machten wir uns nichts vor. Die Prognosen gaben der SED 4 – 8 Prozent, aber selbst, wenn mehr herauskäme – mit der SED würde keine andere Partei koalieren. Schon die Herbstmesse 1989 war nicht traditionsgemäß verlaufen: Stoph statt Honecker hatte das Schaulaufen bestritten, nun, im März 1990, machte Modrow die Runde. Der Besuch ausländischer Außenhandelsminister und von Spitzenleuten der Weltwirtschaft war so dicht wie nie zuvor – der Minister nahm Botschaften, wie: „Frankreich wird Ihren Beitrag nie vergessen ..." und ähnliche entgegen. Vom Minister selbst erfuhr man von solchen fast posthumen Huldigungen unserer bedeutenden Außenhandelspartner nichts, aber Beisitzer, wie auch ich einer war, erzählten es weiter und hatten dabei manchmal einen Kloß im Halse. Auch aus meinen „sozialistischen" Partnerländern fehlte kaum ein Stellvertreter des Ministers, alle hofften, die Zusammenarbeit würde irgendwie weitergehen, und wenn sie auch nach dem Motto „Im Hause des Gehenkten spricht man nicht vom Strick ..." über Naheliegendes nicht orakeln wollten, so wünschten sie doch auf ganz persönliche Art Glück für die Zukunft.

In Leipzig war Wahlkampf. Auf den Messemontag, den 12. 3. 1990, fielen die letzte Montagsdemonstration und die letzte Tagung des Runden Tisches in Berlin, und in die Messezeit fiel auch eine Großdemonstration vor der Oper mit Bundeskanzler Helmut Kohl. Gorbatschow rettete sich in dieser Messewoche ins Präsidentenamt der UdSSR, und am 17. 3. lehnte Schewardnadse noch einmal eine NATO-Mitgliedschaft des sich vereinigenden Deutschland ab. Wie sollte da in Leipzig das „Business as usual" ablaufen?

Wie immer tagte während der Messe auch die Regierungskommission zur einheitlichen Steuerung von Export und Import im Kopfbau der Technischen Messe. Kurz vor Beginn der Abschlusssitzung platzte der Präsident der Außenhandelsbank, Werner Polze, herein, er war, wie manch anderer aus diesem Kreis, mit der Straßenbahn zum Messegelände herausgefahren, denn in jenen Tagen wirkten Privilegierte mit Dienstwagen und Chauffeur auf manche wie ein rotes Tuch. In der Straßenbahn, so berichtete Werner Polze, sei plötzlich ein Mann aufgestanden, so ein sympathischer Typ, der sich hochrecken und mit kräftiger Stimme Respekt verschaffen kann, und der hätte Ruhe geboten und gefragt: Mal herhören – wer wählt am Sonntag SPD? Bitte das Handzeichen. Danke. Und wer wählt CDU? Danke. Und, so Polze, es seien bei „CDU" weit mehr Hände nach oben gegangen. Darauf der „Wahlleiter": So ists gut. Diesmal wählen wir mit dem Verstand, das nächste Mal wählen wir wieder mit dem Herzen! Nun, wir in der Regierungskommission mochten da nicht mitgehen, jedenfalls sahen alle Voraussagen die SPD vorn.

Am Sonnabend, dem 17. 3., traf der Minister den letzten Besucher aus „meinen Ländern", Popow, den Vizeminister für Außenhandel aus Bulgarien. Als der mit angefeuchteten Augen gegangen war, trat ich neben Beil, der zum Fenster auf den Bahnhofsvorplatz hinaussah. (Dort hatte ich im September 1988 schon einmal allein neben ihm gestanden, als ihm gerade die Nachricht vom Tode des Werner Felfe zugesprochen worden war. Er war damals sichtlich bewegt. Aus einer winzigen Bemerkung verstand ich: Felfe, dem er nahe stand, war für ihn ein Hoffnungsträger, ein würdiger Anwärter auf das höchste Amt der DDR gewesen.)

Ich wollte mich verabschieden, aber es ging so schwer, ich hatte Wasser in den Augen und musste schlucken und schlucken. Weißt Du, sagte Beil, unsere Arbeit ist uns wichtig, die geht jetzt nicht weiter wie bisher. Aber zur Lebensleistung und zum Lebensglück gehört noch anderes – eine Familie gegründet, Kinder zu anständigen Menschen erzogen zu haben ... Der Minister hatte sich nie ins Herz blicken lassen, von mir jedenfalls nicht, aber das merkte ich doch: Da fiel noch einem der Abschied von der Macht ganz schwer.

Wann Beil seine Entlassungsurkunde erhielt, ich weiß es nicht. Mir wurde sie am 18. April 1990 mit der Hauspost zugesandt, sie war vom neuen Herrn Minister so hastig unterfackelt worden, dass sogar das Datum fehlte.

Außenhandel zu Weltmarktbedingungen

Die Leitungsarbeit in meinem Verantwortungsbereich von Januar bis April 1990 hatte einen gewichtigen Schwerpunkt: Wir begannen die Ausarbeitung einer Vorlage „Maßnahmen zur Vorbereitung und Durchführung der Umstellung des Warenaustauschs und des kommerziellen Zahlungsverkehrs auf eine konvertierbare Währung ab 1991 mit den anderen RGW-Ländern und Ländern, mit denen der Verrechnungsverkehr auf der Basis des transferablen Rubels erfolgt" – schöner langer Titel, aber doch noch nicht lang und genau genug, denn der Beschluss, dessen Text uns durch den Ministerrat vorgegeben war, betraf (außer der UdSSR) alle RGW-Länder, dazu aber auch China und Jugoslawien.

Dieser Beschluss musste uns die Vollmacht geben, jegliche multilaterale und bilaterale Abkommen neu zu verhandeln, in denen irgendeine Festlegung über Zahlungen, Kreditgewährung und –tilgung, Zinsen, Gebühren und Verfahren zur Gebührenermittlung enthalten waren, soweit diese in irgendeiner anderen Währung als der DM verrechnet wurden. Für jede Zahlungsverpflichtung und jeden Anspruch musste schließlich festzustellen sein, über welchen Kurs Kunstgeld in echtes zu verwandeln war. Dass der Beschluss, an dem wir ab Januar nach einem Auftrag des Modrow-Kabinetts vom 13. 1. 1990 werkten, „für alle Fälle" ausgefeilt sein musste, wurde uns natürlich erst parallel zu den ersten handfesten Meldungen über eine bevorstehende Währungsunion klar. Als wir wussten, dass Modrows Tage gezählt sein würden, verschleppten wir die Behandlung der fast fertigen Vorlage bis zum Amtsantritt des neuen Premiers, denn was da auf uns zukam, das musste von den neuen Ministern für Wirtschaft, Finanzen, Verkehr, Handel und Tourismus, den neuen Herrschern in Staatsbank und Außenhandelsbank gebilligt sein, denn sie sollten schwere Lasten tragen.

Zur Koordinierung der festgelegten Maßnahmen wurde eine Staatliche Kommission eingesetzt, Leiter war Dr. Kurt Fenske, sein Stellvertreter „Herr Lemke" – das „Herr" klang ungewohnt. Weitere 12 Herren Mitglieder übernahmen Aufgaben, die Kommission wurde so von der de-Maizière-Regierung bestätigt. Mit jeder Woche der Arbeit an der Vorlage verlängerte sich auch mein Blick in die Zukunft, aber als ich im April 1990 die Begründung zur Vorlage schrieb, musste ich noch vom Weiterbestehen des Rates für Gegenseitige Wirtschaftshilfe ausgehen.

Ich beleuchtete aber schon die Konsequenzen aus einem Eintritt der DDR in eine Wirtschafts- und Währungsunion mit der Bundesrepublik Deutschland und das Durchwirken der Festlegungen der EG. Um sicher zu sein, dass die Beschlusspunkte möglichst alle Eventualitäten erfassen, waren zuvor über 300 Vertragswerke aus allen Wirtschaftsressorts wenigstens fliegend zu analysieren, darunter die Abkommen zur Erdölleitung „Freundschaft", zur Baumwollspinnerei Zawierce, zu den Schwefellieferungen, zur Wasserwirtschaft an den Grenzgewässern und anderen Vereinbarungen mit Polen, die Abkommen über den Erdgastransit, die Olefinkooperation, die Produktion von Großkurbelwellen und Fernsehbildröhren und die Kooperation auf dem Gebiet der Mikroelektronik mit der ČSFR, Rohstoffabkommen mit der KVDR, Laos und Kambodscha und viele andere mehr. Zum ersten Mal in der Geschichte meines Leitungsbereichs enthielt eine Vorlage den Satz: „Der Leiter der Staatlichen Kommission gewährleistet die Abstimmung mit dem Bundeswirtschaftsministerium."

Ich war heilfroh, dass sich Kurt Fenske für die nun anstehende Arbeit selbst die Krone aufgesetzt hatte, würden doch jetzt auch komplizierteste Abkommen aufgelöst werden müssen, deren Entstehungsgeschichte nur er selbst und s e i n e nahen Vertrauten kannten, zum Beispiel das Ergänzungsprotokoll zum Abkommen über den Erdgastransit aus der UdSSR über das Territorium der ČSFR. Oft hatte Kurt Fenske sich nicht in die Karten schauen lassen, vieles hatte er an sich gezogen, mögliche fremde Kompetenzen geringschätzend. Das war überhaupt eine hervorstechende Eigenschaft dieses Mannes: Wenn andere zu klagen begannen, dass die Fülle der Aufgaben ihnen über den Kopf zu wachsen drohe, dann nahm er eher eine neue Last auf sich – und dann bestätigte sich: Wem Gott ein Amt gibt, dem gibt er auch den Verstand dazu. Für schwieriges Neues suchte er sich die richtigen Leute, sachkundig, verschwiegen, loyal, aber, Gott sei Dank, so füge ich hinzu, stolz genug, um auch einmal selbst festzulegen, wann diese Loyalität verletzt werden musste, damit etwas anderes, sehr wichtiges, die Kollegensolidarität, nicht auf der Strecke blieb.

Im Bereich Planung und Valuta hatte Fenske einen Kreis von Ressortchefs um sich geschart, die ohne Ausnahme Experten, wenn nicht Meister ihres Faches waren: Erich Kubla, Wolfgang Dreisch, Dr. Werner Petzold, Werner Müller, Horst Finger, Günter Anklam, Dr. Dieter Wiedefeldt, Wolfram Lippmann Harald Bolt, die Gärtnerin – und da habe ich nicht einmal alle genannt.

Damals, im Frühjahr 1990, erkannte Fenske natürlich auch, dass wichtige Standbeine seines bisherigen Reiches, die Planung, die Auslandspreispolitik, fast schon obsolet geworden waren, und auch deshalb war ihm die Präsidentschaft über den Umstellungsprozess willkommen. Zu jener Zeit meinten wir noch, dass der DDR ein, zwei Jahre Lebenszeit verblieben, und da fielen der Zeitpunkt der radikalen Umstellung und ihre Folgen ja noch in die Zeit unserer eigenen Amtsverantwortung. Wir verständigten uns also schon im März 1990 darauf, draußen unverzüglich zwei Fragen zu sondieren.

Erstens war in Erfahrung zu bringen, ob die Länder ab 1991 Verrechnungsabkommen goutierten und wie diese angesichts des überall einsetzenden Bedeutungsverlustes der Staatsplankommissionen und der Atomisierung der AHB instrumentiert werden sollten. Wir rechneten damit, dass Bulgarien und Rumänien noch für mindestens ein Jahr Abkommen mit Rubelpreisen anwenden wollten.

Zweitens war herauszufragen, ob die Länder die Existenz eines werthaltigen Jahresendsaldos 31. 12. 1990 in Transfer-Rubel anerkennen werden und welche Form des Saldenabbaus bevorzugt würde. Wir rechneten damit, dass die Mehrzahl der Partnerländer einen Abbau durch Warenlieferungen zu den Transfer-Rubelpreisen des Jahres 1990 vorschlagen würde.

In den angestrebten Konsultationen wollten wir auch zu einer möglichst belastbaren Einschätzung kommen, ob man uns, die einheitshungrige DDR, überhaupt noch als Vertragspartner akzeptieren werde, oder ob man – die Währungsunion vor den Toren – erst einmal die Meinung der Westdeutschen kennen wolle, die jetzt bald den Schlüssel zur Kasse hätten. Dr. Fenske und ich wurden in Warschau und Budapest (von den Ungarn schon mit den Titeln „ehemaliger" Staatssekretär und „ehemaliger" Stellvertreter bezeichnet) mit allen Ehren behandelt, kamen aber zu der Überzeugung, dass man dort abwarten wollte. Mehr noch, die Ungarn warfen uns die massenhafte Stornierung von Importverträgen vor (auch die Stornierung von Ikarusbussen, um die Frau Luft vor drei Monaten noch inständig gebeten hatte) und fügten gleich hinzu, ein ohne ihre Schuld entstandener DDR-Guthaben-Saldo sei gar keiner, und eine Rückerstattung in Devisen könnten wir uns sowieso abschminken. Die Ungarn gingen ganz offensichtlich davon aus, dass nach einer Währungsunion die Regierungsorgane der Bundesrepublik die Hoheit über die Valutawirtschaft einer noch bestehenden DDR ausüben werden. Na, dachte ich mir, ihr werdet noch merken was herauskommt, wenn man der großen Bundesrepublik vor den Koffer scheißt.

Beinahe Handelskrieg mit Prag

Und noch eine Reise war wegen der Umstellung des Handels zu absolvieren, aber da zwang uns der Partner, die Tschechoslowakei, das Tempo auf. Als die ersten sicheren Informationen über die Einführung der DM in der DDR bekannt wurden, stand der Staatssekretär Dr. Cuker auf der Matte: Jetzt sofort sollte der Gesamthandel DDR – ČSFR auf Zahlungen in Konvertierbaren Devisen umgestellt werden. Die Prager Gesprächspartner nahmen unsere Ablehnung gar nicht ernst und schienen zu glauben, dass ein höflicher Hinweis ihrerseits an die Bonner Währungshüter schon für Ordnung in unseren östlichen Reihen sorgen werde, aber da hatten sie die Rechnung ohne unseren zukünftigen Wirt gemacht, der „sah durch". Selbst allerdings wollte er sich den Pragern nicht stellen, und zum Vorschlag, trilaterale Verhandlungen einzuleiten, stellte er sich schwerhörig: Er hatte sehr wohl erkannt, dass Folge einer sofortigen Umstellung weitere Produktionseinstellungen und Massenentlassungen in der DDR wären.

Hier greife ich nun den Zeitläuften drei Monate voraus: Unserem späteren Wirtschaftsminister Pohl erschien der ČSFR-Vorschlag auch erst einmal als prächtige Idee, aber wir, die Fenskes, Lemkes, rieten ihm dringend ab. Jeder DDR-Wirtschaftsexperte hat damals vorausgesagt, dass bei einer Umstellung noch 1990 der DDR-Export schlagartig zusammenbrechen wird, weil die ČSFR-Unternehmen die enorme Verteuerung des Imports gegen DM nicht verkraften würden und, wenn sie schon Devisen in die Hand nähmen, dann auch die vermeintlich in allen Fällen qualitativ hochwertigeren, preisgünstigeren BRD-Erzeugnisse bevorzugen würden. Ganz klar, hinter dem tschechoslowakischen Vorschlag standen damals einzig und allein die dortigen L i e f e r – Interessen an ein Territorium, dem die DM ins Haus stand. Die Pohl, Fenske und Lemke boten dann noch im Juni 1990 dem neuen ČSFR-Außenhandelsminister Straèar in Prag die Stirn, Pressekonferenz und Festessen platzten, und ich meine mich zu entsinnen, dass Pohl sogar vorzeitig mit einem herbeibeorderten Hubschrauber abflog. Dass aber der Minister Straèar wegen unserer Renitenz kurz darauf während einer Brasilienreise einem Infarkt erlag, daran waren wir wohl nicht schuld. ADN veröffentlichte meine Beteuerung, ein Handelskrieg sei das nicht, und die Prager Presse meinte, die DDR-Übergangsaußenhändler wollten sich als Braut herausputzen und der BRD einen fetten Transfer-Rubel-Aktivsaldo als Mitgift mitbringen.

Machtwechsel in der DDR-Regierung

Einen Bonner Beamten, sofern er es noch nicht bis zum Ministerialdirektor oder Staatssekretär gebracht hat, kann ein Wahlausgang kalt lassen – ob rot oder schwarz an die Macht kommt, er kann nicht entlassen werden. Wir im DDR-Staatsapparat hatten schon beim Wechsel von Stoph zu Modrow einen Vorgeschmack bekommen, was einer Nomenklatura da passieren kann: Allein durch die Liquidierung von Industrieministerien, die auf drei zusammenschrumpften (Schwerindustrie, Maschinenbau, Leichtindustrie), war für viele Minister und Stellvertreter der berufliche Abgang gekommen. Jetzt aber trat eine bürgerliche Regierung ans Ruder. Von ihrem ehrbaren Ministerpräsidenten und einigen Führungskräften hatte man in den Umbruchzeiten schon gehört, das eine oder andere Regierungsmitglied aus CDU und NDPD hatte schon früher mitgerudert und wurde als Wendehals erkannt, aber das waren die Spitzen. Würden sie Spitzen eines Eisberges sein und massenhaft Gefolgsleute in die Leitungs- und Arbeitsebenen der Ministerien einschleusen? Aber zuallererst: Würde es denn in Zukunft überhaupt noch ein Außenhandelsministerium geben? Bald zeichnete sich ab: Wir würden ein Wirtschaftsministerium bekommen, und in dieses eingebaut auch eine Säule Außenwirtschaft, westdeutschem Vorbild folgend.

Ich rechne es Gerhard Beil hoch an, dass er mit seiner persönlichen Autorität verhinderte, dass sein Haus in diesen Tagen des Wechsels in Attentismus oder Starrkrampf verfiel. Er sagte uns: Stellt Euch vor, der neue Regierungschef und der neue Minister wären vernünftige Leute und wollten allen Ernstes von uns eben Abgewählten wissen, wie man jetzt weitermachen soll, was die Wirtschaftsbeziehungen wert sind, die sie jetzt von uns erben, was w i r anstellen würden, wenn man uns selbst weitermachen ließe. Strengt Eure Phantasie an, wir haben jetzt Marktwirtschaft und die östlichen Nachbarn auch. Entwickelt Konzepte, schreibt auf, was jetzt getan werden muss. Ich verteile vorher keine Vorgaben und hinterher keine Gütesiegel, ich gebe eure Vorschläge persönlich bei de Maizière ab.

Beils Vorschlag habe ich gern aufgegriffen. Gegen de Maizière hatte ich nichts, der war auf schwerem Weg. Immerhin hatte er noch am 19. 11. 1989 gemeint, die Einigung Deutschlands sei kein Gebot der Stunde, sondern Aufgabe der Kinder und Enkel. Und den Sozialismus hatte er als „eine der schönsten Visionen menschlichen Denkens" bezeichnet.

Ich habe einen Abdruck des Papiers, das im März und April 1990 unter meiner Leitung ausgearbeitet wurde, noch zur Hand, ich nannte es „Konzept-Studie zu den Möglichkeiten, Bedingungen und Formen für die Zusammenarbeit der DDR mit den anderen RGW- und sonstigen Osthandelsländern beim Übergang zur Marktwirtschaft". Rückblickend muss ich bekennen, dass ich bei der Ausarbeitung der Grundlinie dieser Konzept-Studie die ganze furchtbare Tragweite der bevorstehenden Währungsunion Bundesrepublik-DDR nicht erkannte, und der mir fehlende Weitblick erklärt im Nachhinein, warum ich zu kurz gesprungen bin. Hätte ich diesen Weitblick haben können? Im Nachhinein meine ich schon, dass in der Zeit zwischen dem 14. Februar und dem 23. April 1990 für einen sehr scharf denkenden Ökonomen schrittweise alle Fakten öffentlich einsehbar wurden, die die folgende Wirtschaftskatastrophe für die ostdeutsche Industrielandschaft mindestens ahnen ließen.

Am 14. 2. begannen in Bonn Gespräche der beiden deutschen Staaten über die Bildung einer Währungsunion. Am 24. 3. ließ das Bundeskanzleramt in die Presse sickern, dass die Währungsumstellung noch vor dem 1. 7. kommen solle. Am 31. 3. empfahl der Zentralbankrat der Bundesbank einen Umrechnungskurs von 2 Mark der DDR zu 1 DM. Am 23. 4. legte die Bundesregierung ihre Vorschläge zu den Umtauschkursen vor, die kurz darauf von der DDR-Regierung angenommen wurden.

Ein paarmal habe ich jetzt „ich" geschrieben, weil ich meine Verantwortlichkeit für die entstandene Konzept-Studie bekennen will – jetzt wechsle ich wieder zum „wir", denn wir haben damals trotz der fürchterlichen inneren Unruhe bei dem Gedanken an unsere eigene Zukunft in gutem Mannschaftsgeist gearbeitet und versucht, mehr an unser Land als an uns selbst zu denken und ohne Scheuklappen nach vorn zu schauen. Ich wundere mich, dass uns das gelang ... Das von uns damals erarbeitete Konzept ist weitgehend frei von planwirtschaftlichen Relikten, und die zur Handelsförderung und -lenkung vorgedachten Schritte entsprachen den Interessen der DDR als Teil einer einheitlichen deutschen Wirtschaft.

In einem Punkt glaubten wir, auf aktives Staatshandeln nicht verzichten zu können: Für eine enge Palette von Ausrüstungsgütern und Fahrzeugen, für die bisher und zukünftig staatliche und öffentliche Käufer auftreten konnten, sollten Staatsaufträge im I m p o r t erteilt werden (Straßenbahnen, Omnibusse, UKW-Technik für die Deutsche Post, Wasseraufbereitungs- anlagen u. ä.). Mit diesen Zusagen für deutsche Importe im Rahmen von Verrechnungsabkommen sollten RGW-Länder dafür gewonnen werden, ihrerseits für wichtige Lieferungen der DDR in ausgewählten Warengruppen Abnahmezusagen zu geben.

Ich räume ein, dass einem Gutachter des Bundeswirtschaftsministeriums solche Vorschläge als Teufelszeug erscheinen mochten, und wir Propheten aus der alten Schule galten damals wenig bis nichts im eigenen Land. Die neuen politischen Kräfte entdeckten unser zum Teil brauchbares Erfahrungswissen erst, als es zu spät für ernsthafte Verhandlungen war. Während ihrer 3. Regionalkonferenz in Schwerin, beendet am 10. Mai 1991, „plädierten die Ministerpräsidenten der neuen Bundesländer und der Regierende Bürgermeister von Berlin für einen Verrechnungsfonds für gegenseitige Warenlieferungen, mit dem der zusammengebrochene Osthandel angekurbelt werden kann." Gleichzeitig regten sie die Einrichtung eines Überziehungskredites an." (Berliner Zeitung, 11. bis 12. Mai 1991, S. 4)

In der „Konzept-Studie" wurde der Abschluss von Clearing-Handelsabkommen unter der Bedingung nicht ausgeschlossen, dass die daran interessierten Partnerländer dem Ausgleich entstehender Jahresendsalden in konvertierbarer Währung zustimmten, dies auch mit dem Ziel, das lästige Verfahren der Lizenzierung von Exporten und Importen zu vereinfachen oder ganz abzuschaffen. Besondere Schwierigkeiten sahen wir für die Umstellung des Außenhandels mit Bulgarien, Rumänien und Kuba voraus.

Trotz der Gefahr, als dirigistisch-antiliberal verschrien zu werden, hielten wir es für unverzichtbar, bis Ende 1990 das straffe Genehmigungsregime für Vertragsabschlüsse im Transfer-Rubel-Bereich beizubehalten.

Für ausgewählte Importe empfahlen wir zeitlich begrenzte Importstützungen. Die Verwirklichung dieses Vorschlags wäre Gold wert gewesen. Da der DDR-Export des Jahres 1990 wie geschmiert lief, hätten kräftigere Importe die deutschen Aktivsalden in Transferrubeln zum Jahresende reduziert. Stattdessen erbte die Bundesrepublik später riesige Transfer-Rubel-Aktiva, und anstelle der Buchwerte von 2,34 DM für einen Transfer-Rubel zahlten Länder wie Polen, die Tschechoslowakei und andere für jeden geschuldeten Rubel nur Pfennigbeträge – und das neue Russland erst einmal zehn Jahre lang nichts. (Und noch später ließen sie sich die Schulden aus dem Transferrubel-Handel von Gerhard Schröder endgültig streichen.)

Als wir, die Osthändler des gerade sterbenden MAH der DDR, unsere Empfehlungen für die Regierung von Lothar de Maizière aufzeichneten, waren wir uns der dramatischen Risiken für das Ostgeschäft nicht ausreichend bewusst.

Aber als w i r Altkader schon aufgewacht waren, wiegten sich hohe Würdenträger der (west)deutschen Wirtschaft noch in Sicherheit. Man lese dazu einmal nach, vielleicht in Interviews aus dem Jahre 1993 mit Dr. Volker Charbonnier, einem der wirklich verdienten Nothelfer aus der Treuhandanstalt, oder im Text einer Fernsehdiskussion mit Birgit Breuel, jener Expertin von begrenzter Leuchtkraft, aus dem Februar 1993.

Das w i r habe ich gesperrt geschrieben: Wir, das waren die verbliebenen leitenden Mitarbeiter des Außenhandelsministers der 2. Reihe – ich erinnere mich nicht, dass auch nur einer aus unserer Reihe das ganze ungeheure Ausmaß dieser dramatischen Entwicklung vorausgesagt hätte, die der DDR-Wirtschaft und im Besonderen ihrem Außenhandel mit Ost und West mit Einführung der Wirtschafts- und Währungsunion bevorstand. Aber solche Leute gab es wohl: Den Bundesbanker Pöhl, Oskar Lafontaine, den Bremer Prof. Dr. Hickel – sie sahen voraus, dass in der Nacht der Währungsunion der gesamte Kapitalstock der DDR vernichtet, die Industrie vollständig ihrer Liquidität und weitgehend ihrer Konkurrenzfähigkeit im Außenhandel beraubt werden würde, dass Millionen DDR-Bürger, wie Daniela Dahn es später aufschrieb, „die DM nur in Form von Arbeitslosen-, Sozialhilfe-, Altersübergangs-, Kurzarbeiter-, Vorruhe- und Warteschleifen-Geld … oder in Form von Kündigungsabfindungen, Stilllegeprämien und Schuldverschreibungen (bekommen würden)".

In der DDR war einer der ganz wenigen mit Übersicht der Plankommissionär Siegfried Wenzel, der dem Leiter der wirtschaftspolitischen Grundsatzabteilung des Bundeswirtschaftsministeriums Molitor voraussagte: Diese Währungsunion wird über Nacht vier Millionen Arbeitslose in der DDR erzeugen …

Neues Ministerium – neue Leute

Irgendwann im April hatten wir dann den Wirtschaftsminister Dr. Pohl. Ich habe ihn zwei oder drei Mal in Außenhandelsfragen briefen dürfen, in Prag saß ich bei Besprechungen mit dem âSFR-Außenhandelsminister an seiner Seite. Ich habe Pohl als anständigen Mann in Erinnerung, der mit der Aufgabe überfordert war – aber: Wer wäre das nicht gewesen. Schon die organisatorische Aufgabe, die Wirtschaftskommission, das Außenhandelsministerium und drei Industrieministerien, die ja selbst jedes schon mehrere Altministerien vereinigt und noch gar nicht harmonisiert hatten, in ein neues Ministerium zu integrieren, war etwas für Selbstmörder. Und die staatliche Begleitung eines weltgeschichtlich einmaligen Rückabwicklungsprozesses von der Planwirtschaft zur Marktwirtschaft privatwirtschaftlichen Zuschnitts, und das im gesellschaftlichen Chaos, unter enormem Zeitdruck und ohne Kommandomethoden – das war etwas für einen Titanen.

Gewiss war Pohl nach den heute üblich gewordenen selbstgerechten Maßstäben fast schon eine Altlast, immerhin hatte er für eine Blockpartei im Ausschuss für Wirtschaft der Volkskammer unter dem Mephistopheles Mittag eine Statistenrolle bekleidet, aber auf diesen Mann guten Willens möge Steine werfen wer will, ich tue es nicht. Und was für großartige Talente standen ihm als Staatssekretäre zur Seite: Dr. Dube, Dr. Körber, Dr. Halm.

Etwa in dieser Zeit muss auch Beil von den Baumeistern der neuen Regierung gefragt worden sein, wie die neue Struktur eines Außenhandelsbereiches in einem DDR-Wirtschaftsministerium aussehen könnte, oder die Berater aus Bonn hatten eine mitgebracht, die der eigenen nicht unähnlich war. Als jedenfalls drei Monate später das neue Gerüst stand, hatte der Außenwirtschaftsbereich ein eigenes Staatssekretariat, vier Unterabteilungen (in Bonn gab es drei) und 16 Referate (in Bonn zur selben Zeit 24), und zu den 16 Berliner Referaten gab es jeweils ein Pendant in Bonn in dem Sinne, dass sich unter den Bonner Referaten eines finden ließ, in welchem die in Berlin bearbeiteten Gegenstände angesiedelt waren und das Konsultanten bereitstellen konnte. Am schnellsten konnten die Länderspezialisten ausmachen, wo ihre zukünftigen Vorarbeiter zu Hause waren.

Ich glaube, es war noch Beil, der dem neuen Wirtschaftsminister Empfehlungen gab, wen er als Abteilungsleiter, Unterabteilungsleiter und Referenten für Länderaufgaben eingliedern sollte – ich jedenfalls sehe mich in seiner Schuld. Seiner Autorität und seinem Verständnis für die Proportionen in den jetzt verbleibenden Aufgaben ist es wohl auch zu verdanken, dass es eine eigene Unterabteilung Sowjetunion geben sollte, und daraus ergab sich fast zwangsläufig, dass es eine weitere für alle übrigen sozialistischen = planwirtschaftlich verfassten und Entwicklungsländer geben musste. Die Empfehlungen sollten erfreulicherweise auf fruchtbaren Boden fallen, auch ich konnte nun weiter mittun. Eine förmliche Bewerbung war nicht zu schreiben, außerdem konnten ja die noch vorhandenen alten Kaderakten in der Kaderregistratur angefordert werden. Halt: „Alte" Kaderakten ist vielleicht nicht der ganz richtige Ausdruck, denn schon Ende Februar – oder war es noch früher – hatten alle Ministeriumsmitarbeiter ihre Akte zur Hand nehmen und ausmisten dürfen. Das zu bekennen fällt mir leicht, denn ich hatte nichts Ehrenrühriges zu entnehmen. Dennoch war die Akte nach der Reinigung erheblich dünner. Früher waren „Entnahmen" nicht möglich gewesen, die zuständigen Bearbeiterinnen hatten jedes darin enthaltene Schriftstück oben rechts mit einer fortlaufenden Nummer versehen, da wären fehlende Seiten schnell aufgefallen. Aber früher bekam man ja sowieso seine Akte nicht zu sehen, und für die höhergestellten Leiter lag sie ja ohnehin im Tresor des Zentralkomitees. Nun also waren Entnahmen gestattet, jeder machte das selbstständig.Ich entfernte mit Wonne zum Beispiel eine fast 30 Jahre alte

Beurteilung für einen Messeeinsatz in Havanna. Damals hatte der Ausstellungsdirektor Hohlfeld mich ersucht, sein Gespräch mit einer Jungpionierdelegation zu dolmetschen, während meine Kunden warteten. Da hatte ich „eine Fresse gezogen", und daraufhin stand in der Beurteilung, ich hätte ein sehr stark entwickeltes Selbstbewusstsein, „das ständiger Beobachtung bedarf". In den Beurteilungen des folgenden Jahrzehnts, alle in der Akte noch vorhanden, konnte man nachlesen, dass jeder nächste Beurteiler beim Vorgänger abgeschrieben hatte, mein Selbstbewusstsein wäre immer noch beobachtungsbedürftig. Jetzt flog solches Zeug in den Reißwolf. Nicht in den Reißwolf geworfen habe ich die „Verwandtenaufstellungen", die ich in schöner Regelmäßigkeit seit 1966 angefertigt hatte (und die ich übrigens in Kopie später in meiner Betroffenen-Akte beim „Bundesbeauftragten für die Unterlagen des Staatssicherheitsdienstes der ehemaligen Deutschen Demokratischen Republik" wiederfand). Darin hatte ich weisungsgemäß alle Verwandten in der DDR, aber natürlich erst recht alle in der Bundesrepublik aufgelistet. Zu denen in der Bundesrepublik zählten auch die meiner Frau, darunter Dr. Hans Halter.

Der war, wie ich eines Tages erfuhr, Redakteur des „Spiegel", ich führte ihn aber als „Dermatologen" auf. Nicht aufgeschrieben hatte ich meine beiden früheren entwesteten Freundinnen Martina und Ortrun. Hätte ich die diesbezüglichen Warnungen ernst genommen, hätte ich natürlich damit rechnen sollen, dass die westlichen Geheimdienste diese ehemaligen Herzensdamen „auf mich ansetzen". Das Verschweigen solcher früheren Bindungen war andererseits nicht ganz ungefährlich, denn die früheren Partnerinnen konnten ja auf den Gedanken kommen, ihre Heimat wiederzusehen und alte Freundschaften zu erneuern, und da wäre man bei den „Organen" in Erklärungsnot gekommen. Doch das passierte nicht. Ortrun W., inzwischen eine gefeierte Altistin und Wagner-Sängerin, reiste zwar im März 1982 nach Dresden, um mit der Staatskapelle für die Gesamtaufnahme des „Ring der Nibelungen" zu produzieren und sang auch dort im Großen Haus, hatte aber kein Verlangen nach mir.

Briefliche und persönliche Kontakte zu Verwandten und früheren Freunden und Bekannten und erst recht solche zu „fremden" Ausländern waren untersagt. Kamen sie zufällig doch zustande (vielleicht auch deswegen, weil man dem Zufall nicht aus dem Wege gegangen war), musste man eine Kontaktmeldung verfassen und abliefern. Wenn ich im Hause der Schwiegereltern der Westverwandtschaft begegnete, schrieb ich auf, dass sich die Gespräche um „allgemein Familiäres" gedreht hatten oder dass sie, bei traurigem

Anlass, der „Pflege des Andenkens des Verstorbenen gewidmet waren."

Staatssekretär für den Außenwirtschaftsbereich wurde Dieter Prietzel. Mit ihm als gestandenem Fachmann der Beziehungen Außenhandel – Industrie und Urgestein des Ministeriums – er hatte schon am Tisch von Heinrich Rau gesessen, als FDJ-Sekretär – war die Verständigung gut. Er bemühte sich, dem Außenwirtschaftsbereich Stimme im neuen Leitungsgremium zu sichern. Er besaß Selbstbewusstsein und, wenn es anders nicht vorwärts ging, auch Ruppigkeit. Er glaubte unter den gegebenen Umständen wohl auch nicht an sein ewiges Leben im Außenhandel. Natürlich war er zu jung im Amt, um schon weit genug über den Rand der eigenen Spezialisierung hinausschauen zu können. Das musste man ihn notfalls auch einmal spüren lassen. Aber ich achtete ihn immer und war es zufrieden, dass die Wahl auf ihn gefallen war. An die ungeheure Popularität, die er besessen hatte, als er in geraubter Freizeit Küchenbulle der Kampfgruppe war und in seiner Gulaschkanone eine hervorragende Erbsensuppe zusammenkochte, konnte er allerdings nur schwer wieder anknüpfen.

Zu den anderen drei Staatssekretären konnte man schwerlich aufschauen. Dr. Dube war ein Kommunistenfresser. Dr. Körber, früher Direktor für Investitionen im Stahl- und Walzwerk Hennigsdorf, war von der SPD ins Amt entsandt. Ein einziges Mal, nach seiner Berufung zum Vorsitzenden des DDR-Teils des Wirtschaftsausschusses mit der Tschechoslowakei, kam ich mit ihm ins Gespräch, um Besprechungsunterlagen zu kommentieren. Körber war abweisend und nicht an Rat interessiert. Dr. Halm war früher als Quotenmann der NDPD Stellvertreter des Ministers für die Glas- und keramische Industrie gewesen. Als er den Vorsitz der DDR-Seite im Wirtschaftsausschuss mit Ungarn übernahm, machte er dem Botschafter Ungarns einen Besuch und nahm mich wie selbstverständlich und ohne Vorbehalt dorthin mit. Auch der Botschafter Ungarns war nicht gerade ein politischer Frischling. Er tischte gut auf, und als dann das Glas zum Toast gehoben wurde, sagte Halm: „Für diese neue Zeit der Freiheit habe ich lange gekämpft!" Da fühlte ich mich unter den alten Kämpfern doch etwas deplatziert.

Vertiefte Nachfragen aus Bonn

Noch im Niemandsland, nach der Abwahl von Modrow, und inmitten der Mühen von de Maizière beim Zusammenbau einer neuen Regierung, gingen neue Fragestellungen aus Bonn ein. Sie zielten immer genauer, ohne dass wir die Gründe für die Facettierungen des Bonner Wissensdrangs ausdeuten konnten.

Was wir nicht wussten war, dass Kohl und Genscher, als sie am 10. Februar 1990, zwei Wochen, nachdem bereits Modrow einen Schlüssel zur Einheit Deutschlands in Moskau geholt hatte, von Gorbatschow den zweiten ausgehändigt bekamen, auch klare Forderungen der Sowjets zur Fortführung der Lieferungen aus der DDR und zur wirtschaftlichen Zusammenarbeit des zukünftig vereinten Deutschlands mit der UdSSR mitgenommen hatten. Man verstand in Bonn sofort, dass dieser Problemkreis wichtig für die Lösung der deutschen Frage war. Man sah dort auch, dass die internationale Akzeptanz der Vereinigung durch unsere östlichen Nachbarländer und eine Reihe von Entwicklungsländern sicherer zu erlangen wäre, wenn der Einheit eindeutige Erklärungen zur Fortführung gewachsener Beziehungen durch das größere Deutschland vorausgingen. So bohrten die Bonner Fragezettel immer tiefer. Am 3. April, nur beispielsweise und um zu zeigen, welche filigranen Einzelheiten schon gewusst werden wollten, beantwortete der „Kollege Lemke" dem Koordinator „Kollegen Steger" nachgeschobene Fragen zu Abkommen mit Kuba und anderen Entwicklungsländern. Ebenso beantworteten wir, mit einer umfangreichen statistischen Übersicht, die Frage nach den „unentgeltlichen Hilfeleistungen der DDR im Jahre 1989 an andere Länder".

In Bonn entstanden aus den Konsultationen mit dem DDR-Wirtschaftsministerium und anderen einschlägigen Ämtern zusammenfassende Aufzeichnungen, die offenbar für die Unterrichtung des Bundeswirtschaftsministers, der Bundesregierung und zur Vorbereitung von Gesprächen mit der EG (mit Kommissionsvertretern hatte schon am 22. März ein erster Meinungsaustausch stattgefunden) gefertigt wurden. Die Aufzeichnungen und Anlagen wurden im BMWi zum Bestseller, von dem viele Nachauflagen ausgedruckt werden mussten.

Viel später würde mir ein westlicher Teilnehmer dieser Beratungen (wie wir die Zusammenkunft zur Belustigung der Bonner Beamten nannten, sie nannten das „Besprechungen") sagen, dass es mindestens im Bundeswirtschaftsministerium eine Vorbereitung auf den „Tag X", obwohl doch Verfassungsauftrag und Staatsziel, nie gegeben habe. Es gab keinen Masterplan, wie man den Staatsaußenhandel vereinnahmen würde, und deshalb hätte man eben auch keine Ahnung haben müssen, wie er eigentlich funktioniert ... Das hatte man nun blitzartig aufholen müssen.

Da kam der Augenblick, dass unser BRD-Kanalisator Wolfgang Steger vom anschwellenden Konsultationsbedarf des BMWi erschöpft, heilfroh war, dass nun direkte Aussprachen zwischen den Fachbereichen zugelassen wurden. Ich weiß nicht mehr, wann die erste dieser „direkten" Aussprachen, an der ich teilgenommen habe, stattfand, es könnte schon am 2. April gewesen sein, mit Sicherheit aber dann Mitte April.

Zu der für mich ersten Fachkonsultation des BMWi mit Pupillenkontakt zu den damals noch zuständigen Leitern für den Handel mit der UdSSR, den anderen RGW- und Entwicklungsländern im DDR-Wirtschaftsministerium, sie fand im Protokollsaal des MAH statt, dessen holzgetäfelte Seitenfront noch das Wappen mit Hammer, Zirkel und Ährenkranz zierte, schickte Bonn den Ministerialdirigenten und UAL Dr. Axel Gerlach.

Gerlach schlug von der ersten Begegnung an einen freundlichen, kollegenschaftlichen Ton an, vermied jeden Anflug von Überlegenheit einerseits oder Anbiederei andererseits, verzichtete gänzlich auf die unter seinen Amtsbrüdern so beliebten akademischen Wortstreusel (wie „praeter propter", „qua Amt", „cum grano salis", um nur Beispiele zu nennen), und wenn hin und wieder im Gedankenaustausch deutlich wurde, dass die Gesetzmäßigkeiten bürokratischen Verwaltungshandelns offenbar in aller Welt ähnlich sind, so konnte doch nie der Gedanke aufkommen, es säßen da Vertreter gleichartiger Systeme zusammen. Wir würden später noch beeindruckender erleben, wie viel Souveränität, hanseatisch-liberaler Geist, Flexibilität und menschliches Empfinden im Umgang mit dem Feind von gestern verleihen kann. Ich entdeckte natürlich auch Schwächen an Gerlach, aber nie die Schwäche der Eitelkeit. Dieses Fehlen aller Eitelkeiten half ihm, seine Gesprächspartner auf seinen Weg mitzunehmen.

Gerlach war für uns zunächst das, was im MAH als „Direktionsbereichsleiter" bezeichnet wurde, und ihm gegenüber saßen der Staatssekretär Dr. Fenske und die Stellvertreter des Ministers Dr. Schwierz und Lemke, aber Gerlach fühlte sich schon deshalb mindestens gleichwertig beamtet, weil er schon auf dem Wege zu höheren Weihen war und die ihm gegenüber saßen am Weg zum Abgrund. Dr. Fenske behielt über lange Strecken das Wort im Munde. Er verstand auch von den handelspolitischen Grundfragen genug, um sie in vereinfachter, verständlicher Form darzulegen und das Einzelne immer wieder in die großen Zusammenhänge zu stellen. Gerlach war offensichtlich von dem gründlichen Generalisten Fenske beeindruckt - wie später auch andere Gesprächsführer der Bonner Ministerialbürokratie, der Unterabteilungsleiter im Auswärtigen Amt von Kiaw zum Beispiel, später Leiter der Vertretung der Bundesrepublik bei den Institutionen der Europäischen Union, der im eigenen Kreis verlauten ließ, „der Fenske wäre auch bei uns Staatssekretär geworden."

Diese erste Konsultation mit Hautkontakt war für unsere Bonner Besucher so etwas wie eine vertiefende Lehrveranstaltung über das geschlossene System des planwirtschaftlichen Außenhandels. Was ein Außenhandelsplan ist, wie ein Jahreshandelsabkommen, ein Jahres"protokoll" strukturiert ist, wie es entsteht, was ein „verbindliches Kontingent" ist, wie Preise in transferablen Rubeln zustande kommen und eine Zahlungsbilanz ausgesteuert wird – das alles sollte in Stunden von mystischen Schleiern und Geheimniskrämerei entkleidet und in den einfachen Worten der deutschen Umgangssprache erklärt und verstanden werden. Wir versuchten es mit vereinten Kräften.

Die Bonner Fragestellungen liefen, wie schon die Vorkonsultationen, alle auf eine Hauptsache zu: Welche Verpflichtungen aus internationalen Abkommen und Verträgen, auch aus solchen der Kooperation und Spezialisierung, wird die neuformierte Bundesrepublik von der DDR erben, welche Lasten und Pflichten kommen dabei auf den Staat zu, was wird allein zur Sache der Wirtschaft? Und immer standen die UdSSR und die nahen Ostnachbarländer im Mittelpunkt. Wir, die „Rote-Armee-Fraktion", lernten schon aus den Fragen einiges dazu. Ich gebe zu, jedenfalls was meinen Beitrag zu dieser und späteren Konsultationen betraf, dass mir daran lag, immer auch darzustellen, dass unserem Tun Logik und die Zielstellung zugrunde lag, unserem Land zu nutzen, und dass wir stets wussten, wo sich in unseren Wirtschaftsbeziehungen Kaufmannsgeist und Pflicht zum proletarischen Internationalismus gebissen hatten: Kuba, Vietnam, Laos.

Mit der Verantwortung für die Mühen der Ebene bepackt, erkannte Gerlach bald, dass die im Vergleich zu Fenske eher mittleren Kragenweiten Schwierz und Lemke wohl die tauglicheren Betriebsassistenten für seine Jahrhundertaufgabe sein würden. Er lud Eduard Schwierz und mich zu einem ersten vertieften Fachgespräch ein. Mit der ausdrücklichen Genehmigung unseres neuen Wirtschaftsministers Dr. Pohl flogen wir am 15. Mai 1990 nach Bonn. Es war das erste und letzte Mal, dass uns ein Handelsattaché der Handelsabteilung der Ständigen Vertretung der DDR, Sitz Düsseldorf, am Flughafen Köln - Bonn in Empfang nahm und dann am Tor des BMWi in der Villemombler Straße ablieferte.

Die erste große Konsultation der Außenwirtschaftbereiche der deutschen Wirtschaftsministerien in Berlin im April 1990 konnte noch als eine Begegnung von Gleichen durchgehen – tatsächlich aber stand doch allerspätestens seit Ende April 1990 fest, dass bis zum Sommer die Währungsunion Wirklichkeit werden würde, und das hieß doch im Klartext: Jede Bewegung im Außenhandel der DDR, die sofort oder später die Staatshaushalte der

DDR und nachfolgend der Bundesrepublik berührt, muss offengelegt und transparent werden, und entschieden wird nur noch in Bonn.

Jahre später habe ich mich manchmal gefragt (mich, nicht andere, die mir das ohnehin nicht auf die Nase binden würden), ob Dr. von Würzen, Dr. Schomerus und Dr. Gerlach schon zum Zeitpunkt unserer ersten Konsultationen nicht schon vertieftere Kenntnisse der Wirklichkeit des DDR-Außenhandels hätten haben können oder vielmehr: hatten …

Aus den Lebenserinnerungen von Alexander Schalck wissen wir, dass er zwischen Januar und März 1990 auf einer Almhütte in Oberbayern etwa 30 Gespräche mit dem Bundesnachrichtendienst führte, Gespräche von sechs, acht Stunden, und längere. Für Schalck war die historische Situation eindeutig: Je mehr die Bundesregierung über den sich auflösenden Staat wusste, so schreibt er selbst, desto besser für die DDR. Andererseits fehlte Schalck unser detailliertes Fachwissen.

Osthandel nach der DM-Einführung

An den Verhandlungen zum 1. Staatsvertrag, das war der zur Wirtschafts-, Währungs- und Sozialunion, war ich nicht beteiligt. Dieser Vertrag erschien vielen als Unterwerfungsvertrag. Ich meine, dass es zur Einführung der DM keine Alternative gab – oder genauer: Es hatte eine Alternative gegeben, diese hat das Staatsvolk der DDR jedoch am 18. März 1990 in „freier Selbstbestimmung" mit seinem Bekenntnis für die bürgerlichen Parteien verworfen. Die Wahl des 18. März war ein Volksentscheid für die schnelle Einführung der Wirtschafts- und Sozialordnung der Bundesrepublik Deutschland in der Noch-DDR. Mit der Wahl optierte die DDR-Bevölkerung mehrheitlich für die Zwei-Drittel-Gesellschaft einschließlich ihres Systems der damals (nur noch scheinbar) intakten sozialen Mindestsicherung. Das zog die Währungsunion unvermeidbar nach sich.

Wie kann ich beklagen, dass der Kapitalismus ist wie er ist? Schließlich habe ich mehrere Semester Politische Ökonomie studiert. Was ich bemängele ist, dass die politische Klasse der Bundesrepublik, der S t a a t Bundesrepublik, in diesem Prozess nicht die Rolle gespielt hat, die ihm gebührt und die er spielen musste. Nach einem Wort von Marx ist der Staat der „ideelle Gesamtkapitalist", er muss im Interesse des langfristigen Systemerhalts tun, was der einzelne Kapitalist nicht tun k a n n und nicht tun w i l l.

Was aus der zum Verkauf stehenden DDR-Industrie ohne Zutun des Staates und ohne Übernahme von Verantwortung durch den Staat werden konnte, war klar: Die Unternehmen, die einen offenbar gesicherten, eigenen, meist inneren z u s ä t z l i c h e n Markt mitbrachten, wurden gekauft, modernisiert, rationalisiert.

Die Unternehmen, die auf hohem technologischem Niveau produzierten, jedoch keinen oder stark gefährdeten Markt mitbrachten, wurden zur Ausschaltung künftiger Konkurrenz gekauft, geschrumpft, teilweise oder ganz stillgelegt.

Die (zahlreichen) Unternehmen mit nicht wettbewerbsfähiger Technologie und ohne gesicherten Markt wurden links liegengelassen, faulten eine Weile in der Hand der Treuhandanstalt, bis sie von schwachen neuen Eigentümern ohne Marktverankerung übernommen wurden, auf kleiner Flamme weiterköchelten oder verendeten.

Es wäre die Aufgabe der Staaten Bundesrepublik und DDR und der unter ihrer Aufsicht stehenden Treuhandanstalt gewesen, sofort nach der Entscheidung über die Währungsunion – und noch nicht durch den Vorschriftendschungel der Europäischen Gemeinschaft reglementiert – außergewöhnliche Maßnahmen zur Erhaltung der Märkte der zukünftigen neuen Bundesländer in der UdSSR und den anderen RGW-Staaten (und zur Verhinderung des Totalabsturzes im Westhandel, doch dazu an anderem Orte …) einzuleiten. Nachdem ich später erleben konnte, welche Reserve von hochbelastbaren und auch zu nichtsystemkonformem Denken befähigten Fachleuten es gerade im Bundeswirtschaftsministerium gab – neben Bewegungsarmen, Orthodoxen, Feigen und vom Antikommunismus Besessenen – meine ich heute, dass eine von BRD-Fachleuten sofort im Mai 1990 einberufene gemeinsame Klausurtagung mit den erfahrensten Volkswirtschaftlern und Außenwirten der DDR Pro- und Kontra-Kataloge und Entscheidungsvorschläge hätte ausarbeiten können, die einem Teil der dann von der bundesdeutschen Führung begangenen Fehler vorgebeugt hätten. Ich weiß jedenfalls aus eigenem Erleben, dass schon 1990 in den Wirtschafts- und Finanzministerien der BRD auch einige Marktrealisten und Pragmatiker zuhause waren, die souverän genug und ohne Berührungsängste gewesen wären, der ehemaligen DDR-Wirtschaftselite zuzuhören und über das Gehörte mit Nutz nachzudenken.

Ich bin heute überzeugter als je, dass für einen Teil der Überlegungen, die zwei Jahre später im Sog des aus der Not geborenen Beschlusses der Bundesregierung vom 23. September 1992 aufgelistet und in Erwägung gezogen wurden, im Sommer 1990 noch günstige Andockstellen in den Ländern Ost-Mitteleuropas gefunden worden wären.

Ich schließe hier auch die später von deutschen Industrieverbänden geforderten Warenaustausch-Abkommen – selbstverständlich auf der Grundlage der DM und auf Weltmarktbedingungen ausgerichtet – als Lösungsweg nicht völlig aus.

Es ist wahr: Noch im Januar 1990 hatte eine Mehrheit von RGW-Staaten das alte System der Transfer-Rubel-Abkommen, das ein fortschrittshemmendes Preissystem einschloss, zum Teufel geschickt. Was dann aber, für eine Übergangszeit und auf freiwilliger bilateraler Grundlage folgen sollte, war ja offengehalten, und auch in den anderen RGW-Staaten hatte doch schon Monate nach dem Schlachtfest von Sofia zumindest das Nachdenken wieder eingesetzt.

Freilich: Wenn einer Klausurtagung, einem Brainstorming als Prämisse übergestülpt worden wäre, dass nur Vorschläge entstehen dürfen, die dem schon bekannten Außenhandelssystem und -instrumentarium der alten Bundesrepublik entsprechen, wäre aus der vorgeschlagenen Ost-West-Klausur nichts herausgekommen.

Schon ein Jahr nach der Herstellung der Einheit waren die Folgen der Tatsache sichtbar, dass im Sommer 1990 nichts und nach dem Oktober 1990 nichts anderes zu tun beschlossen wurde, als dem traditionellen bundesrepublikanischen handelspolitischen Stabilbaukasten von Ausfuhrbürgschaften zu herkömmlichen Konditionen bis zur Verteilung von BfAI-Broschüren entsprach.

Das Wirtschaftministerium der DDR unter Pohl erkannte jedenfalls die Notwendigkeit außergewöhnlicher Maßnahmen und Versuche nicht. Die Treuhandanstalt gelangte nicht zur Analyse der Gefahrensituation oder wollte die Dramatik der Lage nicht erkennen, bewies keine gestaltende Fähigkeit und fand nicht zu einer eigenen außenwirtschaftlichen Strategie. Insbesondere in der Treuhand hätten 1990 und 1991 Mut und Hartnäckigkeit aufgebracht werden müssen, auch völlig andersartige Konzepte, wie Mehrwertsteuerpräferenzen, Lohnsubventionierung für Osthandelsgeschäfte, Boni für jede Mark nachgewiesenen Exports, gezielte Importsubventionen zur Ingangsetzung großer Barteroperationen, Projekthilfen aus öffentlichen Mitteln, Gebührenerlass für Hermes-Deckungen, Übergangsfinanzierung spezieller Handelshäuser u. a., überhaupt zu diskutieren und die Unterstützung der Bundesregierung dafür zu gewinnen.

Wenn all dies nicht erfolgt ist, wenn die Kohl, Waigel, Hausmann, Schlecht, Pohl und die von ihnen beauftragten Rohwedder, Breuel solche Initiativen nicht forderten und beförderten: Waren sie unfähig, oder wollten sie bewusst in den Selbstlauf der Wirtschaft und des Marktes nicht eingreifen und sich lediglich auf die Errichtung einiger Leuchttürme in Ostdeutschland beschränken? Beides ... denke ich von fast allen Genannten.

Ich habe in jener Zeit nur ein einziges Mal einen der damals mitgestaltenden wirtschaftsideologischen hochgelobten Großmeister ein „Konzept" für den Übergang der RGW-Planwirtschaften in die Marktwirtschaft erläutern hören, das war anlässlich eines Arbeitsessens des BMWi-Staatssekretärs und Marktprofessors Dr. Schlecht mit höhergestellten Führungskräften des ungarischen Handelsministeriums. Die Ungarn wollten dem Professor den Honig von den Lippen saugen, doch was er absonderte, war weniger als Kunsthonig, Marktwirtschaft pur. Handlungslinien für die konkrete Wirklichkeit einer in der Weltgeschichte einmaligen Rückabwicklungssituation Sozialismus – Kapitalismus waren da nicht zu erschließen. Keine Phantasie, keine Originalität, wenig Lebensnähe, nur Heiligsprechung alles Bestehenden.

Die mit dem Erfolg der Außenwirtschaft der alten Bundesrepublik gewachsene Versteinerung des Glaubens seiner führenden Repräsentanten in die Allmacht Marktwirtschaft hat diesen wohl zugleich den Blick verengt. Schlechts Nachfolger im Amt des beamteten Staatssekretärs im Bundeswirtschaftsministerium, Prof. Dr. Eeckhoff, hatte erst recht nichts Verwertbares zu bieten.

Wenn Landschaften erblühen sollen, dann muss darin unabdingbar vor allem und zuallererst eine blühende Industrielandschaft mit fester Einbindung in die Weltwirtschaft erstehen. Ich habe begründete Veranlassung zu glauben, dass dem Bundeswirtschaftsministerium von der Politik nie klare und zwingende Ziele vorgegeben wurden, welche die Dienstklasse zu Beschlussempfehlungen motiviert und ermutigt hätte, die herkömmliches Denken und herkömmliche Maßstäbe sprengen. Wenn neue Sachverhalte schnell deutende und großflächig denkende Persönlichkeiten im Bundeswirtschaftsministerium wie Gerlach, Jahnke, Schomerus nach schneller Überwindung ihrer anfänglichen Ahnungslosigkeit keine revolutionären Maßnahmen in Gang setzten, dann waren sie doch wohl (um einen Bismarckschen Begriff zu verwenden) an „außeramtliche Einsichten" gebunden – an die Einsichten derer, die den K u r s bestimmten und die die bevorstehende Dramatik für die ostdeutsche Außenwirtschaft völlig verkannten oder sie verkennen w o l l t e n. Solch eine „außeramtliche Einsicht" könnte beispielsweise gewesen sein: Der ostdeutschen Außenwirtschaft darf nichts gegeben werden, was der westdeutschen genommen werden müsste ...

Wenn ich die Wirkung „außeramtlicher Einsichten" vermute, dann ist das eine Unterstellung, das weiß ich. Und es wird eine Unterstellung bleiben, weil ich die Akteure nicht fragen kann, wie es damals wirklich war, solcher Art waren und sind unsere Beziehungen nicht. Wenn ich also behaupte, ja, wenn ich beweise, dass in den entscheidenden Monaten der Angleichungs- und Anschlussperiode Außergewöhnliches nicht geschah, dann frage ich mich, ob dies so war, weil die maßgeblichen Schlüsselfiguren von Würzen, Schomerus, Gerlach … nichts anderes wussten, nichts anderes wollten oder eher weil sie nichts anderes s o l l t e n und nichts anderes d u r f t e n !?

Ich habe das als F r a g e formuliert. Doch ich habe nicht den geringsten Zweifel daran: Die große Industrie der alten Bundesrepublik hat dafür gesorgt, dass den regierenden Wirtschafts-Politikern nichts einfiel, was der ostdeutschen Exportwirtschaft, den Konkurrenten von gestern und den potentiellen Wettbewerbern von morgen, wieder auf die Beine und zu neuer Selbstständigkeit verhelfen konnte.

Wie solche Ideenblockade, solcher Entzug von Initiative funktioniert, unauffällig, lautlos, klandestin, nicht archiviert und kaum rekonstruierbar, das gehört zu den Staatsgeheimnissen der Wende. Alles in allem: Wenn die Entindustrialisierung Ostdeutschlands auch nicht das Ziel von Handlungen der Kohl-Regierung war, das Ergebnis ihrer Unterlassungen war sie allemal.

Nur zögerlich sprach Altkanzler Helmut Kohl später die ihm wohl bekannten Wahrheiten öffentlich aus. Aber immerhin: In einem Wahlkampfauftritt im brandenburgischen Strausberg im September 2004 hat er, wie „Die Welt" berichtete, unter anderem Folgendes gesagt: „Für die Wirtschaftsprobleme im Osten seien aber auch die Manager von westdeutschen Großunternehmen mitverantwortlich. Sie … seien nicht an Investitionen interessiert gewesen. Produktivität im Osten sei aus Sicht der Industriekapitäne nicht benötigt worden, und sie waren nicht interessiert, die DDR-Produktion zu forcieren'" „Ganz blöd waren wir aber nicht. Ich auch nicht", sagte Kohl in derselben Wahlveranstaltung. Ganz gewiss nicht!

Aber Kohl und seine Regierung hat den Staat, den „ideellen Gesamtkapitalisten", nicht zur Gegensteuerung und partiellen Aushebelung der Interessen der altbundesdeutschen Großindustrie eingesetzt, und weil er nicht wollte und durfte, haben auch die Spitzenbeamten im Wirtschafts- und Finanzministerium nicht gesollt und nicht gedurft.

Lassen Sie mich einen Augenblick methodisch unterstellen, es sei so gewesen, dass das p o l i t i s c h e Spitzenpersonal der Bundesrepublik eine Wirtschaftseinheit und das Weiterleben und Wiedererstarken der Wirtschaft auf dem Gebiet der ehemaligen DDR wollten … Dann gilt: Es ist ihnen vollständig misslungen.

Die wirtschaftliche Ministerialbürokratie

Diese grundsätzliche Bewertung nicht einschränkend, sage ich: Ich hatte gleichwohl im Sommer 1990 und in den Monaten vor der Vereinigung Respekt vor der Arbeit, die unter Aufsicht des Ministerialdirektors Dr. Schomerus von einer Mannschaft unter dem Ministerialdirigenten Dr. Axel Gerlach in Gang gesetzt wurde, denn eines vergesse ich nicht: Diese Männer begannen, eine ihnen völlig fremde Außenwirtschaft, ein kompliziertes Leitungs- und Steuerungssystem, eine Kunstwährung und ein aus der Alchimistenküche stammendes Auslandspreissystem, ein in mehr als 300 außenwirtschaftlichen Abkommen verankertes Beziehungsgeflecht gerade in dem Augenblick zu erforschen und zu verstehen, als sie eigentlich schon die fertigen Gesetzestafeln vom Berge Sinai herabtragen sollten, um sie den ostdeutschen Neuankömmlingen in der Marktwirtschaft auf dem Weg in einen freien und prosperierenden Osthandel mitzugeben.

Die Gerlach-Leute verschmähten mein und meinesgleichen Angebot zur tätigen Mithilfe bei der Analyse des außenwirtschaftlichen Erbes der DDR nicht und fragten uns durchaus danach, wie wir selbst weitermachen würden. Aber auch wir zwei, drei früher höherrangigen Berater aus dem alten Außenhandelsministerium, die zur Absicherung des Übergangs vorübergehend beschäftigt wurden und in den beiden ersten Jahren noch täglich mit der Verabschiedung rechnen mussten, waren nicht mehr unbefangen, hatten nach den widersprüchlichen Erfahrungen der Staatshandelszeit mitunter Hemmungen, Lösungswege vorzuschlagen, die vorübergehend m e h r Staatshandeln, mehr staatliche Lenkung, mehr Stützungen erfordert hätten und wurden zum Querdenken nicht ermutigt. Und natürlich standen alle Ost-Berater im Gegenwind der Gerlach-Leute und deren Grundzielstellung: Diese sollten den neuen Bundesländern die bestehende Marktwirtschaft bringen, sie waren nicht zu Reformation und Modifikation des Bestehenden aufgerufen. So wurden die bis dahin ausreichenden Außenhandelsrezepturen der Bundesrepublik nur um wenig mehr ergänzt als um „den grünen Pfeil."

Mein bitterer Vorwurf wegen der unterlassenen rechtzeitigen Initiativen zur Erhaltung des Ostexports gilt g r u n d s ä t z l i c h auch für den Handel der neuen Bundesländer mit der Sowjetunion, wenn auch mit einer gewichtigen Einschränkung: Das am 6. Dezember 1990 veröffentlichte Konzept für die Gewährung von Hermes-Sonderkonditionen für Exporte in die Sowjetunion war ein handelspolitischer Beschluss großer Tragweite. Die Gewährung von Freijahren bis zum Tilgungsbeginn und von Kreditlaufzeiten von bis zu 10 Jahren war ein riesiger Sprung über den Schatten aller westlichen Bedenkenträger. Das soll nicht unterbewertet werden. Ob der Versuch gelungen wäre, der UdSSR 1990 bis 1991 als Bedingung für die umfassende Hermes-Regelung die Zusage zum Abschluss eines Verrechnungsabkommens abzunötigen, ist deshalb schwer zu sagen, weil er gar nicht unternommen worden ist. Ich selbst bin recht sicher, die UdSSR selbst versprach sich mehr von Außenhandelsbeziehungen, die sie nicht zur wertmäßigen Bilanzierung von Export und Import zwangen. Ein Verrechnungsabkommen hätte die UdSSR genötigt, Gegenlieferungen, vor allem Rohstoffe, zur Bezahlung der Jahreskreditraten einzusetzen, zugleich aber die sowjetische Kauffreudigkeit beschnitten.

Die Hermes-Lösung für die UdSSR war allerdings eine konservative und nur für eine kurze Übergangszeit taugliche Lösung. Als sie verkündet wurde, wussten die Finanzökonomen der Bundesrepublik bereits, dass die Sowjetunion Zahlungen verzögern muss und ihre Bonität zweifelhaft ist und der Warenaustausch damit nicht auf eine dauerhaft funktionierende Grundlage gestellt wird.

Für Mittel-Ost-Europa gab es keine Hermes-Sonderkonditionen, war der Standard-Hermes „einfach nur da", und im Handel mit Polen, der Tschechoslowakei und Ungarn, denen westliche Banken und Lieferanten um diese Zeit bereits günstige kommerzielle Kredite und Zahlungsziele einräumten, waren die ordinären klassischen Hermesbürgschaften wegen der hohen Gebührenlasten für die Käufer nicht attraktiv und kaum Mittel der Exportförderung.

Bald fiel die tiefe Kluft auf zwischen dem Wirkungsradius und dem Gewicht der Fördermaßnahmen im Export nach der Sowjetunion, später der GUS, im Besonderen nach Russland, und dem Fehlen jeglicher nach Mittel-Ost-Europa zielenden Hilfe. Diese Entwicklung führte 1991 bis 1992 zum nahezu totalen Absturz der ostdeutschen Exporte nach Polen, der Tschechoslowakei, Ungarn, Bulgarien ... Im Handel mit der Sowjetunion trat zwar ein heftiger Rückgang ein, aber das Leben ging doch weiter, weil im Dezember 1990 mit den „Sonderkonditionen" ein vorübergehender Befreiungsschlag erfolgte – er entsprach der Dankesschuld der Bundesregierung und sollte auch den friedvollen Aufenthalt der Sowjettruppen im deutschen Osten und ihren möglichst frühen Abzug flankieren. Niemand kann „b e w e i s e n", dass eine Ausdehnung der Bürgschaften zu Sonderkonditionen auf Polen, Ungarn und andere Reformstaaten, von originelleren Methoden der Handelsförderung gar nicht zu sprechen, den Exporteinbruch der neuen Bundesländer dorthin gestoppt hätte. Ich selbst empfahl in einem Vorschlagspapier vom 22. März 1991 dringend die Anwendung von Sonderkonditionen auch für die ČSFR, Polen und Ungarn zunächst bis Ende 1991 und im Rahmen von Plafonds, vermerkte jedoch, dass uns hier „trial and error" bevorstünde, vor allem, weil die happigen Hermes-Nebenkosten Geschäfte erheblich verteuerten, und in den osteuropäischen Reformstaaten wurde anders als im fernen Russenland schon genau gerechnet. Aber es wurde nicht einmal ein Versuchsballon aufgelassen. Ich kenne die Mechanik nicht, mit der politische und wirtschaftliche Wunschvorstellungen der großen Industrie auf die leitende Beamtenschaft eines Ministeriums übergehen. Aber gewiss war es so: In der Sowjetunion stabilisierte die Hermes-Sonderförderung Märkte, auf denen die DDR bis dahin fast eine Monopolstellung hatte. Dort lagen für einige Branchen von der großen (west)deutschen Industrie bisher unbesetzte Märkte. Da verlor die altbundesdeutsche Exportwirtschaft nichts, da wurde ihr jetzt durch die Hermes-Präferenzen für die Ostdeutschen nur der Zugewinn verwehrt. In Mittel-Südost-Europa aber waren die großen und die nicht so großen Exporteure der alten Bundesrepublik seit Jahrzehnten präsent, auf allen Messen und Ausstellungen hatten sie sich bekannt gemacht, ihre Vertretungen saßen in den größten Städten, kannten die Entscheidungsträger vor Ort, das war schon lange auch i h r Markt, dort wollten sie nun die Gunst der Stunde und den liberalisierten Zugang voll nutzen. Hier gab ihnen der Wegfall des Transfer-Rubelhandels nicht nur auf einmal nur gleiche Chancen, sondern wegen besserer Qualität und Preise die Aussicht auf die völlige Verdrängung der tödlich verwundeten ostdeutschen Platzhirsche. Und sie wären keine Kapitalisten gewesen, wenn sie diese Sternstunde nicht genutzt und ihr Missfallen an Sonderrechten für ostdeutsche Unternehmen dorthin befördert hätten, wo über die Sache befunden wurde.

Resultat: Als die Statistik die Sicht auf das ganze Ausmaß des Schadens freigab, hatten die neuen Bundesländer im Jahr 1993 noch 1,3 Mrd. DM Export, das waren wenig mehr als 10 Prozent des Niveaus von 1990. Von 1993 auf 1995 stiegen die ostdeutschen Exporte in die osteuropäischen Nachbarstaaten wieder leicht an, die der Länder der alten Bundesrepublik aber waren im Vergleich dazu in schwindelnde Höhen geklettert. Gemessen am Export des Jahres 1990 betrug der Export der nBL nach Polen noch 23 Prozent, der der aBL 256 Prozent. Nach der Tschechoslowakei bzw. Tschechien und der Slowakei waren es in den nBL noch 24 Prozent, die alten Bundesländer hatten 457 % erreicht. Die bescheidenen Fördermaßnahmen des Bundes, gutwillige Bevorzugung durch das Hermes-System eingeschlossen, hatten aber auch keine Handelsumlenkung nach Westen gezeigt: 1995 waren ostdeutsche Ausfuhren in die westlichen Industrieländer nur um 19 Prozent höher als 1990.

Um vorauszugreifen: Die Schuld für den 1990 auf 1991 nicht verhinderten dramatischen Zusammenbruch der Produktion und des Außenhandels sehe ich darin, dass die Bundesrepublik Deutschland keine für die Anforderungen des wirtschaftspolitischen Transformationsprozesses formatierte Regierung besaß. In weltgeschichtlichen Umbruchsituationen kann und darf „Wirtschaft nicht in der Wirtschaft gemacht werden", wie eine dümmliche Forderung des späteren Wirtschaftsministers Rexrodt lautete, und die langfristigen staatspolitischen Interessen müssen wenigstens zeitweilig den Trieb zur unbeschränkten Kapitalverwertung überlagern. Die Regierung Kohl hat die Großunternehmer und die wohlhabenden Klassen nicht zum Patriotismus gezwungen und ihnen jegliches Anfangsopfer erspart.

Sie hat im Gegenteil Bedingungen geschaffen, die zu einer Sozialisierung der Einheitsopfer, aber zu einer Privatisierung der Einheitsgewinne geführt haben. Das mangelnde Format der Bundesregierung unter Helmut Kohl führte – ich habe es bereits einmal so formuliert – zum Misslingen der ökonomischen Transformation Ostdeutschlands. Die Kohl-Regierung erkannte nicht, dass die Wirtschaft und im Besonderen die Außenwirtschaft der neuen Bundesländer „eines zu Buch schlagenden Vorteils in den ökonomischen Rahmenbedingungen" bedurft hätte, wie es Helmut Schmidt später einmal formuliert hat.

Heute, zwanzig Jahre nach der deutschen Vereinigung, sind die Folgen der unbewältigten Einheit längst zu d e m zentralen Problem Deutschlands aufgewachsen. Die Dimensionen des unumgänglichen Transfers von Bruttosozialprodukt von West nach Ost sind niederschmetternd. Im Vergleich zur Mitte des Jahres 1990 ist eines gleichgeblieben: Die Herausforderungen werden nicht benannt, damit sie nicht angenommen werden müssen.

Für das Eintreten dieses Zustands sehe ich Schuld auch in der fehlenden politischen Weitsicht und der fehlenden Fachkompetenz der Minister Hausmann und Waigel und einiger ihrer Staatssekretäre. Wie der Einheitskanzler selbst erkannten auch diese und andere Mitglieder seiner Kernmannschaft die wirtschaftlichen Dimensionen und Herausforderungen an die Politik in den Jahren 1989 bis 1991 nicht. Mag sein, dass ich damit einem mir korrekt entgegengetretenen Mann Unrecht tue: Dr. Dieter von Würzen. Dem war der Außenhandel der DDR und der Völker des Ostens kein Buch mit sieben Siegeln. Er kannte die Niederungen des Geschäfts und auch die Höhenzüge – schon als Helmut Schmidt Erich Honecker im August 1980 am Werbellinsee traf, war von Würzen einer der Berater des Bundeskanzlers. Aber auch von Würzen kannte nur d a s Gesicht der DDR, das sie einem umworbenen kapitalistischen Handelspartner darbot. Das Räderwerk des planwirtschaftlich verfassten Außenhandels und die Regeln des Austauschs zwischen sozialistischen Handelspartnern kannte auch er überhaupt nicht.

1992, genau zwei Jahre später, als der verfehlte Ansatz des Wendejahres sichtbar war, die Treuhandanstalt nach einem „Notprogramm" schrie, als die Dr. Günther Krauses und de Maizières und Unternehmergruppen scheinbar kühne Lösungen in Vorschlag brachten oder andachten, waren alle Messen gesungen – auch ich selbst hielt da zum Beispiel die von Klöckner/debis geforderte Installation von Waren-Austausch-Programmen auf Verrechnungsbasis für nicht mehr machbar. Die von BDI, VDMA und anderen Wirtschaftsvertretern vorgelegten „Optionen zur Förderung des Exports ostdeutscher Unternehmer" für ein zusätzliches Förderkonzept zum „Fahrplan Ost", die dem Bundeskanzler in einer Anhörung Ende August vorgetragen werden sollten, enthielten noch einmal einige das herkömmliche Fördersystem sprengende Vorhaben, vor allem durch den Einsatz öffentlicher Mittel. Der in Vertretung des Leiters der Abteilung V handelnde Herr von Dewitz kommentierte die bekannt gewordenen Ideen der Wirtschaft, und wo immer solche Vorschläge bisher von ihm noch nicht gehört worden waren, ließ er den Industrievertretern entgegenschallen: „Große Schwierigkeiten, erhebliche Risiken, Manipulationsgefahr, Zweifel, wirft sehr schwerwiegende Probleme auf", so dass sogar dem Minister, nun schon Möllemann, der Kragen platzte und er an den Rand des ihm vorgelegten Gesprächsleitfadens schrieb: „Bitte die vorsichtige Kritik der Wirtschaft an (unserer, D. L.) nicht hinreichend präzise(n) Diktion und Verhandlungsführung nicht unterschätzen oder gar beleidigt übergehen. Mö 24. 8. 1992"

Nach dem Treffen mit dem Bundeskanzler entstand die Endfassung einer Kabinettsvorlage. Deren konkrete Maßnahmen „bewegten sich allerdings in engen Grenzen". Sie wurden nach Auffassung der Treuhandanstalt der Notsituation und den Prämissen der Kabinettsvorlage „in entscheidenden Punkten nicht gerecht." Doch „ein Protest der THA beim Finanzministerium unterblieb." (Das habe ich gelesen in der 1993 erschienenen Veröffentlichung des Akademie Verlages „Treuhandanstalt Das Unmögliche wagen". Diese Veröffentlichung enthält den Bericht „Treuhandanstalt und Osteuropa" von Günter Hedtkamp und Hermann Clement unter Mitwirkung von Ludwig Koehn).

Selbstkritisches und eigene Denkfehler

Die „Konzept-Studie", die dem gewählten Ministerpräsidenten de Maizière von mir und mir unterstellten Altkadern des Außenhandels im März 1990 übergeben worden war, enthielt erhebliche Fehleinschätzungen der zukünftig möglichen Bezugs- und Liefervolumen und Warennomenklaturen im Handel mit den (bisher) sozialistischen Ländern, denn wir konnten uns im März 1990 nicht einmal in Fieberphantasien vorstellen, dass nach der Einführung der DM und nach dem Wegfall aller Importbeschränkungen aus dem Westen der Binnenmarkt der zukünftigen neuen Bundesländer nicht nur für osteuropäische Konsumgüter und Lebensmittel, Textilien, für Obst, Gemüse, Wein, sondern auch für Rohstoffe, Halbzeuge und Maschinen und Ausrüstungen aus dem RGW-Raum sogleich v ö l l i g zusammenbrechen würde.

Daran war natürlich der Produktions- und damit Nachfragerückgang nach Industriebedarf in den noch volkseigenen Betrieben mit Schuld, aber in erster Linie doch die Qualitäts- und Marktmacht der Industrie der alten Bundesländer, die den Verdrängungswettbewerb nicht nur in den Kaufhallen, sondern auch bei den Industrieeinkäufern und Kommunen im Sturm für sich entschied. Das wurde zum springenden Punkt auch für die Folgejahre: Ohne ein Konzept, wie der Markt der neuen Bundesländer für Erzeugnisse der verarbeitenden Industrie a u s den ehemaligen RGW-Ländern „aufgehalten und aufgemacht" werden konnte – also Erzeugnisse, die zwar dem Welthöchststand nicht entsprachen, Durchschnittsanforderungen jedoch gerecht wurden und auch bedeutend preisgünstiger daherkommen konnten als westliche Konkurrenzerzeugnisse – war jeder Gedanke an Verrechnungsabkommen, „Warentausch-Abkommen", Export-Import-Pool-Vereinbarungen u. ä. Illusion.

Was das Grundlegende betrifft, so bekenne ich einen weiteren schwerwiegenden Irrtum. Obwohl sicher verzeihlich ist, dass ich angesichts meiner fachlichen Tradition und angesichts seines Gewichtes im Außenhandel der DDR vor allem den Handel der neuen Bundesländer mit dem O s t e n durch die Bundesregierung bevorzugt unterstützt sehen wollte – es war ein Fehler, nicht schon 1990 die massive Förderung des W e s t-Handels der nBL eingefordert zu haben. Ich meine eine Förderung, die im Sinne der Weizsäckerschen Erkenntnis, dass Teilung nur durch Teilen überwunden werden kann, den Westexport der Unternehmen Ostdeutschlands so wirksam begünstigt hätte, dass die dann entstehenden fiskalischen Wirkungen die Anbieter aus den neuen Bundesländern zu Lasten der Industrie der alten Bundesländer so gewichtig befördert hätte, dass die durch staatliche Finanzmaßnahmen herbeigeführte (zeitweilige, befristete) Verzerrung der Konkurrenzsituation zum Nutzen der Ostbetriebe zu einer gewissen Teilung der angestammten Märkte der alten Bundesrepublik geführt hätte.

Die Konzentration der Förderung auf den Osthandel in den ersten beiden Jahren nach der Wende, vor allem die massenhafte Vergabe von Hermes-Bürgschaften zu Sonderkonditionen für den Export in die Sowjetunion, hat aus meiner heutigen Sicht unbedingt auch negative Wirkungen gehabt, die einige weitsichtige Kritiker schon 1990 bis 1991 voraussahen: Die Verfestigung alter Erzeugnisstrukturen und das Ausweichen vieler Unternehmen der neuen Bundesländer vor dem Eiseshauch der anspruchsvollsten Märkte der Welt.

Transfer-Rubel und Deutsche Mark

Mit dem 1. Staatsvertrag wurde als Voraussetzung für den Fortgang des Transfer-Rubel-Warenaustauschs bis zum 31. 12. 1990 der Kurs für Ankauf und Verkauf eines solchen Rubels mit 1 XTR = 2,34 DM festgelegt. Bis zum 30. 6. 1990 hatte das interne Umrechnungsverhältnis 1 XTR = 4,67 Mark (der DDR) betragen. Soweit mein Blick reichte, war die Wahl des Kurses 1 XTR = 2,34 DM eine kluge Entscheidung, und zwar auch deswegen, weil sie dem Import aus den MOE (= mittel- und osteuropäischen Ländern) wenigstens eine Chance gab. Später sah ich: Die Chance war nicht groß genug, gezielte Importpreisstützungen hätten Sinn gemacht. Aber die Richtung stimmte.

Im Export war ein Erlös von 2,34 DM für einen Transfer-Rubel für das Hauptvolumen der DDR-Lieferungen ausreichend, im Wesentlichen kostendeckend, der Export „lief" damit. Bei einigen Warengruppen wurde die Kostendeckung nicht erreicht. Die Bundesregierung stellte einen 2-Mrd.-DM-Währungsausgleichsfonds bereit. Das Ende Juni geschaffene Amt für Außenwirtschaft entwickelte über Nacht ein Antragsverfahren und Entscheidungskriterien. Dr. Peter Grabley, ein in der Beherrschung großer bürokratischer Prozesse erfahrenes Schlachtross, entzückte die Aufseher aus dem Bundeswirtschaftsministerium wegen der Praxisnähe und Operativität des Modells des Antragsverfahrens und mit seiner präzisen Umsetzung, und wo er eigenmächtig handelte, geriet solches zum Nutzen der ostdeutschen Industrie und wurde von den Westoberen im Nachhinein stillschweigend sanktioniert.

Der 2-Mrd.-DM-Währungsausgleichsfonds stabilisierte einen bedeutenden Exportumsatz, reichte aber nicht aus. Der Treuhandanstalt wurde gestattet, großen Lieferanten des Waggonbaus, des Schiffbaus und des Fahrzeugmaschinenbaus Stützungen von 1,5 Mrd. DM zu zahlen. Weiteren Exporteuren halfen Bundeswirtschaftsministerium und Treuhand vermittels einer Kombination von Verlustabdeckung und verbürgten Liquiditätskrediten.

Doch die Importe blieben zurück, wurden im Milliardenumfang storniert, und die deutschen Transfer-Rubelguthaben wuchsen und wuchsen.

Wir fertigten eine Vorausschau nach der anderen, aber sie waren alle falsch, die Wirklichkeit war immer noch grausamer als die Prognose. Für jede Million eingenommene Transfer-Rubel schrieb sich das Bundesfinanzministerium 2,34 Millionen DM in die Bücher. Nach dem Sprichwort tun schon Wohltaten weh, aber diese Guthaben schmerzten noch mehr. Dabei hatten wir gegenüber den anderen sozialistischen Ländern – gegenüber der Sowjetunion lagen die Dinge etwas anders, da waren die deutschen Interessen komplexer – in weiser Voraussicht eigentlich alles getan, um den Export nicht weiter anwachsen zu lassen.

Das Unterfangen, um die Jahresmitte 1990 in der DDR den Abschluss weiterer Exportgeschäfte mit der Sowjetunion und den anderen RGW-Staaten zu verhindern, musste den Leitern und Arbeitern in den Betrieben draußen fluchwürdig erscheinen. Der Binnenmarkt war schon tot, die Investitionstätigkeit stockte, DDR-Ware schien vom Aussatz befallen zu sein, und ausgerechnet in diesem Moment sollte auch noch das Tor zum Osten geschlossen werden? Es wurde! Am 20. 6. 1990 publizierte das Ministerium in seinen „Mitteilungen" das Verbot für den Neuabschluss von Exportverträgen gegen Transfer-Rubel und andere Clearingwährungen. Das Amt für Außenwirtschaft konnte Exportgenehmigungen nur noch in engsten Grenzen, z. B. für Bartergeschäfte, erteilen. Alle bisher ausgereichten Ausfuhrlizenzen für 1990, soweit noch nicht genutzt, verfielen über Nacht. Die kurz vor dem Eintritt der Währungsunion erlassenen Regelungen wurden am 20. August 1990 in einem neuen Dekret mit dem unsäglichen Titel „Verfügung Nr. 5/90 über die Umsetzung der Verordnung über die Außenwirtschaft in der Fassung der Ersten Verordnung zur Änderung der Verordnung über die Außenwirtschaft sowie zur 3. Durchführungsbestimmung des Gesetzes der Außenwirtschaft – Einfuhrliste (Clearinghandel)" präzisiert. Angesichts der dramatischen Absatzbedingungen für viele DDR-Betriebe und des Unverständnisses von RGW-Partnern über die Rigidität des Abschlussstopps für Transfer-Rubel-Exportverträge wurde das Amt für Außenwirtschaft der DDR (Dr. Grabley und Dr. Hackebeil waren dort führend) ermächtigt, mit Zustimmung des Wirtschaftsministeriums wenigstens Lieferungen von Ersatzteilen, Havarielieferungen, Lieferungen zur Fertigstellung von Investitionsobjekten, Vorlieferungen für Anlagen und Lieferungen im Rahmen gewährter Regierungskredite zu genehmigen. Eine Generalklausel erlaubte, dem Wirtschaftsminister „Anträge, deren Ablehnung zu schwerwiegenden ökonomischen und handelspolitischen Auswirkungen führen würde", zur Entscheidung vorzulegen. Zu genehmigen waren natürlich auch Exporte gegen Transfer-Rubel in die Sowjetunion, die in dem Regierungsprotokoll mit der UdSSR vom 31. Mai 1990 enthalten waren – Fleisch, Butter, Schuhe, Möbel, Kindernahrung, Lastkraftwagen, Kühlhäuser und vieles andere.

Diese Hilfslieferungen waren Bestandteil des Werbens um gut Wetter in der Sowjetunion, denn die hatte am 19. 4. 1990 der BRD-Regierung in einer informellen Note ihre „Bedenken" gegen die Vereinigung Deutschlands nach Artikel 23 des Grundgesetzes vorgetragen, und am 5. 5. 1990 hatten die 2+4-Verhandlungen begonnen...

Das Amt für Außenwirtschaft hatte aus der Sturmflut der ihm zugehenden Ausnahmeanträge für Lieferungen an RGW-Länder bis zum Einheitstag noch eine Reihe von Anträgen im Wirtschaftsministerium der DDR zur Entscheidung gebracht, das Gros jedoch für eine Entscheidung in Bonn gesammelt und aufbereitet. Einen Monat nach der Vereinigung jedenfalls lag dem zuständigen Ministerialdirektor Dr. Ollig eine Liste von Anträgen im Gesamtumfang von 1,8 Mrd. Transfer-Rubeln, das sind 4,2 Mrd. DM, vor! Anträge von 67 ostdeutschen Betrieben im Wert von mindestens 500 Mio. DM müssten davon, so der Ministerialdirektor, sofort zustimmend entschieden werden.

Meine Unterabteilung blieb bis zum 3. Oktober eine wichtige Anlaufstelle für erboste Kritiker der „neuen restriktiven, exporthemmenden Praxis" aus den Industrie- und Außenhandelsbetrieben. Man beschimpfte uns: Wir, die alten Bonzen, schikanierten die Betriebe erneut. Die Unternehmen im Lande hatten nun endlich freie Fahrt für alle ihre nach außen gerichteten Initiativen erhofft, und schon wieder wurden sie von denselben roten Socken wie früher administriert und reglementiert. Eine ehemalige Kommilitonin aus dem Büromaschinenexport, bisher stets röter als die röteste Sonne des Orients, witterte realitätsfremde Westbefehle und beschimpfte mich als Kapitalistenknecht.

Anfangs bettelten auch noch die Handelsräte aus den RGW-Staaten ein bisschen herum, wünschten Sonderlösungen, dann ließen sie sich einer nach dem anderen nicht wieder bei mir sehen; ich hatte nichts mehr zu bieten. Nach der Währungsunion sahen sie in mir das Plagiat und schickten gleich zum Original nach Bonn. Einer beschwerte sich nie und vermied es, mir über den Weg zu laufen, der Handelsrat von Kuba, Roberto Rodriguez Ceballos. Zehn Jahre später erzählte er mir, wie er die Zeit vom Jahresbeginn bis zum 20. 6. genutzt hatte. Als er bemerkt hatte, dass die DDR-Produzenten auf Halden unverkäuflicher Ware zu sitzen begannen und auch keiner mehr so richtig heftig protestierte, wenn kubanische Lieferungen ausfielen, da habe er ein einziges Mal in seinem Leben die Regeln verletzt und einen handschriftlichen Brief an seinen Minister am Botschafter vorbei in den Postsack seines Chief of Station, des Oberspähers an der Botschaft, gesteckt. In dem Brief habe er vorgeschlagen, sofort alles in der DDR zu kaufen, was nicht niet- und nagelfest ist, und in Kuba entsprechende Vorräte anzulegen, und im kubanischen Export auf Zeitlupe zu schalten und sich einen feuchten Kehricht darum zu kümmern, wohin die Zahlungsbilanz abtreibt. Es könne doch sein, dass man die Schulden gar nicht zahlen muss, es gäbe auch andere Kollegen Handelsräte, die so dächten. Ja, und dafür habe er grünes Licht bekommen.

Und noch eine Gruppe von Zeitgenossen verhielt sich in der Zeit zwischen der Veröffentlichung der Modalitäten der Währungsunion und dem 20. 6. 1990 mucksmäuschenstill: Die Transfer-Rubelschmarotzer. Doch „dat krieje mer später", wie der berühmte Professor Bömmel in der Feuerzangenbowle sagt.

Was wird aus uns?

Meine Mitarbeiter und mich selbst befiel nach dem 1. Juli wachsende Unruhe, und nur die Ablenkung, die sich aus den Aufträgen aus Bonn zur Analyse und Bewertung der internationalen Wirtschaftsabkommen für uns ergab, überlagerte die bange Frage: Was wird aus uns? Ein kleines „Schlüsselerlebnis" heizte die Sorgen noch auf: Im 2. Stock, nicht weit von den Amtsräumen des Ministers Pohl, hatte ein Berater aus Bonn, Ministerialrat Dr. Dr. Stahl, sein Standquartier, gleich neben der Ländersektion Tschechoslowakei. Bisher hatte noch keiner mit diesem geheimnisumwitterten preußisch-streng blickenden Sendling, der das Haus meist mit einem eingehängten Regenschirm betrat, mehr als ein verunsichertes Kopfnicken getauscht, aber eines Tages ging dieser geradewegs in die Ländersektion der Tschechen und Slowaken und wollte nicht glauben, dass sich da tatsächlich drei Leute „an einem Land festhielten." Halb ängstlich, halb verletzt versuchten die tüchtigen Fachleute Grimm, Dr. Zilliges und Weikinn zu erklären, was es heißt, ein milliardenschweres Jahresprotokoll mit 1 232 Einzelkontingenten unter Kontrolle zu halten, aber da redeten sie mit einem Blinden über die Farbe. Nee, sagte Dr. Dr. Stahl, das müsste e i n Mensch bewältigen, in Bonn, da betreuten ein Herr oder eine Dame gleich mehrere Länder.

So gewissenhaft ich die Auskunftsersuchen aus Bonn aufgriff und die Empfehlungen aus Brüssel anpackte, noch vor dem Beitritt der DDR zur Bundesrepublik etwa 70 zwischenstaatliche Abkommen mit der Volksrepublik China, Nordkorea und Albanien aufzukündigen und so „aus der Welt zu schaffen" (die Europäische Gemeinschaft wollte ausschließen, sich nach der Vereinigung als die für die gemeinsame Handelspolitik zuständige Organisation auch noch mit Ansprüchen dieser „Exoten" befassen zu müssen), viel mehr brannte mir auf der Seele, was zu tun wäre, um möglichst vielen Mitarbeitern schon in allernächster Zeit Wege in die Wirtschaft, andere staatliche Verwaltungen, auf Planstellen der Arbeitsämter, Krankenkassen u. a. zu ebnen. Der handelspolitische Bereich hatte, anders als die Warenbereiche in ihren AHB und der Planungs- und Valutabereich in der Staatlichen Zentralverwaltung für Statistik, der Forschung, den Banken nie ein Hinterland, das Leute auffangen konnte – das heißt, wir hatten schon etwas, eine Hausmacht, die Handelsvertretungen draußen mit mehreren hundert Planstellen, aber längst war der Auftrag ergangen, gerade dort beschleunigt zu konzentrieren, abzubauen, zu berenten und auf Notbetrieb zurückzuschalten.

Im Zeitraum vom 1. 1. 1990 bis zum 1. 7. 1990 war der Personalbestand der HPA von 204 Mitarbeitern auf 183 zurückgegangen, bis zum 31. 12. 1990 sollte er weiter auf 106 sinken, das sah ein Planpapier vom 12. 7. 1990 vor. Danach sollten, um einige Beispiele zu nennen, in der HPA Prag zum Jahresende 1990 noch 12 Mitarbeiter, in Warschau noch 9, in Budapest noch 11, in Kuba 6 verbleiben. Der Personalbereich mit seinem neuen Vormann Wünsche half, er warb insbesondere bei der Treuhandanstalt für die Übernahme der vielen fähigen Leute, die wir anzubieten hatten. Und wir boten alle, uns alle, an und bauten eine große Menschenangebotsliste zusammen. Für jede und jeden schrieben wir hinein, welches Studium absolviert war, welche Sprachen beherrscht wurden, wir beschrieben alle bisherigen Aufgabengebiete, Spezialisierungen, Auslandserfahrungen, und wer das zu lesen bekam, dem mussten die Augen übergehen, wie wir alle schon fit für die Marktwirtschaft waren. Dieselbe, nun schon etwas kürzere Liste, würde ich drei Monate später dem Personalbeauftragten des Bundeswirtschaftsministeriums in die Hand drücken und auch einer Personalkommission des Auswärtigen Amtes. Deren Gruppenleiter, der spätere Botschafter der Bundesrepublik in Georgien, Dahlhoff, hörte mich in dem heute vom Erdboden verschwundenen Haus des MfAA an der Spree an, verbarg aber zugleich nicht, dass er eigentlich keinen einzigen aus meinen Handelspolitischen Abteilungen zu rekrutieren gedachte.

Natürlich brauchten wir damals zumindest in Berlin noch den ganzen Stamm der nach Ländern und Waren hochspezialisierten Einzelkämpfer aus dem alten MAH und der SPK, die „ihre" Vertragswerke, Rohstoffabkommen, Kreditvereinbarungen aus dem Eff-Eff beherrschten, aber ich musste allen sagen: Vertraut nicht darauf, dass man euch auf Dauer braucht, wer sich in den Vorruhestand retten kann oder anderswo Arbeit findet, der soll gehen. Manch einer, vor allem aus dem Kreis der Rückkehrer aus den Auslandsvertretungen, ging, ohne dass ich ihn noch einmal gesehen hätte, andere kamen noch einmal, und mancher weinte.

In der Unterabteilung waren wir im Juli 1990 noch 71 Leute, am 4. Oktober 1990 würden wir noch genau 34 sein. 34 – das waren so etwa 50 Prozent – eine solche Reduzierungsauflage, von der ich nichts erfuhr, muss es gegeben haben. Ich erinnere mich, dass auch der Bereich Sowjetunion in ähnlicher Proportion zusammenschrumpfte. Was die Auswahl dieser 34 betraf: Ich hatte damit nichts zu tun, das Sortieren geschah hinter meinem Rücken. Und doch hätte ich, wäre ich dazu gezwungen worden, die Auswahl kaum völlig anders treffen können. Außer Claus Nitzsche, auf den ich nicht hätte verzichten wollen, waren unter den 34, die mit mir den ersten Einheitswerktag Unter den Linden erlebten, die, welche jetzt am dringendsten gebraucht wurden. Für jedes RGW-Land war mindestens ein Fachmann geblieben, für die Entwicklungsländer die ehemaligen Direktionsbereichsleiter, die fraglos die Problematik ganzer Ländergruppen bewältigen konnten: Härtig Lateinamerika, Schuster Naher Osten, Marx Südostasien, geblieben waren meine Direktoren: Dieter Küttner, jetzt für Polen, Ungarn und die Tschechoslowakei zuständig, Christoph Starke, Sinologe, lange Jahre Handelsrat in Moskau, jetzt für Jugoslawien, Bulgarien, Rumänien verantwortlich, Claus Gädt, bis vor kurzem Stellvertreter des Ministers für die Entwicklungsländer, sehr oft nicht aufzufinden, weil er in weiser Voraussicht einen Landeplatz bei alten orientalischen Freunden suchte. Jedenfalls bin ich sehr froh, dass ich nach meiner Abberufung als Stellvertreter des Ministers nie wieder eine oder einen habe entlassen oder zur Entlassung vorschlagen müssen, dass ich nie Schicksal sein musste, weil ich nie wieder Personalvollmacht erhielt.

Einigungsvertrag und Außenhandel

Ende April hatte das erste Treffen zwischen Schäuble und Günther Krause zur Vorbereitung eines Einigungsvertrages stattgefunden, im Mai eine erste gemeinsame Sitzung der Ausschüsse „Deutsche Einheit" von Bundestag und Volkskammer, am 6. 7. begannen die Ressortverhandlungen zum Einigungsvertrag. Eine Selbstverständlichkeit war, dass der Einigungsvertrag einen Artikel enthalten musste, der das Schicksal der völkerrechtlichen Verträge der DDR einschließlich der Wirtschaftsvertragswerke bestimmte. In Anlagen zum Einigungsvertrag sollten „besondere Bestimmungen zur Überleitung von Bundesrecht" und zur Fortgeltung von DDR-Recht aufgenommen werden.

An den Verhandlungen der Ressortbevollmächtigten habe ich nicht mitgewirkt, hier war vor allem der Ende Juni zum Leiter des Amtes für Außenwirtschaft berufene Dr. Peter Grabley prädestiniert, außenwirtschaftliche Interessen der DDR-Unternehmen zur Geltung zu bringen, aber Wellen aus den Gesprächen der Formulierungskünstler schwappten auch an mein Ufer. Freilich, viel Spielraum, den „Vertrauensschutz" für die gewachsenen Beziehungen zu den RGW-Staaten (von den anderen nicht zu sprechen ...) in einklagbare Formen zu gießen, hatte wohl auch Peter Grabley nicht. Für die im Einigungsvertrag gewählte Formel, dass ebendiese Beziehungen „unter Berücksichtigung der Interessen aller Beteiligten und unter Beachtung marktwirtschaftlicher Grundsätze sowie der Zuständigkeit der EG fortentwickelt und ausgebaut werden sollten", und dass dafür angemessene organisatorische Lösungen zu finden seien, konnten sich die Osthandelspartner nicht viel kaufen. Als diese Formeln geboren wurden, mussten die Autoren noch mit dem Fortbestand gewisser realsozialistischer planwirtschaftlicher Strukturen in den einschlägigen Ländern rechnen, und die ziemlich schwammigen Formulierungen sollten verhindern, dass die neue Bundesrepublik Liefer-, Bezugs- und Preisstrukturen aus dem Staatshaushalt alimentieren müsste, die nicht in das System der effizienten internationalen Arbeitsteilung und Globalisierung passten, in das die Bundesrepublik eingewoben war.

In meiner Unterabteilung hatten wir uns frühzeitig vorbereitet, das außenwirtschaftliche Vertragswerk zu katalogisieren, hierzu zählten auch die internationalen Abkommen anderer DDR-Fachministerien, soweit in ihnen Lieferungen und Bezüge und Zahlungen in den Folgejahren vereinbart waren. Ein gewisser „Glücksumstand" war, dass die Langfristigen Handelsabkommen mit den RGW-Ländern ohnehin 1990 ausliefen und neue Vereinbarungen für 1991 bis 1995 zwar im Ergebnis zäher Verhandlungen der Staatlichen Plankommissionen weit fortgeschritten, aber bisher nicht paraphiert waren. Ich weiß noch gut, dass ich der naiven Vorstellung war, die Verträge und Abkommen mit den früheren Staatspartnern der DDR müssten durch Rechtsnachfolge auf die Bundesrepublik übergehen, diese müsste „in diese eintreten." Es fehlte mir in vielen Fällen zwar die Vorstellungskraft, wie eine einheitliche deutsche Wirtschaft mit ihren Lieferanrechten auf teures, weil zu kostendeckenden Preisen geliefertes polnisches Baumwollgarn oder jugoslawisches

Titandioxyd aus gemeinsamen Betrieben umgehen würde, wer die uns zustehenden faserigen kubanischen Apfelsinen oder die nicht maßhaltigen koreanischen Zink- und Bleihalbzeuge kaufen sollte, mit denen vereinbarungsgemäß die von der DDR ausgereichten Kredite zurückgezahlt werden durften, wer zukünftig die kostspieligen Komponenten und Spezialchemikalien für die Fernsehbildröhrenproduktion aus der ČSFR abnehmen würde und und und … , aber ich sah zumindest viel Beschäftigung für Gemischte Kommissionen und Konsultationsgruppen von West- und Ostspezialisten auf uns zukommen und rechnete mit zählebigen Ansprüchen der Ostpartner auf Entschädigungsleistungen. Die Tatsache, dass in allen osteuropäischen Planhandelsländern die Zentralverwaltungswirtschaft fast gleichzeitig zusammenbrach, hat mögliche Konflikte entschärft oder ganz gegenstandslos gemacht.

Die Bundesrepublik ging mit äußerstem Pragmatismus an die Auflösung der von der DDR ererbten Vertragsschätze: Sie trat das Erbe erst einmal als Ganzes an, selektierte es dann geschwind in einen großen Haufen Unbrauchbares, mit dem man fürderhin nichts mehr zu tun haben wollte, und ein kleineres Häufchen Abkommen, die Ansprüche auf den Import von hochwertigen international handelsüblichen und preisnotierten Rohstoffen zu Vorzugsbedingungen bzw. zur Abtragung früher von der DDR gewährter finanzieller Vorleistungen verbrieften: Erdöl, Erdgas, Aluminium, zum Beispiel.

Für das letztgenannte Häufchen fanden sich später interessierte Konzerne, welche die dem Staat Bundesrepublik zustehenden Rechte gegen bare Münze abkauften. Alle Abkommen jedoch, die die Weiterführung deutscher Lieferungen gegen Kreditgewährung und deren spätere Tilgung durch für den deutschen Markt höchst überflüssige Waren, etwa gar zu Präferenzpreisen, nach sich ziehen würden, waren nur noch zu entsorgen. Das Ganze vollzog sich frei nach der Losung aus dem Märchen vom Aschenputtel: Die guten ins Töpfchen, die schlechten ins Kröpfchen.

Die früheren DDR-Vertragspartner mochten aus dem einschlägigen Artikel 12 des Einigungsvertrages noch herausgelesen haben, dass sie ihre vermeintlichen Ansprüche aus den Altverträgen in langen Palavern vortragen könnten, aber die tatsächliche spätere Praxis kann man aus besagtem Artikel durch Textverkürzung auf die darin enthaltene Negativvariante herausmodellieren: „Die Vertragsparteien sind sich einig, dass die völkerrechtlichen Verträge der Deutschen Demokratischen Republik mit den Vertragspartnern zu erörtern sind, um … ihr Erlöschen … festzustellen." Die dazu erforderlichen Konsultationen haben dann später auch stattgefunden, aber ein gütiges Geschick hat es mir erspart, dabeisitzen zu müssen.

Übergangsregelungen aus Brüssel

Zehn Mal flog ich 1990 zwischen Berlin – Tegel und Köln – Bonn hin und her, vier Mal von Tegel und Leipzig nach Brüssel, bis zum 7. Dezember 1990 ohne Gewissheit, ob man mir für das kommende Jahr eine Chance geben würde weiterzuarbeiten, und jedes Mal innerlich zutiefst unsicher, ob es denn überhaupt richtig sei, auf diese Chance zu warten oder nicht doch besser, vor weiterer Selbstbeschädigung in den Ruhestand zu flüchten. Irgendwas von preußischer Pflichterfüllung war da mit im Spiel, auf jeden Fall bis zum Tag der Einheit, und dann noch einmal für die ersten Monate des Jahres 1991. Was dann kam, gehört auf ein anderes Blatt.

Die ersten Flüge nach Brüssel zum Sitz der Kommission der Europäischen Gemeinschaft kamen zuerst auf Vorschlag meines späteren Freundes Dr. Klaus Apel zustande, die letzten beiden schon auf Aufforderung des Bundeswirtschaftsministeriums. Um die Jahresmitte gab es die offizielle Vertretung der DDR bei der EG noch, Dr. Dieter Funke war ihr Leiter, bald darauf nahm er Arbeit bei einer internationalen Spedition an. Die Reisen nach Brüssel hatten mit dem Versprechen der Bundesregierung im Entwurf des Einigungsvertrages zu tun, sie wolle sich mit den zuständigen Organen der Europäischen Gemeinschaften darüber abstimmen, welche Ausnahmeregelungen für eine Übergangszeit auf dem Gebiet des Außenhandels im Hinblick auf den Vertrauensschutz erforderlich sind, unter den sie die gewachsenen außenwirtschaftlichen Beziehungen der DDR, vor allen die mit den ehemaligen RGW-Ländern, zu stellen gedachte. Ich wusste bis dato so gut wie nichts über Aufgaben und Arbeitsweise der EG-Kommission.

Das Riesengebäude, die endlosen Reihen der Amts- und Arbeitsräume, die Sprachenvielfalt, der scheinbar chaotische Einlassdienst, der allerdings meinen blauen DDR-Reisepass ohne Wimpernzucken als Legitimation entgegennahm, all das versetzte mich in die Empfindungswelt eines aufgeregten Mannes, der am Rand einer großen unbekannten Stadt vor einem Stadtplan steht, nicht weiß, aus welcher Himmelsrichtung er gekommen ist und den großen roten Pfeil sucht: „Ihr Standort ist hier!" Aber zugleich konnte mir dieser Bienenstock auch black box bleiben, denn als es praktisch wurde, war jemand da, der mir bedeutete, wann und wo und weshalb sich darin mein kleines Rädchen drehen sollte.

In einem Riesensaal saßen die Delegationen der Groupe Pays de l'Est (Gruppe Ostländer) aller Mitgliedsländer – ein Konsultationsgremium, in dem die Europäische Kommission, die nach Anhörung der Mitgliedsländer letztlich entschied, den Vorsitz hatte. Die Gruppe Ostländer musste im

Zusammenhang mit dem Beitritt der DDR zur Bundesrepublik befasst werden, weil die Kommission für einige technische Bereiche der Handelspolitik, wie zum Beispiel für die Antidumping-Schutzpolitik, die Endzuständigkeit besaß. Der 113er-Ausschuss war eine Institution unter dem Vorsitz der Präsidentschaft des Rates, die der Europäischen Kommission in handelspolitischen Fragen Beratungshilfe erwies. Der 113er-Ausschuss (Bezeichnung abgeleitet aus Artikel 113 EWGV) wurde ebenso wie die Gruppe Ostländer wegen der Ausnahmeregelungen für die beitretende DDR engagiert.

An einer Längswand über den Köpfen eine Dolmetscherkabine neben der anderen: Aus jeder Sprache der Mitgliedsländer wurde in jede Sprache der Mitgliedsländer übersetzt. Der deutsche Delegationsleiter war Ministerialrat Dr. Kuschel, er saß schon an seinem Platz mit dem Delegationsschild „Bundesrepublik Deutschland", als ich eintraf. Hinter ihm zwei, drei für seine Delegation bestimmte Stühle, die Leiterin der Wirtschaftsabteilung der Vertretung der Bundesrepublik bei den Europäischen Gemeinschaften, Frau Selz, eine von jedem Hochmut freie, mütterlich-kollegiale Frau, die mich behandelte, als gehörte ich schon seit Urzeiten zur EG-Familie, nahm dort Platz. Ihr Stellvertreter Mohrmann räumte seinen Stuhl neben dem Delegationsleiter, legte mir ermutigend die Hand auf den Oberarm und schob mich hinter das für mich nicht ganz zutreffende Schild mit der Aufschrift „Bundesrepublik Deutschland", denn es war September, Zeit der Leipziger Herbstmesse, und die DDR gabs gerade noch, sie hatte noch ein paar Tage Galgenfrist. Und Dr. Kuschel nahm seinen Kopfhörer vom Ohr und meinte, ich müsste jetzt der Runde mal erklären, wie das mit den Jahresprotokollen so wäre und was die DDR da für Abnahmepflichten habe, und dass die Ostländer ja kein richtiges Geld besäßen und mal gerade nur mit dem bezahlen könnten, was sie so haben; er selbst verstünde nicht viel von diesen eigenartigen Tauschbeziehungen, und ich solle das deshalb auch selbst sagen, er werde jetzt mal gleich ums Wort für mich bitten. Nachher, wenn erwartungsgemäß die Spanier, Portugiesen und Griechen schwere Bedenken wegen der beantragten Zollfreiheit äußern würden, dann werde er selbst ins Rennen gehen. O Gott, ich konnte mir gerade noch ein paar Minuten Aufschub erbitten, um wenigstens die ersten Sätze im Kopf zusammenzubauen, denn ein Redemanuskript hatte ich nicht. Ich suchte noch hektisch in meinen Papieren, um ein paar beispielhaft verwendbare Importmengen für Pfirsiche, Tomaten und Paprika, Wein und Sekt, Apfelsinen und Pampelmusen, Gänse und Obstkonserven aus Ungarn, Bulgarien, Rumänien, Kuba herauszublättern, da stellte mein Kuschel das Delegationsschild „Bundesrepublik ..." hochkant vor sich auf, und dann leuchtete auch schon das rote Lämpchen.

Wie ein Jahrzehnt lang aus dem Präsidium des Ministerrats gewohnt, stand ich auf, ganz unüblich, keiner sonst hatte stehend geredet, und man bedeutete mir auch, mich hinzusetzen, aber ich blieb stehen, mochten die Ortserfahrenen um mich herum das ruhig als Ausdruck meines Respekts vor ihrer illustren Versammlung werten. Ich ersuchte also die Teilnehmerstaaten der Gemeinschaft, den bulgarischen Pfirsichen und dem rumänischen Rotwein auf ihrem Weg in den deutschen Osten keine Maut aufzuerlegen und wagte auch die Einschätzung, dass die in Rede stehenden Mengen doch nur ein Klacks seien im Vergleich zu den in der EG bisher vermarkteten Produktmengen und wohl keine ernsthafte Konkurrenz. Ab und zu sah ich zu meinem Delegationsleiter herunter, der blickte ungerührt geradeaus, und ab und zu blickte ich nach hinten, da erntete ich einen zustimmenden Selz-Mohrmannschen Augenaufschlag ...

Schließlich kündigte ich noch an, alle Fakten in Listenform herzureichen und setzte mich wieder. Das hatte offenbar gereicht. Den Warenaustausch der neuen Bundesländer mit den MOE hat meine bescheidene Hilfeleistung dann 1991 bis 1992 nicht gerettet, aber kleine Einflugschneisen für Rohstoffe und Halbzeuge, Textilwaren, Wein, Obst und Gemüse blieben vorübergehend erhalten.

Shuttle zum Rhein

Für die Arbeitsflüge nach Bonn nahm ich anfangs die Linienmaschine nach Köln-Bonn, von dort konnte man sich mit einem Dienstfahrzeug des Bundeswirtschaftsministeriums abholen lassen. Die rheinischen langgedienten Ministerialfahrer empfingen ihre neuartigen Fahrgäste teils wortkarg-muffelig, teils mit vorurteilsgespicktem Wortschwall und dem schönen Selbstbewusstsein der ministeriellen Arbeiterklasse, die sich zu Recht für unersetzlich und unkündbar halten darf, in ihrer Würde und im Wohlklang ihres Vorgebirgsdialekts nur noch von den bodenständigen Pförtnern übertroffen, die im guterhaltenen Mercedes ins Amt rollten und das Privileg genossen, den in Sichtweite ihres Arbeitsplatzes parken zu dürfen, ein wenig Platz noch freilassend für einige Beamtenfahrräder.

In einer längeren Übergangszeit bis zur Einrichtung eines Flugshuttles der Germania zwischen Köln und Berlin - Tegel reiste ich mit allem, was angeboten wurde zwischen Köln und Berlin-Schönefeld. Eine Zeitlang flogen die Sondermaschinen vom Militärflughafen Köln-Wahn ab. Die Abfertigung war in einen Hangar verlegt. Das Gepäck wurde auf einer Art Dezimalwaage gewogen. Einen Kaffee aus der Thermophore und ein Mettbrötchen konnte man kaufen. Einmal kam eine Transall der Bundesluftwaffe zum Einsatz. Steward war ein Unteroffizier namens Fenske, der uns anwies, beim Hinaufsteigen auf der heruntergeklappten Ladeluke nicht auszurutschen. Die Segeltuchsitze waren den Klappstühlchen nicht unähnlich, wie sie die Angler mitführen. Rau, aber herzlich teilte Uffz. Fenske mit, dass es nun zu spät sei, das Wasser abzuschlagen, die Maschine habe keine entsprechenden Vorrichtungen.

Komfortabler war da schon die betagte IL 62 aus altem Bestand der Nationalen Volksarmee der DDR, und sicher fühlte ich mich da auch, weil ich den Namen des Flugkapitäns früher schon mal gehört hatte; anfangs waren auch die Flugbegleiterinnen von gestern. Einmal flog ich sogar von Neuhardenberg, dem früheren Marxwalde ab, dort, wo ehemals die Regierungsstaffel beheimatet war. In Neuhardenberg waren die Abfertigungsfazilitäten noch um einiges spartanischer als in Köln-Wahn. Nahe der Gangway stand ein Tisch, ein Soldat hatte eine Liste und machte Haken an die Namen der Erschienenen, man stellte den Koffer ab, und los gings. Als die Bundesregierung dann die Bundesluftwaffe vom Dienst an der unteren Beamtenschaft befreite – die Leitungsebene vom Unterabteilungsleiter aufwärts flog sowieso „Linie" – erhielt die Germania den Zuschlag, das war dann schon fast ein Shuttle de luxe, den nutzte gelegentlich sogar Minister Rexrodt, da konnte er sich mit dem Dienstwagen vom Frühstückstisch bis ans Treppchen fahren lassen …

Endzeitstimmung

Ich war nach meiner Einsetzung als Unterabteilungsleiter zwischen April und Juni 1990 noch je einmal in Bukarest, Prag und Budapest, aber so sehr ich mir auch den Kopf zerbreche – ich weiß nicht mehr, was ich dort getan habe. Wahrscheinlich habe ich dort versucht, den Auftrag aus dem Beschluss der de-Maizière-Regierung zu erfüllen und die Modalitäten für die Weiterführung des Warenaustauschs zu Weltmarktbedingungen zu besprechen, genauer gesagt: um zu hören, wie die Partner sich das vorstellen.

Die Tätigkeit meines Amtsbruders Dr. Schwierz, zuständig für die Sowjetunion, war in diesen Monaten schon gezielter. Auch für die Umstellung des Handels mit der Sowjetunion war ja noch zu Modrow-Zeiten eine gemeinsame Arbeitsgruppe DDR - Sowjetunion tätig geworden, deren Gespräche zum Abschluss eines Abkommens zur Umstellung des Handels auf Weltmarktbedingungen am 18. Juli 1990 führte. Das und die Abstimmung eines Arbeits-

und Zeitplanes waren aber auch alles, was gelang, einigen konnte sich die Arbeitsgruppe auf nichts. Die Sowjets rochen sicherlich, dass sie die weitreichenden deutschen Hoffnungen auf sowjetisches Wohlverhalten im Einigungsprozess von der Notwendigkeit entbanden, irgendwelche Zugeständnisse zu machen.

Wahrscheinlich verfolgte die sowjetische Seite schon zu diesem Zeitpunkt das Ziel, sich der Ausbezahlung des für Ende 1990 erwarteten DDR-Aktivsaldos in einer westlichen Währung ganz zu entziehen und vertrödelte die Zeit mit Scheinverhandlungen. Während ich mit „meinen Ländern" gar nicht bis zu ersten gemeinsamen Überlegungen gelangte, nach welchen Prinzipien ein Kurs für die Umrechnung von transferablen Rubeln in DM zu ermitteln wäre, trat die Mannschaft um Dr. Schwierz mit der Sowjetunion immerhin in Erörterungen ein. Die sowjetische Seite nahm den Standpunkt ein, dass der offizielle, von der Bank für Internationale Zusammenarbeit veröffentlichte Kurs Transfer-Rubel : DM im Ergebnis eines Vergleichs der im deutsch-sowjetischen Handel angewandten Transfer-Rubelpreise mit den aktuellen Weltmarktpreisen korrigiert werden müsse, zu Gunsten der Sowjetunion, versteht sich. Dass sich die bilateralen Transfer-Rubelpreise von den Weltmarktpreisen gelöst hatten, konnten nur Apologeten leugnen. Da aber diese Abweichungen das Ergebnis tausender Einzelkompromisse in den Verhandlungen auf höchster Ebene ebenso wie auf der Ebene der Außenhandelsunternehmen waren, da diese Kompromisse entstanden waren, weil Käufer und Verkäufer immer unterschiedliche Auffassungen über den zum Vergleich heranzuziehenden Hauptmarkt und die Wertigkeit von Vergleichserzeugnissen haben. Und weil natürlich immer eine Rolle spielt, ob Käufer oder Verkäufer stärker an einer Preiseinigung interessiert sein müssen, war über die Jahre hinweg ein unauflösbares Geflecht von wechselseitigen Zugeständnissen entstanden, das zu entwirren unmöglich war. Einig, dass der bilaterale Preis mit dem Weltmarktpreis übereinstimme, war man sich bei einer einzigen großen Position: Kernkraftausrüstungen und Kernbrennstoffe, und einig, dass die Überhöhung im Export und Import gleich hoch sei und 65 Prozent betrage, nur bei der elektronischen Rechentechnik.

Dass die Sowjetseite einer Einigung um jeden Preis nicht bedurfte, ist sonnenklar. Aber ich wage die Behauptung, dass auch die DDR-Seite, die – den Staatsvertrag über die Währungsunion vor Augen – eine Einigung mit den Sowjets der Bundesregierung zur Genehmigung hätte vorlegen müssen, dort keinerlei Verständnis für einen Kompromiss gefunden hätte. Als kurz nach der Vereinigung das Abkommen zwischen der BRD und der UdSSR „über einige überleitende Maßnahmen" in Bonn förmlich unterzeichnet wurde, da enthielt dieses auch einen Artikel 6, und der rekapitulierte noch einmal die Aufgabe, einvernehmlich den Saldo in Transfer-Rubel festzustellen und – bis zum 30. Juni 1991 – ein Verfahren zur Umrechnung dieses Saldos in Deutsche Mark zu vereinbaren. Eine darauffolgende Schuldenregelung sollte der UdSSR in den kommenden 5 Jahren „keine übermäßigen zusätzlichen ... Belastungen" aufbürden. Kundige Thebaner ahnten damals schon, dass die Russen darauf hinarbeiten würden, diesen Saldo eines Tages ganz zu vergessen. Als die Bundesregierung endlich im Jahre 2001 die Rückzahlung anmahnte, kehrte Russland zu der Argumentation zurück, die meinen damaligen Kollegen Dr. Schwierz schon 1990 zur Verzweiflung gebracht hatte: Die Sowjetunion hätte der DDR für ihre Rohstoffe allzeit Freundschaftspreise gewährt und die DDR alles zu teuer verkauft. Rechne man mit echten Preisen, müssten die Deutschen den Russen noch einiges auszahlen ...

Seit der Amtsaufnahme des neuen Wirtschaftsministers Pohl und der Installierung einer Abteilung Außenwirtschaft unter Staatssekretär Dieter Prietzel gab es praktisch keine Außenhandelspolitik der DDR mehr. Mir ist nicht ein einziger auf die künftigen außenwirtschaftlichen Beziehungen der DDR gerichteter Arbeitsauftrag „von DDR-oben" in Erinnerung. Völlig desolat wurde die Leitungssituation, nachdem Minister Dr. Pohl das Handtuch geworfen hatte und im August der in jeder Hinsicht überforderte Dr. Halm dessen Geschäfte wahrnahm.

Es muss die einstimmige Ansicht geherrscht haben, dass alle Mühen unnötig sind, weil nach der Entscheidung über die Einführung der DM alle Wirtschaftsbeziehungen der DDR, auch wenn die formell noch weiterbestünde, nur als exakte Kopien der Wirtschaftsbeziehungen, der zugehörigen Institutionen und Instrumente der BRD denkbar seien und selbst die Anfertigung von Kopien entfallen könne, weil das Original einfach durch Beitreten mitgenutzt werden kann. Die dadurch ausgelöste allgemeine Unlust stellte sich als „Arbeitslosigkeit" dar.

Der ehemalige Botschafter der DDR in Kolumbien, Höltge, schreibt in seinen Erinnerungen über seinen Besuch im Mai in seinem Stammhaus: „Ich gewann den Eindruck, dass niemand mehr wusste, was er an seinem Schreibtisch noch tun sollte ..." Viel anders war das auch in unseren Handelsreferaten nicht, sofern nicht gerade ein Abgabetermin für Informationen an die zukünftige Bonner Zentrale bevorstand.

Ich weiß den genauen Zeitpunkt nicht mehr zu nennen, zu dem auch mir selbst endgültig der Antrieb verloren ging, die handelspolitische Zukunft der

DDR vorauszudenken und ich aufhörte, Leiter zu sein und begann, mich als Konkursverwalter zu fühlen, ich meine, es war Mitte Mai. Ob ich wollte oder nicht, damit nahte auch das Ende wirklicher persönlicher Autorität. Soweit sie weiterbestand und von Mitarbeitern geachtet wurde, beruhte sie nicht auf Respekt vor dem Amt, sondern auf der Solidarität mit der Person. Dazu ein kleiner Blick voraus: Aus dieser Sicht empfand ich den Tag, an dem die Sieger auf den Chefsesseln Platz nahmen, den 4. Oktober 1990, als Sanktionierung eines schon lange bestehenden faktischen Verhältnisses.

Spätestens an diesem Tag hätte aber auch das „Fähnlein der sieben Aufrechten" unter meinen Mitarbeitern, das Hilfe bei der Überleitung der außenwirtschaftlichen Besitzstände der DDR an die Bundesrepublik Deutschland als Verrat verurteilte, seinen Hut genommen haben müssen. Einige taten es, und ich zolle ihnen Respekt: Sie hatten eine Meinung, die ich nicht teile, und sie traten beiseite. Andere aber hielten den Hut noch eine Weile in der Hand, warteten, wie ihre Bewerbung von den neuen Oberen beschieden werden würde, und fanden, nachdem sie nicht berücksichtigt wurden, die Trauben zu sauer, nach denen sie sich eben noch gestreckt hatten. Die Beherztesten, die seit dem März ausgeschieden waren, hatten schon Arbeit gefunden, bei der Treuhand, beim Arbeitsamt und den neuen Krankenkassen, in Speditionen, Exportabteilungen, einer der jüngeren war jetzt bei einem Teppichfabrikanten nahe der holländischen Grenze Assistent des Chefs.

Manchmal erschienen in meinem Sekretariat frühere Mitarbeiter oder Mitarbeiterinnen zu Besuch, die sich frühzeitig in Vorruhestand oder Rente hatten retten können, und hin und wieder schien mir, dass sie mich mit verlegen-schiefem Blick ansähen. Sie sagen es nicht laut, meinte mein illegaler Persönlicher Mitarbeiter, aber sie denken, Du kollaborierst mit dem Feind. Und der war für sie schon mit dem neuen Ministerpräsidenten de Maizière über uns gekommen ...

Ja, die Herstellung der Einheit stand bevor, es ging jetzt nur noch um den Termin. Der Zustand der Wirtschaft war desolat. Die Übergabe der ganzen Verantwortung in die Hände der Bundesrepublik erschien immer mehr als einziger Notausgang, und der Antrag der DSU-Fraktion der Volkskammer vom 17. 6. 1990, den Fluchtweg in die Einheit sofort zu öffnen, war nur eine vorgezogene groteske Ausprägung dieser immer allgemeiner werdenden Stimmung.

Bereits Ende Juni erhielten die DDR-Botschafter die Weisung, die Schließung ihrer Amtssitze mit den Verwaltungsleitern der Botschaften der Bundesrepublik abzustimmen. Ich selbst erinnere mich dunkel, ein Rundtelegramm an alle Handelsräte versandt zu haben, in dem ich sie aufzufordern hatte, der Bundesbotschaft die Archive und Panzerschrankinhalte der HPA anzudienen. Eine einzige Rückfrage erhielt ich, mitten in der Nacht, auf dem Telefon in meiner Wohnung, von einem Handelsrat im Nahen Osten. Der hatte eher eine Weisung zur Aktenvernichtung erwartet und wollte nun von mir wissen, ob ich noch alle Tassen im Schrank hätte. Das konnte ich ihm bestätigen.

Letzte Messe alter Zeitrechnung

Am 1. September wurde die letzte Leipziger Herbstmesse alten Stils eröffnet. Den traditionellen Rundgang führte Ministerpräsident de Maizière an: Im Frühjahr war noch Hans Modrow rundgegangen, und zur Herbstmesse 1989 war es noch Willi Stoph, der den kranken Honecker vertreten durfte. Wie stets vollzog sich die Eröffnung im Gewandhaus. Der durch sein Eintreten für Reformen und die Bewahrung des friedlichen Dialogs noch berühmter gewordene Masur dirigierte die 7. Sinfonie A-dur op. 92 von Ludwig van Beethoven. Eröffnungsredner war nun der Oberbürgermeister und Westimport Grube-Lehmann, und auch sonst war nichts wie ehedem. In der ersten Reihe des Ranges saßen nicht mehr die alten Männer, von denen der eine oder andere bei solcher Gelegenheit gern ein Nickerchen machte. Aber ich war schon melancholisch gestimmt.

Früher hatte ich immer an einem vorausbestimmten Platz mitten unter meinen Amtsbrüdern im Schrägrang gesessen, jetzt war ich ziemlich allein. Der amtierende Wirtschaftsminister Halm hatte entschieden, dass der Außenwirtschaftsbereich in Leipzig präsent sei, auch wenn wir keine ausländischen Gäste erwarten konnten, aber wir wollten doch als Ansprechpartner der Exporteure da sein. Mir waren das ehemalige Arbeitszimmer und der Besprechungsraum von Gerhard Beil im Kopfbau der Technischen Messe zugewiesen worden. Was ich dort den zahlreich angereisten DDR-Handelsräten in der ersten Arbeitsberatung sagen musste, hatte zunächst wenig mit dem Messegeschehen zu tun. Ich musste ankündigen, dass nur 170 Mitarbeiter des DDR-Wirtschaftsministeriums in eine Außenstelle Berlin übernommen werden können und etwa 500 Mitarbeiter, die aus den Auslandsvertretungen einschließend, auf einen Abwicklungsstellenplan gesetzt werden. Ich erläuterte die Warteschleifenregelung. Noch bis kurz vor der Messe hatte ich geglaubt, eine Kerntruppe jeder Handelspolitischen Abteilung würde (wenn auch ohne diplomatischen Status) wenigstens für eine Übergangszeit erhalten und zur Unterstützung der Firmenvertretungen aus der früheren DDR wirksam bleiben können. Diese Hoffnung hatte sich nun zerschlagen. Handelsräte und Handelsattachés würden nach dem 3. 10. 1990 ihre Titel nicht weiterführen, soweit sie noch kurzzeitig im Ausland verblieben, war ihnen der Status beigeordneter Mitarbeiter der deutschen Botschaften mit den Rechten einheimischer Arbeitskräfte zugedacht. Ich wies an, die Dienst- und Nasssiegel den Geschäftsträgern der Bundesrepublik zu übergeben. Teilte mit, dass die Mitarbeiter der Technisch-Kommerziellen Büros sich wegen der Ausstellung neuer Dokumente, die zum Aufenthalt und zur beruflichen Tätigkeit im Gastland berechtigen, rechtzeitig an die Konsularbeamten der BRD zu wenden haben.

Im Januar 1990 hatten in den anderen sozialistischen Ländern noch 562 Absatz- und Bezugsorganisationen von Außenhandel und Industrie bestanden. Die Verantwortung der nun von der Messe in ihre HPA zurück-kehrenden Handelsräte für die bisher organisatorisch mit der HPA verbunde-nen Absatz- und Bezugsorganisationen ging weit über das hinaus, was ich in Leipzig skizzieren konnte: Die gemeinsame Verwaltung HPA/ÄABO musste aufgelöst, Mietverhältnisse für zum Botschaftsbereich gehörende Dienst- und Wohnräume mussten gekündigt, die Registrierung der Dienstfahrzeuge umgestellt, Arbeitserlaubnisse bei den Behörden des Aufenthaltslandes selbstständig beantragt werden – um nur einige Schritte zu nennen. Kein Handelsrat verhielt sich nach dem Motto: Nach mir die Sintflut. Ohne Chance auf eigene Weiterbeschäftigung bewiesen sie Umsicht und waren Diener ihrer Mannschaften.

Ich teilte mit, dass alle die Überleitung des Außenhandels der DDR mit den Partnerstaaten betreffenden Fragen ausschließlich vom Wirtschaftsministeri-um der BRD geführt und auch die von der DDR begonnenen Umstellungsver-handlungen mit den anderen RGW-Ländern nicht weitergeführt werden. Ich erteilte den Auftrag, für jedes Land eine Einschätzung zu erarbeiten, ob und in welchem Umfang die Partnerstaaten Entschädigung für Schäden wegen der Nichtdurchführung bilateraler Abkommensvereinbarungen erheben könnten. Forderte eine Vorausschau für DM-Vertragsabschlüsse im Export und Import. Gab den Auftrag, Vorschläge für die Weiterführung der bilateralen Handelsbe-ziehungen auch dann oder gerade dann herzureichen, wenn sie staatliches Handeln erfordern und Elemente des Clearinghandels aufrechterhalten wer-den sollten. Ich bat, die Partnervorstellungen dazu zu sondieren.

Flaggen auf den Türmen

Das wirtschaftliche Chaos weitete sich im August und September weiter aus. Im August ging die Industrieproduktion nochmals um 15 Prozent zurück und betrug nur noch 50 Prozent der vom August des Vorjahres. Ende August hatte die DDR 360.000 Arbeitslose und 1,4 Millionen Kurzarbeiter, was so ziemlich dasselbe war. Gegensätze in der Wirtschaftspolitik hatten die Koalition von CDU und SPD gesprengt.

De Maizière führte nun eine Minderheitsregierung. Der Wirtschaftsminister Dr. Pohl trat zurück, das Zepter ergriff vertretungsweise der Freiheitskämpfer Dr. Halm. Nun, seit dem 23. 8., steht nach dem Beschluss der Volkskammer, dem Geltungsbereich des Grundgesetzes der Bundesrepublik Deutschland gemäß Artikel 23 desselben beizutreten, der 3. 10. 1990 als Tag der Einheit fest. Am 31. 8. unterzeichnen Schäuble und Günther Krause den Einigungsvertrag. In Moskau gehen die 2+4-Verhandlungen in die Abschlussrunde. Der Vertrag über die endgültige Regelung in Bezug auf Deutschland wird am 12. 9. 1990 unterzeichnet, am Vorabend dieses denkwürdigen Ereignisses haben sich die UdSSR und die Bundesrepublik politisch über den „Überleitungsvertrag" geeinigt. Am 24. 9. tritt die DDR aus dem Warschauer Pakt aus.

Genau acht Tage vor dem Hinscheiden der DDR erhält der „sehr geehrte Herr Lemke" ein Schreiben des Personalchefs des Bundeswirtschaftsministeriums, Dr. Schill: „Ich möchte Ihr Arbeitsverhältnis über den 3. Oktober hinaus zunächst bis zum 31. Dezember 1990 fortsetzen. Ich gehe davon aus, dass Sie hiermit einverstanden sind. Wir sind bemüht, die längerfristigen Beschäftigungsmöglichkeiten in unserem Geschäftsbereich über den 31. Dezember hinaus so schnell wie möglich zu klären, und werden Sie unterrichten, wenn Sie in die engere Wahl genommen werden können".

Also noch einmal eine Gnadenfrist. Viele erhielten am selben Tag den blauen Brief.

Aber das Schreiben von Herrn Schill ging noch weiter: „Sollte eine Weiterbeschäftigung nicht möglich sein, steht Ihnen nach den Bestimmungen des Einigungsvertrages ab 1. 1. 1991 ein Wartegeld bis zum 2. April 1991 bzw. (im Falle der Vollendung des 50. Lebensjahres spätestens am 3. 10. 1990) bis zum 2. Juli 1991 zu. Mit Ablauf dieser Frist endet ... das Arbeitsverhältnis, ohne dass es einer Kündigung bedarf."

Das wäre dann die W a r t e s c h l e i f e . Dieser Ausdruck aus der Luftfahrt war in Mode – aber wie wenig zutreffend war er doch: Von den Flugzeugen landen nach der Warteschleife 99,9999 Prozent sicher am Boden ...

Jetzt, wo sich meine frühere Arbeits-Gemeinschaft, das „Kollektiv", in alle Winde zu zerstreuen begann, fragte ich mich, was es mir bedeutet hatte und was i c h ihm in guten Zeit wohl wert gewesen war. Ich denke, dass ich für die Menschengemeinschaft meines Leitungsbereichs, das große Kollektiv der Handelspolitischen Abteilungen bei den Botschaften darin eingeschlossen, ein zuverlässiger und gerechter Leiter war, der die Leistung seiner Mitarbeiter anerkannt hat. Nach den ersten zwei schweren Jahren war meine Stellung in der Leitung des Ministeriums – einige Krisenmonate im Jahr 1987 ausgenommen – gefestigt, und ich hatte bei allen Vorsitzenden der Wirtschaftsausschüsse, deren Urteil über unsere Mannschaftsleistung nicht unwichtig war, also bei den Dr. Gerhard Weiss, Wolfgang Rauchfuß, Horst Sölle, Günther Kleiber, Dr. Hans Reichelt, Manfred Flegel, Dr. Weiz und wie sie alle hießen, einen abgesicherten Stand. Das hielt meinen Leuten den Rücken frei, und auch die für unsere Länder verantwortlichen Staatssekretäre und Stellvertreter der Staatlichen Plankommission, Prof. Dr. Grünheid, Dr. Grabley, Klopfer, Dr. Albrecht, Heinze, Dr. Leihkauf, Dr. Zscherpe, Tschanter versuchten nicht, über meinen Kopf hinweg in den Bereich hineinzuregieren.

Um meine Beliebtheit habe ich mir nie große Sorgen gemacht, wusste ich doch schon aus den Jahren der Leitungsverantwortung im AHB und in der HPA Havanna, dass der Wunsch, jedermanns Liebling zu sein, nichts anderes heraufbeschwört als Zugeständnisse und Einlenken, wo Strenge geboten ist. Als gerecht wollte ich dagegen immer gelten. Auf einem ganz anderen Blatt aber steht, dass nicht alle mir zugeordneten Mitarbeiterinnen und Mitarbeiter mir gleich wert und gleich unentbehrlich waren.

Ich sah Leistungsunterschiede, die ich aber wegen der alles überwuchernden Gleichmacherei nicht ausreichend in Beurteilungen und Prämien ausdrücken konnte.

Am Ende meiner Amtszeit sah ich vor meinem geistigen Auge einen großen Kreis von Mitarbeitern, von denen ich sagen konnte: Sie haben mich nicht nur rückhaltlos bei der Lösung der Fachaufgaben unterstützt, sondern mir nicht selten auch ihr Lebensgefühl und ihre Bedrängnisse offenbart. Und einen anderen Kreis hätte ich mit Namen nennen können, die meine Gefolgsleute nicht mit ganzem Herzen waren, die nun meinen Entscheidungen nicht folgen wollten und von dessen Fühlen und Denken ich mich jetzt entfernte, ohne freilich die gewachsenen sozialen Bindungen zu leugnen oder aufzugeben.

Die weitere Entwicklung zwang mich, täglich neu über die eigene Rolle nachzudenken. Schon mit der Übernahme des Wirtschaftsministeriums durch den der CDU angehörenden Minister Dr. Pohl und meiner Weiterbeschäftigung als Unterabteilungsleiter war ich ja für die Obrigkeit meines Hauses nur noch eine gelittene Person, im Grunde ohne alle Vollmachten und ohne erkennbaren Arbeitsauftrag. Weil ich selbst angeschlagen, schmerzempfindlich und der Autorität beraubt war, schärften sich meine Sinne für das Verhalten in den Reihen meines früheren Kollektivs: Viel schneller und verletzender, als ich geglaubt hatte, erlebte ich Erscheinungen der Illoyalität und Entsolidarisierung von unten nach oben. Hätte ich Betroffenheit zeigen sollen, als ich erspürte, dass ohne mein Wissen frühe Personal-Sondierungsgespräche einsetzten? Und mancher, der Klage führt, er sei bei seinem Ausscheiden nicht in Würde verabschiedet worden, hat vergessen, dass er am Tage seines Weggangs nicht einmal mehr an meine Tür geklopft hat.

Sehr vereinfacht und sehr zugespitzt bestand der Konflikt zwischen mir und einigen meiner – bis dahin – Mitstreiter in dieser Fragestellung: Ist es richtig, das außenwirtschaftliche Erbe der DDR und das DDR-Erfahrungswissen in die Bundesrepublik Deutschland einzubringen und sich und seinesgleichen zum Mittun dabei zu empfehlen? Oder ist es richtig, nach dem Grundsatz zu handeln: Diesem System keinen Mann und keinen Groschen ...

Aus der unentschiedenen Haltung zu m e i n e m Rat, m i t z u t u n, und der gleichzeitigen Unentschlossenheit, sich an einen beliebigen anderen Platz außerhalb des Staatsgefüges zu bewerben, resultierte bei einigen früheren Mitarbeitern eine bedenklich verkrampfte Abwartehaltung, die sich mit Blauäugigkeit und Phantasielosigkeit paarte. Da konnte ich auch nicht helfen.

Ich gebe zu, dass mich die Glaubensspaltung in den eigenen Reihen bedrückt hat, sie hat mich aber in meiner eigenen freien Entscheidung nicht verunsichert. Was an Meinungsverschiedenheiten und Missverständnissen damals, zwischen April 1990 und den ersten Monaten des Jahres 1991 entstand und im folgenden Jahrzehnt fortdauerte, war der Ausfluss einer unterschiedlichen Antwort auf die Fragestellung „Mitarbeit oder Verweigerung" und auf den inneren Konflikt, den wir fast alle erlebten.

Für das, was ich nach dem Untergang der DDR getan habe, rufe ich keinen Verteidiger an: Es war das Richtige. Das ist natürlich ein Selbstzeugnis. Ich zitiere deshalb nicht ohne Genugtuung, was der Bundesminister für Wirtschaft seinen Pressesprecher Anfang November 1991 erklären ließ: „Zwei Berater waren stellvertretende Minister im früheren Ministerium für Außenhandel der DDR ... (Ihre) Erfahrungen und Kenntnisse sind insbesondere für die Bemühungen des BMWi zur Aufrechterhaltung der Wirtschaftsbeziehungen mit dem früheren RGW-Raum unverzichtbar."

Dies vorausgeschickt, und nichts vom Vorhergesagten zurücknehmend, will ich jetzt, zwanzig Jahre nach dem Wendejahr 1990, eingestehen: Für „meine Leute" war ich wohl trotz allen Bedeutungsschwundes auch in der

Sterbephase unseres Bereiches noch so etwas wie „der Kapitän" – ohne meine eigene Bedeutung zu überschätzen. Eines hätte ich deshalb anders machen sollen: Obwohl schon ohne wirkliche Kommandogewalt, hätte ich mein eigenes Schicksal ignorieren sollen, bis das Wasser in die Brücke eindrang. Mit der Erfahrung von heute weiß ich: Es wäre auch dann noch Zeit gewesen, meine eigene Zukunft zu besorgen.

Mit dem Wagen fahre ich schon ein paar Monate nicht mehr zur Arbeit. Am 17. April 1990 hat mich mein Fahrer Remdt zum letzten Mal vor der Wohnung in Zeuthen abgesetzt, dann gab mir die Fahrbereitschaft noch eine Weile einen Lada zum Selbstfahren. Seitdem nehme ich das beliebteste Nahverkehrsmittel des Berliners, die S-Bahn.

Jetzt ist 4. Oktober 1990: Am westlichen Kopfausgang des S-Bahnhofs Friedrichstraße gehe ich die Treppen zum Reichstagsufer hinunter, eigenartig, während der ganzen DDR-Zeit ist diese Uferstraße nicht umbenannt worden. Auf dem Treppenabsatz sitzt jetzt immer ein alter Mann mit preiswerten Gartenblumen: Marktwirtschaft. Über den Bahnhofsvorplatz, auf dem immer noch Abfertigungsbuden aus der Zeit des ersten Passierscheinabkommens herumstehen, zum Parkplatz hinter dem „Interfress", der Betriebskantine des Ministeriums, heute steht dort das Presse- und Informationsamt der Bundesregierung.

Auf der Neustädtischen Kirchstraße gehe ich an einem schäbig gewordenen Bürohaus mit blinden Scheiben entlang, irgendein Sportverlag saß dort, eine Buchhandlung zeitweilig. Und mit einem Male fällt mein Blick frei auf mein altes Außenhandelsministerium, und ich bleibe angewurzelt stehen. Ich sehe etwas nie Geschautes, etwas Undenkbares, etwas ganz und gar Unwirkliches: An den vier Fahnenmasten hoch auf dem Dach des Ministeriums, nach allen vier Himmelsrichtungen eine neue Zeit kündend, die Flagge der Bundesrepublik Deutschland mit dem schwarzen Adler. Eine Fata Morgana, oder doch keine. Ich erreiche den Hintereingang des Ministeriums. Über Nacht ist eine alte Metalltafel abgenommen und eine neue stattliche, hochglänzende befestigt worden: Bundesministerium für Wirtschaft Außenstelle Berlin. Ich habe einen Dienstausweis, der mich als Bediensteten der Deutschen Demokratischen Republik ausweist, den halte ich dem Wachmann hin. Der nickt kurz, schon gut.

Dann setze ich mich hinter meinen alten Schreibtisch. Es ist ruhig im Gebäude, auch aus dem Sekretariat dringt keine Stimme zu mir herein. Ich tue nichts Vernünftiges und nichts Sinnloses, ich tue gar nichts. Ich warte einfach. Irgendwann wird schon etwas geschehen.

In der Bonner und Berliner Republik 1990 bis 1995

Was am 4. Oktober 1990 begann, war ein Abschied auf Raten, es gehört nicht mehr zu meiner beruflichen Laufbahn. Die war mit dem Ende der DDR abgeschlossen, eigentlich mit dem 18. März 1990. Ich bin dankbar, dass ich noch ein paar Jahre arbeiten durfte. Aber diese Arbeit war nicht mehr erstes Lebensbedürfnis, sie war nicht als „Dienst an Deutschland" gedacht, sondern an der Familie. „Du arbeitest jetzt also für d i e ...", sagte mein Nachbar Helmut Dersch zu mir. „Nein", sagte ich, „ich arbeite jetzt für mich."

Die Zeit vom Oktober 1990 bis zum Dezember 1995 will ich nicht chronologisch aufzeichnen, und schon gar nicht vollständig. „Nicht vollständig" – damit meine ich dies: Als ich zu DDR-Zeiten Stellvertreter des Ministers war, da war es notwendig, immer „das Große und Ganze" im Blick zu behalten, den Platz des eigenen Verantwortungsbereichs als Teil des Ganzen zu erkennen und möglichst alles, auch auf Randfeldern, das zur eigenen Sache in Beziehungen stand oder für sie wichtig werden konnte, zu verstehen. Dazu gehörte auch mehr als Außenpolitik und Wirtschaftsentwicklung der sozialistischen Länder. Diese Haltung wurde durch meine Einbettung in die Leitung des Ministeriums noch gefördert und durch den geregelten Zugang zu Informationen erleichtert. Schneide einem Menschen in verantwortlicher Rolle die Information ab, und er wird unsicher und handlungsunfähig. Meine berufliche Entmannung begann im April 1990, als ich nicht einmal mehr wusste, was Tagesordnung der ministeriellen Dienstbesprechungen unter dem neuen Minister Dr. Pohl war. Es dauerte nicht lange, da verengte sich der Horizont, und schließlich verlor sich auch die ganz große Lust am Rund- und Weitblick. Ich merkte, wie ich auf den Weg von der Vogel- zur Froschperspektive geriet. Als ich das nicht mehr ertragen konnte, Ende 1995, habe ich den Dienst quittiert.

Jeder Verantwortung ledig, wuchs wieder die Freude daran, in die weite Welt zu sehen und das Einzelne ins Ganze einzuordnen – aus der Sicht des interessierten, kritischen und mit viel Zeit ausgestatteten Zeitungslesers. Was ich über die Jahre zwischen 1990 und 1995 vergessen haben sollte, danach will ich nicht in den Archiven forschen, dann war es der Erinnerung nicht wert. Am 4. Oktober 1990 begann eine Art „Nachspiel auf dem Theater ..."

Machtübernahme Unter den Linden

Noch am Vormittag des 4. Oktober wurde der gesamte Personalbestand des ehemaligen Wirtschaftsministeriums der DDR in den Mehrzwecksaal geladen. Der Staatssekretär des Bundesministeriums für Wirtschaft Dr. von Würzen aus Bonn stellte sich als Leiter der Außenstelle Berlin vor. Die Machtübernahme war erfolgt.

In der elften Stunde des 4. Oktober läutete mein Telefon: Bitte in das frühere Dienstzimmer des Außenwirtschafts-Staatssekretärs Prietzel. An Prietzels Schreibtisch hatte der Abteilungsleiter Außenwirtschaft des BMWi, Dr. Lorenz Schomerus, Platz genommen, am langen Beratungstisch Herren, denen ich nur zum Teil schon begegnet war. Sie sollten den Bonner Nucleus bilden, dem wir ostdeutschen Kollegen zugeordnet würden. Schomerus hieß uns willkommen, seine Rede verletzte niemanden. Als er geendet hatte, entstand eine kurze Pause. Mir schien, es müsste ihm einer antworten. Aber waren die bisherigen Leiter noch aufgerufen, für ihre „Kollektive" zu sprechen? Ich tat es, sicherte unsere Leistungsbereitschaft zu. Als dann eine hochgewachsene Ostdame das Wort nahm, warf sie eigentlich nur die Frage auf: Wer jetzt ihre Leiter seien, und man konnte heraushören, dass es doch wohl neue sein müssten? So etwas merkt man sich als ehemaliger Chef lebenslang. Natürlich war die Bestallung n e u e r Leiter vorgesehen, aber es verging noch eine Zeit, bis eine erste Behelfsstruktur entstand. Am 4. Oktober schloss die erste Begegnung im Kontakthof erst einmal mit einer Aufforderung, die sinngemäß so endete: „Und nun, liebe Kinder, geht still zurück an Eure Plätze, wir rufen Euch, wenn es soweit ist …"

An die Spitze der Außenstelle trat formal der Staatssekretär Dr. Dieter von Würzen und als sein Ständiger Vertreter im ersten Anlauf Dr. Dr. Stahl, dann aber bald nach dem Jahreswechsel ein Ministerialrat aus Bonn mit dem martialischen Vornamen Scharnhorst, Scharnhorst Müller. Er hatte mehrere Einsatzjahre im Wirtschaftsbereich der Ständigen Vertretung der Bundesrepublik in der Hannoverschen Straße in (Ost)Berlin hinter sich, kannte die Realität und die Hierarchien des „Landes der kleinen Leute", hatte aber, wie es schien, keine alten Rechnungen offen. Er war in Wesensart, Redeweise, Kleidung unkonventionell, unverkrampft, unpreußisch. Osthandelsfragen waren ihm nicht fremd, Müller hatte sich gerade maßgeblich an der Organisation der großen KSZE-Wirtschaftskonferenz in Bonn beteiligt. Scharnhorst Müller war kooperationsfördernd. Ich hatte nicht den Eindruck, es fänden fortlaufend Verständigungen der Bonner Emissäre hinter dem Rücken der Ostkollegen statt.

Zu Dienstbesprechungen wurden auch die in die zweite Reihe gestellten ehemaligen Ost-Leiter eingeladen. Auch ernste und bestimmte Anliegen klangen bei Scharnhorst Müller nie nach Befehl oder Weisung. Die Frage

„Wer – wen?" war eindeutig beantwortet, aber Müller benahm sich nicht eigentlich siegerhaft.

In den wenigen Wochen bis Mitte November blieb im Grunde die aus der de-Maizière-Zeit überkommene Struktur erhalten. Die West- und Ost-Länderfachleute machten sich miteinander bekannt, begegneten sich in Berlin und Bonn. In die von den Bonner Referaten gefertigten Vorlagen, Länderanalysen, Sprechzettel flossen DDR-Sachstände ein. Die Berliner Kollegen begannen, auf milde, aber unnachgiebige Kritik ihrer Bonner Vorarbeiter reagierend, „nach Art des Hauses" zu denken und zu formulieren.

Das traf mich auch. In der Vorweihnachtszeit hatte ich einmal in Bonn mit dem Referatsleiter Dr. Wanninger, einem jovialen Bayern, einen Beitrag für einen „Sprechzettel" für den Staatssekretär Dr. von Würzen abzustimmen. Wanninger drehte und wand sich, schaute abwechselnd mich und den von mir verfassten Text an, brachte mir dann aber doch bei, dass man das „so" für den Staatssekretär nicht aufschreiben könnte, „das verstünde der nicht", und auch die Form – also links müsste ein Drittel der Seite frei bleiben. Ich solle mein Papier mal liegen lassen, er würde das schon fertig machen. Da hätte ich platzen können, aber was halfs: Ich wusste nicht, wie sich ein Bonner Unterministeriale seinen Oberen mitteilt. Ich konnte da auch nichts aufrechnen, merkte ich im Gespräch mit dem Ministerialrat doch auch, dass er die Dimension der sich nach dem Beitritt auftuenden Probleme für den Osthandel der neuen Bundesländer kaum erkannte – milde, sehr milde ausgedrückt. Aber Wanninger war versöhnlich, begütigend, schließlich lud er mich zum Adventskaffee in das Referat ein, und er, seine Oberamtsräte gaben sich redliche Mühe, dass sich Weihnachtsfrieden über uns ausbreite. Lediglich ein junger, frecher Regierungsrat zur Anstellung, Steffen, ein Feuerfresser, der eigentlich noch von nichts etwas verstand, wollte die alten Schlachten weiterführen, kam aber gegen das vorherrschende Harmoniebedürfnis nicht recht an.

Auswahlgespräche

Zum wichtigsten Ereignis des Jahresrestes 1990 wurden die Auswahlgespräche. Es war nicht zu erkennen, wie groß der Kreis sein konnte, der auch nach dem Dezember noch mittun durfte. Im August und September hatten, ohne dass ich davon erfuhr, schon einzelne individuelle Gespräche mit einigen meiner Mitarbeiter stattgefunden. Der zu diesem Zeitpunkt noch ziemlich ungebunden im Stellenplan schwebende Dr. Günther zum Beispiel hatte ohne mein Wissen mit meinen früheren Mitarbeiterinnen Dr. Zilliges und Dr.

Richter geredet, ganz formlos, bei einer Tasse Kaffee in den Arbeitsräumen. Aber selbst für die Angesprochenen war wohl nicht zu erkennen, zu welchem Ende dies führen konnte. Alle Mitarbeiter, die nach dem 3. Oktober noch zum Bestand gehörten, bewarben sich ganz allgemein um eine Bleibechance. Ich weiß nicht, wie sie sich empfahlen und beschrieben, keiner trat dem Nächsten gegenüber aus der Deckung.

Ich arbeitete einen Lebenslauf aus und schrieb meine Bewerbung auf ein Deckblatt: Ich sichere meinem künftigen Dienstherrn Loyalität zu und hoffe, angenommen zu werden. Auf ein mündliches Gespräch war ich vorbereitet. Ich würde gefragt werden, wie ich es mit der Staatssicherheit gehalten habe. Da würde ich sagen, dass ich kein offizieller oder inoffizieller Mitarbeiter war, als staatlicher Leiter aber über Friktionen in meinem Arbeitsfeld den für mich zuständigen Offizieren offen Auskunft gegeben habe. Dann würde ich noch sagen, dass ich keiner Partei angehöre. Was die Vergangenheit betrifft, wollte ich sagen, dass ich immer in der Überzeugung gearbeitet habe, Gutes für mein Land, die DDR, zu tun. Für die Zukunft: dass ich das Grundgesetz anerkenne. Nicht mehr und nicht weniger. Wenn das nicht reichte, dann ginge es eben nicht, nachlegen würde ich nichts, und dann wäre das eben das Ende.

Die Auswahlgespräche im Bundeswirtschaftsministerium waren keine Scheingefechte, wie sie der Leiter der Außenstelle des Auswärtigen Amtes, Dr. Franz Bertele, mit den meist jüngeren Berufsdiplomaten der DDR führte, die sich beworben hatten, und die jener auch schon einmal mit der Feststellung begann: Aha, wieder einer, der uns bisher als Feind bekämpft hat ... Der Vierergruppe aus Bonn für die Personalfindung saß Dr. Gerlach vor, an seiner Seite der Regierungsdirektor im Personalreferat Clemens Wagner, der Referatsleiter Amerika Dr. von Horn, und ein Vierter, der Jahre später behauptete, einer der Bewerber habe ihm nach dem Ende der Gespräche gesagt: Da sind wir gut weggekommen; hätten w i r die Bundesrepublik eingekloppt, dann hätten wir die Bonner Beamten an die Wand gestellt. Was wäre gewesen, wenn ..., das war damals ein beliebtes Spinnthema, aber die gerade zitierte mörderische Äußerung sicher frei erfunden. Da hat der frühere Gegner seine Bedeutung etwas überschätzt.

Die Entscheidung des Bundeswirtschaftsministers Hausmann, eine beachtliche Zahl früherer Mitarbeiter des DDR-Wirtschaftsministeriums in seine Mannschaft einzugliedern, hatte gewiss etwas damit zu tun, dass in der Übergangszeit Erfahrung und Kompetenz der Ostkollegen benötigt wurden, sie war aber auch Ausdruck von liberaler Gesinnung und von Selbstbewusstsein. Ob der Minister auch selbst so gedacht hat, wie Dr. von Horn (ihm wird der folgende Spruch zugeschrieben), wer weiß. Von Horn soll jedenfalls gesagt haben, nach dem Krieg habe man das Wirtschaftsministerium mit den alten Nazis wiederaufgebaut, und es sei schließlich demokratisch geworden, da müssten jetzt doch auch 300 Kommunisten zu verkraften sein. Wie im Auswärtigen Amt fürchteten allerdings auch im Wirtschaftsministerium einige Ängstliche, der Massenandrang neuer Bewerber könnte ihre Karriere verlangsamen, aber ganz allgemein trat das Gegenteil ein.

Jahre nach den Bewerbungsgesprächen der Außenwirtschaftler erinnerte sich Dr. Gerlach an jene Tage. Nach dem ersten halben Dutzend Gespräche habe er eine Unterbrechung verfügt, um zunächst einmal eine interne Verständigung herbeizuführen: Bis dahin hätten alle Ex-DDR-Bewerber, ob früher Parteimitglieder oder Parteilose, erklärt, sie hätten ihre Aufgaben mit innerer Bindung an ihren Staat erfüllt und mit Überzeugung, wären aber froh, dass die Einheit vollzogen sei und könnten zusagen, auch im vereinten Deutschland zuverlässig und einsatzbereit mitzuarbeiten. Gerlach beschrieb nicht, in welches Dilemma solcher Art Bekenntnisse seine Arbeitsgruppe stürzten, aber er schien doch damit gerechnet zu haben, ein nicht geringer Teil der ja schon in den Monaten der demokratischen Regierung de Maizière geläuterten Bewerber werde auf erlittene Bedrückung, gehemmte Entwicklung und Unfreiheit in seinem bisherigen Werdegang verweisen und den Systemwechsel hochleben lassen. Statt zu klagen und zu schleimen, boten sich nun vorwiegend selbstbewusste Menschen an, und wenn das BMWi einstellen wollte, musste es sich aus diesem Kreis bedienen. Fünf Jahre nach den Auswahlgesprächen schrieb einer der damaligen Teilnehmer in einem Brief: „Mich hat bei den Vorstellungsgesprächen immer beeindruckt, dass sich keiner von Ihnen als der große und langjährige innere Emigrant dargestellt hat, der nur zähneknirschend der untergegangenen DDR gedient hat."

Das BMWi bediente sich also aus dem Kreis dieser Art Bewerber, aber man nahm sich Zeit. Die Ergebnisse der Auswahlgespräche waren auch nicht die einzige Quelle der Erkenntnis der Bonner Personalsucher, anderes zu glauben wäre naiv. An den späteren Entscheidungen überraschte nicht, dass der fachlich anerkannte Staatssekretär Fenske und der langjährige ehemalige Parteisekretär des MAH K...... nicht in das für alle anderen zunächst vorgesehene Angestelltenverhältnis übernommen wurden: Sehr hohe Staatsnähe, Zugehörigkeit zur Volkskammer, hauptamtliche Parteitätigkeit an hervorgehobener Stelle, das erschien den Auswählern, wenn sie auch die fachliche Eignung erkannten, doch als zu belastend, da konnten sie nicht über ihren

Schatten springen. Kurt Fenske erhielt aus diesen Gründen früher als Grabley, Schwierz und Lemke den Beraterstatus.

Was an den späteren Entscheidungen überraschte war, dass offensichtlich hochgradige fachliche Spezialisierung wenig wog. In der Zeit der geplanten Außenwirtschaft war eine Mitarbeiterin, die mehr als 15 Jahre Länderpraxis mit Ungarn hatte und der im Export und Import kein Erzeugnis und keine Produktionsstätte fremd war, unersetzlich gewesen, und mancher unserer jungen Leute war bereits hochspezialisiert und beherrschte dazu noch eine seltene Landessprache, bulgarisch, ungarisch, tschechisch, zum Beispiel, aber im Bundeswirtschaftsministerium stand der Generalist höher im Kurs. So war für die Auswahl offenbar in einigen Fällen ausschlaggebend, dass die Kandidatinnen und Kandidaten für mehrere Plätze, für verschiedene Aufgaben geeignet erschienen, Flexibilität versprachen oder promoviert waren.

Nach Angaben einer Sprecherin des Bundeswirtschaftsministeriums aus dem November 1991 wurden 1990/1991 insgesamt 396 ehemalige Mitarbeiter des DDR-Wirtschaftsministeriums in reguläre Arbeitsverhältnisse übernommen, dazu vier höherrangige Leiter als Berater: der ehemalige Plankommissions-Staatssekretär Dr. Peter Grabley und die früher Stellvertretenden Außenhandelsminister Dietrich Lemke und Dr. Eduard Schwierz sowie der ehemalige Stellvertreter des Ministers für (Binnen-) Handel Lothar Engel (Fachbereich Obst und Gemüse). Das Beraterverhältnis mit dem früheren Außenhandels-Staatssekretär Dr. Kurt Fenske war im November 1991 bereits gelöst.

Ehe der Bundeswirtschaftsminister endgültig entscheiden konnte, war der Personalrat des Bonner Stammhauses anzuhören. Aus seiner Stellungnahme sind die Befürchtungen herauszulesen, die die um ihren künftigen Aufstieg besorgten Bonner Ministerialen umtrieben. Die bisher üblichen Anforderungen an Eignung, Befähigung und Leistung müssten auch für die Übernahme von Bewerbern aus der ehemaligen DDR-Administration und hinsichtlich ihrer weiteren Karriere Gültigkeit haben, nur derjenige dürfe Vorgesetzter werden, der sich vorher bewährt hat.

Großer Gott, welche unbegründeten Sorgen über das womöglich fehlende Staatsverständnis und Fingerspitzengefühl ihrer Ministeriumsspitze! In der Fachebene wurde nur ein einziger ehemaliger DDR-Bürger Referatsleiter, ein zu DDR-Zeiten Parteiloser mit unersetzlichen Spezialkenntnissen in der Braunkohlewirtschaft, Pieloth - und 8 Jahre lang blieb er der einzige Referatsleiter mit Ostherkunft.

Aber hätten denn weitere Ossis das Zeug dazu gehabt? So fragen kann nur, wer nicht verstanden hat, was 1990 geschehen ist: Ein gesellschaftliches System hat über ein anderes gesiegt. Träger des unterlegenen Systems, die meist auch Mitglieder der staatstragenden Partei, der SED, waren, hatten keinen Anspruch auf eine ungebrochene Fortsetzung ihrer durch die Niederlage im Klassenkampf gebrochenen Karriere, und angesichts der Tatsache, dass schon vor der deutschen Einheit nach jedem Leitungsposten, nach jedem freiwerdenden Ministerialratstitel mehrere westdeutsche Anwärter angestanden hatten, war unmittelbar nach der Einheit die Beförderung eines ostdeutschen Verwaltungsangestellten in eine Führungsposition nur als bewusster politischer Akt und absolute Ausnahme denkbar, als Signal zur Erzielung psychologischer Effekte. Die Ernennung des unbescholtenen Braunkohlen-Pieloth war ein solches, aber eines sollte auch erst einmal für lange Zeit reichen: Die Stunde der Sieger dauerte Jahre.

Und nun noch einmal dieselbe Frage: Hätten Ossis nach der Einheit das Zeug gehabt, auch Referatsleiter oder gar mehr zu werden? Ja, bereits nach längstens zwei Jahren Anlauf und für all die Aufgabenbereiche, für die ein Studium des bürgerlichen Rechts an einer bundesdeutschen Universität keine unabdingbare Voraussetzung war (solche Aufgabenbereiche gab es nicht wenige in der Ministerialstruktur) hätten die Besten aus dem DDR-Wirtschaftsministerium aufrücken können und eine gute Figur abgegeben.

Im Ergebnis der Auswahlgespräche war auch die Entscheidung ins Auge gefasst, dem ehemaligen Staatsekretär Dr. Grabley und den ehemaligen Stellvertretern des Außenhandelsministers Dr. Schwierz und mir einen befristeten Arbeitsvertrag für eine Aufgabe ohne Leitungsauftrag zu geben. Dazu erklärte der Personalrat am 17. 12. 1990: „Hinsichtlich einiger weniger Sonderfälle hat der Personalrat in einem Schreiben an Minister Dr. Hausmann Bedenken vorgetragen. Er hat sich vor allem gegen die beabsichtigte Weiterbeschäftigung einiger Herren gewandt, die innerhalb des politischen und administrativen Systems der ehemaligen DDR einen hohen Rang eingenommen haben. Auch die behauptete große fachliche Kompetenz kann aus der Sicht des Personalrats die politische Vorbelastung nicht aufwiegen."

Für die Fallpersonen mit „gravierender politischer Vorbelastung" entschied Bundeswirtschaftsminister Hausmann daraufhin, sie seien als Berater ohne Einbindung in die organisatorische Struktur des Hauses und ohne Weisungsrechte befristet zu beschäftigen. Dies sollte dann auch so geschehen, allerdings mit der Feinheit, dass auch die drei Genannten, mich also einschließend, in ein reguläres Arbeitsrechtsverhältnis auf einen Zusatzstellenplan übernommen wurden.

Berater für diesen und für jenen

Dem Ministerialdirigenten Dr. Gerlach als Berater dienstbar zu sein (im Strukturplan und Telefonverzeichnis war ich später als ihm zugeordnet zu erkennen, nebst seiner Sekretärin Mescha), war nicht unbefriedigend. Nicht deswegen, weil sich Gerlach immer meine Sicht zu Eigen gemacht hätte.

Aber meine Ausarbeitungen hatten immer ein Echo. Gerlach gelangte im Allgemeinen auch ohne fremden Rat durch Faktenprüfung und die eigene gedankliche Analyse zu schlüssigen Erkenntnissen, aber ich merkte oft, dass er diese an meiner Meinung abgleichen wollte und diese Art der Rückkopplung für ihn wichtig war. Denkverbote erließ Gerlach nie, aber wenn er erkannte, dass eine mir übertragene Ausarbeitung die Entscheidungsfreudigkeit und den Neuererwillen seines ihm vorgesetzten Staatssekretärs Dr. von Würzen überfordern könnte, dann bettete er mich in ein kleines Team ein. Ich erinnere mich da vor allem an das Jahr 1992. Zur Vorbereitung einer Kabinettsvorlage zur Außenhandelsförderung Ost war ein Für-und-Wider-Katalog auszuarbeiten. Da durfte auch sehr Kühnes aufgelistet werden, aber meine Teammitglieder Dr. Brandis und Heitland wussten mein Rohmaterial so zu behauen, dass das „Wider" gar gefällig daherkam, wenn das „Für" gar so revolutionär erschien.

Ja, durch das Dazwischentreten des Personalrats war ich nun ein Berater, Gehalt erhielt ich dafür nicht mehr als schon gegen Ende der DDR-Zeit, aber wessen Berater ich sein sollte, das war so genau nicht geregelt. Berater der Minister Hausmann und Möllemann jedenfalls nicht und des Staatssekretärs Dr. von Würzen selten, öfter des Ministerialdirektors Dr. Schomerus und regelmäßig des Ministerialdirigenten Dr. Gerlach, ständig aber der des Referatsleiters und des Referatsleiters Norbert Radermacher, der im Bundesfinanzministerium ein Referat ähnlicher Aufgabenstellung leitete.

Berlin erhielt zwei „richtige" Referate unter Lucas und der Regierungsdirektorin Manneck. Bei Lucas lagen nun alle bilateralen Länderprobleme für den Außenhandel des Beitrittsgebiets. Freilich, seine „selbstständig und in eigener Verantwortung" zu lösenden Aufgaben waren in einer Hausverfügung so geregelt, dass es mit der „Selbstständigkeit" nicht weit her war: In der Aufgabenbeschreibung wimmelte es nur so von „erfassen, analysieren, aufzeigen, übermitteln, einbringen und hinwirken darauf, dass sich die federführenden Referate, Unterabteilungen und Abteilungen in Bonn der aufgezeigten Problematik annehmen."

Die außenwirtschaftlichen Referate in Berlin hatten so ungefähr dieselbe Zuständigkeit wie der erste polnische Kosmonaut an Bord der sowjetischen

Raumstation: Bekanntlich grüßte eine polnische Militärperson nicht wie in deutschen Landen durch Anlegen der flachen Hand an die Kopfbedeckung, sondern legte den Zeigefinger bei abgewinkeltem Mittelfinger an den Mützenschirm. Als der erste polnische Kosmonaut Miroslaw Hermaszewski, so der Witz, sich bei seinem obersten Parteisekretär aus dem Weltall zurückmeldete, bemerkte der, dass der Kosmonaut einen blauen Zeigefinger hatte und fragte nach dem Grund.

Ach, wissen Sie, gab der zur Antwort, jedes Mal, wenn ich da oben auf einen der Knöpfe drücken wollte, hat mir der sowjetische Genosse draufgehauen. Aus den 2 Berliner Referaten wurden später dann 4, als der Ministerialrat Dr. Josef Wanninger nach Berlin umzog und der RD Häusle mit seinem unnötigen Referat, aber da hatte die Außenstelle doch schon echte eigene Zuständigkeiten, und die „Blaue-Zeigefinger-Periode" ging zu Ende. Die Berliner Außenwirtschaftler wurden in einer richtigen Unterabteilung zusammengefasst und bekamen einen richtigen Unterabteilungsleiter, das war Scharnhorst Müller.

Was mich betraf, so fühlte ich mich in Berlin Unter den Linden nun fern vom Schuss Bonn und wartete auf ein Fax oder einen Anruf von dort, meinen Rat herausfordernd. Weil die Verfertigung von Gutachten und Exposés aber die Tage nicht füllte, war ich es zufrieden, dass häufiger auch um meine Präsenz in Problemberatungen, bei Begegnungen mit ausländischen Gästen, bei der Vorbereitung von Reisen gebeten wurde, in denen es um die Aufarbeitung von DDR-Erbmasse und das Einpassen der ostdeutschen Außenwirtschaft in die gesamtdeutsche ging. Hin und wieder hatte ich einen Vortrag zu halten. Ich erinnere mich an ein Auftreten vor Wirtschaftsräten aus Botschaften der OECD-Staaten; in meinem Redemanuskript stand der Satz: „dass die Einschätzung der Chancen und Risiken im Osthandel gegenwärtig noch zwischen Zweckoptimismus und Schreckensvisionen schwankt" und solange nicht klar ist, wo die Reise hingeht, noch niemand etwas von einem „ausgeklügelten System" für den Ernstfall wissen will. Auf einer von einem Vorstand der Berliner AEG angestoßenen Chinakonferenz brachte ich zum Abschluss meiner Rede die hochgestochene, leider illusionäre Erwartung zum Ausdruck, „dass nun die beiden deutschen Handelsströme nach China in einem gemeinsamen Bett weiterfließen werden." Schon am 8. Oktober flog ich mit einer von Dr. Schomerus geleiteten Delegation nach Polen und saß dort einem Teil meiner früheren polnischen Verhandlungspartner gegenüber. Es bereitete mir Genugtuung zu erleben, dass auch für das große Deutschland die Polen keine „leichteren" Gegenüber waren als sie es für die wirtschaftsschwächere DDR gewesen waren. Meine bloße Anwesenheit allerdings gewährleistete, dass unsere polnischen Freunde aus den blauen Flecken, die sie sich im Außenhandel mit der DDR möglicherweise geholt hatten, keine fließenden Wunden machen konnten. Ich war dennoch froh, dass mir das Wort nicht erteilt wurde und ich es nicht erbitten musste. Was die Verhandlungsgegenstände jener Begegnung in Warschau anbetraf: Die bis zum Untergang der DDR von Fenske und mir mit so viel Leidenschaft verfochtene Notwendigkeit der fairen Umstellung des Transfer-Rubelguthabens der DDR auf konvertierbare Devisen war kein Streitgegenstand, die große Bundesrepublik hatte es mit dem Einsammeln ihrer Außenstände nicht so eilig.

Weitere Delegationsreisen führten nach Bukarest, Warschau und Prag, im November und Dezember auch in die Sowjetunion. In Bonn gab es Begegnungen mit Verhandlungsgruppen aus Ungarn und Kuba. Später wurde ich an Wirtschaftsreisen nach Kasachstan und Weißrussland beteiligt. In Madrid hielt ich einen Vortrag im Banco Exterior, und Siemens finanzierte eine Reise zur University of Indiana, dort beteiligte ich mich an einem Round Table mit einem Vortrag „Doing Business with Eastern Europe". Meine Mitwirkung an den zentralen Aufgaben der Delegationsreisen und in den Länderverhandlungen hielt sich in engen Grenzen, genau genommen wurde ich eher als Konsultant mitgeführt, der eine Erfahrungsbrücke in die Vergangenheit der Beziehungen des Partnerlandes zur DDR-Wirtschaft schlagen konnte. Nach 1991 brachte ich in die Verhandlungen Erfahrungen auf dem Gebiet der Ausfuhrbürgschaften ein und versuchte auch, notwendige Lösungen zu befördern wie in Minsk. Dort sprach ich mich im Finanzministerium mit der Leiterin der Valutadirektion aus und setzte ausstehende Rückzahlungen in Bewegung. Der Verhandlungsgruppe des Bundesfinanzministeriums, die über die Rückzahlung der Transfer-Rubel-Salden in konvertierbarer Währung verhandelte, habe ich mit meinem Rat geholfen, darunter auch in Prag. Die deutsche Delegation war in dem pompösen ehemaligen Parteihotel untergebracht, mit herrlichem Blick zum Hradschin.

Während meiner Beratertätigkeit legte ich einige grundsätzliche Ausarbeitungen vor, meist als Auftragsarbeiten, aber auch aus eigenem Antrieb. Noch im IV. Quartal 1990 verlangten die Industriereferate des BMWi eine Einschätzung, welche Industrieunternehmen der ehemaligen DDR wegen ihrer starken Orientierung auf einzelne osteuropäische Märkte in überdurchschnittlicher Abhängigkeit zu diesen stehen, zugleich sollte die Analyse aber auch erkennen lassen, ob das Kaufinteresse der Zielländer anhält. Die Industriereferate brauchten für die Zusammenarbeit mit der Treuhandanstalt eigenständiges Wissen über die potentiellen Außenwirtschaftsbeziehungen der ostdeutschen Unternehmen und Einschätzungen der Förderungswürdigkeit unter besonderer Beachtung des Exports nach Polen, der Tschechoslowakei und Ungarn.

Zur Ausstattung der Mitarbeiter des BMWi, die an Verhandlungen zur Umwandlung der deutschen Aktivsalden aus dem Transfer-Rubel-Verrechnungsverkehr mit RGW-Ländern unter Federführung des BMF teilnahmen, arbeitete ich einen Leitfaden für die „Ermittlung des wirtschaftlichen Wertes der Transfer-Rubelsalden mit RGW-Ländern" aus. Für die Leitung des BMWi entstand im Mai 1991 die erste Argumentation zu Vorschlägen der Ministerpräsidenten der neuen Bundesländer zu „Verrechnungsfonds für gegenseitige Warenlieferungen im Osthandel". Das Material wurde später, als neue Initiativen in gleicher Richtung von de Maizière und Günther Krause ausgingen, erweitert. Mit dem Ziel, die Notwendigkeit zur Unterstützung der Unternehmen der neuen Bundesländer durch Hermes-Ausfuhrgewährleistungen nachzuweisen, entstanden umfassendere Ausarbeitungen, die letzte im Oktober 1995.

Transfer-Rubel-„Betrug"

Eigentlich war der transferable Rubel, die im Jahre 1964 geschaffene Verrechnungswährung der RGW-Länder, schon nach dem Januar 1990 ein „toter Hund". Für das Jahr 1990 behielt er noch Bedeutung, weil die Verpflichtungen der DDR aus den Jahreshandelsabkommen (Jahresprotokollen) und die zu ihrer Ausfüllung abgeschlossenen zivilrechtlichen Export- und Importverträge auf Transfer-Rubel lauteten. Endgültig besiegelt war sein Schicksal mit dem Staatsvertrag BRD – DDR über die Währungs-, Wirtschafts- und Sozialunion vom 18. Mai 1990. B e s t e h e n d e vertragliche Verpflichtungen gegenüber den Ländern des RGW – sämtlich in ihrem Geldausdruck in transferablen Rubeln fixiert – erhielten mit dem Inkrafttreten des Staatsvertrages am 1. Juli 1990 Vertrauensschutz.

Man kann darüber streiten, ob die DDR, der Logik des Staatsvertrages folgend, schon unmittelbar nach dessen Unterzeichnung den Neuabschluss von Exportverträgen in Transfer-Rubeln hätte untersagen sollen. Von mir ging im I. Quartal 1990 keine Initiative dazu aus, denn (ganz unabhängig vom Wunsch der Produktionsbetriebe, vorhandene Ware abzusetzen), waren wesentliche Kontingente der Jahresprotokolle noch nicht mit Exportverträgen „untersetzt", und Jahresprotokolle waren nach meinem Rechtsverständnis „internationale bestehende Verpflichtungen". Gleichwohl: Als sich der

März dem Ende zuneigte und sichtbar wurde, dass die DDR-Importeure ihre Käufe im RGW-Raum drosselten und selbst bestehende Kaufverträge stornierten, was die aktiven Währungssalden der DDR in unerwünschte Höhen trieb, da störten mich zwar die noch offenen formalen Export-„Verpflichtungen" aus den Jahresprotokollen kaum noch, ich verstand aber nur zu gut, dass die Exportbetriebe an ihrem Recht, mindestens bis zur Höhe der vereinbarten Kontingente an ihre RGW-Partner zu liefern, festhalten wollten.

Am 27. 6. 1990 beschloss die de-Maizière-Regierung, das weitere Ansteigen des Exportüberschusses der DDR zu unterbinden und den weiteren Vertragsabschluss „zu steuern". Im Beschluss, an dessen Formulierung ich nicht unbeteiligt war, stand nicht „zu stoppen". Was stoppen bedeutete, hätte jeder Beschlussfasser im Ministerrat sofort erkannt und den zu erwartenden Protest der nun vom Ostmarkt abgeschnittenen Industrie erfühlt.

Was das Wort „steuern" bedeutete, was also die eigentliche Konsequenz des Beschlusses war, das war nicht aus den „Entscheidungsvorschlägen" zu ersehen, sondern war listig in die angehängte „Information und Grundlinie" verpackt, weit hinten auf der 10. Seite, die der müde Leser nicht erreicht. Da stand nämlich, „dass zur Vermeidung schädlicher Folgen für die Wirtschaft ab 30. 6. 1990 keine weiteren Exportverträge in trf. Rubeln abgeschlossen werden dürfen".

Von meinem Insiderwissen um den bevorstehenden Toresschluss machte ich keinen Gebrauch, mit einer Ausnahme: Ich rief einen alten treuen Gönner an, den früheren Eigentümer des Zentrifugenbaus Engelsdorf, Heinz Janetzki, mit dem ich vor dreißig Jahren die erste Verkaufsreise nach Westdeutschland unternommen hatte und der sich jetzt um die Reprivatisierung seines Unternehmens bemühte. Ich wusste, wie wichtig flüssige Mittel in den nächsten Monaten für sein Unternehmen sein würden, und ich beschwor ihn, sofort in die Sowjetunion zu reisen und Zusatzexporte zu vereinbaren, auch wenn er im Augenblick nicht wüsste, woher er Material und Arbeitskräfte nehmen solle. Die notwendige Lizenz würde ich ihm über den AHB Intermed zukommen lassen. Aber der hochgeschätzte alte Freund verstand nicht, warum ich ihn so heftig vorwärts schieben wollte und griff nicht zu.

Zwischen dem Bekanntwerden der Modalitäten für die Währungsunion und dem 30. Juni 1990 gab es einige Schmarotzer, die hatten einen geistreichen Einfall, der sich – eventuell durch Zusatz von krimineller Energie – auch umsetzen ließ, und diese legten den Staat aufs Kreuz. Als ich im September 1990 zum ersten Mal erfuhr, dass die Zusage der Bundesregierung, im 2. Halbjahr 1990 Einnahmen von Transfer-Rubeln aus dem Export in DM zu konvertieren, von raffinierten Betrügern missbraucht worden war, fiel ich aus allen Wolken. Aber noch ehe sich bei mir der Ärger breit machte, den Betrug (wo es also nicht um raffinierte Nutzung von Insiderwissen, sondern wirklich um Betrug ging) nicht rechtzeitig erkannt zu haben, war ich voller Bewunderung für die Pfiffigkeit der Abzocker, die vom Transfer-Rubel-System offenbar mehr verstanden hatten als ich. Aber die Bewunderung hielt nicht lange an.

Es muss noch in der letzten Woche der Existenz der DDR gewesen sein, Ende September, da ereilte mich ein hastiger Befehl: Sofort nach Bonn kommen und Vertreter des Bundeswirtschaftsministeriums zu einem Gespräch im Bundesfinanzministerium begleiten. Kein Wort, was Gegenstand des Gesprächs sein sollte. Dr. Fenske, Dr. Schwierz waren ebenfalls einberufen. Als die vom Ministerialdirigenten Dr. Haller anberaumte Eilsitzung begann, war auch der Präsident der Außenhandelsbank, Dr. Polze, eingetroffen, und ich meine, auch Vertreter der Bundesbank und der Staatsbank Berlin.

Der hinzugebetene MD Dr. Schomerus war noch unterwegs, als Haller die Besprechung eröffnete und den Gegenstand nannte: Betrügerische Vorkommnisse im Zusammenhang mit dem Transfer-Rubel-Verrechnungssystem. Ich hatte Zündschwierigkeiten, erfasste nicht sogleich, was Haller in großer Erregung und in ausdrücklicher Vorwurfshaltung gegen das BMWi herausschleuderte.

Hätte Haller sich wenigstens zur Vorgeschichte dieser Eilsitzung geäußert, wäre vielleicht mein Zündfunken schneller gesprungen. Das auch mir fehlende Stück Film war dies: Bereits Ende Juni 1990 wussten das Finanzministerium der DDR, Bundesbank, Staatsbank der DDR und die Deutsche Außenhandelsbank (DABA), nicht aber die Wirtschaftsministerien, dass bei der DABA in anschwellendem Umfang sogenannte „Vorauskassen" aus RGW-Ländern eingingen. „Vorauskasse" war zu realsozialistischen Zeiten fast nie verlangt oder geleistet worden, war also eine zwar zugelassene, aber doch eher „exotische" Zahlungsbedingung. Angesichts der Liquiditätsengpässe der DDR-Betriebe war diese Zahlungsform aber in breitem Umfang attraktiv geworden und ihre Vereinbarung zwischen den kommerziellen Partnern der RGW-Länder musste zunächst keinen Verdacht auf Betrugshandlungen auslösen. Aber aus der Sicht der Bundesbank stellte sich die Konvertierung von Vorauskassen als zinslose Kreditierung der deutschen Exporteure zu Lasten ihres Haushalts dar. Daher waren nach dem 13. September die eingegangen Vorauskassen von etwa 1 Mrd. DM nicht mehr konvertiert und an die ausländischen Käufer zurücküberwiesen worden. Dass Vorauskassen für bestimmte Kräfte noch einen anderen Sinn machen könnten, war aber auch den Finanzinstitutionen nicht bekannt.

Allmählich begriff ich, was Haller erregte. Die Möglichkeit der Konvertierung von Transfer-Rubeln in DM war offenbar in beträchtlichem Umfang betrügerisch missbraucht worden. Man konnte Haller so verstehen, als sei er der Meinung, die Wirtschaftsleute hätten mit ihren wirtschaftsspezifischen Einsichten und Erfahrungen von Anbeginn erkennen müssen, dass sich nach der Einführung der DM Betrugsfelder eröffnen.

Man konnte auch den versteckten Vorwurf heraushören, das Bundeswirtschaftsministerium habe nach der Entscheidung der Bundesregierung, Transfer-Rubel-Erlöse zu einem akzeptablen Kurs in DM zu tauschen, den Regelungsbedarf verkannt und damit sozusagen zu Betrugshandlungen eingeladen. Wie Haller die Worte auch setzte, sie mussten die Vertreter des BMWi verärgern. Haller sprach mehr oder weniger direkt den inzwischen noch hinzugekommenen selbstbewussten Ministerialdirektor Dr. Schomerus an, und es klang stellenweise so, als ob der Landvogt mit seinem schusseligen Kutscher spräche, und darauf trotzte und tücksche nun wieder der kultivierte Schomerus, der den stets zu forschem Kommandoton neigenden Haller ohnehin schwer ertragen konnte. Der in der Sache meistbetroffene Adressat war Dr. Polze, der versuchte immer mal einen rechtfertigenden Satz einzuschieben, wirkte aber eher wie ein ans Land geschleuderter Fisch, der nach Luft schnappt. Still und diesmal ganz und gar ohne Ehrgeiz, das Wort zu ergreifen, war Kurt Fenske ... Und Schwierz und ich guckten wohl einfach nur dumm aus der Wäsche.

Die Betrugshandlungen schienen vielfältiger Art zu sein, aber es war vor allem ein Geschäfts-Typ, an dem der aufgedeckte Missbrauch demonstriert wurde, und für den die Westler schnell die Bezeichnung „Micky-Mouse-Verträge" erfanden. So ein Micky-Mouse-Vertragssystem konnte ungefähr so aussehen: In Erwartung des Umrechnungsverhältnisses Transfer-Rubel (XTR) : DM von 1 : 2,34 hatte ein nach dem Fall des Außenhandelsmonopols neu gegründetes Außenhandelsunternehmen, in der Regel gemeinsam von einem DDR-Bürger und einem Ausländer oder BRD-Bürger geführt, im Mai 1990 einen Exportvertrag über Computer mit einem Importunternehmen Polens abgeschlossen. Im Handel zwischen RGW-Ländern lagen die Vertragspreise in Transfer-Rubeln bis zu 65 Prozent über den Weltmarktpreisen. Für diesen Exportvertrag erwirkte das polnische Unternehmen eine Einfuhrgenehmigung seiner Behörden und der neugegründete DDR-AHB eine Exportlizenz des DDR-Wirtschaftsministeriums oder er ließ sich von einem Traditions-AHB der DDR die erforderliche Lizenzsumme abtreten. Nun schoss das polnische Importunternehmen dem deutschen AHB mittels Vorauskasse oder der am deutschen AHB beteiligte ausländische Geschäftspartner einen vereinbarten Teil des Kaufpreises vor. Mit diesem Vorschuss erwarb der deutsche AHB Computer zu (niedrigen) Weltmarktpreisen in Taiwan, lieferte diese nach Polen und konvertierte den Rubelgegenwert in DM. Aus dem Preisgefälle Polen : Taiwan resultierte ein Supergewinn für den deutschen Exporteur, den er mit dem polnischen Käufer und dieser wohl auch mit ungetreuen Kräften in Bank und Behörde zu teilen hatte.

Das war das häufigste Strickmuster. Und die an einem solchen Geschäft Beteiligten standen auf dem Standpunkt, völlig legal gehandelt zu haben. Für die Konvertierung der erlösten Transfer-Rubel waren vorgeschriebene zahlungsauslösende Dokumente beizubringen. Bis zum 16. Oktober 1990 war zur Auslösung der DM-Zahlung das Beibringen einer Herstellererklärung mit dem Ausweis, dass die exportierte Ware ganz oder im Wesentlichen in den neuen Bundesländern hergestellt wurde, n i c h t erforderlich. Hier war eine „Regelungslücke" missbraucht worden. Im Wirtschaftsministerium der DDR hätte man spätestens zum Zeitpunkt der Bekanntgabe der Modalitäten der Währungsunion und des Umtauschkurses Mark : DM durch rechtliche Regelungen sichern müssen, dass die Auszahlung von Transfer-Rubel-Erlösen in DM nur zulässig ist, wenn die exportierte Ware DDR-Ursprung hat.

Man hätte ... Aber auch i c h war doch einer von denen, die die Betrugsmöglichkeiten hätten erkennen müssen. Aber ich und meinesgleichen hatten wohl zu wenig kriminelle Phantasie. Nie wäre es mir in den Kopf gekommen, dass man eine Ware für eine kostbare konvertierbare Währung einkaufen könnte, um sie anschließend gegen wohlfeile transferable Rubel weiterzuveräußern. So etwas war doch nur einem Hans im Glück zuzutrauen ... Gewiss hatte es immer auch im bisherigen DDR-Außenhandel Fälle gegeben, in denen man mit der Wurst nach der Speckseite werfen musste. In die Eisenbahnwaggons für die UdSSR wurden auch Armaturen eingebaut, die aus dem Westen zugekauft wurden, oder es wurden Werkzeugmaschinen mit japanischen Steuerungen versehen, und Waggons und Maschinen wurden gleichwohl von der sowjetischen Seite voll in Transfer-Rubel bezahlt. Aber dafür erhielt die DDR gegen Transfer-Rubel zum Beispiel auch sowjetisches Erdöl, und ein Teil davon verließ die DDR wieder in Derivatenform nach dem Westen, wurden von dort in konvertierbarer Währung bezahlt, und so flossen die in die Waggons und Maschinen investierten Devisen letztlich wieder zurück. Aber das waren Ausnahmen. Weil es Ausnahmen waren, waren sie nicht explizit geregelt. Es gab keine Notwendigkeit für ein „Verbot", westliche Erzeugnisse in den RGW-Raum zu reexportieren. Um konvertierbare

Devisen für einen Import zu erlangen, hatten die DDR-Importeure quälende Antragsverfahren zu bestehen, „Negativatteste" beizubringen ... Auf solch schwierigem Wege erlangte Devisen sozusagen gegen Rubel einzutauschen, das machte im Normalfall in der DDR kein vernünftiger Wirtschaftsmann. Bei ganz formaler Betrachtung konnten ein Transfer-Rubel-Betrüger eben doch behaupten: Es war nicht verboten, eine Ware im Westen zu kaufen und sie in den Osten zu verkaufen, und wenn ich einmal viel Zeit haben sollte, werde ich noch einmal nachlesen, was sich damals die Richter am Landgericht Berlin einfallen ließen, um die Missbraucher des Gesetzesbruches zu überführen. Einige im Endeffekt sicher gerechte Urteile habe ich zu Gesicht bekommen, in deren Begründungen jedoch schreiende Unkenntnis der DDR-Wirklichkeit zu Tage tritt und lachhafte juristische Konstrukte verwendet werden.

Nachdem die Hallerschen Angriffe gegen Unbekannt verklungen waren und die Vertreter des Bundeswirtschaftsministeriums konzedieren mussten, dass ein gewaltiger Wassereinbruch vorlag, ergriff Haller schlagartig die notwendigen Maßnahmen. Am 25. Oktober wurde ein Auszahlungsstopp durch die DABA verfügt. Mit Wirkung vom 29. Oktober wurde in Berlin im ehemaligen Haus der Ministerien eine Prüfgruppe aus erfahrenen Zollbeamten installiert. Die leistete im Grunde genommen Amtshilfe für die DABA, denn diese war in der Flut der Konvertierungsanträge schon fast ertrunken. Waschkörbeweise waren in den DABA-Filialen die zahlungsauslösenden Dokumentensätze angeliefert worden.

Es war daher nicht ausgeblieben, dass die überlasteten und in vielen Fällen nur mäßig qualifizierten Mitarbeiter der unteren Ebene, viele davon in Gedanken gezwungenermaßen schon auf dem Sprung zu einer neuen, hoffentlich sicheren Arbeitsstelle, Auszahlungen freigaben, obwohl die bedienten Geschäfte nicht lizenziert oder die vorgelegten Dokumente fehlerhaft oder manipuliert waren.

Nicht lizenzierte Exportgeschäfte waren keine Betrugsgeschäfte, Transferrubelerlöse daraus also nicht konvertierungsfähig, ohne in betrügerischer Absicht abgeschlossen worden zu sein. Exporterlösen aus dem Reexport ausländischer Waren durfte streng nach dem „Buchstaben des Gesetzes" erst nach dem 16. Oktober 1990 die Konvertierung versagt werden – dazu später mehr.

Mit der Entscheidung, ab Dezember 1990 nur noch Geschäftsbanken mit der Dokumentenannahme zu betrauen, wurde der DABA ein eigentlich unverdientes Armutszeugnis ausgestellt, und die sie ablösenden Geschäftsbanken verdienten sich eine goldene Nase.

Eine wichtige Grundlage für die Prüfgruppe wurde die wegen des nicht gerade dynamischen innerministeriellen Abstimmungsprozesses erst am 16. Oktober im Bundesanzeiger veröffentlichte „Bekanntmachung zur Abwicklung der Ausfuhren und des damit verbundenen Dokumenten- und Zahlungsverkehrs mit den RGW-Ländern". Hierin wurde tatsächlich zum ersten Male die Beibringung einer Herstellererklärung des Ausführers, von der örtlichen Industrie- und Handelskammer bestätigt, als obligatorisches konvertierungsauslösendes Dokument gefordert. Nachdem erst Schaden zur Klugheit verholfen hatte, wurde durch eine am 8. 12. 1990 veröffentlichte Änderung der Vorschriften vom 16. Oktober klargestellt, dass die Exporterzeugnisse „ganz oder überwiegend" im Beitrittsgebiet gefertigt worden sein mussten. Leicht verständlicher Grund dafür: Die Prüfungen hatten immer neue Fälle zu Tage gebracht, in denen aus dem Westen eingeführte Computer und Heimelektronik mit ein paar symbolischen zusätzlichen Hammerschlägen zu DDR-Ware geadelt worden waren. Andere hatten Ware exportiert, die sie zuvor durch Komplettierung in anderen RGW-Ländern gewissermaßen in RGW-Waren hatten verwandeln lassen.

Die Prüfgruppe leistete ganze Arbeit. Da alle Konvertierungsfälle ohne Ausnahme unter die Lupe genommen wurden, verzögerten sich die DM-Auszahlungen beträchtlich, und die vorenthaltene Liquidität brachte viele ehrliche Exporteure an den Rand des Ruins.

Einige Unternehmen hatten in ihrer Not ganz ohne Vorliegen einer Exportlizenz ausgeliefert, und es drohte ihnen der Verlust des gesamten Gegenwertes – das waren keine Betrüger, aber sie hatten leider das Recht nicht auf ihrer Seite.

Zugleich erbrachte die Prüfgruppe in mehreren Fällen den Nachweis des Betrugs und setzte die Strafverfolgungsbehörden in die Spur. Warum? Einige Exporteure hatten Exportlizenzen fingiert, Siegel nachgemacht, hatten Luftgeschäfte betrieben, die „verkaufte" Ware hatte die DDR niemals verlassen, die der DABA vorgelegten Versanddokumente waren gefälscht.

Wenn die Explosion im Bundesfinanzministerium und der Hallersche Gegenschlag ein Gutes hatte: Der Außenstelle Berlin, und ihr allein, wurde eine wichtige Verantwortung übertragen, an der Dr. Schwierz und ich mitarbeiteten, denn das Bundesamt für Wirtschaft, welches auf Antrag der Prüfgruppe die Konvertierung ablehnende Bescheide zu erteilen hatte, legte alle Zweifelsfälle einer Anfang Oktober gebildeten Beratungsgruppe der Außenstelle Berlin des BMWi vor. Waren schon Prüfgruppe und Bundesamt gehalten gewesen, die Kriterien im Interesse des Überlebens ostdeutscher Betriebe flexibel auszulegen, so war auch die Beratungsgruppe der Außenstelle mit wirtschaftspolitischem Verstand und Augenmaß begabt. Die Zusammenkünfte machten richtig Spaß. Ich entsinne mich nur an einen Zweifelsfall, in den einer der ganz großen Textilproduzenten und -exporteure des Altbundesrepublik, in Komplizenschaft mit einem DDR-Hilfsknecht, verwickelt war, in dem Bonn mit dem Zaunpfahl winkte und die Berliner Task Force eine Entscheidung traf, bei der wohl doch Gnade vor Recht erging.

Was mich angeht, habe ich noch im Frühjahr 2001 in Moabit in einem der letzten Strafverfahren gegen Transfer-Rubel-Betrüger als Zeuge mitgewirkt. Das war für mich schon eine Reise in die Vergangenheit. Junge Burschen, von denen nur noch einer vor Gericht stand, hatten ein Jahrzehnt zuvor Tausende von Schweinen unter einer vom Bundesamt für landwirtschaftliche Marktordnung erschwindelten Genehmigung statt nach Bulgarien nach Polen „exportiert" – in Wirklichkeit: nicht exportiert, da es sich um nichtvorhandene Schweine handelte. Einer der bösen Buben, ein Rumäne, war mit den von der DABA ausgezahlten DM getürmt und ward nie wieder gesehen.

Im Haushaltsausschuss des Bundestages

Ende 1991 legte der Bundesrechnungshof den Entwurf eines Berichts zu den „betrügerischen Vorkommnissen" im Transfer-Rubel-System vor. Den zerpflückten die zuständigen Referate im Wirtschafts- und Finanzministerium, auch mit meiner Unterstützung, denn er wurde dem hingebungsvollen Einsatz aller an der Schadensbegrenzung beteiligt gewesenen nicht gerecht.

Der Bundesrechnungshof aber hatte so viel Fleiß nicht aus eigenem Antrieb aufgewendet. Schon im Oktober 1991 hatte ihn der Haushaltsausschuss des Bundestages gebeten, die „Vorkommnisse" bei der Transfer-Rubel-Konvertierung zu untersuchen, der Rechnungshof hatte aber die Gelegenheit beim Schopfe ergriffen, die wirtschaftlichen Folgen der Weiterführung der Verrechnungen in Transfer-Rubel nach der Währungsunion insgesamt kritisch zu beleuchten.

Der Bericht, den der Hof dann Ende März 1992 dem Ausschuss vorlegte, versetzte meine Vorgesetzten im BMWi in einige Unruhe. Sie mussten schon fürchten, dass einige der Darstellungen und Schlussfolgerungen den Ausschussmitgliedern in den falschen Hals kommen könnten. Unangenehm war, dass der Bericht aufrollte, dass die DDR-Regierung (in diesem spezifischen Fall waren das die Fenskes, Schwierzens und Lemkes) vor Bildung der Währungsunion eingeschätzt hatte, der Aktivsaldo der DDR werde Ende 1990 (3 Mrd. Transfer-Rubel, also) ca. 7,0 Mrd. DM betragen. Bei Einstellung des

Transfer-Rubel-Verrechnungssystems bestand nun aber einer von etwa 10,0 Mrd. Transfer-Rubel … Wenn sich auch erschöpfend erklären ließ, warum das so gekommen war, es sah erst einmal in so einem Bericht nicht gut aus, und der Bund hatte wegen der nicht geplanten DM-Ausgaben geblutet. Und dann hatte sich der Bundesrechnungshof trotz unserer heftigen Einsprüche darauf versteift, das Wirtschaftsministerium habe schon im September 1990 die Notwendigkeit erkannt, den DDR-Exportbetrieben bei Transfer-Rubel-Exporten als e i n e Bedingung für den Umtausch in DM eine Herstellererklärung abzuverlangen, es sei aber getrödelt und die notwendige Regelung erst am 16. Oktober im Bundesanzeiger bekannt gemacht worden, und überdies habe das BMWi bezüglich der Herstellererklärung einen „unbestimmten Rechtsbegriff" entstehen lassen. Gemeint war damit, dass nach einem im BMWi verfertigten Rechtsgutachten eine Ware auch dann DDR-Herkunft hatte, wenn sie nur „im Wesentlichen" in der DDR bzw. den NBL hergestellt worden war.

Da 1990 in bedeutendem Umfang Computer zu fetten Preisen in den RGW-Raum geliefert wurden, die zuvor aus billigen Importkomponenten westlicher Herkunft zusammengebaut worden waren und der Anteil der Importkomponenten oft 50, 70 oder mehr Prozent betrug, wurden wegen einer zeitweiligen Regelungslücke bzw. Unbestimmtheit einer Vorschrift in erheblichem Maße Transfer-Rubel-Erlöse an Exporteure in DM ausgezahlt, die darauf keinen Anspruch haben sollten. Obwohl wir den Herren des Bundesrechnungshofes in geharnischten Stellungnahmen einen Teil der weltfremden Vorwürfe ausgeredet hatten und der Rechnungshof auch in den Bericht einfügte, „er verkenne nicht die Schwierigkeiten, … die sich durch die bestehende politische Situation für die Bundesregierung ergaben", konnte die Debatte im Haushaltsausschuss ärgerlich werden, denn mindestens an dem Vorwurf bezüglich der „Trödelei" war etwas dran. Ich glaube, es war schon Mai 1992, als die Staatssekretäre von BMWi und BMF nebst Gefolge in den Haushaltsausschuss unter seinem legendären Vorsitzenden Rudi Walther zitiert wurden. An dem fraglichen Tag stand nur der Parlamentarische Staatssekretär und Luft- und Raumfahrtkoordinator Dr. Erich Riedl zur Verfügung, und der wurde von einer kleinen Truppe unter Dr. Gerlach gebrieft, ich war auch dabei. Riedl war ein fixer, cleverer Geist, aber von dieser Materie verstand er nichts, was ihn aber in keiner Weise beunruhigte. Er strich sich in dem von Henner Vaubel verfertigten Sprechzettel einige Passagen an, die ihm rechtfertigend und griffig genug deuchten, und schien im Übrigen auf den lieben Gott zu vertrauen. In die Sitzung des Ausschusses ging ich mit, zum ersten Mal betrat ich das Bundeshaus am Rheinufer, den „Langen Eugen." Im Gang vor dem Sitzungssaal ging es ähnlich zu, wie ich das aus dem Präsidium des Ministerrates kannte, nur das es nichts kostenlos zu essen und trinken gab.

Der gerade behandelte Tagesordnungspunkt wurde an einer Leuchttafel angezeigt. Wir waren rechtzeitig erschienen, unser Transfer-Rubel-Punkt war noch lange nicht dran und auch die Herren Staatssekretäre noch nicht eingetroffen. Dr. Gerlach meinte, man könne noch etwas herumgehen, man könne sich auch bereits einen freien Stuhl im Sitzungszimmer suchen, es sei nicht berechenbar, wie lange die vor uns behandelten Punkte dauerten. Aber auf jeden Fall sollte Herr Lemke sich hineinsetzen und bei Annäherung unseres Tagesordnungspunktes herauskommen und alle zusammentrommeln. Im Sitzungszimmer war kein Stuhl mehr frei, ich ließ mich mit einer Backe auf dem Fenstersims nieder und schaute hinunter auf den Rhein, auf dem sich die flussaufwärtsfahrenden Frachtschiffe, manchmal drei gleichzeitig, überholten.

Noch während der vorhergehende Tagesordnungspunkt anhielt, kam der Staatssekretär Riedl in den Raum. Bayerische Fröhlichkeit verstrahlend, trat er hinter einen Abgeordneten, flüsterte ihm etwas zu, das offenbar freundliche Aufnahme fand, legte einem anderen die Hand auf die Schulter, zeigte einem Landsmann, einen Zettel hochhaltend, ein Eishockey-Ergebnis, das jeden Bayern und im besonderen jeden Rosenheimer froh stimmen musste, hielt einem anderen ein Blatt hin, auf dem er mit dem Finger etwas offenbar Wichtiges unterstrich, kurzum, als endlich die Transfer-Rubel-Arie aufgerufen wurde, hatte Riedl schon Sympathie für sich und seine – unsere Sache erzeugt und den fruchtbaren Boden geschaffen, auf den er wenig später seine Argumente fallen lassen wollte.

Dem Haushaltsausschuss war eine vom Bundesfinanzministerium und Bundeswirtschaftsministerium gemeinsam erarbeitete, abgestimmte Vorlage eingereicht worden, aber gerade dieser Bundestags-Ausschuss war permanent überlastet, und die Einreicher taten gut daran, nach Aufruf des Tagesordnungspunktes die Kernbrennelemente ihrer Vorlage nochmals volkstümlich, präzise und knapp mündlich zu erläutern. Den Volkstümler würde Riedl geben, die Präzision musste zunächst der Spitzenbeamte des Bundesfinanzministeriums liefern. Das tat er auch: Sachkundig, mit schmuck- und schnörkellosen und, wie mir schien, unangreifbaren Formulierungen, aber weil die Darlegungen des Finanz-Staatssekretärs etwaige Ansprüche an Theatralik und Schönrednerei nicht bedienen wollten und weil sie wie aus Trockeneis gemeißelt waren, sind sie mir auch nicht im Einzelnen in Erinnerung geblieben – anders als die des Staatsschauspielers und Staatssekretärs Riedl aus dem Wirtschaftsministerium ... Dessen Auftritt kam, er reihte mit kräftiger Bestimmtheit ein paar Sätze aus seinem Sprechzettel aneinander und wies nach, dass kein Verschulden der Verantwortlichen zu bemängeln wäre, nein ganz im Gegenteil sei hier vorausschauend gehandelt worden, und dann setzte er zu einem Finale furioso an und rief aus, das, was hier abgelaufen sei, könne man nicht anders bezeichnen als „eine Meisterleistung deutscher Beamtenschaft." Da konnten ihm die umstehenden Abgesandten aus der Villemombler Straße nur bescheinigen, dass auch ihm eine solche gelungen war.

Der vortragende Spitzenbeamte aus dem Bundesfinanzministerium, der später Chef des Deutschen Sparkassenverbandes und bald darauf Präsident des Internationalen Währungsfonds wurde, war übrigens Horst Köhler. Er sollte im März 2004 zum Kandidaten für das höchste Staatsamt der Bundesrepublik, das Amt des Präsidenten, nominiert und bald darauf gewählt werden.

Wie gewonnen, so zerronnen

Als die Konten der Staatsbank der DDR bei der Internationalen Bank für Wirtschaftliche Zusammenarbeit (IBWZ) in Moskau zum 31. 12. 1990 geschlossen wurden, ging auf die Bundesbank der Bundesrepublik Deutschland ein Transfer-Rubel-Guthaben von etwa 10 Milliarden Transfer-Rubel über. Dieser Guthabensaldo war innerhalb zweier Jahre, ab Ende 1988 also, von etwa 1,7 Mrd. Transfer-Rubel zum Ende des Jahres 1989 auf etwa 2,6 Mrd. Transfer-Rubel geklettert und dann binnen 12 Monaten auf die erwähnten etwa 10 Mrd. Transfer-Rubel hochgeschossen.

Die Gründe dafür sollen hier noch einmal genannt werden:

Erstens war es der ausdrückliche Wunsch der Bundesregierung, dass die DDR alle in den Staatshandelsabkommen und in den zivilrechtlichen Verträgen der AHB eingegangenen Exportlieferverpflichtungen getreulich erfüllt. Kein sozialistisches Partnerland der DDR sollte behaupten dürfen, die deutsche Einheit schade den wirtschaftlichen Interessen der Sowjetunion und der anderen sozialistischen Abnehmerländer. Der für 1989 und 1990 geplante DDR-Export wurde also insgesamt erfüllt und übererfüllt.

Zweitens zog die Währungsumstellung von der DDR-Mark auf die DM und die bedingungslose Öffnung des DDR-Marktes für Importe aus der Bundesrepublik und anderen westlichen Ländern die massenhafte Missachtung der auf staatlicher Ebene eingegangenen Importverpflichtungen aus den sozialistischen Staaten und die Stornierung von zivilrechtlichen Importverträgen nach sich. Es kam zum fast vollständigen Zusammenbruch der deutschen Importe aus den RGW- und anderen sozialistischen Ländern.

Da die bundesdeutsche Statistik und die Bundesbank wegen des 1990 tatsächlich angewandten Umtauschkurses für die ostdeutschen Exporte – für 1 Transfer-Rubel Exporterlös wurden den Lieferbetrieben 2,34 echte Deutsche Mark „richtiges Geld" ausgezahlt – ihre in den Büchern stehenden Transfer-Rubel-Schätze konsequenterweise zu ebendiesem Kurs in Valutamark und Deutschen Mark bewerteten, hatte Deutschland Ende 1990 Guthaben bei der IBWZ von etwa 23,4 Mrd. DM …

Möglicher Kritik von Superfachleuten vorauseilend und ihrem Bedürfnis nach Offenlegung der ganzen Wahrheit entgegenkommend, muss der Autor hier ein Spezifikum erklären, das der Laie ohne Verlust für sich überlesen kann: Die von der Bundesbank veröffentlichten Gesamt-Guthabensalden der DDR mit den sozialistischen Ländern von –siehe vorstehenden Absatz – 4,0, 6,1 und 23,4 Mrd. VM/Valutamark sind vom Autor vollständig in Transfer-Rubel-Guthabensalden von ca. 1,7, 2,6 und 10, Mrd. Transfer-Rubel zurückgerechnet worden. Er hatte keine andere Wahl, als die Gesamtbeträge aus VM/Valutamark einheitlich in Transfer-Rubel umzurechnen, weil die Bundesbank nur Gesamtsalden für sozialistische Länder meldet. (Vergleiche: Deutsche Bundesbank, „Die Zahlungsbilanz der ehemaligen DDR 1975 bis 1989", August 1999, Frankfurt am Main, ergänzt um eine Information an den Autor für den 31. 12. 1990, E-Mail Bundesbank an den Autor vom 11. 12. 2009). In diesen Gesamtsalden stecken aber neben den Salden mit RGW-Ländern, die mit der DDR über die IBWZ in Transfer-Rubeln verrechneten, auch die mit der SVR Albanien, der SFR Jugoslawien, der Volksrepublik China und anderen kleinen sozialistischen Ländern, mit denen die DDR n i c h t über die IBWZ verrechnete.

Der Außenwirtschaftsverkehr der DDR mit diesen (wenigen, umsatzschwächeren) Staaten des Sozialistischen Wirtschaftsgebiets (SW) wurde in anderen Verrechnungswährungen als dem Transfer-Rubel, nämlich in Verrechnungs-Rubel (Albanien), Verrechnungs-$ (Jugoslawien), Verrechnungs-Schweizer Franken (China) u. a. abgewickelt. Um diese in die Statistik einschließlich Zahlungsbilanzstatistik mit dem Sozialistischen Wirtschaftsgebiet (SW) aufnehmen zu können, wurden diese Verrechnungswährungen in der DDR mit jährlich festen Umrechnungskursen auf Transfer-Rubel umgestellt.

Der Bundesbank blieb nichts anderes übrig, als dieses Verfahren nach- und mitzuvollziehen, wollte sie zu zusammenfassenden Zahlen je Wirtschaftsgebiet gelangen. Der Autor kann also die einzelnen Länder-Währungssalden der DDR per 31. 12. 1988, 1989 und 1990 nicht aus den Gesamtsalden der DDR mit dem Sozialistischen Wirtschaftsgebiet und den Transfer-Rubel-Salden 1,7, 2,6 und 10,0 Mrd. Transfer-Rubel herausrechnen. Der nicht aus Transfer-Rubel-Operationen resultierende Teil des Gesamtsaldos ist aber nach seiner Erfahrung relativ unbedeutend und durfte bei der Lagebeurteilung vernachlässigt werden.

Die aus den Transfer-Rubel-Salden erwachsenen deutschen Guthaben so wie oben beschrieben in die Bücher zu nehmen, war nicht falsch und nicht richtig zugleich.

Nicht falsch war es, weil es sich um ein für Warenlieferungen in ordentlicher Qualität tatsächlich angefallenes, nicht unfair bewertetes und von der DDR ehrlich erworbenes Guthaben handelte, und die Summe von 23,4 Milliarden DM soll doch einmal allen denen aufs Butterbrot geschmiert werden, die sich nicht genug darüber erregen können, dass die DDR Ende 1989 gegenüber dem NSW mit netto 19,9 Milliarden Valutamark = DM verschuldet war.

Nicht richtig war es, weil die sachkundigen DDR-Außenhandelsfachleute – unter ihnen der Autor – ihren Bonner Befragern von Anfang an schonungslos erklärt hatten, dass sich die bei der IBWZ geführten Transfer-Rubel-Guthaben nach einzelnen Ländern nicht so ohne weiteres zum Kurs von 1 : 2,34 in „(West)Geld" würden verwandeln lassen. Grund dafür war n i c h t die fehlende Werthaltigkeit des Guthabens, sondern die Schwierigkeiten, die seiner Beitreibung entgegenstanden und die Tatsache, dass diese Schwierigkeiten nicht die Schuldner, sondern der deutsche Gläubiger geschaffen hatte. Wie das? Um dieses vielschichtige Problem hier kurz aufzeigen zu können, muss es vereinfacht dargestellt werden. Zu diesem Zweck beschränkt sich der Autor darauf, eines der von den früheren RGW-Ländern am häufigsten verwandten Argumente gegen eine Saldentilgung in konvertierbarer Währung wiederzugeben: Es lautete: Wir haben eigentlich überhaupt keine Schulden beim neuen Deutschland, denn hätte Deutschland bis Ende 1990 bei Bezahlung mit Transfer-Rubeln eingekauft, was es gemäß den Staatshandelsabkommen (Jahresprotokollen) in Polen, Bulgarien usw. einzukaufen zugesagt hatte, dann gäbe es jetzt nur Minisalden, über die zu streiten sich nicht lohne. Und man sei ja bereit, den jeweiligen Länder-Schuldsaldo in Transfer-Rubeln auch jetzt noch und jederzeit mit Warenlieferungen in gängiger polnischer, bulgarischer usw. Handelsware abzutragen.

Wenn im großen Deutschland nach der Wiedervereinigung infolge der nun allenthalben üblichen Marktwirtschaft die Einfuhrbetriebe vom Staat nicht zur Abnahme der traditionellen Handelswaren (nicht einmal zur Abnahme wertvoller Rohstoffe …) gezwungen werden könnten, dann müsse der Staat eben auf eigene Rechnung kaufen und das Eingekaufte gegen Meistgebot verhökern und dafür notfalls einmalig ein paar Subventionen einschießen. Klingt ein bisschen burschikos, aber so ging es zu, jedenfalls war zunächst kein einziges RGW-Land bereit, seine Rubelschulden in gutem Geld zu liquidieren, und zu dem Kurs von 1 : 2,34 schon überhaupt nicht … Auf den nur halbernst gemeinten Vorschlag der Partnerländer einzugehen, die Transferrubelsalden mit Warenlieferungen in einer traditionellen Struktur und zu bereits historischen Preisen abzubauen, konnte niemand guten Gewissens empfehlen, denn das hätte in den beteiligten Ländern die Einrichtung von Ämtern mit Altkadern und Vergangenheitswissen erfordert, Subventionen verschlungen und dennoch nur zwerghafte Ergebnisse gezeitigt. Natürlich gaben wir Ex-DDR-Außenhändler unseren Bonner Gesprächspartnern den schamhaften Rat, es doch einmal mit einem weniger anspruchsvollen Kurs zu versuchen, einmal zu testen, was die an guten wirtschaftspolitischen Beziehungen zur Bundesrepublik interessierten gutwilligsten Osthandelspartner denn so zu geben bereit wären, vielleicht mit dem neuen Lieblingspartner Ungarn beginnend … Doch zu wenig verstanden die hier angerufenen Beamten in BMF und BMWi von dieser Sphäre der Realwirtschaft, als dass sie in dieser Frühphase vor dem Bundesrechnungshof die Zustimmung zu einem auch nur geringfügig schlechteren Kurs als 2,34 DM für einen Transfer-Rubel hätten verteidigen können und wollen. Zu diesem Kurs waren, wie gesagt, die deutschen Transfer-Rubel-Guthaben in das Bundesvermögen eingegangen. Wer diesen Kurs „preisgab", der musste erst einmal nachweisen, dass er viele Monate hingebungsvoll um höher gesteckte Ziele „gekämpft" hatte. Und so wurde erst einmal um 2,34 DM für einen Transfer-Rubel „gekämpft" und der Verhandlungswagen gegen den Baum gefahren, bis nach Jahren, ganz am Schluss entsprechender Gefechtchen mit den RGW-Ländern, der Realismus siegte, der Kurs von 1 : 2,34 preisgegeben und Pfennigbeträge je Transfer-Rubel erlöst wurden.

„Erlöst wurden" ist geprahlt: Die in DM festgestellten deutschen Endansprüche wurden, wenn sich das anbot, mit Anrechten auf Gegenleistungen der Bundesrepublik verrechnet, in anderen Fällen wurden Löwenanteile des deutschen Geldanspruchs verschenkt – zum Beispiel an Russland als Rechtsnachfolger der Sowjetunion - oder langfristig gestundet – wie zum Beispiel

Kuba. Die Russen hatten die Regierung Schröder vor den Verhandlungen um die Auflösung ihrer milliardenschweren Transferrubelschuld wissen lassen, Gorbatschow habe die DDR viel zu billig abgegeben, das ließe sich jetzt wenigstens noch geringfügig korrigieren …

Ich habe schon Ende 1991 den fachlichen Kontakt zu dieser Materie verloren.Bis dahin hatte ich in nostalgischer Verklärung alter Zeiten das eine oder andere Mal gedacht: Sollen sie doch den noch verfügbaren alten Kämpen Fenske das machen lassen, der würde das noch warme Eisen schmieden, dass die Funken stieben. Denn die Haltung der Zentralbanken der anderen RGW-Länder (und deren Regierungen …) zu ihren Rubelschuldsalden war unanständig: Für den Gegenwert hatten sie ordentliche Ware erhalten (man denke nur einmal an die Unmengen hochwertiger Lebensmittel und Verbrauchsgüter, die der Sowjetunion 1990 zur Beförderung von Zustimmungswillen geliefert wurden), und die Empfänger hatten sie ihren jeweiligen Landesbanken in Nationalwährung bezahlt.

Nicht, dass der Altbundesbürger Ministerialrat Norbert Radermacher, Referatsleiter im Bundesfinanzministerium, der die Verhandlungen zum Umtausch der Transfer-Rubel-Guthaben in Realgeld für die Bundesrepublik zu führen hatte, unkundig gewesen wäre, im Gegenteil, er erwarb schnell solides Wissen und legte sich durchaus ins Zeug. Ich selbst hatte frühzeitig ein Vademecum für die Bestimmung des Gegenwertes von Rubelguthaben ausgearbeitet und nach oben gegeben, das sollte auch ins Finanzministerium gelangt sein.

Aber je mehr Zeit ins Land ging, je mehr wurde wohl kraftvolle Verausgabung und Verhandlungshärte bei der Schuldenbeitreibung in Ost-Mittel-Europa unpassender, ging es doch längst schon um die Osterweiterung von Europäischer Gemeinschaft und NATO und gutes Wetter im Lande der Anschlusskandidaten.

Möllemanns rote Socken

Ich habe nicht durchgängig Tagebuch geführt und nicht den Ehrgeiz, die Wichtigkeit meiner damaligen Bemühungen als Berater herauszustreichen, denn letztlich ist aus meinen Ratschlägen und Analysen nichts derart Nachhaltiges erwachsen, das ich es mir allein auf die Fahnen schreiben könnte. Auf mich allein gestellt, habe ich keinen Vorschlag gebären dürfen, von dem ich heute behaupten könnte: Das war ein gelungener Versuch, das herkömmliche, traditionelle, ausgelaugte, für die ganze Welt uniforme Instrumentarium der Handelspolitik der Bundesrepublik um etwas zu ergänzen, das der historisch einmaligen Übergangssituation gerecht geworden ist. Als es auf den Winter 1991 zuging, merkte ich selbst, dass ich in der mir eingeräumten Aufgabe und in der Rolle, in die ich geriet, nicht glücklich, sondern von Tag zu Tag unzufriedener werde.

Jetzt wollte ich mein Berateramt – Berater war ich ja nur zum Schein, tatsächlich war ich ein mäßig entlohnter Verwaltungsangestellter – abschütteln und schnell aus dem Ministerium ausscheiden. Dazu habe ich vieles versucht, alles schlug fehl.

Ich behaupte nicht, dass alle Ablehnung, auf die meine Bewerbungen in der Wirtschaft stießen, nur mit meiner früheren Staatsnähe zu tun hatte. Wäre ich ein wirklicher Manager des Ostgeschäfts gewesen, ein „Marktmacher, ein Marktbearbeiter", hätte ich russisch, polnisch, tschechisch gesprochen, wäre ich bis ans Ende der DDR geblieben, was ich in jungen Jahren war: Verkäufer, Verkaufsdirektor – sicher hätten sich da Möglichkeiten aufgetan. Aber ich war in fast zwanzig ununterbrochenen Jahren zum überspezialisierten Staatsverwalter im geplanten Außenhandel geworden – das war eine auf dem Arbeitsmarkt nicht nachgefragte Qualifikation. Als ich schließlich von dem großen Menschenvermittler Kienbaum eine Absage erhielt, nicht von einem Führungsmann, an den ich mit Lebensläufen in deutsch, englisch und spanisch geschrieben hatte, sondern von einer Sekretärin, die mir „im Übrigen" empfahl, meine Lebensdaten bei einer nächsten Bewerbung nach den in Deutschland üblichen normierten Regeln zu ordnen, da war ich um eine bittere Erfahrung reicher. Danach galt für mich, der ich meine Pflichten gegenüber der Familie erfüllen wollte, nur noch eins: Durchhalten an dem Platz, an den ich mich hatte stellen können.

Als ich es am wenigsten brauchen konnte, platzte die Bombe. An einem der vielleicht letzten schönen Herbsttage, dem 1. November 1991, war ich wieder in der Stadt am Rhein. Ich weiß nicht, meine wievielte Reise das im laufenden Jahr schon war, insgesamt wurden es 1991 zehn. Ich hatte wieder einmal im „Wilden Schwein" in Duisdorf genächtigt und dort wie immer so gut gefrühstückt, dass mir so leicht nichts auf den Magen schlagen konnte.

Am späten Vormittag rief mich aus Berlin Dr. Schwierz an, todernst: „Schlimme Nachrichten", sagte er nur, „besorg Dir gleich mal die ‚Welt', das Interview mit Matthias Wissmann." Das tat ich schnell. Und las die Überschrift: Keine Nische für alte rote Socken. Der Vorspann zum Interview begann so: Durch eine parlamentarische Anfrage des wirtschaftspolitischen Sprechers der CDU/CSU-Bundestagsfraktion, Matthias Wissmann, wurde bekannt, dass frühere Spitzenfunktionäre der DDR in der Außenstelle des von Jürgen Möllemann (FDP) geführten Bundeswirtschaftsministeriums mit Zeitverträgen tätig sind.

Im Interview sagte Wissmann: Ich halte es für völlig inakzeptabel, wenn ehemalige stellvertretende Minister des Ministeriums für Außenhandel und Staatssekretäre der Staatlichen Plankommission der DDR, die in der Vergangenheit für die katastrophale Misswirtschaft des sozialistischen DDR-Regimes mitverantwortlich waren, jetzt (und hier fing er nun zu lügen an) eine leitende Beraterstelle ausüben ... Natürlich muss jeder, der kein strafrechtliches Delikt auf sich geladen hat, eine Möglichkeit haben, einen Arbeitsplatz zu finden.

Aber das kann nicht schon wieder eine Arbeitsstelle an führender Stelle sein ... Es gibt nach wie vor Unverbesserliche, die versuchen, Macht auszuüben. Und Wissman empfahl: Möllemann soll sich von solchen Mitarbeitern trennen.

In der Bibliothek des BMWi lag noch eine Hannoversche Allgemeine Zeitung vom Vortage, die berichtete unter der Überschrift: Bonn beschäftigt frühere Chefs (sic!) von Schalck-Golodkowski. Jetzt trat mir aber der Schweiß auf die Stirn. Dabei kannte ich die gehässigsten Meldungen noch gar nicht. In Berlin brachte die „Super! Zeitung" gleich zwei knallige Hauptmeldungen auf der Titelseite: „Kinder-Prostitution in Ost-Deutschland Tina (13)" und, noch schlimmer: „Möllemann hat vier r o t e Socken!" Dazu ein Kommentar von Reginald Rudorf: „Das gerade fehlte noch: Minister Möllemann hat 400 SED-Funktionäre bei sich unterschlüpfen lassen. Darunter Honis Außenhandels-Vize Lemke und den Genossen Grabley, ehedem SED-Staatssekretär in der Plankommission. Alle aus Schalcks Gaunergang. Diese Genossen-Galerie, tönt ein Mölle-Megaphon, wüssten als einzige, wie das mit dem Osthandel weiterginge. Hören wir richtig? Diese Genossen haben nur eins gewusst: Bürger ausbeuten, Bonzen reichmachen. Sie haben den Staat, den sie DDR nannten, ruiniert."

Und der Meisterjournalist Rudorf schloss mit der Meinung, die 17 Millionen im Osten könnten nicht verstehen, dass ausgerechnet jene, die erwiesenermaßen von Marktwirtschaft weder Tuten noch Blasen verstünden, jetzt plötzlich den Aufschwung bewerkstelligen sollen. Kaum eine deutsche Zeitung ließ sich solch einen fetten Bissen entgehen, aber meist wurde mir der Vorname Kurt verliehen.

Die Zeitungsmeldungen hatten vielfältige Wirkung. Zugleich geriet auch die Treuhandanstalt ins Visier. Die Bonner Politik übte Druck aus, bis zum Jahresende sollten die Altkader ausscheiden. Allen voran Dr. Gerlach, aber auch

Dr. Schomerus und Dr. Schill ließen sich nicht unter Druck setzen, und das galt nicht zuletzt auch für den Bundeswirtschaftsminister. Mensch, hatten die Kreuz! Möllemann ließ den Pressesprecher unter anderem erklären:

„Die Erfahrungen und Kenntnisse von ehemaligen Mitarbeitern der DDR-Behörden sind insbesondere für die Bemühungen des BMWi zur Aufrechterhaltung der Wirtschaftsbeziehungen mit dem früheren RGW-Raum unverzichtbar. Die Zusammenarbeit hat sich bewährt … Zwei Berater waren stellvertretende Minister im früheren Ministerium für Außenhandel der DDR und damit vergleichbar etwa einem Abteilungsleiter bzw. Unterabteilungsleiter in einem Ministerium der Bundesregierung. Sie konnten keine Weisungen gegenüber Herrn Schalck-Golodkowski erteilen."

Auf Befragen hätte der Pressesprecher mitteilen dürfen: „Die Bezahlung der Berater entspricht der Vergütungsgruppe I a des BAT-O, d. h. unterhalb der Referatsleiter-Ebene." Dr. Schill nahm mir noch am 1. November 1991 persönlich die Erklärung ab, Alexander Schalck weder beaufsichtigt, noch ihm gedient zu haben.

Offensichtlich wurde auch die Gretchenfrage an die Gauck-Behörde erneuert (und gewiss auch die an den Verfassungsschutz …). Wann und was der Verfassungsschutz ermittelt hatte, erfuhr ich natürlich nicht. Die Antwort von Gauck kam erst 9 Monate später.

Während Treuhandanstalt und BMWi ins Fadenkreuz der Kritik geraten waren, blieb das Bundesfinanzministerium unerwähnt. Hartnäckig hielt sich allerdings das Gerücht, Minister Waigel hätte sich die Dienste des früheren Stellvertreters des Ministers im Ministerium für Finanzen der DDR, Siegfried Zeißig, gesichert. Später erfuhr ich: Es war kein Gerücht. Der Minister Waigel hatte seinen Berater aber besser versteckt als seine Amtskollegen im Wirtschaftsministerium die ihren …

Im Ergebnis der Pressekampagne ging dann im Dezember 1991 und nachdem der Personalrat beanstandete, er sei hinsichtlich des tatsächlichen Beschäftigtenstatus von Lemke und Schwierz getäuscht worden, meine Zeit als Verwaltungsangestellter mit dem irreführenden Titel „Berater" im BMWi zu Ende, für das Jahr 1992 erhielt ich einen wirklichen Beratervertrag. Natürlich kam es niemandem in den Sinn, mich wie einen der vielen Berater und Lobbyisten zu bezahlen, die die Regierungsstadt Bonn bevölkerten und dort für Konzerne und Verbände herumhorchten, aber ich wurde auch nicht unfair behandelt. Ich verstand, dass sich das BMWi gegen Angriffe von Kritikern wappnen wollte, sollten die behaupten, die alten Bonzen kassierten schon wieder fürstliche Gehälter. Man gestand mir eine Monatszahlung zu, die ich als freiberufliches Einkommen selbst zu versteuern hatte und aus der ich Renten- und Krankenversicherung in eigener Verantwortung bestritt. Diese Monatszahlung lag noch unter den Bezügen eines nach Bonn versetzten ostdeutschen Verwaltungsangestellten der Vergütungsgruppe I b. Ich konnte vergleichen. Mein Honorar entsprach ungefähr dem, was einem jungen Oberregierungsrat mit ein, zwei Jahren Praxis nach dem Studium zustand, einem Oberregierungsrat, der einen Platz in der Hierarchie einnahm, dem ich schon vor dreißig Jahren entwachsen war. Für Arbeitszeiten in Bonn bezahlte das Ministerium meinen Hotelaufenthalt in Zimmern mit Dusche und Toilette und auch die Reisen von und nach Berlin. Schließlich erhielt ich urlaubsgleiche „Freitage".

Das Hermes-Bürgschaftsinstrument

Ich war schon ein paar Mal mit dem Leiter des Referats Ausfuhrgewährleistungen und Außenhandelsfinanzierung, Dr. Gehring, zusammengetroffen. Im ersten Jahr nach der Vereinigung beteiligte sich sein Bereich mehrmals an Informationsveranstaltungen für die Unternehmen der neuen Bundesländer, meist im Zusammenwirken mit Fachleuten der Hamburger Hermes Kreditversicherungs AG.

Die Hermes-Bürgschaften waren zu jener Zeit die alles entscheidende Voraussetzung, um überhaupt in die UdSSR exportieren zu können. Ohne Hermes-Bürgschaft gewährte keine Bank Kredit, und ohne Kredit zu erhalten, konnte kein Importeur der UdSSR kaufen. Das bestimmte auch den Stellenwert derjenigen, die das Hermes-Instrument verwalteten und den Schlüssel zur Kasse hatten.

Dr. Gehring war ein Mann von umfassendem Fachwissen, schwungvoller Rhetorik und didaktischen Fähigkeiten. Gleichwohl verdankte er in seiner spezifischen Stellung einen nicht geringen Teil seines Ruhms der Tatsache, dass er Sachwalter einer „gewährenden Behörde" war. Wie vielen ihrer Sache sicheren und von Natur aus eloquenten Rednern drohte ihm stets die Gefahr, dass sein Auftritt aus Freude an der eigenen Vortragskunst und der Neigung zu bildhaften Darstellungen ausuferte. Im Osten kam hinzu, dass Zuhörer mit einfacher Bildung, denen eine volksnahe, ganz sachlich und schmucklos daherkommende Sachinformation genügte, den Verdacht hatten, Gehring wolle ihnen auch einmal vorführen, wie sich nüchterne Gegenstände in klassischer und blumenreicher Sprache anhörten. Bei einer Veranstaltung in Dresden erregte er damit den Zorn des Auditoriums, der IG-Metall-Arbeiterführer Düvel stand auf, versetzte ihm einen proletarischen

Tiefschlag und verdeutlichte ihm, dass hier um ihre Zukunft bangende ostdeutsche Unternehmensvertreter säßen, die Hilfe, aber keine akademische Vorlesung brauchten, und die „das Instrument an sich" wenig interessiere. Gehring fiel beleidigt auf seinen Stuhl zurück, und erst der Referatsleiter Hans-Henner Vaubel, der nach ihm sprach, konnte mit seiner ruhigen, volkstümlichen und von mitfühlendem Konservatismus getragenen Darstellung der verfügbaren Fördermaßnahmen die Kastanien des Bundes wieder aus dem Feuer holen.

Nach der Dresdener Pannenveranstaltung saßen wir noch auf einen Kaffee zusammen, und der etwas gedrückte Dr. Gehring sagte: Das mir, wo ich doch wirklich Verständnis für die Leute hier habe, bin ja selbst eigentlich ein Thüringer. Ein Thüringer? Das machte mich neugierig, ich fragte: Dort geboren? Nein geboren nicht, aber als Junge habe ich in den letzten Kriegsjahren dort bei meinem Onkel gelebt. Ich nahm an, dass Gehring damals vielleicht aus einer von Bombardements bedrohten Stadt verschickt worden war, fragte weiter. Und wo war dort in Thüringen Ihre zweite Heimat? Na, mehr so im Westen, im Südwesten. Und wo da, mehr im Kreis Eisenach? Nein, südlicher. In Bad Salzungen? Nein, in der Nähe von Vacha. Wenn es nicht zu neugierig ist, wo denn? In Völkershausen, da war mein Onkel Landarzt. Ja, sagte ich zur Überraschung Gehrings, den Onkel kannte ich, der hieß Dr. Taacks. Völkershausen war ein Nachbardorf von Vacha. In Vacha war mein Vater der Apotheker, er und Dr. Taacks kannten sich gut.

Es stellte sich heraus, dass Dr. Gehring mit den beiden blonden Taacks-Jungen zusammen aufgewachsen war. Einer davon, meinte ich zu wissen, war der Führer der Völkershäuser Jungschaft des Jungvolks gewesen, die gehörte zum Vachaer Fähnlein. Zu besonderen Anlässen, wenn auf dem Marktplatz vor dem historischen Vachaer Rathaus unter der Fahne angetreten wurde, reihten sich auch die aus dem vier Kilometer entfernten Rhöndorf Völkershausen heranmarschierten Pimpfe dort ein.

So war ich nun durch meine Fragerei auf die Urgründe einer vagen landsmannschaftlichen Verbundenheit gestoßen. Der Jüngling Gehring hatte das Kriegsende also in einem Rhöndorf erlebt, das zunächst von den Amerikanern besetzt, dann aber, wie schon in Jalta abgesprochen, den Russen überstellt wurde. Dr. Taacks hatte in einem der ersten Kriegsjahre einen in der Nähe abgeschossenen amerikanischen Fliegeroffizier vor der Steinigung durch aufgebrachte Bauern bewahrt, dieser war von seinen Landsleuten aus der deutschen Kriegsgefangenschaft erlöst worden und vergaß seinem Retter Dr. Taacks die gute Tat nicht. Als im Juli 1945 die Russen zur Besetzung

Thüringens heranrückten, lud der wieder als Offizier dienende Amerikaner die Familie Taacks samt Zögling Gehring mit Sack und Pack auf einen LKW und fuhr seine Fracht über die nur fünf Kilometer entfernte Demarkationslinie und „ins Freie". So verhalfen glückliche Umstände und die Gnade der späten Geburt Gehring zu Leben und Aufstieg im Westen. Sein Vachaer Altersgenosse Dietrich Lemke aber verblieb lange im „kommunistischen Machtbereich" (so in den Formularfragen der Bundesbehörden bezeichnet), bis das Schicksal die Beinahe-Landsleute wieder einander annäherte.

Dr. Gehring kannte Lemke nun etwas genauer, und dies blieb nicht ohne Folgen. Es waren noch ein paar Tage bis Weihnachten 1992, da hielt Gehring mich in Bonn im Flur des Hochhauses an und sagte: Ich bekomme aus den neuen Bundesländern Waschkörbe voller Anfragen und Petitionen (das mit den „Waschkörben" war im BMWi gängige übertreibende Ausdrucksweise, wenn einem mal der Postkorb überquoll) zu den Hermes-Konditionen. Die verstehen da drüben einiges nicht, und dann schreiben sie auch noch an mich wie an einen russischen Fürstminister – „Gestatten Sie, sehr geehrter Herr Dr. Gehring, dass ich mich in einer für das Überleben des VEB Dingsbums sehr wichtigen Frage an Sie persönlich wende", da fehlt nur noch das „Hochwohlgeboren". Diesen Stil beherrsche ich nicht, sagte er mit gewaltiger Ironie, aber ich muss natürlich allen antworten. Das wächst mir über den Kopf. Herr Lemke. Sie kennen doch im Osten alle Betriebe und wie die Leute da angesprochen werden wollen, wollen Sie nicht die Beantwortung übernehmen? Einiges kann man wohl abschmettern, aber das meiste lässt sich sicher mit Standardbriefen erledigen. Na, zum Schreiben von Standardbriefen hatte meine Mutter mich nicht geboren, aber ich dachte mir (nicht zu Unrecht, wie sich zeigen sollte), die Sache ließe sich vielleicht zu einem eigenen Gewerbezweig ausbauen. Wenn Dr. Gerlach zustimme, würde ich das gerne machen, und damit sagte ich zu. Gerlach legte fest, dass ich zukünftig von Montag bis Freitag am Stück in Bonn arbeite, ein eigenes Dienstzimmer beziehe und mir in Bonn eine Dauerwohnung suchen solle, schon aus Kostengründen. Die fand ich, eine ruhige Parterre-Gartenwohnung bei einem Feuerwehrhäuptling in Bonn-Lengsdorf. Am Wochenende flog ich mit dem Beamtenshuttle nach Berlin zurück.

Als ich meinen neuen Job in Bonn antrat, bereitete Dr. Gehring seinen Abschied aus dem Referat vor, er war zum Unterabteilungsleiter aufgestiegen. Sein Platz blieb eine Weile vakant, und auch der bisherige Vorsitzende des IMA, des Interministeriellen Ausschusses für Ausfuhrgewährleistungen, Verbeek, hatte sich gerade zum Referatsleiter wegbefördern lassen. Ein

Regierungsdirektor des Referats, Herr von Kienlien, übernahm interimistisch Referat und Vorsitz im IMA. Von Kienlien, ein hagerer, introvertierter und von geringem Mitteilungsbedürfnis erfüllter Beamter, konnte mit der Neuerwerbung Lemke nicht viel anfangen. Mein woher? und wohin? interessierte ihn nicht sonderlich. Er blieb allzeit kühl, hielt sich im Abstand und litt sichtlich (... und zu Recht, hatte er doch den Referatschef u n d den IMA-Vorsitzenden zu vertreten und noch dazu ein eigenes Feld zu pflügen) unter der Überfülle der Arbeit und dem ständig auf ihm lastenden Termindruck aus den übergeordneten Leitungen, vertraute andererseits aber auch nur dem eigenen Genius und vermochte nicht zu delegieren. Er hatte keine Zeit, einen Neuen anzuleiten und Arbeitsergebnisse zu disputieren.

Zu meinem Ärger verwarf und änderte er ohne Rückkopplung Briefe und Vorlagen aus meiner Feder, und ich sah oft erst aus dem Rücklauf, wo sein Veränderungsdrang sich betätigt hatte. Aber aus den Schäden wurde ich klüger. Als Vorsitzender des Interministeriellen Ausschusses verhielt von Kienlien sich meist so, wie es das durch Mao Tse-tung bekannt gewordene chinesische Sprichwort empfiehlt: Auf dem Berge sitzen und dem Kampf der Tiger im Tale zusehen ... Er ließ diskutieren, ohne eine eigene Meinung heraus zu stecken, und bestätigte dann meist den Entscheidungsvorschlag, dem sich der Sieg im Meinungsstreit zuneigte.

Hermes für die Russen = Sozialwerk für Ostdeutschland

Als ich meine Sonderaufgabe im Hermes-Bereich antrat, waren die so genannten „Sonderkonditionen für Exporte aus den neuen Bundesländern in die UdSSR" schon fast ein Jahr abgelaufen. Für Betriebe, die für einen bestimmten Auftragsbestand bereits Deckungszusagen in der Tasche hatten, galten sie bis zu deren Auslieferung weiter. Die Gewährung von Hermes-Ausfuhrbürgschaften war eine klassische Fördermaßnahme, die Einräumung der Sonderkonditionen für einen unlimitierten Geschäftsumfang aber eine handelspolitische Entscheidung von enormer Dimension. Solche Sonderkonditionen für Export-Kreditversicherungen gab es weltweit für keine anderen als die ostdeutschen Antragsteller und für keine anderen Importeure der Erde als die sowjetischen.

Sie versetzten die kreditgewährenden deutschen Banken (und die machten mit den von ihnen gewährten Besteller- oder Bank-zu-Bank-Krediten natürlich ein grandioses Geschäft ...) in die Lage, auf Anzahlungen ganz zu verzichten und für Investitionsgüter bis zu 10 Jahre Kredit und bis zu 3 tilgungsfreie Jahre einzuräumen. Die Finanzsituation der UdSSR war zu diesem

Zeitpunkt bereits überaus wacklig. Wenn die Bundesregierung dennoch das Risiko des Forderungsausfalls und die Aussicht, später umschulden zu müssen, auf sich nahm, dann weil sie andere systemkonforme Instrumente zur Überlebenssicherung der ostdeutschen Unternehmen nicht einrichten wollte und weil sich abzeichnete, dass anderenfalls die Aufwendungen für Arbeitslosigkeit, die angesichts der deutschen Sozialunion schließlich auch aus einem deutschen Topf zu finanzieren wären, noch weiter steigen würden.

So war „Hermes für die Russen" unerklärt ein Stück Sozialwerk: Deutschland half den Russen, aber am meisten half es sich selbst. 1991 gingen Exporte der neuen Bundesländer im Umfang von 7,2 Mrd. DM in die UdSSR, das waren 50 Prozent der Lieferungen des Jahres 1990, als noch in Transfer-Rubeln verrechnet wurde. Im Oktober und November 1991 aber musste die Bundesrepublik dann doch auf die Zahlungskrise der noch bestehenden UdSSR und die Loslösungstendenzen ihrer Teilrepubliken reagieren. Als Zielländer von Hermes-Bürgschaften kamen nun neben Russland nur solche neuen unabhängig gewordenen Staaten in Frage, welche die Vereinbarung unterschrieben hatten, der zufolge Russland für die gesamten Altschulden der UdSSR eintrat. Die sowjetische Bank für Außenwirtschaft musste mitteilen, welche namentlich zu benennende Teilrepublik die Rückhaftung für die Darlehnsschuld übernimmt.

Nach der Auflösung der Sowjetunion begannen im Januar 1992 bereits Verhandlungen im Pariser Club über einen Zahlungsaufschub für die 8 GUS-Staaten (GUS = Gemeinschaft Unabhängiger Staaten, darunter Russland, Kasachstan, Weißrussland). Deutschland musste ausstehende Zahlungen von 1,5 Mrd. DM prolongieren. Die Hermes-Deckungen wurden aber trotzdem nicht eingestellt. Ab 1992 galten für das Neugeschäft allerdings wieder die international üblichen Zahlungsbedingungen. Ganz entscheidend aber war: Für alle Geschäfte waren von den Käufern unmittelbare Staatsgarantien beizubringen. Für die Ausreichung neuer Ausfuhrbürgschaften in 1992 wurde eine Obergrenze von 5 Milliarden DM festgelegt. Für Geschäfte mit Auftragswerten von mehr als 30 Millionen DM wurde die sorgfältige Einzelfallprüfung eingeführt. Für die Einzelfallprüfungen hatte der ostdeutsche Antragsteller nachzuweisen, dass das jeweilige Geschäft der Verbesserung der Devisenlage des Empfängerlandes dient und sein Unternehmen Perspektive hat, unter Marktbedingungen zu überleben. Das war schön ausgedacht, zog aber vor allem ein großes Schaufrisieren nach sich, denn natürlich attestierte die Treuhandanstalt all ihren Betrieben die Sanierungsfähigkeit.

Soll der Autor auf dem heiklen Gebiet der Betriebswirtschaft dilettieren?

Soll er der Treuhandanstalt dafür Vorwürfe machen, dass sie einer Vielzahl von in ihrer Existenz hoch gefährdeten ostdeutschen Unternehmen Atempausen verschaffte, die die Chancen für deren Weiterleben verbesserten? Er hütet sich, das zu tun, er war selbst kein Hellseher. Doch eines ist glockenklar: „Sichere" Ostmärkte hatte nach dem Januar 1990 kein ostdeutscher Exporteur mehr. Vielen Exportbetrieben, die Erzeugnisse auf europäischem Durchschnitts- oder gehobenem Niveau herstellten, waren sie jahrzehntelang aus den Händen gerissen worden, die Sowjetunion und andere RGW-Staaten erschienen als vom DDR-Angebot abhängig, nicht der DDR-Hersteller von der Nachfrage aus dem Osten. Im Nachhinein kann man kaum verstehen, dass 1989 bis 1991 so wenige weitsichtige Wirtschaftsweise begriffen, dass mit der Toterklärung des RGW, dem Verschwinden der Planwirtschaft in den RGW-Staaten und der Währungsunion in Deutschland alle alten Gewissheiten obsolet geworden waren. Es darf niemanden erstaunen, dass in der langen Liste der ostdeutschen Exportunternehmen, die (vor allem) zwischen 1990 und 1992 Hermes-Ausfuhrbürgschaften für Lieferungen in die GUS-Staaten erhielten (und denen zu diesem Zweck von ihrer neuen Obrigkeit Sanierungsfähigkeit attestiert worden war …), Dutzende von Unternehmen figurieren, die schon wenige Jahre später zerschlagen oder stillgelegt waren. Sie waren von den Märkten der Sowjetunion und der anderen RGW-Länder abhängig gewesen, diese Märkte waren es aber nicht mehr von ihnen.

Geschäfte von Antragstellern aus den alten Bundesländern konnten nur dann versichert werden, wenn sie hohe Lieferanteile von ostdeutschen Erzeugnissen einschlossen. Wen wundert es, dass diese Vorschrift zu allerlei Warentourismus führte: Da wurden Geräte aus westdeutschen Bauteilen im Osten montiert, nahezu fertiggestellte Erzeugnisse wurden in Ostdeutschland noch endlackiert, mit Phantasie ließ sich einiges erreichen – die erforderliche Phantasie hatten die ostdeutschen Unternehmen noch aus der Zeit, in der es galt, die Kennziffer „Industrielle Warenproduktion" hochzujubeln.

Innerhalb weniger Monate schoss das Antragsvolumen ostdeutscher Unternehmen in die Höhe, der GUS-Plafonds von 5 Mrd. DM war mit Zusagen auf Hermes-Bürgschaften für bereits abgeschlossene Exportverträge ausgeschöpft und durch weitere Anträge mehrfach überzeichnet. Die Unternehmen in der Warteschlange wurden unruhig.

Wenn ich im Februar 1992 auch nicht gerade Waschkörbe voller unerledigter Anfragen und Beschwerden aus der Industrie, von Verbänden, Länder-Wirtschaftsministerien u. a. vorfand – ein bedrohlicher Rückstau war schon eingetreten. Viele Briefe waren an den Minister selbst gerichtet, sein Leitungsbüro stimmte zähneknirschend den Anträgen des Hermes-Referats auf Verlängerung der Beantwortungsfristen zu, aber selbst wenn die Terminkontrolleure der hohen Leitung ungehalten wurden - das Referat war nicht länger bereit, sich beschimpfen zu lassen und kam den Mahnern patzig. Mit „Formschreiben" ließen sich die meisten Bittsteller und Kritiker aus Ost- und Westdeutschland nicht abspeisen. Viele Schreiben aus den neuen Bundesländern bewiesen Nichtverstehen oder Unkenntnis der Beschlusslage. Ausnahmeentscheidungen und Regeländerungen wurden erbeten, als seien die par ordre de Mufti herbeizuführen. Was mich betraf: Ich w o l l t e den leidenden Landsleuten auch nicht mit „Formschreiben" antworten.

Etwas aber war überaus befriedigend: Ich wurde schon bald als ständiger Teilnehmer zu den Sitzungen des „Interministeriellen Ausschusses" zugelassen und war dem Gremium offenbar wegen meiner Kenntnis der Exportunternehmen der neuen Bundesländer und ihrer außenwirtschaftlichen Verflechtungen von Nutzen. Den meisten Ausschussmitgliedern ging es ja mit dem Osten Deutschlands so, wie mir mit dem Westen. Ich hatte noch nie im Leben gehört, dass ein Unternehmen Paurat in Voerde Bergwerksmaschinen herstellt, und die alteingesessenen Ausschussmitglieder hatten noch nie im Leben etwas vom VEB Bergwerksmaschinen Dietlas (Rhön) gehört, um mal ein Beispiel zu nennen. Als ich Ende 1995 in Bonn ausschied, schrieb mir ein angesehener Vorstand der Hermes AG: „Sie haben mit Rat und differenzierenden Informationen geholfen, manches Exportgeschäft aus den neuen Bundesländern gangbar zu machen, und dies sicherte immerhin für nicht wenige Menschen Arbeit und Einkommen."

Ich hatte gute Voraussetzungen, differenzierende Informationen zu geben, denn wenn ich über ein Unternehmen und seine jüngste Entwicklung nichts wusste, dann rief ich dort an. Ich sagte, was ich in Bonn tue und in welcher Aufgabe ich früher im Ministerium für Außenhandel der DDR gedient habe. Fast immer war am anderen Ende der Leitung jemand, der mich kannte oder meinen Namen schon gehört hatte, und der mich für würdig hielt, auch Interna zu erfahren und mir reinen Wein einschenkte. Ich verwendete nur das, was den Unternehmen nutzen konnte. Ich geriet auch an neue Leute, an Geschäftsführer, die aus dem Westen gekommen waren, die waren erst einmal zugeknöpft.. Aber nicht selten riefen sie nach Befragen ihrer Ostmitarbeiter noch einmal zurück und gaben freundlich Auskunft. Die Ausschussmitglieder haben sicherlich registriert, dass sich in den vier Jahren meiner Mitarbeit kein einziges Unternehmen darüber beschwert hat, dass ein gelernter „Ossi" ihre Anträge zur Hand nahm.

Ich kam im „Ausschuss" zu Wort. Das Zuhören und die Mitwirkung verhalfen mir zu einer stärkeren fachlichen Fundierung. Im Ausschuss wurden ja nicht nur Exportvorhaben nach Russland, in die Ukraine, nach Kasachstan usw. behandelt, sondern auch Exporte nach China, Lateinamerika, in den Iran, die Türkei, nach Indonesien, Pakistan. Davon wurde ich nicht dümmer. Es kam ja dann auch die Zeit, da wurden Geschäfte westdeutscher Export- und Außenhandelsunternehmen durch Vergabe von Hermes-Garantien und –Bürgschaften dann besonders gefördert, wenn sie hohe Liefereinschlüsse aus Ostdeutschland enthielten, wenn also die Westexporteure die Ostwaren „im Huckepack" mit auf Märkte nahmen, auf denen die ostdeutschen Hersteller allein noch kein Bein auf die Erde bekamen.

Mein Arbeitsgebiet war auch in der Hermeszeit nie genau umrissen, aber im Wesentlichen auf die mit der Entscheidungsfindung zu Anträgen aus den neuen Bundesländern auf Deckungen für Exporte in die GUS-Länder verbundenen Fragen und die Beantwortung von Ersuchen und Einsprüchen aus Ostdeutschland ausgerichtet. Diese Aufgabe gewann an Bedeutung, weil die Prüfung von Deckungsersuchen der ostdeutschen Unternehmen immer penibler und engmaschiger werden musste. Ganz unabhängig davon, dass die Gesamtsummen, die sogenannten Plafonds, für die Deckungsübernahme je GUS-Republik reduziert worden waren, sollte ein Hauptziel immer stärker beachtet werden: Die Abhängigkeit ostdeutscher Unternehmen von den Ex-UdSSR-Märkten schrittweise zu verringern und stattdessen auf den westlichen Märkten voranzukommen. Nur wenn der relative Anteil des GUS-Exports sinke, so war die Überlegung, würde auch eine Perpetuierung der alten Warenstrukturen und Sortimente aus der RGW-Zeit überwunden werden. Die Fachleute der Hermes Kreditversicherungs AG in Hamburg verlangten deshalb von den Antragstellern das Versprechen, ihre GUS-Exporte schrittweise zu reduzieren und ließen sich dazu Umsatzprognosen für mehrere Jahre im Voraus geben. Dass hier viele Unternehmen mit frommem Augenaufschlag Tabellen herreichten, die das Blaue im Himmel versprachen, ich wollte es ihnen nicht verdenken.

Freilich, ein bis zwei Jahre später würden die Hermesleute die Antragsteller dann mit ihren nicht realisierten Träumereien konfrontieren können. Viele der hochgradig auf die frühere UdSSR ausgerichteten Betriebe kamen im Westexport nicht voran, schrumpften weiter, um dann nach 1994 ganz aus der deutschen Industrielandschaft zu verschwinden. Nachzuweisen hatten die ostdeutschen Unternehmen auch die Arbeitsplatzwirksamkeit ihrer Exportvorhaben – klar, Verträge über die Lieferung von Stahlkonstruktionen oder chemischen Massengütern gaben weniger Menschen Arbeit (gerechnet wurde in „Mannjahren"), als Aufträge über Verpackungsmaschinen oder Mikroskope. Das Ergebnis der peinlichen Befragungen schrieben die Hamburger Hermes-Leute in einen „Prüfbericht", und dieser wurde dem IMA zur Entscheidung vorgelegt.

Der Interministerielle Ausschuss „IMA"

In bestimmtem Umfang entschied die Hermes Kreditversicherungs AG selbstständig nach Richtlinien des IMA. Anträge ab einer bestimmten Größenordnung, für bestimmte Geschäftstypen oder auch Länder wurden im „IMA" behandelt, entweder im engen Kreis oder in einem um Experten der Wirtschaft erweiterten Gremium, in dem das Wirtschaftsministerium, das Finanzministerium, das Auswärtige Amt und das Entwicklungshilfeministerium mit den Mandataren des Bundes zusammenwirkten. In den Händen der Mandatare, der Hermes AG und der Wirtschaftsprüfungsgesellschaft Treuarbeit, lagen die Vorbereitung der Entscheidungen und die gesamte organisatorische Abwicklung der Herausgabe der Garantie- und Bürgschaftsurkunden wie auch die gegebenenfalls nachfolgende Schadensregulierung. Hermes und Treuarbeit waren Unternehmen der privaten Wirtschaft, die als Teil ihres Gesamtgeschäftes die Ausfuhrgewährleistungen des Bundes besorgten und sich für diese Dienstleistungen bezahlen ließen. Die eingenommenen Versicherungsprämien flossen in den Bundeshaushalt, und eventuelle Schäden wurden daraus bezahlt.

Den Vorsitz im IMA hatte satzungsgemäß der Abgesandte des Wirtschaftsministeriums, den Schlüssel zur Kasse aber der des Finanzministeriums - der Vorsitzende entschied nur im Einvernehmen mit ihm. Der Vertreter des Auswärtigen Amtes konnte, wenn er mit einem positiven Votum für ein außenpolitisch äußerst erwünschtes Geschäft allein stand, die Zustimmung des Ausschusses nicht erzwingen, wäre er aber konsequent g e g e n eine Deckungsentscheidung aufgetreten, hätte ihn das Gremium kaum überstimmen wollen. Soweit ich zurückdenken kann, hatte das Finanzministerium auch immer den ranghöchsten Beamten im Gremium.

Damals war es der Ministerialrat Dr. Malte Ehrig. Ehrig war Sohn eines preußischen Offiziers. Mich behandelte Dr. Ehrig ehrenhaft, an der Sache orientiert. Ehrig begründete seine Voten in ausgreifender und reifer Rede, doch war sein Ziel wohl weniger, sich einen Genuss durch die eigene Vortragskunst zu verschaffen, sondern einen vermuteten oder schon erklärten Träger gegenteiliger Auffassung aus dem Feld zu schlagen. Eine Entscheidung sollte nicht getroffen worden sein, weil er das Recht auf das letzte Wort hatte, sondern weil seine Argumente anerkanntermaßen die besten waren. Sollte ein Geschäft, das eine komplizierte Risikoabwägung erforderte, „durchgehen", dann war vor der entscheidenden IMA-Sitzung „Geheimdiplomatie" unvermeidlich, und der Ausschuss-Vorsitzende sollte besser rechtzeitig zum Hörer greifen.

Tat er das nicht und versuchte, den „Finanzminister" Ehrig vor großer Mannschaft auszuhebeln – an einer IMA-Sitzung im „engen" Kreis nahmen oft 25 bis 30 Leute teil – dann war er ganz schnell ein einsamer Mann und machte das in Stille verharrende Auditorium zum Zeugen seiner Niederlage. Wenn überhaupt ein „Vermittler" wagen konnte, an einer auf die mangelnde Gegenliebe des Finanzwesirs Dr. Ehrig stoßenden Meinung des Ausschuss-Vorsitzenden etwas Bedenkenswertes zu finden, war es die Eminenz Thomas Greuter. Ich nenne ihn nicht „graue Eminenz", die konnte er nicht sein, weil er zur Fraktion der „Dienstleister" gehörte, gewissermaßen ein „abhängig Beschäftigter" war, die Beamten ihm gegenüber aber die Träger hoheitlicher Funktionen. Thomas Greuter leitete „AGA" Bonn, die Verbindungs- und Koordinierungsstelle zwischen den beiden Mandatargesellschaften und den Bundesministerien. Greuter hat Generationen von Neulingen im Amt des Vorsitzenden des Interministeriellen Ausschusses „angelernt". Das sollte eigentlich seines Amtes nicht sein müssen, denn der Bund gebot den Mandataren.

Aber wenn ein junger Oberregierungsrat oder Regierungsdirektor in den Vorsitz berufen wurde: Wie konnte er wohl jahrzehntelang erworbene Sachkunde und Erfahrung aus Siegen und Niederlagen aufholen? Greuter war für mich ein Phänomen, ein wandelndes Kompendium, aber Wissen und Leistung allein mussten ihn nicht zu einem schätzenswerten Menschen machen, nein, für mich und mir gegenüber war er darüber hinaus auch ein richtiger anständiger und feiner Kerl.

Das Haushaltsgesetz ermächtigt das Bundeswirtschaftsministerium, mit Zustimmung des Bundesfinanzministeriums für förderungswürdige Ausfuhren oder Ausfuhren, an denen der Bund ein besonderes staatliches Interesse hat, Gewährleistungen zu übernehmen. Was Förderung verdient, unterlag in der Beurteilung dem pflichtschuldigen Ermessen der im IMA zusammenwirkenden Bundesbehörden. Doch diesem Ermessen war eine Grenze gesetzt: Dort, wo mit hoher Wahrscheinlichkeit mit einer Inanspruchnahme des Bundes aus Schäden gerechnet werden musste. Jeder versteht: Zwischen Förderungswillen und Schadensrisiko gab es einen Spannungsbogen.

Armes Russland

Als das Jahr 1993 begann, war der vorausgesagte weitgehende Zusammenbruch der traditionellen Handelsbeziehungen zwischen den ostdeutschen Unternehmen und russischen und GUS-Käufern für niemanden mehr zu übersehen. 1992 überflügelte der im wesentlichen ohne Hermes-Bürgschaften abgewickelte Export aus den alten Bundesländern erstmals den aus den neuen, und das, obwohl Ostdeutschland noch immer Altverträge, für welche die Sonderkonditionen weitergalten, abarbeitete. Richtig ernst war es noch gar nicht geworden ...

Das erste eine Anzahlung erfordernde und mit international üblichen Kreditlaufzeiten abgeschlossene ostdeutsche Russland-Geschäft wurde am 4. Januar 1994 in Deckung genommen.

Nun aber wurden die Russen tückisch: Die Deutschen verlangten die international üblichen Preise, bestanden auf den international üblichen Geschäftsbedingungen – die Russen konnten aber nur dann Kredit erhalten, wenn sie o s t-deutsche Ware bestellten. Sie hatten eine Staatsgarantie beizubringen, die in aller Regel nur gegen nützliche Abgaben und nach nervenaufreibenden Kämpfen mit der innerrussischen Bürokratie erhältlich war, und dann bot die mühsam beigebrachte Staatsgarantie Russlands noch nicht einmal Gewähr dafür, dass die Deutschen das Geschäft versicherten, sondern erst einmal nur dafür, dass der hohe Ausschuss den Antrag überhaupt in die Hand nahm. Aber da die GUS-Staaten unsichere Schuldner waren und andere führende Industrieländer ihren Exporteuren überhaupt keinen Kreditschutz für das GUS-Geschäft gewährten, nahmen sie von den Deutschen, was sie kriegen konnten – „in der Not frisst der Teufel Fliegen." Der IMA unterwarf wegen der immer mehr Besorgnis auslösenden russischen Zahlungsschwierigkeiten jeden Deckungsantrag einer „stringenten Einzelfallprüfung". Hatte er dann „ja" gesagt, konnte die Zustimmung dennoch nicht sogleich verkündet werden. Die für Hermes zuständigen Referate im BMWi, BMF, Auswärtigen Amt und im Bundeskanzleramt hatten für ihre Staatssekretäre getrennte Vorlagen zu erarbeiten und deren Zustimmung einzuholen. Erst, wenn diese „Großen Vier" übereinstimmten, wurde dem deutschen Antragsteller, der bis dahin wie auf Kohlen saß, die Deckungsübernahme bestätigt. Die Ausarbeitung dieser Vorlagen für den Staatssekretär Dr. von Würzen war meine Sache. Ich suchte aus den Entscheidungsgründen die einleuchtendsten heraus, erwähnte die Schattenseiten des Geschäfts in Nebensätzen, feuerte die Vorlage ab und war dann unablässig damit beschäftigt, den harmonischen Abschluss dieses umständlichen, überbürokratischen Prozesses herbeizutelefonieren. Dr. von Würzen verließ sich auf die Kompetenz seiner Untergebenen. Für die Menschen „draußen im Land" war das Staatssekretärsverfahren geheimnisumwittert. Die ostdeutschen Antragsteller sollte es recht sein, dass sie in mir einen Drängler vor Ort hatten.

In jenen Tagen wurde das erste Mal ein neuer Deckungstyp für die GUS-Staaten instrumentiert – die Versicherung von Barter-Handelsgeschäften. Ende 1992 hatte die Bundesregierung dafür grünes Licht gegeben. Ostdeutsche Exporte konnten den Schutz von Hermes erhalten, wenn als Sicherheit Verträge über Gegenlieferungen von Rohstoffen eingesetzt wurden. Nach Möglichkeit sollten bereits die Anzahlungen durch Rohstofflieferungen finanziert und sollten erfahrene westeuropäische Handelshäuser in die Vermarktung der östlichen „Bezahlwaren" eingeschaltet werden. Der Geschäftstyp schien hervorragend geeignet, die russischen Gouvernements, die „Regionen", mit eigenen Verfügungsrechten über die edlen Produkte ihrer Teilreiche – Erdöl, Walzstahl, Aluminium, Magnesium, Apatite, Holz, Diamanten – in Großgeschäfte einzubinden. Jelzin hatte die Regionalchefs ja aufgefordert, sich an Rechten zu nehmen, was sie brauchten. Dies konnte durchaus zur Neuauflage des berühmten Erdgas-Röhren-Geschäftes in Form vieler kleiner Geschäfte „Rohstoffe gegen Investitionsgüter gegen Kredit" führen.

Man hatte mit großem Zuspruch für diese Geschäfts- und Deckungsart gerechnet, aber in der Praxis bissen sich die Interessenten an den Koordinierungserfordernissen und den logistischen Konzepten, an den Genehmigungsvoraussetzungen bei Hermes und den Anforderungen der deutschen Banken fest, und wenn sie doch alle diese Hürden genommen hatten, scheiterten sie an den nie beseitigten Entscheidungsmonopolen der russischen Zentralbürokratie, an überforderten Banken, an der Eifersucht der Oligarchen. Immer deutlicher wurde: Dieser Geschäfts- und Deckungstyp ist – wenn er überhaupt gangbar gemacht werden kann – nur etwas für große und erfahrene deutsche Handelshäuser oder Fachabteilungen großer Konzerne, die Finanzkraft besitzen, Anfangsverluste wegstecken und geduldig sein können.

Als die neue Deckungsart ins Leben trat, war der Optimismus groß, aber es war ein kleines, noch traditionsloses ostdeutsches Handelsunternehmen mit schwacher finanzieller Basis, das den Mut und die Zähigkeit aufbrachte, das erste Bartergeschäft mit den Russen in Verträge zu fassen und bei Hermes zur Deckung anzumelden, die Con-Impex HandelsGmbH.

Im Frühjahr 1994 legte nach monatelangen Verhandlungen die Con-Impex als Geschäftskoordinator ein Paket mehrerer Exportgeschäfte im Umfang

von 212 Millionen DM für ein Werk zur Herstellung von Haushaltplaster-
zeugnissen, eine Spanplattenfabrik, Sägewerke, Agrarausrüstungen vor. Käufer war die Gebietsadministration der sibirischen Region Tjumen. Bezahlt
wurde mit Erdöl, das die regionalen Förderunternehmen an Stelle von Steuern an die Gebietsverwaltung abzuführen hatten. Die Vermarktung übernahm die VEBA Oil. Die Deutsche Bank AG war bereit, die Bank-zu-Bank-
Kredite auszureichen. Der Russischen Zentralbank musste die Zustimmung
zur Errichtung eines Treuhandkontos im Ausland, auf das die Erlöse aus dem
Erdölverkauf zu überweisen waren, abgerungen werden. Für dieses Paket
miteinander verflochtener Export- und Importlieferungen beantragte die
Con-Impex Hermes-Bürgschaften. Der IMA stand vor einer schweren Entscheidung, denn der russische Staat gab für das Regionalgeschäft keine
Staatsgarantien, allenfalls sogenannte „Letters of Comfort", was man etwa
mit „Beistandsbriefe" übersetzen könnte. Der IMA musste springen. Und er
sprang.

Russische Prioritäte

Die russischen Importprioritäten hatten sich nach 1991 schnell gewandelt.
1992 wurde das dramatisch sichtbar, schlug sich aber in den zahlenmäßigen
Ergebnissen noch nicht ebenso dramatisch nieder, weil die von der Bundesregierung zur Verfügung gestellte Höchstsumme für neue Deckungen (5
Mrd. DM) noch durch das Abarbeiten des alten und zu Sonderkonditionen
vereinbarten Auftragsbestandes in der alten Struktur aufgebraucht wurde.
Viele Unternehmen der neuen Bundesländer, die annahmen, dass Russland
vor allem an Erzeugnissen aus der langfristigen Spezialisierung interessiert
bleiben würde, sahen sich nun getäuscht.

Die rapide sinkende Investitionsquote, die Vordringlichkeit des Imports von
Roh- und Hilfsstoffen, Nahrungsmitteln, Pharmarohstoffen und Medikamenten und Konsumgütern, die Begrenzung auf ausgewählte Maschinen, ausgewählte Waggons, Energiemaschinen, Ersatzteile für Landmaschinen und die
überhaupt wegen fehlender Wirtschaftskraft sinkende Importkapazität
zwangen das russische Wirtschaftsministerium zu einer Neuorientierung, die
aber schleppend verlief und für jedermann unübersichtlich blieb. Das russische Wirtschaftsministerium hatte die Vorstellung, es könnte (so wie früher
in einer „Paritätischen Regierungskommission" mit der DDR) „der deutschen Seite" mitteilen, dass sie die in den zivilrechtlichen Verträgen zwischen
russischen Importeuren und deutschen Herstellern vereinbarten Waren nicht
mehr brauche, stattdessen aber andere, in „Prioritätenlisten" aufgeführte.

Das BMWi verpasste den Russen erst einmal einen Vortrag über die Rolle eines Ministeriums im deutschen Rechtsstaat und dass ein Ministerium nicht in die freie Vertragsgestaltung freier Wirtschaftssubjekte eingreifen könne: Pacta sunt servanda. Doch was solls ... Die ostdeutschen Unternehmen gerieten in eine Notsituation – sie hatten einen Vertragsstand auf Russland von 80 (achtzig!) Mrd. DM in den Leitz-Ordnern. Sie hatten enorme Kraft für neue Anbahnungen in Russland aufgewandt – und zu wenig für die Erschließung neuer Märkte im Westen. Einige Unternehmen hatten im Glauben, der Wirtschaftsminister Möllemann werde „die Finanzierung in Russland" schon durchboxen, auch ohne Vorliegen von Anzahlungen und Staatsgarantien produziert, Ende 1992 standen für 2 Milliarden DM (!) Waren in Ostdeutschland auf der Halde.

Erschreckt durch den gewaltigen Auftragsbestand an womöglich obsoleten Verträgen und fehlende russische Neuaufträge für 1993 mussten Bundeswirtschaftsministerium und Treuhand nachdenken, wie praktisch zu helfen sei. Nichteinmischung in die Unternehmenspolitik – das war geheiligtes Prinzip. Aber „begleiten", das war geboten und erlaubt. Man musste die Russen auf hoher Ebene richtig gezielt fragen: Da ist ein Vertrag mit Waggonbau Ammendorf. Werden diese Waggons abgerufen werden, erscheint die Finanzierung gesichert, wird eine Staatsgarantie gegeben? Ja? Nein? Wenn ja, wann? Hier haben wir einen Vertrag von TAKRAF Leipzig mit ... über ... Stehen die Ausrüstungen auf der russischen Prioritätenliste? Ja, nein ... ? Wenn da nein und dort nein – welche anderen Importvorhaben hat Russland, könnten wir das bitte erfahren, natürlich ohne Obligo für uns, selbstverständlich, wir führen ja keine Verhandlungen über ein Jahresprotokoll und bestätigen keine Umschichtungen im Vertragsbestand, und wir können auch nicht versprechen, dass Hermes decken wird. Aber, bitte, informandi causa, wir wüssten es gerne, vielleicht kann man etwas tun, versprechen können wir nichts ...

Reden konnte man so über das alles nur mit einem russischen Staatsorgan, dem Wirtschaftsministerium, im günstigsten Fall gab es dort verwertbare Auskünfte. Wenn dort aber „nein" gesagt würde, „nein, das brauchen wir nicht mehr"? Nicht die Treuhand und schon gar nicht das BMWi durften eine Stornierung bestehender Lieferverträge annehmen, da würden die betroffenen ostdeutschen Unternehmen, obwohl selbst nicht zur Abwendung des Übels in der Lage, womöglich aufjaulen und den Staat auf Schadensersatz verklagen. Aber private Industrieemissäre würde das russische Wirtschaftsministerium glatt vor der Türe stehen lassen.

Die Erkenntnis, dass man nun auf solche unübliche Art mit den Russen reden müsse, war den bundesdeutschen Staatsorganen, aus Prinzip und auch mangels Erfahrung recht zuwider, aber es blieb ihnen nichts anderes übrig. Es mussten also doch Bundeswirtschaftsministerium und Treuhand an die Front, nicht so hochrangig, nicht um zu „verhandeln", eher zum Listenvergleichen, aber um F l a g g e zu zeigen ... Aber natürlich keine große Flagge, nur eine kleine, wie in einem Emblem, oder ganz klein, wie in der Kokarde einer D i e n s t -M ü t z e ... Da haben wir das Wort, das der nun startenden Mission den Namen gab: Unternehmen Dienstmütze ...

Im November 1992 setzte sich also eine Aktionsgruppe „Dienstmütze" mit dem praktisch denkenden Ministerialrat Dr. Friedrich (Fritz) Homann, dem Fachmann Hans-Henner Vaubel, Referatsleiter Russland, dem unverzichtbaren Dolmetscher Bernhard Duch, der in der Sprachübertragung auch den misslichsten großrussischen Chauvinismus mit Ironie und feinstem Zynismus aufzufangen verstand und auch etwaigen deutschen nicht weiterleitete, in Begleitung des Treuhand-Ostbeauftragten Hans-Georg Pohl nach Moskau in Bewegung. Ich war auch dabei, und alle trugen wir die unsichtbare „Dienstmütze" mit dem Bundesadlerchen.

Das russische Wirtschaftsministerium saß im Gebäude der alten GOSPLAN, alles sah dort so trostlos aus wie in realsozialistischen Zeiten, und irgendwie schien auch die zentralstaatliche Planung ungebrochen darin weiterzuleben. Einige der russischen Gesprächspartner kannten sich gut in deutschen Dingen aus, waren für den Außenhandel mit der früheren DDR zuständig gewesen, hatten in der Botschaft in Berlin Dienst getan und trugen wie früher die grauen und braunen Pullover und die nicht dazu passenden Krawatten. Es ging ihnen schlechter als zuvor, und nun kamen auch noch die wiedervereinigten Deutschen, drängelten und wollten dieselben Waren wie früher gegen harte Währung verkaufen.

Ich habe keine ganz genaue Erinnerung mehr daran, wie viel Aufklärung unsere Mission in die Welt brachte, wir versuchten unser Bestes. Nach der ersten Reise nach Moskau im November 1992 folgte eine weitere im Dezember, in der wir Experten die Bemühungen von Möllemann, Schomerus und Gerlach auf der „höheren" Ebene flankierten, und dann noch eine im Februar 1993. Gegen den Rückgang des Exports aus den neuen Bundesländern nach Russland schien kein Kraut gewachsen.

Er sank 1993 auf 3,7 Mrd. DM, 1994 noch einmal auf 2,4 Mrd. DM, 1995 noch einmal auf etwa 1,9 Mrd. DM. Danach wollte ich solche Statistiken nie wieder sehen.

Alltag unter „Kollegen"

Das Jahr 1994 neigte sich dem Ende zu. Ich hatte meinen Platz im Hermes-referat gefunden. In meinem Beratervertrag für 1994 (und in dem für 1995, den ich schon zu Beginn des IV. Quartals 1994 erhielt) waren Aufgaben formuliert, für die ich zur Verfügung stand. Da ich bemüht war, möglichst meinen ganzen Arbeitstag sinnvoll auszufüllen, und da mit wachsendem Abstand von der deutschen Vereinigung mein Rat seltener gebraucht wurde, versuchte ich, meine Hermes-Nische zur Wagenburg auszubauen.

Ich organisierte Unternehmensbesuche in der Medizinischen Gerätefabrik Berlin, im Malimo Textilmaschinenbau Chemnitz, bei Carl Zeiss in Jena. An allen drei Plätzen fielen unbesetzte Arbeitsplätze auf, nicht benutzte Arbeitsmaschinen … Die meisten dieser Maschinen waren inzwischen überflüssig, weil durch neue, hochproduktive ersetzt worden. Wir verstanden das Problem der „Arbeitsplatzwirksamkeit" nun besser, mit diesem Förderkriterium schlugen wir uns ja im IMA beständig herum. Hermes-Deckungen sicherten den Fortbestand einiger ostdeutscher Unternehmen und waren „arbeitsplatzwirksam". Zugleich verloren diese Unternehmen Mitarbeiter, weil weniger Werksangehörige jetzt dieselbe Produktmenge erzeugen konnten. Aber dieselbe Produktionsmenge wurde auf dem Markt nicht nachgefragt, und so standen nun sogar modernisierte Arbeitsplätze leer.

Interessant waren die vielen Begegnungen mit den Bittstellern aus den Unternehmen und den Lobbyisten. Ich kann nur von denen berichten, die mich selbst aufsuchten oder die meine „Vorgesetzten" visitierten - wenn es um Ostgeschäfte ging, wurde ich hinzugezogen. Die Vorstände großer Unternehmen wandten sich natürlich meist direkt an „Herrn Minister" oder die Staatssekretäre, schriftlich, damit der Sachstand nachgelesen werden kann, dazu aber ergänzend auch noch telefonisch … Wenn sie Unmögliches erwarteten, wurden auch sie enttäuscht. Aber wenn sich bei gutem Willen das Himmelstor doch einen Spaltbreit öffnen ließ, bekamen sie ihren Fuß hinein. Bei solcher Art Problemlösungen entwarf ich dann nur den abschließenden Brief: Bertelsmann AG: Sehr geehrter Herr Middelhoff; Siemens: Sehr geehrter Herr von Pierer!

Unter den Lobbyisten waren lästig-uneffektive und sympathisch-geschickte. Am stärksten hat mich einer von Philipps Medizinsysteme Hamburg, Wolfgang Rosenbauer, beeindruckt. Der hatte das Ziel, für ein mehrere hundert Millionen schweres Konversionsprojekt in St. Petersburg eine Bundesdeckung zu erlangen. Schon auf den ersten Blick war das eine tolle Sache: Dort, wo gestern noch Rüstungstechnik produziert wurde, sollten Computertomographen und andere sophistische Diagnosegeräte gebaut werden. Trotzdem: Das Projekt passte schlecht in die „Beschlusslage", hätte einen Löwenanteil der begrenzten Deckungsmittel verschlungen, denn in den Anfangsphasen sollten vor allem deutsche Bauteile nach Russland geliefert und vor Ort lediglich montiert werden. Also zuerst einmal: Nein. Aber dann eine weitere Konsultation: Es wurden Brücken hinüber und herüber gebaut. Wesentliche deutsche Zulieferungen sollten statt in Hamburg nun in Sachsen produziert und als förderungswürdige ostdeutsche Exporte aus dem Land gehen. Und dann wurde aus dem „Nein" ein „Jein". Noch eine Vorsprache, freundlich, geduldig, noch ein Zugeständnis, das Projekt wurde in Tranchen zerlegt, handlicher gemacht. Und der Antragsteller war Hamburger, und Hermes auch ein Hamburger Unternehmen, und das war auch sympathieerzeugend. Und endlich war das Projekt reif für eine positive Entscheidung. Ich war voller Bewunderung.

Auch die Geschäftsführer von Buck-Inpar, die in Russland Standard-Wohnungen für heimkehrende russische Offiziere bauten, waren gescheite, hartnäckige, jedoch nicht lästige, verständnissuchende Lobbyisten. Ich fand, dass gute Lobbyisten ihre Erfolge verdienten, wenn schon Kapitalismus, sollten die Leute ihr vieles Geld auch mit Tüchtigkeit, Ideen, Fleiß, Charme verdienen und den Entscheidern ein gutes Gewissen machen.

In Frankfurt am Main empfingen wir im AKA-Gebäude den Stellvertreter des russischen Finanzministers, Kasyanow, und vereinbarten ein für Russland weniger diskriminierendes Verfahren bei der Hergabe von Staatsgarantien. Kasyanow, der später zum Ministerpräsidenten unter Putin aufstieg, beeindruckte durch sein kühles, zurückhaltendes, konzentriertes, von unnützer Gestik freies und höchst sachkundiges Auftreten. Wenn zur fachlichen Klärung nötig, sprach er gutes Englisch. Kasyanow saß, wenn man die fortlaufend angespanntere Finanzsituation seines Landes bedachte, nicht am längeren Hebel, verkörperte nichtsdestotrotz Stolz und Würde Russlands. Ob er „eigene finanzwirtschaftliche Interessen" am russischen Deutschlandhandel hatte, wer weiß ... In Russland nannten ihn böse Zungen wegen seiner angeblichen Beteiligung an den Geschäften einiger Großunternehmer „Mischa Two Percent". In Frankfurt imponierte er uns durchaus, sein Besuch war aber kein Staatsakt. Mich erkannte Kasyanow nach einer einzigen von mir eingeworfenen Bemerkung in russisch, auf die er mit einem einzigen russischen Wort antwortete, als ehemaligen DDR-Bürger. Mittags aßen wir gemeinsam aus der AKA-Kantine Kassler mit Sauerkraut.

Michail Kasyanow machte sich in den Folgejahren im Westen einen

Namen als außerordentlich kompetenter Finanzfachmann: Sicher verdanken die Russen auch ihm, dass die über die Ufer getretene Verschuldung ihres Landes nicht in eine unbeherrschbare Krise führte. 1999 stieg Kasyanow zum Ministerpräsidenten Russlands auf. Er galt wohl zu Recht als Vertrauter der Jelzin-Familie.

Es hieß, dass er den in Russland weithin gehassten Oligarchen Beresowski und Abramowitsch nahe stehe, auch von dem später in die Ungnade Putins gefallenen Oligarchen Chodorkowski distanzierte er sich nicht. Obwohl sein Verhältnis zu Putin offensichtlich belastet war, hielt sich der als „gewieft und zynisch geltende Taktierer" erstaunlich lange. Spätestens in der zweiten Hälfte des Jahres 2003 scheint er dem selbstherrlich Entscheidungsstärke demonstrierenden Putin entbehrlich geworden zu sein. Am 25. Februar 2004 wurde er entlassen.

Wenn ich irgendwo auf ärgerliche Voreingenommenheit stieß, lag es eher am schwachen Verstand meiner Bonner Gegenüber. Es gab sogar eine mäßig qualifizierte Bürohilfsarbeiterin, die machte einigen ihrer Dienstklasse zum Vorwurf, überhaupt mit mir zu sprechen. Ganz allgemein aber waren gerade die zu Unrecht so genannten „kleinen Leute" hilfsbereit. Hin und wieder nahm mich ein Mitarbeiter auf seine Einladung zu einem der öffentlichen Auftritte mit, die ausländische Politiker bei Bonn-Besuchen gaben.

Den dicklichen Gaidar habe ich erlebt, den russischen Vizepräsidenten Ruzkoj, den polnischen Präsidentschaftskandidaten, das spätere Staatsoberhaupt Alexander Kwasniewski – unter anderen. Kwasniewski wurde von den anwesenden polnischen Journalisten attackiert: „Sie waren Minister in einer kommunistischen Regierung, halten Sie sich für geeignet, Führer des freien Polen zu sein?" Antwort: „Ja, Sie haben recht, Minister war ich. Aber jetzt trete ich für Freiheit und Prosperität Polens ein." Der nächste fragte: „Sie haben einst die polnische Jugend zum Kommunismus erziehen wollen? Halten Sie sich da wirklich für geeignet, Präsident des freien Polen zu werden?" Antwort: „Ja, das habe ich getan. Aber jetzt trete ich für die lichte Zukunft und die Stärkung des freien Polen ein." Na, so ging das eine Weile, der Kandidat leugnete seine Vergangenheit nicht, aber bestritt energisch, deshalb für das angestrebte hohe Amt ungeeignet zu sein.

Meist war ich nach Dienstschluss allein mit mir. Schon oft hatte ich gerade gegen Abend eine starke innere Unruhe gespürt, und die bekämpfte ich am besten auf dem Fahrrad. Am liebsten fuhr ich zum Bahnhof Kottenforst, da gab es einen schattigen Biergarten und ein Kölsch oder Hefeweizen vom Fass, und dorthin war man lange unterwegs und die Seele atmete dabei. Ich fuhr über Witterschlick oder Oedekoven ins Vorgebirge oder am Rhein entlang zum Milchhäuschen oder mit der Fähre nach Königswinter hinüber. An den unverhofften katholischen Feiertagen noch weiter, über Rhöndorf, dem Wohnsitz Adenauers, nach Unkel, Alterssitz von Willy Brandt, oder bis nach Münstereifel. Oft wurde es Nacht, ehe ich in meine Gartenwohnung zurückkam.

Einmal, auf dem Rückweg aus dem Kottenforst, begegnete ich nahe Röttgen dem Dienstfahrzeug meines Ministerialdirektors Dr. Schomerus. Wir winkten uns zu. Er hatte offensichtlich viel später Feierabend als ich, aber dafür einen gepanzerten Mercedes. Wie fühlt sich ein ehemaliger Stellvertreter des Ministers in solchem Moment? Wenn man verloren hat, hat man verloren. Das war sonnenklar. Gewiss, nach Dienststellung und Geldbezügen war ich jetzt, gemessen an meinen DDR-Zeiten, um vier bis fünf Ebenen abgerutscht und kam nicht mehr vor … Aber ich war einigermaßen standfest, ich war einig mit mir selbst, ich hatte Ähnliches erkannt wie der „Bajazzo" in Thomas Manns gleichnamiger Erzählung aus dem Jahr 1897: „Man akzeptiert mit träger Bereitwilligkeit d e n Grad von Respekt, den du die Sicherheit hast, vor dir selber an den Tag zu legen. Sei, wie du willst, lebe, wie du willst, aber zeige kecke Zuversicht und kein böses Gewissen, und niemand wird moralisch genug sein, dich zu verachten. Erlebe es andererseits, die Einigkeit mit dir zu verlieren, zeige, dass du dich verachtest, und blindlings wird man dir recht geben." Mich so zu halten, scheint mir gelungen zu sein. Fünfzehn Jahre nach meinem Arbeitsende in Bonn schrieb mir eine der damals maßgeblichsten Persönlichkeiten des Bundeswirtschaftsministeriums, er habe mein Engagement als „vornehm, offen und verlässlich" in Erinnerung.

In meinen Bonner Tagen wechselten sich also weiter Routine und Höhepunkte ab. Als das Jahr 1995 angebrochen war, erschien es mir erstrebenswert, mein Joch endlich abzuwerfen. Bisher hatte ich noch immer Ehrgeiz gehabt, etwas Neues dazuzulernen, mir die Ausfuhrkreditversicherung anzueignen, wie ein eben freigesprochener Absolvent der Betriebswirtschaft, der sich eine Lebensaufgabe sucht. Das war jetzt nicht mehr so, und wer nicht mehr aufbauen will, baut ab. Ich hatte nach dem Ende der DDR richtig darum gekämpft, nicht aus der Umlaufbahn geschleudert zu werden, es ging um viel, und das Kämpfenmüssen hatte mich hellwach gehalten. Jetzt spürte ich eine eigenartige Müdigkeit und überlegte ernsthaft, ob ich um meinen Positionserhalt fighten sollte. An jedem Freitag, wenn ich spät, gegen 23.00 Uhr, froh wieder in der Heimat war, wollte ich weitermachen. An jedem Montag, wenn ich um 4.00 Uhr aufstand, um mit schwerer Umhängetasche zur S-Bahn und zum Flughafen Tegel aufzubrechen, wollte ich lieber Schluss machen. Ende 1994 war ich schon 130 Mal zwischen Berlin und Köln-Bonn hin- und hergeflogen. War es nun nicht doch schon genug?

Mitte 1995: Ich finde kein Gehör mehr

Dieser Abschnitt könnte auch die Überschrift tragen: „Fazit meiner „Hermes-Jahre", denn ich werde darin eine Bilanz der Deckungspolitik für den GUS- und im besonderen den Russlandexport der nBl in der ersten Hälfte der 90er Jahre geben, doch mehr noch geht es mir darum, die Meinungsverschiedenheiten aufzuzeigen, die sich zwischen mir und den Abnehmern meiner Beratermeinung entwickelten, nachdem ich nach einer schweren Herzoperation Mitte 1995 nach dreimonatiger Abwesenheit vom Dienst wieder in Bonn antrat.

Wenn ich auch die nur noch halbherzige Förderung des Exports der neuen Bundesländer durch den Bund als verantwortlich für den Rückgang des GUS- und Russlandgeschäfts der ostdeutschen Unternehmen ansah - reduzierte Plafonds, hochgesteckte Anforderungen an die Besicherung, Ablehnung der Garantien von Gebietskörperschaften – so setzte doch inzwischen auch Russland selbst (andere GUS-Länder auch …) Ursachen für diesen Rückgang: Fehlende Wirtschaftskraft und kommerzielle Organisation der Käufer, Widerstand der Zentralbehörden gegen Regionalgeschäfte durch Versagen des notwendigen staatlichen Beistands, Unwägbarkeiten in den wirtschaftlichen, rechtlichen, steuerlichen Rahmenbedingungen, zögerliche Hergabe von Staatsgarantien zur Begrenzung der Neuverschuldung, Benachteiligung nichtstaatlicher Kaufinteressenten, die Unzuverlässigkeit des Bankensystems … Auch ich konnte diese neuen Momente nicht übersehen, meine Schlussfolgerung daraus aber war nicht der Rat, Vorsicht und Zurückhaltung bei der Förderung des Ostgeschäfts zu üben, sondern die Förderung der ostdeutschen Unternehmen gezielt zu verstärken und bei der Besicherung der Exporte notfalls höhere Risiken einzugehen und dabei auch die Solidarität der ostdeutschen Länderregierungen herauszufordern.

Noch etwas hatte die Landschaft verändert: Immer massiver war die Kritik der mittelständischen Exporteure der alten Bundesländer, die sich zum Teil auch in schweren Wassern befanden, gegen die Bevorzugung der ostdeutschen Wettbewerber im GUS-Geschäft geworden. Solange die Rechts- und Beschlusslage eindeutig war, setzten sie IMA und Hermes korrekt durch, wenn es sein musste, auch gegen fast ehrenrührige Kritik und trotz angedrohter Verwaltungsgerichtsprozesse – ich erinnere mich daran, dass der süddeutsche Traditionsbetrieb Weingarten die Vergabe einer Hermesbürgschaft an den Pels-Nachfolger Pressenbau Erfurt für die Lieferung einer Großanlage an die Togliatti-Autowerke wegen Ungleichbehandlung der Antragsteller heftig angriff, auch mit einer Pressekampagne. Im Februar 1995 zeigte die Dauerkritik an der angeblich einseitigen Förderung ostdeutscher Unternehmen erste Wirkung. „Um ein über die letzten Jahre hinweg eingetretenes zu starkes Ungleichgewicht zu Lasten der alten Bundesländer zu vermeiden", wie es im AGA-Report, dem Mitteilungsblatt der Mermes AG, hieß, sollte nun „eine vorsichtige Öffnung der Deckungspolitik zur größeren Unterstützung von Exporten aus den alten Bundesländern" vorgenommen werden.

Als diese Linie beschritten wurde, ein Kabinettsbeschluss war dem n i c h t vorausgegangen, wies ich Graf Korff mit allem Respekt, diesmal aber kaum unterdrückter Bissigkeit darauf hin, dass seine Kernthese von einem sich entwickelnden „Ungleichgewicht" Ost – West zu Lasten des Westens g r u n d f a l s c h sei. Außerdem, das „Ungleichgewicht" betreffend: Wollte denn niemand zur Kenntnis nehmen, dass um das Jahr 1994 der gesamte ostdeutsche Export nur den Zwergenanteil von 1,8 Prozent des Gesamtexports der Bundesrepublik aufbrachte?

Von 1992 auf 1994 war der GUS-Export der alten Bundesländer von 6,3 Mrd. DM auf 8,4 Mrd. DM gestiegen, der der neuen Bundesländer von 4,3 Mrd. DM auf 2,4 Mrd. DM gefallen, und ich konnte im Ergebnis von Befragungen aussagekräftiger ostdeutscher Exporteure aufzeigen, dass sich das „Ungleichgewicht" weiter genau umgekehrt entwickle, als von Korff behauptet. Aber wenn der Graf ein Ziel hatte, dann verfolgte er das unbeirrt, und in der Leitung des BMWi vermutete er Rückendeckung oder Uninteressiertheit. In dieser gab es nach dem Wechsel in den zwei nächsthöheren Leitungsebenen UAL und MD schon keine Pioniere der ersten Stunde mehr, und vermutlich hatten auch die leitenden Persönlichkeiten längst den Kanal voll vom ständigen Gemeckere der scheinbar zu-kurz-kommenden westdeutschen Unternehmen und ihrer Sprecher in den Verbänden. Dabei war die Öffnung zu Beginn tatsächlich noch vorsichtig, der dafür vorgesehene Plafonds betrug nur 200 Millionen DM, und die westdeutschen Antragsteller hatten nachzuweisen, dass ihre technologische Sonderstellung eine Verdrängung von Lieferanten aus den neuen Bundesländern nicht erwarten lässt.

Papperlapapp ... Ich sah voraus, was da kommen würde: Sobald ein vergleichbares Erzeugnis eines westdeutschen Herstellers technisch ausgereifter, vielseitiger einsetzbar war und der russische Käufer auf der Lieferung des auch nach seiner Ansicht modernsten, fortgeschrittensten Erzeugnisses bestand, würde die „technologische Sonderstellung" von Einkäufer und Verkäufer unisono behauptet werden, und das liefe dann darauf hinaus, dass Fortschritt Erntemaschinen Neustadt in Sachsen gegen Claas keine Chance hätte, um nur ein Beispiel zu nennen. Aus der Kontroverse mit Korff ging ich als zweiter Sieger hervor.

Als ich in Bonn schon ausgeschieden war, kam, wie nicht anders zu erwarten, der nächste Schritt: Bis zu einer Orientierungsgröße von zunächst 30 Millionen DM je Einzelantrag konnten nun Geschäfte ohne Ansehung des Warenursprungs in den neuen oder alten Bundesländern in Deckung genommen werden.

Am 17. Oktober 1995, kurz vor meinem Ausscheiden aus dem BMWi, lieferte ich eine „Analyse zur Unterstützung der Unternehmen der neuen Bundesländer durch Hermes-Ausfuhrgewährleistungen" ab, in der ich – meinen bevorstehenden Abgang vor Augen -undiplomatischer als es sonst meine Art mich mitzuteilen war, die Lage einschätzte und gemessen am Stil des Hauses aggressiv die zur „Rettung der industriellen Restsubstanz" der ehemaligen DDR – so formulierte ich – erforderlichen Schritte im Hermes-Bürgschaftssystem vorschlug.

Ich habe nicht erfahren, ob mein Papier beim zuständigen neu ins Amt gekommenen falkengleichen Unterabteilungsleiter, Dr. Burkhardt, hängenblieb oder weiter „nach oben" durchlief. Aus der Reaktion Burkhardts, den ich nicht unterschätzte und der, dessen war ich sicher, meine Lagebeurteilung und meine Vorschläge durchaus verstanden hatte, konnte ich jedenfalls entnehmen, dass meine Initiativen voll ins Leere laufen sollten. Dr. Burkhardt begegnete meinem Vorstoß mit einem dreiseitigen Vermerk. „Die Aufzeichnung von Herrn Lemke", so wollte er aus meiner Analyse herausgelesen haben, zeige „in beeindruckender Weise den Zusammenbruch des GUS-Marktes, insbesondere der d e u t s c h e n Exporte nach Russland im Zeitraum 1989 bis 1994". Da drehte mir nun der Herr Burkhardt das Wort im Munde herum: D e u t s c h e Exporte hatte ich gerade n i c h t geschrieben, denn die Ausfuhren aus den Alt-Bundesländern hatten 1994 den Stand von 1990 wieder erreicht, die der n e u e n Bundesländer aber waren von 1990 auf 1994 auf 17 Prozent abgesackt und würden weiter schrumpfen. Burkhardt unterstützte zwar meinen Vorschlag, auch für 1996 erneut Sonderplafonds für Exporte der nBl einzurichten, wandte sich aber gegen jede Behinderung westdeutscher Unternehmen, was heißen sollte: gegen jede Bevorzugung ostdeutscher Unternehmen. Seiner Anregung, es solle dagegen darüber nachgedacht werden, wie die nBL-Unternehmen dann auf andere Weise zusätzlich unterstützt werden können, folgte als einzige großartige „Idee" die, spezielle Exportförderveranstaltungen durchzuführen.

Was hatte ich in meiner Analyse festgestellt und vorgeschlagen? Ich beschränke mich hier auf einige Kernpunkte.

Ich wies darauf hin, dass für eine Vielzahl ostdeutscher Betriebe das in der Deckungspolitik ausdrücklich verfolgte Primärziel Begrenzung des GUS-Exports auf 25 Prozent und weniger für eine Reihe im Rekonstruktions- und Modernisierungsprozess noch zurückgebliebener Betriebe mit noch geringen Erfolgen im Westexport ein Einfrieren des betrieblichen Wachstums zur Folge hatte und dies wiederum ihre Möglichkeiten zur Investition neuer Technik und zur Forcierung von Forschung und Entwicklung hemmen musste.

Da die in Ostdeutschland tätigen Zweigunternehmen bedeutender in Westdeutschland angesiedelter Konzernunternehmen mit Hilfe der im Westexport starken Konzernmütter ihren eigenen Westexport, zum Teil durch Übernahme von Teilaufträgen und Zuliefererproduktionen steigern konnten, litten sie unter der Hermes-GUS-Beschlusslage wenig oder nicht. Sie profitierten außerdem von der starken Präsenz der Konzernmütter vor Ort in Moskau und anderen GUS-Hauptstädten.

Die Außenvertretungen der Konzerne vor Ort sicherten, gestützt auf ihre heimischen Führungszentren und leistungsstarken Marketing- und Finanzbereiche, die Einflussnahme auf die innerrussischen bzw. internen GUS-Entscheidungen zum Kauf ihrer Ware und zur Erteilung der Staatsgarantien. Das führte dazu, dass im Zeitraum 1994 bis 1995 nur noch Konzernunternehmen (vor allem Siemens, Philips, Alcatel, ABB, Linde …) Auftragszugänge im GUS- bzw. Russlandgeschäft erzielten und die Bürgschaftsplafonds fast vollständig in Anspruch nahmen, während die Exportabschlüsse der ostdeutschen mittelständischen Unternehmen drastisch einbrachen.

Die vom Autor im Oktober 1995 unterbreiteten Vorschläge verletzten sämtliche damals geltenden Tabus und auch Inhalte der internationalen Absprachen der Bürgschaftsunternehmen. Sie hätten Signalwirkung auf die Entscheidungsträger in den GUS-Staaten gehabt. Sie sahen vor, mittelständische und kleine Unternehmen der nBl besonders zu schützen und zu fördern, unter anderem durch die Einrichtung eines gesonderten Ermächtigungsrahmens bzw. Bürgschaftsplafonds und das Einfrieren der Deckungssummen für Konzernunternehmen auf das Niveau der Jahre 1994 bis 1995. Ostdeutschen Betrieben sollte gestattet werden, die wissenschaftlich-technische Attraktivität ihrer Angebote durch erhöhte Liefereinschlüsse westdeutscher Zulieferungen zu erhöhen; dazu sollte die bis dato geltende Grenze von 40

Prozent des Auftragswertes auf Antrag überschritten werden dürfen.

Bei Geschäften unter dem vorgeschlagenen gesonderten Ermächtigungsrahmen sollten Deckungsentscheidungen bei Verzicht auf Staatsgarantien der Käuferstaaten zugelassen werden, also für Geschäfte, für die aufgrund der politischen und wirtschaftlichen Risiken eine sichere Aussicht auf einen schadensfreien Verlauf des Geschäfts nicht nachgewiesen werden konnte.

Befürchtend, dass die Vorschläge für einen gesonderten Ermächtigungsrahmen für mittelständische und kleine Unternehmen auf nicht überwindbaren Widerstand stoßen könnten, schlug der Autor vor, zuzulassen, „Deckungen für Ausfuhrkredite von 2 bis 5 Jahren Laufzeit und für Auftragswerte von bis zu 10 Mio DM auch gegen Zahlungsgarantien von politischen Gebietskörperschaften und gegen Sicherheiten russischer Geschäftsbanken von nationaler und gebietlicher Bedeutung zu gewähren. Dabei könnte eine abwälzbare erhöhte Selbstbeteiligung am Ausfallrisiko bei Finanzkreditbürgschaften eingeführt werden, um die Mitverantwortung der ostdeutschen Bürgschaftsnehmer für die Auswahl der Darlehnsnehmer und Endabnehmer zu erhöhen." Angeregt wurde, den Landesregierungen der nBl die Schaffung spezieller Rückbürgschaftsfonds vorzuschlagen.

Ich erhielt keine Chance, meine Vorschläge vor dafür Kompetenten zu verteidigen. Mit Unterabteilungsleiter Dr. Burkhardt über seinen Vermerk zu disputieren, schenkte ich mir. Mir wurde klar: Es war jetzt „Time to say Goodbye". Wenn es mir 1995 trotzdem lange schwerfiel, meinen Abschied zu nehmen, dann nicht zuletzt auch deswegen, weil ich den Exportunternehmen „meiner" Bundesländer, die mich um Rat gefragt hatten, nicht mehr nützlich sein konnte. In der Bonner Zeit (und auch danach sollte es vereinzelt noch so sein) hatten manche „Kollegen"– im besten Sinn des Wortes – aus früheren Industrieunternehmen und Außenhandelsbetrieben der DDR meinen Weg gekreuzt und Empfehlungen gewollt: Von Fortschritt Landmaschinen, Chemie und Chemieanlagen, WMW, Transportmaschinen, Textima und Nagema, Germed und Intermed, Nahrung und Textil. Ich hatte vor ihnen Respekt: Sie gaben nicht auf, versuchten für sich, ihre Familien und Teile ihrer früheren Kollektive Arbeit und Brot zu erhalten.

Zusammenfassend: Was hat der Russland-Hermes geleistet?

Die konfliktreiche Entwicklung der Gewährung von Hermes-Bürgschaften für das Russlandgeschäft und GUS-Geschäft der ostdeutschen Industrie- und Wirtschaftsunternehmen von 1991 bis 1995 ist in diesem Erinnerungsbuch bereits von vielen Seiten beleuchtet worden. Bei allen Widersprüchlichkeiten im Gesamtprozess: Hermes – GUS – Ostdeutschland bleibt eines der sehr wenigen Ruhmesblätter der Vereinigungszeit, obgleich die Gesamtausfuhr der ostdeutschen neuen Bundesländer generell im Ergebnis der Vernichtung der Industriestruktur abstürzte. Als ich meine Tätigkeit in Bonn beendete, lagen folgende bis Ende 1994 reichenden Zahlen vor:

Ausfuhren der neuen Bundesländer

Gesamt	daraus: Ausfuhr in die GUS-Staaten
1989	41,1 Mrd. DM	
1990	38,1 Mrd. DM	
1991	17,5 Mrd. DM	
1992	13,8 Mrd. DM	
1993	11,9 Mrd. DM	4,8 Mrd. DM
1994	12,1 Mrd. DM	3,4 Mrd. DM
1995		2,5 Mrd. DM *)

*) geschätzt nach den Ergebnissen des 1. Quartals 1995

Die bereits erwähnte, im Oktober 1995 von mir erarbeitete Analyse enthält eine Übersicht, die aufzeigt, in welchem Umfang Lieferungen aus den neuen Bundesländern in die Nachfolgestaaten der UdSSR (GUS-Staaten) durch Entscheidungen zu Anträgen für beabsichtigte Exportgeschäfte (Deckungszusagen) ermöglicht worden waren:

1991	6,0 Mrd. DM
1992	8,5 Mrd. DM
1993	6,1 Mrd. DM
1994	2,8 Mrd. DM
1991–1994	23,4 Mrd. DM

Im Zusammenhang mit dem unerfreulichen Rückgang der Ausfuhren der nBl in die Nachfolgestaaten der UdSSR stieg der prozentuale Anteil der Lieferungen in die entwickelten Industrieländer und die Entwicklungsländer an. Dieser Anteil war 1994 mit 57,2 Prozent erstmals h ö h e r als der in die mittel- und osteuropäischen Staaten und asiatischen Staatshandelsländer mit 42,8 Prozent. Die Ursachen, die dazu führten, dass vor allem im Russland-Geschäft die überragende Stellung der auf dem früheren Staatsgebiet der DDR ansässigen Exportunternehmen schon 1992 endete und die Lieferungen der Unternehmen der alten Bundesländer auch ohne Förderung durch Hermes-Bürgschaften steil nach oben strebten, sind kein Geheimnis. Meine Analyse enthielt folgende Gegenüberstellung:

Ausfuhren der alten und neuen Bundesländer nach Russland in Mrd. DM

	aBl	nBl
1989	11,5 Mrd. DM	15,5 Mrd. DM
1990	8,3	14,2
1991	6,9	7,2
1992	6,3	4,3
1993	7,7	3,7
1994	8,4	2,4
1995	?	1,9

Die Existenzabhängigkeit ostdeutscher Industrieunternehmen vom GUS-Export war in einigen Fällen hoch bis außerordentlich hoch, sie erreichte im Extremfall 96 Prozent des Gesamtumsatzes. Die wichtigsten Unternehmen, die Mitte 1995 noch zu 25 und mehr Prozent auf Lieferungen in die GUS-Staaten angewiesen waren, zählten die nachstehenden mehr als 30:

Alcatel SEL RFT Berlin	Mannesmann DEMAG Wiehe
Ascotec Dresden	Maschinenfabrik Kyffhäuserhütte
Berlin-Chemie	Artern
Blema Kircheis Aue	Medizinische Gerätefabrik Berlin
Bodenbearbeitungsgeräte Leipzig	Perfecta Bautzen
Chema Balcke Dürr Rudisleben	Petkus Wutha
Chemnitzer Spinnereimaschinenbau	Pharma Meuselbach
(Schönherr)	Sachsenhydraulik Chemnitz
Dieselmotorenwerk Leipzig	Siemens Nixdorf Osteuropa Dresden
Fortschritt Erntemaschinenbau	Siemens Private Kommunikations-
Neustadt	technik Leipzig
Großenhainer Textilmaschinenbau	SKET Magdeburg
Heidenauer Maschinenfabrik	SKL Motoren- und Systemtechnik
Hemscheidt Schwerin	Magdeburg
Impulsa Elsterwerda	Stentex Gera
Küsters Zittau	Umformtechnik Erfurt
Landtechnik Schlüter Schönebeck	Werkzeugmaschinenfabrik Magdeburg

Neben der Fortsetzung des Transfer-Rubel-Verrechnungsverkehrs im 2. Halbjahr 1990 bei gleichzeitiger Bereitstellung eines Exportstützungsfonds von 2 Mrd. DM war die Gewährung von Hermes-Ausfuhrbürgschaften in zahlenmäßig unbegrenzter Höhe und zu Sonderkonditionen in die (noch bestehende) UdSSR im Jahre 1991 die außenpolitisch wie innenpolitisch motivierte entschiedenste Fördermaßnahme der Bundesregierung gewesen. Die Sonderkonditionen sind praktisch erst im November 1993 ausgelaufen; das erste nBl – GUS – Exportgeschäft zu Normalkonditionen (15 Prozent Anzahlung) wurde am 4. Januar 1994 in Deckung genommen.

Ohne dass dazu hier Einzelheiten angeboten werden sollen, darf der Leser folgende Zeitbestimmung als gesichert ansehen: Etwa im März 1993 fielen die Einstellung der besonderen Förderung des Russland- und GUS-Geschäftes für die neuen Bundesländer und die Wirkungen der Industrievernichtungspolitik der Treuhand auf fatale Weise zusammen. Die negativen Wirkungen beider Entwicklungen – Verringerung des Bürgschaftsvolumens und Verzicht auf zielstrebige Sanierung, Erneuerung des Maschinenparks und Modernisierung der Erzeugnisse unter dem Dach der Treuhandanstalt - verschränkten sich und wurden noch verschärft durch das Käuferverhalten, denn in Russland und den anderen GUS-Staaten wuchs das Bewusstsein dafür, die Neuverschuldung im Ausland begrenzen zu müssen.

Durch die seit 1992 erhobene Forderung nach Stellung von Staats-Zahlungsgarantien hatte die Bundesregierung diesem Bewusstsein noch zusätzlich auf die Sprünge geholfen. Gleichzeitig wuchsen die Finanznöte der inländischen Russland- und GUS-Besteller, die sich vielfach außerstande sahen, die Anzahlungen aufzubringen und die auf den Geschäften ruhenden Zinsen- und Gebührenlasten zu tragen.

Was bleibt, ist die Erinnerung an eine Zeit, in der nahezu die gesamte noch bestehende bzw. sich neu formierende ostdeutsche Exportindustrie mit den Hermes-Bürgschaften für die Sowjetunion eine Riesenchance erhielt, ihre Vorzugsposition dort auf neuer Grundlage auszubilden – warum dies misslang, dazu haben eine Reihe von Schriftstellerkollegen vor allem durch ihre Analysen zum Wirken der Treuhandanstalt und der Konkurrenzverhinderung durch die altbundesdeutschen Wirtschaftsführer Aufklärungsarbeit geleistet, bei ihnen kann der Interessierte weiterlesen.

Time to say Goodbye

Obwohl ich frühzeitig ein verlässliches Signal erhalten hatte, man beabsichtige, meinen Beratervertrag noch einmal für ein Jahr verlängern, letztmalig, entschied ich mich: Im Dezember 1995 gehe ich nach Hause. Der Entschluss, endgültig die Segel zu streichen, hatte vor allem zur Ursache, dass aus meinem eigentlichen Tätigkeitsfeld „die Luft heraus" war. Ich nahm mir vor, das letzte halbe Jahr zu nutzen, um mir gezielt weiteres Wissen anzueignen, das mir als freiberuflichem Berater auf dem Feld der Außenhandelsfinanzierung nützen könnte.

Mir war schon klar: Den Stein der Weisen hatte ich in der Zeit meiner Beratertätigkeit nicht gefunden. Ich hatte aber wenigstens danach gesucht. Nach meinem Abgang würde kein anderer weiter nach ihm suchen. Er sollte ja auch gar nicht gefunden werden. Lösungen, die zu einer Rettung der ostdeutschen Industrie und ihrer außenwirtschaftlichen Bedeutung hätten führen können, hätten die Gewährung – noch einmal Original-Ton Helmut Schmidt – z u B u c h s c h l a g e n d e r ökonomischer Vorteile für die Wirtschaft der neuen Bundesländer erfordert und für ihre Außenwirtschaft Maßnahmen, die eine Teilung der potentiellen deutschen Märkte in West und Ost nach sich ziehen. Eingebung und Kraft für Lösungen solcher Tragweite – und nur solche hätten den Verbleib Ostdeutschlands in den Armenvierteln Europas verhindern können – hatten der Einheitskanzler und seine Minister nicht. Und wäre den politischen Führern diese Einsicht erwachsen, dann hätte die altbundesdeutsche große Wirtschaft sie ihnen verboten.

Denen, die das verdient hatten schrieb ich kurze Abschiedsbriefe, sie antworteten alle, fast alle freimütig und bewegend. Ich weiß selbst ganz gut, was ich in Bonn leisten konnte und was nicht. Da war nichts, was mir hätte zu Kopf steigen können. Aber ich freute mich über jedes wohlgemeinte Wort zum Abschied.

Nach dem plötzlichen Tode des Ministerialrats von Korff, meines zeitweiligen „Vorgesetzten", erhielt ich einen Brief der Familie, darin stand etwas, das der wortkarge Ehemann und Vater wohl nur in der Familie ausgesprochen hatte: „Sie müssen immer gespürt haben, dass mein Mann ... durch den persönlichen Kontakt (mit Ihnen) seine ganze Einstellung zur DDR und ihren Bewohnern geändert hat. Sie haben insofern durch die Freundschaft und Achtung, die Sie meinem Mann entgegengebracht haben, ohne es zu wissen ... sehr viel für Land und Ihre Landsleute getan."

Ein Brief berührte mich besonders. Der ihn schrieb, glaubte mehr gesehen zu haben als die anderen. Er meinte, dass ohne die Mitarbeit von Leuten meines Schlages nach der Wende die Zahl der Fehlentscheidungen, die zum Teil auch auf weitverbreiteter westdeutscher Unkenntnis über die wahren Verhältnisse der DDR beruhten, erheblich größer gewesen wäre, von der

„Ignoranz des Siegerstaates" einmal ganz abgesehen. „Umso enttäuschter und verärgerter war ich deshalb angesichts der Behandlung, der man Sie zum Teil ausgesetzt hat und die der augenscheinliche Beweis dafür ist, dass man es gönnerhaft Ihnen und anderen Bürgern der DDR überlassen hat, sich an die neuen Verhältnisse anzupassen und ein Maß an Flexibilität zu zeigen, von dem sich die nur am Rande betroffenen Westdeutschen keine Vorstellung machen. Ich habe jedenfalls staunend und mit Respekt erfahren, wie ein Mensch in reifen Jahren mit solchem Anstand, ohne seine eigene Vergangenheit und Identität zu verleugnen, sich einem so tiefgreifenden Systemwandel aussetzen kann, in dessen Verlauf es die Wendehälse ja erwiesenermaßen erheblich leichter haben."

Ja, manches war in den vergangenen Jahren enttäuschend und ärgerlich gewesen. Und doch stimmt auch das, was der spätere Staatssekretär Dr. Lorenz Schomerus in einem Brief an mich vom Dezember 1998 so zusammenfasste: „Ich habe es in der Tat als eine meiner wichtigsten Verpflichtungen empfunden, dazu beizutragen, dass unvermeidliche Brüche im Selbstverständnis und in der Lebensplanung der Kollegen aus der ehemaligen DDR-Regierung mit Anstand, Würde und in gegenseitiger Achtung gemildert wurden."

Unter meinen Bonner Arbeitspartnern war auch der eine oder andere, dem es Befriedigung verschafft hatte zu sehen, dass ein früherer DDR-Oberer soweit unten wie ich eingereiht worden war. Offen gesagt hat es mir keiner. Was hätte ich antworten sollen? Hätte ich Fassung besessen, vielleicht etwas Ähnliches, wie der eben kündigende Etagenkellner Lionel Bloch zum Zimmermädchen Marisa Ventura in der „Manhattan Love Story": „Was wir machen, definiert nicht, wer wir sind. Was uns definiert ist, wie gut wir uns hochrappeln, wenn wir gefallen sind!"

Unter meine Verabschiedungsbriefe hatte ich einen alten kolumbianischen Fuhrmanns-Spruch geschrieben: Arrieros somos, y en el camino nos encontramos. Das heißt soviel wie: Fahrensleute sind wir, und auf der Straße sehen wir uns wieder. Das sollte eigentlich nicht missverständlich sein, war aber letzten Endes doch doppeldeutig, denn wenn ich auch in den Altersübergang fliehen konnte, keine Angst vor Hunger und Kälte haben musste und eine neue Art von Freiheit gewann: Auf der Straße landete ich nun ...

Einige derjenigen, die ich vor der Wende als Feinde sah und die mich als ihren Feind sehen mussten, darunter Staatsdiener aus den Bonner Ministerien, hatte ich ja schon vor dem 3. Oktober 1990 kennengelernt: Freunde konnten wir nicht werden. Die persönliche Integrität einer begrenzten Zahl von vorurteilslosen und fähigen Staatsbeamteten, die mir die Hand entgegenstreckten, hat mir nicht den Blick verstellt für den Charakter der Gesellschaft und der Staatsmacht der Bundesrepublik Deutschland. Alle regierenden Parteien der Nachwendezeit erklärten die DDR zum Unrechtsstaat und alle, die ihr gedient haben, zu Tätern. Noch im 20. Jahr nach Herstellung der Einheit duldet selbst das Bundesverfassungsgericht den an mir und meinesgleichen vollzogenen Rentenraub.

Wenn sich meine Empörung dennoch in gewissen Grenzen hält, dann deshalb, weil ich weiß, dass wohl auch eine siegreiche DDR der Beamtenschaft des unterlegenen Staates die ihr verbrieften Renten nicht hätte zahlen wollen. Doch im Gegensatz zur Bundesrepublik hat die DDR ihre Gegner auch nicht über ihren Klassencharakter im Unklaren gelassen.

Nach meiner Herzoperation im Frühjahr 1995 hatte ich das Erfolgsbuch der Margaret Mitchell „Vom Winde verweht" gelesen. Darin gibt es eine Stelle, da wird die Befindlichkeit der im amerikanischen Bürgerkrieg besiegten, fremdverwalteten und ihrer alten Lebensart beraubten Südstaatler beschrieben. Was ich las, konnte ich nachempfinden, es hat mich berührt, ich las es immer mal wieder, und als ich meine Zelte in Bonn abbrach, erinnerte ich mich erneut daran und dachte, dass diese Buchstelle auch meine Empfindungen widerspiegelte:

„Alle hatten sie zu tun und arbeiteten schwerer, als sie es sich vor dem Kriege je hätten träumen lassen. Sie taten nicht immer, was sie sich vorgenommen hatten und was ihnen am leichtesten gefallen wäre oder wozu sie erzogen worden waren. Aber sie taten etwas. Die Zeiten waren schwer, man konnte nicht wählerisch sein. Und wenn sie gescheiterten Hoffnungen nachtrauerten und einen zerstörten Lebensstil sich zurücksehnten, so erfuhr das niemand. Sie führten einen neuen Krieg, der härter war als der letzte, und ihnen lag wieder etwas am Leben, und sie nahmen es ebenso ernsthaft und packten es ebenso frisch an wie vor dem großen Einschnitt, den der Krieg für ihr Leben bedeutete."

Am 5. Dezember 1995 fuhr ich endgültig nach Hause. Acht Jahre nach dem Ende meines Berufslebens begann ich, meine Memoiren zu schreiben Ich veröffentlichte sie erstmals 2006. Ich glaube, der amerikanische Nobelpreisträger John Nash hat Recht, wenn er meint: Erinnerungen werden irgendwann zu Erinnerungen an Erinnerungen. Man erinnert sich daran, wie schön es war, als man sich erinnert hat.